Inhalt

Antike Wurzeln: Griechen und Römer

Leben im Mittelalter

Aufbruch in eine neue Zeit

Auf dem Weg zur Demokratie

Industrialisierung und soziale Frage

Imperialismus und Erster Weltkrieg

Die Weimarer Republik

Der Nationalsozialismus

Politische Mitwirkung in Baden-Württemberg

Deutschland nach 1945 – besetzt, geteilt und wieder vereint

Europa – ein Kontinent wächst zusammen

So arbeiten Sie mit dem Buch

Dieses Buch hat elf Themeneinheiten. Jede beginnt mit einer Auftaktdoppelseite (ADS).

Ein Bild, eine Karte und der einführende Text erklären vorab, worum es in der jeweiligen Themeneinheit gehen wird. Der Zeitstrahl nennt die wichtigsten Daten und Ereignisse der Epoche.

Jede Themeneinheit hat ihr eigenes Kapitelsymbol zur Orientierung. Die Themeneinheiten sind in vier Farben gestaltet, für jedes Schulhalbjahr eine.

Die Themeneinheiten sind in mehrere Kapitel unterteilt. Jedes Kapitel steht auf einer Doppelseite (DS). Auf diesen Doppelseiten befindet sich auf der linken Seite stets der Verfassertext (VT) mit den wichtigsten Informationen zum jeweiligen Thema.

Außerdem befinden sich auf den Doppelseiten zahlreiche Materialien (M) zum Thema: Abbildungen von Funden aus der Vergangenheit, Fotos, Zeichnungen, Schaubilder, Statistiken, Karten und Textquellen. Die Fragen in der rechten Randspalte helfen Ihnen, die Materialien zu erschließen.

Werkstattseiten helfen Ihnen, historische und politische Inhalte selbstständig zu erarbeiten. In weiß abgesetzten Kästen werden die einzelnen Arbeitsschritte, auf die es bei der jeweiligen Methode ankommt, ausführlich erklärt.

Manche Werkstattseiten geben Ihnen Tipps und Anregungen, wo und wie sich Geschichte und Politik auch außerhalb des Unterrichts erforschen lassen.

Klare Orientierung – alles im Blick.

Polis
(Mehrzahl: Poleis) bedeutete ursprünglich „Burg" oder „Stadt". Später nannten die Griechen ihre Stadtstaaten „Polis". Jede Polis hatte ihr eigenes Gebiet, ihre eigene Bevölkerung und eigene politische Einrichtungen. Von „Polis" leitet sich unser Wort „Politik" ab: das, was alle angeht.

Wichtige historische und politische Begriffe sowie schwierige Wörter werden auf den Doppelseiten in der linken Randspalte erklärt.

Fragen und Anregungen zur Erschließung der Materialien finden sich immer unter dem Aufgabenstrich in der rechten Randspalte.

1 Beschreiben Sie, wie das griechische Festland und die Inseln besiedelt wurden (VT, M2). Verwenden Sie dabei auch den Begriff Polis/Poleis.

2 Stellen Sie dar, welche Bedeutung das Meer für die Griechen hatte. Gehen Sie dabei auf die folgenden Dinge ein: Nähe zum Meer, …

TIPP!

Hinweise auf Internetadressen und sonstige Tipps finden sich unter diesem Symbol.

1 Zeitrechnung und Epochen

M1 *Zeitleiste zur christlichen Zeitrechnung*

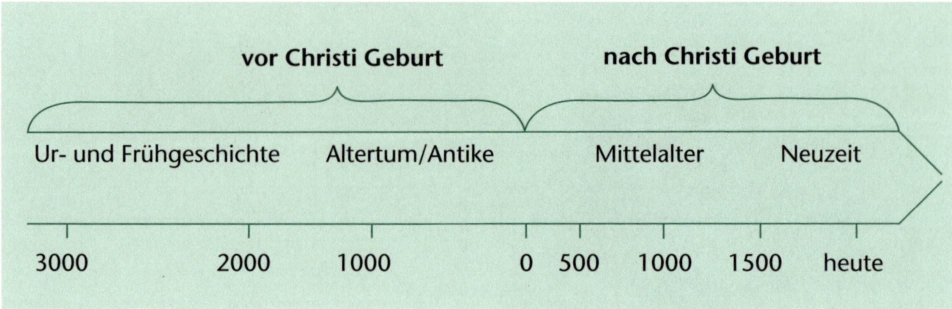

Ordnung für die Vergangenheit

Zeit kann man messen. Aus der Beobachtung der Natur haben die Menschen eine Einteilung der Zeit in Jahre, Monate und Tage abgeleitet. Die Zeit, die vergeht, bis die Erde einmal um die Sonne gekreist ist, beträgt ein Jahr. Die Monate eines Jahres wurden nach den zwölf Mondphasen festgelegt – so entstand der Kalender.

Zeit- und Jahresangaben erleichtern nicht nur den Alltag, sondern auch den Überblick über die Vergangenheit: Lebte Caesar früher oder später als Karl der Große? Wann fuhr Kolumbus Richtung Amerika – vor oder nach der Reformation? Was wurde eher erfunden, das Auto oder die Eisenbahn?

Um vergangene Ereignisse ordnen zu können, benutzen die Menschen eine Zeitrechnung, die Chronologie. Die Zeitrechnung, die wir benutzen, beginnt mit dem Jahr, in dem Jesus Christus geboren worden sein soll. So können wir z. B. schreiben, dass der Römer Julius Caesar im Jahr 44 vor Christus (abgekürzt v. Chr.) ermordet wurde.

Verschiedene Zeitrechnungen

Heutzutage wird die christliche Zeitrechnung von den meisten Menschen benutzt. Doch andere Kulturen oder Religionen rechneten lange Zeit nicht vom Jahr der Geburt Christi aus, sondern nahmen andere Zeitpunkte als Beginn ihrer Zählung.

– Die Juden nehmen einen sehr frühen Zeitpunkt als Ausgang ihrer Zeitrechnung. Ein jüdischer Schriftgelehrter hatte für das Jahr 3761 v. Chr. nach unserer Zeitrechnung die Erschaffung der Welt errechnet. Der 1. Januar 2000 war nach dem jüdischen Kalender der 23. Tevet 5760.

– Die islamische Zeitrechnung beginnt erst mit dem Jahr 622 n. Chr., als der Prophet Mohammed von Mekka nach Medina auswanderte. Und so schrieben die Muslime am 1. Januar 2000 den 24. Ramadan 1420.

– Es gibt auch Kulturen, die keinen Beginn für ihre Zeitrechnung kennen. Dann kann es Zeitangaben geben, wie „im 5. Jahr der Herrschaft des Königs Wiedemund".

Die historischen Epochen

Seit jeher bemühen sich Historiker, die vielen verschiedenen geschichtlichen Ereignisse, Personen, Daten und Fakten nicht nur in die richtige chronologische Reihenfolge zu bringen, sondern auch in größeren Abschnitten zusammenzufassen. Innerhalb dieser Epochen gibt es viele andere Möglichkeiten, einzelne Zeitabschnitte zu beschreiben. So wird die Zeit zwischen 4000 bis 2000 v. Chr. in Mitteleuropa entsprechend des damals verarbeiteten Werkstoffs häufig als „Kupferzeit", die Zeit zwischen 2200–750 v. Chr. als „Bronzezeit" bezeichnet. Um 1200–750 v. Chr. beginnen die Menschen, Eisen zu verarbeiten. Man spricht deshalb von der „Eisenzeit".

Chronologie
(griech: „chronos", d. h. Zeit) ist die Lehre von der Zeitrechnung. Die Chronologie bringt eine Ordnung in die Geschichte. Mit ihrer Hilfe kann man die zeitliche (chronologische) Abfolge geschichtlicher Ereignisse beschreiben.

Ramadan
ist der neunte Monat im islamischen Kalender und die vierwöchige Fastenzeit für Muslime. Zwischen Sonnenaufund -untergang ist es nicht erlaubt, zu essen, zu trinken und sich zu amüsieren.

M2 *Das Grab eines keltischen Fürsten wurde 1978* in Hochdorf (nordwestlich von Stuttgart) gefunden. Anhand der entdeckten Gegenstände datierten Wissenschaftler die unter einem Hügel verborgene Gruft auf die Zeit 550 v. Chr. Das Volk der Kelten (oder auch Gallier) bewohnte zu dieser Zeit das Gebiet des westlichen Deutschland, Frankreichs und Großbritanniens. Das Innere der Grabkammer haben Wissenschaftler rekonstruiert.

M3 *Die Zeitrechnung der Azteken im heutigen Mexiko, 15. Jahrhundert.* Die Azteken glaubten, die Welt sei viermal erschaffen worden, sie lebten im fünften Weltzeitalter. In der aztekischen Zeitrechnung bestand ein Jahrhundert aus 52 Jahren und ein Jahr aus 18 Monaten mit je 20 Tagen. Wenn ein Jahrhundert zu Ende ging, feierten die Azteken den Abschied. In Skulpturen wie diesem Zeitbündel (rechts) stellten sie den Tod des vergangenen Jahrhunderts dar. Die Mitte des Kalendersteins (links) zeigt das Gesicht ihres Sonnengottes. Um ihn herum sind in eckigen Rahmen die vier untergegangenen Welten dargestellt.

M4 *Europäische Historikerinnen und Historiker haben die Geschichte in Epochen eingeteilt:*

– Die **Ur- und Frühgeschichte** fängt mit der Entstehung der Welt an. In diese Epoche gehören die ersten Tiere und Menschen.

– Das **Altertum** beginnt mit dem Zeitpunkt, seit dem es die ersten schriftlichen Aufzeichnungen aus der Vergangenheit gibt (ca. 3000 v. Chr.). Zum Altertum gehören die ersten Staatsgründungen, z. B. in Ägypten. Die Zeit der Griechen und Römer wird Antike genannt. Sie endet mit dem Zerfall des weströmischen Weltreichs um 500 n. Chr.

– Das **Mittelalter** reicht vom Ende der Antike bis etwa zum Jahr 1500 n. Chr.

– Dem Mittelalter schließt sich die **Neuzeit** an, die bis in die Gegenwart reicht. In der Neuzeit, die mittlerweile schon mehr als 500 Jahre dauert, hat sich vieles verändert. Daher wird sie genauer unterschieden: Bis zum Jahr 1789 n. Chr., in dem die Französische Revolution begann, reicht die „Frühe Neuzeit"; die Zeit danach wird „Neueste Zeit" genannt.

vom Verfasser zusammengestellt

1 Rechnen Sie aus, in welchem Jahr Sie nach jüdischer (VT) und nach islamischer Zeitrechnung geboren wurden. Die Umrechnung in die islamische Zeitrechnung ist etwas komplizierter, es gilt die Faustformel: islamisches Jahr = (christliches Jahr – 622) x 1,03.

2 Beschreiben Sie, welche Bedeutung bestimmte religiöse Ereignisse und Vorstellungen für die verschiedenen Zeitrechnungen hatten (VT).

3 Welche historischen Ereignisse kennen Sie? Ordnen Sie diese den historischen Epochen zu (M4).

2 Werkstatt
Fotodokumentation

M1 *Eckturm des Kastells Köngen (wiederaufgebaut) bei Esslingen, um 150 n. Chr.*

M4 *Altes Rathaus von Esslingen, 15./16. Jahrhundert*

M5 *Neues Rathaus in Esslingen, 1763*

M2 *Esslinger Wolfstor, um 1220*

M3 *Stadtpfarrkirche St. Dionys in Esslingen, um 1250*

Die eigene Umgebung wahrnehmen
Sicherlich haben Sie auf Partys oder im Urlaub schon fotografiert und die Bilder in ein Album geheftet oder auf einer CD-ROM gespeichert. Manche Details der dabei dokumentierten Personen, Gegenstände oder Ereignisse sind Ihnen vielleicht erst beim Betrachten der Fotos aufgefallen – etwa dann, wenn Sie von Freunden darauf hingewiesen wurden.
Ähnlich mag es sich mit Ihrem Heimatort verhalten. Viele Straßen und Gebäude sind Ihnen so vertraut, dass Ihnen Besonderheiten und Details gar nicht mehr auffallen. Dabei lohnt es sich, bei manchen Bauwerken genauer hinzuschauen, denn viele Gebäude Ihrer Heimatgemeinde sind sicher schon mehrere Jahrhunderte alt und können einiges über die Geschichte erzählen. Nehmen Sie sich einen Fotoapparat, lichten Sie historische Gebäude in Ihrem Ort ab und informieren Sie sich über diese Bauten bei der Touristen-Information oder im Internet – Sie werden interessante Dinge über Ihren Ort erfahren.

Gebäude und Epochen unterscheiden
In mittelalterlich geprägten Städten gibt es oft Reste von Stadtmauern und Türmen, Fachwerkhäuser in engen Gassen, ein altes Rathaus, Kirchen mit runden oder spitzen Fenstern und Portalen, vielleicht auch einen Marktplatz mit Brunnen. Spätere Bauwerke wie die mit Ziegelsteinen gemauerten unverputzten Fabrikgebäude mancher Vorstädte deuten dagegen auf die Industriearchitektur des 19. Jahrhunderts hin. In Villen mit großen Vorgärten wohnten oft die Unternehmer, in Bürgerhäusern Händler, Handwerker und Kaufleute, in einfachen Reihenhäusern oder mehrstöckigen Mietshäusern mit engen Hinterhöfen die Handwerksgesellen und Arbeiter. Typisch für die Architektur der letzten Jahrzehnte schließlich sind schmucklose Wohn- und Bürogebäude mit großen Glasflächen.

Von wann stammen die Gebäude genau?
Hier hilft Ihnen die Kenntnis typischer Baustile unterschiedlicher historischer Epochen. Weitere Informationen über Alter und Entstehung der Bauten geben Ihnen Broschüren der Touristen-Information. Dort finden sich zumeist Abbildungen wichtiger Gebäude mit Angaben über deren Entstehungszeit und Funktion.
Auf dieser Seite finden Sie Fotos von Gebäuden aus Esslingen und Umgebung aus unterschiedlichen Epochen. Esslingen gehört zu den wenigen größeren Städten Baden-Württembergs, in denen im Zweiten Weltkrieg keine Bomben fielen. Aus diesem Grund finden sich in der Stadt viele alte Bauwerke unterschiedlicher Baustile.

M6 Epochen und Baustile

Griechischer Stil:
Der griechische Stil – etwa 1 000 bis 100 Jahre v. Chr. – zeigt eine hochentwickelte Baukunst, die auf einfachen Grundformen beruht. Dazu gehörten seit dem 7. Jahrhundert rechteckige aus behauenen Steinen gebaute Tempel mit ringsumlaufenden Säulenhallen.

Gotischer Stil:
(ital. gotico = barbarisch, nicht antik) Diese Epoche entstand 1150 in Frankreich und löste im 13. und 14. Jahrhundert die romanische Stilepoche ab. Besonders auffallend sind Kirchenmauern, die zwar riesige Ausmaße haben, aber dennoch leicht und anmutig wirken. Die Kirchen sollten den Menschen die Größe Gottes vor Augen führen.

Römischer Stil:
Die römische Architektur aus der Zeit von 200 vor bis etwa 400 nach Christi Geburt übernahm von der griechischen Kunst die Säulenanordnungen und verband sie mit Bögen. Als Baustoff diente Naturstein, Ziegel und Gussmauerwerk.

Renaissance-Stil:
(von frz. = Wiedergeburt) Epoche in Europa, die ca. vom 14. bis zum 16. Jahrhundert dauerte. Wiederentdeckt wurden u.a. die Kunst der griechischen und römischen Antike. Die Spitzbögen wurden durch Rundbögen verdrängt, Kreuzgewölbe oft durch Kassettendecken.

Romanischer Stil:
Die erste mittelalterliche Epoche der Baukunst, die 950 begann, wird als romanisch bezeichnet, weil sie noch sehr an römische Bauformen erinnert. Die Romanik hatte ihre Blütezeit im 11. und 12. Jahrhundert. Typische Merkmale romanischer Baukunst sind kräftige, massive Bauten mit Rundbögen an Fenstern und Portalen und mächtigen Säulen und Pfeilern im Innenraum.

Barock-Stil:
Kunstepoche zwischen 1600 und 1725. Geschwungene Formen ersetzten den vorher rechteckigen Gebäudegrundriss, runde Kuppeln traten an die Stelle rechteckiger Türme. Alles musste kostbar und üppig verziert sein. Man wollte damit Macht und Herrlichkeit ausdrücken.

1 Ordnen Sie möglichst viele Gebäude aus Esslingen (M1–M5) den Epochen (M6) zu, in denen sie entstanden sind.

2 Informieren Sie sich über Bauwerke unterschiedlicher Baustile in Ihrer Heimatgemeinde oder einer Stadt mit historischem Stadtkern in Ihrer Nähe. Broschüren der Touristeninformation und eine Internetrecherche helfen Ihnen dabei.

3 Erstellen Sie gemeinsam mit Ihren Mitschülern eine Fotodokumentation Ihres Heimatortes. Gestalten Sie dazu auf einer Papierbahn eine Zeitleiste Ihres Ortes. Ergänzen Sie diese mit alten Fotos, selbst fotografierten Bildern, Postkarten und ähnlichem Bildmaterial von historischen und bedeutenden Gebäuden Ihrer Gemeinde. Vermerken Sie auf der Zeitleiste die Entstehungsepoche der Bauten.

Wenn wir heute in andere Länder reisen, verständigen wir uns meistens auf Englisch. Weltweit verstehen fast zwei Milliarden Menschen diese Sprache – Englisch ist die Weltsprache unserer Zeit.

Auch vor rund 2000 Jahren gab es schon Weltsprachen, nämlich Griechisch und Latein. Latein war die Sprache der Römer. Römische Soldaten sowie Händler, Siedler und Verwaltungsbeamte verbreiteten das Lateinische rings um das Mittelmeer. Wer im Osten des Römischen Reichs unterwegs war, hatte es mit Griechisch leichter. Schon vor den Römern hatte sich Griechisch als Verkehrssprache vom Mittelmeer bis an die Grenzen Indiens durchgesetzt. Was ist davon bis heute übrig geblieben?

776 v. Chr.

Erste Olympische Spiele in Griechenland

753 v. Chr.

Der Sage nach wird in diesem Jahr die Stadt Rom gegründet.

um 500 v. Chr.

In Athen entwickelt sich die Demokratie.

264–146 v. Chr.

Rom führt Krieg gegen Karthago.

Antike Wurzeln: Griechen und Römer

148 v. Chr.

Griechenland wird römische Provinz.

27 v. Chr.

Unter Augustus wird aus der römischen Republik eine Monarchie.

375–475 n. Chr.

Zeit der Völkerwanderung; das Römische Reich zerfällt.

1 Land und Volk der Griechen

Sagen
überliefern Erzählungen aus längst vergangenen Zeiten. Wirklich Geschehenes ist oft mit bloß Erdachtem vermischt. Die berühmtesten griechischen Sagen hat der Dichter Homer im 8. Jahrhundert v. Chr. verfasst. Die „Ilias" schildert den Kampf der Griechen vor Troja, die „Odyssee" berichtet von der Irrfahrt des Odysseus über das Mittelmeer.

Polis
(Mehrzahl: Poleis) bedeutete ursprünglich „Burg" oder „Stadt". Später nannten die Griechen ihre Stadtstaaten „Polis". Jede Polis hatte ihr eigenes Gebiet, ihre eigene Bevölkerung und eigene politische Einrichtungen. Von „Polis" leitet sich unser Wort „Politik" ab: das, was alle angeht.

Ein beliebtes Reiseziel

„Eine Reise nach Griechenland – das bedeutet Sonne, Meer und traumhafte Landschaft." So wird in einem Reiseprospekt das gebirgige Land an der Südspitze der Balkanhalbinsel angepriesen, das auch viele deutsche Touristen besuchen. Sie genießen das warme, trockene Klima an den Stränden des Mittelmeeres, aber sie besichtigen auch Tempel, Theater und Sportstätten, die über 2000 Jahre alt sind.
Auch im Alltagsleben begegnen wir Dingen, die aus der Welt der Griechen stammen. Wenn wir von Atom, Alphabet oder Demokratie reden, benutzen wir Wörter, die aus der griechischen Sprache vor über 2000 Jahren kommen.
Wer waren die Menschen, denen wir noch heute so vieles verdanken?

M1 *Bauern ernten Oliven* (Vasenbild, 7. Jahrhundert v. Chr.)

Die frühen Griechen

Im zweiten Jahrtausend v. Chr. verließen Völker ihre Heimat an der Donau und am Schwarzen Meer. Sie wanderten nach Süden und unterwarfen die Urbevölkerung des griechischen Festlandes. Mächtige Fürsten herrschten von stark befestigten Burgen aus. Sie führten Kriege gegeneinander oder verbündeten sich zu Eroberungszügen.

Die Griechen und das Meer

Aus dieser kriegerischen Zeit stammen viele Sagen. Vielleicht kennen Sie die Abenteuer des Odysseus, der zehn Jahre über das Meer irrt und von Stürmen und Ungeheuern bedroht wird.
Diese Sage lässt uns ahnen, welche Furcht die Menschen hatten, wenn sie sich mit ihren kleinen Schiffen auf das Meer hinaus wagten. Eine ideale „Brücke" zwischen Griechenland und der heutigen Türkei waren die Inseln des Ägäischen Meeres, wo man auf Sichtweite zur nächsten Insel segeln konnte. Selbst benachbarte Städte erreichte man oft leichter mit dem Schiff als auf dem Rücken eines Esels oder Maultieres über beschwerliche Gebirgspfade. Die meisten Täler und Küstenebenen Griechenlands sind nämlich durch hohe Berge voneinander getrennt.

Viele hundert Kleinstaaten

Das war auch der Grund dafür, dass sich in Griechenland nur ein kleiner Staat entwickeln konnte. Ein Herrschaftsgebiet war selten größer als ein Gebirgstal, eine Küstenebene oder eine Insel. Einen solchen Kleinstaat nannten die Griechen Polis. In ihrem Mittelpunkt stand meistens eine Burg, von der aus das kleine Gebiet regiert wurde. Handwerker und Kaufleute siedelten sich im Schutze der Burg an. So entstand eine Stadt, die von den Bauern des Umlandes mit Nahrungsmitteln versorgt wurde.

M3 *Ein Schmied in seiner Werkstatt* (Vasenbild, ca. 6. Jahrhundert v. Chr.)

1 Beschreiben Sie, wie das griechische Festland und die Inseln besiedelt wurden (VT, M2). Verwenden Sie dabei auch den Begriff Polis/Poleis.

2 Stellen Sie dar, welche Bedeutung das Meer für die Griechen hatte. Gehen Sie dabei auf die folgenden Dinge ein: Nähe zum Meer, natürliche Häfen, beschwerliche Landwege, Handel, Fischreichtum.

M2 *Griechenland und Kleinasien – Landschaft und Besiedlung.* – Was sagt die Karte über die Verteilung von Gebirgen, Ebenen und Küsten aus? Wie wirkte sich das wohl auf die Lebensbedingungen der Menschen aus, d. h. wo konnten Einwanderer siedeln, wo war dies für sie schwierig oder unmöglich? Achten Sie auch auf den Verlauf der Küste. Was fällt Ihnen auf?

2 „Wie die Frösche um einen Teich“

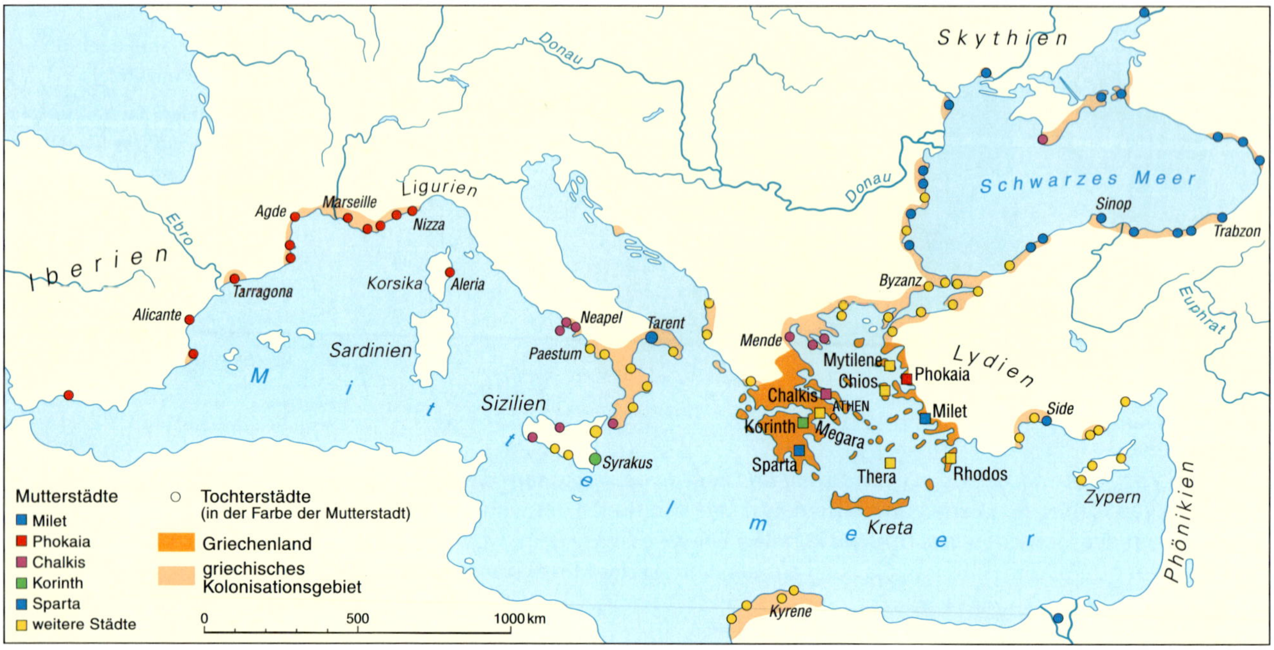

M1 *Griechische Kolonisation* zwischen 750 und 550 v. Chr.: Bürger einer „Mutterstadt“ wanderten aus und gründeten in der Fremde eine selbstständige Kolonie. Manche „Tochterstädte“ wurden selbst zum Ausgangspunkt für weitere Neugründungen.

Kolonisation

Griechen gründeten an den Küsten des Mittelmeeres und des Schwarzen Meeres neue Siedlungen („Kolonien“). Sie entstanden vor allem wegen der Überbevölkerung im Mutterland. Diese Kolonien waren von der Mutterstadt unabhängige Staaten.

Griechen suchen eine neue Heimat

„Wir sitzen um unser Meer wie die Frösche um einen Teich.“ So beschrieb Platon, der im 5./4. Jahrhundert v. Chr. lebte, den Siedlungsraum der Griechen. Die Geschichtskarte oben zeigt, was er damit meinte.

Was könnte die Menschen dazu veranlasst haben, ihre Heimat zu verlassen? Am Anfang trieben sicherlich Missernten und Hungersnöte die Menschen fort, insbesondere dann, wenn das Getreide bei Trockenheit verdorrte. Viele Bauernhöfe auf kargen Böden konnten auch in normalen Erntejahren ihren Besitzer und seine Familie kaum ernähren. Hatte der Bauer dann auch noch zwei oder mehr Söhne, so musste das Land wieder geteilt werden. Einen Ausweg bot für viele nur die Auswanderung. Manche suchten in der Fremde nach neuen Handelsplätzen, wo sie gute Gewinne machen konnten. Neue Geschäfte lockten auch, weil die Geldwirtschaft allmählich den Tauschhandel ersetzte. Andere gingen vielleicht auch aus bloßer Abenteuerlust von zu Hause weg.

Die Kolonisten bleiben Griechen

So gründeten die Griechen zwischen 750 und 550 v. Chr. viele Ackerbaukolonien und Handelsstädte. Alle lagen nahe an der Küste, waren also mit Schiffen über See leicht zu erreichen. Ihre neuen Nachbarn lernten die griechische Sprache, Lebensart und Architektur kennen. Die Griechen vermittelten ihnen auch zwei entscheidende Neuerungen, die sie selbst im Osten kennen gelernt hatten: das Alphabet und das Münzsystem.

Zu den Mutterstädten entstanden rege Handelsbeziehungen. Obwohl die Griechen über viele Stadtstaaten verstreut lebten, fühlten sie sich durch ihre gemeinsame Sprache und Kultur als ein Volk. Fremde bezeichneten sie als Barbaren. Deren Sprache hörte sich für Griechen nämlich wie „barbarbar“ an. Wer es sich leisten konnte, reiste zu den großen Festen der Götter nach Griechenland. Alle vier Jahre kamen ab 776 v. Chr. Sportler und Besucher aus der ganzen griechischen Welt zu großen Wettkämpfen nach Olympia.

M2 *Der Geschichtsschreiber Herodot (5. Jahrhundert v. Chr.) berichtet, wie Bürger der Insel Thera (heute Santorin) um 630 v. Chr. eine Tochterstadt gründen:*

Nun aber blieb sieben Jahre lang der Regen in Thera aus; während dieser Zeit verdorrten alle Bäume der Insel. Da befragten die Theraier das Orakel von Delphi, und die Pythia* erinnerte sie an das Gebot des Gottes Apollon eine Kolonie in Libyen zu gründen. Die Theraier beschlossen, dass aus allen sieben Gemeinden der Insel immer einer von zwei Brüdern auswandern sollte. Zum Anführer der Auswanderer wurde Battos bestimmt. Daraufhin fuhren sie in Richtung Libyen ab. Da sie aber keine günstigen Winde hatten, kehrten sie nach Thera zurück. Die Theraier aber schossen auf sie und ließen sie nicht landen. Notgedrungen fuhren sie wieder zurück und ließen sich auf der Insel Platea vor der libyschen Küste nieder. Hier wohnten sie zwei Jahre, aber es ging ihnen auch hier schlecht und so fuhren sie nach Delphi; nur einen einzigen Mann ließen sie zurück. Doch Pythia bestand auf der Ansiedlung in Libyen.
Als Battos und seine Gefährten das hörten, fuhren sie wieder zurück. (…) Sie segelten zur Insel, nahmen den Zurückgelassenen an Bord und gingen gegenüber jener Insel in Libyen an Land. An dieser Stelle wohnten sie sechs Jahre. Dann führten die Libyer sie weiter an einen noch schöneren Ort. Dort gründeten sie Kyrene.

Herodot, Historien 4, München 1977, S. 150ff.

*Pythia war die Priesterin im Apollonheiligtum in Delphi. An dieses Orakel wandten sich die Griechen in wichtigen Fragen.

M3 *Buchstaben des griechischen Alphabets*

Α	α	a	Alpha	Η	η	e	Eta
Β	β	b	Beta	Θ	θ	th	Theta
Γ	γ	g	Gamma	Ι	ι	i	Iota
Δ	δ	d	Delta	Κ	κ	k	Kappa
Ε	ε	e	Epsilon	Λ	λ	l	Lambda
Ζ	ζ	th	Zeta	Μ	μ	m	My

M4 *Griechische Schiffe* auf einer Trinkschale aus dem 5. Jahrhundert v. Chr. Zu dieser Zeit besaß die Polis Athen die meisten Handels- und Kriegsschiffe.

M5 *Tetradrachme (=Vierdrachmenstück)* aus Athen. Die Rückseite der Münze zeigt das Wappentier der Athene. Athene ist die Schutzgöttin der Stadt. Ihr Bild ist auf der Vorderseite der Münze zu sehen. Die Inschrift A E steht für die ersten drei Buchstaben des Ausgabeortes: A ENAI N = Münze der Athener.
Das Silber für die berühmte Athener Eulenmünze kam aus den Bergwerken von Laurion auf der Halbinsel Attika. Dort arbeiteten bis zu 20 000 Sklaven unter unmenschlichen Bedingungen.

1 Erklären Sie, warum viele Griechen ihre Heimat verließen (VT, M2).

2 Wodurch gab es noch lange Zeit nach der Gründung einer Kolonie sehr enge Beziehungen zur „Mutterstadt“ (VT)?

3 Suchen Sie von Herodot erwähnte Orte auf den Karten auf S. 15 und 16 und beschreiben Sie den Reiseweg der Theraier.

4 Unter dem Stichwort „Delphi“ finden Sie in fast allen Lexika Beschreibungen des Orakels von Delphi und der Rolle der Pythia. Informieren Sie sich und beschreiben Sie, wie das Orakel zustande kam. Welche Rolle spielte das Orakel in dem Bericht Herodots (M2)?

3 Sparta – ein Leben für den Krieg

Spartiaten
waren die Nachkommen dorischer Eroberer, die sich auf der Halbinsel Peloponnes angesiedelt hatten. Sie blieben eine kleine Herrenschicht von wenigen tausend Mann, die die Ureinwohner unterdrückte. Nur Spartiaten hatten politische Rechte, mussten aber ständig kriegsbereit sein.

Periöken
bedeutet „Umwohner". Die Spartaner ließen ihnen Freiheit und Land. Dafür mussten sie im Krieg Soldaten stellen.

Heloten
waren rechtlose Kriegsgefangene der Spartaner, die wie Sklaven behandelt wurden. Sie versorgten die Spartaner mit Lebensmitteln.

M1 *Schwer bewaffneter Fußsoldat (Hoplit),* Bronzestatue um 510 v. Chr.
Im 7. Jh. v. Chr. veränderte sich die Kriegführung, weil Bronze und Eisen billiger wurden. Jetzt waren nicht mehr Einzelkämpfer in der Schlacht entscheidend, sondern größere Heere. Es kam darauf an, möglichst viele disziplinierte und gut ausgebildete Krieger aufzubieten.

Erziehung durch Härte

Vielleicht haben Sie schon einmal gehört, dass jemand gesagt hat: „Der lebt aber spartanisch!" Ältere Menschen erzählen manchmal, dass sie noch spartanisch erzogen wurden. Was meint man damit?
„Spartanisch", das hat etwas mit der Lebensweise der alten Spartaner zu tun, die vor mehr als 2000 Jahren auf der Halbinsel Peloponnes im südlichen Griechenland lebten. Sie waren anders als die übrigen Griechen. Das zeigte sich schon bei der Erziehung der Kinder. Der griechische Geschichtsschreiber Plutarch berichtet darüber: „Sobald die Knaben 12 Jahre alt waren, (...) bestand ihr Nachtlager aus Schilf. (...) Ihr Essen war kärglich. Sie sollten gezwungen werden, selber durch List und Wagemut dem Mangel abzuhelfen. So stahlen sie, was sie an Speisen erwischen konnten. (...) Wurde einer ertappt, so waren Schläge und Hunger die Strafe dafür, dass er unüberlegt und ohne Geschicklichkeit gestohlen hatte."

Ein karges Leben für die Herren

Das Leben der Spartaner war streng geregelt. Mit 20 Jahren wurden die jungen Männer als Berufskrieger in die Gemeinschaft der Spartiaten aufgenommen. Nun hatten sie politische Rechte, durften in der Volksversammlung Gesetze beschließen und den Rat der Alten sowie die fünf Ephoren (Aufseher) wählen. Das war eine Art Regierung. Es gab zwei Könige, die als Oberpriester die Opfer leiteten und im Krieg das Heer führten.
Das tägliche Leben der Spartiaten war keineswegs angenehm. Sie mussten bis zum 30. Lebensjahr in der Kaserne bleiben und sich täglich im Kampf üben. Auch danach gab es kein Privatleben. Der Staat verpflichtete alle, ihre einfachen Mahlzeiten mit den Kampfgenossen einzunehmen. Luxus gab es kaum, Fremde waren unerwünscht.
Die Spartiaten arbeiteten nicht. Ihre Felder bestellten fast 200 000 Heloten, das waren die Nachkommen der unterworfenen Urbevölkerung. Als Staatssklaven hatten sie keine Rechte. Weil die Spartaner aber nur etwa 9000 waffenfähige Männer hatten, mussten sie ständig auf der Hut vor Aufständen der Heloten sein.
Die Periöken bewohnten die rings um Sparta liegenden Dörfer. Sie versorgten als freie Handwerker und Händler die Spartiaten, hatten im Staat aber nichts zu sagen.

Selbstbewusste Frauen und Mädchen

Zum Leben der Mädchen in Sparta gehörte regelmäßiger Sport. Sie übten sich im Ballspiel, Tanzen und Wettlauf, aber auch im Speerwerfen und Ringen. Die Spartaner glaubten, dass körperlich robuste Frauen dem Staat starke Söhne gebären würden. Die Spartanerinnen waren sehr selbstbewusste Frauen. Da ihre Männer ständig in der Kaserne oder im Krieg waren, mussten sie die meisten Dinge wohl selbst regeln.

M5 *Schwerbewaffnete im Kampf* (Vasenmalerei aus dem 7. Jahrhundert v. Chr.). Die Griechen kämpften in einer festen Schlachtordnung. Viele Reihen schwer bewaffneter Fußsoldaten standen dicht hintereinander. Diese Schlachtordnung nannten sie Phalanx.

M2 *„Spartanische" Erziehung für Mädchen hat angeblich schon der Gesetzgeber Lykurg um 700 v. Chr. geregelt. Der griechische Gelehrte Plutarch (46–120 n. Chr.) berichtet darüber:*

Lykurg hat auch die Lebensführung der Frauen sorgfältig geregelt. Er sorgte dafür, dass die Körper der Mädchen durch Laufen, Ringen und Speerwerfen gekräftigt wurden. Denn er sagte sich, dass Frauen mit kräftigen Körpern auch kräftige Kinder gebären würden. Und auch bei der Geburt selbst hätten sie keine Schwierigkeiten. Weichlichkeit, Verzärtelung und alles, was er abfällig „weibisch" nannte, verbannte er. Er gewöhnte die Mädchen daran, wie die Knaben nackt ihre Aufzüge zu halten und bei bestimmten Festen zu tanzen und zu singen, und das vor den Augen junger Männer. Dass die Mädchen sich entblößten, hatte übrigens nichts Peinliches an sich. Denn es war Scham dabei und keine ungehörige Schaulust. So gewöhnten sie sich an Einfachheit und strebten nach wohlgestalteter Körperbeschaffenheit. Auch gab das der Frau Sinn und Geschmack für das stolze Selbstgefühl, dass auch sie nicht weniger als der Mann Anteil haben sollte am Streben nach Tapferkeit und Ruhm.

Plutarch, Lykurg, 14, bearb. nach: Plutarch, Große Griechen und Römer, Bd. 1, München 1979, S. 142.

M3 *„Spartanische" Erziehung für Jungen. Dazu überliefert Plutarch Folgendes:*

Der Vater durfte nicht entscheiden, ob er ein neugeborenes Kind aufziehen konnte. Er musste es zu der Sprechhalle bringen, dem Ort, wo die Ältesten saßen und das Kind untersuchten. Wenn es wohl gebaut und kräftig war, ordneten sie seine Erziehung an. War es aber schwächlich und missgestaltet, so ließen sie es zur so genannten „Ablage" bringen, einem Felsabgrund am Taygetosgebirge. Sie meinten, für einen Menschen, der nicht von Anfang an gesund und kräftig heranwachsen könne, sei es besser, nicht zu leben, sowohl um seiner selbst wie um des Staates willen.

(...) Niemand durfte seinen Sohn bei sich behalten und nach seinem Willen erziehen, sondern man teilte die Jungen, sobald sie sieben Jahre alt waren, in Gruppen ein, in denen sie miteinander aufwuchsen. Zum Führer der Horde wählten sie denjenigen, der sich durch Klugheit und Mut im Kampf auszeichnete. Ihn bewunderten sie, hörten auf seine Befehle und unterwarfen sich seinen Strafen. So bestand die Erziehung vor allem darin, Gehorsam einzuüben. Lesen und Schreiben lernten sie nur so viel, wie sie brauchten. Die übrige Erziehung war darauf gerichtet, dass sie lernten, eifrig zu gehorchen, Anstrengungen zu ertragen und im Kampf zu siegen.

Plutarch, Lykurg, 14 und 16.

M4 *Junge Spartanerin* (Bronzefigur um 530 v. Chr.)

1 Worauf legten die Spartaner besonderen Wert bei der Erziehung von Jungen und Mädchen (VT, M2, M3)? Klären Sie, was man heute noch unter einer „spartanischen Erziehung" versteht.

2 Härte und Disziplin machten die Spartaner für Jahrhunderte unschlagbar. Erklären Sie mit Hilfe von M1 und M5, warum das so war.

3 Erklären Sie die Arbeitsteilung zwischen Männern und Frauen in Sparta.

4 Sparta wurde von manchen Griechen kritisiert, von manchen aber auch bewundert. Auf welcher Seite steht Plutarch (M3)?

4 In Athen regieren die Bürger

Monarchie
heißt Alleinherrschaft. An der Spitze des Staates steht ein König.

Oligarchie/Aristokratie
bedeutet die Herrschaft weniger bzw. die Herrschaft der Adligen.

Demokratie
bedeutet Volksherrschaft. Bei dieser Regierungsform bestimmen die Bürger selbst. Die Athener führten um 500 v. Chr. die erste Demokratie ein.

Ostrakismos
(= Scherbengericht) war eine antike Form der Volksabstimmung mittels Tonscherben (griech. ostrakon = Tonscherbe). Dabei wurde jährlich über eine zehnjährige Verbannung von Politikern abgestimmt, deren Aktivitäten den Staat bedrohten. Den Betroffenen blieben Ehrenrechte und Vermögen erhalten.

Wir leben in einer Demokratie

Alle vier Jahre wählen die Bürgerinnen und Bürger der Bundesrepublik Deutschland die Abgeordneten für den Deutschen Bundestag. Dort werden die Gesetze beschlossen, nach denen wir uns alle richten müssen. Die Abgeordneten des Bundestages wählen den Bundeskanzler als den Chef der Regierung. Würde uns jemand sagen, das könnte man auch einfacher haben, etwa durch Losen, hielten wir ihn schlicht für verrückt.

Die erste Demokratie war anders

Die Athener haben 500 Jahre v. Chr. als Erste die Demokratie ausprobiert, und sie wollten sichergehen, dass keiner dabei bevorzugt würde.

Die Regierungsgeschäfte besorgte eine Gruppe von Bürgern, die jedes Jahr neu ausgelost wurde. Das war der Rat der 500. Dort wurden Vorschläge für neue Gesetze ausgearbeitet und Themen für die nächste Volksversammlung festgelegt. Dann kamen alle Bürger, die Zeit hatten und sich für die Sache interessierten, auf dem Versammlungsplatz zusammen. Sie hörten sich die Vorschläge an, berieten darüber und stimmten am Ende ab. Die Mehrheit entschied.

Nicht alle waren gleichberechtigt

Jeder Bürger konnte also mitreden und mit entscheiden. Er hatte sogar gute Chancen ein Amt zu bekommen, denn auch die 6 000 Richter wurden ausgelost. Bei 40 000 Bürgern und einer Amtszeit von nur einem Jahr war also jeder irgendwann dabei. Athen war eine Demokratie – freilich nur für Männer. Frauen, Zugewanderte und Sklaven wurden nicht nach ihrer Meinung gefragt.

Ein bedeutender Politiker

Die Athener haben die Macht eines Einzelnen gefürchtet. Doch es gab ein Amt, das man unmöglich verlosen konnte und bei dem auch eine Wiederwahl erlaubt sein musste: das des Strategen. So nannten die Griechen ihre Feldherrn. 30 Jahre lang wählten die Athener Perikles als einen ihrer Anführer im Krieg. Perikles war aber auch ein glänzender Redner in der Volksversammlung. Dadurch konnte er die Büger bei wichtigen Entscheidungen überzeugen.

In einer erfundenen Bildergeschichte begleiten wir nun den Athener Bürger Kleon und seinen ägyptischen Geschäftspartner Eje durch die Stadt Athen. Es ist das Jahr 431 v. Chr.

M1 *Wer soll herrschen: einer, wenige, alle?*
In Athen veränderte sich die Staatsordnung innerhalb von 200 Jahren sehr. Rot gefärbt ist der Teil der Bevölkerung, der jeweils an der Herrschaft beteiligt war.
Metöken waren persönlich frei, besaßen aber keine politischen Rechte.

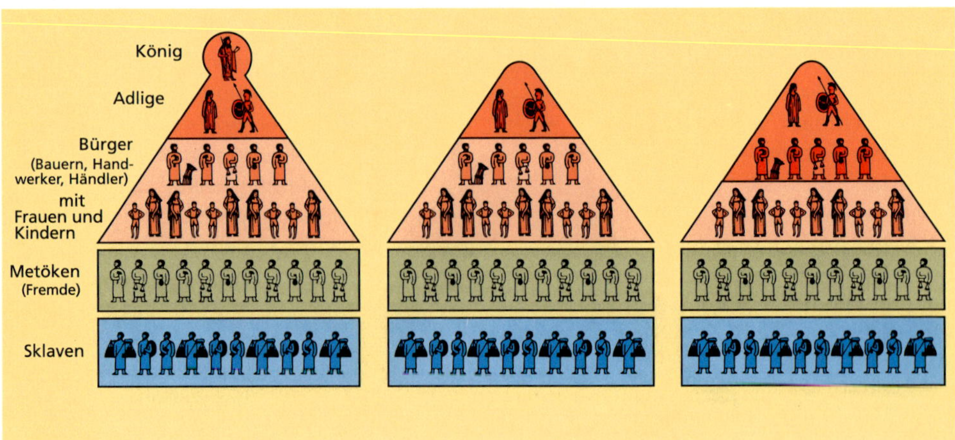

M2

M3 *Wie das Scherbengericht funktionierte, erklärt der griechische Geschichtsschreiber Plutarch (46–120 n. Chr.):*

Am jährlichen Gerichtstag nahm jeder Bürger eine Tonscherbe, darauf schrieb er den Namen des Mannes, den er verbannen wollte. Dann brachte er die Scherbe an einen Ort auf dem Markt, der rings mit Schranken umschlossen war. Die Beamten zählten zunächst die gesamten abgelieferten Scherben; wenn weniger als 6000 abgegeben worden waren, war die Abstimmung ungültig. Wer von der Mehrzahl aufgeschrieben worden war, den verbannten sie auf zehn Jahre. Sein Vermögen blieb ihm erhalten.

Plutarch, Aristides 7. In: Wolfgang Lautemann (Hg.), Geschichte in Quellen, Bd. I, München 1965, S. 165.

M4 *Tonscherbe als Stimmzettel.*

Diese Tonscherbe wurde in Athen gefunden. Der Name eines bekannten Politikers ist eingeritzt; vielleicht können Sie ihn entziffern. Darunter steht, dass er der Sohn des Xanthippos war, eine Zusatzinformation, um jede Verwechslung auszuschließen.

1 Zu wessen Gunsten haben sich jeweils die Herrschaftsverhältnisse in Athen verändert (M1)?

2 Im Comic erklärt Kleon wichtige Elemente der Demokratie in Athen. Nennen Sie sie (M2).

3 Diskutieren Sie, ob das Scherbengericht ein sinnvolles Verfahren zur Sicherung der Demokratie war. Welches Argument wird im Comic für diese Form der Volksabstimmung genannt (M2–M4)?

5 Wettkampf zu Ehren der Götter

M1 *Die Olympischen Spiele der Neuzeit:*
1896 Athen
1900 Paris
1904 St. Louis
1908 London
1912 Stockholm
1920 Antwerpen
1924 Paris
1928 Amsterdam
1932 Los Angeles
1936 Berlin
1948 London
1952 Helsinki
1956 Melbourne
1960 Rom
1964 Tokio
1968 Mexiko
1972 München
1976 Montreal
1980 Moskau
1984 Los Angeles
1988 Seoul
1992 Barcelona
1996 Atlanta
2000 Sydney
2004 Athen
2008 Peking
2012 London

Wettkämpfe und Götterverehrung
Kein anderes Volk der Antike hat so viel Freude an sportlichen Wettkämpfen gehabt wie die Griechen. Die Spiele dienten in erster Linie der Verehrung der Götter. Das zeigte sich bei den vier großen Veranstaltungen für alle Griechen, von denen jedes Jahr mindestens eine stattfand. Denn sowohl in Olympia als auch in Delphi, Nemea und Korinth wurden sie bei einem Tempel ausgetragen zu Ehren des Gottes, dem der Tempel geweiht war.

Entwicklung der Olympischen Spiele
Die ältesten und berühmtesten Spiele fanden alle vier Jahre beim Tempel des Zeus in Olympia statt. Anfangs bestanden sie nur aus einer Feier zu Ehren des Gottes Zeus und einem Wettlauf von der Länge eines Stadions (ca. 190 m). Das dauerte einen Tag. Später kamen immer mehr Disziplinen dazu: der doppelte Stadionlauf, Langlauf, der Fünfkampf mit Laufen, Weitsprung, Ringen, Diskus- und Speerwurf, Boxen, Pankration (eine Mischung aus Boxen und Ringen), Wagen- und Pferderennen. Auch die religiösen Feierlichkeiten wurden ausgeweitet. So verlängerte sich die Dauer der Spiele auf fünf Tage.

M2 *Wagenrennen* (Vasenmalerei aus dem 6. Jahrhundert v. Chr.)

Ablauf der Spiele
Im Jahr von Olympischen Spielen reisten Gesandte des Zeus-Heiligtums von Olympia durch alle griechischen Städte und luden zu den Spielen ein. Wer als Sportler teilnehmen wollte, musste Grieche sein und männlich. Zuschauen durften fast alle, auch Nichtgriechen und Sklaven – nur keine verheirateten Frauen. Mit der Einladung verpflichteten die Gesandten die Städte zu Waffenruhe. Die Spiele sollten ungestört stattfinden und die Teilnehmer gefahrlos nach Olympia und wieder nach Hause reisen können.
Die Olympischen Spiele fanden Mitte Juli statt. Die Sportler mussten einen Monat vorher anreisen und ihr Können den Oberschiedsrichtern vorführen. Wer von diesen für geeignet gehalten wurde, war für die Wettkämpfe qualifiziert. Die eigentlichen Spiele begannen mit einem Umzug aller Beteiligten – Sportler, Betreuer, Schiedsrichter, Zuschauer –, der zum Tempel des Zeus führte. Hier schworen die Sportler, sich an die Regeln der Spiele zu halten.

Nur der Sieg zählte
Die Wettkämpfe selbst wurden mit höchster Leidenschaft ausgetragen. Jede Niederlage – sogar schon ein zweiter oder dritter Platz – galt als untilgbare Schmach. Die Verlierer kehrten unglücklich und auf Schleichwegen in ihre Heimat zurück, um dem Spott zu entgehen, der sie erwartete. Denn nur ein Sieg bewies nach Ansicht der Griechen, dass die Götter dem Sportler und seiner Heimatstadt wohlgesonnen waren. Außerdem wurden der Sieger und seine Polis durch einen Erfolg in Olympia in der ganzen Welt der Griechen bekannt. Daher ehrte die Heimatstadt einen zurückgekehrten Sieger mit höchsten Auszeichnungen, gewährte ihm z. B. Essen und Trinken auf Kosten der Polis bis an sein Lebensende.

Zeus (Jupiter)

Hera (Juno)

Apollon (Apollo)

Hermes (Merkur)

Hades (Pluto)

Artemis (Diana)

M3 *Die olympische Familie – so nennt man die Hauptgötter der Griechen nach ihrem Wohnort, dem Berg Olymp im Norden Griechenlands. Die römischen Namen der Göttinnen und Götter stehen in Klammern. Ihre Aufgaben und ihre Bedeutung für die Menschen können Sie erfahren, wenn Sie die folgenden Aussagen richtig zuordnen:*

1 Der Göttervater ist auch Himmelsgott; sein Zeichen ist der Adler. Als Wettergott schickt er Gewitter und Stürme.

2 Die Göttermutter trägt einen goldenen Haarreif. Als Beschützerin der Ehe und Familie hasst sie die Geliebten ihres Gatten Zeus.

3 Die Göttin der Liebe betrachtet sich gern im Spiegel. Sie ist mit ihrem Bruder Hephaistos verheiratet.

4 Der Götterbote eilt mit Flügelschuhen. Er ist der Beschützer der Reisenden, Kaufleute und Diebe. Die Seelen der Toten geleitet er in die Unterwelt.

5 Der Gott des Krieges ist ein Sohn des Zeus und der Hera. Er liebt den wilden Kampf, aber auch Aphrodite.

6 Der Gott der Unterwelt herrscht im düsteren Reich der Verstorbenen. Sein Begleiter ist der Höllenhund Zerberus.

7 Die Göttin der Weisheit und die Lieblingstochter des Zeus ist als Beschützerin Athens eine wehrhafte Dame.

8 Der Gott der Schmiedekunst ist ein Sohn des Zeus und der Hera. Wenn er in der Glut Feuer speiender Berge Waffen schmiedet, langweilt sich seine Frau Aphrodite.

9 Der Gott des Weines hat nichts gegen einen Rausch und liebt frohe Feste.

10 Die Göttin der Fruchtbarkeit und des Getreides ist eine Schwester des Zeus.

Dionysos (Bacchus)

Ares (Mars)

Aphrodite (Venus)

Demeter (Ceres)

Athene (Minerva)

Hephaistos (Vulcanus)

Poseidon (Neptun)

11 Die Göttin der Jagd und Beschützerin der wilden Tiere ist eine Tochter des Zeus. Sie bringt Geburt und Tod.

12 Der Gott der Musik, des Dichtens und des Heilens schickt auch die Pest. Er ist der Zwillingsbruder der Jagdgöttin.

13 Der Gott des Meeres, der Erdbeben und der Pferde wühlt mit seinem Dreizack die Meere auf. Als Bruder des Zeus ist er ein sehr mächtiger Gott.

vom Verfasser zusammengestellt

1 Die Römer haben die griechischen Götter übernommen, ihnen aber römische Namen gegeben (M3). Einige Namen finden Sie bei den Planeten wieder. Welche?

2 In welchem Zusammenhang standen Sport und Götterglaube im alten Griechenland (VT)?

3 Stellen Sie zusammen, welche antiken Sportarten noch heute bei Olympischen Spielen ausgeübt werden (VT).

6 Werkstatt
Schriftliche Quellen auswerten

Aus der Zeit der alten Griechen sind uns viele Schriftstücke erhalten geblieben. Diese Textquellen enthalten wichtige Aussagen über die Politik, das Alltagsleben und das Denken der Menschen damals. Sie sind aber nicht immer leicht zu verstehen. Wenn wir viele Informationen aus ihnen „herausholen" wollen, müssen wir sorgfältig lesen und bestimmte Fragen stellen. Die „methodischen Arbeitsschritte" erklären, wie es geht.

Zu den Olympischen Spielen haben sich viele Schriftsteller in der Antike geäußert. So wie heute waren die Menschen auch damals nicht immer einer Meinung.

M2 *Der Athener Isokrates schrieb über die Olympischen Spiele um 380 v. Chr.:*
Mit Recht lobt man diejenigen, welche die Festversammlung eingeführt haben. Denn ihnen verdanken wir es, dass wir uns nach Verkündung des Gottesfriedens und nach Beilegung der schwebenden Feindschaften an einem Ort zusammenfinden und den Göttern gemeinschaftliche Gebete und Opfer darbringen. Dabei erinnern wir uns der bestehenden Verwandtschaft, verbessern für die Zukunft das gegenseitige Verständnis, erneuern die alten Gastfreundschaften und knüpfen neue an.

Isokrates, Panegyrikon 43, nach: Erinnern und Urteilen, Bd. 6, Stuttgart 1991.

M3 *Über den Wert sportlicher Übungen spricht ein Nichtgrieche mit einem Athener. Der griechische Dichter Lukian (120–180 n. Chr.) gibt seine Aussage wieder:*
Weswegen tun dies bei euch die jungen Männer? Die einen umschlingen einander und stellen sich ein Bein, versuchen sich gegenseitig zu Boden zu werfen und wälzen sich wie Schweine im Kot. (…) Das Erbärmlichste ist, dass so viele Zuschauer Zeugen der Misshandlung der Athleten sind. Ich wundere mich sehr, dass sie ihre wichtigen Geschäfte beiseite lassen und für derartige Darbietungen Zeit finden. Ich kann nicht begreifen, dass es ihnen Vergnügen bereiten soll, Menschen zu sehen, die sich stoßen und boxen und sich zu Boden schmettern.

Lukian, Anarchasis II, Zürich 1963 (bearb. v. Verf.).

M1 *Weitsprung mit Gewichten.* (Schale, um 500 v. Chr.) Wenn der Springer Gewichte in den Händen hält, musste der Absprung anders erfolgen als heute. – Überlegen Sie, wie.

M4 *Der Dichter Xenophanes (um 565–470 v. Chr.) meint dazu:*
Nein, es liegt kein Sinn in diesem Brauche. Zu Unrecht wertet man leibliche Kraft höher als Wissen und Weisheit. Denn sei im Volk ein Bürger auch tüchtig im Faustkampf, mag er vielleicht auch im Ringen oder Fünfkampf sehr gut sein oder im Schnelllauf: So wird doch die Ordnung des Staates dadurch nicht besser. Wenig Gewinn erwächst daraus der heimischen Stadt.

Xenophanes, Frg. 2. In: Wolfgang Lautemann (Hg.), Geschichte in Quellen, Bd. I, München 1965, S. 126 (bearbeitet v. Verf.)

Methodische Arbeitsschritte

Fragen zum Text:
1. Worum geht es in dem Text? Welche Orte, Personen oder Gruppen werden genannt?
2. Gibt es Wörter oder Sätze, die Sie nicht verstehen? Schlagen Sie in einem Wörterbuch nach oder fragen Sie Ihre Lehrerin bzw. Ihren Lehrer.
3. Unterteilen Sie den Text in einzelne Abschnitte und verfassen Sie für jeden eine kurze Überschrift.

Fragen zum Verfasser:
4. Wer hat den Text verfasst?
5. Können Sie erkennen, an wen sich der Schreiber mit seinem Text wendet?
6. Schreibt der Verfasser über Dinge, die er selbst erlebt hat, oder woher hat er seine Kenntnisse?
7. Mit welcher Absicht mag der Verfasser den Text geschrieben haben?

M5 *Pausanias verfasste um die Mitte des 2. Jahrhunderts n. Chr. eine Landesbeschreibung Griechenlands. Darin heißt es über den Eid bei den Olympischen Spielen:*

Die Zeusstatue im Rathaus, die von allen Zeusstatuen ganz besonders zur Abschreckung von Bösewichten geschaffen ist, hat den Beinamen Horkios [Schwurgott] und hält in jeder Hand einen Blitz. Bei ihr müssen die Athleten und ihre Väter und Brüder und auch die Lehrer [Gymnasten] über einem Eberopfer schwören, dass sie sich keinen Verstoß gegen die olympischen Wettkämpfe zuschulden kommen lassen werden. Die Athleten leisten dazu noch den folgenden Schwur, dass sie sich insgesamt zehn Monate nacheinander der sorgfältigsten Übung hingegeben hätten. Es schwören auch diejenigen, die die Knaben und bei den Pferderennen die Fohlen zu beurteilen haben[1], dass sie ihr Urteil nach Recht und ohne Geschenke abgeben und das, was sich auf Zulassung oder nicht bezieht, geheim halten werden.

Pausanias, Beschreibung Griechenlands, 5,24,9. In: Geschichte in Quellen, Band 1, München 1975, S. 123.

[1] Sie hatten bei den Knaben und Fohlen wohl zu entscheiden, ob sie vom Alter her noch dieser Wettkampfklasse zugeordnet werden durften.

1 Untersuchen Sie die Textquellen M2–M5 mit Hilfe der methodischen Arbeitsschritte.

2 Erklären Sie, worin sich der Text M2 von den beiden Texten M3 und M4 unterscheidet?

3 Worin sieht Isokrates in M2 die Bedeutung der Wettkämpfe für die Griechen?

4 Geben Sie den Inhalt von M5 in Stichworten wieder. Welche Informationen können Sie dem Text entnehmen? Was können Sie über den Wortlaut hinaus vermuten? Wem droht Zeus zum Beispiel mit den Blitzen in seinen Händen?

M6 *Ringkämpfer* auf einer griechischen Vase. In der Mitte steht wohl der Preis für den Sieger.

7 Hellenismus – Erbe der griechischen Kultur

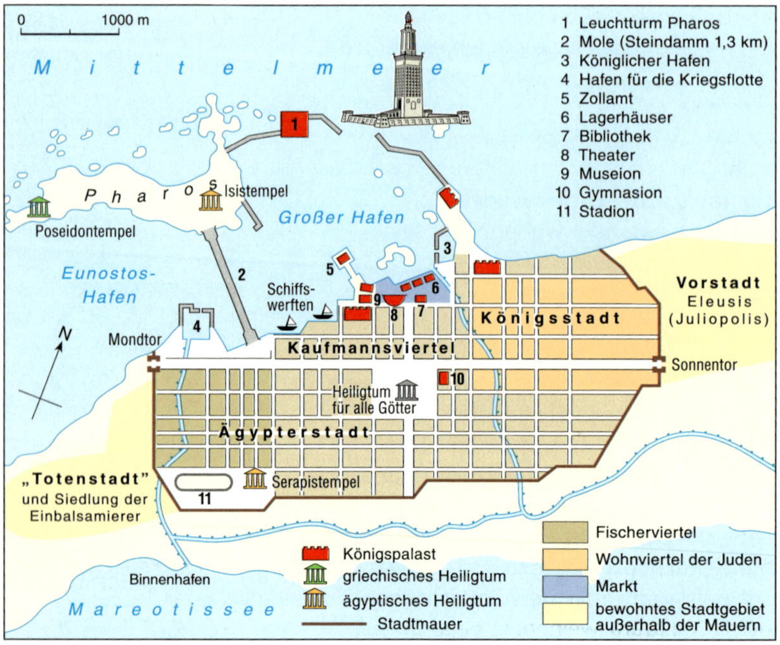

M1 *Alexandria* wurde von Alexander dem Großen 331 v. Chr. gegründet. Das Wahrzeichen der Stadt war der Leuchtturm mit einer Höhe von 120 Metern.

Philosoph
heißt im Griechischen „Freund der Weisheit". Die Philosophen waren frühe Wissenschaftler, die nach dem Ursprung der Dinge suchten.

Hellenismus
bezeichnet die Ausbreitung der griechischen (= hellenischen) Kultur seit etwa 300 v. Chr.

Makedonien – eine neue Großmacht

Der Königssohn Alexander war mit zwanzig Jahren Herrscher von Makedonien im gebirgigen Norden Griechenlands geworden. Schon sein Vater Philipp hatte ein schlagkräftiges Heer aufgebaut und die griechischen Stadtstaaten besiegt. Sie mussten sich in einem Bund unter makedonischer Führung zusammenschließen. Das gemeinsame Ziel sollte ein Feldzug gegen die Perser sein, die Griechenland zwei Generationen zuvor überfallen und dabei auch die Akropolis von Athen zerstört hatten.
334 v. Chr. setzte Alexander als Oberfeldherr des griechischen Bundes mit 35 000 Griechen und Makedonen nach Kleinasien über. In den folgenden zehn Jahren legte er mit seinen Soldaten mehr als 20 000 Kilometer zurück: Er besiegte die Perser und eroberte Ägypten.

Die Kultur des Hellenismus

Nach Alexanders Tod 323 v. Chr. errichteten seine Heerführer neue Reiche, in denen sie sich wie Gottkönige verehren ließen. In die neu gegründeten Städte zogen zehntausende Griechen, die natürlich auch ihre Lebensweise mitbrachten. Hier konnten sie als Kaufleute, Beamte, Offiziere, Handwerker oder Künstler meistens besser leben als in der alten Heimat. Überall im ehemaligen Alexanderreich wurde Griechisch nun zu einer Art Weltsprache, wie es das Englische heute ist. Griechische Schauspieler führten im Theater Stücke auf; im „Gymnasion" übten sich Knaben im Sport. Wir nennen die ersten drei Jahrhunderte nach Alexanders Tod die Zeit des Hellenismus, weil sie stark von der Kultur der Griechen (= Hellenen) geprägt war.

Die „Weltstadt" Alexandria

Die bedeutendste Stadt in der hellenistischen Welt war Alexandria in Ägypten. Vielleicht war sie mit ihren 500 000 Einwohnern um 100 v. Chr. sogar die größte Stadt der Welt. Von hier aus führten Karawanenwege nach Afrika und Arabien. Seeschiffe konnten alle Häfen des Mittelmeeres erreichen und über das Rote Meer bis nach Indien fahren.
Berühmt war die Bibliothek von Alexandria. Sie umfasste fast 700 000 Buchrollen und war damit die größte Büchersammlung des Altertums. Im Museion, der ersten Universität der Welt, lebten und forschten die Gelehrten auf Kosten des Staates. Sie kamen dabei zu Ergebnissen, die teilweise noch heute Gültigkeit haben.

Mit den Philosophen fing es an

Noch bis ins 6. Jahrhundert v. Chr. hat man fast alle Naturerscheinungen dem Wirken der Götter zugeschrieben. Einzelne Menschen begannen aber, nach verstandesmäßigen Erklärungen zu suchen. Die Griechen nannten diese Männer, die nach Wahrheit und Wissen suchten, Philosophen. Sie stellten Fragen, die uns noch heute beschäftigen: Was ist der Sinn des Lebens? Welche Staatsform ist die beste?
Einer von ihnen war Sokrates. Er verwickelte seine Mitbürger in Gespräche um sie zum Nachdenken zu bringen.

M2 *Diese Erfindungen aus der Zeit des Hellenismus* stammen von den Wissenschaftlern des Museion in Alexandria.

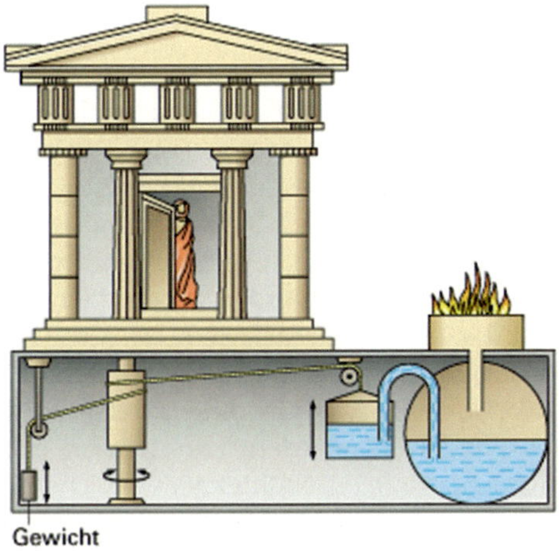

a) Wunderaltar des Heron. Wenn das Altarfeuer angezündet wurde, öffnete sich die Tempeltür und eine Göttin zeigte sich. Das Brennmaterial (z. B. „heiliges" Öl) konnten die Gläubigen von den Priestern kaufen. – Wem hat diese Erfindung genutzt?

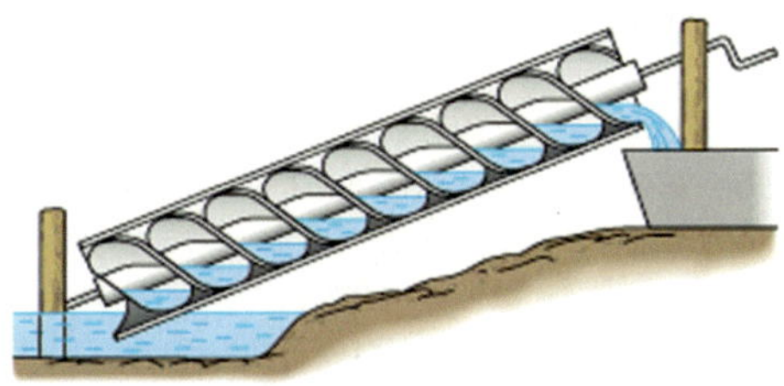

b) Die archimedische Schraube wurde zur Entwässerung in Bergwerken oder zur Bewässerung auf Feldern eingesetzt.

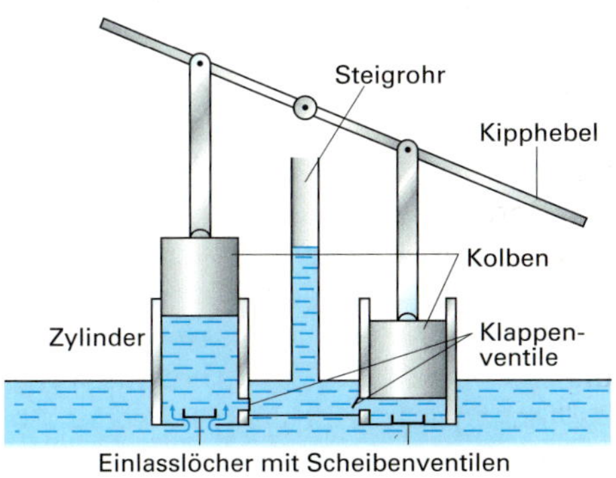

c) Die Wasserpumpe des Ktesibios diente noch bis ins 20. Jahrhundert hinein zur Brandbekämpfung.

M3 *Deutsche Lehnwörter aus dem Griechischen.* – Viele Wörter, die mit ph geschrieben werden, kommen aus dem Griechischen. Suchen Sie solche Wörter und prüfen Sie mit Hilfe des Fremdwörterbuches oder eines Lexikons, ob es sich wirklich um Lehnwörter aus dem Griechischen handelt.

Mikroskop (mikros = klein, skopein = schauen
Demokratie (demos = Volk, kratein = herrschen)
Philosophie (philos = Freund, sophia = Weisheit)
Anarchie (a = un, arche = Ordnung)
Epidemie (epi = in, demos = Volk)
Anatomie (anatermnein = aufschneiden)
Atom (atomos = unteilbar)
Gymnastik (gymnazein = trainieren)

M4 *Der Schriftsteller Vitruv erzählt um 25 v. Chr. von einer Entdeckung, die der Wissenschaftler Archimedes 200 Jahre zuvor gemacht hatte:*

König Hieron wollte den Göttern einen goldenen Kranz weihen. Er beauftragte einen Goldschmied mit der Arbeit und gab ihm das abgewogene Gold.
Dieser legte zur gegebenen Zeit das schön gearbeitete Werkstück zur Abnahme vor, und er schien das Gewicht des Kranzes genau abgeliefert zu haben. Später wurde Anzeige erstattet, es sei Gold weggekommen und dem Kranz ebenso viel Silber beigemischt. Da Hieron, erbost über den Betrug, nicht herausbekam, wie er die Unterschlagung nachweisen konnte, bat er Archimedes den Fall zu übernehmen. Während dieser darüber nachdachte, ging er zufällig in eine Badestube, und als er dort in eine Badewanne stieg, bemerkte er, dass ebenso viel wie er von seinem Körper in die Wanne eintauchte, an Wasser aus der Wanne herausfloss. Weil dieser Vorgang einen Weg für die Lösung der Aufgabe gezeigt hatte, hielt er sich daher nicht weiter auf, sondern sprang voller Freude aus der Badewanne, lief nackt nach Hause und rief mit lauter Stimme: „Heureka! Ich hab's gefunden!"

Vitruv, De architectura 9, 9–10, Darmstadt 1964 (bearbeitet v. Verf.).

M5 *Der Philosoph Sokrates (470–399 v. Chr.),* römische Marmorkopie nach einer griechischen Bronzestatue. Sokrates machte sich mit seinen unbequemen Fragen viele Feinde. Sie klagten ihn an, er verderbe die Jugend und verachte die Götter. Ein Athener Gericht verurteilte ihn 399 v. Chr. zum Tode.

1 Woran erkennen Sie in M1, dass Alexandria keine über viele Jahrhunderte „gewachsene", sondern eine geplante Stadt war?

2 Nennen Sie verschiedene Gründe, warum das Athener Gericht Sokrates zum Tode verurteilt haben könnte (VT, M5).

3 Erklären Sie die Erfindungen in M2. Ermitteln Sie, ob sie heute noch Anwendung finden.

4 Erklären Sie, weshalb Archimedes nach seinem Erlebnis den Goldschmied überführen konnte (M4). Schlagen Sie nach, welche Dichte Gold und Silber jeweils haben.

8 Rom – vom Dorf zur Stadt

Die Sage von Romulus und Remus
Ein grausamer Onkel wollte die Zwillinge Romulus und Remus gleich nach der Geburt töten. Daher ließ er sie in einem Schilfkorb auf dem Fluss Tiber aussetzen. So wären sie in den sicheren Tod getrieben, wenn sich das Körbchen nicht in den Zweigen eines Feigenbaums verfangen hätte. Eine Wölfin hörte das Wimmern der Knaben und zog sie in einer Höhle wie ihre eigenen Jungen auf. Später fand sie ein Hirte, der Romulus und Remus mit in seine Hütte nahm.
Als die beiden zu starken jungen Männern herangewachsen waren, wollten sie auf dem Hügel Palatin am Tiber eine Stadt gründen. Romulus errichtete einen kleinen Erdwall. So wollte er den heiligen Bezirk der Stadt markieren. Mit einem Satz sprang sein Bruder darüber, um Romulus zu verspotten. Der geriet in solchen Zorn, dass er Remus erschlug. Das soll im Jahre 753 v. Chr. gewesen sein.

Forum Romanum heißt der große Platz in Rom, wo Versammlungen, Gerichtsverhandlungen und Märkte stattfanden. Auch politische Reden wurden hier gehalten.

M1 *Die Wölfin* ist bis heute das Wahrzeichen der Stadt Rom. Diese Plastik aus Bronze entstand um 500 v. Chr., die Zwillinge hat man fast 2000 Jahre später hinzugefügt.

Wie war es wirklich?
Archäologen haben am Hügel Palatin tatsächlich die Reste einfacher Hütten ausgegraben, die fast 3000 Jahre alt sind. Vermutlich hatten sich verschiedene Volksstämme aus dem Norden Italiens hier um 1000 v. Chr. niedergelassen. Der Ort war sehr günstig: Das Land war fruchtbar, und der Tiber ließ sich an dieser Stelle leicht überqueren. Außerdem konnte man mit Schiffen schnell das Mittelmeer erreichen.
Die Menschen in den kleinen Siedlungen lebten vor allem als Hirten, Bauern und Fischer. Der mächtigste Volksstamm waren die Etrusker, von denen viele gute Handwerker und Künstler waren. Nach und nach schlossen sich die Siedlungen auf den sieben Hügeln zu einer kleinen Stadt zusammen. Die Etrusker gaben ihr den Namen Ruma. Beherrscht wurde die Stadt von einem etruskischen König.

Eine große Stadt entsteht
Nach und nach wurde Rom eine Stadt mit Häusern aus Stein, mit Tempeln für die Götter und mit Brücken über den Tiber. Ringsum war die Anlage mit Mauern und Wällen befestigt. Um 500 v. Chr. beherrschten die Römer ein Gebiet, das schon so groß war wie Hamburg heute. Außerdem gelang es den Römern, die Sümpfe zwischen den Hügeln Stück für Stück trocken zu legen. Kanäle wurden angelegt, um den Boden zu entwässern. So entstand Raum für einen großen öffentlichen Platz.
Hier, auf dem Forum Romanum, versammelten sich die Bürger und es wurde auch Handel getrieben. Denn immer mehr Römer arbeiteten nun als Handwerker und Händler. Am Forum lag auch der Tempel. Bei wichtigen Entscheidungen beobachteten die römischen Priester den Flug der Vögel, deuteten ihn und gaben ihren Rat an den König weiter.

M2 *So hat die Siedlung in Rom* wahrscheinlich in ihrer Anfangszeit ausgesehen. Archäologen haben mit ihren Kenntnissen aus Ausgrabungen dieses Modell geschaffen.

1 Warum ist das Wahrzeichen der Stadt Rom eine Wölfin (VT, M1)?

2 Wie erklärten sich die Römer den Namen ihrer Stadt (VT)?

3 Nennen Sie Gründe, warum sich Rom zur Stadt entwickeln konnte (VT, M3).

M3 *Rom vor ca. 2700 Jahren.* Die Zeichnung zeigt den Platz, an dem Rom entstand. An dem Ort gab es die erste Furt, wenn man vom Mittelmeer her kam.

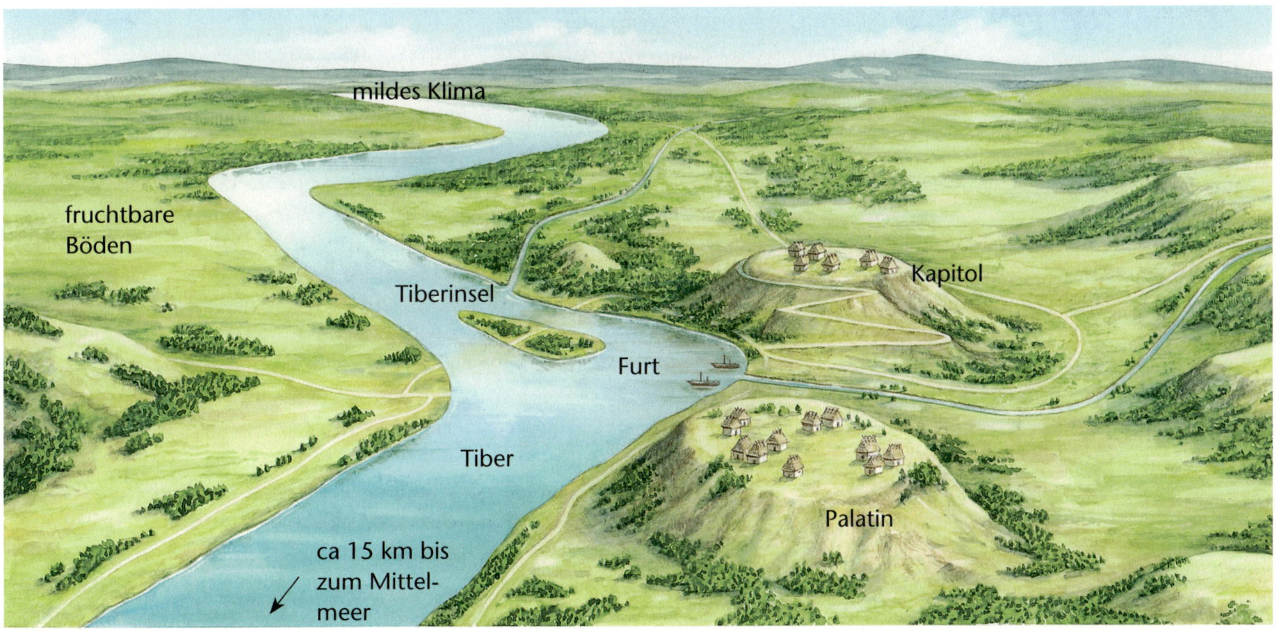

9 Eine Sache des Volkes?

Republik
(von lat. res publica = die öffentliche bzw. gemeinsame Sache) nannten die Römer ihren Staat. Wir verstehen heute unter Republik einen Staat, in dem das Volk die Herrschaft ausübt. Das Gegenteil ist die Monarchie, in der ein König herrscht.

Patrizier
waren Mitglieder adliger Familien. Sie besaßen große Landgüter und hatten viel Macht im Staat.

Plebejer
(von lat. plebs = einfaches Volk) besaßen das römische Bürgerrecht, waren aber oft arm.

Ritter
waren wohlhabend, aber nicht adlig. Im Krieg kämpften sie als Reiter.

Schuldknechtschaft
meint eine frühere Form der Zwangsvollstreckung gegen zahlungsunfähige Schuldner. Der Schuldner war dabei der Willkür des Gläubigers ausgeliefert und hatte ihm zu dienen.

Im Besitz von Macht und Ansehen

Um 500 v. Chr. setzten römische Adlige den letzten König ab. Sie nannten ihren Staat jetzt Republik, das bedeutet öffentliche Sache. Doch war dieser Staat tatsächlich schon eine Sache des ganzen Volkes?
Besitz und Macht waren in Rom nach wie vor sehr unterschiedlich verteilt. An der Spitze standen die adligen Familien, die Patrizier. Sie besetzten die hohen Staatsämter, stellten im Krieg die Offiziere und leiteten als Priester die Tempel.
Die Patrizier besaßen große Landgüter, die von Verwaltern und zahlreichen Sklaven und Landarbeitern bewirtschaftet wurden. Dadurch war es den Adligen möglich, politische Ämter zu übernehmen und an den Sitzungen des Senats teilzunehmen. So konnten sie Ansehen und Einfluss gewinnen. Nach erfolgreich abgeschlossenen Feldzügen erhielten sie außerdem neue Landgüter und Sklaven als Kriegsbeute.

Immer nur dienen?

Die Patrizier grenzten sich von den einfachen Bürgern, den Plebejern, streng ab. Denn Bürger, die ihren Lebensunterhalt durch eigene Arbeit als Bauern, Handwerker oder Händler verdienten, waren nicht besonders angesehen.
Viele Plebejer konnten gerade mit Mühe und Not ihre Familien ernähren. Doch wenn der Senat wieder einmal einem Nachbarvolk den Krieg erklärte, mussten sie ihren Hof oder ihre Werkstatt verlassen, ihre Arbeit ruhen lassen und ins Feld ziehen. Die teuren Waffen für den Kriegsdienst hatten sie selbst zu bezahlen. Da die Plebejer meistens als einfache Fußsoldaten eingesetzt wurden, litten sie besonders unter den Strapazen eines Feldzuges. Einige Plebejer hatten es besser. Sie waren als Händler oder Unternehmer reich geworden. Weil sie als Reiter Kriegsdienst leisteten, nannte man sie Ritter. Aber auch sie blieben von den höchsten Staatsämtern ausgeschlossen.

M1 *Ein Senator* (Bronzestatue eines Redners, um 80 v. Chr. angefertigt)

Plebejer wollen mitregieren

Die Plebejer erkannten, dass der römische Staat ohne sie nicht funktionieren würde. In Friedenszeiten sorgten sie für den Wohlstand Roms und im Krieg trugen sie die Hauptlast des Kampfes. Konnte es da gerecht sein, wenn sie keine hohen Ämter übernehmen und keine Entscheidungen mit treffen durften? Um zu erreichen, dass ihre Forderungen gehört wurden, drohten die Plebejer damit, den Kriegsdienst zu verweigern.
Es dauerte fast 200 Jahre, bis die Plebejer dem Gesetz nach gleichberechtigt waren. Aber nur wenige konnten in die höchsten Staatsämter aufsteigen. Wer gewählt werden wollte, musste nicht nur ein guter Redner sein, sondern auch einflussreiche Freunde und Geld für Wahlgeschenke haben.
Daher war es für die Plebejer wichtig, dass sie eigene Versammlungen abhalten durften. Hier stimmten sie über Gesetze ab und wählten ihre eigenen Vertreter, die Volkstribune.

M2 *Römische Verfassung (nach 287 v. Chr.).* Die römischen Beamten bezeichnete man als Magistrat. Politiker begannen ihre Karriere als Quästor und konnten bis zum Amt des Konsuls aufsteigen. Die Volkstribune besaßen das Vetorecht. Das bedeutet, dass sie einen Beschluss des Magistrats verhindern konnten. Für Notzeiten sah die römische Verfassung ein besonderes Amt vor: das des Diktators. Der Senat ernannte ihn für ein halbes Jahr und gab ihm uneingeschränkte Macht.
Der Volksversammlung gehörten alle freien Bürger an, aber nicht alle mit gleichem Stimmrecht: Es wurde nach Vermögensgruppen abgestimmt. Daher besaßen Patrizier und reiche Plebejer mehr als die Hälfte aller Stimmen und konnten die weitaus größere Anzahl der übrigen Bürger überstimmen.

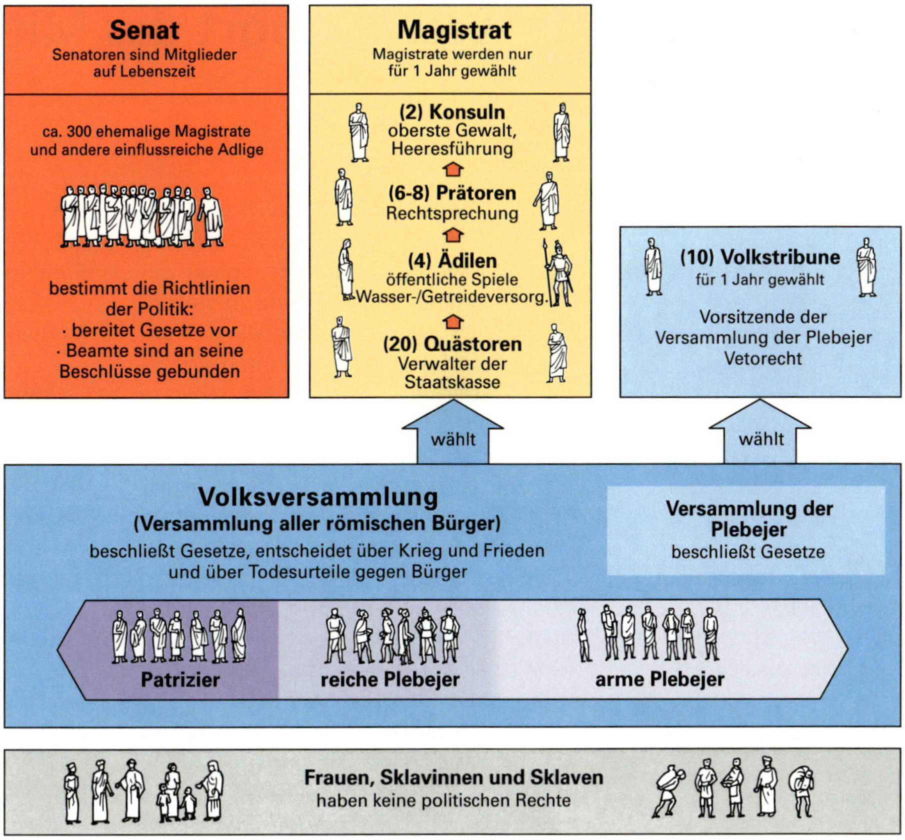

M3 *Schaubild zur Entwicklung der Ständekämpfe.* Nach und nach erhielten die Plebejer mehr Rechte.

494 v. Chr.	Die Plebejer halten eigene Versammlungen ab und wählen Volkstribune.
um 450 v. Chr.	Erstmals werden Gesetze auf zwölf Tafeln veröffentlicht, und die Plebejer können sich darauf berufen.
445 v. Chr.	Ehen zwischen Plebejern und Patriziern sind erlaubt.
367 v. Chr.	Auch Plebejer dürfen Konsuln und Magistrate werden.
326 v. Chr.	Die Schuldknechtschaft wird verboten, die Schulden werden aber nicht erlassen.
287 v. Chr.	In den Versammlungen der Plebejer dürfen Gesetze beschlossen werden.

1 Erläutern Sie M2. Nennen Sie Rechte und Pflichten von Patriziern und Plebejern. Achten Sie besonders darauf, wer mehr und wer weniger Rechte besaß (M2, M3).

2 Auch die höchsten römischen Beamten, die Konsuln, wurden nur für ein Jahr gewählt und hatten einen gleichberechtigten Kollegen neben sich. Diskutieren Sie die Vor- und Nachteile dieser Bestimmung.

3 Versuchen Sie, Unterschiede zwischen der römischen Verfassung (M2) und dem Grundgesetz der Bundesrepublik Deutschland herauszuarbeiten.

10 Wem gehört das Mittelmeer?

M1 *Der punische Feldherr Hannibal (247–182 v. Chr.),* Marmorbüste

Provinz
nannten die Römer ihre Besitzungen außerhalb Italiens. Die Bewohner der Provinzen besaßen kein Bürgerrecht. Ein römischer Statthalter, meist ein ehemaliger Konsul, verwaltete die Provinz und zog Steuern ein.

Rom wird Herrin über Italien

Die Römer führten unzählige Kriege: erst gegen kleinere Nachbarstädte, später gegen die anderen Volksstämme in Italien. Sie eroberten Städte und Länder und unterwarfen andere Völker. Auf ihren Kriegszügen erlitten die Römer auch schwere Niederlagen, doch am Ende setzten sie sich immer durch.

Die Römer lernten allerdings, dass es besser war, die Besiegten durch Verträge an sich zu binden als sie nur auszuplündern. So machten sie aus Gegnern Bundesgenossen, die ihnen im Krieg mit Truppen und Material halfen.

Landmacht gegen Seemacht

Diese Hilfe brauchte Rom, als es sich 264 v. Chr. in einen Krieg um die Insel Sizilien einließ. Der westliche Teil der Insel gehörte zu Karthago, einer sehr mächtigen Stadt an der Nordküste Afrikas. Die Karthager, von den Römern Punier genannt, waren ein Handelsvolk. Mit ihrer Flotte beherrschten sie das westliche Mittelmeer. Auf den fruchtbaren Plantagen Siziliens bauten die karthagischen Kaufleute Obst, Wein und Getreide für den Mittelmeerhandel an. Diese Insel wollten auch die Römer besitzen, um ihre Macht in Süditalien zu sichern und weiter auszudehnen.

Im ersten Punischen Krieg kämpften Römer und Karthager fast 20 Jahre lang erbittert gegeneinander. Am Ende konnten die Römer siegen, da sie eine starke Kriegsflotte aufgebaut hatten. Karthago musste den Römern Sizilien und auch die Inseln Korsika und Sardinien überlassen und dazu noch 80 Tonnen Silber zahlen.

„Hannibal vor den Toren!"

Doch bald war Karthago wieder reich und mächtig, weil es ihm gelang, einen großen Teil der Iberischen Halbinsel zu unterwerfen. Die Römer fühlten sich bedroht und erklärten erneut den Krieg. Im zweiten Punischen Krieg zog der punische Feldherr Hannibal 218 v. Chr. mit 50 000 Fußsoldaten, 9000 Reitern und 37 Kriegselefanten über die Alpen nach Italien und schlug mehrere römische Heere. Allein bei Cannae verloren etwa 50 000 junge Römer ihr Leben. „Hannibal ad portas" („Hannibal vor den Toren!") riefen schon die entsetzten Bürger Roms, doch Hannibal griff die Stadt nicht an.

Rom setzt sich durch

Am Ende verlor Hannibal, weil die Römer seine Versorgungslager in Spanien angriffen und sein Heer so vom Nachschub abschnitten. Als Karthago selbst bedroht wurde, musste Hannibal nach Afrika übersetzen. 202 v. Chr. wurde er von dem römischen Feldherrn Scipio geschlagen. Karthago verlor alle Besitzungen außerhalb Afrikas, seine Kriegsflotte und sein Silber – als Gegner Roms war es endgültig ausgeschaltet. Trotzdem zerstörten die Römer im dritten Punischen Krieg die Stadt 50 Jahre später vollständig.

In den folgenden Jahrhunderten vergrößerten die Römer ihr Reich durch immer neue Kriege. Die eroberten Gebiete machten sie zu römischen Provinzen.

M2 *Römisches Kriegsschiff* (Rekonstruktion). Ein solches Kriegsschiff war bis zu 50 m lang und konnte neben den Seeleuten und Ruderern 120 Soldaten aufnehmen.

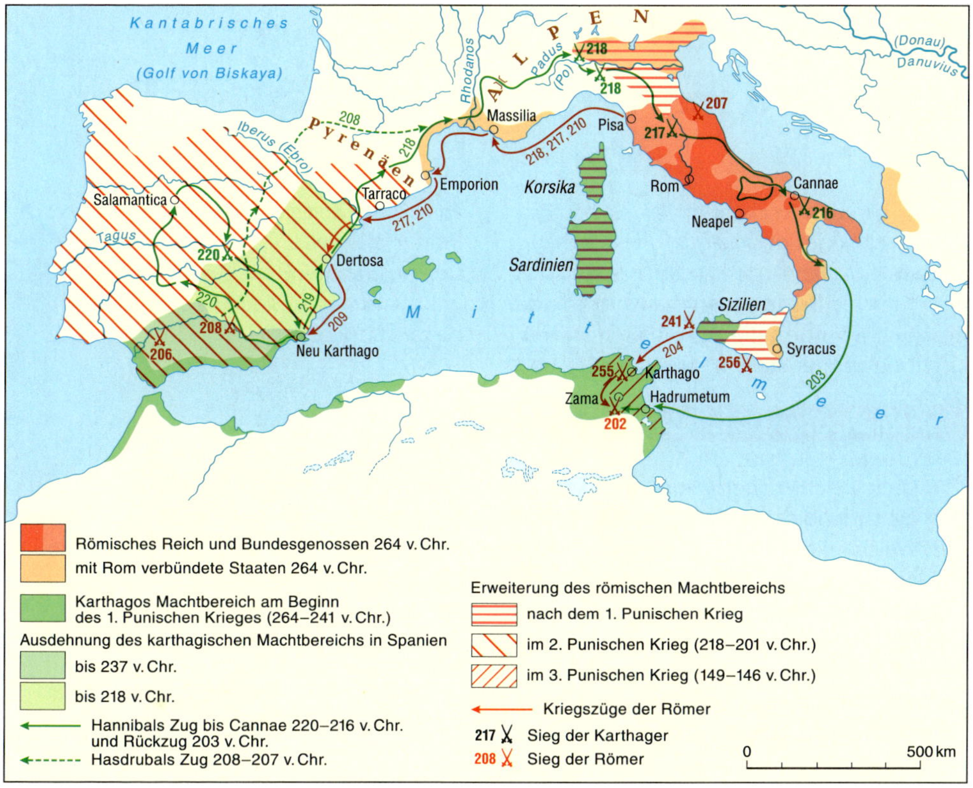

M6 *Rom gegen Karthago, 264–201 v. Chr.*

M3 *Nach dem römischen Geschichtsschreiber Livius (59 v. Chr.–17 n. Chr) soll Hannibal seine Truppen vor der letzten Schlacht mit den folgenden Worten angefeuert haben:*

Dieses so grausame und stolze Volk der Römer nimmt alles in Besitz und unterwirft alles seiner Entscheidung. (...) Es schließt uns ganz eng in Grenzen von Bergen und Flüssen ein, die wir nicht überschreiten dürfen, und hält selbst die Grenzen nicht ein. (...) Ist es nicht genug, dass du (Rom) mir meine alten Besitzungen (Sizilien, Sardinien, Korsika) genommen hast? Nimmst du mir nun auch noch Spanien? Und wenn ich dieses räume, wirst du nach Afrika hinübergehen.

Livius, Römische Geschichte, Stuttgart o. J.

M4 *Der Aufstieg Roms:*

Um 270 v. Chr.: Vorherrschaft in Mittel- und Süditalien.

Um 200 v. Chr.: Vorherrschaft im westlichen Mittelmeerraum.

Um 150 v. Chr.: Vorherrschaft im östlichen Mittelmeerraum.

vom Verfasser zusammengestellt

M5 *Der Untergang Karthagos im Jahr 146 v. Chr. wird von dem Geschichtsschreiber Appian beschrieben:*

Die Karthager hatten zunächst Geiseln gestellt, dann hatten die Römer die Herausgabe aller Waffen verlangt. Nun hofften die Karthager, von den Römern einen Friedensvertrag zu erhalten. Doch der römische Konsul teilte ihnen mit: „Karthager, euer Gehorsam (…) ist lobenswert. Aber es muss noch etwas hinzugefügt werden: Unterwerft euch einem weiteren Befehl des Senats. Übergebt uns Karthago und siedelt euch 10 Meilen vom Meer an. Wir haben nämlich beschlossen, eure Stadt zu zerstören."

Darauf traten die Karthager zur letzten verzweifelten Schlacht an. Sechs Tage und Nächte dauerte der Kampf in der brennenden Stadt unter schrecklichen Verlusten für die Karthager, bis sich die Überlebenden ergaben. Diese wurden von den Römern im Landesinneren angesiedelt, Karthago aber wurde dem Erdboden gleichgemacht.

Appian (von Alexandria), Römische Geschichte. Teil 2: Die Bürgerkriege, Stuttgart 1989.

1 Arbeiten Sie mit der Karte M6. Welche Gebiete verlor Karthago nach dem ersten Punischen Krieg, welche nach dem zweiten?

2 Wie hat Rom auf die Überlegenheit der Karthager zur See reagiert (VT, M2)?

3 Beurteilen Sie die römische Politik gegenüber Karthago nach den Quellen M3 und M5.

11 Werkstatt
Geschichtskarten lesen und auswerten

Karten werden nicht nur im Erdkundeunterricht benötigt. Auch in der Geschichte helfen sie dabei, sich zu orientieren. Aus einer Geschichtskarte kann man schnell und anschaulich Informationen erhalten, in welchem Gebiet der Welt, an welchem Ort und zu welcher Zeit sich Ereignisse und Entwicklungen abspielten, zum Beispiel, wie Reiche sich ausdehnten, wie Kriegszüge verliefen, wo Menschen gesiedelt haben oder wohin sie gewandert sind.

Methodische Arbeitsschritte

1. Über welches Thema gibt die Karte Auskunft? Beachten Sie dafür die Überschrift und die Legende.
2. Welcher Raum wird gezeigt? Welche Orte werden hervorgehoben? Vergleichen Sie im Geografie-Atlas, um welches heutige Gebiet es sich handelt.
3. Über welche geschichtliche Zeit informiert die Karte? Bezieht sie sich auf ein bestimmtes Jahr, auf einen kurzen oder langen Zeitabschnitt? Werden unterschiedliche Zeitstufen dargestellt?
4. Beachten Sie die Legende. Was bedeuten die Zeichen, Farben, Linien und Pfeile in der Karte?

M1 Die Entwicklung des Römischen Reichs zu einem Weltreich

Hinweise zur Arbeit mit Geschichtskarten

Geschichtskarten sind leichter zu verstehen, wenn man ihre „Zeichensprache" kennt. Diese Zeichen müssen entschlüsselt werden, damit man die Karte lesen kann. Hierzu dient die Legende.

Maßstab
Mit Hilfe des Maßstabs können Sie bestimmen, wie nah oder fern Orte beieinander lagen, wie weit sich Länder und Gebiete ausdehnten oder wie lang Handelsstrecken, Kriegszüge oder Wanderungen waren.

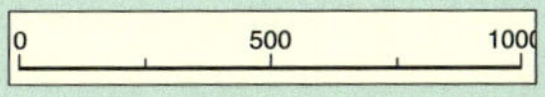

Ausschnitt oder Ganzes
Die Karte auf dieser Doppelseite zeigt den gesamten Mittelmeerraum sowie den größten Teil Europas und Teile des Nahen Ostens. Damit ist das gesamte Römische Reich zur Zeit seiner größten Ausdehnung abgebildet. Von einem anderen großen Reich, dem Partherreich im Osten, ist allerdings nur ein Ausschnitt zu sehen.

Begriffe, z. B. Britannia 43 n. Chr.
Namen und Jahreszahlen geben an, wann genau ein Gebiet erobert und Teil des Römischen Reichs wurde.

Farbige Flächen
Unterschiedliche Farben kennzeichnen Gebiete und Staaten sowie verschiedene Zeiten. Hier sind es die Gebiete in Afrika, Asien und Europa, die von den Römern im Laufe der Zeit erobert wurden.

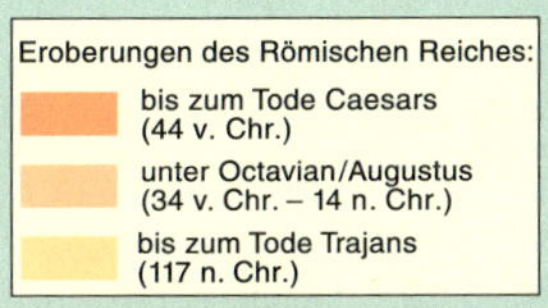

Farbige Linien, Pfeile und Symbole
Durchgehende, gestrichelte oder gepunktete Linien stellen Grenzen dar. In dieser Karte sind so zum einen die äußeren Grenzen des Römischen Reichs und zum anderen die Provinzgrenzen innerhalb des Reichs dargestellt.

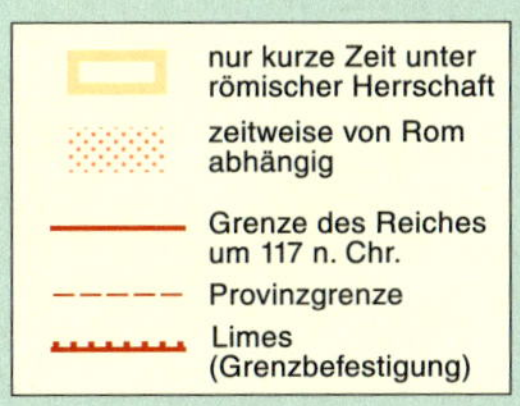

Goten
Hinter den Grenzen des Römischen Reichs lebten in Nord- und Osteuropa verschiedene Germanenvölker. Die größten Völker und ihre Siedlungsgebiete sind auf dieser Karte eingezeichnet.

1 Untersuchen Sie die Geschichtskarte M1 anhand der methodischen Arbeitsschritte.

2 Fassen Sie in eigenen Worten zusammen, wie sich Rom im Laufe der Zeit zu einem Weltreich ausdehnte.

3 Bereiten Sie in Gruppen einen Vortrag zu der Karte vor. Achten Sie darauf, dass Ihre Zuhörer Informationen zu folgenden Punkten erhalten:
- den römischen Eroberungen,
- der größten Ausdehnung des Römischen Reichs,
- dem Verlauf des Limes,
- den Völkern hinter den Grenzen im Norden und Osten.

12 Einer setzt sich durch: Caesar

M1 *Caesar mit Lorbeerkranz.* Die Münze trägt die Umschrift CAESAR DIC[TATOR] QUART(UM) („Caesar zum vierten Mal Diktator") und wurde 44 v. Chr. noch vor Caesars Ermordung geprägt.

Populare und Optimaten

In den Kriegen hatten die Bauernsoldaten oft jahrelang ihre Höfe nicht bewirtschaften können. Viele verarmte Bauern zogen in die Stadt Rom. Dort entstand eine neue Unterschicht – das Proletariat. Einige Adlige setzten sich für deren Belange ein, man nannte sie Populare (lat. „populus" = das Volk). Ihre Gegner, die Optimaten (lat. „optimus" = der Beste), lehnten Hilfsmaßnahmen ab.

Caesar, der siegreiche Feldherr

Im September des Jahres 46 v. Chr. feiert Gaius Julius Caesar mit einem großartigen Triumphzug seine Siege in Gallien, Ägypten und Afrika. Der Zug beginnt traditionsgemäß auf dem Marsfeld und führt über das Forum Romanum zum Tempel des Jupiter. Lange Kolonnen mit Kriegsbeute und Gefangenen werden an den Zuschauern vorbeigeführt. Schließlich nähert sich der siegreiche Feldherr auf einem vergoldeten Wagen, gekleidet in Purpur und Gold. Roms Massen jubeln dem Mann zu, der eine beispiellose Karriere hinter sich hat.

Caesar, der Machtmensch

Caesar stammte aus einer alten Adelsfamilie. Als junger Politiker der Popularen lieh er sich ungeheure Geldsummen und veranstaltete für die Bürger Roms kostenlose Gladiatorenkämpfe und Wagenrennen. Damit machte er sich beim Volk beliebt.

Caesar wollte aber mehr, nämlich die höchste Macht im Staat. Dazu benötigte er starke Verbündete. Im Jahr 60 v. Chr. schlossen sich ihm die beiden wichtigsten Männer Roms an: der siegreiche Feldherr Pompeius und der schwerreiche Unternehmer Crassus. Gegen dieses „Dreimännerbündnis" konnte selbst der Senat nichts ausrichten. Die drei rissen alle Macht an sich und teilten sie untereinander auf.

Caesar wurde Konsul, danach für fünf Jahre Statthalter in Gallien, einer römischen Provinz im heutigen Frankreich. Außerdem erhielt er den Befehl über drei Legionen. In den folgenden neun Jahren eroberte er das freie Gallien bis zur Nordseeküste und bis an den Rhein. Dabei vergrößerte er mehrfach ohne Abstimmung mit dem Senat sein Heer. Er achtete aber immer darauf, dass ihm die Offiziere und Soldaten treu ergeben waren.

Ein Bürgerkrieg entscheidet

Im Jahr 49 v. Chr. bewarb sich Caesar zum zweiten Mal um das Amt des Konsuls. Dazu musste er nach Rom kommen. Der Senat forderte ihn auf, er solle zuerst sein Heer entlassen, wie es üblich war. Doch die Senatoren hassten ihn, und Pompeius hatte sich mit ihnen verbündet. Was würde geschehen, wenn er ohne seine Truppen nach Rom käme? Caesar fasste einen Entschluss: In der Nacht zum 10. Januar 49 v. Chr. zog er mit seinen Truppen Richtung Rom. Ein Bürgerkrieg begann, der vier Jahre dauerte. Am Ende hatte Caesar seine Gegner besiegt.

Rettet ein Mord die Republik?

Caesar setzte seine neue Ordnung durch. Der Senat ernannte ihn zum Diktator: erst für zehn Jahre, dann auf Lebenszeit. Bei Senatssitzungen hatte er das Recht, als Erster zu reden. Wenn er auftrat, durfte er das purpurfarbene Gewand des Triumphators tragen, das eigentlich nur Jupiter, dem höchsten Gott, zustand.

So machte er sich unter den Anhängern der alten Republik viele Feinde. Sie befürchteten, dass er die Republik durch eine Alleinherrschaft ersetzen würde. Einige Senatoren verschworen sich gegen ihn. Im Jahre 44 v. Chr. stachen sie Caesar im Senat nieder.

M2 *Dolche der Mörder.* Nach dem Mord an Caesar prägten seine Mörder eigene Münzen: EID (IBUS) MAR(TIIS) „an den Iden des März" (Bezeichnung im römischen Kalender für den 15. März).

M3 *Auch Comics, Romane, Computerspiele und Filme prägen unsere Vorstellungen von Geschichte.* Asterix ist ein Beispiel für die Darstellung geschichtlicher Themen in Comics. – Untersuchen Sie die Abbildungen: Auf welche historischen Ereignisse und Vorgänge spielen die Zeichnungen an? Wie wird Caesar dargestellt bzw. charakterisiert? Welches Bild vermittelt der Comic von der historischen Person? Suchen Sie weitere Beispiele bei Asterix.

M4 *Warum war Caesar so erfolgreich? Dazu sagte der römische Politiker und Schriftsteller Cicero (106–43 v. Chr.):*
Ihm war Talent, Verstand, Gedächtnis, Bildung, Sorgfalt und Umsicht gegeben. Er hat Kriegstaten vollbracht, zwar unheilvoll für den Staat, aber dennoch große Kriegstaten. Viele Jahre hatte er geplant Alleinherrscher zu werden und diesen Plan unter großen Mühen und vielen Gefahren verwirklicht. Durch Zirkusspiele, Bauwerke, Spenden und Speisungen hatte er das unerfahrene Volk auf seine Seite gezogen.

Cicero, Philippica 2, 116, nach: Geschichte und Geschehen 7, Stuttgart 1986, S. 115.

M5 *Warum hassten viele Römer Caesar? Der römische Schriftsteller Sueton schrieb:*
Er hat sich nicht nur immer wieder zum Konsul wählen und schließlich zum Diktator (...) auf Lebenszeit ernennen lassen. Er duldete auch maßlos übertriebene Ehrungen: einen goldenen Sessel im Rathaus und Gericht. Sein Bild wurde neben denen der Götter aufgestellt, ein Monat erhielt seinen Namen. Er nahm und verlieh Auszeichnungen, wie es ihm passte. Er sagte öffentlich, die Republik sei ein Nichts.

Sueton, Caesar 76ff., Geschichte und Geschehen A1, Stuttgart 1995, S. 151.

M6 *Der griechische Historiker Diodorus Siculus schrieb ca. 90/91 v. Chr. über die Verwendung von Sklaven im Bergbau:*
Als später die Herrschaft über Spanien bei den Römern lag, betrieben viele Leute aus Italien Bergwerke; in ihrem Gewinnstreben erwirtschafteten sie damit großen Reichtum. Sie kauften nämlich scharenweise Sklaven und übergaben sie Aufsehern zu Bergwerksarbeiten. (...)
Die Sklaven im Bergbau bringen ihren Besitzern unglaubliche Einkünfte; sie selber aber müssen unter der Erde graben bei Tage wie bei Nacht, gehen körperlich zugrunde und viele sterben wegen der übermäßigen Anstrengung, denn Erholung oder Pausen in der Arbeit gibt es nicht. Aufseher zwingen sie mit Schlägen, die furchtbaren Leiden zu ertragen, bis sie elend ihr Leben aushauchen. Wenige nur, die Körperkraft und seelische Widerstandskraft genug haben, halten durch und verlängern damit nur ihre Qual. Denn erstrebenswerter als das Leben wäre für sie der Tod wegen ihres großen Elends.

Cicero, Philippica 2, 116, M4–M6, nach: Geschichte und Geschehen 7, Stuttgart 1986, S. 115, 151.

Diktator
Wenn der Republik Gefahr drohte, konnte ein Diktator mit der alleinigen Regierungsgewalt beauftragt werden. Er durfte aber höchstens sechs Monate im Amt bleiben. Als Caesar sich zum Diktator auf Lebenszeit ernennen ließ, brach er die Verfassung.

1 Nennen Sie Gründe für Caesars Erfolg (VT, M4).

2 Welche Beweggründe könnten Caesars Mörder gehabt haben (VT, M5)?

3 Führen Sie ein Rollenspiel durch: Auf dem Forum Romanum diskutieren Senatoren über Caesars neue Politik.

4 Diskutieren Sie, ob man das römische Imperium zur Zeit Caesars als demokratischen Staat bezeichnen kann.

13 Mit Augustus beginnt die Kaiserzeit

Kaiser
Augustus übernahm von seinem Vater den Namen. Seine Nachfolger fügten ihrem Namen ebenfalls „Caesar", das vermutlich damals wie „kaisar" gesprochen wurde, hinzu. Daraus wurde ein Herrschertitel. Noch im 20. Jahrhundert gab es in Deutschland einen „Kaiser" und in Russland einen „Zar".

Caesars Leichenfeier

Die Menschen standen dicht gedrängt auf dem Forum, als der Konsul Marcus Antonius auf der Rednertribüne neben die aufgebahrte Leiche Caesars trat. Seine Toga war zum Zeichen der Trauer zerrissen, das Haar ungekämmt. Vor der Totenfeier verlas er Caesars Testament, das jedem Römer etwas Geld vermachte. Dann schilderte Antonius Caesars Kriegsruhm und zählte seine Wohltaten für das römische Volk und die entlassenen Soldaten auf. Am Ende riss er Caesars blutiges Gewand hoch und zeigte auf die vielen Stellen, an denen die Dolche der Mörder eingestochen hatten. Die Wirkung war wohl berechnet. Antonius lenkte den Volkszorn gegen Senat und Adel, weil er selbst herrschen wollte.

M1 *Das Marmorstandbild des Augustus* (63 v. Chr. – 14 n. Chr.) entstand kurz nach 17 v. Chr. Augustus ist in der Pose eines siegreichen Feldherrn dargestellt. Barfüßig stellten die Römer sonst nur Götter dar. 21-mal verlieh ihm der Senat den Titel „Imperator". Auch seine Nachfolger nannten sich als Kaiser „Imperator".

Caesars Adoptivsohn

Da Caesars Mörder glaubten, mit dessen Tod sei die Republik wiederhergestellt, überließen sie die laufenden Geschäfte den amtierenden Konsuln. Der Konsul Antonius aber nutzte dies, um seine eigene Machtstellung auszubauen. Nun trat ein junger Mann in die Politik ein: Octavius, ein Großneffe Caesars, den Caesar adoptiert und als seinen Erben eingesetzt hatte. Um das Volk für sich einzunehmen, nahm Octavius zusätzlich den Namen Caesars an und stellte mit eigenem Geld ein Heer auf. Die Soldaten Caesars gewann er durch Geschenke. In einem verlustreichen Bürgerkrieg bezwang Octavius seine Gegner im Senat und dann in einer Seeschlacht Antonius, der sich mit der ägyptischen Königin Kleopatra verbündet hatte. Mit militärischer Hilfe erzwang er seine Wahl zum Konsul. Im Jahr 38 v. Chr. nannte er sich „Imperator" (Kaiser) mit dem Beinamen Octavian.

Die neue Ordnung des Augustus

Im Jahre 27 v. Chr. trat Octavian vor den Senat und erklärte feierlich, der Bürgerkrieg sei beendet, die Republik wiederhergestellt. Er gebe daher alle Vollmachten aus der Kriegszeit zurück. Nur das Amt des Konsuls behielt er. Angeblich baten ihn die Senatoren wegen der unsicheren Lage die Herrschaft zu behalten. Sie ehrten ihn mit dem Namen Augustus, was „der Erhabene" bedeutet.
In den folgenden Jahren traf Augustus alle wichtigen Entscheidungen selbst. Er bestimmte, wer Senator, Offizier oder Beamter wurde. Auch war er mehrfach Konsul und Volkstribun auf Lebenszeit. So konnte kein Gesetz gegen seinen Willen erlassen werden. Nur zum Schein blieben alle Ämter der Republik bestehen. Augustus nannte sich „princeps", „erster Bürger". In Wirklichkeit war er aber, wie schon Caesar, Alleinherrscher.

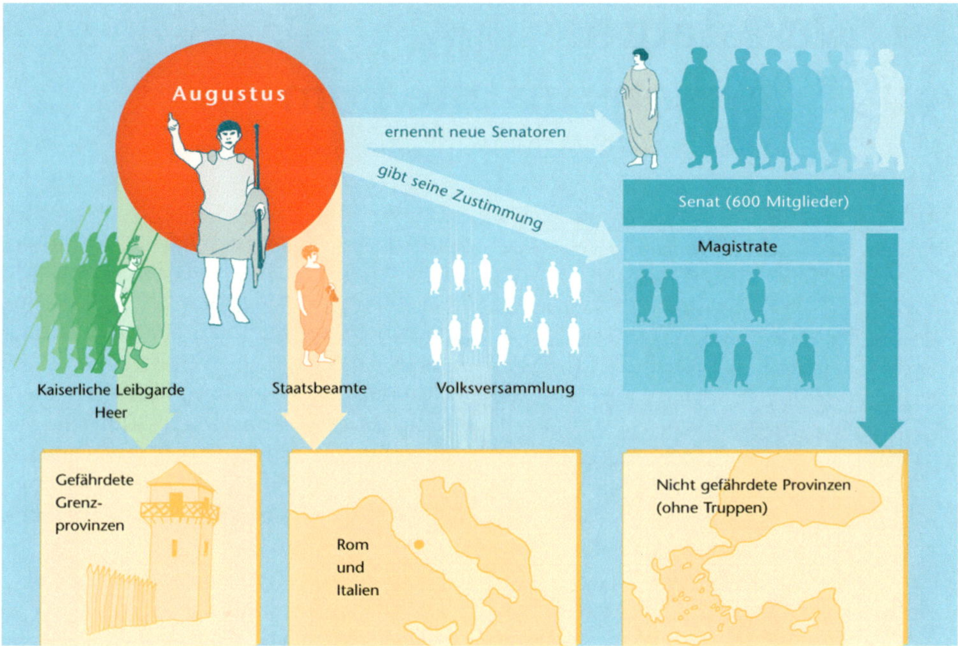

M4 *Herrschaftsform des Prinzipats.* Augustus nannte sich „Princeps" („Erster"), daher spricht man vom Prinzipat, wenn man seine Herrschaft meint. Das Riesenreich der Kaiserzeit erforderte eine zentral gelenkte Verwaltung mit fachlich ausgebildeten Beamten. Die Wahlbeamten der Republik gab es weiterhin, ihre Aufgaben waren aber eher auf Rom selbst beschränkt. In den ersten 300 Jahren der Kaiserzeit übernahmen die Nachfolger des Augustus diese Ordnung.

M2 *Aus dem „Tatenbericht" des Augustus. Über seine Herrschaft ließ der 76-jährige Augustus im Jahr 13 n. Chr. im ganzen Reich die folgende Darstellung verbreiten:*

Mit neunzehn Jahren habe ich aus privater Initiative und aus eigenen Mitteln ein Heer aufgestellt. Mit diesem Heer gab ich dem Staat, der durch die Gewaltherrschaft einer politischen Machtgruppe unterdrückt wurde, die Freiheit wieder. Diejenigen, die meinen Vater ermordet haben, trieb ich in die Verbannung. So rächte ich durch gesetzmäßige, gerichtliche Verfolgung ihr Verbrechen. Und als sie dann Krieg gegen den Staat anfingen, besiegte ich sie. Ich löschte die Flamme des Bürgerkriegs; in meinem 6. und 7. Konsulat wurde mir mit der Zustimmung des Senats und der gesamten Bevölkerung die gesamte staatliche Macht anvertraut. Später aber habe ich den Staat aus meiner Machtbefugnis wieder in die Entscheidung des Senats und des römischen Volkes zurückgegeben. Für dieses mein Verdienst wurde mir auf Beschluss des Senats der Name „Augustus" gegeben. Seit dieser Zeit überrage ich alle Übrigen an Einfluss; an Amtsgewalt aber besaß ich nicht mehr als die anderen, die meine Kollegen im Amt waren.

Augustus, Tatenbericht, 1–3,5 und 34, nach: Marion Giebel (Hg.), Augustus, Tatenbericht. Res gestae, Stuttgart 1975, S. 4ff., 8, 37f.

M3 *100 Jahre nach Augustus' Tod schrieb der römische Geschichtsschreiber Tacitus in seinem Geschichtswerk:*

Die Liebe zu seinem Vater und die schwierige Lage hat er als Vorwand genommen. In Wahrheit hat er aus Herrschsucht die Veteranen durch Bestechung aufgewiegelt. Er hat als junger Mann ohne ein Amt ein Heer aufgestellt, die Legionen des Konsuls bestochen. (…) Er hat dem Senat gegen dessen Willen das Amt des Konsuls abgerungen. Die Waffen, die er (für den Kampf) gegen Antonius erhielt, hat er gegen den Staat gerichtet. (…)
Sobald er die Soldaten mit Geschenken, das Volk mit Getreide, alle mit der Annehmlichkeit des Friedens für sich gewonnen hatte, zeigte er allmählich sein wahres Gesicht. Er zog die Befugnisse des Senats, der Beamten und der Gesetzgebung an sich, ohne dass sich jemand widersetzte. Denn die mutigsten Männer waren auf dem Schlachtfeld oder durch Ächtung umgekommen, und die übrigen Adligen waren durch Reichtum und Ämter emporgekommen, und zwar umso höher, je mehr sie zur Unterwürfigkeit bereit waren. Die Gewinner der neuen Ordnung zogen die Sicherheit der Gegenwart der Unsicherheit der Vergangenheit vor.

Tacitus, Annalen 1, 10 und 2, Darmstadt 1997.

1 Schildern Sie, wie aus Octavian Augustus wurde (VT).

2 Überlegen Sie, welche der folgenden Begriffe auf Augustus zutreffen und begründen Sie Ihre Auswahl:
Alleinherrscher, Diktator, geschickter Politiker, Gegner des Senats, Verbündeter des Senats, Machtmensch, König, Konsul, Princeps, Sohn Caesars, Oberbefehlshaber aller Legionen.

3 In M2 sind Auszüge aus dem „Tatenbericht" des Augustus wiedergegeben. Schätzen Sie diese Aussagen unter Verwendung von M3 ein.

14 Werkstatt
Auf „Exkursion" ins alte Rom

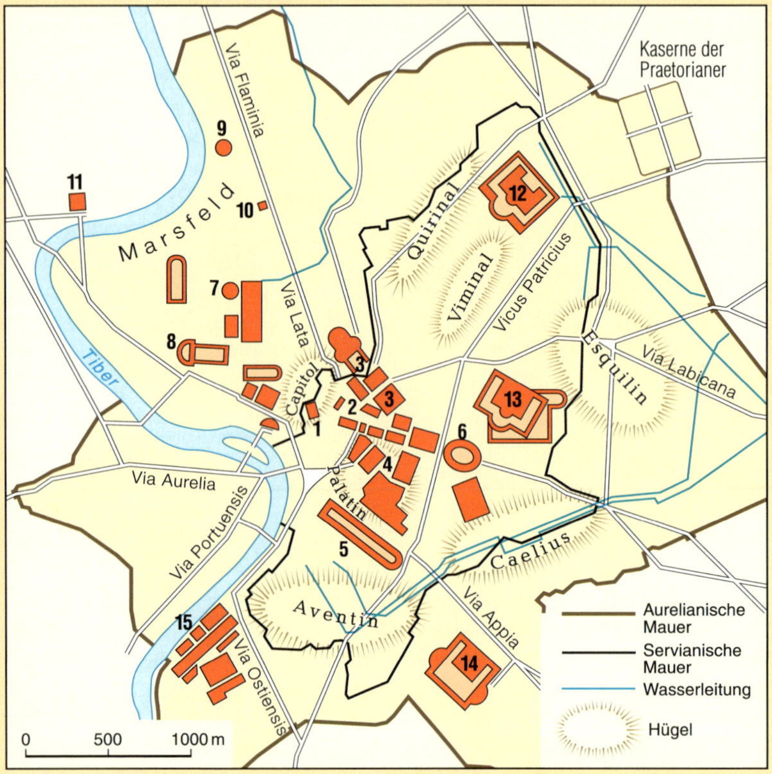

M1 *Karte Roms im 4. Jahrhundert n. Chr.:*

1 Jupitertempel
2 Forum Romanum
3 Kaiserforen
4 Kaiserpaläste
5 Circus Maximus
6 Kolosseum
7 Pantheon
8 Pompeius-Theater
9 Mausoleum des Augustus
10 Friedensaltar
11 Hadrianmausoleum
12 Diocletiansthermen
13 Trajansthermen
14 Caracallathermen
15 Hafen und Speicher

Rom wird Weltstadt

Zur Zeit des Augustus herrschten die Römer über ein riesiges Weltreich mit 60 Millionen Einwohnern. Die Stadt Rom, die dem Reich seinen Namen gegeben hat, wurde als „Hauptstadt der Welt" bezeichnet. Sie war eine Metropole mit 1 Million Einwohnern. Im Jahr 386 v. Chr. wurde Rom von den Kelten überfallen und zerstört. Danach baute man die Stadt wieder auf und sicherte sie mit der 11 km langen Servianischen Stadtmauer. Nun wurden auch Wasserleitungen (Aquädukte) und die erste große Straße (Via appia) angelegt. Caesar und vor allem Augustus errichteten viele monumentale Bauwerke, um ihrer Macht Ausdruck zu verleihen und sich zu verewigen. Auch die späteren Kaiser wetteiferten um eine immer prächtigere Ausstattung der Innenstadt. Nachdem Kaiser Aurelian 275 n. Chr. eine noch größere, wehrhafte Stadtmauer bauen ließ, galt Rom als uneinnehmbar. Doch die Weltstadt verlor an politischer Bedeutung, als Kaiser Konstantin 330 n. Chr. seine Residenz nach Konstantinopel verlegte. Schließlich wurde die Stadt im 5. Jahrhundert n. Chr. von den Westgoten erobert und geplündert.

Forum Romanum

Wer ins antike Rom fuhr, besuchte meist das Forum Romanum. Dieser Markt- und Versammlungsplatz maß ungefähr 60 x 90 Meter und galt als Herzstück der römischen Welt. Vom Forum aus gingen acht Straßen in die entferntesten Gebiete des Reichs. Man ging aufs Forum, um zu flanieren, um elegante Läden anzuschauen, Geschäftsbesprechungen zu erledigen oder Bekannte zu treffen. In der Basilica Julia fanden Gerichtsverhandlungen statt, denen man beiwohnen konnte. Gegenüber in der Curia tagte der Senat, das politische Beratungsgremium des römischen Staates. Auf der Rednerbühne sprachen Politiker zur versammelten Menge. Durch die Triumphbögen entlang der „heiligen Straße" zogen die siegreichen Feldherrn mit ihren Soldaten und den Kriegsgefangenen in die Stadt ein.
In den Tempeln auf dem Forum wurden verschiedene Götter verehrt. Einige Tempel waren verstorbenen Herrschern geweiht, die zu Göttern erhoben worden waren. Aus der Juturna-Quelle hinter der Basilika Julia holte man heiliges Wasser, um es zu opfern oder Kranke damit zu heilen. Auch die Vestalinnen hatten auf dem Forum ihren Tempel und ihr Wohnhaus. Sie waren die höchsten Priesterinnen Roms, denen besondere Ehren zustanden, zum Beispiel ein bevorzugter Platz im Kolosseum.

M2 *Modell von Rom, um 300 n. Chr.*
Der Blick auf das Modell erfolgt aus einer anderen Richtung als der auf den Stadtplan (M1).

M3 *Der heutige Zustand des Forum Romanum.* Nach der Eroberung Roms durch die Westgoten im 5. Jahrhundert n. Chr. verfiel das Forum. Die Einwohnerzahl Roms ging im Mittelalter stark zurück, und das Forum wurde nur noch als Kuhweide und Steinbruch genutzt. Erst im 18./19. Jahrhundert begann man, es archäologisch zu sichern.

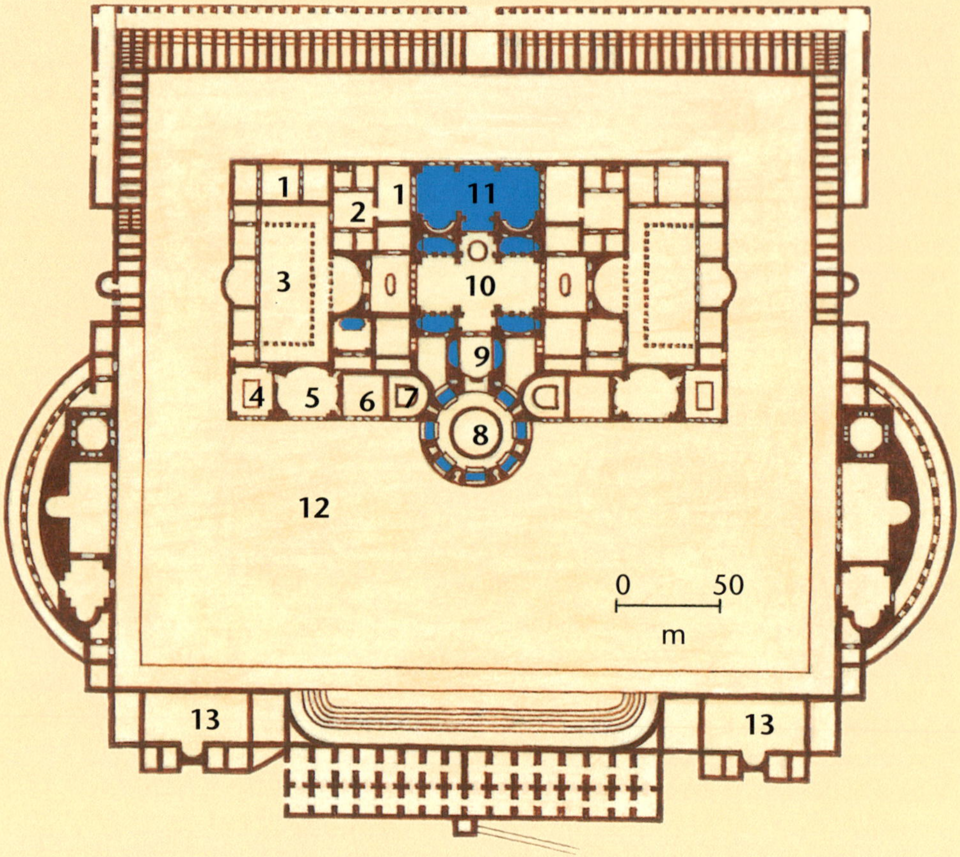

M4 *Grundriss der Caracalla-Thermen.* Der Gebäudekomplex wurde 216 v. Chr. fertig gestellt und ist spiegelbildlich aufgebaut.

1 Eingang
2 Umkleideraum
3 Sportplatz
4 Aufenthaltsraum
5 Schwitzbad
6/7 Aufenthalts- oder Massageräume
8 Warmbad (caldarium)
9 Lauwarmbad (tepidarium)
10 Kaltbad (frigidarium)
11 Schwimmbecken (natatio)
12 Park
13 Aufenthaltshallen mit Bibliotheken

Kolosseum und Circus Maximus

Die so genannten Spiele waren Wettkämpfe und Massaker, die zur Unterhaltung der römischen Bürger abgehalten wurden. Sie fanden an verschiedenen Orten statt. So kämpften in dem 80 n. Chr. eröffneten Kolosseum Gladiatoren (meist Sklaven oder Kriegsgefangene) und Tiere (ausgehungerte Löwen, Elefanten, Nashörner) gegeneinander, auch Menschen (oft Straftäter, später auch Christen) gegen Tiere. Solche Veranstaltungen, deren Besuch meist umsonst war, waren zunächst entstanden, um Tote oder Götter zu ehren. Während der Kaiserzeit nahm die Zahl der Spiele erheblich zu. So wurden zur Eröffnung des Kolosseums im Jahre 80 n. Chr. an 100 Tagen hintereinander Tier- und Menschenjagden veranstaltet. Im Circus Maximus, der bis zu 300 000 Zuschauern Platz bot, rasten Wagen verschiedener Mannschaften um die Runde. Die von zwei, drei oder noch mehr Pferden gezogenen zweirädrigen Wagen mussten sieben Runden zurücklegen. Vor allem an den Wendepunkten kam es regelmäßig zu Unfällen und Zusammenstößen mit Verletzten und Toten. Es gab aber auch anspruchsvolle Unterhaltung: Viele Römer besuchten die Theater, um die Aufführung von Schauspielen zu genießen.

Nur der Kaiser oder sehr vermögende Mitglieder der Oberschicht konnten die teuren Spiele ausrichten. Doch nicht nur Unterhaltung verlangten die Bürger vom Staat. Sie hielten es außerdem für die Pflicht des Herrschers, durch Getreidespenden die Grundversorgung sicherzustellen. Zur Zeit des Augustus sollen 150 000–200 000 ärmere römische Bürger berechtigt gewesen sein, pro Monat fünf Scheffel Weizen kostenlos zu erhalten. Durch „Brot und Spiele" gelang es den Kaisern, ihre Bürger zufrieden zu stellen und Unruhen vorzubeugen.

TIPP!

Zusätzliche Informationen finden Sie unter www.roma-antiqua.de

M6 *Das kaiserzeitliche Forum Romanum* (Gemälde aus dem 19. Jh.). Die römischen Kaiser bauten das Forum prächtig aus:
(1) Basilica Julia
(2) Tempel des Saturn
(3) Tempel des Vespasian
(4) Tempel der Concordia
(5) Triumphbogen des Kaisers Septimius Severus
(6) Rednertribüne geschmückt mit erbeuteten Schiffsschnäbeln (rostra)
(7) Jupitertempel auf dem Kapitol

Die Thermen
Ein wichtiger Ort der Entspannung, Unterhaltung und Körperpflege waren die weiträumigen Badeanlagen (Thermen), die der Kaiser und andere wohlhabende Persönlichkeiten bauen ließen. Neben Hunderten von kleinen Bädern gab es in Rom insgesamt elf dieser Großthermen, die bis zu 1 600 Badende aufnehmen konnten. Man traf sich dort, um zu baden, sich zu sonnen, sich massieren zu lassen, sich zu unterhalten, einzukaufen, zu lesen oder zu essen.

Wasser für Rom
Um alle Einwohner der Millionenstadt mit Wasser zu versorgen, wurden nach und nach elf gewaltige Wasserbrückenleitungen (Aquädukte) gebaut, die täglich pro Einwohner ca. 1 000 Liter Wasser aus weit entfernten Gebieten nach Rom leiteten. Die Wasserversorgung ist eine der bedeutendsten Ingenieurleistungen der Römer. Viele der zahlreichen Brunnen im heutigen Rom sind noch antiken Ursprungs.

M5 *Luftbild des Kolosseums in Rom.* Im Innern befanden sich unterirdische Maschinerien, um Tiere, Bühnenlandschaften u. a. auf die Arena emporheben zu können. In der Anfangszeit des Kolosseums wurden sogar Seeschlachten veranstaltet, für die die Arena geflutet wurde.

1 Stellen Sie sich vor, Sie fahren mit Ihrer Klasse 3 Tage nach Rom. Stellen Sie für diese Zeit einen Stadtrundgang zusammen. Berichten Sie Ihren Mitschülern, welche Bauwerke und Plätze Sie besuchen wollen und welche Funktion diese jeweils in der Antike hatten.

2 Vergleichen Sie die Karte Roms (M1) mit dem Modell (M2) und ordnen Sie die Buchstaben den passenden Zahlen zu. Wenn Sie die Reihenfolge der Zahlen beachten, ergibt sich ein Lösungswort.

3 Vergleichen Sie das Foto (M3) mit der Rekonstruktion (M6). Geben Sie an, welche architektonischen Überreste zu den Gebäuden auf dem Gemälde gehören.

15 Auf den Straßen des Imperiums

Imperium
bedeutet Weltreich. Mit dem Begriff Imperium Romanum wird Rom zur Kaiserzeit bezeichnet.

Legionäre, Händler und Beamte
Wenn Sie nach Spanien oder Italien reisen, bezahlen Sie überall mit dem gleichen Geld, Sie fahren über Grenzen ohne Kontrollen, Ihren Ausweis will kaum jemand sehen. Die Straßen sind sicher und gut. Das alles gibt es erst seit wenigen Jahren. Trotzdem ist es nicht neu, denn so ähnlich hätte man schon vor 2000 Jahren im römischen Weltreich reisen können.
Wenn die Römer fremde Länder eroberten, bauten sie bald auch gute Straßen. Denn die Soldaten sollten schnell überall hinkommen und sie mussten natürlich auch versorgt werden. Ihnen folgten Beamte, die für den Kaiser Steuern eintrieben und die neuen Provinzen verwalteten. Später benutzten auch Händler und Reisende zu Fuß oder mit dem Wagen die Straßen. Vor Schwertransporte spannte man Ochsen als Zugtiere; reiche Römer reisten mit dem Pferdewagen zu ihren Landhäusern und den noblen Badeorten am Mittelmeer. Selbst weit entfernte Gegenden konnte man auf diesen Straßen kennen lernen.

M1 *Ein Reisewagen aus der Römerzeit* konnte schon recht komfortabel sein. Dieser Wagen, der auf einem Relief abgebildet ist, besaß bereits eine Federung. So reiste vielleicht ein kaiserlicher Statthalter in seine Provinz. Wenn er 120 km am Tag zurücklegte, war das sehr viel.

Lebensadern eines Weltreichs
Zur Zeit um Christi Geburt richtete Kaiser Augustus einen staatlichen Transportdienst ein. An den Hauptstrecken gab es etwa alle 30 Kilometer Rasthäuser, in noch größeren Abständen Stationen zum Pferdewechsel. Für kaiserliche Offiziere, Eilkuriere und Beamte war dieser Dienst kostenlos, während einfache Bürger dafür zahlen mussten.
Als Kaiser Trajan hundert Jahre später regierte, führten 15 große Fernstraßen aus den verschiedenen Teilen des Reiches nach Rom. Alle Fernstraßen zusammen hatten eine Länge von 80 000 Kilometern, also den doppelten Erdumfang.
Durch seine Straßen wuchs das Imperium zu einem einheitlichen Wirtschaftsraum zusammen. Von Portugal bis ans Schwarze Meer und von Britannien bis nach Südarabien reisten die Händler. Sie verständigten sich auf Lateinisch oder Griechisch und bezahlten mit römischen Münzen. Der Staat garantierte mit einem Prägestempel den Wert der Goldmünzen, der silbernen Denare oder der Sesterzen aus Bronze. Das einheitliche Währungs- und Maßsystem war Voraussetzung für den das ganze Reich umspannenden Warenaustausch.

Zu Wasser reiste man bequemer
Seit die Römer Karthago besiegt hatten, gehörte ihnen das Mittelmeer. Sie nannten es nun „inneres Meer" oder auch „unser Meer". Tatsächlich war es ringsum von römischen Provinzen umgeben.
Fast täglich liefen Getreideschiffe aus Ägypten, Nordafrika und Sizilien den Hafen Ostia an, der über den Fluss Tiber mit Rom verbunden war. Die wohlhabenden Römer verlangten zudem besondere Kostbarkeiten und Delikatessen aus aller Welt und profitierten von dem großen Angebot an Sklaven. Auf dem Mittelmeer kamen auch Reisende schneller und bequemer voran, sogar wenn es windstill war. Sie genossen die frische Brise, während unter Deck die Rudersklaven schwitzten.

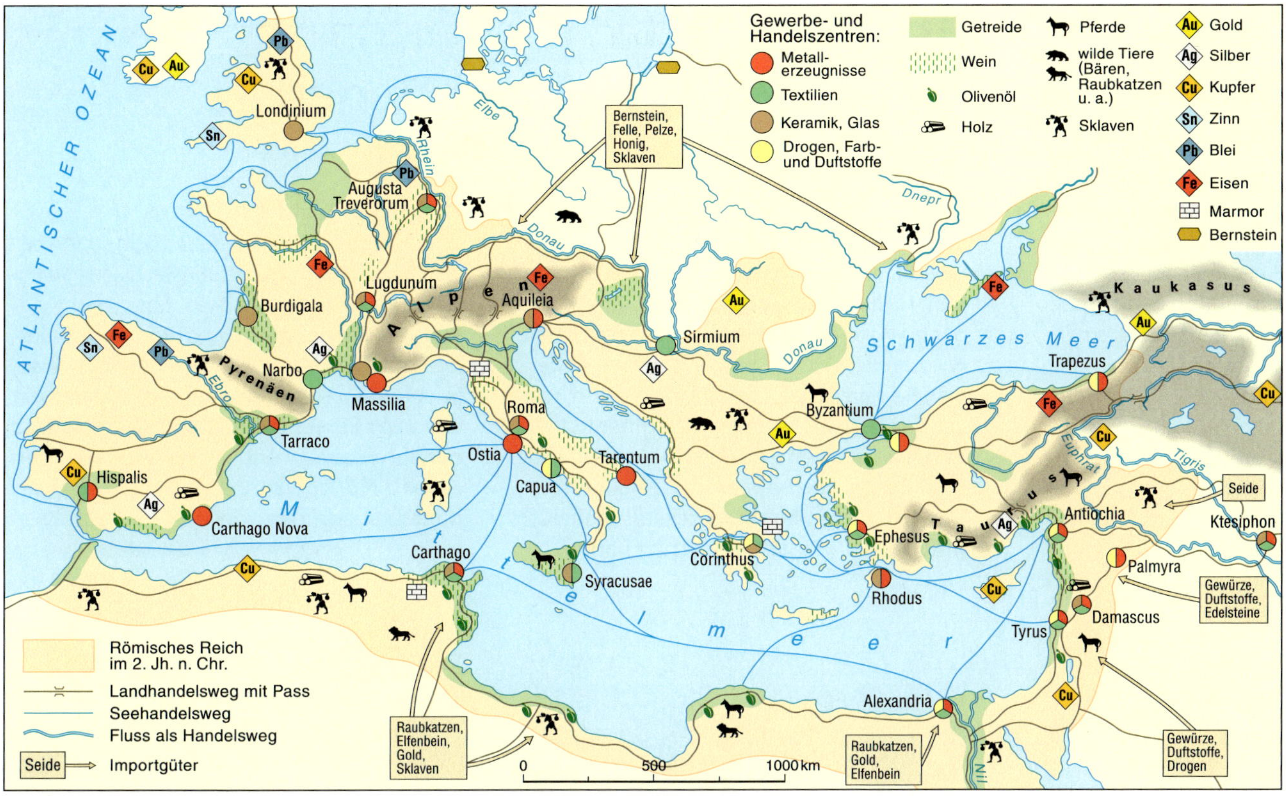

M2 *Mit dem Warenaustausch im gesamten Römischen Reich siedelten sich auch neue Bewohner in den Städten an. Einige einheimische Römer waren erbittert über die Neuankömmlinge.*
In einer Satire lässt der Dichter Juvenal (ca. 60 bis ca. 130 n. Chr.) einen römischen Bürger sagen:

Selbst im traurigsten Nest lebt es sich besser als im wilden Getriebe der Hauptstadt. (…) Welche Menschen den Reichen angenehm sind und vor welchen ich flüchtete, will ich ganz ohne Scheu bekennen. Das griechische Rom, ihr Römer, ist unerträglich! Gewiss, nur ein Teil dieses Abschaums sind echte Griechen. Denn in den Tiber ist längst der syrische Fluss Orontes geflossen und schwemmte syrische Sprache und Sitte und Flötenmusik an. (…)
Sage mir, wofür hältst du so einen Neuling? Alle Berufe bringt er dir ins Haus, du brauchst nur zu wünschen: Sprachlehrer, Maler, Masseur, Landvermesser, Seiltänzer, Wahrsager, Magier, Arzt – ein hungriges Griechlein kann alles (…) und macht alles.

Juvenal, Satiren 3, 60–64, 74–78.

M3 *Ein ägyptischer Kaufmann aus dem 1. Jahrhundert v. Chr. zählt die Waren auf, die in einem Hafen an der Westküste Indiens umgeschlagen werden:*

Eingeführt werden Weine, vor allem aus Italien, aber auch aus Arabien; Kupfer, Zinn und Blei, Korallen und Topase (ein Edelstein), einfache Bekleidung, Gürtel in leuchtenden Farben, rohes Glas, rote Arsenblende zum Färben; Gold- und Silbermünzen, die man Gewinn bringend gegen Münzen des Landes tauschen kann. (…)
Für den König dort bringt man kostbare Silbergefäße und edle Sklaven mit: junge Sänger und schöne Mädchen; ferner die besten Weine, leichte Bekleidung aus den feinsten Geweben und die kostbarsten Salben.
Ausgeführt werden aus Indien süßer Lotos und Myrrhe (ein wohlriechendes Harz des Balsamstrauchs), Elfenbein, Achate und Karneole (Edelsteine), Baumwollkleidung aller Art, Seidenkleidung (aus chinesischer Rohseide), langer Pfeffer und viele andere Waren aus ganz Indien.

Zit. nach: Wolfgang Lautemann (Hg.), Geschichte in Quellen, Bd. 1, München 1965, S. 652.

M4 *Wirtschaft im Römischen Reich*

1 Welche Vor- bzw. Nachteile hatten die guten römischen Straßen (VT, M2)?

2 Ein Römer möchte mit dem Reisewagen (M1) von Rom nach Trier fahren. Ermitteln Sie, wo Trier liegt und wie lange diese Reise ungefähr dauert (M4). Verfahren Sie ähnlich mit anderen Städten.

3 Welche Waren führten die Römer aus Indien ein (M3)?

4 In der Karte M4 finden Sie weitere Gebiete außerhalb des Imperiums. Nennen Sie die Waren, die von dort kamen.

16 Werkstatt
Bilder zum Sprechen bringen

Fresko
Bei dieser Technik wird das Bild in den frischen Putz der Wand gemalt. Dadurch leuchten die Farben besonders schön.

Pompeji
war eine römische Stadt, die 79 n. Chr. durch den Ausbruch des Vesuv mit vulkanischer Asche zugedeckt wurde.

Wenn wir uns ein „Bild" davon machen wollen, wie Menschen früher gelebt haben, reichen Texte oft nicht aus. Wir wollen auch wissen, wie sie ausgesehen haben, wie sie sich frisiert und gekleidet haben, welche Farben sie bevorzugten und welche Gegenstände sie im Alltag benutzten. Von den Römern besitzen wir sehr viele Bildquellen. Sie haben auf Zeichnungen, Mosaiken und Wandmalereien ihre Welt so dargestellt, wie sie sie gesehen haben.

Betrachten wir ihre Bilder richtig, dann sehen wir mehr als die bloße Darstellung. Wir erfahren auch etwas über das Denken der Römerinnen und Römer; wir lernen ihre Symbole, ihre Ausdrucksweise, ja sogar ihren Glauben kennen. Wer ein Bild zum Sprechen bringen will, muss also genau hinsehen und die richtigen Fragen stellen. Nur so kann er entschlüsseln, was die Künstlerin oder der Künstler aussagen wollte.

M1 *Ein frischvermähltes Paar auf einem Fresko aus Pompeji,* 1. Jh. n. Chr. So könnte die Bildlegende lauten. Doch Sie brauchen noch zusätzliche Informationen: Das Wandgemälde zeigt ein wohlhabendes römisches Paar aus der Mittelschicht. Der Mann hält eine Buchrolle oder eine wichtige Urkunde in der Hand, vielleicht ist es sogar der Ehevertrag. Seine Frau zeigt ein gerahmtes Holztäfelchen. Es ist mit Bienenwachs überzogen und dient dazu, sich Notizen zu machen. Mit der Spitze des Griffels ritzt sie den Text in das weiche Wachs. Sie kann ihn auch wieder löschen und das Täfelchen neu beschreiben. Dann zieht sie mit dem anderen, flachen Ende das Wachs glatt.

M2 *Zusatzinformationen zu M1 und M3:*
In der römischen „familia“ war der pater familias, der Hausvater, das Familienoberhaupt. Anfangs war seine väterliche Gewalt den Kindern und der Ehefrau gegenüber fast unbeschränkt. Doch seit der Kaiserzeit hatten Frauen viele Rechte:
Der Vater konnte seine Tochter nicht mehr zu einer Ehe zwingen. Frauen durften nun über ihr eigenes Vermögen verfügen und Geschäfte abschließen, ohne dass der Ehemann zustimmen musste. Sie konnten sich auch scheiden lassen und in die Familie ihres Vaters zurückkehren. Die meisten Römerinnen der Mittel- und Oberschicht konnten lesen und schreiben, viele waren gebildete Frauen. Eine Römerin ging ganz selbstverständlich ins Theater und in den Zirkus oder besuchte eines der vielen Bäder. Doch ein Bereich blieb Frauen verschlossen: Sie durften weder wählen noch politische Ämter übernehmen.
Frauen aus der Unterschicht hatten nicht so viele Freiheiten. Ohne Sklavinnen mussten sie sich alleine um Haushalt und Kinder kümmern und oft noch hinzuverdienen.

M3 *Eine junge Frau auf einem Fresko in Pompeji,* 1. Jh. n. Chr. In der Hand hält sie ein „Notizbuch“, das aus mehreren Täfelchen zusammengebunden ist.

Methodische Arbeitsschritte

1. Betrachten Sie das Bild als Ganzes.
   - Was zeigt das Bild?
   - Was fällt besonders auf?
   - Klären Sie unbekannte Begriffe.
   - Notieren Sie erste Fragen.
2. Beschreiben Sie Einzelheiten des Bildes.
   - Welche Personen oder Gegenstände sind dargestellt?
   - Welche Situationen sind zu erkennen?
   - Welche Farben wurden gewählt? Haben sie eine bestimmte Bedeutung?
3. Ordnen Sie Zusammenhänge ein.
   - Was lässt die Anordnung der Personen oder Gegenstände erkennen?
   - Gibt es eine Rangfolge?
   - In welcher Verbindung stehen die Personen zueinander?
4. Deuten Sie den Inhalt und die beabsichtigte Wirkung.
   - Wer hat das Bild gemalt? Für wen?
   - Was möchte der Künstler dem Betrachter mitteilen?
   - Zu welcher Gelegenheit ist es entstanden?
   - Ist die Darstellung naturgetreu?
   - Welche Symbole enthält das Bild?

1 Betrachten Sie das Bild M1 und interpretieren Sie es nach den methodischen Arbeitsschritten.

2 Interpretieren Sie das Bild M3. Welche Informationen aus M1 können Sie hier als Hintergrundinformation verwenden? Warum hat sich die junge Frau gerade in dieser Haltung abbilden lassen? Was fasziniert an dem Bild noch heute?

17 Am Limes endet die römische Macht

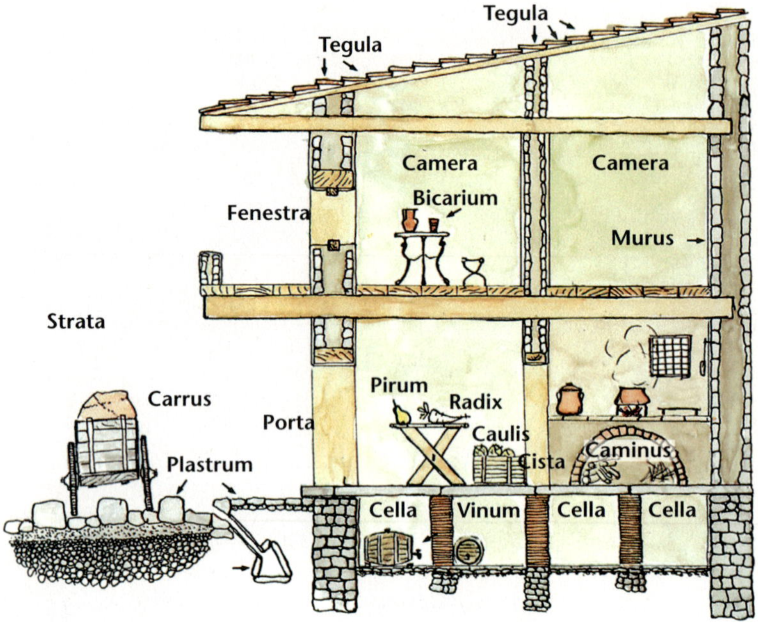

M1 *Die Germanen lernten viele neue Dinge bei den Römern kennen.* Die Namen dafür übernahmen sie gleich mit. Diese Wörter nennt man Lehnwörter.

Ist die römische Macht grenzenlos?

Um 50 v. Chr. trugen Caesars Legionäre ihre Feldzeichen bis zum Rhein. Zur Zeit von Kaiser Augustus erreichten römische Heere sogar die Elbe.

Doch das Gebiet zwischen Rhein und Elbe sah vor 2000 Jahren noch ganz anders aus als heute. Urwald und Sümpfe bedeckten das Land, sodass sich die römischen Legionen nur auf schmalen Pfaden bewegen konnten. Da war es fast unmöglich, die Heere beim Marschieren und in der Schlacht wie gewohnt aufzustellen. Das wurde einer römischen Armee zum Verhängnis.

Ein Feldzug wird zur Katastrophe

Im Jahr 9 n. Chr. führte der Cheruskerfürst Arminius mehrere germanische Stämme gegen die römischen Besatzer in den Kampf. Arminius war in der römischen Armee ausgebildet worden. Dadurch wussten er und seine Krieger bestens über die Stärken und Schwächen eines römischen Heeres Bescheid. Die Germanen lockten drei Legionen unter dem Feldherrn Varus in einen Hinterhalt und vernichteten sie völlig. Varus und fast 20 000 Soldaten verloren ihr Leben. Den Ort dieser Schlacht vermutet man in der Nähe des Ortes Kalkriese bei Osnabrück.

Der Limes schützt die Provinz

Augustus und seine Nachfolger gaben den Plan auf, das Germanenland bis zur Elbe zu erobern. Sie zogen die Legionen hinter Rhein und Donau zurück, wo sie sich leicht verteidigen konnten.

Im Jahr 83 n. Chr. gab Kaiser Domitian den Befehl, die Grenze zu befestigen. Der Limes wurde gebaut, ein 548 Kilometer langer Grenzzaun aus Steinmauern, Holzpfählen, Gräben und Wachtürmen. Bei Gefahr gaben die Wachsoldaten Alarm. Dann kam aus den nahe gelegenen Kastellen Hilfe herbei.

M2 *Rekonstruktionszeichnung eines Militärlagers.*

① Haupttor
② Wachturm
③ Kommandantur
④ Krankenhaus
⑤ Kornspeicher
⑥ Ställe
⑦ Werkstatt
⑧ Wohnhaus des Kommandanten
⑨ Unterkünfte für die Soldaten
⑩ Badehaus
⑪ Verteidigungsgraben

M4 *West- und Süddeutschland zur Römerzeit.* – Beschreiben Sie die Anordnung der Kastelle und Legionslager.

TIPP!

Informationen zum Limes und zu Römerkastellen finden Sie im Internet unter: www.limesstrasse.de

M3 *Der römische Geschichtsschreiber Tacitus (um 55 bis ca. 115 n. Chr.) verfasste 98 n. Chr. ein Buch, in dem er die Römer über die Germanen informierte:*

Die äußere Erscheinung ist bei allen Germanen dieselbe: wild blickende blaue Augen, rötliches Haar und große Körper, die allerdings nur zum Angriff taugen. Für Strapazen und Mühen bringen sie nicht dieselbe Ausdauer auf, und am wenigsten ertragen sie Durst und Hitze; wohl aber sind sie gegen (...) Kälte und Hunger abgehärtet. Das Land (...) macht mit seinen Wäldern einen schaurigen, mit seinen Sümpfen einen widerwärtigen Eindruck. (...) Getreide wächst, Obst jedoch nicht. Vieh gibt es reichlich. (...)

Könige wählen sie nach den Vorschlägen der Adligen. Heerführer wählen sie nach der Tapferkeit. Selbst die Könige haben keine unbeschränkte oder freie Herrschergewalt, und die Heerführer erreichen mehr durch ihr Beispiel als durch Befehle: Sie werden bewundert, (...) wenn sie in vorderster Linie kämpfen. (...)

Wenn sie keine Kriege führen, verbringen sie viel Zeit mit Jagen, mehr noch mit Nichtstun, dem Schlafen und Essen ergeben. Gerade die Tapfersten und Kriegslustigsten rühren sich nicht. Die Sorge für Haus, Hof und Feld bleibt den Frauen, den alten Leuten und den Schwachen überlassen. (...)

Dass die Germanen keine Städte bewohnen, ist ausreichend bekannt, ja sie dulden nicht einmal zusammenhängende Siedlungen. Sie wohnen einzeln und für sich, gerade dort, wo ihnen ein Ort zusagt. Ihre Dörfer legen sie nicht in unserer Weise an, sondern jeder umgibt sein Haus mit freiem Raum. (...) Nicht einmal Bruchsteine oder Ziegel sind bei ihnen im Gebrauch; zu allem verwenden sie unbehauenes Holz, ohne auf ein schönes und freundliches Aussehen zu achten. (...)

Die Germanen haben eine strenge Auffassung von der Ehe und in keinem Punkt verdienen ihre Sitten größeres Lob. Denn sie sind fast die Einzigen unter den Barbaren, die sich mit einer Gattin begnügen.

Tacitus, Germania, nach: Wolfgang Lautermann (Hg.), Geschichte in Quellen, München 1989, S. 877ff.

1 Finden Sie in M4 die heutigen Städte Mainz, Augsburg und Regensburg. Wie hießen sie in römischer Zeit? Bei welchen Städten und Flüssen erkennt man den heutigen Namen?

2 Wie beschreibt Tacitus in M3 das Land der Germanen und seine Menschen?

3 Die Deutsche Limes-Straße führt vom Rhein bis zur Donau. Suchen Sie im Internet nach Sehenswürdigkeiten und Museen entlang dieser Touristikroute. M4 hilft Ihnen dabei. Überlegen Sie, ob Sie einen Klassenausflug zu den Überresten des Limes unternehmen möchten.

18 Die Anfänge des Christentums

M1 *Jesus wird vor den jüdischen König Herodes geführt und verhört* (Gemälde des italienischen Malers Duccio di Buoninsegna, um 1255–1319).

Bischof
Er beaufsichtigt ein kirchliches Gebiet. Bischöfe werden als Nachfolger der Apostel gesehen.

Papst
bedeutet „Papa“ oder „Vater“. Der Papst ist Bischof von Rom und gleichzeitig das Oberhaupt der katholischen Kirche.

Wer war Jesus Christus?

Im Zentrum des christlichen Glaubens steht Jesus Christus. Was wir über ihn wissen, stammt hauptsächlich aus den Schriften seiner Anhänger. Sie sind im Neuen Testament der Bibel gesammelt. Jesus war der Sohn des Zimmermanns Josef und seiner Frau Maria aus Nazareth im Land Galiläa, das zum Römischen Reich gehörte. Jesus war Jude und glaubte wie alle Juden an einen einzigen Gott. Liebe zu Gott, so sagte er, zeige sich vor allem in der Liebe zum Nächsten, zu den Schwachen und Hilfsbedürftigen. Das lebte er selbst vor, indem er sich um die Armen und Verachteten kümmerte. Auch zu seinen engsten Vertrauten wählte er einfache Menschen. Dazu zählten besonders die Jünger, die mit Jesus lebten und ihm als Apostel (Lehrer) bei der Verkündigung seiner Lehre halfen.
Die ersten Anhänger fanden Jesus und nach ihm die Apostel unter den Juden von Galiläa und Judäa. Von hier aus verbreiteten christliche Missionarinnen und Missionare (Glaubenslehrer) seine Lehren im ganzen Römischen Reich.

Verfolgung durch den römischen Staat

Um 100 n. Chr. gab es im Römischen Reich viele Christengemeinden. Ihre Mitglieder waren meist Handwerker, Händler und Sklaven. Gerade sie hatten Grund, auf Erlösung von ihrem mühevollen Dasein auf Erden zu hoffen. Außerdem fühlten sie sich von der christlichen Nächstenliebe angesprochen. Die Gesellschaftsordnung stellten die Christen nicht in Frage, auch nicht die Sklaverei. Sie trafen sich allerdings zu gemeinsamen Mahlzeiten und Gesprächen. Das machte sie verdächtig, etwas Unerlaubtes zu tun.
Zunächst kam es nur vereinzelt zu Christenverfolgungen, so zum Beispiel 64 n. Chr. unter Kaiser Nero. Zum Zusammenstoß mit dem römischen Staat kam es erst seit etwa 100 n. Chr., als die Kaiser von den Bewohnern ihres Reiches verlangten, wie Götter verehrt zu werden. Damit sollte jeder zeigen, dass er den Kaiser als obersten Herrn anerkannte. Wer sich weigerte, musste mit der Todesstrafe rechnen.

Das Christentum wird Staatsreligion

Obwohl die Christen oft grausam verfolgt wurden, kamen immer mehr Menschen zu den christlichen Gemeinden. Im 4. Jahrhundert verbesserte sich ihre Lage. Kaiser Konstantin (306–337) ordnete im Jahr 313 an, dass alle Bürger des Römischen Reiches selbst bestimmen durften, welcher Religion sie anhängen wollten. Nun konnten die Christen Kirchen bauen und ihre Religion frei leben.
Die christliche Kirche unterstützte den Kaiser in vielen Bereichen. Dafür schenkte er den christlichen Gemeinden Geld und Ländereien. Schließlich ließ sich Konstantin auf dem Sterbebett zum Christen taufen. 330 verlegte Konstantin den Kaisersitz von Rom nach Byzanz, das in Konstantinopel umbenannt wurde. Heute heißt die Stadt Istanbul.
Auch Konstantins Nachfolger förderten das Christentum, und im Jahr 381 wurde es schließlich zur Staatsreligion. Jede Provinz im Römischen Reich hatte nun einen Bischof, der in wichtigen kirchlichen Fragen die Entscheidung traf. Besonders hoch angesehen war der Bischof von Rom, der im 5. Jahrhundert den Titel „Papst“ erhielt.

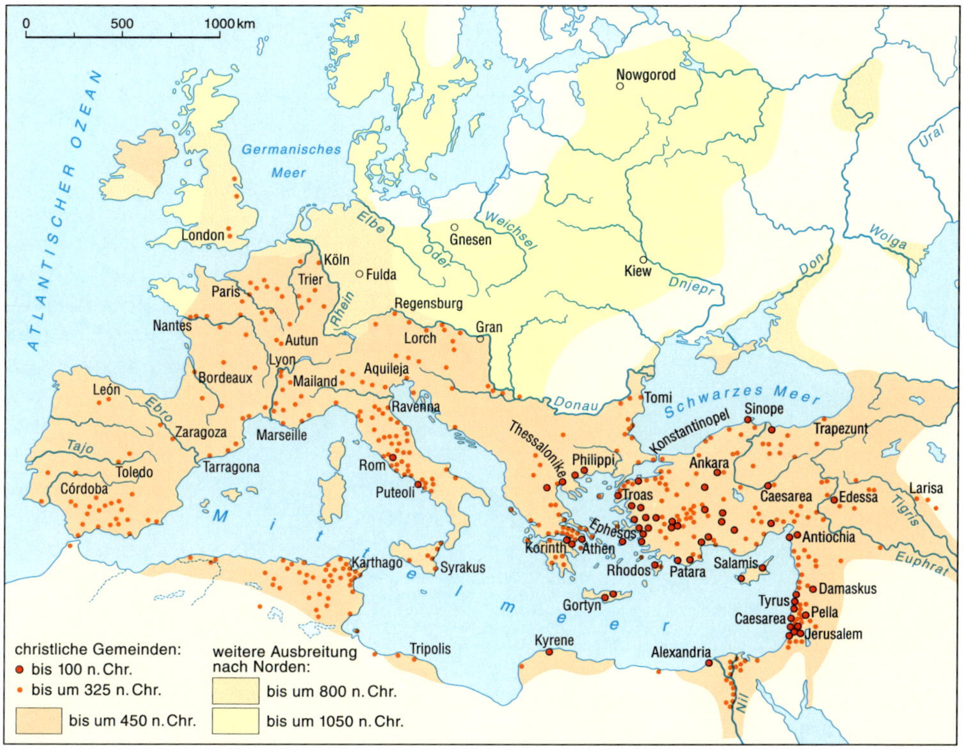

M5 *Die Ausbreitung des Christentums.* Der Apostel Paulus baute die ersten Christengemeinden in Kleinasien und Griechenland mit großer Tatkraft auf. Er unternahm viele Reisen dorthin, predigte in griechischer Sprache und stärkte durch seine Briefe die jungen Gemeinden im Glauben.

M2 *Verschlüsselte Bilder:* Fisch und Brot waren häufige Christuszeichen. Christus ist das „Brot des Lebens" und das griechische Wort für Fisch, „ICHTHYS", enthält die Anfangsbuchstaben von „Jesus Christus, Gottes Sohn, Retter".

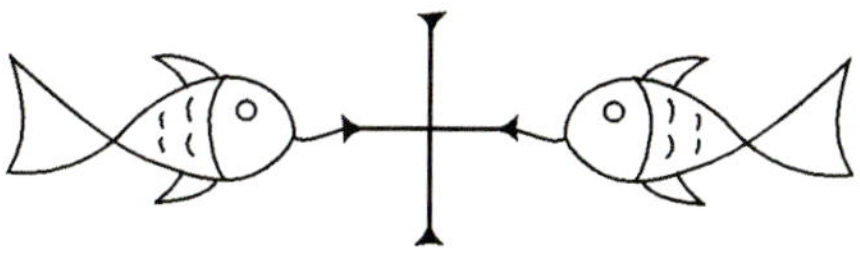

Ι Χ Θ Υ Σ

I CH TH Y S

J(esus) Ch(ristos) Th(eou) Y(ios) S(otér)

Jesus Christus, Gottes Sohn, Retter

M3 *Zum Umgang mit Christen gab Kaiser Trajan um 100 die folgende Anweisung:*
Man soll auf Christen keine Jagd machen. Wenn man sie vor dich bringt und beschuldigt, sollen sie bestraft werden. Wer aber in Abrede stellt, Christ zu sein, und dies bewiesen hat, indem er unseren Göttern opfert, soll frei ausgehen, wie verdächtig er auch immer sich in der Vergangenheit gemacht hat. Anonyme Anzeigen sollen auf keinen Fall berücksichtigt werden.

Plinius, Briefe 10,97, zit. nach: Bertelsmann Lexikothek: Panorama der Weltgeschichte I, Gütersloh 1984, S. 328.

M4 *Der frühchristliche Kirchenlehrer Tertullian schrieb um 200:*
[Es gibt Leute], die laut nach dem Blute Unschuldiger schreien, wobei sie freilich diesen Hass zum Teil mit dem sinnlosen Vorwand begründen, dass nach ihrer Überzeugung an jeder Katastrophe des Staates, an jedem Missgeschick des Volkes die Christen die Schuld tragen. Wenn der Tiber die Mauern überflutet, wenn der Himmel sich nicht rührt, wenn die Erde bebt, (…) gleich schreit man: die Christen vor die Löwen.

Tertullian, Apolog. 40,1f., zit. nach: C. Becker, Geschichte in Quellen I, München 1965.

1 Nennen Sie Gründe, warum Jesus mit seiner Botschaft sowohl Anhänger als auch Feinde bekam (VT).

2 Der Fisch war für die frühen Christen ein besonderes Erkennungszeichen. Erklären Sie mit Hilfe von M2, warum.

3 In welcher Form sollte nach der Anweisung des Kaisers Trajan in M3 die „Christenprobe" durchgeführt werden?

4 Lässt sich die Aussage Tertullians in M4 auch auf andere Gruppen und Situationen übertragen?

5 Untersuchen Sie M5. In welchen Gebieten entstanden die ersten christlichen Gemeinden? Beschreiben Sie, wie sich die christliche Religion in Europa verbreitete.

um 500

Der Merowinger Chlodwig eint die Franken und gründet ein neues Großreich.

800

Der Frankenkönig Karl wird zum Kaiser gekrönt.

8./9. Jahrhundert

Im Frankenreich entwickelt sich das Lehnswesen und die Grundherrschaft.

936

Otto I. wird König im Ostfränkischen Reich.

Leben im Mittelalter

Woran denken Sie, wenn Sie das Wort „Mittelalter“ hören – vielleicht an Könige, Ritter und Edelfräulein, an Burgen, Kerker und finstere Verliese? Das Mittelalter war eine lange Zeit: Es dauerte von ca. 500 bis 1500. Einige Menschen lebten in diesen Jahrhunderten tatsächlich auf Burgen, die meisten aber waren einfache Bauern, die ein hartes Leben auf dem Land führten. Sie arbeiteten von morgens bis abends auf ihren Höfen und mussten Abgaben an ihren Herrn und die Kirche leisten.
Ab dem 12. Jahrhundert zogen einige Menschen auch in die Städte. Hier waren sie „frei“, arbeiteten als Handwerker und Händler und verkauften ihre Waren auf dem Markt. Manche Städte wurden durch den Handel groß und wohlhabend, und ihre Kaufleute reisten mit Wagen und Schiffen durch ganz Europa.
Gehen Sie nun selbst auf eine Reise ins mittelalterliche Europa und entdecken Sie, wie Könige herrschten und wie die Menschen auf dem Land, auf einer Burg und in der Stadt lebten.

Ein Minnesänger und zwei Damen beim Tanz
(Manessische Liederhandschrift, 14. Jahrhundert)

um 1000

Auf dem Land setzt sich die Dreifelderwirtschaft durch.

1096–1099

Erster Kreuzzug: Christliche Kreuzfahrer nehmen Jerusalem ein.

1150–1350

In Mitteleuropa werden zahlreiche Städte gegründet.

1356

Norddeutsche Kaufleute schließen sich zur „Deutschen Hanse“ zusammen.

1 Ein neues Großreich auf weströmischem Boden

M1 *Der Frankenkönig Chlodwig* lässt sich vermutlich im Jahr 498 als erster Germanenkönig christlich taufen (Relief auf einem Buchdeckel, Frankreich 10. Jahrhundert).

Franken
Germanischer Stamm, wahrscheinlich vor dem 3. Jahrhundert aus mehreren kleinen Stämmen am unteren und mittleren Rhein entstanden.

Merowinger
Königsfamilie aus dem Stamm der Franken. Der Merowinger Chlodwig I. machte das Fränkische Reich zur führenden Macht in Europa. Im 7. Jahrhundert verloren die Merowinger ihre Macht an die Karolinger.

Die Franken in Gallien

Im 5. Jahrhundert war das römische Weltreich zerfallen. Im Osten bestand zwar ein Teil des Reiches weiter. Aber die oströmischen Kaiser hatten keinen Einfluss mehr auf den westlichen Teil Europas. Hier herrschten mittlerweile die germanischen Völker, die in der Zeit der Völkerwanderung auf römischen Boden vorgedrungen waren. Eines dieser Völker waren die Franken. Sie hatten ursprünglich im Gebiet der heutigen Niederlande und Belgiens gesiedelt, aber seit dem 3. Jahrhundert hatten sie auch Gallien, das heutige Nordfrankreich, erobert.

Die Franken lebten in mehreren Stämmen, die von Königen angeführt wurden. Einer von ihnen, Chlodwig aus der Familie der Merowinger, einte um 500 gewaltsam alle Franken und unterwarf auch die benachbarten Burgunder und Westgoten.

Für die Zukunft seines Reiches wurde der Kampf gegen die Alemannen am bedeutendsten. Nach altem Brauch rief Chlodwig einen Gott als Schlachtenhelfer an. Er wählte den Gott der Christen und, so wird überliefert, gelobte selbst Christ zu werden, falls er siegte. Chlodwig siegte, die Alemannen unterwarfen sich, und Chlodwig trat mit seinem Gefolge zum Christentum über. Die meisten Gallier waren bereits seit römischer Zeit Christen. Ihre Äbte und Bischöfe, die große Ländereien besaßen, unterstützten von nun an den neuen Herrscher.

Chlodwigs Nachfolger

Chlodwig teilte das Reich unter seinen Söhnen auf, die aber ständig Krieg gegeneinander führten. Das schwächte die Macht der Merowinger. Mehr und mehr bestimmten ihre obersten Hofbeamten die Politik. Diese Männer, auch Hausmeier genannt, verwalteten den königlichen Hof und führten das Heer an. Anfang des 8. Jahrhunderts gelang es einem von ihnen, Karl Martell, seine Stärke zu beweisen. Bei Poitiers besiegte er im Jahr 732 muslimische Heere, die das Reich von Süden kommend angegriffen hatten.

Das christliche Königtum

Die Merowinger waren nur noch Schattenkönige. Sie hielten aber an der Macht fest, denn sie glaubten, dass sie göttliche Vorfahren hätten. Nur sie könnten deshalb Könige sein. Pippin, der Sohn Karl Martells, wollte aber die Königswürde für sich erringen. Er war ein siegreicher und mächtiger Krieger, während der Merowingerkönig Childerich ohne Macht und Gefolgsleute auf seinem Thron saß. Pippin wandte sich deshalb an den Papst, der zu dieser Zeit dringend Schutz gegen die Langobarden benötigte. Pippin war bereit, ihm zu helfen. Dafür stimmte der Papst 751 zu, dass die Merowinger abgesetzt und Pippin zum König gekrönt wurde. In zwei Kriegszügen besiegte König Pippin die Langobarden und übertrug dem Papst die von ihm beanspruchten Gebiete in Italien „für ewige Zeiten".

Drei Jahre später reiste Papst Stephan II. ins Frankenreich, um Pippin und seine Söhne zu salben. Er bestimmte, dass nur noch Pippins Nachfolger Könige werden durften. Außerdem sollte die Salbung den Franken zeigen, dass das Königsheil nun vom christlichen Gott und nicht mehr von den germanischen Göttern kam.

M4 *Gepanzerte Reiter* waren der wichtigste Teil des fränkischen Heers. Sie ersetzten bald die bisherigen Fußsoldaten. Aber die Ausrüstung war teuer, sodass die Krieger eigenes Land besitzen mussten, um sich Pferd, Panzer und Ausrüstung leisten zu können.

M2 *Von der Taufe Chlodwigs berichtet Bischof Gregor von Tours (573–594):*

Die Königin ließ nicht ab, in ihn [Chlodwig] zu drängen, dass er den wahren Gott erkenne und ablasse von den Götzen. Aber auf keine Weise konnte er zum Glauben bekehrt werden, bis er einmal mit den Alemannen in einen Krieg geriet. Chlodwigs Heer war nahe daran, völlig vernichtet zu werden. Als er das sah, sprach er: „Jesus Christus, gewährst du mir jetzt den Sieg über meine Feinde, so will ich an dich glauben und mich taufen lassen in deinem Namen. Denn ich habe meine Götter angerufen, aber sie sind weit davon entfernt mir zu helfen." Als er dies gesagt hatte, wandten sich die Alemannen und begannen zu fliehen. Darauf ging Chlodwig (…) zum Taufbad.

Geschichte in Quellen, Bd. 2, München 1970, S. 26f.

M3 *Über die Verhandlungen Pippins mit dem Papst wird in einer Quelle berichtet:*

Bischof Burkhard von Würzburg und Kaplan Fulrad wurden [von Pippin] zu Papst Zacharias gesandt. Wegen der Könige im Frankenreich, die damals keine königliche Gewalt hatten, sollten sie fragen, ob das gut sei oder nicht. Papst Zacharias ließ Pippin die Antwort geben, es sei besser, dass der als König bezeichnet werde, der die Gewalt innehabe und nicht der, der ohne königliche Gewalt verblieben sei. (…) Kraft seines Ansehens als Papst ließ [Zacharias] Pippin zum König machen. Pippin wurde nach der Sitte der Franken zum König gewählt und durch den Erzbischof Bonifatius gesalbt und von den Franken (…) zum König erhoben. Childerich aber, der zu Unrecht König genannt wurde, wurde geschoren und ins Kloster geschickt.

Geschichte in Quellen, Bd. 2, München 1970, S. 56f.

1 Nennen Sie Gründe, die Chlodwig veranlasst haben können, zum christlichen Glauben überzutreten (VT, M2). Welche Vorteile brachte ihm dieser Schritt?

2 Wie konnten die Hausmeier die Macht im Reich gewinnen?

3 Zeigen Sie die Schritte auf, die Pippin unternahm, um König zu werden (VT, M3).

4 Ermitteln Sie anhand eines Lexikons oder des Internets, was unter dem Begriff „Salbung" (M3) zu verstehen ist und was er für die Königserhebung bedeutete.

5 Erläutern Sie, worauf die Frankenkönige seit Pippin ihre Herrschaft zurückführten (VT).

2 Karl der Große – fränkischer König und römischer Kaiser

M1 *Kreuzzüge gegen die Sachsen* (französische Buchmalerei, 14. Jahrhundert)

M2 *Denar (Münze) Karls des Großen, um 800.* Die Umschrift lautet „KAROLUS IMP(erator) AUG(ustus).

Karl der Eroberer

Nach Pippins Tod übernahm sein Sohn Karl die Herrschaft. Karl regierte 45 Jahre lang und führte 44 Feldzüge, darunter fünf gegen die Langobarden in Italien, 18 gegen die Sachsen, sieben gegen die Muslime in Spanien und einen gegen die Bayern.
Viele Kriege waren gegen Reiche und Völker gerichtet, die nicht dem christlichen Glauben angehörten. So führte Karl von 772 bis 804 einen grausamen Krieg gegen die germanischen Sachsen in Norddeutschland. Immer wieder erhoben sich die Sachsen dagegen, christianisiert und ins Frankenreich eingegliedert zu werden. Erbost über den Widerstand ließ Karl im Jahr 782 Tausende sächsische Stammesfürsten und Adlige hinrichten. Viele Sachsen mussten sich unter Zwang taufen lassen.

Karl wird römischer Kaiser

799 brach in Rom ein Aufstand von Adligen gegen Papst Leo III. aus. Daraufhin floh Leo ins sächsische Paderborn, wo sich auch Karl aufhielt, und bat ihn um Hilfe.
Im August 800 brach Karl nach Rom auf, um Gericht über die Aufständischen zu halten. Karl blieb bis Dezember in Rom. Am Weihnachtsabend besuchte er den Festgottesdienst. Angeblich überraschte ihn hier der Papst damit, dass er ihn zum römischen Kaiser krönte. Karl war der Überlieferung nach verärgert. Der Papst hatte sich damit das Recht genommen, den höchsten weltlichen Herrscher einzusetzen. Außerdem musste diese Handlung den oströmischen Kaiser in Byzanz verärgern. Dieser war bisher der alleinige Kaiser in Europa gewesen.

Das neue „Römische" Reich

Karl konnte einen Kompromiss herbeiführen, indem er den Titel „Kaiser, der das römische Kaiserreich lenkt, und König der Franken" annahm. Damit betonte er, dass er auch als Kaiser zu allererst der Herrscher über die Franken war. Der Kaisertitel verlieh Karl keine neue Macht. Aber er zeigte an, dass er der höchste Herrscher in Europa und dem oströmischen Kaiser gleichgestellt war.
Doch das war nicht alles. Mit Karls Kaiserzeit begann etwas Neues in Europa. Denn Karl fühlte sich nicht nur als Nachfolger der römischen Kaiser, sondern auch als Germanenfürst. So verband er als Kaiser christliche, römische und germanische Traditionen miteinander.

M3 *Über die Kaiserkrönung in Rom Weihnachten 800 berichten zwei zeitgenössische Quellen.*

a) Aus den Jahrbüchern des Frankenreichs:

Als der König gerade am heiligen Weihnachtstag sich vom Gebet vor dem Grab des Apostels Petrus zur Messe erhob, setzte ihm Papst Leo eine Krone aufs Haupt und das Römervolk rief: „Karl dem Erhabenen, von Gott gekrönten großen und den Frieden schützenden Kaiser der Römer, sei langes Leben und Sieg beschieden.“

Und nach den lobenden Zurufen wurde er vom Papst nach der Sitte der alten Kaiser durch Kniefall geehrt und fortan Kaiser und Augustus genannt.

Geschichte in Quellen, Bd. 2, München 1970, S. 70.

b) Einhard, einer von Karls Beratern und Biografen, schrieb:

Karl kam also nach Rom, um die Kirche aus der großen Zerrüttung [die Aufstände in Rom gegen den Papst] zu reißen. Damals war es, dass er die Ernennung zum Kaiser (...) empfing; das war ihm zuerst so zuwider, dass er versicherte, er würde an jenem Tage, obwohl es ein hohes Fest war, die Kirche nicht betreten haben, wenn er des Papstes Absicht vorher hätte wissen können.

Geschichte in Quellen, Bd. 2, München 1970, S. 71.

M4 *Alkuin, ein Berater Karls des Großen, schrieb über die Missionierung der „heidnischen“ Sachsen:*

Das elende Volk der Sachsen hat deshalb so oft das Taufsakrament verletzt, weil es niemals eine Grundlage des Glaubens im Herzen hatte. Doch muss man wissen, dass der Glaube freiwillig und nicht durch Zwang entsteht. Zur Taufe kann man den Menschen zwingen, nicht aber zum Glauben.

Deutschlands Geschichtsquellen im Mittelalter, zit. nach: Pierre Riché, Die Karolinger, München, S. 152.

M5 *Karls Berater Einhard schrieb 835 über die Sachsenkriege:*

Nach Beendigung dieses Krieges wurde der sächsische, der nur unterbrochen schien, wieder aufgenommen, der langwierigste, grausamste und für das Frankenvolk anstrengendste, den es je geführt hat. Denn die Sachsen, die wie fast alle Völker auf dem Boden Germaniens wild von Natur, dem Götzendienst ergeben und gegen unsere Religion feindselig waren, hielten es nicht für unehrenhaft, göttliches und menschliches Recht zu schänden und zu übertreten. Dazu kamen noch besondere Umstände, die jeden Tag eine Störung des Friedens verursachen konnten: Die Grenze zwischen uns und den Sachsen verlief fast überall in der Ebene, mit Ausnahme weniger Stellen, wo größere Waldungen oder Bergrücken das beiderseitige Gebiet klar trennen; hier nahm denn Totschlag, Raub und Brandstiftung auf beiden Seiten kein Ende.

Das erbitterte die Franken so, dass sie nicht mehr bloß Gleiches mit Gleichem heimgeben, sondern offen Kriege mit ihnen führen wollten.

Einhardi Vita Karoli Magni, zit. nach: Reinhold Rau (Bearb.), Quellen zur karolingischen Reichsgeschichte, Bd. 1, Darmstadt 1955, S. 173ff.

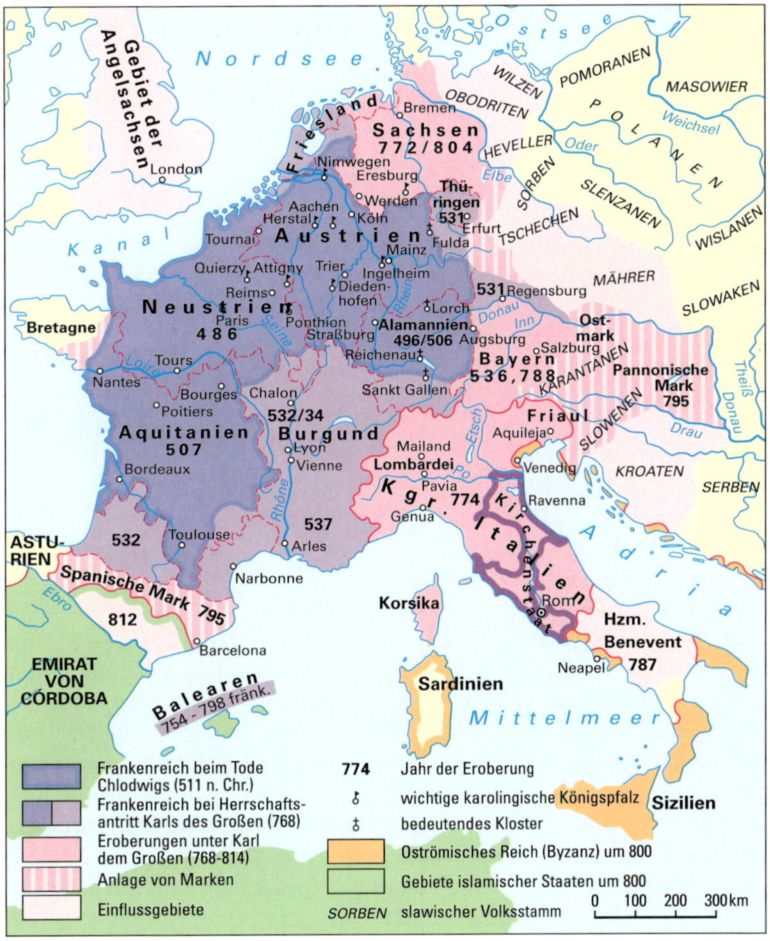

M6 *Das Reich der Franken 500–800*

1 Beschreiben Sie anhand der Karte M6, wie sich das Frankenreich unter Karl vergrößerte.

2 Warum führte Karl so viele Kriege und wie begründete er sie? Wie beurteilen Sie sein Vorgehen (VT, M1, M4, M5)?

3 Welche Gründe hatte der Papst, Karl zum Kaiser zu krönen?

4 Vergleichen Sie M4 und M5. Wie schätzen Alkuin und Einhard die Sachsenkriege ein? Wie beurteilt Alkuin die Zwangstaufe der Sachsen?

3 Der reisende Königshof

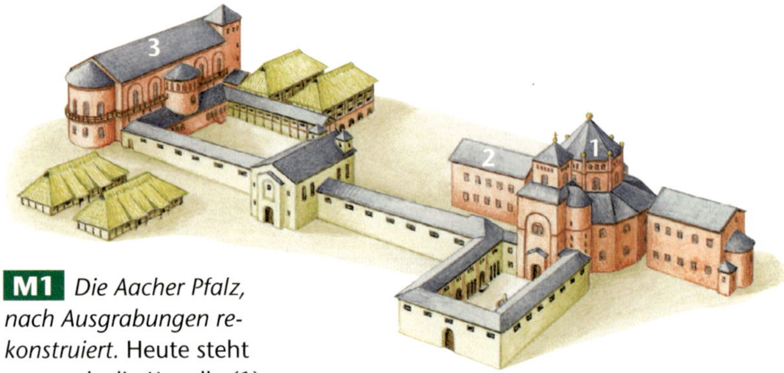

M1 *Die Aacher Pfalz, nach Ausgrabungen rekonstruiert.* Heute steht nur noch die Kapelle (1). Das angrenzende Gebäude (2) erhielt den Namen „Lateran", wie der päpstliche Palast in Rom. Dort konnte der Papst bei Besuchen wohnen. In der großen Königshalle (3) hielt der Kaiser Gericht und empfing Gesandte.

Pfalz
(von lat. palatium = Palast) war ein meist befestigter Wohnort des Königs mit Königshalle, Kapelle und Wirtschaftsgebäuden. Über das gesamte Reich verstreut, boten viele Pfalzen dem König und seinem Gefolge Unterkunft und Verpflegung.

Kapitularien
sind in Kapitel eingeteilte Verordnungen, Gesetze und Anweisungen für die Königsboten in karolingischer Zeit.

Ein riesiges Reich

Das Frankreich zur Zeit Karls des Großen reichte von der Nordsee bis zum Mittelmeer, vom Atlantik bis zur Elbe. 1150 km mussten Reisende zwischen Aachen und Rom überwinden, 1500 km hatten reitende Boten zwischen den spanischen und den sächsischen Grenzprovinzen zurückzulegen.
Allerdings gab es für dieses Reich noch keine schriftliche Verfassung wie heute. So war nirgends festgelegt, wer welche Rechte und Pflichten hatte, wer Macht ausüben und wer ein Amt besetzen durfte. Es gab keine verlässlichen Gesetze und kaum Städte und Straßen, nur unbefestigte Wege.
Um dieses riesige und ungeordnete Reich zu regieren, brauchte der König Helfer. Daher vergab Karl besondere Ämter an Grafen, Herzöge und Bischöfe. In ihren Gebieten trieben sie die Steuern ein, hielten Gericht und suchten junge Männer für den Kriegsdienst aus. Allerdings befürchtete Karl, dass die Grafen in ihren Gebieten zu mächtig werden könnten. Deshalb schickte er regelmäßig Boten aus, welche die Grafen und Bischöfe überwachen sollten. Trotzdem war es besser, wenn sich der König selbst möglichst häufig zeigte.

Königspfalzen statt Hauptstadt

Heute hat jedes Land eine Hauptstadt, wo sich der Sitz der Regierung befindet. Das war im Mittelalter nicht so. Das Frankenreich hatte keine Hauptstadt. Allerdings gab es einige große Pfalzen wie Aachen und Frankfurt. Diese Pfalzen lagen auf großen Ländereien, die dem König gehörten. Bauern bearbeiteten das Land, kümmerten sich um das Vieh und legten Vorräte an.
Um seine Regierungsgeschäfte zu erledigen, zog der König mit seinem Gefolge von Pfalz zu Pfalz. Auf diese Weise konnte er die Treue der Gefolgsleute und der Bischöfe im gesamten Reich persönlich kontrollieren, selber Streitigkeiten schlichten oder aufständische Adlige bekämpfen.
Bis zu 1000 Menschen reisten bisweilen im Gefolge des Herrschers. Etwa 20 km legte die Gesellschaft an einem Tag zurück. Man rechnete pro Person 2 kg Fleisch, 2 kg Getreide und 3 Liter Wein täglich. Blieb der Hof 10 Tage, so aß man Getreide von 400 Hektar Acker und 800 geschlachtete Rinder oder Schweine. Die 30 Fass Wein oder Bier im Keller wurden leer getrunken. Damit waren die Jahresvorräte eines großen landwirtschaftlichen Betriebs von 1000 Hektar Land und 2000 Stück Vieh aufgebraucht.

Aachen – ein zweites Rom?

Nachdem Karl zum Kaiser gekrönt war, reiste er weniger. Stattdessen ließ er seine Aachener Pfalz zum prächtigen Regierungssitz ausbauen und hielt sich in seinen letzten Lebensjahren häufig hier auf. Hatten die früheren Königshöfe noch aus einfachen Holzgebäuden bestanden, so krönte nun eine steinerne Kuppel den Palast. Für die Pfalzkapelle ließ Karl sogar schmuckvolle Marmor- und Schiefersäulen aus Oberitalien kommen. Zudem sammelte Karl Gelehrte um sich. Diese bemühten sich, die antike Kultur des alten Rom wiederzubeleben.Karl ließ sie aber auch eine Grammatik seiner germanischen Muttersprache erstellen und germanische Göttersagen und Heldenlieder sammeln.

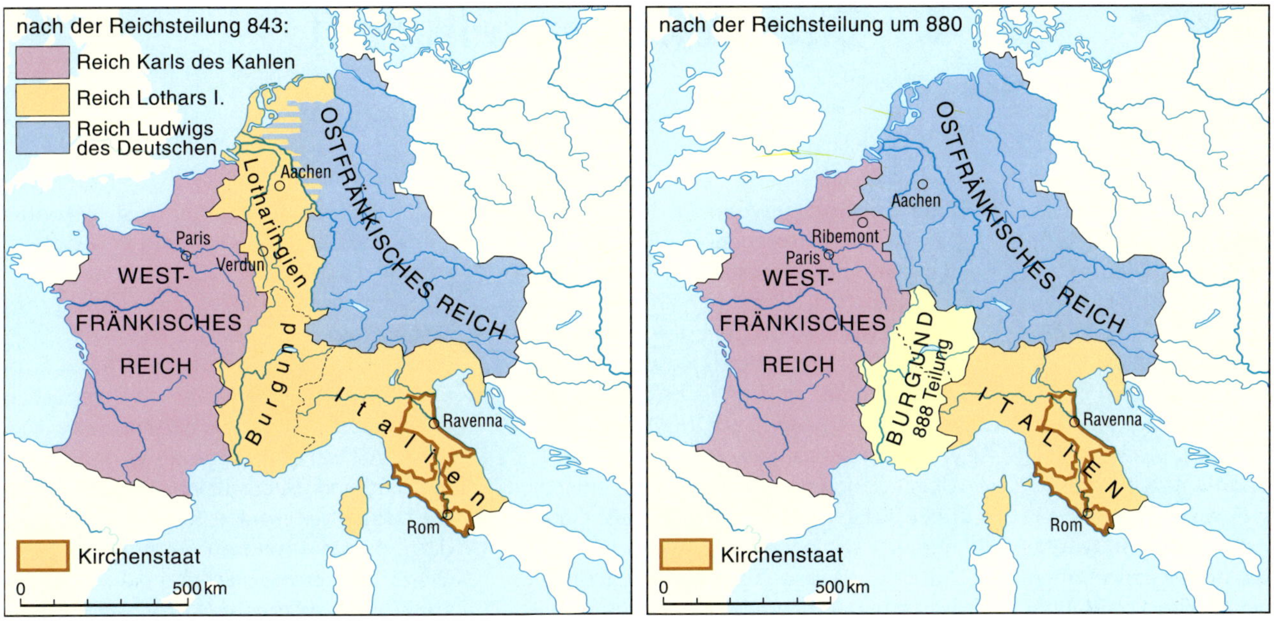

M2 *Das Frankenreich nach den Reichsteilungen* (vgl. S. 62)

M3 *Diese Bronzestatuette eines reitenden Königs* gilt als Abbild Karls des Großen (24 cm hoch), 9. Jahrhundert.

M4 *Um das Jahr 795 erließ Karl der Große ein Kapitular für die Verwalter der Krongüter:*

c. 42: Jedes Krongut soll in seinem Lagerraum vorrätig haben: Bettstellen, Matratzen, Federkissen, Bettlinnen [Leinen], Tischtücher, Bankpolster, Gefäße aus Kupfer, Blei, Eisen und Holz, Feuerböcke, Ketten, Kesselhaken, Hobeleisen, Spitzhauen, Bohrer, Schnitzmesser – kurzum alles nötige Gerät, sodass man es nicht anderswo zu erbitten oder zu entleihen braucht. (…)

c. 45: Jeder Amtmann [Verwalter] soll in seinem Bezirk tüchtige Handwerker zur Hand haben: Grob-, Gold- und Silberschmiede, Schuster, Drechsler, Stellmacher, Schild macher, Fischer, Falkner, Seifensieder, Brauer – Leute, die Bier, Apfel- und Birnenmost oder andere gute Getränke zu bereiten verstehen –, Bäcker, die Semmeln für unseren Hofhalt backen, Netzmacher, die Netze für die Jagd, für Fisch- und Vogelfang zu fertigen wissen und sonstige Dienstleute, deren Aufzählung zu umständlich wäre.

Capitulare de villis: c. 42, 45. In: Geschichte und Geschehen II, Stuttgart 1987, S. 22.

1 Fassen Sie zusammen, wie Karl sein Reich verwaltete und beherrschte (VT, M1). Nennen Sie Unterschiede zur Verwaltung der heutigen Zeit.

2 Überlegen Sie, welche Vorteile das System der Pfalzen für Karl den Großen bot. Wie war eine solche Pfalz aufgebaut (VT, M1)?

3 Was bezweckte Karl mit den einzelnen Bestimmungen zur Verwaltung der Krongüter (M4)? Was lässt sich der Verordnung über die Bedürfnisse des Hofes entnehmen?

4 Eine Ständegesellschaft

Lehen
ist ein Gut (Land, Amt, Würde), das dem Lehnsmann vom Lehnsherrn lebenslang „geliehen" wird. Dafür muss er seinem Lehnsherrn in Frieden und Krieg dienen.

Vasall
(von keltisch gwassawl = der, der dient) wurde seit dem 9. Jahrhundert der (adlige) Lehnsmann bezeichnet.

Mittelalterliche Ständegesellschaft
Im Mittelalter unterschied man zwischen freien und unfreien Menschen. Die Geburt entschied darüber, zu welcher Gruppe (Stand) man gehörte: Kinder von Adligen waren auch adlig, während Kinder von unfreien Bauern immer unfrei blieben.

Eine von Gott gewollte Ordnung

In der mittelalterlichen Gesellschaft waren die Menschen in bestimmte Stände eingeteilt. Welchem Stand man angehörte, hing nicht davon ab, ob man fleißig oder weniger fleißig, arm oder reich war. Entscheidend war die Geburt: Wer beispielsweise als Sohn eines Bauern zur Welt kam, konnte niemals König, Graf oder Ritter werden.
Über allen stand der König. Er entschied über Krieg und Frieden, erließ Gesetze und war der höchste Richter im Land. Die Adligen, dazu gehörten die mächtigsten Herzöge und Grafen, waren seine Gefolgsleute (Vasallen). Sie besaßen viel Land und genossen überall hohes Ansehen. Die Ritter waren zum Teil selbst niedrige Adlige oder konnten zu solchen aufsteigen. Sie waren bei weitem nicht so reich wie hohe Adlige. Sie besaßen Burgen, waren vor allem mit Kriegführen beschäftigt und halfen mit, das Reich zu verwalten. Die Äbtissinnen und Äbte standen einem Kloster vor, zu dem auch viel Land gehören konnte.
Ganz unten standen die Bauernfamilien in den Dörfern und die Bürgerinnen und Bürger in den Städten. Sie besaßen die wenigsten Rechte. Aber auch sie glaubten zumeist, dass diese Ordnung von Gott so gewollt sei.

Schutz gegen Treue

Da der König in seinem riesigen Reich nicht überall vor Ort sein konnte, musste er sichergehen, dass seine Gefolgsleute ihm treu waren. Lange Zeit war es üblich gewesen, dass der König Land und die darauf lebenden Bauern an die Adligen verschenkte. Karl der Große ging dazu über, das Land nur noch zu verleihen. Dieses „Lehen" verpflichtete die Adligen zu Treue und Gehorsam. In Kriegszeiten dienten sie dem König als Heerführer, in Friedenszeiten standen sie ihm als Berater zur Seite. Dafür versprach der König, sie zu schützen.

Kronvasallen und Untervasallen

Die adligen Lehnsmänner, die ihr Lehen direkt vom König erhielten, waren Kronvasallen. Diese Vasallen belehnten wiederum Ritter, Äbte und Äbtissinnen mit Land und Ämtern. So konnte das Land besser verwaltet und bewirtschaftet werden. Die Untervasallen besaßen nun Untertanen, die verpflichtet waren, ihre Herren in Kriegen zu unterstützen. Allerdings waren die Untervasallen nur ihrem Lehnsherrn und nicht dem König durch einen Eid verbunden. Das konnte zum Nachteil für den König werden, wenn es zum Streit mit einem Vasallen kam.

Lehen werden erblich

Wenn ein Vasall starb oder die Treue brach, sollte sein Lehen eigentlich an den Herrscher zurückgehen. Doch viele Kronvasallen versuchten ihr Lehen wie Eigentum weiterzuvererben. Mächtige Vasallen waren außerdem in der Lage, sich mit ihrem Heer aus Untervasallen gegen den Lehnsverlust zu wehren. Das Land blieb so nach und nach in den Familien der Adligen. Das schwächte die Macht des Königs, denn er konnte die Lehen nicht mehr frei an treue Gefolgsleute vergeben.

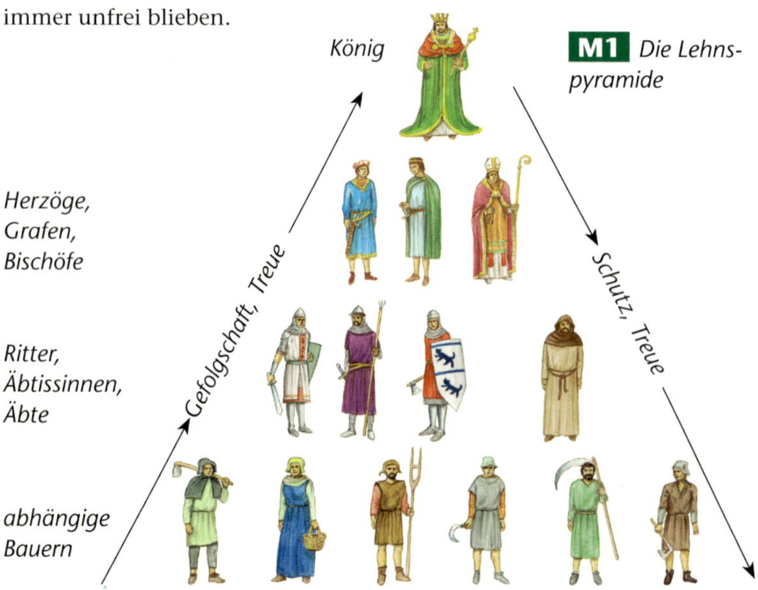

M1 *Die Lehnspyramide*

M2 *Als Karl der Große 804 ein Vasallenheer einberief, schickte er folgenden Befehl an Abt Fulrad von Altaich (Bayern):*

Wir teilen dir mit, dass wir in diesem Jahr die große Heeresversammlung nach Ostsachsen zusammengerufen haben, und zwar nach Staßfurt an der Bode. Deshalb befehlen wir dir, am 17. Juni mit allen deinen (...) ausgerüsteten Leuten an dem genannten Platze dich einzustellen. (...) Jeder Berittene soll Schild, Lanze, Schwert und Hirschfänger haben, dazu Bogen, Köcher mit Pfeilen, und eure Packwagen sollen Vorräte aller Art mitführen, Spitzhacken, Äxte, Bohrer, Beile, Spaten, eiserne Grabscheite und alle anderen Werkzeuge, die man bei einem Feldzug braucht. Die Lebensmittel müssen von der Heeresversammlung an gerechnet drei Monate reichen, Waffen und Bekleidung ein halbes Jahr.

Zit. nach: Geschichte in Quellen, Bd. 2, München 1970, S. 76f.

M3 *Über die „gerechte" Ordnung der Gesellschaft schrieb Bischof Burchard von Worms um 1000:*

Der gerechte Gott hat das Leben der Menschen folgendermaßen unterschieden gemacht: Die einen machte er zu Knechten, die anderen zu Herren. Damit soll die Möglichkeit der Knechte, Böses zu tun, durch die Macht der Herren eingeschränkt werden.

Zit. nach: Geschichte in Quellen, Bd. 2, München 1970, S. 76f.

M4 *Das Lehnswesen ist im Rechtsbuch „Sachsenspiegel" aus dem 13. Jahrhundert anschaulich dargestellt (Abb. rechts):*

a Abt und Äbtissin vergeben ein Lehen.
b Vasallen huldigen dem Lehnsherrn.
c Eine Burg wird als Lehen vergeben.
d Eine Kirche wird als Lehen vergeben.
e Ein Vasall legt den Lehenseid ab.
f Ein Vasall gibt Ratschläge.
g Ein Ritter als Vasall eines Kronvasallen.
h Ein Kronvasall vor dem Herrscher.

Die Verbindung zwischen Lehnsherrn und Vasall wurde in einem feierlichen Akt hergestellt. Nach dem Handgang oder der Huldigung, bei der sich der Vasall symbolisch unterwarf, schworen sich beide gegenseitig Treue. Dann übergab der Lehnsherr einen Gegenstand, häufig eine Fahne oder einen Schlüssel, der für das Lehen stand.

M5 *Über Herren und Diener steht im Rechtsbuch „Schwabenspiegel" von 1280:*

Man kann mit der Heiligen Schrift beweisen, dass niemand des andern eigen sein soll. Gott hat den Menschen nach seinem Ebenbild gebildet und von der Hölle erlöst. Als man das früheste Recht setzte, waren alle freie Leute. Wir sollen den Herren darum Dienst tun, dass sie uns beschützen. Und wenn sie die Lande nicht schirmen, ist ihnen niemand einen Dienst schuldig.

Zit. nach: Günther Franz (Hg.), Bauernschaft und Bauernstand, Limburg/Lahn 1975.

1 Beschreiben Sie die gesellschaftliche Ordnung des Mittelalters (VT, M1, M3) und vergleichen Sie sie mit dem Leben heute.

2 Vergleichen Sie die Quellen M3 und M5. Welche Meinung haben die Verfasser zur Ständegesellschaft?

5 Die Ottonen – Nachfolger Karls des Großen

M1 *Ein thronendes Königspaar, möglicherweise Otto I. und seine Frau Edgith* (Standbild aus dem 13. Jahrhundert im Dom von Magdeburg)

Stämme, Herzöge und Könige

Das Reich Karls des Großen blieb nicht lange bestehen: 843 wurde es zwischen seinen Enkeln Karl, Ludwig und Lothar aufgeteilt. Nach Lothars Tod wurde dessen Reich dann 880 zwischen dem west- und ostfränkischen König aufgeteilt (vgl. S. 59). Der Name dieser Region erinnert noch heute an das alte Reich und seinen Herrscher: Lothringen. Das West- und das Ostfränkische Reich bestanden als Frankreich und Deutschland weiter.

Die Deutschen lebten in verschiedenen Stämmen, die ihre eigenen Dialekte sprachen und ihr eigenes Recht besaßen. Geführt wurden die Stämme von Herzögen, die möglichst uneingeschränkt in ihren Gebieten herrschen wollten. Bei Gefahr unterstützten sie jedoch den König. So verteidigten sie mit ihren Heeren mehrmals das Reich gegen die Ungarn. Dieses Reitervolk war aus Asien in die Donauebenen vorgedrungen und fiel immer wieder plündernd in das Ostfränkische Reich ein.

Otto I. wird König ...

Im Jahr 911 starben die Nachkommen Karls des Großen in Ostfranken aus. Der daraufhin zum König gewählte Frankenherzog Konrad I. konnte sich jedoch nicht behaupten. Deshalb wählten die Stammesherzöge nicht erneut einen fränkischen Herzog, sondern einen der ihren zum neuen König, nämlich Herzog Heinrich I. von Sachsen im Jahr 919. Dieser erkaufte sich eine neunjährige Waffenruhe von den Ungarn und konnte dieses Reitervolk 933 sogar ganz besiegen. Nach Heinrichs Tod erhoben Bischöfe und Herzöge 936 Heinrichs Sohn Otto einstimmig zum neuen König. Die Erzbischöfe von Mainz und Köln salbten und krönten ihn.

Doch leicht war es für Otto nicht, seine Herrschaft zu behaupten. Immer wieder versuchten die Herzöge unabhängig vom König zu regieren. Nach mehreren Aufständen von Herzögen und Verwandten verließ sich Otto nicht mehr auf deren Treue, sondern zog Bischöfe und Äbte zum Königsdienst heran. Diese waren gebildet und gelehrt und verfügten als Grundherren auch über große Reichtümer. Der König vermehrte ihre Besitzungen und Herrschaftsrechte, verlangte dafür aber militärische und politische Dienste. Da die geistlichen Fürsten nicht heiraten durften, besaßen sie keine weltlichen Erben, denen sie Lehen und Rechte vererben konnten. Ihr Land fiel deshalb stets an den König zurück.

Erst viel später kam es zu einer Verständigung zwischen König, Herzögen und Bischöfen. Die Goldene Bulle bestimmte 1356, dass vier Fürsten und drei Bischöfe den König wählten. Aus den Hoftagen, zu denen die Könige in unregelmäßigen Abständen alle Großen des Reiches einluden, wurden feste Einrichtungen – die Reichstage. Die Kurfürsten, Fürsten und später auch die freien Reichsstädte hatten dort Sitz und Stimme. Sie besaßen das Recht, bei den Angelegenheiten des Reiches mitzuwirken.

... und Kaiser

In mehreren Kriegszügen unterwarf Otto die slawischen Fürsten und verbreitete in den eroberten Gebieten den christlichen Glauben. Jetzt konnte Otto auch den Kaisertitel anstreben. Nach mehreren Feldzügen besiegte er die italienischen Fürsten, ließ sich zum König von Italien und 962 vom Papst zum römischen Kaiser krönen. Damit war das Kaisertum Karls des Großen wiederhergestellt.

Goldene Bulle
Dieses von Karl IV. erlassene Grundgesetz (Bulle = Siegel) des Deutschen Reiches von 1356 regelte u. a. die Königswahl durch nunmehr sieben Kurfürsten (von mittelhochdeutsch „küren", d. h. wählen). Diese waren der Pfalzgraf bei Rhein, der Herzog von Sachsen, der Markgraf von Brandenburg, der König von Böhmen und die Erzbischöfe von Köln, Mainz und Trier.

M2 *Über die Thronerhebung Ottos 936 in Aachen ließ sich der Mönch Widukind von anderen erzählen und schrieb dies um 970 nieder. Für lange Zeit war dies der einzige überlieferte Bericht über eine Königserhebung:*

Und als Ort der allgemeinen Wahl bestimmte man die Pfalz Aachen (…). Als man dort angekommen war, versammelten sich die Herzöge und die vornehmsten Grafen und die Schar der fürstlichen Vasallen im Säulenhof der Basilika Karls des Großen und sie setzten den neuen Herrscher auf einen hier aufgestellten Thronsessel. Hier huldigten sie ihm, gelobten ihm Treue und versprachen ihm Hilfe gegen alle seine Feinde und machten ihn so nach ihrem Brauch zum König. Während dies die Herzöge und die übrigen Amtsträger taten, erwartete der Erzbischof (von Mainz) mit der gesamten Priesterschaft und dem ganzen Volk den Einzug des neuen Königs. Als er eintrat, ging ihm der Erzbischof entgegen, berührte mit seiner Linken die Rechte des Königs, während er mit der Rechten den Hirtenstab hielt (…).

Dann (…), sprach er: „Seht, ich bringe euch den von Gott erkorenen, einst von König Heinrich bezeichneten, nun aber von allen Fürsten zum König gemachten Otto; wenn euch diese Wahl gefällt, so erhebt die rechte Hand zum Himmel!" Darauf hoben alle die Rechte in die Höhe und wünschten mit lautem Rufen dem neuen Herrscher Heil.

Dann schritt der Erzbischof mit dem König hinter den Altar, auf dem die Abzeichen des Königs lagen, das Schwert mit dem Gürtel, der Krönungsmantel mit den Spangen, der Stab mit dem Zepter, und die Krone (…). Darauf wurde er mit dem heiligen Öl gesalbt und mit dem goldenen Kronreif von den Bischöfen Hildebert und Wichfried gekrönt (…) und dann von ihnen zum Thron geführt.

Quellen zur Geschichte der sächsischen Kaiserzeit, hg. v. Albert Bauer, Reinhold Rau, Frhr. v. Stein-Ausgabe 8, Darmstadt 1971, S. 84–89.

M3 *Die Kaiserkrone* war neben dem Szepter und dem Reichsapfel eines der drei Reichsinsignien (Hoheitszeichen der deutschen Kaiser). Diese Krone wurde wahrscheinlich für die Kaiserkrönung Ottos I. im Jahre 962 hergestellt.

M4 *Das Reich zur Zeit Ottos des Großen (936–973)*

1 Beschreiben Sie, wie sich das Frankenreich nach dem Tod Karls entwickelte (VT, M4).

2 Erläutern Sie die Probleme, mit denen Otto I. zu kämpfen hatte. Welche Maßnahmen ergriff er, um seine Herrschaft zu sichern (VT)?

3 Lesen Sie M2 und nennen Sie die einzelnen Handlungen der Krönungszeremonie.

6 Leben in der Grundherrschaft

M1 *Fronende Bauern und ein Meier* (Buchmalerei, 14. Jahrhundert)

Grundherr(schaft)
Adlige oder kirchliche Grundbesitzer herrschten über ihr Land und die dort lebenden Menschen. Diese bewirtschafteten das Land; der Grundherr schützte sie.

Frei – unfrei – hörig
Ein freier Bauer konnte frei über sein Eigentum verfügen und hinziehen, wohin er wollte. Ein „Unfreier" oder „Höriger" war einem Herrn untergeben: „hörig" heißt „gehorsam". Er lebte von einem Bauerngut, das ihm der Grundherr lieh.

Frondienste
waren Dienste, die die Hörigen ihrem Grundherrn noch neben den Abgaben leisten mussten, z. B. Erntearbeiten und Transportfahrten.

Der Grundherr hat „alles im Griff"

In Deutschland arbeiten heute von 100 Menschen nur drei in der Landwirtschaft; um das Jahr 1100 waren es mindestens 90. Fast alle in der Familie, auch die Kinder, mussten auf dem Feld oder im Hof mitarbeiten, denn die Erträge von Ackerbau und Viehzucht waren gering. Und von dem wenigen, was übrig blieb, mussten die unfreien Bauern auch noch Abgaben an ihre Herren leisten.
Der Grundherr lebte auf Herrenhöfen auf dem Land. Zum Herrenhof gehörten Back- und Brauhäuser, eine Scheune, Küchen, Keltern und Mühlen. Schmiede, Schuster, Wagner, Gerber und Sattler stellten u. a. Werkzeuge und Waffen für den Grundherrn her. Weberinnen und Spinnerinnen sorgten für Kleidung. Oft besaß der Grundherr mehrere Dörfer, in denen abhängige Bauern für ihn arbeiteten. Es war für den Grundherrn nicht leicht, „aus der Ferne" die Arbeit seiner Untertanen zu beaufsichtigen. Außerdem mussten noch die Abgaben der Bauern eingetrieben werden. Für diese Aufgaben setzte der Grundherr Meier ein, die von einem Fronhof aus alles organisierten.

Auf dem Fronhof

Es ist sieben Uhr morgens. Auf dem Fronhof ist schon viel los. Die Mägde und Knechte haben bereits mit der Arbeit begonnen. Als leibeigene Bäuerinnen und Bauern leben sie auf dem Fronhof und verrichten alle Arbeiten in Haus und Hof, aber auch auf den Feldern ihres Grundherrn. Sie haben keinen eigenen Besitz und auch kaum Rechte. Ständig sind sie den Launen des Meiers ausgesetzt, ohne sich wehren zu können.
Es ist nun acht Uhr geworden und die hörigen Bauern sind mit ihren Familien auf dem Fronhof eingetroffen. Sie unterscheiden sich von den Leibeigenen. Hörige Bauern haben einen eigenen Hof, der ihnen vom Grundherrn geliehen wurde. Dafür müssen sie ihm regelmäßig Abgaben und Frondienste leisten.
Inzwischen ist der Meier erschienen und teilt die hörigen Bauern für verschiedene Arbeiten ein: Einige sollen im Wald arbeiten, andere legen neue Wege an und bauen eine Brücke über den Fluss. Die meisten Bauern werden zur Feldarbeit herangezogen. Die Bäuerinnen werden für Gartenarbeiten eingeteilt und die Kinder müssen Honig sammeln. Zum Schluss erinnert der Meier die Bauernfamilien daran, dass morgen die jährliche Getreideabgabe auf dem Fronhof abzuliefern ist.

Wie wurden die Bauern unfrei?

Noch um 800 gab es viele freie Bauern. Sie bestellten ihren eigenen Hof mit unfreien Mägden und Knechten und konnten über ihren Besitz selbst verfügen. Auch sie waren kleine Grundherren.
Freie Bauern waren allerdings auch verpflichtet, wie die Adligen an Kriegszügen teilzunehmen. Für viele Bauern stellte dies eine drückende Last dar, vor allem, weil sie während der Kriegszüge ihre Felder nicht bestellen konnten. Oft führte das dazu, dass ihre Familien kaum noch genug zu essen hatten. Deshalb übergaben die Bauern ihre Höfe einem adligen Herrn oder der Kirche und kauften sich so von der Pflicht der Heeresfolge los. Damit waren sie zwar vom Kriegsdienst befreit, wurden aber abhängig von einem Grundherrn.

M2 *So war eine Grundherrschaft aufgebaut.*

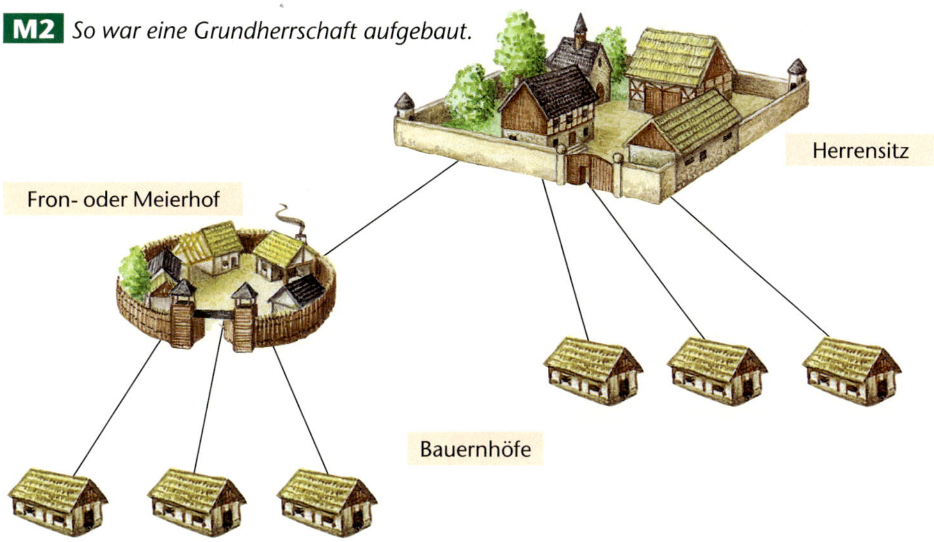

1 Wo wohnten und lebten der Grundherr, die Meier, Mägde und Knechte, die freien und die unfreien Bauern innerhalb einer Grundherrschaft (VT, M2, M5)?

2 Nennen Sie Gründe, warum freie Bauern in eine Grundherrschaft eintraten (VT, M4). Überlegen Sie, wer Vorteile davon hatte.

3 Stellen Sie in einer Liste zusammen, welche Abgaben und Arbeiten der hörige Bauer leisten musste (M3). Sprechen Sie über die Folgen dieser Verpflichtungen.

M3 *Fronordnung aus dem Jahr 893 des Dorfes Rommersheim, das zum Kloster Prüm in der Eifel gehörte:*

[Widrad* gibt an das Kloster] einen Eber, außerdem 1 Pfund Garn, 3 Hühner, 18 Eier. Er leistet jährlich die Weinfuhre, jeweils im Mai und Oktober die Hälfte, fährt 5 Wagenladungen von seinem Mist, gibt 5 Bündel zu je 15 Stück Baumrinde [als Fackeln für die Beleuchtung verwendet], fährt 12 Wagenladungen Holz – 6 Fuß breit, 12 Fuß lang – [zum Kloster], backt Brot und braut Bier [im Backhaus und Brauhaus des Klosters gegen Gebühr].

Jede Hufe [jeder Hof] liefert 50 Latten und 100 Dachschindeln und tut im Wald bei unserer Schweineherde eine Woche Hirtendienst, wenn sie an der Reihe ist (...). Sie bestellt 3 Morgen Land das ganze Jahr hindurch, jede Woche drei Tage. (...) Sie leistet Wachdienst. Wenn sie 15 Nächte fronen [den Wachdienst verrichten] und Heu ernten, erhalten sie Brot, Bier und Fleisch in reichen Jahren, zu anderen Zeiten nichts. Jeder Hufenbauer unterhält ein eingezäuntes Stück von 135 Fuß und säubert eine Fläche im Herrschaftsgarten. Die Frau muss Beinkleider nähen.

Als Heeressteuer stellt Rommersheim einen Wagen mit 4 Ochsen von Mai bis August [für Transporte im Kriegszug].

Günther Franz, Quellen zur Geschichte des deutschen Bauernstandes im Mittelalter, Darmstadt 1967, S. 81ff.

*Widrad ist einer von 30 hörigen Bauern des Dorfes.

M4 *Freiwillig in die Grundherrschaft? Königsboten berichten 811 Karl dem Großen:*

Die ärmeren Freien beklagen sich: Wer einem Bischof, einem Abt oder Grafen (...) sein Eigentum nicht übertragen will, gegen den suchen sie Gelegenheiten, ihn zu verurteilen, oder sie lassen ihn ständig in den Heeresdienst gehen, bis ihnen dieser Arme sein Eigentum überträgt oder verkauft. Die anderen aber, die ihr Eigentum schon übergeben haben, können in Ruhe zu Hause sitzen bleiben.

Günther Franz, Quellen zur Geschichte des deutschen Bauernstandes im Mittelalter, Darmstadt 1967, S. 73.

M5 *Mittelalterliches Dorf:*

1. Mühle des Grundherrn
2. Gärten
3. Herrenhof
4. Dorfkirche
5. Bauernhöfe
6. Wald
7. Bach
8. Felder

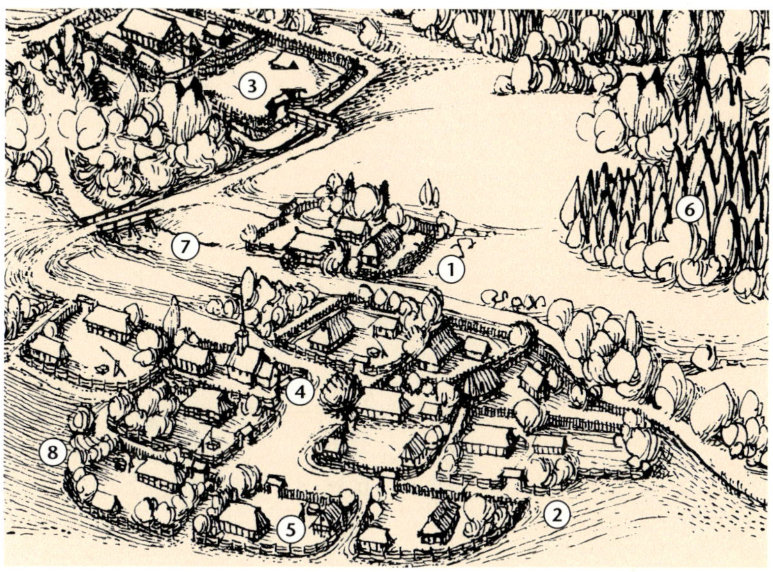

7 Werkstatt

Gruppenpuzzle: So lebten die Menschen im Mittelalter

Beim Gruppenpuzzle agieren Sie in einer Doppelrolle: Als Lernender erarbeiten Sie sich zunächst in einer Expertengruppe einzelne Aspekte eines Themas. Im Anschluss geben Sie das erarbeitete Expertenwissen an die Mitschüler Ihrer Stammgruppe weiter. Dabei sind Sie Lehrender. Schließlich nehmen Sie in der Stammgruppe wieder die Rolle des Lernenden ein, wenn Sie sich von Ihren Mitschülern ein Thema erklären lassen.

Methodische Arbeitsschritte

Phase 1:
Arbeit in **Stammgruppen** – Bilden Sie Arbeitsgruppen und machen Sie sich mit der Aufgabenstellung vertraut. Jedes Mitglied der Stammgruppe wählt einen Ausschnitt des Gesamtthemas. Diesen Aspekt soll es sich erarbeiten und später der Stammgruppe vermitteln.

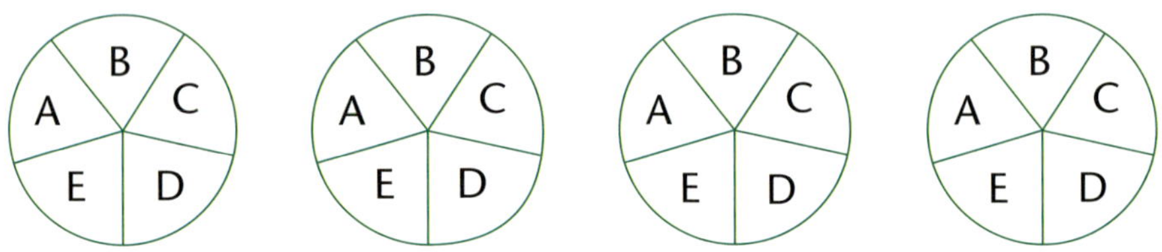

Phase 2:
Arbeit in **Expertengruppen** – Alle Teilnehmer mit gleichen Themen treffen sich in Expertengruppen und erarbeiten sich dort gemeinsam den jeweiligen Inhalt. Sie lesen die Verfassertexte im Schulbuch, werten Materialien aus, nutzen eventuell bereit gestellte Nachschlagewerke oder das Internet. Dabei klären die Experten aufkommende Fragen und verständigen sich auf Kernaussagen, die den Stammgruppen vermittelt werden sollen. Dazu wird eine übersichtliche Darstellung der Ergebnisse erarbeitet, die für alle Experten kopiert werden muss.

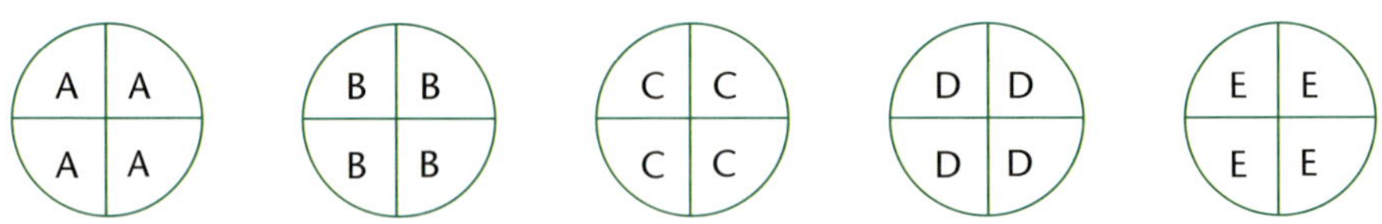

Phase 3:
Arbeit in **Stammgruppen** – Die Experten kehren in ihre Stammgruppen zurück und vermitteln sich gegenseitig das erarbeitete Wissen. Die Lernenden hören zu, fragen nach und diskutieren die einzelnen Beiträge.

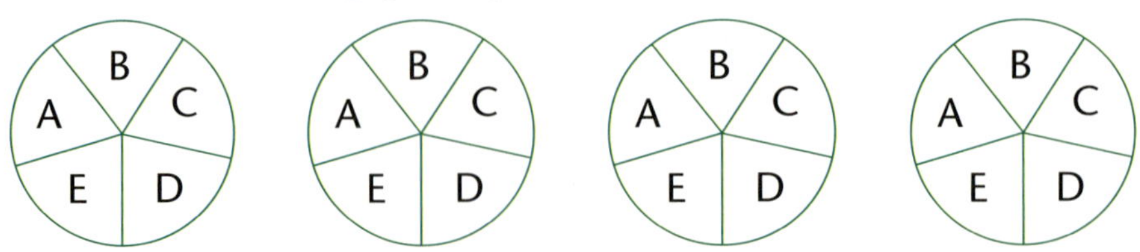

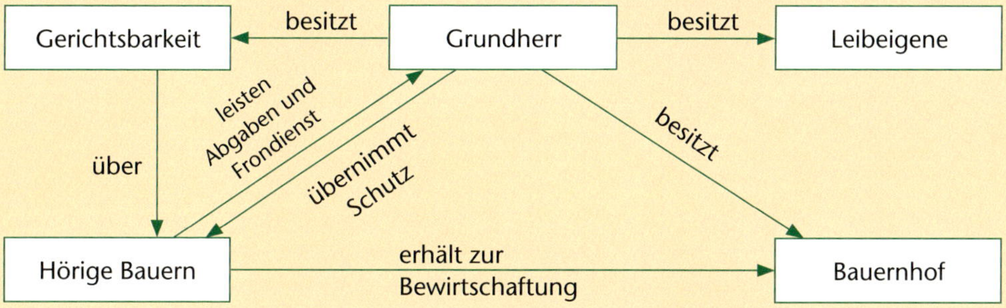

M1 *Schematische Darstellung der Grundherrschaft*

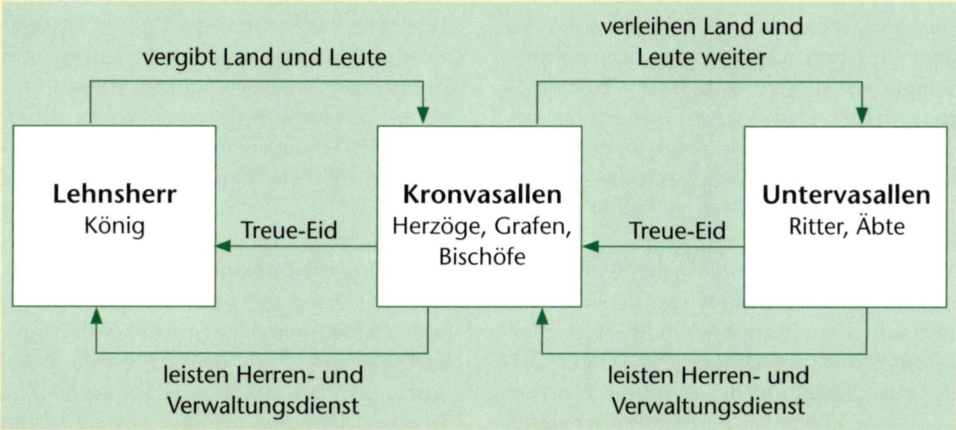

M2 *Schematische Darstellung der Lehnsherrschaft*

Aufgabe für die Stammgruppe

Lesen Sie in den Stammgruppen die Kapitel 4 und 6 der Themeneinheit „Mittelalter". Erklären Sie anschließend die zusammenfassenden Schaubilder M1 und M2.

Aufgaben für die Expertengruppen

Gruppe A: Wie lebten die Menschen auf einer Burg, und wozu dienten die Burgen? Lesen Sie Kapitel 8 und untersuchen Sie die Materialien M1–M4. Beantworten Sie die Fragen 1 und 2.

Gruppe B: Wie lebten die Bauern auf dem Land, und wie veränderte sich deren Leben? Lesen Sie die Kapitel 9 und 10. Beantworten Sie die Fragen 1 und 2 von Kapitel 10.

Gruppe C: Wie lebten und arbeiteten die Menschen in den Klöstern, und welche Aufgaben hatten die Klöster? Lesen Sie Kapitel 11 und untersuchen Sie M2 und M3. Beantworten Sie die Fragen 1 bis 3.

Gruppe D: Warum lebten viele Menschen lieber in Städten als in Dörfern, und wer besaß in Städten das Bürgerrecht? Lesen Sie Kapitel 15 und M2. Beantworten Sie die Fragen 1 und 3.

Gruppe E: Wer regierte eigentlich die Städte, und wie kam es zur Mitverantwortung der Bürger? Lesen Sie Kapitel 18 und beantworten Sie die Fragen 1 bis 3.

Aufgabe für die Stammgruppe

Die Experten tragen mit Hilfe ihrer Notizen ihre Ergebnisse vor. Die Stammgruppe fasst eine Übersicht dieser Ergebnisse in einer Tabelle zusammen, bei der für Burg, Land, Kloster und Stadt jeweils Aufgaben, Lebens- und Herrschaftsverhältnisse aufgelistet werden.

8 Vom Leben auf der Burg

Hohe Mauern und Zinnen

Wie Sie wissen, lebten die Könige, Adligen und Ritter nicht in normalen Häusern, sondern auf Burgen. Das waren zuerst nur einfache Herrenhöfe, die mit hohen Holzzäunen und Erdwällen geschützt waren. Ab dem 11. Jahrhundert wurden dann richtige Burgen mit dicken, standfesten Steinmauern errichtet. Damit sie vor Feinden gut geschützt war, musste eine Burg an einem Ort liegen, der von Natur aus schwer zugänglich war: auf einem Berg, auf einer kleinen Insel oder auf einer Landzunge.

Mit der Burg wollten die Adligen allen ihre Macht zeigen. Die Burg war ihr Wohnsitz und bot den Burgbewohnern und allen Menschen in der Umgebung Schutz. Außerdem verwaltete der Burgherr von hier aus seinen Besitz. Die meisten Burgen lagen so, dass man von ihnen aus einen Handelsweg, ein Tal oder einen Fluss überblicken und beherrschen konnte.

Romantisches Burgleben?

Die Burg war eine kleine Stadt für sich mit Wohnräumen, Stallungen und Verteidigungsanlagen. Im Herrenhaus wohnte die Familie des Burgherrn. Hier befanden sich der Rittersaal, Palas genannt, und die Gemächer für die Frauen und Kinder. Die Knechte und Mägde wohnten in den Nebengebäuden. Sie arbeiteten in Haus und Hof und versorgten das Vieh, das in den Stallungen untergebracht war.

Angenehm war das Burgleben nicht. Es war finster und kalt in den Räumen der Burg. Fackeln erzeugten ein düsteres Licht. Nur wenige Räume konnten beheizt werden. Auch die Wasserversorgung bereitete den Burgbewohnern häufig Sorgen. Das Wasser musste aus tiefen Brunnen mit einer Winde an die Oberfläche geholt werden.

Besonders hart waren die Winter. Oft waren die Burgbewohner durch Schnee und Eis von der Außenwelt abgeschnitten und froren. Verglaste Fenster gab es sehr selten. Und selbst Häute vor den Fensteröffnungen konnten die Feuchtigkeit und Kälte kaum abhalten.

Eine Burg wird belagert

Wenn es Krieg gab, suchten die Bauernfamilien mit ihrem Vieh Schutz auf der Burg. Jetzt war es wichtig, dass die Lebensmittel und besonders das Wasser für lange Zeit für viele Menschen reichte. Deshalb hatten viele Burgen große Speicher, Viehställe und einen tiefen Brunnen.

Oft wurde eine Burg monatelang belagert. Im Schutze der Zinnen und Schießscharten wehrten sich die Burgbewohner mit Pfeil und Bogen oder Armbrüsten. Auch Steine, heißes Wasser und Pech schütteten sie auf die Angreifer hinab. Aber spätestens wenn die Vorräte ausgingen und womöglich noch der Brunnen versiegte, sah es schlecht für die Menschen auf der Burg aus.

M1 *Modell einer Motte.* Diese Frühform einer Ritterburg aus dem 11./12. Jahrhundert bestand aus einer Vorburg und dem Wehrturm auf einem 5–10 Meter hohen Erdhügel.

1. Zugbrücke
2. Holzpalisaden
3. Ställe
4. Strohdach
5. Wirtschaftsgebäude
6. Innenhof
7. Holzbrücke auf Stützen
8. hölzerner Wehrgang
9. Schindeldach
10. Turm auf Holzpfählen
11. Erdhügel oder Motte

M2 *Ritterleben auf der Burg nach einer Beschreibung des Ritters Ulrich von Hutten aus dem Jahr 1518:*

Die uns ernähren, sind bettelarme Bauern, denen wir unsere Äcker, Weinberge, Wiesen und Wälder verpachten. Der einkommende Ertrag ist, gemessen an der aufgewandten Mühe, geringfügig. (…) Die Burg selbst, ob sie auf dem Berg oder in der Ebene liegt, ist nicht als angenehmer Aufenthalt, sondern als Festung gebaut. Sie ist von Mauern und Gräben umgeben, innen ist sie eng und durch Stallungen für Vieh und Pferde zusammengedrängt. Daneben liegen dunkle Kammern, vollgepfropft mit Geschützen, Pech, Schwefel und sonstigem Zubehör für Waffen und Kriegsgerät. Überall stinkt es nach Schießpulver; und dann die Hunde und ihr Dreck, auch das – ich muss schon sagen – ein lieblicher Duft! Reiter kommen und gehen (…). Man hört das Blöken der Schafe, das Brüllen der Rinder, das Bellen der Hunde, die Rufe der auf dem Feld Arbeitenden, das Knarren der Fuhrwerke. Ja, sogar das Heulen der Wölfe hört man in unserem Haus, weil es nahe am Wald liegt.
Der ganze Tag bringt vom Morgen an Sorge und Plage, ständige Unruhe und dauernden Betrieb. Äcker müssen gepflügt und umgegraben werden, Weinberge müssen bestellt, Bäume gepflanzt, Wiesen bewässert werden; man muss eggen, säen, düngen, mähen und dreschen. (…) Wenn aber einmal ein schlechtes Ertragsjahr kommt, wie in dieser mageren Gegend meistens, dann haben wir fürchterliche Not und Armut.

Zit. nach: Lesebuch zur deutschen Geschichte, Bd. 2, S. 108 f.

M4 *Burg Wildenberg (Rekonstruktion)*

① Halsgraben
② Zugbrücke
③ äußeres Tor
④ Zwinger der Vorburg
⑤ inneres Tor
⑥ Schildmauer
⑦ Bergfried
⑧ Wehrgang mit Schießscharten
⑨ Wehrturm
⑩ Herrenhaus (Palas)
⑪ Burgkapelle
⑫ Wirtschaftsgebäude/Stallung
⑬ Wirtschaftsgebäude/Stallung
⑭ Brunnen
⑮ Burggarten

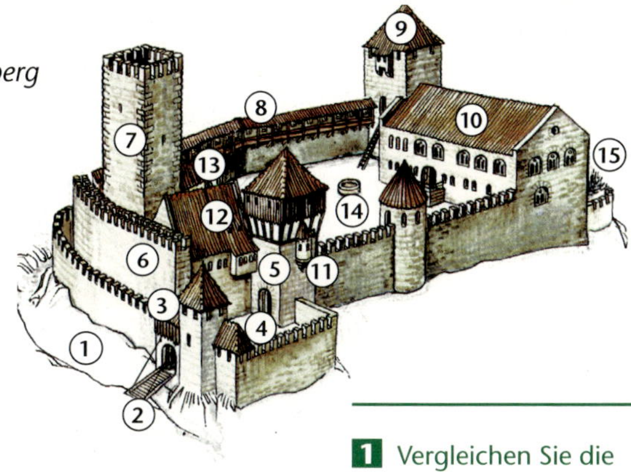

1 Vergleichen Sie die frühe Burgform mit einer späteren Burg (M1, M4). Erklären Sie, worauf bei dem Bau einer Burg besonders geachtet wurde.

2 Vergleichen Sie Rekonstruktion, Grundriss und heutiges Aussehen der Burg Wildenberg miteinander. Welche Bauteile der Burg lassen sich auf dem Grundriss und dem Luftbild wiederfinden?

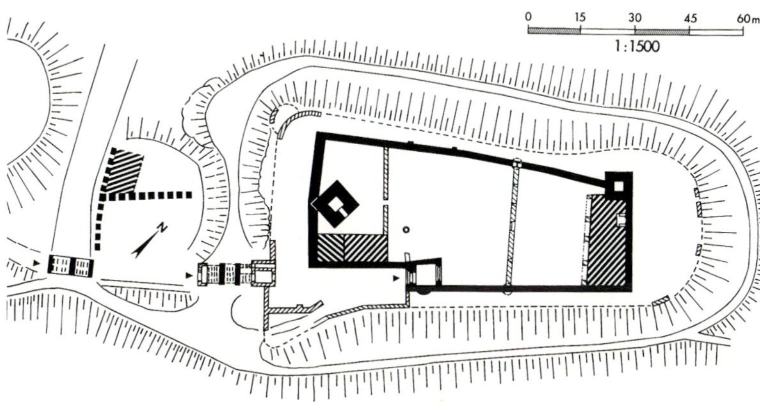

M3 *Die Burg Wildenberg im Odenwald nordöstlich von Mosbach (Luftaufnahme, oben, und Grundriss, unten).*

Auch wenn die Burgen fast ganz zerstört sind, können die Archäologen noch die Grundmauern ausgraben und Grundrisse zeichnen. Bergfried, Palas und Umfassungsmauern kann man meist schon am Grundriss erkennen. Wie die Gebäude genau aussahen, kann man in diesen Fällen freilich nur vermuten.

9 So lebten die Bauern

M1 *Ein Dorf um 1100* (Rekonstruktionszeichnung)

Ein Bauerndorf vor 1000 Jahren

Ein solches Dorf sah ganz anders aus als heute: Die Höfe lagen verstreut, umgeben von dichten Wäldern und ausgedehnten Sümpfen. Mehrere strohgedeckte Fachwerk- und Holzhäuser, das Wohnhaus, Ställe und Schuppen, standen um einen Hof. Die Häuser bestanden meist nur aus einem großen Wohnraum mit einem festgestampften Fußboden. Um den Herdplatz spielte sich das tägliche Leben ab. In den dunklen, rauchigen Räumen schliefen die Menschen auf Strohsäcken. Die wenigen Möbel, Tische, Bänke und Kisten waren einfach und selbst gefertigt. Oft lagen neben dem Wohnraum gleich die Ställe für die Tiere.

Bauernalltag

Der Arbeitstag der Familie beginnt mit Sonnenaufgang. Zuerst wird das Vieh versorgt, bevor es aufs Feld geht. Aus dem Boden müssen mühsam Steine und die Wurzeln von abgeholzten Bäumen geholt werden. Erst dann kann der Bauer den Boden zu einem Acker umpflügen. Die meisten Bauern verwenden dafür einen Hakenpflug, der die Erde nur wenig aufreißt. Deshalb muss der Acker mehrmals kreuzweise gepflügt werden, bevor das Getreide mit der Hand ausgesät werden kann. Alle müssen mithelfen, auch die Kinder. Erst wenn es dunkel wird, kommt die Familie nach Hause.

Keine reiche Ernte

Am Erntetag arbeiten Bauern gemeinsam in einem Flurstück. Mit Sicheln schneiden sie die Getreideähren ab und sammeln sie ein. Später dreschen sie das Getreide und lassen es in der herrschaftlichen Mühle mahlen. Der Ertrag ist gering: Von einem Sack ausgesätem Korn erntet man drei bis vier Säcke Korn. Davon muss je ein Zehntel an den Grundherrn und an die Kirche abgeführt werden; ein Sack wird für die nächste Aussaat gelagert. Der Rest muss für ein Jahr die Familie und ihr Gesinde ernähren. Hagel und Frost gefährden allerdings jede Ernte.

Vom Alltag der Frauen

Das Leben der Frauen ist schwer. Schon mit 16 Jahren sind die meisten verheiratet. Zehn Schwangerschaften sind keine Seltenheit, doch oft kommen die Kinder tot zur Welt oder die Frauen sterben bei der Geburt. Die Bäuerin und ihre Kinder kümmern sich um das Obst und Gemüse im Garten, versorgen Gänse, Enten, Hühner, verarbeiten Milch zu Käse und Butter, pökeln Fleisch ein und arbeiten auf dem Feld mit. Aus grobem Tuch und Leinen nähen sie Kleider, die viele Jahre halten müssen. Wichtig ist, dass sie die Vorräte überwachen, damit die Familie bis zur nächsten Ernte genug zu essen hat.

Angst vor bösen Mächten

Oft glauben die Menschen auf dem Land an böse Mächte in der Natur. An der Kirche und an Häuserwänden sollen Pferdeköpfe, Hufeisen oder schreckliche Fratzen böse Geister abwehren. Bittprozessionen sollen Seuchen und schlechtes Wetter verhindern, denn hinter solchem Unheil vermuten die Bauern bösen Zauber von Geistern und Hexen.

Dorf
Dörfer waren im Mittelalter kleine unbefestigte Bauernsiedlungen. Haufendörfer entstanden mit unregelmäßig verlaufenden Gassen um einen Mittelpunkt (Kirche, Dorfplatz) herum. In Straßendörfern waren die Höfe regelmäßig entlang einer geraden Straße angelegt. Meist wurden sie von einem Dorfherrn geplant und gegründet.

1 Verfassen Sie mit Hilfe des VT und der Materialien einen Bericht, wie ein Tag im Leben eines Jugendlichen in einem mittelalterlichen Dorf verlaufen sein könnte.

2 Zeigen Sie auf, inwiefern die Bauernfamilien abhängig von der Natur waren.

M2 *Bauernhochzeit* (Malerei aus dem 15. Jahrhundert): Angst gehörte zwar zum Alltag im Dorf, dafür feierte man umso ausgelassener die Feste: kirchliche Feiertage, aber auch Familienfeste wie Taufe und Hochzeit. Den Höhepunkt bildete das mehrtägige Kirchweihfest mit einem Jahrmarkt, üppigem Festessen und Tanz.

M3 *Das Sonntagsgesetz Karls des Großen von 789 schrieb den Menschen für den Sonntag folgende Regeln vor:*

(...) dass die Männer weder Feldarbeiten verrichten, noch im Weinberg sich beschäftigen, noch auf den Feldern pflügen, mähen oder Holz schneiden, oder einen Zaun errichten, noch in den Wäldern roden oder Bäume fällen, oder im Felsgestein arbeiten, noch in Gerichtsversammlungen zusammenkommen, noch die Jagd ausüben dürfen. Und nur in drei Fällen darf man am Sonntag Transporte durchführen, nämlich im Kriegsfalle oder für die Herbeischaffungen von Lebensmitteln oder, wenn es sehr nötig sein sollte, für die Bestattung eines Toten. Ebenso sollen die Frauen nicht weben, Kleider weder auftrennen noch nähen oder Strickereien anfertigen. Auch haben sie keine Erlaubnis, Wolle zu rupfen, Flachs zu schlagen, Kleidungsstücke öffentlich zu waschen und Hammel zu scheren, damit auf jeder Weide die Ruhe des Sonntags gewahrt werde.

Zit. nach: Karl Brunner, Landherr, Bauer, Ackerknecht, Wien u.a. 1985, S. 75f.

M4 *Der bäuerliche Jahresablauf* (aus einer Handschrift um das Jahr 818). Es handelt sich um die ältesten Bilder von Bauern im Mittelalter. – Ordnen Sie die folgenden Tätigkeiten den verschiedenen Monaten zu (November und Dezember sind zusammengefasst): am Feuer wärmen – Heuernte (Winterfutter) – Falkenjagd – Pflügen – Getreideernte (Sommergetreide) – Weinernte – Schweineschlachtung und Eichelmast – Aussaat des Wintergetreides.

10 Langsam ändert sich das Leben auf dem Land

M1 *Bauer beim Pflügen* (Ausschnitt aus einem Monatsbild, 1416). Der Bauer verwendet den neuen Räderpflug, dessen Pflugscharen die abgetrennten Erdschollen gleichzeitig umwendeten.

M2 *Noch mehr Erfindungen*

Ein neues Pferdegeschirr: Statt Leinen, die den Pferden den Hals zuschnürten, legte man ihnen das Kummet um, einen „gepolsterten Kragen".

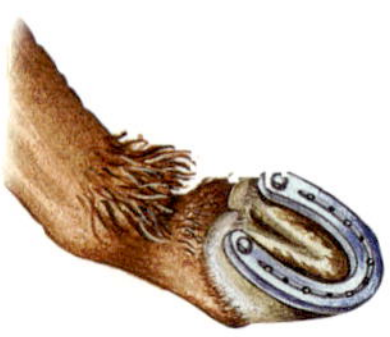

Das Hufeisen: Die Pferde hielten noch länger durch, wenn man ihre Hufe mit Eisenbeschlägen gegen Verletzungen durch Steine schützte.

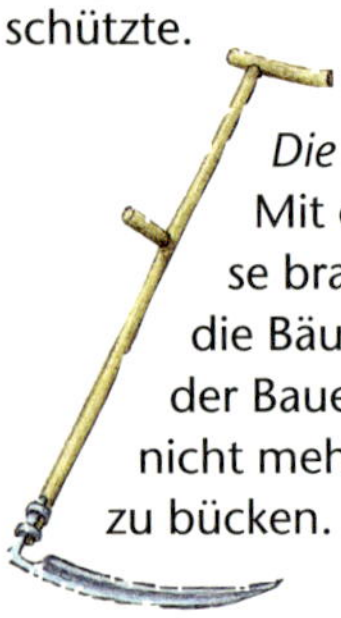

Die Sense: Mit der Sense brauchten die Bäuerin und der Bauer sich nicht mehr so tief zu bücken.

Mehr Land für mehr Menschen

In den Jahren 800 bis 1200 wuchs die Bevölkerung merklich an. Es wurde immer schwieriger, alle Menschen zu ernähren, denn es fehlte an Weide- und Ackerland. Deshalb begannen die Bauern Wald zu roden. Die Bäume wurden niedergebrannt und die Baumstümpfe aus dem Boden gerissen. Anschließend pflügten die Bauern das neu gewonnene Land und bereiteten die Saat vor. Zuerst rodeten die Bauern nur den Wald in der Nähe ihrer Höfe. Später verließen einige Bauernfamilien ihre Dörfer und legten neue Siedlungen in den Wäldern der Mittelgebirge an. Ortsnamen auf -rode, -rade, -reuth oder -brand deuten noch auf diese Zeit hin.

Erfindungen in der Landwirtschaft

Weil immer mehr Menschen ernährt werden mussten, suchten die Bauern nach Wegen, wie sie ihre Ernteerträge steigern konnten. Bisher hatten die Bauern ihr Ackerland in zwei Teile aufgeteilt. Ein Teil wurde bestellt, der andere lag brach und wurde als Viehweide genutzt und so gleichzeitig gedüngt. Im folgenden Jahr war es umgekehrt. Jetzt setzte sich allmählich eine neue Anbauweise durch – die Dreifelderwirtschaft, die viel mehr Ernte einbrachte. Zudem entwickelten die Bauern in dieser Zeit bessere Geräte, mit denen sie ihre Erträge steigern und die schwere Feldarbeit erleichtern konnten.

Das Dorf wird eine Gemeinde

Bisher hatten die Bauerndörfer aus vier oder fünf Höfen bestanden. Doch mit der Zeit wuchsen die Dörfer auf bis zu fünfzehn oder mehr Höfe an. Viel mehr Menschen lebten nun zusammen, und es gab viele Dinge zu regeln. Dafür tagte mindestens einmal im Jahr die Gemeindeversammlung. Hier wurden der Dorfschulze und die Bauernmeister gewählt. Sie achteten darauf, dass die gemeinsamen Beschlüsse eingehalten wurden, verwalteten die Gemeindekasse und schlichteten Streitigkeiten. Die Dorfordnung hielt die Termine für das Pflügen, Säen und Ernten fest, aber auch, welche Straßen und Wege gebaut werden sollten oder welche Strafen auf Raub oder Diebstahl standen.

Im Dorf gab es außerdem einige Einrichtungen, die der Gemeinde gehörten und die alle Dorfbewohner nutzen durften: die Mühle, den Backofen und das Waschhaus, manchmal auch eine Badestube oder ein Wirtshaus. Hinzu kam die Allmende. Das waren Wald, Wiesen, Flüsse und Seen, wo alle Dorfbewohner Holz schlagen, fischen und ihr Vieh weiden konnten.

Wie frei die Dorfbewohner ihre Angelegenheiten selbst regeln konnten, hing allerdings von ihrem Grundherrn ab. Lag das Dorf weit entfernt, war es für eine Gemeinde leichter, sich selbst zu verwalten, als wenn sie sich direkt bei der Burg des Grundherrn befand.

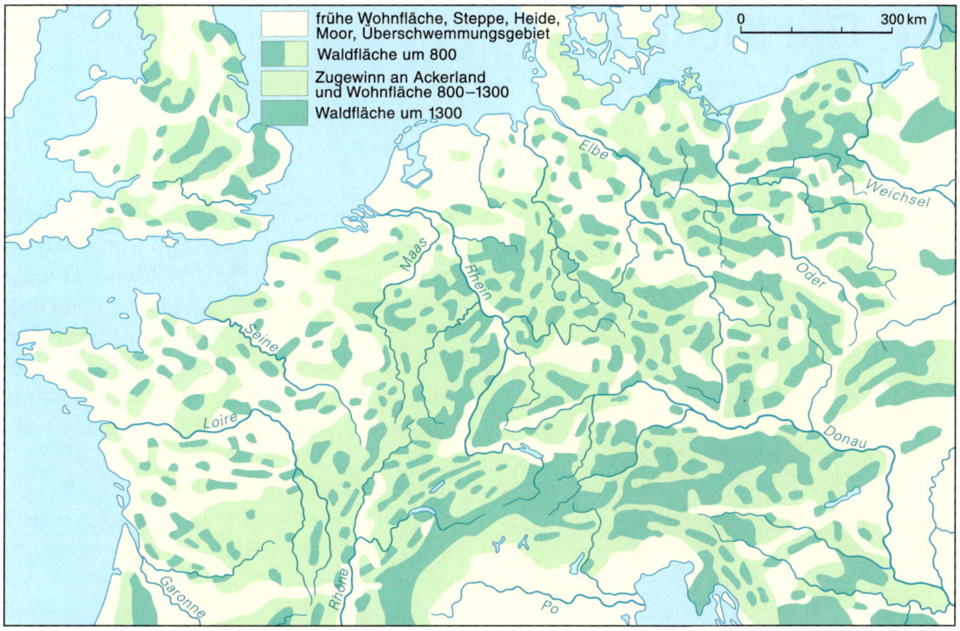

M5 *Ausdehnung der Waldflächen um 800 und um 1300.* Vor 1000 Jahren gab es zwischen Nordsee und Alpen fast nur Wald, keine Städte und kaum Dörfer. Bauernhöfe lagen wie Inseln im riesigen Waldmeer. Die meisten Menschen bewohnten die fruchtbaren Böden am Rand der Mittelgebirge und entlang der großen Flüsse. Heute leben in demselben Gebiet mehr als hundertmal so viel Menschen.

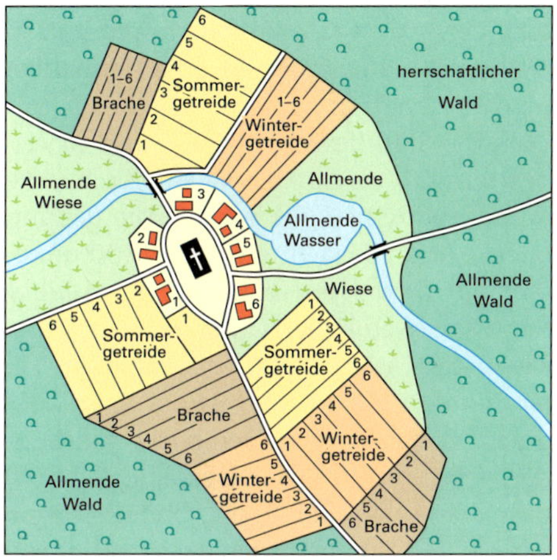

M3 *links: Dreifelderwirtschaft.* Die Karte zeigt, wie die Flur eines Dorfes nach dem Grundsatz der Dreifelderwirtschaft aufgeteilt wurde. – Erläutern Sie dies, indem Sie M4 zur Hilfe nehmen.

M4 *unten: Die Dreifelderwirtschaft löste die Feldgraswirtschaft, den jährlichen Wechsel von Feldbau und Brache, ab.* Wintergetreide (Dinkel, Roggen) wurde im Herbst, Sommergetreide (Hafer, Weizen, Gerste) im Frühjahr ausgesät. Während der Brache erholte sich der Boden, das weidende Vieh düngte ihn.

1 Beschreiben Sie die neuen Techniken und Anbauweisen in der Landwirtschaft und erläutern Sie ihre Auswirkungen (M1–M4). Welche Veränderungen im bäuerlichen Leben hatten sie zur Folge?

2 Stellen Sie sich vor: Sie kommen in ein rückständiges Dorf und wollen die Bauern dort von den Vorteilen der Dreifelderwirtschaft überzeugen. Welche Argumente bringen Sie vor?

11 Die Klöster

M1 *Eintritt ins Kloster.* Vater Florus übergibt dem Abt eines Klosters seinen Sohn. Der Abt wird als der heilige Benedikt dargestellt.
Beschreiben Sie das Bild (s. S. 46/47).

Abt
heißt der Vorsteher eines Klosters. Frauenklöster werden von einer Äbtissin geleitet. Äbte herrschten auch über die Ländereien, die dem Kloster gehörten, und über die darauf lebenden Menschen.

Im Kloster – gestern wie heute

Auch heute gibt es noch Klöster, in denen Männer oder Frauen als Mönche und Nonnen leben, beten und arbeiten. Wenn sich heute jemand dazu entschließt, Nonne oder Mönch zu werden, so möchte er wie die Menschen früher ein gottgefälliges Leben führen. Er entscheidet sich dafür, in Armut zu leben, Gott zu gehorchen, nicht zu heiraten und seinen Mitmenschen zu helfen.
In einem Kloster leben die Nonnen und Mönche zurückgezogen von der Außenwelt. Geleitet werden die Klöster von einem Abt oder einer Äbtissin. Das Klosterleben verläuft wie früher nach festen Regeln. Auch der Tagesablauf der Nonnen und Mönche ist streng gegliedert.

Bete und arbeite

Viele Klöster richten sich auch in unserer Zeit danach, was Benedikt von Nursia über das Klosterleben gelehrt hat. Benedikt war ein weit gereister Mann. 529 gründete er in Italien das Kloster Montecassino. Er legte auch die Ordnung für das Klosterleben fest. Die Grundregel lautet „Ora et labora", das bedeutet „Bete und arbeite". Nur das gemeinsame Gebet unterbrach die vielfältige Arbeit, die täglich zu erledigen war.

Bibliotheken und Schulen

Eine wichtige Arbeit in den Klöstern war es auch, wertvolle Bücher abzuschreiben, zu verzieren und aufzubewahren. Nicht nur die Bibel wurde abgeschrieben, sondern auch Werke alter Schriftsteller und Wissenschaftler. In den Klosterbibliotheken sind so bis heute viele alte Werke erhalten geblieben.
Dass die Stadtbewohner lesen und schreiben lernten, verdankten sie der Kirche, die in ihren Klöstern und Schulen die Bildung pflegte. Man schätzt, dass um 1300 ungefähr ein Drittel der erwachsenen Städter diese Fähigkeit beherrschte.
Die ersten Universitäten entstanden im 12. Jahrhundert in Paris und Bologna. Im heutigen Deutschland wurden im 14. Jahrhundert in Erfurt (1379) und Heidelberg (1385) die ersten Universitäten gegründet. Ähnlich wie bei den Schulen lagen die Ursprünge in den Kloster- und Domschulen der großen Städte.
Geistliche und Klöster übernahmen auch soziale Aufgaben. Da es noch keine Sozialversicherung gab, waren hilfsbedürftige Menschen auf die von den Pfarrgemeinden und Klöstern errichteten Spitäler angewiesen. Anders als in heutigen Krankenhäusern fanden sich in den Spitälern neben den Kranken die Alten, die Hungrigen und Obdachlosen ein. Ihre Versorgung ermöglichten besonders die Stiftungen reicher Kaufleute. Sie folgten damit – auf ihr Seelenheil bedacht – dem christlichen Gebot, Almosen zu geben.

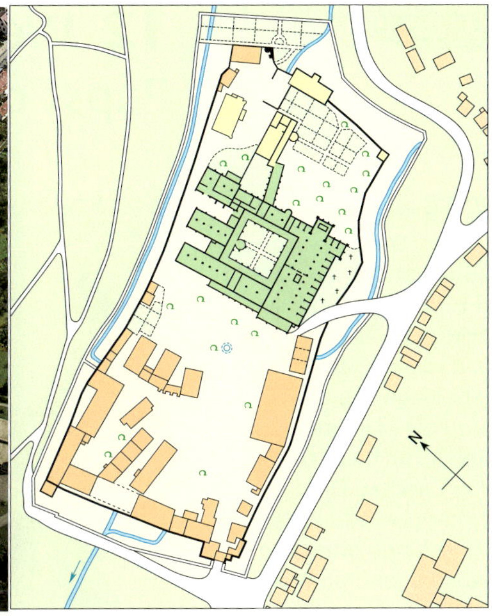

M2 *Die Klosteranlage von Maulbronn* wurde im 12. Jahrhundert gegründet. Rechts: die eigentliche Klosteranlage mit Kirche, Kreuzgang, Schlaf- und Speisesaal der Mönche (grün); die Wirtschaftsgebäude (braun) mit Herberge, Weinkellerei, Verwaltung, Schmiede, Pferdestall, Mühle, Bäckerei, Scheunen und Ställen; der Bereich der Nächstenliebe (gelb) mit Schule, Pflege- und Krankenhaus und Friedhof. Links: die Klosteranlage heute.

M3 *Aus der Urkunde zur Stiftung des Heiliggeist-Spitals in Nürnberg 1339:*

Jedermann wisse, dass vor mir, dem öffentlichen Notar, der ehrbare Konrad Groß erschien, Bürgermeister der Stadt Nürnberg. Er erklärte, den sehnlichsten Wunsch zu haben, nach Gottes Gnade die zeitlichen [irdischen] Güter [gemeint ist sein Vermögen] gegen himmlische einzutauschen. (...) Er hat bedacht, dass in einem Spital für arme Sieche heilsame Werke der Frömmigkeit und der Barmherzigkeit (...) mit frommem Eifer getan werden können. (...) Deshalb hat Konrad Groß (...) zu seinem eigenen Seelenheil (...) ein Spital zu Ehren des heiligen Geistes (...) und für die Armen, die dort untergebracht werden, gestiftet. (...) Der Stifter setzte fest, dass für den Gottesdienst und zum Trost der dort lebenden Armen 6 Priester und 12 arme Scholaren [Studenten] daselbst Unterhalt, Nahrung und Bleibe finden sollen, damit sie (...) die täglichen Messen lesen und die Stundengebete bei Tag und Nacht feierlich und mit Gesang versehen zu seinem Seelenheil, dem seiner Eltern und Freunde, der Wohltäter des Spitals und anderer, die dort auf dem Spitalfriedhof beerdigt sind und noch werden.

Aus: G. Löhlein, Die Gründungsurkunde des Heiliggeistspitals von 1339. In: Mitteilungen des Vereins für Geschichte der Stadt Nürnberg, 52 (1963–64).

M4 *Der Tagesablauf, wie er in einem Benediktinerkloster heute aussieht:*

4.40:	Wecken
5.00–6.00:	Nachtgebet und Morgenlob
6.00–7.00:	Gebet und Bibellesung
7.30–11.00:	gemeinsames Morgengebet, Beginn der Arbeit
11.15–12.00:	Gottesdienst
12.30–13.00:	Mittagsgebet, Mittagessen
13.00–14.00:	Mittagsruhe
14.00–18.00:	Gebet, danach Arbeit
18.00–18.30:	Gottesdienst zum Ende des Arbeitstages
18.40–19.00:	Abendessen
19.00–19.40:	Zeit zur freien Verfügung
19.45:	Abendgebet
20.00–4.40:	Nachtruhe, in dieser Zeit wird nicht gesprochen.

Aus einem Interview einer Schülerin mit einem Benediktinermönch, Köln 1994

1 Erklären Sie, warum Menschen im Mittelalter Spitäler gegründet haben (M3).

2 Nennen Sie Unterschiede zwischen einem Spital im Mittelalter (M3, VT) und einem heutigen Krankenhaus.

3 Welche Ursachen von Armut im Mittelalter sind Ihnen bekannt, welche aus heutiger Zeit?

4 Erkundigen Sie sich nach einem Kloster in Ihrer Nähe. Besuchen Sie es oder bitten Sie es schriftlich um Informationen. Vergleichen Sie den Tagesablauf in diesem Kloster mit dem in M4 wiedergegebenen. Stellen Sie Gemeinsamkeiten und Unterschiede fest.

12 Wer ist mächtiger – Papst oder Kaiser?

M1 *König Heinrich IV. vor der Burg Canossa* (Buchmalerei aus dem 11. Jahrhundert). Das Bild zeigt Heinrich IV. mit seinem Taufpaten Abt Hugo von Cluny und die Markgräfin Mathilde. In ihrem Gebiet lag Canossa. Der Text unter dem Bild lautet: „Der König bittet den Abt. Er fleht Mathilden an."

Aus Königen werden Kaiser

Der Frankenkönig Karl der Große wurde im Jahr 800 von Papst Leo III. zum römischen Kaiser gekrönt. Als Kaiser stand Karl über allen anderen christlichen Herrschern Europas. Gleichzeitig war er verpflichtet, die Kirche zu verteidigen, das Christentum zu verbreiten und die Heiden zu bekämpfen.
In den folgenden Jahrhunderten gelang es mehreren deutschen Königen, zum Kaiser ernannt zu werden. Allerdings kam es bald zu Problemen zwischen dem Papst und dem Kaiser. Sie stritten über die Frage, wer über dem anderen stehe: das geistliche Oberhaupt der Kirche, also der Papst, über dem Kaiser oder das weltliche, der Kaiser, über dem Papst? Sowohl der Papst als auch der Kaiser meinten, Gott habe sie auserwählt. Beide sahen sich als Stellvertreter von Jesus Christus auf Erden.

Heinrich IV. gegen Papst Gregor VII.

Im 11. Jahrhundert erreichte der Machtkampf zwischen Papst und Kaiser seinen Höhepunkt. Männer der Kirche, also Bischöfe und Äbte, hatten neben ihren geistlichen Pflichten zahlreiche weltliche Aufgaben übernommen. Sie regierten über große Ländereien und waren wichtige Helfer des Königs. Wenn ein Bischof starb, bestimmte der König den Nachfolger.
Im Jahr 1073 wurde Gregor VII. zum Papst gewählt. Er wollte die Kirche von weltlichen Einflüssen befreien. Deshalb verbot er dem deutschen König, Bischöfe in ihr Amt einzusetzen. Geistliche sollten nicht von Laien benannt, sondern nur von anderen Geistlichen gewählt werden. Der deutsche König Heinrich IV. hielt sich nicht an das Verbot. Es kam zum so genannten Investiturstreit: Heinrich erklärte den Papst für abgesetzt. Gregor reagierte sofort und verhängte über den König den Kirchenbann. Nun drohten die Reichsfürsten ihrem König damit, einen neuen Herrscher zu wählen, wenn er sich nicht innerhalb eines Jahres vom Bann befreite.

Der König als Büßer

Im Winter 1076/1077 machte sich Heinrich mit seiner Frau, seinem zweijährigen Sohn und einigen Begleitern zu einer gefährlichen Reise auf. Er zog über die verschneiten Alpen nach Norditalien, zur Burg Canossa. Dort hielt sich zu der Zeit Papst Gregor auf. Barfuß und nur mit einem einfachen Gewand bekleidet, erschien Heinrich im Januar 1077 vor dem Burgtor. Aber erst nach drei Tagen wurde er zum Papst vorgelassen. Heinrich fiel vor Gregor auf die Knie und bat ihn darum, ihn wieder in die Kirche aufzunehmen. Daraufhin löste der Papst den Bann.

Das Ende eines langen Streits

Erst nach Jahrzehnten wurde eine endgültige Lösung für die alte Streitfrage gefunden. 1122 schloss der Sohn Heinrichs IV. in Worms einen Vertrag mit Papst Kalixt II. Von nun an setzte der Papst die Bischöfe und Äbte in ihr geistliches Amt ein, nachdem sie von Geistlichen gewählt worden waren. Der König hatte nur noch das Recht, den Geistlichen das Zepter als Zeichen ihrer weltlichen Macht zu überreichen.

Bann
Wurde ein Christ gebannt, so durfte er die Kirche nicht mehr betreten und er wurde aus der kirchlichen Gemeinschaft ausgeschlossen. Fromme Christen fürchteten diesen Ausschluss sehr.

Investiturstreit
ist der zwischen Päpsten und weltlichen Herrschern geführte Streit um die Frage, wer Bischöfe und Äbte in ihr Amt einsetzen kann.

Laie
war ein einfacher Gläubiger. Geistliche, die besondere Weihen für den Gottesdienst erhalten hatten, fühlten sich diesen überlegen. Laie bedeutet heute auch Nichtfachmann.

M2 *Französische Bischöfe forderten 1049 für die Freiheit der Kirche:*

1. Dass keiner zu einem kirchlichen Amt zugelassen werde ohne Wahl durch Kirche und Volk.
2. Dass keiner ohne kirchliche Anordnungen Ämter oder Gotteshäuser kaufen und verkaufen soll.
3. Dass kein Laie ein kirchliches Amt besitzt oder ein Gotteshaus und auch kein Bischof dem zustimmt.
6. Dass kein Geistlicher Waffen tragen soll oder weltlichen Beschäftigungen nachgeht.

Beschlüsse der Synode von Reims 1049, c. 1–60.

M3 *Papst Gregor VII. forderte 1075:*

3. Nur der Papst allein kann Bischöfe absetzen und auch wieder einsetzen.
8. Nur er verfügt über kaiserliche Insignien [Herrschaftszeichen].
9. Alle Fürsten haben einzig und allein die Füße des Papstes zu küssen.
12. Der Papst kann Kaiser absetzen.
18. Sein Entscheid kann von niemandem aufgehoben werden. (...)
27. Der Papst kann Untertanen vom Treueid gegen ungerechte Herrscher entbinden.

Dictatus papae, nach: Wolfgang Lautemann (Hg.), Geschichte in Quellen, Bd. II, München 1978, S. 291 f.

M4 *König Heinrich IV. schrieb 1076 an Papst Gregor VII.:*

Du hast unsere Demut für Furcht gehalten und dich nicht gescheut, dich sogar gegen die uns von Gott verliehene königliche Gewalt zu erheben. Du hast zu drohen gewagt, du würdest sie uns nehmen, als ob wir von dir das Königtum empfangen hätten, als ob in deiner und nicht in Gottes Hand Königs- und Kaiserherrschaft lägen. (...) Mich, der ich (...) zum Königtum gesalbt worden bin, hast du angetastet, mich, von dem die Überlieferung der heiligen Väter sagt, dass ich nur von Gott gerichtet werden darf (...). So steige du denn, der du (...) durch das Urteil aller unserer Bischöfe und unser eigenes verdammt bist, herab, verlasse den päpstlichen Stuhl, den du dir angemaßt hast (...). Ich, Heinrich, durch die Gnade Gottes König, sage dir zusammen mit meinen Bischöfen: Steige herab, steige herab!

Briefe Heinrichs IV., Nr. 12, nach: Quellen zur Geschichte Kaiser Heinrichs IV., Franz-Josef Schmale, Darmstadt 1968, S. 64 ff.

1 Schreiben Sie aus M2 und M3 die wichtigsten Forderungen des Papstes und seiner Anhänger heraus. Überlegen Sie, was diese Forderungen für den König und seine Herrschaft bedeuteten.

2 Vergleichen Sie die Bilder M5. Welche Aufgaben haben danach Papst und Kaiser und wie stehen sie zueinander?

3 Überlegen Sie, ob Heinrichs Gang nach Canossa ein Erfolg oder ein Misserfolg für ihn war.

4 Suchen Sie nach Verbindungen zwischen Politik und Kirche heute. Welche Rolle spielt die Kirche in der Öffentlichkeit? Welche Stellung hat der Papst heute?

M5 *Die zwei Gewalten, Papst und Kaiser* (links: französische Buchmalerei aus dem 13. Jahrhundert; rechts: Heidelberger Handschrift aus dem 14. Jahrhundert). Der Schlüssel soll zeigen, dass der Papst den geistlichen Vorrang hat: Er kann den Gläubigen den Himmel aufschließen. Der Kaiser hält das Schwert. – Was soll dieses Symbol wohl bedeuten?

13 Werkstatt
Ein Bauwerk untersuchen

TIPP!
Mehr Informationen zum Dom finden Sie auf der Internetseite www.dom-speyer.de.

Bauwerke als Zeugen ihrer Zeit
Als Geschichtsquellen kennen Sie bereits Texte – aber auch Bauwerke wie Kirchen, Burgen oder Rathäuser sind Zeugnisse, die Auskunft über das Leben der Menschen in früheren Zeiten geben. Aus der Anlage eines Bauwerkes, seiner Aufteilung (z. B. in verschiedene Räume), aus dem Stil, in dem es erbaut ist oder aus dem Ort, an dem es steht, lassen sich Informationen über das Leben und Arbeiten in früheren Zeiten ablesen. Der Kaiserdom in Speyer ist die größte erhaltene romanische Kirche in Europa. Sein Beispiel kann Ihnen helfen, Bauwerke zum Sprechen zu bringen.

M1 *Der Kaiserdom in Speyer* (Blick von Südosten)

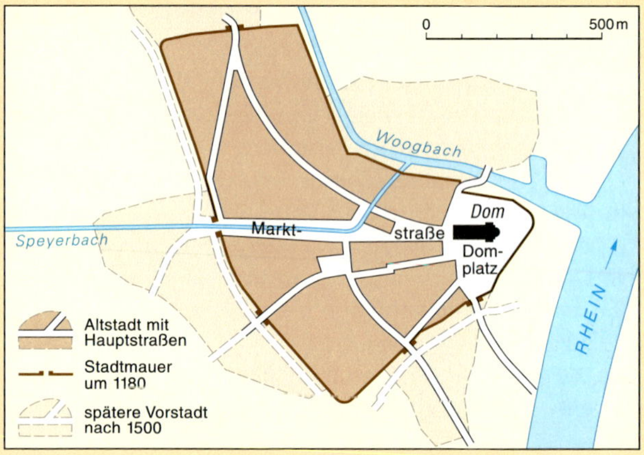

M2 *Stadtplan von Speyer*

M3 *Grundriss des Kaiserdoms*

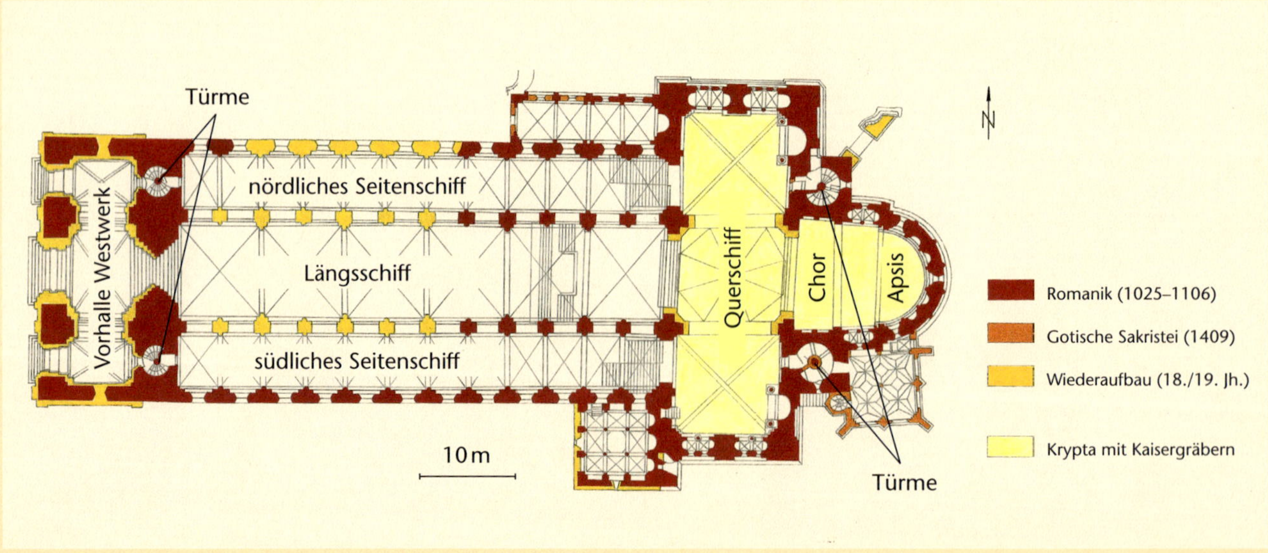

Methodische Arbeitsschritte

Aussehen und Erscheinungsbild
1. Bestimmen Sie Länge, Breite und Höhe des Gebäudes. Aus welchen Materialien wurde es erbaut?
2. Untersuchen Sie die Lage des Bauwerks in der Stadt und das Größenverhältnis zu anderen Gebäuden. Suchen Sie eine Erklärung für die Lage bzw. Platzwahl.
3. Beschreiben Sie die einzelnen Teile des Bauwerks und stellen Sie anhand einzelner Merkmale fest, in welchem Baustil es erbaut wurde.
4. Finden Sie heraus, ob das Bauwerk in späteren Zeiten erweitert, umgebaut oder renoviert wurde.

Verwendung und Funktion

5. Stellen Sie die Daten zur Bauzeit und -dauer zusammen.
6. Informieren Sie sich, wer das Bauwerk errichten ließ und ob es einen bestimmten Anlass dazu gab.
7. Erkundigen Sie sich, wer die Bauarbeiten bezahlte und wie sie organisiert waren.
8. Bestimmen Sie mit Hilfe des Grundrisses die Funktion (Aufgabe, Zweck) des Bauwerkes.

1 In vielen Städten gibt es noch mittelalterliche Kirchen. Stellen Sie fest, wo sich solche Kirchen in Ihrer Nähe befinden. Starten Sie in Gruppen ein Erkundungsprojekt und gehen Sie nach den methodischen Arbeitsschritten vor.

2 Gestalten Sie eine Wandzeitung mit Ihren Untersuchungsergebnissen. In den meisten Kirchen gibt es Informationsblätter oder Hefte mit den wichtigsten Angaben.

M4 *Stilepochen*

Romanik und Gotik sind die beiden Baustile, nach denen im Mittelalter gebaut wurde. Die einzelnen Kennzeichen finden sich in vielen Abwandlungen in ganz Europa. Mit Hilfe dieser Merkmale können Sie bestimmen, in welcher Epoche ein Bauwerk errichtet wurde.

a) Romanik
in Deutschland ca. 1000 bis ca. 1250
- Rundbögen (Fenster, Gewölbe)
- massige Türme
- dicke Mauern, kleine Fenster
- Säulen enden in Figurenkapitellen

Kapitell

Idealbild einer romanischen (oben) und gotischen Kirche (unten)

Wandgestaltungen

b) Gotik
in Deutschland ca. 1250 bis ca. 1500
- Spitzbögen (Fenster, Gewölbe)
- schlanke, aufstrebende Türme
- mit bunten Glasfenstern fast aufgelöste Wände
- Strebepfeiler
- Maßwerkfenster

Strebepfeiler

14 Gewalt im Zeichen des Kreuzes

Kreuzzug
war ursprünglich der Krieg zur Befreiung Jerusalems von den Muslimen. Wer sich dazu verpflichtete, dem wurde die Vergebung der Sünden versprochen. Wenn er aber seiner Pflicht nicht nachkam, wurde er von den Sakramenten der Kirche (Kommunion, Ehe, Krankensalbung) ausgeschlossen.

„Gott will es"
Mit diesen Worten rief Papst Urban II. 1095 auf einer Versammlung von Bischöfen und Adligen zu einem Kreuzzug gegen die Muslime auf. Diese bedrohten den christlichen Kaiser von Byzanz und hielten Palästina, das Heilige Land, besetzt. Zehntausende Ritter und Bauern folgten dem Aufruf. Glaubenseifer, aber auch Abenteuerlust und Hoffnung auf Beute trieben sie an.

Judenmassaker am Rhein
Als Erstes setzte sich ein Bauernheer in Bewegung und erreichte im April 1096 den Rhein. Hier begingen einige Kreuzfahrer eine schreckliche Tat. Sie überfielen die Judenviertel in Speyer, Worms, Mainz, Trier und Köln, raubten und mordeten. Die Juden seien Gottesfeinde, so begründeten sie ihre schrecklichen Taten. Aber in Wirklichkeit waren sie auf den Besitz der Juden aus. Manche der Räuber machten sich beutebeladen wieder auf den Heimweg, sie hielten ihre Kreuzzugspflicht schon für erfüllt. Die anderen kamen nur noch bis Ungarn. Als sie dort weiter plündern wollten, wurden sie von den Einheimischen erschlagen.

„Tod den Muslimen"
Die Bauern, die sich nicht an den Plünderungen beteiligt hatten und weitergezogen waren, wurden bei Nikomedia von muslimischen Truppen völlig vernichtet. Die Ritterheere dagegen drangen bis ins Heilige Land vor. Dabei töteten sie in einigen Städten die gesamte muslimische Bevölkerung. Denn für sie, die sich selbst für Streiter des wahren Glaubens hielten, waren die Muslime Heiden und Feinde Christi.
Daran änderte sich auch nicht viel während der fast 200 Jahre, in denen die Kreuzritter Teile des Heiligen Landes besetzt hielten. Zwischen Muslimen und Christen wurden zwar auch Freundschaften geschlossen, aber Feindschaft und Gewalt überwogen. 1291, am Ende der christlichen Herrschaft im Heiligen Land, waren Christen und Muslime verfeindeter als je zuvor.

M1 *Der erste Kreuzzug 1096–1099*

M5 *So stellte ein Maler des 19. Jahrhunderts dar, wie Kreuzritter 1099 Jerusalem eroberten* (Gemälde von E. Signol).

M2 *Die Eroberung Jerusalems 1099 im Bericht eines christlichen Augenzeugen:*

Nachdem die Unsrigen die Heiden endlich zu Boden geschlagen hatten, ergriffen sie im Tempel eine große Zahl Männer und Frauen und töteten und ließen leben, wie es ihnen gut schien. Bald durcheilten die Kreuzfahrer die ganze Stadt und rafften Gold, Silber, Pferde und Maulesel an sich. Sie plünderten die Häuser, die mit Reichtümern überfüllt waren. Dann, glücklich und vor Freude weinend, gingen die Unsrigen hin, um das Grab unseres Erlösers Jesus Christus zu verehren, und brachten ihm gegenüber ihren Dank dar. Am folgenden Tag erkletterten die Unsrigen das Dach des Tempels, griffen die Muslime, Männer und Frauen, an, zogen das Schwert und schlugen ihnen die Köpfe ab (…). Die ganze Stadt war völlig mit ihren Leichen angefüllt (…). Niemand hat jemals von einem ähnlichen Blutbad unter einem heidnischen Volk gehört oder es gesehen.

Zit. nach: Régine Pernoud, Die Kreuzzüge in Augenzeugenberichten, München 1975, S. 85 ff., 90.

M3 *Der englische Gelehrte Radulfus Niger urteilte 1188 über die Kreuzfahrer:*

Darf man die Muslime ermorden? Etwa weil Gott ihnen Palästina zum Besitz gegeben hat? Gott hat gesagt: Ich will nicht den Tod des Sünders. Die Muslime sind Menschen wie wir. Sicher müssen sie von unserem Land vertrieben werden, weil alle Rechte es erlauben, Gewalt mit Gewalt zu beantworten, aber mit dem Maß gerechter Verteidigung (…). Sie müssen mit dem Wort Gottes überzeugt werden, sodass sie freiwillig und ohne Zwang zum rechten Glauben kommen. Gott hasst erzwungenen Gottesdienst. Wer immer also den Glauben mit Gewalt verbreiten will, der verlässt die Lehren unserer Religion.

Radulfus Niger, De re militari via peregrationis Ierosolimitanae, Berlin/New York 1977, S. 179 ff.

M4 *1291 eroberten die Muslime die Hafenstadt Akkon zurück. Ein Muslim berichtet:*

Die Muslime richteten in Akkon ein ungeheures Blutbad an und machten unermessliche Beute. Der Sultan zwang alle Kreuzritter, die sich in den Türmen verschanzt hatten, zur Übergabe. Sie kamen heraus und wurden bis auf den letzten Mann vor der Stadt enthauptet. Darauf ließ er die Stadt zerstören und dem Erdboden gleich machen.
Es ist wunderbar zu sehen, dass Allah der Erhabene Akkon am gleichen Tag und zur gleichen Stunde zurückerobern ließ, in der es die Kreuzritter 1190 eroberten. Damals versprachen sie den Muslimen in der Stadt das Leben und brachten sie dennoch um. Genauso versprach jetzt der Sultan ihnen das Leben und ließ sie dann umbringen, wie sie es damals mit den Muslimen getan hatten.

Zit. nach: Francesco Gabrieli, Die Kreuzzüge aus arabischer Sicht, München 1976, S. 45 ff.

1 Beschreiben Sie Wege und Ereignisse des ersten Kreuzzuges (VT, M1, M2).

2 Erfinden Sie ein Gespräch zwischen Bauern und Rittern darüber, ob es sich lohnt, an einem Kreuzzug teilzunehmen (VT, M2).

3 Informieren Sie sich im Internet über die Judenpogrome am Rhein im Jahr 1096 (VT). Schreiben Sie einen kurzen Bericht darüber und tragen Sie ihn der Klasse vor. Diskutieren Sie, ob man hier auch von einem „Kreuzzug" sprechen kann.

4 Vergleichen Sie M2 und das Gemälde M5. Hat der Maler das Ereignis realistisch oder verklärt dargestellt?

5 Nehmen Sie Stellung zur Ansicht von Radulfus Niger (M3).

15 Städte entstehen und wachsen

Bürger
Im Mittelalter galt nur als Bürger, wer Grundbesitz hatte. Mit dem Bürgereid schwor er seiner Stadt Treue und Gehorsam. Dann durfte er als Handwerker oder Kaufmann arbeiten und den Markt zum Verkauf seiner Waren nutzen. Bürger konnten ihr Bürgerrecht weitervererben. Ehefrauen genossen das Bürgerrecht ihrer Männer.

Stadt
Im Gegensatz zum Dorf ist dies eine größere Siedlung von Händlern und Handwerkern, die für die umliegenden Dörfer einen Mittelpunkt darstellt. Im Mittelalter besaßen die Städte eigene Stadtrechte. Sie hielten Märkte ab, prägten Münzen und errichteten eine Stadtmauer.

„Städteboom"

Um das Jahr 1000 lebten die meisten Menschen in kleinen Dörfern auf dem Land. Doch ab dem 11. Jahrhundert entstanden in Mitteleuropa fast explosionsartig viele Städte, die schnell wuchsen. Bis 1400 waren es in Deutschland rund 4000. Wie kam es zu diesem „Städteboom"?
Zum einen war die Bevölkerung insgesamt gewachsen, denn die Bauern konnten immer mehr Menschen mit Nahrungsmitteln versorgen. Zum anderen wurden durch die verbesserten Geräte und Arbeitsweisen weniger Menschen für die Feldarbeit benötigt. So fanden manche Bauern auf dem Land kein Auskommen mehr. Sie zogen deshalb mit ihren Familien in die Städte, um dort Arbeit zu finden.

„Stadtluft macht frei"

Auf dem Land lebten die meisten Menschen als unfreie Bauern. Die Leute in einer Stadt dagegen waren frei. Jeder konnte Eigentum erwerben, niemand musste Frondienste leisten. Viele Menschen flohen daher aus der Grundherrschaft in die nächste Stadt, um hier ein neues Leben zu beginnen. Doch ganz leicht war die Flucht nicht. Erst wenn ein Bauer ein Jahr und einen Tag in der Stadt lebte, ohne dass sein Grundherr ihn zurückgeholt hatte, war er ein freier Mann. In vielen deutschen Städten besaß mehr als ein Drittel der Bewohner kein Bürgerrecht, denn dazu brauchte man Grundbesitz. Handwerksgesellen und Lehrlinge, die im Haus des Meisters wohnten, galten nicht als Bürger. Erst mit dem Meisterbrief erwarben sie das Bürgerrecht – aber Meisterstellen waren selten.

Von der Marktsiedlung …

Es war kein Zufall, an welchen Orten Städte entstanden. Handwerker und Kaufleute siedelten sich vor allem in der Nähe von Burgen, Klöstern und Bischofssitzen an. Denn hier wurden geschickte Handwerker benötigt, und Händler fanden Käufer für ihre Waren. Auch an Pilgerstraßen, an Kreuzungen wichtiger Handelswege, an Häfen und seichten Flussstellen (Furten) siedelten sich Menschen an. Dies waren günstige Orte, um Waren an durchreisende Kaufleute, adlige Herrschaften oder an die Bäuerinnen und Bauern der Umgebung zu verkaufen. Auch manche alte Römerstadt blühte als Marktsiedlung wieder auf.

… zur Stadt

Die Menschen in Marktsiedlungen waren vielen Gefahren ausgesetzt. Am größten war die Angst vor plündernden Kriegern, Räubern und Dieben. Deshalb suchten die Bewohner den Schutz von Königen, Fürsten oder Bischöfen. Der wurde ihnen gern gewährt, denn die Schutzherren erhielten dafür Steuergelder von den Städten.
Stolz waren die Stadtbewohner, wenn ihnen vom Landesherrn das Stadtrecht verliehen wurde. Dann bauten sie sich auf dem Marktplatz ein Rathaus und eine Kirche. Um ihre Stadt errichteten sie eine hohe Mauer mit Wehrtürmen und bewachten Stadttoren.

M1 *Die größten europäischen Städte im 14. Jahrhundert.*
Im Mittelalter gab es noch keine genauen Bevölkerungsstatistiken. Die Einwohnerzahlen in der Tabelle wurden anhand der Stadtfläche und der Anzahl der Haushalte in einer Stadt geschätzt.

Konstantinopel	über	100 000	Gent	60 000	Barcelona	35 000
Venedig		90 000	Neapel	60 000	Lübeck	25 000
Genua		84 000	Brügge	50 000	Nürnberg	23 000
Mailand	über	80 000	Köln	40 000	Hamburg	17 000
Paris	über	80 000	London	40 000	Nowgorod	10 000–30 000
Florenz		80 000	Rom	40 000	Frankfurt am Main	10 000

M2 *Die Gründungsurkunde von Freiburg im Breisgau wurde zum Vorbild für viele Städte im 12. Jahrhundert:*

Es sei den lebenden und zukünftigen Geschlechtern bekannt, dass ich, Konrad (Herzog von Zähringen), auf meinem Besitz einen Markt eingerichtet habe im Jahre des Herrn 1120. Nachdem ich Kaufleute der Umgebung zusammengerufen habe, habe ich beschlossen, diesen Markt zu gründen und einzurichten. Jedem Kaufmann habe ich ein Grundstück zum Bau eines eigenen Hauses gegeben und bestimmt, dass von jedem dieser Hausgrundstücke jährlich am Martinstag mir und meinen Nachfolgern ein Schilling Zins gezahlt werden soll. (…)

Ich verspreche all jenen, die zu meinem Markt kommen, Frieden und Schutz. Wenn einer in diesem Bereich beraubt wird und er nennt den Räuber, soll er den Schaden ersetzt bekommen. (…)

Allen Kaufleuten der Stadt erlasse ich den Zoll.

Meinen Bürgern will ich keinen anderen Vogt (Vertreter des Herzogs in der Stadt) oder Priester geben außer den, welchen sie selbst gewählt haben.

Wenn ein Streit oder Rechtsfall entsteht, soll nicht von mir oder meinen Richtern darüber entschieden werden, sondern nach Gewohnheit und Recht aller Kaufleute, wie sie besonders in Köln geübt werden. (…)

Jede Frau wird dem Mann gleichgesetzt und umgekehrt. (…)

Jeder, der in diese Stadt kommt, darf sich hier frei niederlassen, wenn es nicht der Leibeigene irgendeines Herren ist und diesen auch anerkennt als seinen Herrn. (…) Wenn aber ein Leibeigener seinen Herrn verleugnet, kann der Herr mit sieben Zeugen beweisen, dass der Leibeigene ihm gehört. Dann soll der Leibeigene ihm gehorchen. Wer aber über Jahr und Tag in der Stadt gewohnt hat, ohne dass irgendein Herr ihn als seinen Leibeigenen gefordert hat, der genieße von da an sicher die Freiheit. (…)

Zit. nach: Dieter Starke, Herrschaft und Genossenschaft im Mittelalter, Stuttgart 1971, S. 86 ff.

M3 *Schwäbisch Hall (Stich von Braun und Hogenberg, 16. Jahrhundert)*

1 Erklären Sie anhand des VT, wo und warum im Mittelalter Städte entstanden.

2 Finden Sie heraus, wann Ihre eigene Stadt bzw. Ihr eigener Ort gegründet wurde bzw. entstanden ist.

3 Erarbeiten Sie eine Gliederung der Gründungsurkunde Freiburgs (M2).

16 Werkstatt
Auf Spurensuche in Städten

Dass die meisten deutschen Städte im Mittelalter entstanden sind, sieht man noch heute: Oft sind die Kirchen, das Rathaus oder Mauerreste und die alte Straßenführung erhalten. Allerdings haben sich die Städte in den vergangenen 500 Jahren stark verändert: durch Brandkatastrophen oder durch Bombenzerstörungen im Zweiten Weltkrieg, durch das Wachstum seit dem 19. Jahrhundert, durch den Abriss baufälliger Häuser, durch Neubauten und Autostraßen. Trotzdem fällt das Mittelalter in den heutigen Städten ins Auge. Doch Vorsicht: In vielen Städten gibt es Gebäude im mittelalterlichen Stil, die gar nicht aus dem Mittelalter, sondern aus dem 19. oder 20. Jahrhundert stammen.
Für eine Erkundung eignet sich Freiburg. Im Mittelalter war es eine mittelgroße Stadt (ca. 9000 Einwohner). Im 19. Jahrhundert wuchs sie zu einer Großstadt heran. Im Zweiten Weltkrieg wurde sie stark zerstört. Um mittelalterliche Spuren zu finden, betrachten Sie M1–M5 und lesen Sie die dazugehörigen Informationen. Suchen Sie die dort genannten Gebäude auf M7 und versuchen Sie möglichst viele davon auf dem Plan von 1644 (M6) wiederzufinden.

M1 *Die Bächle (rechts)* lieferten auf einer Länge von ca. 7 km Brauchwasser, das Einleiten von Abwässern war verboten.

M2 *Das Münster (links, erbaut 1200 bis 1500)* war die Hauptpfarrkirche der Stadt. Diese konnte sich eine solch gewaltige Kirche nur leisten, weil sie Silberminen im Schwarzwald besaß.

M3 *Das älteste Rathaus ist die Gerichtslaube* im Hof des heutigen Alten Rathauses. Hier hat ab dem 14. Jahrhundert der Rat der Stadt getagt, später hielt man hier Gericht. Das Gebäude wurde 1944 bei einem Bombenangriff zerstört und 1979 wieder aufgebaut.

M4 *Im Historischen Kaufhaus von 1520* saß die Markt- und Zollverwaltung der Stadt. Es steht direkt am Münsterplatz.

M5 *Martinstor.* Von den fünf mittelalterlichen Stadttoren sind zwei erhalten. Das ältere ist das Martinstor, das 1210 entstand.

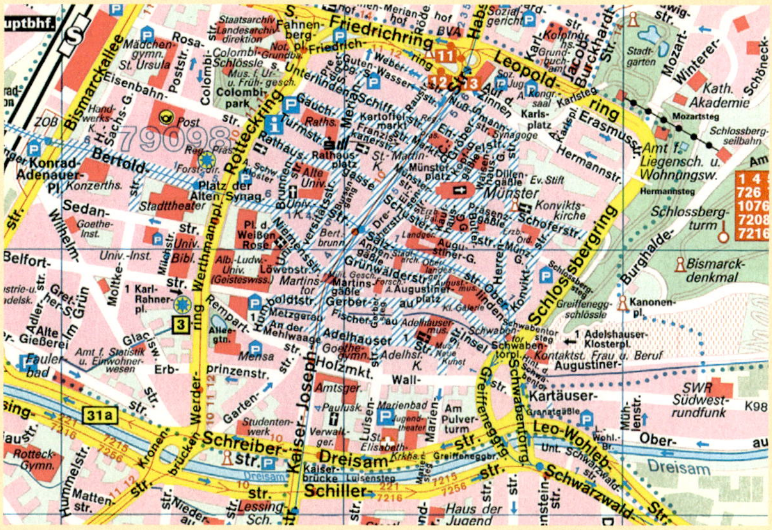

M7 *Das Stadtzentrum von Freiburg heute.* Straßennamen geben oft Auskunft über die Geschichte der Stadt. Die „Weberstraße" lässt auf ein Wohnviertel von Handwerkern und die „Insel" auf frühere Wasserläufe schließen. In der „Franziskanerstraße" befand sich das Franziskanerkloster.

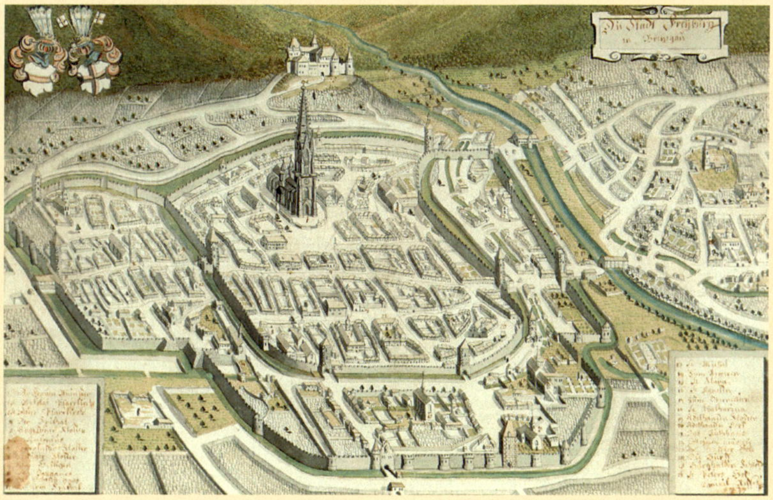

M6 *Freiburg 1644* (Stich von Matthias Merian).
Auf dem Schlossberg lag im Mittelalter eine Burg, von der nichts mehr erhalten ist. Von dort oben konnte der adlige Stadtherr seine Stadt gut überblicken und verteidigen. Stadtmauern und Wallanlagen umgaben die Stadt. Hinter den Häusern an der Gerberau sind noch Reste der mittelalterlichen Mauer zu sehen.

Methodische Arbeitsschritte

Suchen Sie selbst Spuren des Mittelalters in Ihrer Stadt:

1. Besorgen Sie sich einen Stadtplan zur Orientierung und evtl. weitere Informationen aus Stadtführern und dem Internet.
2. Erkunden Sie in kleinen Gruppen einzelne Bereiche der Stadt: Wall/Mauer, Tore, Kirchen, Klöster, Dom, Märkte/Plätze, Straßen, Hausnamen, Rathaus, öffentliche Gebäude oder Einrichtungen (Brunnen, Festhaus, Spital usw.), Burg/Herrensitz.
3. Halten Sie Ihre Ergebnisse fest:
   Verzeichnen Sie die Funde im Stadtplan. Fotografieren, zeichnen oder kopieren Sie sie aus einem Stadtprospekt. Erkunden Sie die frühere und die heutige Nutzung. Stellen Sie fest, ob und wie sie umgebaut oder renoviert wurden.
4. Die Ergebnisse können Sie in einem selbst gezeichneten Stadtplan eintragen oder aufkleben.

17 Fernkaufleute verbinden die Städte

M1 *Modell einer Kogge*

Die Koggen lösten ab dem 13. Jahrhundert die bis dahin gebräuchlichen kleineren Holzkähne als Frachtschiffe ab.

Fernhandel – ein riskantes Geschäft

An der Nord- und Ostseeküste hatten es deutsche Kaufleute zu Reichtum und Ansehen gebracht. Ihre seetüchtigen Schiffe, die Koggen, liefen Häfen in Russland, Schweden, Norwegen und England an. Die Koggen waren tiefbauchige Handelsschiffe, die 200 Tonnen Fracht aufnehmen konnten.

Doch der Seehandel war ein riskantes Unternehmen: Ein Schiff auszurüsten war kostspielig, und immer wieder überfielen Seeräuber die beladenen Koggen. Deshalb schlossen sich ab dem 12. Jahrhundert einzelne Kaufleute zu Genossenschaften, den Hansen, zusammen. Gemeinsam rüsteten sie nun ihre Schiffe aus, organisierten die Fahrten und heuerten bewaffneten Schutz an.

Von Hamburg nach Nowgorod

In vielen Hafenstädten an Nord- und Ostsee gründeten die Hansekaufleute Kontore. Das waren Handelsniederlassungen mit Büros, Lagerhäusern und eigenem Hafengelände. Dort wurden die Schiffe beladen, Waren umgeschlagen und Verträge mit ausländischen Kaufleuten geschlossen. Die berühmtesten Kontore waren der Petershof in Nowgorod und der Stalhof in London. Untereinander sprachen die Hansekaufleute wie auch die Kapitäne und Schiffsleute ihre eigene Muttersprache, nämlich niederdeutsch oder auch „plattdütsch". Das Niederdeutsche wurde bald zur Handelssprache im gesamten Ostseeraum. Von Lübeck bis nach Oslo oder Reval konnten sich die Kaufleute so verständigen.

In wichtigen Städten sicherten sich die Kaufleute bestimmte Vorrechte, etwa die zollfreie Ein- und Ausfuhr von Waren und den Schutz vor unliebsamen Konkurrenten. So gewannen die Kaufmannshansen immer mehr Einfluss, sowohl in ihren Heimatstädten als auch im gesamten Nord- und Ostseeraum.

Die Hanse wird zum Städtebund

Mitte des 14. Jahrhunderts schlossen sich die Kaufmannshansen schließlich zur „Deutschen Hanse" zusammen, der in ihrer besten Zeit bis zu 80 Städte angehörten. Fast 200 Jahre lang beherrschte die Hanse den Fernhandel in Nordeuropa. Sie hatte eigene Maße und Münzen sowie eine eigene Rechtsprechung. Damit war die Hanse mächtiger als manches Königreich. Doch nicht nur das: Sie schloss sogar Bündnisse und führte Kriege wie ein Staat.

Doch Ende des 15. Jahrhunderts veränderte sich die europäische Handelswelt. Als die Spanier den neuen Kontinent Amerika entdeckten, verlagerten sich die wichtigen Handelswege in den Atlantischen Ozean zwischen der „Alten" und der „Neuen Welt". Spanien, Portugal, die Niederlande und England entwickelten sich zu großen See- und Handelsmächten, dagegen verloren die Hansestädte an Nord- und Ostsee ihre Bedeutung.

M2 *Die bremischen Kaufleute wurden 1275 aus der Hanse ausgeschlossen, weil sie sich geweigert hatten, an einer Blockade Norwegens teilzunehmen. 1358 nahm die Stadt Bremen folgende Bedingungen zur Wiederaufnahme in die Hanse an:*

Wir, Ratmänner und Bürgerschaft der Stadt Bremen, richten unseren unendlichen Dank an die ehrbaren Herren Ratmänner der Seestädte und der anderen Städte, ebenso an den gemeinen Kaufmann von der deutschen Hanse des Heiligen Römischen Reiches dafür, dass sie uns in Gnade wieder aufgenommen haben. (...) Wir machen allen (...) bekannt (...), dass wir die folgenden Klauseln und Bedingungen genauestens beachten werden. (...)

Erstens, wann und wie oft auch immer wir von dem Rat der folgenden Städte angesprochen werden, nämlich von Lübeck, Wismar, Rostock, Stralsund und Greifswald, wollen wir zum Vorteil und Nutzen aller vorgenannten Kaufleute, zur Sicherung und Verteidigung des Öresundes ein gutes Schiff, ausgerüstet mit 50 Bewaffneten und anderen Kriegswaffen bereitstellen und dorthin senden, auf unsere Kosten und Gefahr; und wenn Gott uns den Sieg gibt, uns und unseren Verbündeten, über die Seeräuber und andere Angreifer (...) wollen wir die Beute mit unseren Verbündeten nach der Zahl der Beteiligten teilen. Desgleichen wollen wir wann und wie oft auch immer vom Rat von Hamburg zur Verteidigung der Elbe aufgefordert werden, auf einem Schiff 100 Bewaffnete bereitstellen und auf die Elbe schicken, ebenfalls auf unsere Kosten und Gefahr. (...)

Weiterhin wollen wir alle Entscheidungen, die von den Ratmännern der vorgenannten Städte im Namen aller erwähnten Kaufleute gefällt worden sind, genauestens befolgen. Wenn einer unserer Bürger es wagen sollte, mit seinen Schiffen und Waren Orte anzulaufen, über die von den Ratsmännern und den genannten Kaufleuten eine Blockade[1] verhängt wurde, und so gegen die Entscheidungen verstößt, so soll er seine Güter und sein Leben verlieren.

Zit. nach: Philippe Dollinger, Die Hanse, 5. Aufl., Stuttgart 1998, S. 538f.

1 Gemeint ist die Blockade Flanderns von 1358.

M3 *Hamburger Hafen (Buchmalerei von 1497).* Das Bild zeigt die Zollstelle und das Handelsleben im Hamburger Hafen.

M4 *Gehandelte Waren im Lübecker Hafen*

Ware	*Hauptherkunft*
Tuche	Flandern
Fisch	Schonen
Salz	Lüneburg
Butter	Schweden
Felle, Pelze	Russland, Schweden
Getreide	Preußen
Wachs	Russland, Preußen
Bier	Wendische Städte
Kupfer	Schweden, Ungarn
Eisen	Schweden, Ungarn
Öl	Flandern
Flachs	Livland, Norddeutschland
Wein	Rheinland
Leinen	Westfalen

1 Warum haben sich die norddeutschen Kaufleute, zu Hansen zusammengeschlossen?

2 Woran wird deutlich, dass die Hanse ein mächtiger Städtebund war (VT, Karte auf der ADS und M4)?

3 Untersuchen Sie, wie die Hanse mit der Stadt Bremen umging (M2). Erklären Sie, warum Bremen wieder in die Hanse aufgenommen werden wollte. Suchen Sie den Öresund in einem Atlas.

4 Nennen Sie die Bedeutung der Autokennzeichen HH, HB, HL, HRO.

18 Wer regiert die Stadt?

M1 *Fachwerk-Rathaus von Bad Urach*

Zunft
(aus dem Mittelhochdeutschen: „Regel des Zusammenlebens; was sich ziemt")
Die Meister eines Handwerks schlossen sich genossenschaftlich zur Zunft zusammen. Sie legten die Zahl der Betriebe, die Ausbildung, Preise und Herstellung der Güter fest. Außerdem versorgte die Zunft die Hinterbliebenen eines verstorbenen Meisters.

Stadtherren bestimmen

Anfangs standen die Städte unter der Herrschaft eines Fürsten, Grafen oder eines Bischofs. Diese Stadtherren gewährten der Stadt Schutz, hielten Gericht und verliehen das Markt- und das Münzrecht. Dafür verlangten sie Abgaben und Steuern von den Bürgern.

Städte werden unabhängig

Mit der Zeit wurden die Städte immer wohlhabender. Vor allem die Fernkaufleute brachten viel Geld in die Stadt. Diese Fernhändler waren es gewohnt, ihre Angelegenheiten selbst zu regeln. Dies wollten sie nun auch in den Städten tun.
Manche Städte konnten sich von ihrem Schutzherrn einfach freikaufen. In anderen Städten mussten die Kaufleute und Handwerker um ihre Freiheit kämpfen, etwa in Köln und Lübeck, wo der Bischof und der Herzog gestürzt wurden. Manche Städte erhielten auch direkt vom Kaiser den Freiheitsbrief. Als freie Reichsstädte waren sie nur dem Kaiser unterstellt und besaßen besondere Vorrechte.

Stadtrat und Bürgermeister

In den freien Städten regierten nun die wohlhabenden Kaufleute, Fernhändler und andere reiche Stadtbürger. Sie wurden Patrizier genannt. Nur Patrizier konnten in den Stadtrat gewählt werden. Auch der Bürgermeister wurde aus ihrer Mitte ernannt.
Stadtrat und Bürgermeister regelten das Leben in der Stadt. So führte der Bürgermeister den Vorsitz im Gericht, bewahrte die Schlüssel der Stadttore auf und befehligte im Kriegsfall das Stadtheer. Der Stadtrat erließ die Gesetze für die Stadt, beispielsweise die Marktordnung und die Kleiderordnung. Die Patrizier hatten sich so eine mächtige Stellung erkämpft. Keine anderen Stadtbewohner konnten mitregieren oder etwas gegen die Entscheidungen des Stadtrats unternehmen.

Zünfte wollen an die Macht

In vielen Städten wurden die Handwerker unzufrieden damit, wie der Stadtrat regierte. Immerhin zahlten auch sie Steuern und wollten dafür in der Stadt mitbestimmen. In vielen Städten forderten die Zünfte, dass sie eigene Leute in den Rat schicken konnten. An manchen Orten gingen die Zünfte mit Gewalt gegen die Patrizier vor und schafften es, an die Macht zu kommen. In den Städten, in denen jetzt die Handwerker regierten, wanderten die Patrizier allerdings häufig mitsamt ihrem Vermögen aus.
Letztlich wurden die deutschen Städte sehr unterschiedlich regiert. Über manche herrschte ein Fürst oder Bischof, in einigen Städten regierten die Patrizier, in anderen die Zünfte und manchmal regierten auch Patrizier und Zünfte gemeinsam.

M2 *Wer darf im Rat sitzen? Der Herzog von Sachsen, Heinrich der Löwe, bestimmte als Stadtherr über Lübeck um 1167:*

Wählt man jemanden in den Rat, der soll zwei Jahre darin sitzen, im dritten soll er frei sein, man kann ihn aber bitten, den Rat zu besuchen. Wir bestimmen auch, dass niemand in den Rat komme, der nicht ehelich, von freier Geburt und niemandes Eigentum sei, auch darf er bei keinem Herrn irgendein Amt bekleiden. Er soll von gutem Ruf sein, und auch seine Mutter muss frei und niemandes Eigentum gewesen sein. Er darf keines Geistlichen oder Pfaffen Sohn sein und soll liegendes Eigentum (Grundbesitz) innerhalb der Mauern haben, er darf zu seinem Eide nicht gezwungen sein und seine Nahrung nicht mit Handwerk erworben haben.

Zit. nach: Geschichte in Quellen, Bd. II, München 1970, S. 733.

M3 *Aus einem zeitgenössischen Bericht über Kämpfe um das Stadtregiment zwischen Bischof und Bürgern in Straßburg:*

[Am 8. März 1262] zogen die Straßburger aus mit all ihren Berittenen und dem halben Fußvolk. Sie nahmen Steinmetzen und andere Werkleute mit und brachen den Kirchturm zu Mundolsheim ab. Der war gar fest und hoch gemauert, und man fürchtete, der Bischof werde sich dort festsetzen und die Straßen sperren. (...) [Der Bischof zog daraufhin] sein Kriegsvolk zusammen, gegen 300 Reiter und 5000 Mann zu Fuß. Mit denen zog er von Dachstein gegen die Stadt heran, um den Bürgern eine Schlacht zu liefern. (...) Als die Straßburger das merkten, schickten sie Boten zurück. Die liefen durch die ganze Stadt und riefen, der Bischof rücke heran. Da ließ man die Glocken Sturm läuten, und alle Bürger zogen aus gegen den Bischof. (...) Es war so viel Volks, dass man vor lauter Menschen kaum den Erdboden sehen konnte. (...) [Der Bischof verlor den Kampf, konnte fliehen, starb aber bald darauf.] Nach seinem Tode verhandelten die Domherren mit den Bürgern, und der Friede wurde geschlossen. So kam dieser Krieg zu Ende. In ihm erfochten und erwarben die Bürger für die Stadt Nutz und Ehre, für sich selbst aber und ihre Nachkommen große Freiheit und großes Glück. Denn hätte der Bischof die Rechte gewonnen, auf die er in der Stadt Anspruch zu haben vermeinte, so wäre Straßburg sein eigen worden und in seiner Gewalt gewesen.

Chronik der deutschen Städte 9, Straßburger Chronik, S. 657ff.

M4 *Über einen Bürgeraufstand in Köln berichtet die Chronik 1369:*

Die Weber von Köln rotteten sich zusammen und forderten vom Rat die Herausgabe eines Mannes, der in Haft lag, und setzten ihre Forderung unter Androhung von Gewalt durch. (...) Hierauf hielten die Weber eine Versammlung und berieten, wie man den guten (= reichen) Leuten die Macht nehmen könne. (...)

Es musste nach dem Willen der Weber gehen. Der neue Rat wurde in folgender Weise gebildet: 15 Männer wurden aus den Geschlechtern (der Patrizier) gewählt, wie das von alters her Sitte war; daneben wurde noch ein weiterer Rat erkoren, der zählte 50 Mitglieder. In diesem Rat waren viele Zünfte vertreten. Gott schlage mit Krankheit, die solches ersannen.

Chronik d. deutschen Städte XII, Bd. 1, Kölner Chronik, Göttingen 1961, S. 237f.

M5 *Zunftvertreter übernehmen 1368 die Herrschaft von den Patriziern in Augsburg* (Malerei aus dem Ratsbuch von Augsburg). Je ein Vertreter der Weber, Bäcker, Kürschner, Metzger, Kaufleute und Bierbrauer betritt die Ratsstube, in der die Patrizier sitzen.

1 Beschreiben Sie, wie die Städte im Mittelalter regiert wurden (VT).

2 Welche Bestimmungen stellte Heinrich der Löwe für den Lübecker Stadtrat auf (M2)? Können Sie sich denken, mit welcher Absicht er das tat?

3 Lesen Sie die Textquellen M3 und M4. Wer kämpfte gegeneinander und was wollten die Gruppen erreichen?

4 Bereiten Sie in Partnerarbeit ein Streitgespräch zwischen zwei Handwerksmeistern über die Regierung der Patrizier vor und spielen Sie es in der Klasse.

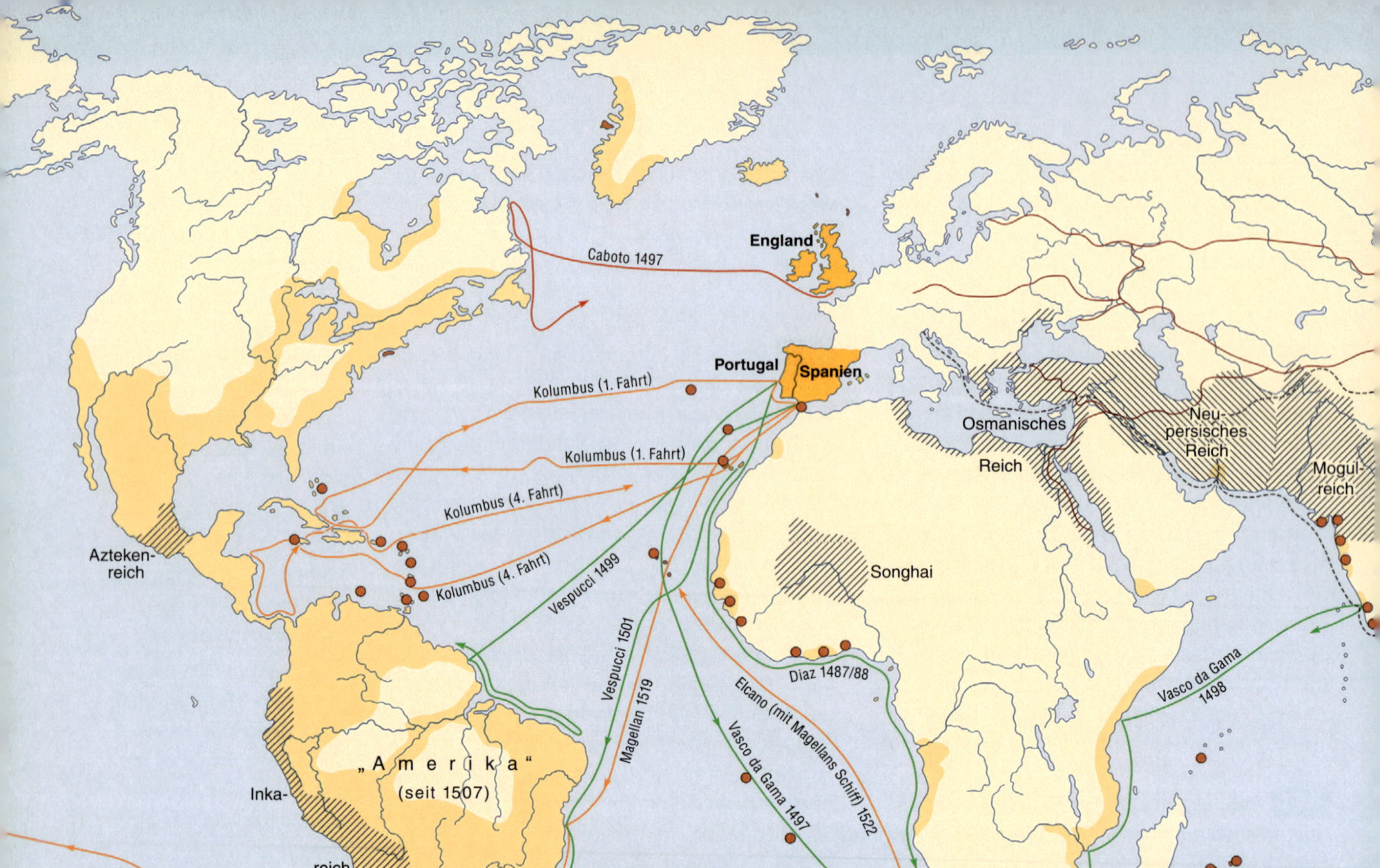

1492 erreichte Christoph Kolumbus durch Zufall die zum amerikanischen Kontinent gehörende Inselgruppe der Bahamas – eine neue Welt war entdeckt. Denn dass im Pazifischen Ozean ein riesiger Kontinent lag, war den Menschen in Europa bis dahin völlig unbekannt. Kolumbus gehörte zu den Seefahrern, die neue Seewege von Europa nach Indien suchten und dabei unerforschte Küsten entlang fuhren und unbekannte Länder entdeckten.

Doch nicht nur auf den Meeren wurden in dieser Zeit Entdeckungen gemacht. Auch in den Städten in Europa beschäftigten sich Gelehrte und Künstler sowie reiche Kaufleute und wissbegierige Bürger mit neuen Dingen und Gedanken. Eine „Zeit des Lichts“, so wurde diese Epoche von manchen Menschen damals genannt. Doch diese Zeit hatte auch ihre Schattenseiten.

um 1450

Johannes Gutenberg erfindet den Buchdruck mit beweglichen Buchstaben.

1452–1519

In Florenz lebt ein außergewöhnlicher Mann: Leonardo da Vinci – Maler, Bildhauer, Architekt, Naturforscher und Erfinder.

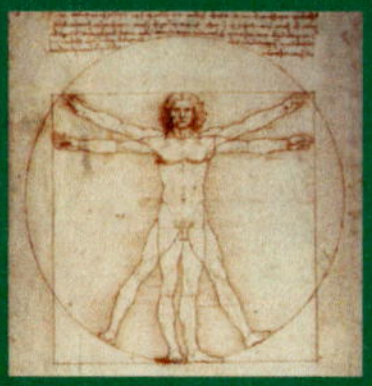

1492

Christoph Kolumbus „entdeckt“ Amerika.

1517

Martin Luther löst in Deutschland die Reformation aus.

Aufbruch in eine neue Zeit

Dieser Holzstich aus dem 19. Jahrhundert ist wie ein spätmittelalterliches Kunstwerk angelegt. Er bildet das für die damalige Epoche typische Ringen um Verständnis ab: Die Erde erscheint noch als Scheibe. Der Mensch versucht einen Blick hinter das Himmelsgewölbe zu werfen: Ein geheimnisvolles Räderwerk scheint die Gestirne anzutreiben.

1519–1521

Fernando Magellan gelingt die erste Weltumseglung; er selber kommt auf der Fahrt um.

um 1520

Das Unternehmen der Familie Fugger ist eines der führenden Handels- und Bankhäuser in Europa.

1543

Nikolaus Kopernikus erkennt, dass sich die Sonne nicht um die Erde, sondern die Erde um die Sonne dreht.

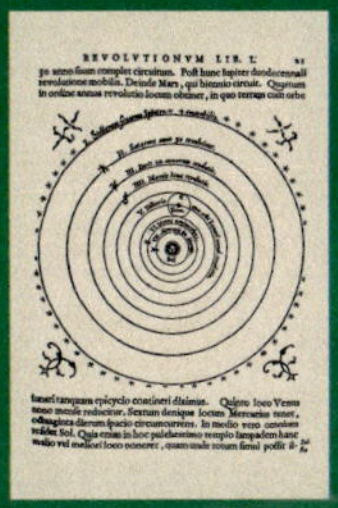

1 Kolumbus „entdeckt“ Amerika

M1 *Landung des Kolumbus auf Guanahani (Bahamas),* kolorierter Kupferstich von Theodor de Bry aus dem Jahr 1594

Zimt, Ingwer und Vanille
1453 eroberten die muslimischen Türken Konstantinopel. Mit ihrem riesigen Reich im Vorderen Orient kontrollierten sie nun die Handelswege nach Indien und China. Auf die ostasiatischen Waren schlugen sie einen sehr hohen Zoll, wodurch diese Waren noch teurer wurden. Grund genug für die europäischen Fernhändler, nach neuen Handelswegen in den Orient zu suchen. Der Seeweg um Afrika nach Indien sollte die Lösung sein.
Bartolomeo Diaz erreichte 1487 die Südspitze Afrikas. Aber seine Mannschaft meuterte, sodass Diaz umkehren musste. Vasco da Gama war es schließlich, der Afrika umfuhr und den Weg nach Indien fand. 1498 landete er im Hafen Kalikut, wo er die kostbaren und begehrten Gewürze erwarb.

Westwärts nach Osten?
Die meisten Indienfahrer hatten vor, Afrika in Richtung Osten zu umrunden. Doch Christoph Kolumbus, ein erfahrener Handelsfahrer und ausgezeichneter Kapitän aus Genua, war davon überzeugt, dass man die „Ostländer“ auch erreichen konnte, wenn man westwärts um die Erdkugel herum segelte.
Am 3. August 1492 verließ Kolumbus an Bord der „Santa Maria“ Spanien. Er rechnete mit einer Fahrzeit von drei Wochen, doch es wurden über zwei Monate daraus.
Am 12. Oktober 1492 landeten Kolumbus' Schiffe dann endlich auf der Insel Guanahani, einer kleinen Insel der Bahamas. Kolumbus nannte die Insel San Salvador (Heiliger Erlöser) und erklärte sie zum Besitz des spanischen Königs. Von San Salvador aus segelten Kolumbus und seine Leute weiter durch die Inseln der Karibik und „entdeckten“ Kuba und Haiti. Dort gründete Kolumbus Weihnachten 1492 die erste spanische Kolonie.

Kolumbus' Irrtum
In den folgenden Jahren fuhr Kolumbus noch dreimal über den Atlantik. 1498 betrat er im heutigen Venezuela erstmals das Festland. Doch bis zu seinem Tod 1506 glaubte Kolumbus, dass er in Indien und nicht auf einem völlig neuen Erdteil gelandet war. Deshalb nannte er die Einheimischen auch „Indianer“ oder auf Spanisch „Indios“. Erst nach und nach wurde den Seefahrern und Forschern klar, dass Kolumbus einen riesigen Doppelkontinent entdeckt hatte. 1499 bis 1501 erkundete Amerigo Vespucci die südamerikanische Küste. Nach ihm erhielt der neue Kontinent seinen Namen: „Amerika“.
Im Jahr 1519 versuchte Fernando Magellan einen Seeweg zu den portugiesischen „Gewürzinseln“ im Stillen Ozean zu finden, diesmal in westlicher Richtung. Tatsächlich entdeckte er einen Weg, und zwar um die Südspitze Amerikas herum.
Magellan kehrte zwar nicht nach Portugal zurück – er wurde 1521 auf den Philippinen von dortigen Einheimischen erschlagen. Trotzdem gilt er als der erste Weltumsegler. Die Gewürze, die sein Schiff mitbrachte, erzielten einen hohen Preis – viel höher als die Kosten der ganzen Weltumseglung.

M2 *Gewürze,* die wir heute fast in jedem Geschäft oder auf dem Markt kaufen können, waren im 15. Jahrhundert teure Luxuswaren, etwa Ingwer, Vanille, Zimt, Muskatnuss, Pfeffer, Nelken, Safran, Anis und Pistazien.

M3 *König Manuel von Portugal teilt dem deutschen Kaiser Maximilian 1499 in einem Brief die Entdeckung des Seewegs nach Indien mit:*

Was einstmals die Reiche der Römer, Karthager und anderer Völker (...) nicht vermochten (...) – nämlich die Umsegelung der Erde von Westen nach Osten durch den Atlantik und das (...) Indische Meer –, das hat die Gnade Gottes (...) den Königen von Portugal in unserer Regierungszeit gewährt. (...) Im Übrigen haben sie [Vasco da Gama und seine Schiffe] eine Fülle von orientalischen Waren, die über die ganze Welt verbreitet sind, nämlich Zimt, Nelken, Pfeffer, Ingwer, Muskatnuss, Moschus, Benzoeharz, Weihrauch und alle Arten von Spezereien [Gewürzen] ebenso wie von Edelsteinen und Perlen (...) von den indischen Handelsplätzen mitgebracht (...). Daher müssen über den derart glücklichen Ausgang sowohl Eure Majestät als auch alle christlichen Fürsten (...) aufs Höchste frohlocken, (...) dass diesen bedeutenden Warenhandel, den wir bis zu diesem Tag den Händlern der Ungläubigen zu entreißen strebten, (...) hinfort Christen und Mauren innehaben werden.

Eberhard Schmitt, Die Anfänge der europäischen Expansion, Idstein 1991, S. 119ff.

M4 *Über den wissenschaftlichen Charakter von Entdeckungsreisen schrieb Pedro Nuñez 1537:*

Es steht fest, dass die Entdeckung von Küsten, Inseln und Kontinenten nicht zufällig erfolgt. Unsere Seefahrer genießen eine gründliche Ausbildung, bevor sie in See stechen. Sie kennen die Navigationsinstrumente, die Grundlagen der Sternenkunde und Geometrie, das heißt alle die Dinge, die schon Ptolemäus im 1. Buch seiner „Geographia" fordert. Unsere Entdeckungsreisenden führen Seekarten mit exakten Seekartenmarkierungen an Bord, die sich von denen früherer Seefahrer erheblich unterscheiden. Früher kannte man nur 12 Winde und segelte ohne Kompass. Vermutlich deshalb hielten sich die Schiffsführer damaliger Zeiten immer in Sichtweite der Küste und segelten stets nur mit günstigem Rückenwind.

Das Europäische Geschichtsbuch, Stuttgart 1998, S. 194.

1 Vollziehen Sie auf der Karte der ADS S. 90/91 die Entdeckungsfahrten der portugiesischen Seefahrer nach.

2 Das Sprichwort „Geh doch dahin, wo der Pfeffer wächst!" hatte für die Kaufleute des 15. Jahrhunderts eine ganz besondere Bedeutung. Begründen Sie dies (VT, M2, M3).

3 Erklären Sie, auf welchem Irrtum der Begriff „Indianer" gründet.

4 Der Magnetkompass wird in M6 besonders hervorgehoben. Überlegen Sie, warum.

M5 *Der Jakobsstab:* Mit einem Querstab des Geräts peilt der Seefahrer den Horizont, mit dem anderen die Gestirne an. Er stellt den Winkel zwischen Erdoberfläche und Sonne oder Stern fest. Auf der Tabelle des Langstabes liest er ab, wie weit nördlich oder südlich des Äquators sein Schiff segelt.

M6 *Der Magnetkompass* war bereits den Chinesen und Arabern bekannt.

2 Der Mensch im Mittelpunkt

M1 *Selbstbildnis des Malers Albrecht Dürer aus Nürnberg (1498).*
Maler und Bildhauer der Renaissance bildeten die Menschen möglichst lebensnah und individuell ab. So kam das eigene Aussehen und die Persönlichkeit der gemalten Frauen und Männer zum ersten Mal richtig zum Ausdruck.

Humanismus
(von lat. humanus = menschlich)
ist die geistige Bewegung, die im 14. Jahrhundert in Italien begann und sich über ganz Europa ausbreitete. Ihr Vorbild ist die Antike. Die Kunst, aber auch die Wissenschaft wendet sich dem Menschen zu und sieht in ihm eine eigenständige Persönlichkeit.

Renaissance
(franz. „Wiedergeburt")
ist die Bezeichnung für die Zeit am Ende des Mittelalters, in der die Antike wiederentdeckt und der Mensch und die Künste „wiedergeboren" wurden.

Das Denken ändert sich
Im Mittelalter hatte jeder Mensch, ob Bauer, Nonne oder Ritter, seinen festen Platz in der Gesellschaft, an dem nicht zu rütteln war. Vielmehr glaubten die Menschen, dass diese Ordnung von Gott so gewollt war. So verkündete es auch die Kirche, die große Macht über die Menschen hatte. Denn nur durch Buße, gute Werke und durch einen Geistlichen konnte man von seinen Sünden freigesprochen werden.
In Italien waren Städte wie Florenz, Venedig oder Mailand durch ihren Handel reich und mächtig geworden. Der Papst in Rom wie auch der Kaiser verloren hier immer mehr an Einfluss. Stattdessen hatten vornehme und reiche Kaufleute und Fürsten nun das Sagen. Diese selbstbewussten Familien wollten sich von der Kirche und ihrer alten Ordnung nicht mehr einengen lassen. Auch Künstler und Gelehrte, die oft mit den Handelsfamilien und Fürsten bekannt oder befreundet waren, suchten nach neuen Leitbildern und Ideen. Diese fanden sie in ihrer nächsten Umgebung.

Die Antike als Vorbild
Überall in Italien gab es Reste aus der Römerzeit: Tempel, Grabstätten und Amphitheater. Jahrhundertelang hatte man die Antike als heidnische Zeit verurteilt, doch nun wurde sie als ein glanzvolles Zeitalter wiederentdeckt. Die reichen italienischen Bürger nannten sich nun „Patrizier" und die Gelehrten suchten die Schriften der römischen und griechischen Philosophen. Sie wussten, dass sich diese weniger mit übersinnlichen Dingen, sondern mit dem Menschen und mit der Natur beschäftigt hatten. In den Klosterbibliotheken wurden sie fündig, studierten die Schriften eifrig und übersetzten sie ins Italienische und in andere europäische Sprachen. So verbreitete sich ein neues Denken und eine neue Sicht auf den Menschen.

Der Mensch im Mittelpunkt
Der Mensch wurde nun als freies, selbstbewusstes Wesen gesehen, das Verstand und persönliche Fähigkeiten besitzt. Jeder sollte seine geistigen und körperlichen Kräfte gebrauchen können und sein Leben selbst bestimmen, ohne von kirchlichen Vorschriften eingeengt zu werden. Diese neue Sicht auf den Menschen nennt man Humanismus. Die Gelehrten beschäftigten sich nicht mehr mit dem Übermenschlichen, dem Göttlichen, sondern mit dem Menschlichen. Sie sahen darin keinen Widerspruch zum christlichen Glauben, denn der Mensch galt ja als das Ebenbild Gottes.

Eine neue Kunst
Nicht nur die Gelehrten, sondern auch die Künstler fanden ihre Vorbilder in der Antike. Wiedergeburt, „Renaissance", nennt man die neue Kunstrichtung, welche die Baukunst der Griechen und Römer wiederbeleben wollte. Säulen und Kuppeln zieren die Renaissance-Bauten. In Florenz plante und baute der Architekt Brunelleschi 1420 eine rund 90 Meter hohe Kuppel für den Dom.

M4 *Dom von Florenz.* Mit 39 m Durchmesser war die 1436 von Filippo Brunelleschi gebaute Kuppel die größte in Europa seit der Errichtung des Pantheons im antiken Rom.

M2 *Der italienische Gelehrte Pico della Mirandola (1463–1494) schrieb einen Aufsatz, in dem er Gott sprechen lässt:*

Ich habe dich [den Menschen] in die Mitte der Welt gesetzt, damit du von dort bequem um dich schaust, was es alles in dieser Welt gibt. Wir haben dich weder als einen Himmlischen noch als einen Irdischen, weder als einen Sterblichen noch einen Unsterblichen geschaffen, damit du als dein eigener Bildhauer und Dichter vollkommen frei dir selbst die Form bestimmst, in der du zu leben wünschst. Es steht dir frei, in die Unterwelt des Viehs zu entarten. Es steht dir ebenso frei, in die höhere Welt des Göttlichen dich durch den Entschluss deines eigenen Geistes zu erheben.

Giovanni F. Pico Della Mirandola, Über die Würde des Menschen, Fribourg/Frankfurt a. M./Wien 1949, S. 52f. (sprachlich leicht verändert).

M3 *In dem Roman „Gargantua und Pantagruel" (nach 1532) des Schriftstellers François Rabelais gab Gargantua seinem Sohn Pantagruel gute Ratschläge für sein Studium in Paris:*

Darum, mein Sohn, ermahne ich dich, dass du deine Jugend wohl anwendest, um in Wissenschaft und Tugend dazuzulernen. (...) Ich setze voraus und will, dass du die Sprachen gründlich erlernst; erstlich das Griechische (...); zweitens das Lateinische, ferner das Hebräische, der Heiligen Schrift wegen. (...) Für die Freien Künste, für Geometrie, Arithmetik und Musik habe ich dir bereits Geschmack beigebracht, als du noch ein kleiner Bube von sechs Jahren warst. Setze das nun weiter fort und erlerne die Astronomie in all ihren Gesetzen. (...) Es ist mein Wunsch, dass du dich mit den Dingen der Natur eingehend beschäftigst, sodass es kein Meer, keinen Fluss, kein Bächlein gebe, von dem du die Fische nicht kenntest. Kein Vogel der Luft, kein Baum oder Strauch, keine Staude, kein Kraut des Feldes, kein Metall im Schoß der Erde, kein Edelstein des Morgen- oder Mittaglandes darf dir unbekannt bleiben.

François Rabelais, Gargantua u. Pantagruel, Bd. 1, Frankfurt/M. 1974, S. 218.

M5 *Die Zentralperspektive,* auch eine neue Entdeckung in der Kunst: Mathematisch genau wurde ein dreidimensionaler, wirklichkeitsgetreuer Raum in die Bilder übertragen.

1 Erläutern Sie, wo die Menschen in den italienischen Städten im 15. Jahrhundert ihre Vorbilder fanden (VT, M4).

2 Worin bestanden die neuen Vorstellungen vom Menschen (VT, M1)? Überlegen Sie, wem das neue Menschenbild Vorteile, wem es Nachteile brachte.

3 Wie versuchten die Gelehrten ihre neuen Vorstellungen mit dem christlichen Glauben zu vereinbaren (VT, M2)?

4 Beschreiben Sie, worin das Neue der Renaissance-Kunst besteht (VT, M1, M4, M5).

3 Brillen, Flugmaschinen und Schießpulver

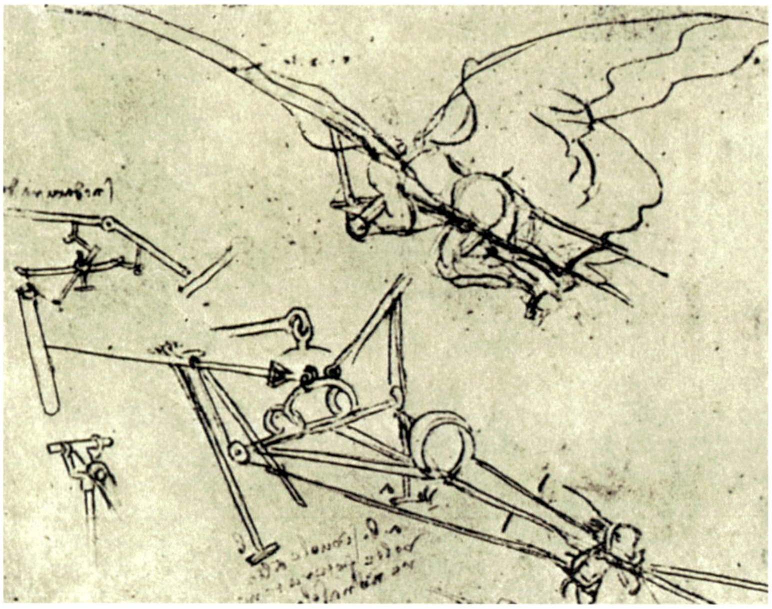

M1 *Entwurf einer Flugmaschine von Leonardo da Vinci.* – Beschreiben Sie die Flugapparate. An welche moderne Sportart werden Sie erinnert?

M2 *Brillengestell aus Knochen*

Leonardo da Vinci
Leonardo da Vinci entsprach weitgehend dem Ideal des „umfassend entwickelten Menschen“, denn er war auf vielen Gebieten interessiert und tätig. So schuf er als Maler das berühmte Porträt der Mona Lisa. Außerdem war er ein genauer Naturforscher und einfallsreicher Erfinder. Er nahm Leichenöffnungen vor, um den Aufbau des menschlichen Körpers genau kennen zu lernen. Die einzelnen Körperteile und Organe bildete er dann in Wachsmodellen nach.
Zwar konnten viele seiner Ideen, so der Flugapparat, ein Tauchanzug aus Leder oder ein mit Kanonen versehener Panzer, nicht genutzt werden. Aber seine Entwürfe zeigen die menschliche Neugier und den Willen, die Welt zu beherrschen und das menschliche Leben zu verändern und zu erleichtern. Dabei war es unerheblich, wenn nicht alles verwirklicht werden konnte – wichtig war es, Dinge auszuprobieren.

Brille und Uhr verändern das Leben
Nicht nur Forscher und Gelehrte machten in dieser Zeit Entdeckungen, auch Handwerksmeister probierten neue Dinge aus. So wollten Kaufleute und Beamte in den Städten die Zeit genauer messen können. Die bisherigen Uhren wie die Sonnenuhren waren noch recht ungenau und außerdem vom Wetter abhängig. Kurz vor 1300 hatte man bereits die Gewichtsräderuhr erfunden, die bei jedem Wetter und auch nachts die Zeit verkündete. Als zu Beginn des 16. Jahrhunderts die Spiralfeder erfunden wurde, ließen sich kleine Uhren bauen, die jeder Kaufmann und Bürger in der Tasche tragen konnte. Eine andere wichtige Erfindung für die Gelehrten, aber auch für die Kaufleute war die Brille. Jetzt konnten sie genau lesen, was in einem Vertrag oder in einem gelehrten Text stand, auch wenn ihre Augen schlechter wurden.

„Teufelswerkzeug“ Schwarzpulver
Bereits um 1250 soll dem Mönch Berthold Schwarz ein Gemisch aus Schwefel, Salpeter und Holzkohle in einem Mörser explodiert sein. Wir wissen nichts Genaues darüber, vielleicht hielten die Mönche die zufällige Entdeckung für Teufelswerkzeug.
In China wurde Schwarzpulver schon seit dem 9. Jahrhundert für Feuerwerkskörper und Leuchtsignale verwendet. Die Europäer nutzten es anders: Das Schießpulver sollte Kugeln aus Geschützen und Feuerwaffen schleudern. Schmiede fertigten die Waffenrohre zunächst aus Eisenringen, später aus Bronze. Im 15. Jahrhundert setzte man die Geschützrohre auf Gestelle mit Rädern. Mit diesen beweglichen Geschützen veränderte sich die Kriegstechnik grundlegend. Denn mit ihnen konnte man Breschen in Burg- und Stadtmauern schießen. Auch Ritter in schweren Rüstungen konnten gegen die Feuerwaffen nichts mehr ausrichten.

M3 *Lorenzo Ghiberti (1378–1455) aus Florenz, Goldschmied, Maler und Bildhauer über die Ausbildung eines Künstlers:*

Der Bildner wie der Maler muss also in allen freien Künsten wohl erfahren sein, als da sind Grammatik, Geometrie, Philosophie, Medizin, Astrologie, Perspektive, Geschichte, Anatomie, Theorie der Zeichnung, Arithmetik. (...) Insbesondere sei er in der Perspektivlehre wohl beschlagen, und vor allem ein guter Zeichner, denn die Zeichnung ist die Grundlage sowohl für die Kunst des Bildhauers als des Malers. Auch muss er in der Theorie wohl bewandert sein, denn sonst vermag er kein vollendeter Meister in diesen Künsten zu sein; ein vollkommener Bildner oder Maler wird er nur, wenn er ein vollkommener Zeichner ist. Und muss die Werke der fürtrefflichen alten Mathematici und Perspektivlehrer gründlich sich angeeignet haben. (...) Er braucht nicht ein Arzt gleich Hippokrates, Avicenna und Galenus zu sein, aber er muss sich ihre Schriften wohl zu Gemüte geführt haben, vor allem die Anatomie.

Denkwürdigkeiten des florentinischen Bildhauers Lorenzo Ghiberti, Berlin 1920, S. 47f.

M4 *Studie von Leonardo da Vinci über die Proportionen des menschlichen Körpers.*

Der Künstler wollte den harmonischen, ausgewogenen Körper finden. Dafür passte er die perfekte Figur des Menschen in geometrische Formen ein.

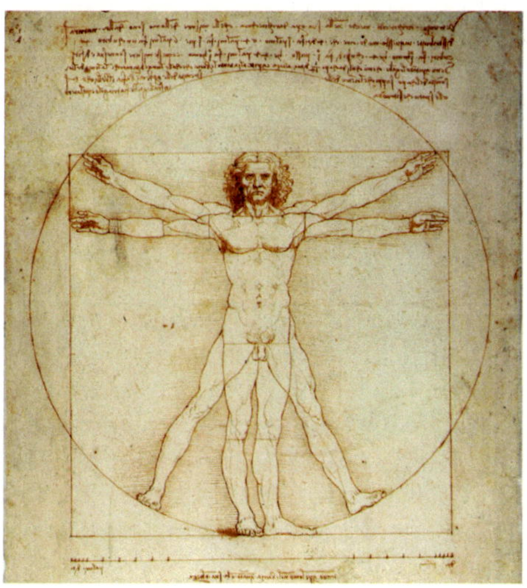

M5 *Taschenuhr* (16. Jahrhundert). Seit der Erfindung der Spiralfeder zu Beginn des 16. Jahrhunderts ließen sich kleine, tragbare Uhren bauen, die alle 24 Stunden des Tages anzeigten.

M6 *Leonardo da Vinci über das Studium der Natur:*

Es ist notwendig, dass der Maler, um ein guter Darsteller der Gliedmaßen in den Stellungen und Gesten bei nacktem Körper zu sein, die Anatomie der Sehnen, Knochen, Muskeln und Fasern kenne, damit er bei verschiedenen Bewegungen und Kraftanstrengungen wisse, welche Sehnen und welcher Muskel der Ursprung der Bewegung sei, und also nur diesen Muskel deutlich und angeschwollen mache, und nicht alle am ganzen Körper, wie manche tun, die, um als große Zeichner zu erscheinen, ihre nackten Gestalten hölzern und ohne Anmut machen, sodass sie eher einem Sack voller Nüsse als einem menschlichen Äußeren gleichen, oder eher einem Bündel Rettiche als muskulösen nackten Körpern.

Leonardo da Vinci, Philosophische Tagebücher, hg. v. Giuseppe Zamboni, Hamburg 1958, S. 85f.

1 Nennen Sie Gründe, warum sich Leonardo da Vinci mit dem Fliegen beschäftigte (VT, M1).

2 Welche Forderungen stellen Lorenzo Ghiberti und Leonardo da Vinci an die Künstler ihrer Zeit (M3, M6)? Versuchen Sie anhand dieser Äußerungen das Neue an der Kunst der Renaissance zu erklären.

3 Beschreiben Sie, welche Veränderungen die Erfindungen von Pendeluhr und Taschenuhr mit sich brachten. Beziehen Sie die Rolle der Uhr im Alltag der heutigen Zeit ein.

4 Überlegen Sie, welche Folgen die Erfindung des Schwarzpulvers für die Kriegsführung hatte (VT, M7).

M7 *Neues Kriegsgerät* (Titelblatt des Feuerwerkbuches, Augsburg 1529). – Welche Geräte können Sie auf dem Bild erkennen und wozu wurden sie verwendet?

4 Ein neues Weltbild

M1 *Der erste Globus, hergestellt 1492 von Martin Behaim.* Behaim nahm selber an Entdeckungsfahrten teil. Nachdem er aus Portugal in seine Heimatstadt Nürnberg zurückgekehrt war, fertigte er den „Erdapfel" an. Der amerikanische Kontinent ist darauf allerdings noch nicht zu finden.

Die Erde – in der Mitte des Kosmos?

Vielleicht haben Sie schon mal beobachtet, dass bei einem Schiff, das am Horizont erscheint, zuerst die Mastspitze oder der Schornstein zu sehen ist? Schon die ersten Seefahrer in der Antike stellten fest, dass ein Schiff hinter dem Horizont auftaucht. Daraus schlossen sie, dass die Erde eine Kugel sei. Der griechische Gelehrte Aristoteles, der im 4. Jahrhundert v. Chr. lebte, suchte und fand Beweise für die Kugelform der Erde: Bei einer Mondfinsternis kann man den Schatten der Erdkugel auf dem Mond sehen. Auch sieht man in Ägypten Sterne, die in nördlichen Ländern nicht zu sehen sind.
Ein anderer griechischer Gelehrter, der Astronom Ptolemäus, entwickelte im 2. Jahrhundert n. Chr. ein Bild des gesamten Kosmos. Nach Ptolemäus stand die Erde still in der Mitte des Weltalls. Sonne, Mond und Sterne waren leuchtende Punkte an durchsichtigen Kugelschalen, die sich um die Erde drehen. Dieses Bild, mit der Erde im Zentrum, wird auch „geozentrisches Weltbild" genannt.

Die Erde – nur ein Planet unter vielen?

Erst im 16. Jahrhundert kamen Zweifel an dem geozentrischen Weltbild auf. Der Astronom und Mathematiker Nikolaus Kopernikus beobachtete und berechnete viele Jahre lang den Lauf der Planeten. Ihm fiel auf, dass die Planeten mit ihren Bahnen eigenartige Schleifen bildeten. Kopernikus fand die Antwort darauf: Die Erde ist ein Planet und kreist wie alle Planeten um die Sonne. Weil sich die Planeten dabei gegenseitig überholen, sehen ihre Bahnen, von der Erde beobachtet, wie Schleifen aus. Kopernikus' Entdeckung wird auch „heliozentrisches Weltbild" genannt.

Wie reagiert die Kirche?

1543, kurz vor seinem Tod, veröffentlichte Kopernikus seine Studien. Die meisten Gelehrten, die Kopernikus' Texte lasen, lehnten sie ab. Kaum einer mochte sich vorstellen, auf einer Kugel zu leben, die kreiste und sich drehte. Außerdem widersprach Kopernikus' Bild der Bibel: Der Mensch war doch die Krone der Schöpfung. Also konnte die Erde nicht nur ein Planet unter vielen anderen im Weltall sein. Vielmehr müsste Gott die Erde doch in den Mittelpunkt seiner Schöpfung gestellt haben.
90 Jahre später versuchte der Italiener Galileo Galilei die Beobachtungen von Kopernikus zu beweisen. Daraufhin wurde ihm der Prozess wegen Ketzerei gemacht. Um nicht auf dem Scheiterhaufen zu enden, gab Galilei zum Schein zu, dass er sich geirrt habe. So kam er mit lebenslangem Hausarrest davon; seine Schriften wurden verbrannt. Erst im 18. Jahrhundert erkannten Gelehrte und andere Menschen allmählich an, dass Kopernikus und Galilei Recht gehabt hatten.

heliozentrisches Weltbild
(von griech. helios = der Sonnengott)
Die Sonne und nicht die Erde bildet den Mittelpunkt, das Zentrum, dieses neuen Weltbildes. Nikolaus Kopernikus zeichnete es als Erster auf.

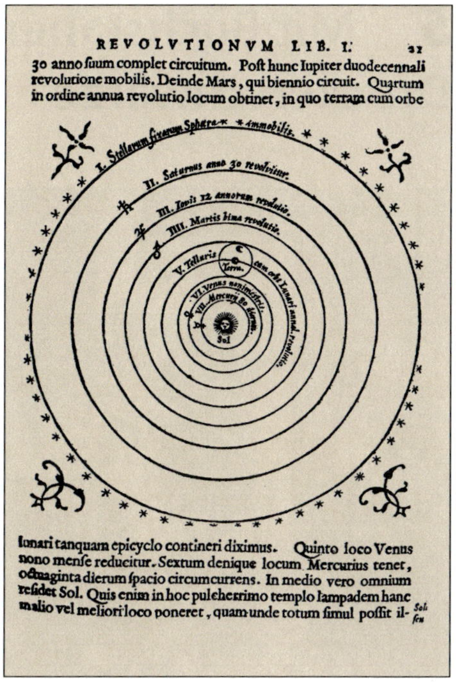
REVOLVTIONVM LIB. I. 31

30 anno ſuum complet circuitum. Poſt hunc Iupiter duodecennali revolutione mobilis. Deinde Mars, qui biennio circuit. Quartum in ordine annua revolutio locum obtinet, in quo terram cum orbe

lunari tanquam epicyclo contineri diximus. Quinto loco Venus nono menſe reducitur. Sextum denique locum Mercurius tenet, octuaginta dierum ſpacio circumcurrens. In medio vero omnium reſidet Sol. Quis enim in hoc pulcherrimo templo lampadem hanc in alio vel meliori loco poneret, quam unde totum ſimul poſſit il-

M4 *links: Das Weltbild des Ptolemäus* mit der Erde im Mittelpunkt und den Planeten- und Sternensphären um sie herum. Außerhalb dieses Systems befindet sich der Bereich Gottes.

M5 *rechts: Die Kreisbahnen der Planeten um die Sonne,* wie sie Nikolaus Kopernikus in seinem Buch „Über die Bewegungen der Himmelskörper" darstellte.

M2 *Im „Dialog über die beiden hauptsächlichsten Weltsysteme" begründete Galileo Galilei das Kopernikanische Weltbild, 1632:*

Es ergibt sich dies aus ganz augenscheinlichen und darum durchaus beweisenden Beobachtungen. Die, welche am handgreiflichsten dartut, dass die Erde jenem Mittelpunkte entrückt ist, die Sonne aber in demselben steht, ist die Tatsache, dass sich alle Planeten bald näher, bald weiter entfernt von der Erde befinden. (…)

Wenn es nun wahr ist, dass die Bahnen der Planeten (…) um die Sonne als Zentrum gehen, so ist es umso mehr gerechtfertigt, die Ruhe der Sonne und nicht der Erde beizulegen, insofern es richtiger ist, dem Mittelpunkte von beweglichen Sphären Unbeweglichkeit beizumessen als irgendeinem anderen von diesem Mittelpunkte verschiedenen Orte. Danach kann man der Erde (…) eine Bewegung von einjähriger Dauer zuerkennen und die Ruhe der Sonne belassen. Wenn dem so ist, so folgt mit Notwendigkeit, dass auch die tägliche Bewegung der Erde zukommt; denn steht die Sonne fest und die Erde drehte sich nicht um sich selber, sondern hätte bloß die jährliche Bewegung um die Sonne, so würde unser Jahr nur aus einem Tag und einer Nacht bestehen, nämlich einem sechsmonatigen Tag und einer sechsmonatigen Nacht.

Zit. nach: Anna Mudry (Hg.), Galileo Galilei. Schriften, Briefe, Dokumente, Bd. 1, München 1987, S. 280f., 286.

M3 *Kardinal Roberto Bellarmino, der Berater des Gerichts gegen Galilei, schrieb in einem Brief vom 12. April 1615:*

Wenn man aber behaupten will, die Sonne stehe wirklich im Mittelpunkt der Welt und bewege sich nur um sich selbst, ohne von Osten nach Westen zu laufen, und die Erde stehe am dritten Himmel und bewege sich mit der größten Schnelligkeit um die Sonne, so läuft man damit große Gefahr, nicht nur alle Philosophen und (…) Theologen zu reizen, sondern auch unseren heiligen Glauben zu beleidigen, indem man die Heilige Schrift eines Fehlers überführt. (…)

Wenn ihr nicht nur die Väter, sondern auch die modernen Kommentare [über die Bibel] lesen wollt, werdet ihr finden, dass die alle übereinstimmend die Stellen, sie wörtlich auffassend, dahin erklären, dass die Sonne am Himmel ist und sich mit der größten Schnelligkeit um die Erde bewegt und dass die Erde vom Himmel sehr weit entfernt ist und unbeweglich im Mittelpunkt der Welt steht.

Zit. nach: Albrecht Fölsing, Galileo Galilei. Prozess ohne Ende. Eine Biographie, Reinbek 1996, S. 299f.

1 Fassen Sie zusammen, wie sich das Bild der Erde von Aristoteles über Ptolemäus bis zu Kopernikus entwickelte (VT, M4, M5).

2 Lesen Sie M2. Listen Sie auf, welche Argumente Galilei für das Weltbild des Kopernikus nennt.

3 Stellen Sie die Argumente der Gegner Galileis zusammen (M3).

4 Erklären Sie die Reaktion der Kirche auf Kopernikus und Galilei.

5 Mit Buchstaben und Druckerschwärze

M1 *Eine Druckerwerkstatt im 16. Jahrhundert* (Kupferstich von Philipp Galle).
Mit dem Buchdruck entstanden auch neue Berufe: Metallgießer für die Lettern, Papierhersteller, Drucker, Buchbinder und letztlich die Buchhändler sorgten dafür, dass Bücher hergestellt und verkauft werden konnten.

Pergament
Bevor das Papier bekannt war, schrieb man auf Pergament. Das waren Tierhäute, die enthaart, geglättet, getrocknet und gespannt worden waren.

Bücher werden gebraucht

Im Mittelalter wurden Bücher mit Feder und Tinte auf Pergament geschrieben. Wollte man einen Text vervielfältigen, musste er immer wieder abgeschrieben werden. Das taten vor allem Mönche in den Klöstern. Um eine Bibel abzuschreiben, benötigte ein Mönch ein bis zwei Jahre. Der Wert so eines Buches entsprach etwa dem Preis von 30 Ochsen. Kein Wunder, dass Bücher sorgfältig behütet und in Bibliotheken manchmal sogar mit Ketten gesichert wurden.
Ab dem 13. Jahrhundert wurden in Europa aber immer mehr Bücher benötigt. In den neu gegründeten Universitäten mussten die Studenten alles mitschreiben, was ihre Lehrer vortrugen. Viel besser wären eigene Bücher gewesen, die man in Ruhe zu Hause studieren konnte. Auch wollten die Gelehrten ihre Studien gerne veröffentlichen. Außerdem brauchte man auch in manchen Kaufmanns- und Fürstenhäusern Bibeln, Rechtsbücher, Grammatiken sowie Heil- und Kräuterbücher. So suchte man nach Wegen, Bücher schneller und preiswerter herstellen zu können.

Gedruckte Bücher in ganz Europa

Ein uns nicht bekannter Erfinder schnitt Texte in Holzplatten, bestrich diese mit Farbe, drückte ein Blatt darauf und erhielt so eine ganze Buchseite. Auf diese Weise konnten viele Blätter gedruckt werden, aber danach hatte der Drucker für die benutzten Holzplatten keine Verwendung mehr.
Der Mainzer Goldschmied Johannes Gutenberg hatte die entscheidende Idee: Er stellte aus Metall einzelne Buchstaben her, die zu Texten zusammengesetzt wurden. Diese Buchstaben werden auch „Lettern" genannt. Nach dem Druck ließen sich die Buchstaben wieder auseinander nehmen und neu zusammensetzen. Im Jahr 1455 wurde mit dieser Technik eine Bibel hergestellt. Sie kostete zehnmal weniger als eine handgeschriebene!
Schon um 1500 gab es in etwa 270 Städten insgesamt 1150 Druckereien, in denen nahezu zehn Millionen Bücher gedruckt wurden. Viele Adlige, Gelehrte und reiche Bürger richteten sich Bibliotheken ein. Wissen und Neuigkeiten verbreiteten sich nun viel schneller als vorher.

M2 *Über die Vorteile des Buchdrucks schrieb Bonus Accursius, um 1475:*

[Der Buchdruck] ist eine wahrhaft nutzbringende und gar schöne Kunst, denn Abschriften von Büchern zu verschaffen ist wegen der hohen Preise für jedermann nicht gerade leicht. Aber wenn dies Gott sei Dank für dich auch kein Hinderungsgrund ist, so musst doch auch du den Buchdruck wegen seiner künstlerischen Schönheit hochschätzen; und dann auch deshalb, weil dieser Buchdruck, sobald er einmal richtig feststeht, immer in derselben Weise durch alle Druckbogen fortschreitet, sodass ein Fehler kaum möglich ist, eine Sache, mit der es beim Abschreiben von Büchern ganz anders aussieht.

Zit. nach: Helmut Presser, Johannes Gutenberg. Mit Selbstzeugnissen und Bilddokumenten, 8. Auflage, Reinbek 1995, S. 123ff.

M3 *Über gedruckte und handgeschriebene Bücher urteilte Johannes Trithemius, Abt von Sponheim, 1494:*

Niemand möge denken (...): Wozu muss ich mich noch mit Abschreiben schinden, wo doch die Druckkunst so viele und so große Bücher ans Licht bringt, dass man um billiges Geld eine große Bibliothek einrichten kann? Fürwahr, wer so daherredet, der schickt sich an, durch sein Nichtstun Finsternis einreißen zu lassen. Wer wüsste nicht, wie groß der Unterschied zwischen Schrift und Druck ist? Geschriebenes, wenn man es auf Pergament bringt, wird an die tausend Jahre Bestand haben; Gedrucktes aber, da es auf Papier steht, wie lange wird es halten? Wenn Gedrucktes in einem Band aus Papier an die zweihundert Jahre Bestand haben wird, wird es hoch kommen.

Zit. nach: Nicolette Mout (Hg.), Die Kultur des Humanismus, München 1998, S. 101 f.

M4 *Erzbischof Berthold von Mainz erließ am 22. März 1485 ein Gesetz:*

Wenngleich die Druckerkunst es leicht macht, die Werke zur Bildung zu beschaffen, so haben wir doch erfahren, dass gewisse Leute diese Kunst missbrauchen. (...) Sie haben nämlich Bücher, die von göttlichen Dingen handeln, aus der lateinischen in die deutsche Sprache übersetzt. (...) Laien (Menschen, die keine Priester sind) und ungelehrte Menschen (die nicht studiert haben) und das weibliche Geschlecht, in deren Hände die Bücher fallen, können nicht das wahre Verständnis herauslesen. Da der wahre Anfang der Buchdruckerkunst in diesem unseren goldenen Mainz mit Gottes Willen hervorgetreten ist, soll auch von uns diese Kunst geschützt werden. Daher befehlen wir, keine Werke aus der lateinischen oder sonst einer Sprache ins volkstümliche Deutsch zu übersetzen, wenn nicht die Werke vor der Drucklegung (...) durch Doktoren der Universität Mainz durchgesehen und zum Druck freigegeben wurden.

Zit. nach: Joachim Leuschner, Die Kirche des Mittelalters, Stuttgart 1962, S. 46f.

M5 *Gutenbergs Druckverfahren* (Rekonstruktionszeichnung)

1 Beschreiben Sie die Buchdrucktechnik, die Gutenberg erfunden hat (VT, M1, M5).

2 Lesen Sie M2 und M3 und geben Sie die Meinung der beiden Zeitgenossen mit eigenen Worten wieder.

3 Erläutern Sie, was der Buchdruck veränderte (VT, M4). Was fürchtete der Erzbischof von Mainz?

4 Nehmen Sie an, Pico della Mirandola (M2, S. 95) hätte den Brief Bertholds (M4) gelesen und möchte eine Antwort schreiben. Verfassen Sie einen kurzen Antwortbrief Picos.

5 Organisieren Sie einen Besuch im Gutenberg-Museum in Mainz. Informationen erhalten Sie über www.gutenberg.de/museum.htm.

6 Regiert Geld die Welt?

M1 *Schalterraum einer Bank in Florenz* (Holzschnitt aus Florenz, 1490). – Vergleichen Sie die Einrichtung und die Tätigkeiten mit einer Bank von heute.

Kredit
(von lat. credere = glauben, vertrauen)
Ein Kreditgeber stellt einem Kreditnehmer eine bestimmte Summe Geld zur Verfügung. Der Kreditnehmer verspricht, diesen Betrag zu einem bestimmten Termin mit Zinsen zurückzuzahlen.

Verleger/Verlag
Ein Kaufmann stellt Heimarbeitern Rohstoffe und Werkzeuge zur Verfügung, beispielsweise Flachs, Wolle und Webstühle. Für die fertigen Waren erhalten die Arbeiter einen Festpreis. Heute ist der Verlag ein Unternehmen, das Bücher, Zeitungen und Zeitschriften herstellt.

Händler treffen sich

In Nordeuropa hatten die Hansestädte sowie Flandern und die Niederlande ein weit verzweigtes Handelsnetz aufgebaut. Den südeuropäischen Raum beherrschten die italienischen Handelsstädte. Ihre Fernkaufleute handelten vor allem mit kostbaren Waren aus dem Orient: mit seltenen Gewürzen, feinen Seidenstoffen und chinesischem Porzellan.

Fernhändler aus Nord und Süd kamen sich auf halbem Weg entgegen. Sie versammelten sich mit ihren Waren zu festen Terminen in günstig gelegenen Städten wie Paris, Genf oder Frankfurt zu einer Messe.

Die Gründung der Post erleichterte die Übermittlung von Nachrichten. Die erste ununterbrochene Postverbindung wurde um 1500 von Franz von Taxis zwischen Wien und Brüssel eingerichtet. Bald entwickelte sich die Taxis'sche Post zu einem Kuriernetz, das ganz Mitteleuropa überzog. Es wurden feste Poststationen errichtet, jeweils im Abstand einer Tagesreise.

Handel – auch mit Geld

In den Städten war es üblich geworden, Waren nicht mehr zu tauschen, sondern gegen Münzgeld zu verkaufen, weil dies den Warenverkehr erleichterte. Da jeder Landesherr eigene Münzen prägen ließ, waren viele Münzen von unterschiedlichem Gewicht und Wert im Umlauf.

Italienische Handelsleute erkannten, dass sich mit Geld gut verdienen ließ. Auf Märkten stellten sie Bänke auf und stapelten darauf Münzen. Kaufleute aus vielen Ländern konnten „auf der Bank" ihre Münzen umtauschen. Die Banken nahmen auch Geld in Verwahrung und gaben darüber eine Bescheinigung aus. Diesen Schein konnte der Kaufmann in einer anderen Bank wieder gegen Geld einlösen. So musste er auf die gefährlichen Fernreisen kein Bargeld mitnehmen.

Die Banken gaben auch Kredite. Da Christen der Geldverleih gegen Zins verboten war, übernahmen dies jüdische Händler. Bald stiegen aber auch Christen in das Geschäft ein – die kirchlichen Verbote kümmerten sie angesichts des lockenden Gewinns nicht mehr.

Die Fugger in Augsburg

In Deutschland entstanden ebenfalls Handels- und Bankhäuser. Eines der bekanntesten war das der Familie Fugger. Die Fugger hatten als Verleger für Stoffe angefangen. Sie verkauften ihre Tuche und bald auch andere Waren in ganz Europa. In vielen Städten gründeten sie Niederlassungen.

Als Nächstes stiegen die Fugger ins Bankgeschäft ein und verliehen Geld an Herzöge, Fürsten und sogar an Kaiser Karl V. Als Pfand erhielten sie dessen Kupfer- und Silbergruben in Tirol, Böhmen und Ungarn. Bald besaßen die Fugger alle wichtigen Kupfer- und Silberminen in Europa und hatten so das Monopol in diesem Markt: Sie konnten die Preise für diese Metalle bestimmen.

Doch nicht nur wirtschaftlich wurden die Fugger zu einer der mächtigsten Familien in ganz Europas. Karl V. hatte sich gewaltige Geldsummen bei den Fuggern geliehen, um die Kaiserwahl zu gewinnen. Er verdankte ihnen also seine Krone, wodurch die Fugger auch politisches Gewicht erhielten.

M2 *Im Jahr 1523 klagten Grafen und Ritter gegen Jakob Fugger, weil dieser das Monopol über Kupfer- und Silbererz besaß. Daraufhin rechtfertigte sich Jakob Fugger in einem Brief an Kaiser Karl V.:*

Es ist auch bekannt, dass Eure kaiserliche Majestät die Krone ohne meine Hilfe nicht erlangen hätte können. An mich habe ich dabei wenig gedacht. Ich hätte statt Euch auch Eure Gegner unterstützen können. Denn viel Geld und Gut ist mir von dieser Seite angeboten worden. Welcher Nachteil aber hieraus Eurer kaiserlichen Majestät erwachsen wäre, das können Eure Majestät selbst erkennen.

vom Autor zusammengestellt und vereinfacht

M3 *Der Reformer Martin Luther urteilt in seiner Schrift „Von Kaufshandlungen und Wucher" von 1525 über die Großkaufleute:*

Ebenso verkaufen etliche ihr Gut teurer, denn es auf gemeinem Markt gilt und im Kauf gang und gäbe ist und steigern also die Ware aus keiner Ursache, denn dass sie wissen, dass desselbigen Guts keins mehr im Lande ist oder in Kürze keins mehr kommen wird und man es haben müsse. Das ist reine Gier, die die Notlage des Nächsten ausnutzen und an seinem Schaden reich werden will. Das sind alles öffentliche Diebe, Räuber und Wucherer. Ebenso kaufen etliche ein Gut oder eine Ware in einem Lande oder in einer Stadt ganz und gar auf, auf dass sie alleine solch Gut ganz und gar in ihrer Gewalt haben und diese darnach weitergeben können, so teuer sie wollen oder können. Nun ist droben gesagt, dass die Regel falsch und unchristlich ist, dass jemand sein Gut so teuer gibt, als er will und kann. Viel gräulicher ist das, dass man darauf ein Gut alleine aufkauft, welches auch die kaiserlichen und weltlichen Rechte verbieten und heißen's Monopolia.

Zit. nach: Siegfried Streller (Hg.), Hutten, Müntzer, Luther. Werke in zwei Bänden, Bd. 2, Aufl., Berlin/Weimar 1982, S. 197f. (bearb. vom Verf.).

M4 *Jakob Fugger, der „Reiche"* (rechts), mit seinem Buchhalter in seinem Augsburger Kontor (Buchillustration von 1520). – Welche Niederlassungen und Handelsverbindungen sind auf den Ablagefächern im Hintergrund aufgeführt?

1 Überlegen Sie, welche Vorteile Kaufleute und andere Menschen von den Banken hatten (VT). Welche Schwierigkeiten können sich aber auch daraus ergeben?

2 Erläutern Sie, wie die Familie Fugger Reichtum und Macht gewann (VT, M2, M4, M5).

3 Geben Sie Luthers Kritik an den Großkaufleuten mit eigenen Worten wieder (M3). Erklären Sie dabei auch den Begriff „Monopol".

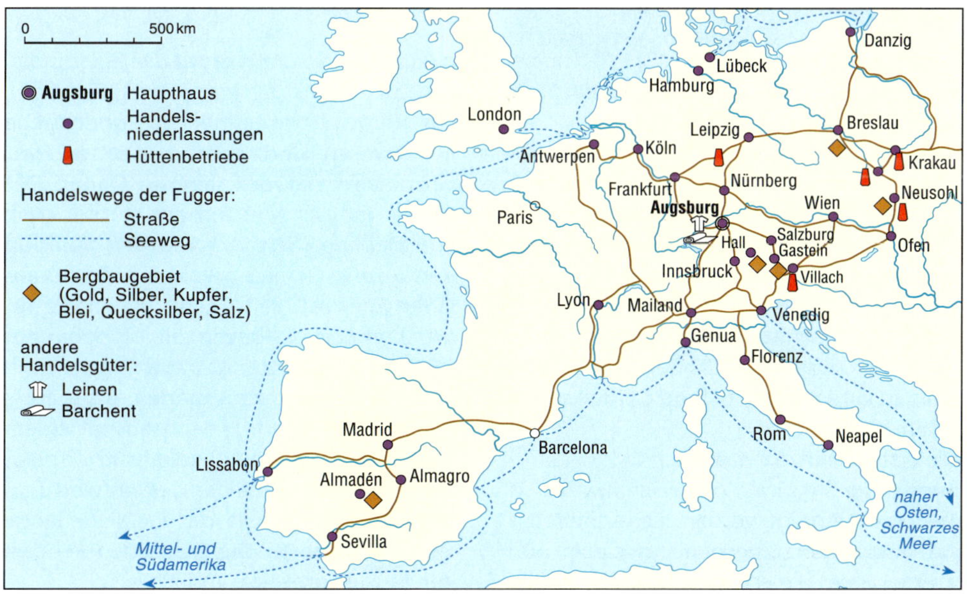

M5 *Das Wirtschaftsnetz der Fugger*

7 Werkstatt
Geschichte der Geldwirtschaft durch Bildquellen erschließen

Geldgeschäfte in solch großem Umfang wie zu den Zeiten der Fugger hatte es zuvor nicht gegeben. Der wachsende Handel vergrößerte den Geldbedarf, die Silber- und Goldeinfuhren aus der Neuen Welt lieferten die Rohstoffe für die Zahlungsmittel. Zinsen für Kredite zu nehmen, sofern es keine Wucherzinsen waren, galt nun nicht mehr als unanständig. Und wer sein Geld vermehren wollte, durfte es auch in Unternehmen investieren, die Gewinne erwirtschafteten. Die sich rasch ausbreitende Geldwirtschaft sollte bis in unsere Gegenwart eine wichtige Rolle spielen. Doch auch bereits vor der Zeit der Fugger hatte es erste Münzen und Anfänge des Geldhandels gegeben. Die Bilder und Texte der folgenden Seiten geben einen Überblick über wichtige Stationen der Geschichte der Geldwirtschaft. Ordnen Sie den Bildern die richtigen Texte zu.

M1

a *Silbernes Vier-Drachmen-Stück aus der Zeit Alexanders des Großen (regierte 336–323 v. Chr.).* Dargestellt ist der Halbgott Herakles mit den Gesichtszügen des mächtigen Feldherren Alexander. Herakles war ein Sohn des griechischen Göttervaters Zeus. Unter Alexander dem Großen kam es erstmals zu einem einheitlichen Geldwesen in einem Großreich.
Die ersten Münzen waren schon im 7. Jahrhundert v. Chr. im Königreich Lydien in Kleinasien geprägt worden. Sie verbreiteten sich bald in ganz Griechenland. Gegen 600 v. Chr. gab es die ersten Münzen in Athen.

b *Jesus treibt die Wechsler aus dem Tempel. Wandmalerei aus dem 14. Jahrhundert der Nikolaus-Kirche bei Skopje (Mazedonien).* In der Antike beschränkte sich der Geldhandel vor allem auf die Städte. Dort gab es professionelle Geldverleiher und auf Krediten beruhende Geldgeschäfte. In ländlichen Regionen herrschte dagegen der Naturaltausch vor (z. B. Nahrungsmittel gegen Ackergerät). Geldwechsler und Geldverleiher waren verrufen, vor allem wenn sie hohe Zinsen verlangten. Die Vorstellung, dass Geld mehr als ein Tauschmittel sei, dass es „arbeiten" und sich vermehren könne, war den meisten Menschen damals fremd.

c *Römische Goldmünze mit dem Bildnis Kaiser Konstantins (regierte 306–337 n. Chr.).* Die Römer übernahmen das griechische Münzwesen und entwickelten es fort. Grundlage war der silberne Denar. Daneben gab es Münzen aus Kupfer (As), aus Messing (Sesterz – mit der häufig in den Asterix-Comics bezahlt wird) und aus Gold (Aureus). Seit Caesar ließen die römischen Kaiser Münzen, die bis dahin nur Bildnisse der Götter getragen hatten, mit ihrem eigenen Porträt prägen. Als spätere Kaiser minderwertige Münzen mit einem geringeren Edelmetallgehalt in Umlauf setzten, kam es zu einer Geldentwertung, die das Vertrauen in das Geld für lange Zeit erschütterte. Die Menschen kehrten zur Tauschwirtschaft zurück.

M2

M3

d *Noch gegen Ende des 15. Jahrhunderts zahlten Bauern ihre Abgaben in Naturalien, wie dieser Holzschnitt von 1479 zeigt.* In dem überwiegend von der Landwirtschaft geprägten Mittelalter waren Münzen selten. Seit der Zeit Karls des Großen gab es zwar Silbermünzen, doch der Warentausch geschah meist in Form von Naturaltausch. Auch die bäuerlichen Abgaben an den Grundherrn wurden in Form von Getreide oder Vieh bezahlt. Lediglich reisende Kaufleute, die ihre Kunden aus Adel und Kirche mit Luxuswaren versorgten, handelten mit Münzgeld.

e *Der Fischmarkt, Buchmalerei von 1418. Gehandelt werden Speisefische in frischer, in eingelegter und in geräucherter Form, vermutlich Forellen, Karpfen, Hechte sowie Krebse.* Da Fleisch teuer war, bot Fisch für den mittelalterlichen Speiseplan eine kostengünstige Alternative. Entscheidenden Auftrieb erhielt der Umlauf von Münzen seit dem 12. Jahrhundert mit der Entwicklung der Städte. Dort wurden auf den Märkten die Waren mit Münzen bezahlt.

f *Blick in eine Münzwerkstatt zu Beginn des 16. Jahrhunderts. Silber wird geschmiedet, geprägt, beschnitten und gewogen.* Münzgeld gab es vor allem in Form von Kupfermünzen, die als Zahlungsmittel für kleine Leute galten und Silbermünzen, mit denen die Geschäfte des täglichen Lebens abgewickelt wurden. Goldmünzen blieben wegen ihres hohen Wertes vor allem dem Adel, mächtigen Kirchenmännern sowie reichen Kaufleuten vorbehalten. Die ersten Formen von Papiergeld gab es in England im 17. Jahrhundert. Dort nahmen Banken Edelmetalle und Münzen in Verwahrung und stellten ihren Kunden darüber Quittungen aus. Diese Quittungen liefen nach einiger Zeit wie Geld um.

M4

M5

g *Der Geldwechsler und seine Frau, von Quentin Metsys aus dem Jahr 1514, Louvre Paris. Der Wechsler hält in seiner Linken die Waage, seine Frau hat – wie als Distanz zu den weltlichen Geschäften ihres Mannes – die Hand auf einem religiösen Buch.* Im Mittelalter untersagte das kirchliche Zinsverbot jedem Christen bei Strafe, Zinsen zu nehmen. Neidvoll sahen sie zu, wie manche jüdische und syrische Händler an Geldgeschäften reich wurden, die ihnen, den Christen verboten waren. Dieses kirchliche Zinsverbot hatte durchaus seine Berechtigung, soweit es Notleidende vor Geldverleihern schützte, die Wucherzinsen verlangten. Aber es verhinderte, dass Geldbesitzer ihr Kapital produktiv, zum Beispiel zur Finanzierung eines Gewerbebetriebs einsetzten. So wirkte es im Mittelalter als Wirtschaftsbremse.

h *Goldmark des Deutschen Reiches von 1873.* In den zahlreichen Ländern des 1815 gegründeten Deutschen Bundes wurde meist mit verschiedenen Silbermünzen bezahlt. Erst nach der Reichsgründung von 1871 galt einheitlich die Reichsmark. Das neue Deutsche Reich benutzte die in Gold bezahlte französische Kriegsentschädigung von 5 Milliarden Francs dazu, die Goldwährung einzuführen. Seit Dezember 1871 wurden goldene 20- und 10-Markstücke geprägt. Auch Geldscheine waren im Umlauf. Die Reichsbank garantierte jedem Besitzer von Banknoten, diese jederzeit in Gold oder in Goldmünzen umzutauschen.

M6

M7

M8

M10

i *Nach der Währungsreform vom 15. November 1923 – Kinder spielen mit wertlos gewordenen Geldscheinbündeln.* Die Pflicht der Reichsbank, Papiergeld in Gold oder in Goldmünzen umzutauschen, endete mit dem Beginn des Ersten Weltkriegs. Der Goldschatz wurde dazu verwendet, Rüstungsgüter zu beschaffen. Die Vermehrung der Geldmenge, mit der der Krieg finanziert wurde, führte in Deutschland zu einem rasanten Preisanstieg und damit zu einer Geldentwertung. Die Währungsreform schuf 1923 eine stabile Währung. Seitdem ist Papiergeld nur noch zu einem geringen Teil durch Goldvorräte gedeckt.
Damit der Geldwert stabil bleibt, wacht heute die Europäische Zentralbank darüber, dass sich die umlaufende Geldmenge eines Landes an der vorhandenen zum Verkauf stehenden Gütermenge orientiert.

M9

k *Am 1. Januar 1999 schlossen sich zwölf europäische Staaten (Belgien, Deutschland, Finnland, Frankreich, Griechenland, Irland, Italien, Luxemburg, Niederlande, Österreich, Portugal und Spanien) zu einer Währungsunion zusammen.* Alle Geldbeträge der Beitrittsländer wurden in Euro umgerechnet. Für die D-Mark betrug der Umrechnungskurs 1 = 1,95583 DM. Die Europäische Zentralbank in Frankfurt trägt die Verantwortung für die Stabilität des Geldwerts in den Eurostaaten. Am 1. Januar 2002 wurde der Euro auch als Bargeld eingeführt.

1 Fertigen Sie eine Zeitleiste an. Zeichnen Sie dazu einen Zeitstrahl, der sich über zwei DIN-A4-Seiten erstreckt. Kopieren Sie die Seiten 104 bis 107 und schneiden Sie die Bilder M1–M10 sowie die Legenden (Bilderklärungen) a–k aus. Beschriften Sie die Zeitleiste mit den Jahreszahlen, die Sie den Legenden entnehmen können und heften Sie die Legenden mit den dazugehörigen Bildern in der richtigen Reihenfolge an die Zeitleiste.

2 Informieren Sie sich auf S. 46/47 über die Auswertung von Bildquellen. Was zeigen die einzelnen Szenen in M1, M2, M4, M6–M8? Welche Personen sind dargestellt? Wie gehen sie miteinander um? Welche Atmosphäre vermitteln die dargestellten Szenen? Gibt es Botschaften, die der Maler dem Betrachter vermitteln will?

8 Ist die Kirche noch zu retten?

M1 *Evangelische und katholische Kirchen in Deutschland*

Ablass
Ab dem 12. Jahrhundert bot die Kirche Schriftstücke an, in denen stand, welche Sünden für eine bestimmte gute Tat vergeben würden. Diese Schriftstücke wurden Ablassbriefe genannt. Später konnte man die Ablassbriefe einfach kaufen und bekam seine Sünden vergeben.

Ein Glaube, zwei Kirchen
Die meisten Menschen in Deutschland gehören dem christlichen Glauben an. Warum aber gibt es eine evangelische und eine katholische Kirche, obwohl doch beide Glaubensgemeinschaften christlich sind? Die Wurzeln der Glaubensspaltung liegen im 16. Jahrhundert. Vor 500 Jahren war die Einheit der Kirche etwas Selbstverständliches. An ihrer Spitze stand der Papst, der Kaiser verstand sich als Beschützer der gesamten Christenheit. Ein Mönch namens Martin Luther sollte dies alles verändern.

Die Kirche in der Krise
Am Ende des Mittelalters war das ganze Leben von der Religion geprägt, die Kirche besaß großen Einfluss auf die Menschen. Man hatte Angst vor dem Teufel und fürchtete das Fegefeuer, das die Christen vor dem Eintritt in den Himmel von Sünden reinigen sollte. Priester konnten den Gläubigen für begangene Sünden Strafen auferlegen. Aber gerade die Vertreter der Kirche führten oftmals ein unchristliches Leben: Die Päpste in Rom waren in Kriege verwickelt und lebten verschwenderisch. So verbrauchte Papst Leo X. in seiner Amtszeit von 1513 bis 1521 die Einkünfte von drei Päpsten für seine Elefantenwärter, Musiker und Dichter, für Jagden und Karneval, für Aufträge an Baumeister und Maler. Einige Bischöfe, Priester und Mönche tranken übermäßig viel, hatten Geliebte und vernachlässigten ihre Aufgaben. Die Prediger waren zum Teil so ungebildet, dass sie im Gottesdienst nicht einmal aus der Bibel vorlesen konnten. Hohe kirchliche Ämter wie z. B. das Bischofsamt konnten einfach erkauft werden. Aus Macht- und Geldgier übernahmen einige Geistliche gleich mehrere Kirchenämter. Beispielsweise ließ sich der 24-jährige Albrecht von Brandenburg im Jahre 1514 zum Erzbischof von Mainz wählen, obwohl er zu dieser Zeit bereits Erzbischof von Magdeburg und Bischof von Halberstadt war. Die Menschen wurden deshalb immer unzufriedener mit der Kirche.

Luther und der Ablass
Der Papst in Rom benötigte für den Bau des Petersdoms sehr viel Geld. Darum versprach er allen Christen die Vergebung ihrer Sünden, wenn sie einen Ablassbrief kauften. Schon bald darauf zogen Prediger durch das Land, um den gläubigen Christen den Ablass zu verkaufen. Ihr Motto lautete: „Sobald das Geld im Kasten klingt, die Seele in den Himmel springt." Am 31. Oktober 1517 schrieb Martin Luther an den Erzbischof von Mainz einen Brief mit 95 Thesen (Behauptungen) gegen den Ablasshandel. Mit seinem Schreiben wollte er auf die Missstände in der Kirche aufmerksam machen. Auf diesen Brief an seinen Bischof bekam Luther keine Antwort, er wurde nur aufgefordert, seine Aussagen komplett zurückzunehmen. Die ursprünglich lateinisch abgefassten Thesen wurden ins Deutsche übersetzt und neu gedruckt. Wie ein Lauffeuer verbreiteten sie sich in ganz Deutschland.
Der Papst verlangte, dass Luther die Thesen widerrief. Da Luther sich weigerte, wurde er vom Papst gebannt, das heißt aus der katholischen Kirche ausgeschlossen.

M2 *Der Ablassprediger Tetzel sprach 1517 vor vielen Menschen:*

Du Adliger, du Kaufmann, du Frau, du Jungfrau, du Braut, du Jüngling, du Greis! (...) Wisse, dass ein jeder, der gebeichtet, bereut und Geld in den Schrein getan hat, so viel ihm der Beichtvater geraten hat, eine volle Vergebung aller seiner Sünden haben wird. Habt ihr nicht die Stimmen eurer Verstorbenen gehört, die rufen: Erbarmt euch, denn wir leiden unter harten Strafen und Foltern, von denen ihr uns durch eine geringe Gabe loskaufen könnt.

Zit. nach: Helmar Junghans (Hg.), Die Reformation in Augenzeugenberichten, Düsseldorf 1967, S. 43.

M3 *Auszug aus den 95 Thesen Luthers (1517):*

32. Wer glaubt, durch Ablassbriefe das ewige Heil erlangen zu können, wird auf ewig verdammt werden samt seinen Lehrmeistern. (...)

36. Jeder Christ, der wahrhaft Reue empfindet, hat einen Anspruch auf vollkommenen Erlass der Schuld auch ohne Ablassbrief. (...)

43. Man soll die Christen lehren, dass, wer den Armen gibt und dem Bedürftigen leiht, besser tut, als wer Ablassbriefe kauft.

Zit. nach: ebenda, S. 58.

M5 *Martin Luther (1483–1546)* war Mönch. Später studierte er Theologie und lehrte Bibelkunde an der Universität Wittenberg.

1 Warum waren zu Beginn des 15. Jahrhunderts viele Menschen mit der Kirche unzufrieden?

2 Erläutern Sie den Handel mit Ablassbriefen.

3 Vergleichen Sie, was der Prediger Tetzel und Martin Luther über den Ablasshandel sagen (M2 und M3).

4 Welche Personen sind in Bild M4 dargestellt? Schildern Sie die Vorgänge. Folgende Stichworte helfen Ihnen dabei: Ablassbriefe, Beichte, Berechtigung für Ablasshandel, Ablasskasse.

M4 *Ablasshandel* (Holzschnitt von Hans Holbein d. Ä., Anfang des 16. Jahrhunderts)

9 Die Reformation und ihre Folgen

M1 *Luther vor dem Reichstag zu Worms* (Holzschnitt, 1557). Luther spricht vor Kaiser Karl V. und den Kurfürsten. Der Künstler hat den Text eingefügt: (1) Die Bücher sollen mit ihren Titeln genannt werden. (2) Hier stehe ich, ich kann nicht anders, Gott helfe mir, amen.

Luther übersetzt die Bibel

Die Reformation der christlichen Kirche wäre sicherlich gescheitert, wenn sich nicht einige mächtige Fürsten in Deutschland auf Luthers Seite gestellt hätten, die vom Kaiser mehr Selbstbestimmung für sich forderten. 1521 wurde Luther vom Kaiser zum Reichstag nach Worms geladen. Vor Karl V. und den versammelten Fürsten sollte Luther seine Lehre widerrufen. Doch Luther weigerte sich und reiste ab.
Kurfürst Friedrich der Weise von Sachsen ließ ihn auf die Wartburg bringen, da gegen Luther die Reichsacht verhängt worden war. Niemand sollte ihn aufnehmen dürfen, seine Bücher durften nicht gedruckt oder gelesen werden. Wer ihn tötete, hatte keine Strafe zu fürchten. Auf der Wartburg lebte Luther monatelang unerkannt. Er verfasste mehrere Schriften und übersetzte das Neue Testament ins Deutsche.

Durch Luthers Wirken entstand die evangelische Kirche. Schon bald breitete sich die Reformation über Europa aus. Luther wurde, als er 1546 starb, von vielen als Reformator geachtet, von anderen aber als Spalter der christlichen Kirche gesehen.

Evangelische Kirchen entstehen

In vielen deutschen Städten erreichten die Bürgerinnen und Bürger, dass die Stadtregierungen evangelische Prediger einstellten und die Kirche reformierten. Dabei kam es in einigen Städten zu gewalttätigen Auseinandersetzungen zwischen evangelischen und katholischen Bürgern. Oft wurde ein Priester einfach aus seiner Kirche verjagt.
Die evangelischen Gemeinden hielten sich eng an das Neue Testament. Sie wollten sich selbst verwalten und ihren Pfarrer selbst wählen. Sie schafften die Beichte und die katholische Messe ab. Der evangelische Gottesdienst wurde in deutscher, nicht mehr in lateinischer Sprache gehalten.

Glaubenskampf und Machtkampf

Der Streit um den richtigen Glauben war auch ein Kampf um die Herrschaft zwischen Kaiser und Fürsten. Der Kaiser wollte seine Macht sowie die Einheit der Kirche erhalten. Daher bekämpfte er Luthers Lehre. Einige deutsche Fürsten protestierten schriftlich dagegen und erhielten deshalb den Namen Protestanten.
Bald nach Luthers Tod kam es zu blutigen Auseinandersetzungen zwischen den protestantischen Fürsten und dem Kaiser. Dieser wollte nicht nur die Ausbreitung der lutherischen Lehre, sondern auch die Selbstständigkeit der deutschen Fürsten verhindern. Letztlich konnte er sich aber nicht durchsetzen. Auf dem Reichstag zu Augsburg schlossen die verfeindeten Parteien 1555 schließlich einen Religionsfrieden.

Reformation
heißt die Erneuerung und Umgestaltung der Kirche im 16. Jahrhundert. Auslöser für die Reformation waren Luthers 95 Thesen. Durch die Reformation entstanden die evangelischen Kirchen.

Konfession
bedeutet Bekenntnis. Unter den Christen in der Welt gibt es unterschiedliche Bekenntnisse, z. B. römisch-katholisch, russisch-orthodox, evangelisch-lutherisch oder evangelisch-reformiert.

M5 *Prediger ziehen durch das Land und erzählen von Luthers Lehre* (Zeichnung von Hans Lufft, 1534).

1 Erklären Sie die große Wirkung von Luthers Lehre auf das einfache Volk (VT, M2, M5).

2 Lesen Sie M2 und finden Sie heraus, ob Cochläus ein Anhänger oder ein Gegner Luthers war.

3 Erläutern Sie die Bestimmungen des Augsburger Religionsfriedens (M3). Welche Folgen hatte dieser Friedensvertrag für den einzelnen Gläubigen?

M2 *Der Theologe Johannes Cochläus berichtete 1549 über die Wirkung der Lutherbibel:*

Luthers Neues Testament wurde durch die Buchdruckerei dermaßen vermehrt, dass auch Schneider und Schuster, ja Weiber und andere einfältige Idioten dies neue lutherische Evangelium angenommen haben. Wenn sie auch nur ein wenig Deutsch lesen gelernt hatten, lasen sie es wie einen Brunnen der Weisheit mit größter Begierde. Etliche lernten es auswendig und erwarben innerhalb weniger Monate so viel Geschicklichkeit und Erfahrung, dass sie keine Scheu hatten mit Priestern und Mönchen, ja selbst mit Doktoren der Heiligen Schrift zu disputieren. Ja, es fanden sich auch armselige Weiber, die so vermessen waren mit Doktoren und ganzen Universitäten zu disputieren.

Johannes Cochläus, Historia Martini Lutheri, Ingolstadt 1582.

M3 *Die wichtigsten Bestimmungen des Augsburger Religionsfriedens von 1555:*

1. Das evangelische und das katholische Glaubensbekenntnis sind von nun an gleichberechtigt. Keine Seite darf der anderen Schaden zufügen.

2. Nicht der einzelne Christ entscheidet über sein Bekenntnis, sondern die Untertanen nehmen das Bekenntnis des jeweiligen Landesherrn an. Andersgläubige dürfen auswandern.

3. In den Reichsstädten darf jeder sein Bekenntnis frei wählen und danach leben. Dabei sollen die Bürger friedlich nebeneinander wohnen.

Zit. nach: Wolfgang Lautemann, Geschichte in Quellen, Bd. III, München 1966, S. 61.

M4 *Konfessionen in Deutschland 1555*

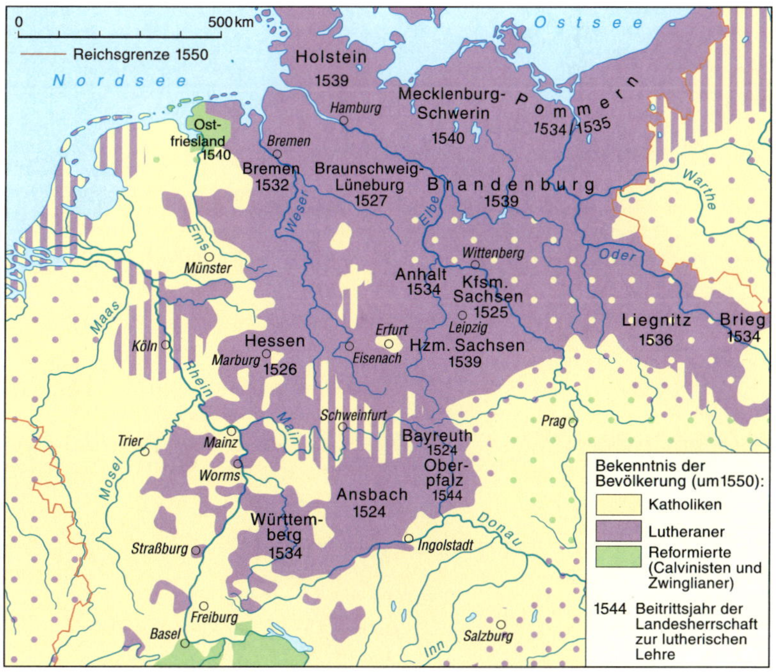

Die erfolgreichen Revolutionen in Nordamerika und Frankreich stärkten den Freiheitswillen anderer Völker. So entstanden in Mittel- und Südamerika Widerstandsbewegungen gegen die spanische Kolonialherrschaft. Nur Brasilien löste sich ohne Krieg von seiner Kolonialmacht Portugal. Liberia entstand als ein Staat für die freigelassenen nordamerikanischen Sklaven und erklärte sich 1847 zur Republik.

Über Jahrhunderte lebten die Menschen in Europa unter der Herrschaft von Fürsten und Königen. Doch ab dem 18. Jahrhundert lehnten immer mehr Menschen diese Regierungsform ab. Oftmals waren sie auch bereit, für die Ideen von Freiheit und Gerechtigkeit zu kämpfen.

Hinzu kam, dass Schriftsteller, Philosophen und Naturwissenschaftler die Menschen aufforderten, alles mit ihrem eigenen Verstand infrage zu stellen, was sie bisher durch Tradition und Überlieferung kannten – auch die bestehende Ordnung des Staates. Diese neue Denkweise nannte man schon im 18. Jahrhundert „Aufklärung“.

1607

Englische Siedler gründen Virginia, die erste Kolonie in Nordamerika.

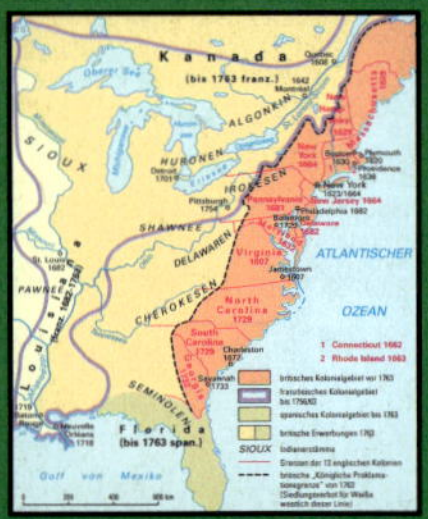

1650–1800

Zeit des Absolutismus in Europa

18. Jahrhundert

Beginn der Aufklärung in Europa

1776

Die 13 britischen Kolonien in Amerika erklären ihre Unabhängigkeit von England.

Auf dem Weg zur Demokratie

Der „Ballhausschwur" am 20. Juni 1789
(Gemälde von Jacques Louis David, um 1790).
Die Abgeordneten der französischen Nationalversammlung schwören, sich erst zu trennen, wenn Frankreich eine Verfassung erhält. Diese Szene hat so allerdings nicht stattgefunden, sondern wurde vom Maler besonders ausgeschmückt.

1789

Beginn der Französischen Revolution: Die Menschenrechte werden garantiert.

1848

In den Ländern des Deutschen Bundes, in Ungarn, Italien und Frankreich brechen Revolutionen aus.

1848/1849

Die erste deutsche Nationalversammlung tagt in der Frankfurter Paulskirche.

1 Als Fürsten und Könige regierten

M1 *Das Schloss von Versailles* (Gemälde von 1722)

Absolute Herrscher beanspruchten im 17. und 18. Jahrhundert fast überall in Europa die uneingeschränkte Macht im Staat. Ihr Vorbild war Ludwig XIV., der seine Herrschaft auf königliche Beamte, Richter und ein ständig kriegsbereites Heer stützte.

Gottesgnadentum Ludwig XIV. und andere Herrscher sahen sich als „Könige von Gottes Gnaden". Auch die Kirche lehrte, alle Gewalt auf Erden komme nur von Gott. Dadurch erschien der König vielen Menschen unangreifbar.

Ein absoluter Herrscher

1643 wurde Ludwig XIV. König von Frankreich. Allerdings war er erst fünf Jahre alt. Selbstverständlich konnte er noch nicht selber regieren; das besorgte der Erste Minister des Königreichs. Nach dessen Tod 1661 fragten die Minister den jungen König, an wen sie sich nun wenden sollten. Ludwig antwortete ihnen: „Von jetzt an nur an mich!"

Alle wichtigen Fragen entschied der König in den 54 Jahren seiner Herrschaft tatsächlich allein. Die Minister durften sich ohne die Zustimmung des Königs nicht treffen. Sie berichteten dem König einzeln und gaben Ratschläge, dann erteilte der König seine Anordnungen und Befehle. Er beeinflusste die Urteile der königlichen Gerichte, ließ Menschen durch geheime Befehle verhaften und führte Kriege, um seinen Ruhm zu vergrößern.

Wie die meisten Herrscher der damaligen Zeit glaubte auch Ludwig XIV., die Macht des Königs käme nur von Gott. Als „Herrscher von Gottes Gnaden" fühlte er sich anderen Menschen gegenüber nicht verantwortlich. Sie waren nur Untertanen, die zu gehorchen hatten.

Die Hofgesellschaft in Versailles

In Versailles, 14 Kilometer westlich von Paris, ließ Ludwig XIV. ein Schloss mit beinahe 2000 Räumen bauen. Viele Zimmer waren mit Spiegeln, Wandteppichen, Tapeten und Kronleuchtern prächtig ausgestattet. Im königlichen Park setzten Gärtner jährlich 150000 Pflanzen nach einem genauen Plan, und ein gewaltiges Pumpwerk versorgte die 1400 Springbrunnen und künstlichen Seen täglich mit 5 Millionen Liter Wasser.

Für die Mitglieder der Hofgesellschaft veranstaltete der König fast jeden Tag Feste, Feuerwerke, Gondelfahrten, Jagden und Turniere, dazu gab es Theater- und Opernaufführungen. Tausende von Adligen aus ganz Frankreich kamen an den Hof von Versailles. Wer angenehm auffallen wollte, musste sich modisch kleiden, Tanzunterricht nehmen, Komplimente machen und die Etikette des Hofes genau beachten. Der König belohnte Schmeichler mit Ämtern, Titeln und Geld. Aus stolzen Adligen wurden ergebene Höflinge. So konnte der König auch gegenüber dem Adel absolut regieren und brauchte keinen Widerstand zu befürchten.

Bezahlen musste das Volk

Die meisten Könige und Fürsten Europas wollten auch so leben und regieren wie Ludwig XIV. Nach dem Vorbild von Versailles ließen sie sich Schlösser bauen und Gärten anlegen. Man kleidete sich nach französischer Mode und übernahm französische Sitten und Französisch als Sprache am Hof.

Auch in den deutschen Kleinstaaten leisteten sich die Fürsten eine verschwenderische Hofhaltung. Das kostete oft mehr Geld, als durch Steuern wieder hereinkam. Die Beamten erfanden neue Abgaben oder ließen Handwerker dafür bezahlen, dass sie sich „Hoflieferant" nennen durften. Manche Fürsten verkauften sogar ihre Untertanen als Soldaten ins Ausland.

M2 *Der Herzog von Saint Simon (1675–1755) lebte mehr als 20 Jahre am Hofe Ludwigs XIV. In seinen Memoiren schrieb er über die Prunksucht des Königs:*

In allem liebte er Glanz, Verschwendung, Fülle. Es war wohl berechnet, dass er die Sucht, ihm hierin nachzueifern, in jeder Weise begünstigte. Er impfte sie seinem ganzen Hofe ein. Wer alles draufgehen ließ für Küche, Kleidung, Wagen, Haushalt und Spiel, der gewann sein Wohlwollen. Um solcher Dinge willen redete er die Leute an. Indem er so den Luxus gewissermaßen zur Ehrensache und für manche zur Notwendigkeit machte, richtete er nacheinander alle zugrunde, bis sie schließlich einzig und allein von seiner Gnade abhingen.

So befriedigte er seinen Hochmut und seinen Ehrgeiz. Sein Hof war blendend, und die Rangunterschiede verschwanden in dem allgemeinen Wirrwarr. Er hat dem Lande damals eine Wunde geschlagen, die wie ein Krebsschaden an allem frisst. Vom Hofe aus hat die Verschwendungssucht Paris, die Provinzen, das Heer ergriffen. Man schätzt einen jeden, der eine gewisse Stellung einnimmt, nur noch nach seinem Aufwand in Küche und im Haus ein. (…) Der Hochmut wächst ins Ungemessene. Die Folgen sind nicht abzusehen.

Geschichte in Quellen. Renaissance, Glaubenskämpfe, Absolutismus, München, S. 432.

M4 *Herrscherbild Ludwigs XIV.* Das Gemälde zeigt Ludwig XIV. im Alter von 63 Jahren. Er hatte es von seinem Hofmaler als Geschenk für den spanischen Hof anfertigen lassen.

M3 *Schloss Ludwigsburg:* Das Schloss zählt zu den größten Barockresidenzen Europas. Es entstand nach dem Willen des Herzogs Eberhard Ludwig von Württemberg (er regierte 1693–1733).

1 Beschreiben Sie das Leben am Versailler Hof (VT, M2).

2 Erklären Sie den Begriff „Absolutismus" mit eigenen Worten.

3 Wie hat der Künstler den König in M4 dargestellt? Welche Symbole werden hervorgehoben?

4 Das Schloss Ludwigsburg (M3) wird oft als „Schwäbisches Versailles" bezeichnet. Recherchieren Sie im Internet, wie sich dieser Vergleich begründen lässt.

2 „Habe Mut, dich deines eigenen Verstandes zu bedienen!"

M1 *Otto von Guericke* bewies 1657 in Magdeburg, dass zwei Halbkugeln, in denen man ein Vakuum durch Auspumpen der Luft erzeugt, nicht einmal von 16 Pferden auseinander gerissen werden können.

Aufklärung
heißt ursprünglich „hell bzw. klar machen". Der Begriff bezeichnet eine neue Denkweise im 18. Jahrhundert, die darauf abzielte, alle Gebiete des Lebens durch die Vernunft zu erklären und Erkenntnisse kritisch zu überprüfen.

Eine neue Vorstellung von der Welt

1603 gründeten einige Gelehrte in Rom eine Akademie. Sie wollten durch Experimente und vernünftiges Nachdenken die Vorgänge in der Natur erklären. Einige beobachteten mit dem gerade erfundenen Mikroskop das Leben in Wassertropfen, andere suchten mit dem neuartigen Fernrohr den Himmel ab. Wieder andere maßen die Ausdehnung von Luft und Wasser bei unterschiedlichen Temperaturen. Bald gab es weitere Akademien dieser Art, so auch in London. Hier entdeckte der Physiker und Astronom Isaac Newton 1666 das Gesetz der Schwerkraft. Der englische König spottete aber über die Wissenschaftler, weil sie sich mit so sonderbaren Dingen beschäftigten, wie die Luft zu wiegen.
Doch frei zu forschen, entsprach dem Willen vieler Menschen. Sie wollten nicht einfach kritiklos übernehmen, was ihnen überliefert worden war. Vielmehr gingen sie den Dingen mit Hilfe ihres eigenen Verstandes auf den Grund. So erkannten sie, dass in der Natur alles nach bestimmten und erforschbaren Gesetzen abläuft.

Sein Leben in die Hand nehmen

„Vernunft" und „Fortschritt" wurden zu Leitbegriffen einer neuen Zeit, die wir Aufklärung nennen. „Habe Mut, dich deines eigenen Verstandes zu bedienen!", forderte der deutsche Philosoph Kant. Die Aufklärer wandten sich gegen jede Art von Vorurteilen und Aberglauben, so zum Beispiel gegen die Verfolgung von angeblichen „Hexen". Bald richtete sich die Kritik aber auch dagegen, dass die Kirche die Menschen bevormundete. Auch dass die Adligen bevorzugt behandelt wurden, fanden die Aufklärer nicht richtig.

Einen besseren Staat schaffen

Die Aufklärer waren davon überzeugt, dass alle Menschen von Natur aus frei seien und gleiche Rechte hätten. Solche Vorstellungen waren nicht mit der absolutistischen Herrschaft eines Königs „von Gottes Gnaden" zu vereinbaren.
Der Franzose Charles de Montesquieu meinte, die Menschen könnten nur dann als freie Bürger leben, wenn keiner zu viel Macht hätte. Die Befugnisse im Staat müssten daher klar aufgeteilt werden: Ein gewähltes Parlament sollte als gesetzgebende Gewalt Regeln für das Zusammenleben der Bürger im Staat aufstellen. Der König, seine Minister und die Beamten hätten als ausführende Gewalt dafür zu sorgen, dass die Gesetze eingehalten und die staatlichen Aufgaben erledigt würden. Daneben sollten unabhängige Richter allein auf der Grundlage der Gesetze Recht sprechen. Sie sollten dabei sicherstellen, dass Herkunft und Vermögen von Angeklagten vor Gericht keine Rolle spielten. Nach dem Modell der Gewaltenteilung (s. S. 286) funktionieren heute alle modernen Demokratien. Der König ist allerdings zumeist durch einen gewählten Regierungschef ersetzt worden. Das kann zum Beispiel ein Präsident, Ministerpräsident oder Kanzler sein.

M2 *Im Salon der Madame Geoffrin* (dritte von rechts in der ersten Reihe). Das Gemälde von Gabriel Lemonnier zeigt den Aufklärer d'Alembert 1745 beim Vortrag seiner Gedanken. Im Hintergrund ist die Büste des Aufklärers Voltaire aufgestellt. Das steigende Bildungsniveau im Bürgertum, bei Beamten, Kaufleuten und Adligen unterstützte die Ausbreitung aufklärerischer Ideen.

M3 *Das selbstständige Denken der Menschen galt allen Aufklärern als Schlüssel zur Veränderung. Der französische Aufklärer Voltaire (1694–1778) schrieb darüber:*

Mehrere Völker, die lange Zeit nur Hornvieh waren und wiederkäuten, beginnen zu denken. Ist erst einmal die Zeit des Denkens gekommen, dann ist es unmöglich, den Geistern diese Kraft wieder zu nehmen, die sie erworben haben. Diejenigen, die denken, müssen als denkende Wesen behandelt werden, so wie man Bestien als Bestien behandelt.

Voltaire, Betrachtungen für die Dummen. In: Zeiten, Menschen, Kulturen, Bd. 4, S. 128.

M4 *Freiheit und Gleichheit waren für den Aufklärer Jean-Jacques Rousseau zentrale Menschenrechte. Er forderte 1762:*

Der Mensch wird frei geboren, und überall ist er in Ketten. (…) Solange ein Volk gezwungen wird zu gehorchen und gehorcht, so tut es wohl; sobald es aber das Joch abwerfen kann und es abwirft, so tut es besser (…). Rechtmäßige Gewalt kann nur auf einer Übereinkunft der Menschen gründen (…). Auf seine Freiheit verzichten, heißt auf seine Menschheit, die Menschenrechte, ja selbst auf seine Pflichten verzichten. Eine solche Entsagung ist mit der Natur des Menschen unvereinbar.

Jean-Jacques Rousseau, Der Gesellschaftsvertrag oder die Grundsätze des Staatsrechts, Stuttgart 1963, S. 20 u. 36.

M5 *Über den Ursprung politischer Autorität äußerte sich Denis Diderot 1751 in einem Artikel, der in der berühmten Enzyklopädie erschien, die er zusammen mit dem Aufklärer d'Alembert in 35 Bänden herausgab. Sie beanspruchte, das gesamte Wissen der Zeit zu enthalten und verbreitete die Gedanken der Aufklärung in Europa, Amerika und anderen Teilen der Welt, die von Europäern beherrscht wurden. Darin heißt es:*

Kein Mensch hat von Natur das Recht erhalten über andere zu herrschen. (…) Wenn man genau prüft, kann man politische Autorität immer auf folgende zwei Quellen zurückführen: entweder auf die Stärke und Macht eines Mannes, der die Autorität an sich gerissen hat – oder auf das Einverständnis der Menschen, die sich der Autorität durch einen Vertrag unterworfen haben, der zwischen ihnen und dem Träger der Autorität geschlossen oder unterstellt wurde.

Die Autorität, die durch Gewalt errungen wird, ist nichts als eine Usurpation [d.h. Anmaßung der Gewalt]. Sie dauert nur so lange, wie die Macht der Befehlenden größer ist als die Macht der Gehorchenden. Wenn Letztere die Oberhand gewinnen und das Joch abschütteln, dann tun sie es mit ebenso viel Recht und Berechtigung, wie es ihnen der andere aufgezwungen hat.

Denis Diderot, Artikel über politische Autorität in der Enzyklopädie, 1751. In: Erich Stahleder, Absolutismus und Aufklärung 1648–1789, Ebenhausen 1964, S. 112–114.

1 Stellen Sie aus dem VT die wichtigsten Gedanken der Aufklärung zusammen.

2 Welchen Eindruck machen die Gäste im Salon der Madame Geoffrin (M2) auf Sie? Beurteilen Sie ihre Kleidung, ihre Haltung, ihren Gesichtsausdruck. Warum haben sie sich unter der Büste des Aufklärers Voltaire (M3) versammelt?

3 Vergleichen Sie die Texte M3, M4 und M5. Überlegen Sie, warum manche Aufklärer auf Befehl absolutistischer Könige ins Gefängnis geworfen wurden.

4 Der Grundsatz von der Gewaltenteilung ist auch in Artikel 20 Absatz 2 des Grundgesetzes verankert. Schlagen Sie nach und erklären Sie das Prinzip.

3 Ein freieres Leben in Amerika?

M1 *Die Halbinsel Manhattan* kaufte der Holländer Peter Minnewit den Indianern 1626 ab. Er bezahlte mit Glasperlen, Messern und Beilen (Stich aus dem 19. Jahrhundert).
Minnewit gründete auf Manhattan die Siedlung Neu-Amsterdam und machte sie zur Hauptstadt einer niederländischen Kolonie. 1664 unterwarfen sie Engländer der britischen Herrschaft und nannten die Stadt New York.

Reservat
Durch Verträge traten die Indianer den Weißen ihr Land ab. Teile davon wurden ihnen als Lebensraum „reserviert".

„Auf nach Amerika!"

Zwischen 1607 und 1732 gründeten englische Siedler und Seefahrer an der Ostküste Nordamerikas 13 Kolonien für ihr Mutterland England. Hier wanderten zunächst Leute aus England ein, bald aber auch Iren, Deutsche, Niederländer und Franzosen. Die meisten kamen, weil es in ihren Heimatländern für die schnell wachsende Bevölkerung nicht mehr genug Ackerland und Arbeit gab, andere wurden wegen ihrer Religion verfolgt. So zum Beispiel die englischen Puritaner, von denen im Jahr 1620 102 Frauen und Männer mit ihrem Schiff „Mayflower" an der nordamerikanischen Küste landeten und dort die Kolonie Massachusetts gründeten.

Siedler und Ureinwohner

Die ersten Siedler waren von den Indianern freundlich aufgenommen worden. Als sie vom Hungertod bedroht waren, brachten die Indianer sogar Lebensmittel und zeigten ihnen, wie man Maisfelder anlegte. Andere Europäer trafen auf kriegerische Stämme oder forderten den Zorn der Indianer heraus, weil sie ihnen Land und Jagdgebiete wegnahmen. Die Zahl weißer Siedler wuchs schnell; um 1750 lebten schätzungsweise 1,5 Millionen Europäer in den 13 englischen Kolonien. Die Indianer aber verloren immer mehr Land an die Siedler.

Die Indianer werden verdrängt

Bis 1890 mussten die Indianer immer weiter nach Westen in meist unfruchtbare Gebiete zurückweichen. Sie verloren durch Hunger und Krankheiten, die von den Europäern eingeschleppt wurden, weit mehr Menschen als in Kämpfen und Kriegszügen.
Heute stammen etwa sieben Millionen US-Amerikaner von den indianischen Ureinwohnern ab. 1,4 Millionen von ihnen bezeichnen sich als „Vollblutindianer". Davon leben noch 400 000 in den Reservaten, die ihnen die Regierung im 19. Jahrhundert zugewiesen hatte.

Freiheit – aber nicht für alle

Mit dem Anbau von Getreide, Reis, Mais, Tabak und Baumwolle, aber auch durch Fisch- und Holzreichtum, Handel und Gewerbe kamen viele Bewohner der Kolonien zu Wohlstand. Das machte sie selbstbewusst und stolz auf ihre Leistung. Weil das Mutterland England weit weg war, hatten sie viele Freiheiten und durften sich weitgehend selbst verwalten.
Bald wurden die Arbeitskräfte in den Kolonien knapp. Daher warb man in Europa junge Menschen mit dem Versprechen an, sie würden in Amerika Land und Arbeit bekommen. Wer seine Überfahrt nicht bezahlen konnte, musste sich verpflichten, mehrere Jahre ohne Lohn zu arbeiten.
Viel schlechter erging es allerdings den Männern, Frauen und Kindern aus Afrika, die von Sklavenhändlern in die Neue Welt gebracht wurden. In den Kolonien des Südens war das Klima günstig für Tabak, Baumwolle, Zuckerrohr und Reis. Dort bewirtschafteten reiche Grundbesitzer riesige Plantagen. Ihre Sklaven lebten in schäbigen Hütten, wurden häufig von brutalen Aufsehern bewacht und konnten nach Belieben verkauft, ausgepeitscht und sogar getötet werden.

M2 *Mit unglaublicher Brutalität gingen holländische Siedler 1642 gegen die Manhattan-Indianer vor, die man beschuldigte, ein Schwein gestohlen zu haben.*
Ein Augenzeuge berichtet:

An der Mutterbrust trinkende Säuglinge wurden mit Bajonetten durchstochen und aus den Armen der Mütter gerissen und ins Wasser geworfen. Andere Kinder warf man lebend in die Flammen. Babies, die in kleinen Tragkörbchen schliefen, wurden mit Säbeln in Stücke gehackt, den schreienden Eltern und Großeltern hieb man Glieder vom Leib, stach sie nieder oder schlug ihnen die Schädel ein.

Zit. nach: H. J. Stammel, Indianer. Legende und Wirklichkeit von A–Z, Gütersloh 1992.

M3 *Der Häuptling der Manhattan-Indianer, Metacomet, rief seine Stammeskrieger 1675 zur Gegenwehr auf:*

Es ist unmöglich, mit diesen weißhäutigen Raubmenschen in Frieden zu leben. Man kann sich nur von ihnen zerstören lassen oder versuchen, sie selbst zu zerstören. Das ist aber nur möglich, wenn wir einen Krieg nicht so führen, wie wir es gewohnt sind, sondern wie sie ihn selbst führen, also einen Krieg aus dem Hinterhalt und mit dem Willen, alles, was eine weiße Haut besitzt, zu töten.

Zit. nach: Dee Brown, Begrabt mein Herz an der Biegung des Flusses, München 1976, S. 189.

M4 *Eine amerikanische Zeitung im Jahre 1845:*

Die reichen und schönen Täler von Wyoming sind dazu bestimmt, von der angelsächsischen Rasse in Besitz genommen zu werden. (...) Die Indianer müssen der immer weiter vorrückenden und immer mehr anschwellenden Flut der Einwanderer weichen oder sie wird sie hinwegspülen. Das Geschick der Einwanderer ist in Lettern geschrieben, die nicht zu missdeuten sind. Der gleiche unerforschliche Gebieter, der Rom zum Untergang verurteilte, hat die Vernichtung der roten Menschen in Amerika beschlossen.

Zit. nach: H. J. Stammel, Indianer. Legende und Wirklichkeit von A–Z, Gütersloh 1992, S. 86.

M5 *Die englischen Kolonien in Nordamerika* (rechts)

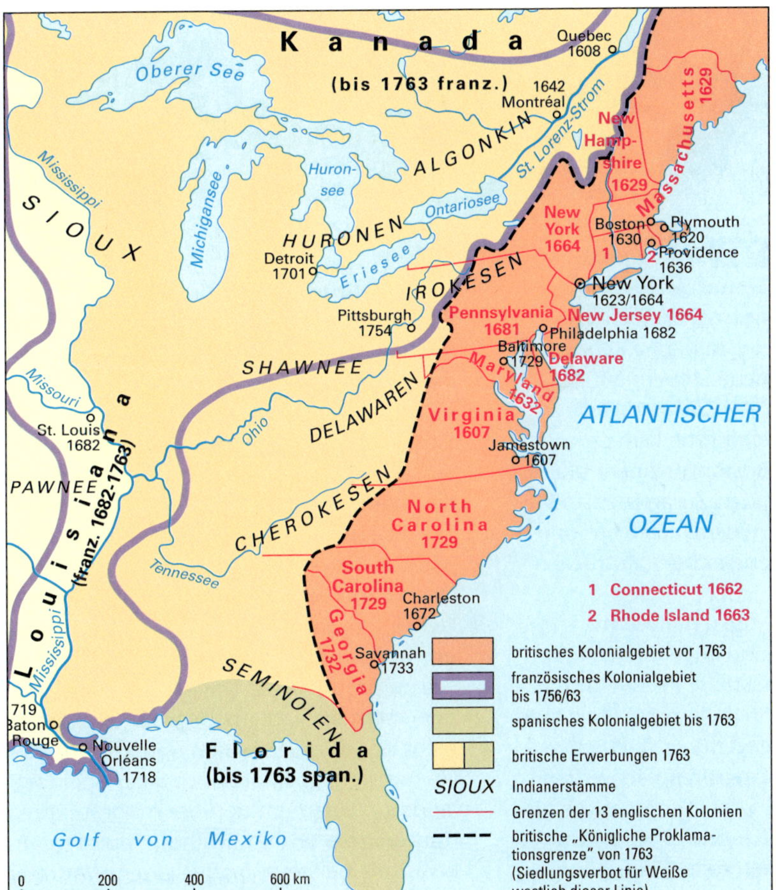

M6 *Die amerikanische Armee führte im Winter 1838/1839 eine Umsiedlungsaktion durch* (Gemälde von Robert Lindeneux, 1942). 15 000 Cherokees wurden gewaltsam aus ihrer angestammten Heimat vertrieben und in ein Reservat gebracht. Mehr als 4 000 Indianer starben auf dem Zug, weil die Armee keine Rücksicht auf Kranke und Schwache nahm.

1 Suchen Sie Begriffe, die das Verhalten der holländischen Siedler gegenüber den Manhattan-Indianern in M2 beschreiben.

2 Wie wird die Aneignung von Indianerland in M4 begründet? Diskutieren Sie diese Argumentation.

3 Beurteilen Sie den Aufruf des Häuptlings Metacomet in M3.

4 Die erste Demokratie

M1 *Das Massaker von Boston, 1770* (zeitgenössischer Stich). Als die englische Regierung neue Steuern auf Tee, Blei, Glas und Farben einführte, kam es in Boston zu einem blutigen Zusammenstoß zwischen Siedlern und englischen „Rotröcken".

Menschenrechte sind angeborene, unantastbare Rechte und Freiheiten des Einzelnen gegenüber staatlichen Eingriffen. Sie werden in den Verfassungen als Grundrechte gewährleistet, so in Deutschland in Art. 1 des Grundgesetzes.

Die „Boston-Tea-Party"

Boston, Nordamerika, 1770: Im Hafen der Stadt liegen Schiffe der englischen Ostindien-Handelsgesellschaft, beladen mit Tee für die Siedler in der Kolonie Massachusetts. Plötzlich stürmen Männer, die wie Indianer aussehen, an Bord der Schiffe, überwältigen die Mannschaften und werfen 342 Kisten Tee ins Hafenbecken. Der Überfall geht als „Boston-Tea-Party" in die Geschichte ein.
Die Indianer waren nicht echt. Männer einer Geheimorganisation hatten sich verkleidet, um unerkannt gegen die hohen Zölle auf Tee zu protestieren. Die Aktion wurde von den meisten Siedlern begrüßt. Sie sahen nicht ein, dass sie Steuern und Zölle bezahlen mussten, aber nicht wie die Bürger Englands im Parlament darüber mitbestimmen durften. „No taxation without representation" – „Keine Steuern ohne eigene Vertreter im Parlament", so lautete ihre Losung.

Die Kolonisten wagen den Kampf

Die englische Regierung setzte Soldaten ein, doch damit brachte sie die Bürger der Kolonien erst recht gegen sich auf. Diese waren erbost darüber, dass die Regierung in London eine Reihe von Gesetzen nur zum Nutzen des Mutterlandes erlassen hatte. So schrieb ein Gesetz von 1660 vor, dass die Kolonien Waren wie Zucker und Tabak nur nach England ausführen durften. 1765 wurden sogar Steuern auf alle Drucksachen und Dokumente erhoben. Diese Steuer begründete die britische Regierung damit, dass sie einen kostspieligen Krieg gegen die Franzosen in Nordamerika geführt hatte.

Ein neuer Staat wird geboren

Mit der Begründung, dass neue Steuergesetze ohne eine Vertretung der Kolonien im englischen Parlament nicht rechtens seien („no taxation without representation") wehrten sich die Kolonisten gegen die Steuern. Sie schickten Vertreter zu einem Kontinentalkongress, um über gemeinsame Maßnahmen gegen die englische Regierung zu beraten. Als britische Truppen 1775 bei Lexington ein Waffenlager der Rebellen fanden, kam es zu Gefechten. Die Kolonisten wählten daraufhin den Tabakpflanzer George Washington zum Befehlshaber ihrer Freiwilligenarmee.
Am 4. Juli 1776 erklärten Vertreter aller Kolonien in Philadelphia ihre Unabhängigkeit von England. Das nahmen das englische Parlament und der König nicht einfach hin. Es kam zum Krieg zwischen den Kolonien und England, der bis 1783 dauerte. Letztlich siegten die Siedler und gründeten aus den 13 Kolonien die „United States of America" (USA). 1787 kamen Vertreter der ehemaligen Kolonien zusammen, um dem neuen Staat eine Verfassung zu geben. Mit ihr wurde die erste moderne Demokratie begründet. 1789 wählten die Amerikaner George Washington zum ersten Präsidenten.

M2 *Darf ein Herrscher abgesetzt werden? Darüber dachte 1689 schon der Engländer John Locke (1632–1704) nach:*

Die Vernunft lehrt allen Menschen, dass wir alle gleich und unabhängig sind, dass daher keiner dem anderen in Bezug auf sein Leben und sein Eigentum schaden soll. Wenn wir betrachten, in welchem Zustand sich die Menschen von Natur befinden, so sehen wir: Dies ist ein Zustand völliger Freiheit (…). Gebraucht der Herrscher die Gewalt gegen das Volk ohne Vollmacht und im Gegensatz zu dem Vertrauen, das in ihn gesetzt wurde, (…) so hat das Volk das Recht, die Gewalt durch Gewalt zu beseitigen. Unter allen Umständen ist es das richtige Hilfsmittel gegen ungesetzliche Gewalt, ihr mit Gewalt zu begegnen.

John Locke, Two Treatises on Government, 1689. In: Lebendige Vergangenheit 3, Stuttgart 1992, S. 13.

M3 *Die Unabhängigkeitserklärung der 13 englischen Kolonien wurde am 4. Juli 1776 in Philadelphia unterzeichnet. Sie beginnt mit den Menschenrechten:*

Wir halten diese Wahrheiten für in sich einleuchtend: dass alle Menschen gleich geschaffen sind; dass sie vom Schöpfer mit gewissen unveräußerlichen Rechten ausgestattet sind, darunter Leben, Freiheit und Streben nach Glück; dass zur Sicherung dieser Rechte Regierungen unter Menschen eingesetzt sind, die ihre gerechten Vollmachten von der Einwilligung der Regierten herleiten; dass, wenn immer eine Regierungsform diesen Zielen zum Schaden gereicht, es das Recht des Volkes ist, sie zu ändern oder abzuschaffen und eine neue Regierung einzusetzen.

Zit. nach: Geschichte in Quellen, Bd. 4, München 1981, S. 90f.

M4 *Die nordamerikanischen Flaggen: 1775* (links) und 1777 (rechts). – Erklären Sie die Veränderung.

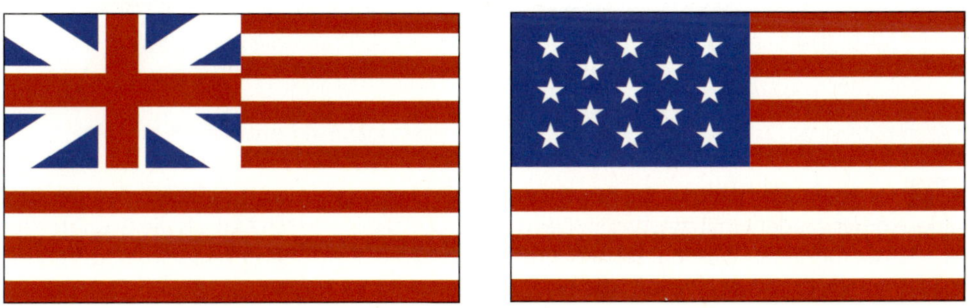

M5 *Frauen und Männer kämpfen für die Unabhängigkeit* (zeitgenössischer Stich). In der Mitte sieht man Molly Pitcher im Gefecht. Ihr Mann ist vor wenigen Augenblicken als Kanonier gefallen; an seiner Stelle hat sie die Kanone geladen, die nun gegen den Feind gerichtet wird.

M6 *George Washington (1732–1799) war der erste US-amerikanische Präsident 1789–1797).*

1 Erklären Sie, aus welchem Grund sich in den 13 nordamerikanischen Kolonien eine Unabhängigkeitsbewegung gebildet hat.

2 Vergleichen Sie die beiden Bilder M1 und M5 und beschreiben Sie, wie sich die Situation der Kolonisten verändert hat. Wie wirken die Szenen auf Sie?

3 Vergleichen Sie die Quellentexte M2 und M3. Wie hängen beide miteinander zusammen?

4 Vergleichen Sie die US-Flagge von 1777 (M4) mit der von heute. Worauf führen Sie die Unterschiede zurück?

5 Werkstatt
Ein Verfassungsschema interpretieren

Staatenbund
In einem Staatenbund besitzt jeder Staat die volle Souveränität (Unabhängigkeit). Der Zusammenschluss dient nur der Verwirklichung gemeinsamer Ziele.

Bundesstaat
In einem Bundesstaat werden die Aufgaben zwischen einer zentralen Regierung und den Länderregierungen geteilt.

Eine neue Staatsform
Von Mai bis September 1787 fand in Philadelphia eines der großen Experimente der Menschheitsgeschichte statt: Ein Staat sollte konstruiert werden, wie es ihn vorher noch nicht gegeben hatte.
Gewählte Vertreter aus den 13 Einzelstaaten verhandelten über die Form des zukünftigen Staates. Eine Frage war besonders umstritten: Sollten die USA in Zukunft ein Staatenbund oder ein Bundesstaat sein?

Teilung der Staatsgewalten
Das Ergebnis war ein Kompromiss. Nach dem Modell des französischen Aufklärers Montesquieu wurden die Gewalten klar geteilt: Die gesetzgebende Gewalt (Legislative) liegt beim Kongress. Er setzt sich aus zwei Häusern zusammen, die die Interessen des Bundesstaates und der Einzelstaaten berücksichtigen. In den Senat entsendet jeder Staat zwei von der Bevölkerung gewählte Senatoren. Die Abgeordneten des Repräsentantenhauses werden direkt aus jedem Bundesstaat gewählt; wie viele es sind, hängt von der Bevölkerungszahl des Staates ab. Der Präsident als Chef der ausführenden Gewalt (Exekutive) wird indirekt, nämlich über so genannte „Wahlmänner", von den Bürgern gewählt. Er ist anders als ein deutscher Bundeskanzler nicht auf eine Mehrheit im Parlament, also im Kongress angewiesen. Das gibt ihm große Macht und Unabhängigkeit. Der Präsident ist Staatsoberhaupt und Regierungschef.
Der Oberste Gerichtshof entscheidet als richterliche Gewalt (Judikative), ob Gesetze mit der Verfassung übereinstimmen.

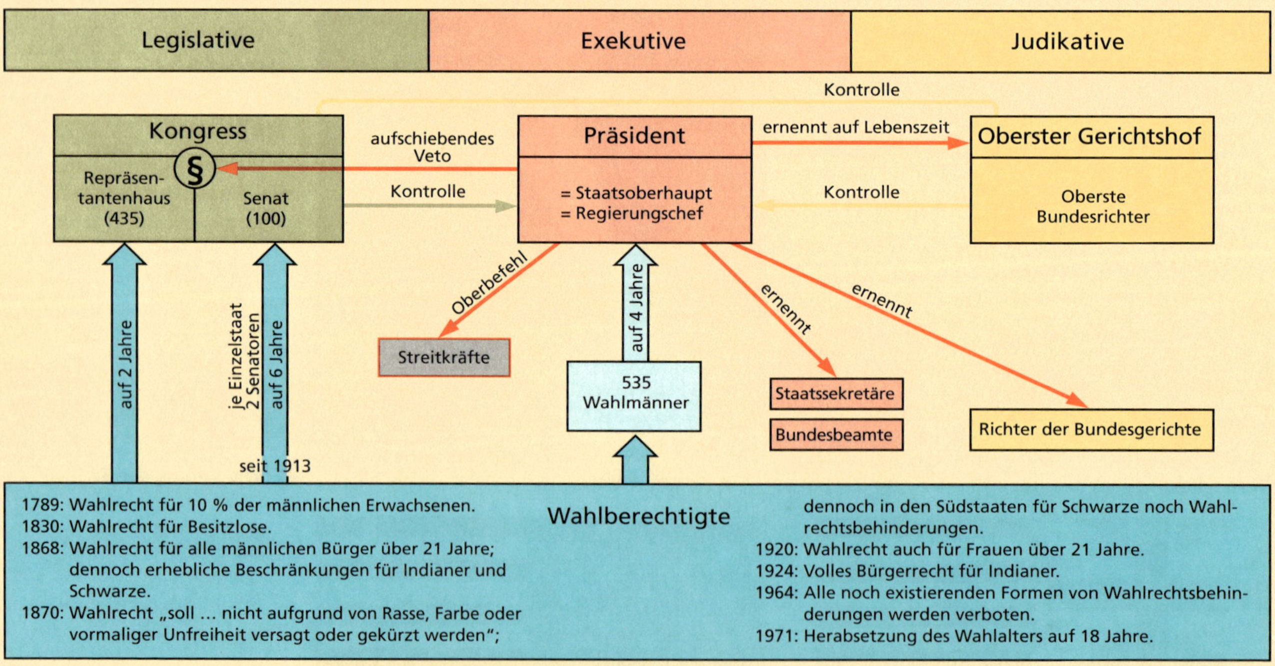

M1 *Die Verfassung der USA.* Sie besteht seit 1787. Durch so genannte „Zusätze" ist sie allerdings immer wieder ergänzt worden. Das geschah 1791 zum ersten Mal, als die Grundrechte der Bürger formuliert wurden. Dazu gehörten Glaubens-, Presse- und Versammlungsfreiheit, die Unverletzlichkeit der Person, des Eigentums und der Wohnung.

Methodische Arbeitsschritte

Das Schema nach Gruppen und Personen zerlegen

1. Wie ist das Schema gegliedert? Lassen sich verschiedene Blöcke, Farben und Symbole erkennen?
2. Wie sind die Blöcke miteinander verbunden? Welche Bedeutung haben Pfeile und Linien?
3. Gibt es Begriffe, die Sie im Lexikon nachschlagen müssen?

Verfassungsmerkmale Machtausübung, Gesetzgebung und Rechtsprechung

4. Wer darf Gesetze vorschlagen? Wer arbeitet sie aus? Wer erlässt sie?
5. Wer sorgt dafür, dass Regierung und Bürger sich an die Gesetze halten?
6. Wer regiert den Staat, d. h. übt Macht mit Hilfe der Gesetze aus?
7. Wer kann durch seinen Einspruch (Veto) dafür sorgen, dass ein Gesetz vorläufig nicht in Kraft treten darf? Wer darf Gesetze sogar rückgängig machen?
8. Gibt es Grundrechte, die kein neues Gesetz verletzen darf?

Verfassungsmerkmal Wahl

9. Welche Ämter werden durch Wahl besetzt, welche nicht?
10. Wer darf wählen, wer nicht? Wer darf gewählt werden?

Verfassungsmerkmale Machtverteilung und Machtkontrolle

11. Welche Macht haben die verschiedenen Personen bzw. Gruppen im Staat? Wo ist besonders viel Macht konzentriert?
12. Wo sind „Sicherungen" in der Verfassung eingebaut, damit Einzelne ihre Macht nicht missbrauchen können (z. B. um eine Diktatur zu errichten)?

M2 *Wer spricht hier?* – Ordnen Sie die Sätze den richtigen Personen im Schaubild zu.

„Wir sind auf Lebenszeit ernannt, damit wir völlig unabhängig die Regierung kontrollieren können."

„Auch wenn wir im Staate nichts direkt entscheiden können, so besitzen wir doch die eigentliche Macht. Wir bestimmen nämlich in regelmäßigen Abständen neu, wer für uns Gesetze macht und wer sie ausführt."

„Ich regiere die Vereinigten Staaten von Amerika."

„Wir sind zusammen 535 Männer und Frauen, auf zwei Häuser aufgeteilt."

„Wir werden alle vier Jahre von den Bürgerinnen und Bürgern gewählt. Unsere einzige Aufgabe besteht darin, den Präsidenten zu wählen."

„Wir sind von den Bürgerinnen und Bürgern unseres Bundesstaates für sechs Jahre gewählt worden, damit wir uns an der Gesetzgebung beteiligen."

„Ich ernenne die Obersten Richter, damit sie meine Amtsführung kontrollieren."

1 Untersuchen Sie das Verfassungsschema der USA und stellen Sie die demokratischen Elemente heraus. Nennen Sie aber auch die Einschränkungen, die bis 1924 bestanden.

2 Welche Aufgaben im Staat erfüllen die drei Gewalten? Wodurch ist sichergestellt, dass keine zu viel Macht hat?

3 Die „Väter" der US-amerikanischen Verfassung mussten sich zwischen einem Bundesstaat und einem Staatenbund entscheiden. Welche Vorteile, welche Nachteile sind mit dem jeweiligen System verbunden?

4 Wie heißt der jetzige Präsident der USA? Wer war sein Vorgänger? Ziehen Sie zur Beantwortung der Fragen das Internet hinzu, z. B. usa.usembassy.de

6 In Frankreich ist die Staatskasse leer

M1 *„Hoffen wir, dass das Spiel bald ein Ende nimmt"*, seufzt der Bauer auf der französischen Karikatur aus dem Jahr 1789. Aus seiner Tasche hängen Zettel, auf denen die Salz-, Tabak- und die Kopfsteuer, Abgaben und Dienste genannt werden; auf der Hacke steht: „Mit Tränen getränkt". Auf den anderen Zetteln steht: „Bischof, Abt, Herzog, Graf, Pension, Großspurigkeit" und auf dem Degen: „Gerötet vom Blut". Dem Dritten Stand war es verboten zu jagen.
– Wie stellt der Künstler diesen Zustand dar?

Vorrechte von Adel und Geistlichkeit

Als Ludwig XVI. 1774 König von Frankreich wurde, hatte das Land einen langen Wirtschaftsaufschwung hinter sich. Viele Bürger waren durch Handel, Bankgeschäfte, Schifffahrt oder einen eigenen Betrieb reich geworden. Doch im Staat galten sie nicht viel. Wenn wichtige Positionen in der Verwaltung oder Offiziersstellen in der Armee zu besetzen waren, bekamen Adlige den Vorzug. Viele wollten sich nur Titel, Einkommen und Rechte sichern. Die Pflichten, die damit verbunden waren, nahmen sie aber nicht ernst. Neben dem Adel war der Klerus mächtig und einflussreich. Den Reichtum der Kirche genossen vor allem hohe Geistliche, die meistens aus dem Adel stammten. Zu diesen Zuständen bemerkte der Aufklärer Voltaire einmal spöttisch, die Vorrechte einzelner Personengruppen, für die es in der Natur weder eine Erklärung noch eine Rechtfertigung gebe, könne er dann anerkennen, wenn Adlige „mit Sporen an den Füßen" und Bauern „mit Sätteln auf dem Rücken" geboren würden.

Ein ungerechtes Steuersystem

85 Prozent der französischen Bevölkerung lebten auf dem Land, ein großer Teil davon in sehr ärmlichen Verhältnissen. Die Bauern mussten adligen Herren und der Kirche einen Teil der Ernte abgeben und dem König Steuern zahlen. Auch in den Städten war es für Handwerker, Kleinhändler, Arbeiter und Dienstboten nicht einfach, für das tägliche Leben aufzukommen. Ein Maurer musste zum Beispiel mehr als die Hälfte seines Lohns alleine für Brot und Miete aufwenden. Trotzdem verlangte der König von ihm die allgemeine Kopfsteuer.
Die beiden ersten Stände, Adel und Klerus, waren davon befreit. Selbst reiche Adlige bezahlten kaum Steuern, und auch der Klerus musste nur freiwillige Abgaben leisten.

Am Rande des Staatsbankrotts

Die Hofgesellschaft in Versailles lebte in Saus und Braus, veranstaltete rauschende Feste und verschwendete täglich ganze Vermögen. Gleichzeitig unterstützte Frankreich die amerikanischen Kolonisten im Krieg gegen England, was ebenfalls viel Geld kostete. Bald war der Staat hoch verschuldet und konnte seine Zinsen nur noch durch neue Kredite bezahlen. Um mehr Steuern einnehmen zu können, schlugen die Finanzminister Reformen vor. Doch Adel und Klerus wehrten sich, denn sie wollten ihre Privilegien nicht verlieren.

Wachsende Unzufriedenheit

Zur gleichen Zeit verschlechterte sich die wirtschaftliche Lage in Frankreich: In den Städten waren viele Menschen ohne Arbeit. Gleichzeitig stieg aber der Brotpreis seit 1787 ständig an, nachdem Überschwemmungen, Dürreperioden und ein strenger Winter zu Missernten geführt hatten. Handwerker und arme Bauern hungerten und ihre Wut auf den Adel und den König wuchs.

Privilegien
sind Sonderrechte für einzelne Personen oder Personengruppen im Staat.

Ständegesellschaft
meint die Einteilung der Gesellschaft in Adel, Klerus und Bürgertum. Die Zugehörigkeit zu einem bestimmten Stand war in der Regel durch die Geburt vorgegeben.

M2 *Straßenbau im 18. Jahrhundert* (Gemälde von Joseph Vernet). Frankreich war im 18. Jahrhundert das reichste Land Europas. Seit der Zeit Ludwigs XIV. förderte der Staat Handel und Gewerbe durch den Bau von Kanälen und Straßen. Bei großen Bauprojekten fanden Tausende von Menschen Arbeit, wenn auch bei geringen Löhnen.

M3 *Finanzminister Calonne wollte durch ein gerechteres Steuersystem die Einnahmen erhöhen. 1787 erklärte er:*

Was bleibt, um einen entsetzlichen Fehlbetrag zu decken und das ersehnte Gleichgewicht im Staatshaushalt herzustellen? (…) Die Missbräuche. Ja, meine Herren, in den Missbräuchen selber findet sich ein Schatz von Reichtümern, die der Staat zurückfordern darf und zurückfordern muss, um die Ordnung wiederherzustellen. Die Missbräuche werden verteidigt durch persönliche Interessen, Einfluss, Vermögen und alte Vorurteile (…). Das sind die [Missbräuche], die auf der arbeitenden und erwerbenden Klasse lasten: die Missbräuche der Geldprivilegien, die Befreiung vom gemeinsamen Recht und all die ungerechten Bevorzugungen, die einen Teil der Steuerpflichtigen nur entlasten können, um das Los der anderen zu erschweren; die allgemeine Ungleichheit in der Erhebung der Abgaben, das ungeheure Missverhältnis in den [Steuer]leistungen der verschiedenen Provinzen und den Lasten der Untertanen ein und desselben Souveräns.

Zit. nach: Volkmar Wittmütz, Die Französische Revolution, Frankfurt/M. 1983, S. 20.

1 Welche Stände verkörpern die drei Männer in der Karikatur M1? Begründen Sie Ihre Aussagen, indem Sie Kleidung, Haltung und Texte auswerten.

2 Beurteilen Sie die Einnahmen und Ausgaben des französischen Staates in M4. Warum drohte ohne Erhöhung der Steuern ein Staatsbankrott?

3 Geben Sie mit eigenen Worten wieder, wie Calonne das geplante neue Steuersystem begründete (M 3).

4 Vergleichen Sie die Balkendiagramme in M5. Was sagen sie über die Ständegesellschaft in Frankreich aus? Berechnen Sie den Anteil der ersten beiden Stände an der Gesamtbevölkerung in Prozent.

M4 *Der französische Staatshaushalt 1788*

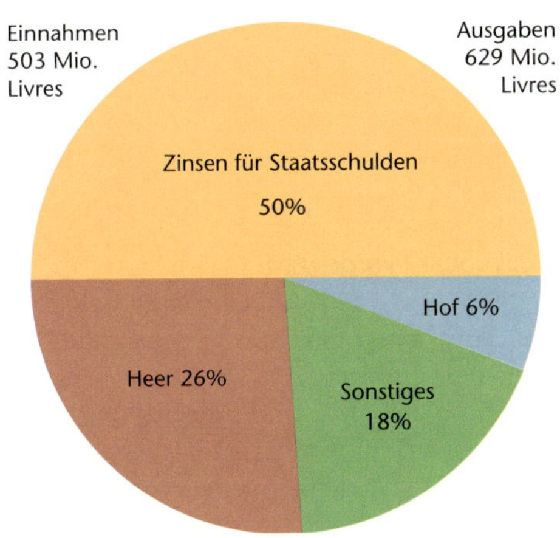

M5 *Die französische Ständegesellschaft vor 1789*

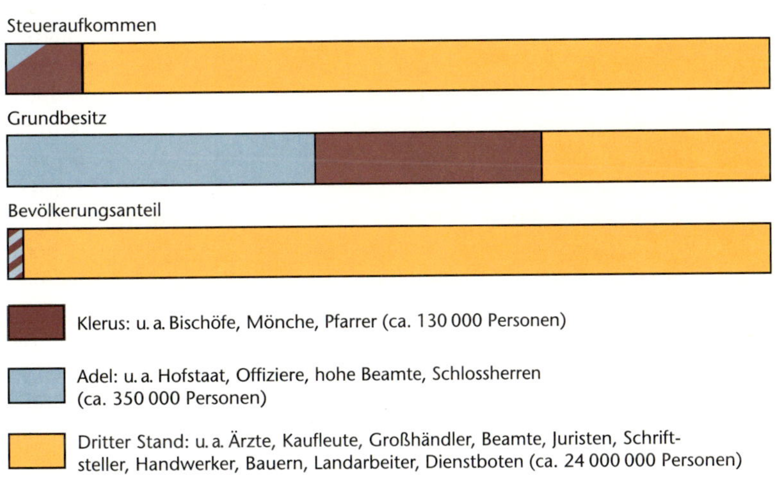

7 Revolution in Frankreich

M1 *Die Eröffnung der Generalstände am 5. Mai 1789* (Gemälde von A. Couder). Die drei Stände sitzen in geschlossenen Blöcken zu ebener Erde. Die Vertreter des Dritten Standes waren vor allem Rechtsanwälte und Richter, daneben Kaufleute, Unternehmer und Großgrundbesitzer.

Generalstände
hieß das Parlament, in dem die drei Stände über die Steuerpläne des Königs beschlossen. Jeder Stand hatte eine Stimme. 1614 hatten sich die Generalstände das letzte Mal versammelt. Seither regierten die Könige unabhängig von ihrem Rat.

Eröffnung der Generalstände

Am 5. Mai 1789 geschah etwas Unglaubliches. König Ludwig XVI. eröffnete im Schloss von Versailles eine Versammlung, der die gewählten Vertreter aller drei Stände angehörten. Man nannte sie die Generalstände: rund 300 Geistliche, 300 Adlige und 600 Bürgerliche aus ganz Frankreich. Das hatte es seit 1614 nicht mehr gegeben, und es war für den König auch nicht ohne Risiko.

Doch der König wollte die Steuerfreiheit von Adel und Klerus abschaffen und höhere Steuern für den Dritten Stand durchsetzen. Dazu brauchte er die Zustimmung der Generalstände. Ihm blieb also nichts anderes übrig, als sie alle nach Versailles zu rufen.

Die Wahlen für die Vertreter der drei Stände fanden zwischen Februar und April 1789 statt. Wahlberechtigt waren alle männlichen Franzosen über 25 Jahre, die Steuern zahlten und einen festen Wohnsitz hatten. Bei den Wahlversammlungen wurden in jedem Dorf so genannte Beschwerdehefte ausgelegt, in denen Männer und Frauen ihre Not schildern und auf Ungerechtigkeiten aufmerksam machen konnten. Es war die bis dahin größte Volksbefragung in der Geschichte. Im Mai 1789 begrüßte der König schließlich feierlich die Generalstände im Schloss von Versailles.

Die Nationalversammlung

Doch es kam zum Streit darüber, wie abgestimmt werden sollte: Sollte man nach Köpfen oder nach Ständen auszählen? Im ersten Fall hätte sich der Dritte Stand durchgesetzt, im zweiten Adel und Klerus.

Die Vertreter des Bürgertums waren nicht mehr bereit nachzugeben und erklärten sich kurzerhand zur Nationalversammlung. Die Begründung war einfach: 98 Prozent aller Franzosen würden von ihnen vertreten, also beinahe die gesamte Nation.

Der König ließ den Tagungsraum schließen. Daraufhin zogen die Abgeordneten des Dritten Standes in ein leer stehendes Ballhaus des Hofes um. Dort schworen sie den feierlichen Eid, nicht eher auseinander zu gehen, bis Frankreich eine Verfassung habe.

„Zu den Waffen, Bürger!"

Nun überstürzten sich die Ereignisse:

Am 12. Juli ließ Ludwig XVI. Truppen an den Grenzen von Paris aufmarschieren.

Am 13. Juli wurden Waffenmagazine gestürmt, einfache Piken geschmiedet. Hungernde Menschen plünderten Bäckerläden.

Am 14. Juli zog eine Menschenmenge zur Bastille, dem Staatsgefängnis. Es galt als Symbol der königlichen Gewalt, obwohl darin nur wenige Gefangene saßen. Während der Übergabeverhandlungen mit dem Kommandanten stürmte die Menge das Gefängnis. Dieses Ereignis wurde zum Symbol der Revolution und der 14. Juli bis heute zum französischen Nationalfeiertag.

Am 17. Juli zog Ludwig XVI. seine Truppen zurück und besuchte Paris. Unter dem Jubel der Bevölkerung heftete er sich eine blau-weiß-rote Kokarde (Abzeichen, Erkennungszeichen) an seinen Hut. Eine Nationalgarde aus bewaffneten Bürgern sorgte in Paris für Ruhe und Ordnung.

Im Laufe des Juli und August stürmten Bauern die Schlösser des Adels, verlangten die Bücher mit den Lehnsrechten und verbrannten sie.

M2 *Sturm auf die Bastille am 14. Juli 1789* (zeitgenössischer Stich). Die Festung wurde als Gefängnis und Waffenmagazin genutzt. Daher war sie in den Augen der Bevölkerung ein Symbol des verhassten Absolutismus. Tatsächlich beherbergte sie im Juli 1789 aber nur sieben Gefangene (Abb. rechts).

M3 *„Was ist der Dritte Stand?" Unter diesem Schlagwort verfasste der Abbé Sieyès, ein Geistlicher adliger Herkunft, im Januar 1789 ein Flugblatt. Darin hieß es:*

Was ist der Dritte Stand? – Alles.
Was ist er bis jetzt in der politischen Ordnung gewesen? – Nichts.
Was fordert er? – Endlich etwas zu sein. (...)
Was braucht die Nation, um zu bestehen und zu blühen? – Private Verrichtungen und öffentliche Ämter. (...)
Diese Arbeiten halten die Gesellschaft zusammen. Wer übt sie aus? Der Dritte Stand. Wer wollte es noch bezweifeln, dass der Dritte Stand alles umfasst, um eine vollständige Nation zu bilden? Er ist der starke und kräftige Mann, dessen einer Arm noch immer in Ketten liegt.

Zit. nach: H. D. Schmid, Fragen an die Geschichte, Bd. 3, Frankfurt/M. 1981, S. 148.

M4 *Bevor der König die Generalstände einberief, ließ er Missstände aller Art in Beschwerdeheften zusammentragen. Es gab etwa 60 000 davon. Die Bauern des Dorfes Guyancourt forderten zum Beispiel:*

1. dass alle Steuern von den drei Ständen ohne irgendwelche Ausnahmen gezahlt werden, von jedem Stand gemäß seinen Kräften,
2. das gleiche Gesetz und Recht im ganzen Königreich,
5. die völlige Beseitigung jeglicher Art von Zehnten in Naturalien,
8. dass die Eigentumsrechte heilig und unverletzlich seien,
9. dass rascher und mit weniger Parteilichkeit Recht gesprochen werde,
10. dass alle Frondienste, welcher Art sie auch sein mögen, beseitigt werden,
11. dass die Einziehung zum Heeresdienst nur in dringenden Fällen erfolge und (...) ohne irgendwelche Ausnahme.

Zit. nach: Ina u. Paul Hartig, Die Französische Revolution, Stuttgart 1984, S. 34f.

M5 *Frauen des Dritten Standes verfassten 1789 eine Bittschrift an den König:*

In einer Zeit, da ein jeder bemüht ist seine Ansprüche und Rechte geltend zu machen (...), sollte es da nicht auch den Frauen möglich sein, ihrer Stimme Gehör zu verschaffen? (...) Die Frauen des Dritten Standes werden fast alle ohne Reichtümer geboren; ihre Erziehung wird vernachlässigt (...). Wir bitten Euch inständig, Sire, kostenlose Schulen einzurichten, damit wir unsere Sprache von Grund auf erlernen können, die Religion und die geistlichen und sittlichen Werte (...). Ebenso [ist] es nur gerecht, ihre [der Frauen] Stimmen zu zählen, da sie doch wie die Männer dazu verpflichtet sind, die königlichen Abgaben zu zahlen und den Verpflichtungen des Handels nachzukommen. Man wird eventuell vorbringen, alles, was man ihnen gewähren könne, sei ihnen zu gestatten, sich durch Bevollmächtigte in den Generalständen vertreten zu lassen. Man könnte dem entgegnen, (...) dass weder ein Adliger einen Nichtadligen vertreten kann noch dieser einen Adligen; ebenso (...) können Frauen nur von Frauen vertreten werden.

Cahier de doléances des femmes en 1789 et autres textes, zit. nach: Geschichte auch für Mädchen, hg. v. d. Landesregierung NRW, S. 20.

1 Woran erkennen Sie auf dem Gemälde M1 die Abgeordneten der drei Stände? Wo sitzen der König und die Königin, wo die höchsten Würdenträger des Staates?

2 Stellen Sie in einer Tabelle die Forderungen des Dritten Standes zusammen. Unterscheiden Sie dabei nach den Forderungen der Bauern (M4), der Frauen (M5) und nach allgemeinen Forderungen (M2, M4).

3 Überlegen Sie, ob die Flugschrift des Abbé Sieyès die Abgeordneten des Dritten Standes unterstützt hat (M3, VT).

4 Überlegen Sie, warum der 14. Juli noch heute der französische Nationalfeiertag ist.

8 Die Erklärung der Menschenrechte

M1 *Die Erklärung der Menschen- und Bürgerrechte vom 26. August 1789* auf einer Bildtafel der Revolutionszeit. (Die deutsche Übersetzung der Artikel ist hier in gekürzter Form in das Original eingefügt worden.)
– Wie sind die Sonnenstrahlen und das Auge im Dreieck zu deuten?

Die „große Angst"

Seit dem 19. Juli läuten täglich in vielen tausend französischen Dörfern und Städten die Sturmglocken. Bauern besetzen die Schlösser des Landadels, verlangen die Herausgabe der Dienstbarkeitsbücher und verbrennen sie in Freudenfeuern. Hunderte von Schlössern werden ausgeraubt und angezündet. Gerüchte gehen um, eine der europäischen Mächte plane einen Angriff auf Frankreich. Andere erzählen voller Furcht, dass sich der Adel gegen das Volk verschworen habe.

„Weg mit den Privilegien!"

Viele Adlige flüchteten in diesem Sommer 1789 aus Frankreich. Selbst Kirchen und Klöster waren nicht mehr sicher, und auch die besitzenden Bürger fürchteten um ihr Eigentum. Die Abgeordneten der Nationalversammlung wussten, dass sie schnell handeln mussten, wenn sie das Chaos verhindern wollten.
In einer Sitzung am 4. August schlug gegen 11 Uhr abends einer der reichsten Grundbesitzer Frankreichs vor, die alten Vorrechte des Adels abzuschaffen. In einer Welle der Begeisterung trat nun ein Adliger nach dem anderen vor und verkündete feierlich, auf seine Privilegien zu verzichten. Am frühen Morgen gab es die alte Ordnung nicht mehr.
Ab sofort sollten alle Franzosen Steuern zahlen. Die Leibeigenschaft der Bauern war aufgehoben, und sie konnten sich von ihren Abgaben und Frondiensten freikaufen. Bauern durften nun auch auf ihrem Besitz jagen. Der Kirchenzehnt wurde in eine allgemeine Geldsteuer umgewandelt.

„Freiheit, Gleichheit, Brüderlichkeit!"

So lautete nun überall die Parole. Der Dritte Stand hatte sich durchgesetzt. Aber er forderte mehr: Die Stände sollten ganz verschwinden. Ein Graf, Herzog oder Bischof durfte nicht mehr Rechte haben als ein einfacher Bürger.
Am 26. August 1789 war es so weit. Die Nationalversammlung verkündete ein Dokument, das die Vorrechte des Adels und der Geistlichkeit endgültig beseitigte: die Erklärung der Menschen- und Bürgerrechte. Alle Franzosen waren nun als Staatsbürger gleich.
Doch es blieben Fragen: Wie würden die Menschen mit ihrer neu gewonnenen Freiheit umgehen? War Frankreich überhaupt noch zu regieren, wenn jeder tun konnte, was er wollte?

M2 *rechts: Zug der Frauen nach Versailles* (zeitgenössische Radierung). Am 5. Oktober 1789 zogen mehrere Tausend Frauen aus den Pariser Arbeitervierteln nach Versailles, weil sie ihre Familien nicht mehr ernähren konnten. Ihnen schlossen sich Nationalgardisten der neuen Bürgerwehr an. Die Frauen drangen in die königlichen Gemächer ein und machten den König für die Hungersnot verantwortlich. Der König musste schließlich nach Paris umziehen und die Beschlüsse der Nationalversammlung anerkennen.

M3 *Die Schriftstellerin Olympe de Gouges,* mit bürgerlichem Namen Marie Aubry, besuchte die Sitzungen der Nationalversammlung, gründete eine republikanische Frauengesellschaft und verfasste politische Briefe und Streitschriften. 1793 wurde sie hingerichtet, weil sie die Führer der Revolution kritisiert hatte.

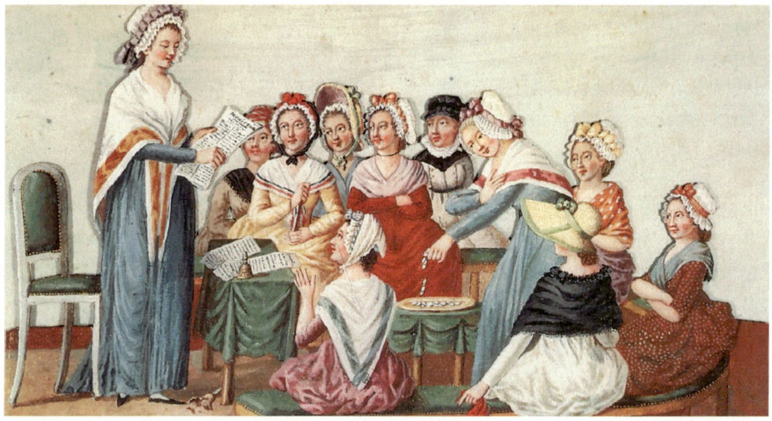

M5 *Patriotischer Frauenklub* (Zeichnung der Brüder Leseur von 1791). Frauen hatten maßgeblich dazu beigetragen, die Ideen der Aufklärung zu verbreiten. In der Revolution gründeten sie Klubs um zu diskutieren, Beschlüsse zu fassen und politische Forderungen zu stellen.

M4 *Olympe de Gouges in ihrer „Erklärung der Rechte der Frau und Bürgerin", 1791:*

Art. 1: Die Frau ist frei geboren und bleibt dem Manne gegenüber gleichberechtigt. Die sozialen Unterschiede können nur auf dem allgemeinen Nutzen gegründet sein.

Art. 2: Der Zweck jeder politischen Verbindung ist die Bewahrung der natürlichen und unverjährbaren Rechte der Frau und des Mannes; diese Rechte sind Freiheit, Eigentum, Sicherheit und vor allem das Recht auf Widerstand gegen Unterdrückung.

Art. 6: Das Gesetz soll Ausdruck des Willens aller sein; alle Bürgerinnen und Bürger sollen persönlich oder über Vertreter zu seiner Entstehung beitragen, für alle sollen die gleichen Bedingungen gelten.

Olympe de Gouges, Schriften, Frankfurt/Main, Basel 1980, S. 41.

M6 *Ist die neue „Gleichheit" mit Vorrechten der Männer vereinbar? Die Männer der Nationalversammlung betonten immer wieder, dass alle Franzosen gleich seien. Doch als sie Frankreich 1791 eine neue Verfassung gaben, waren sie nicht bereit, den Frauen das Wahlrecht zuzugestehen. Olympe de Gouges zeigte sich von der Entwicklung tief enttäuscht:*

Mann (...), sag an, wer hat dir die selbstherrliche Macht verliehen, mein Geschlecht zu unterdrücken? Einzig der Mann (...) fällt in diesem Jahrhundert der Aufklärung und Vernunft in gröbste Unwissenheit zurück und glaubt, despotisch über ein Geschlecht verfügen zu können, das alle intellektuellen Fähigkeiten besitzt. Er ist es, der Nutzen aus der Revolution zieht und seinen Anspruch auf Gleichheit geltend macht.

Olympe de Gouges, Schriften, Frankfurt/Main, Basel 1980, S. 39.

1 Die linke Frauengestalt in M1 verkörpert die Nation; das können Sie an den Farben erkennen. Welche symbolische Bedeutung haben die Ketten?

2 Wodurch unterscheidet sich das Manifest der Olympe de Gouges (M4) von der Menschenrechtserklärung (M1)?

3 Die Menschenrechte von 1789 finden sich heute in den Verfassungen fast aller Staaten wieder. Vergleichen Sie mit den Artikeln 1 bis 19 des Grundgesetzes.

9 Menschenrechte heute

M1 *Etwa 300 000 Kindersoldaten* werden weltweit in Konflikten eingesetzt, die meisten davon in Afrika. Sie schleppen Munition, spionieren feindliche Stellungen aus und kämpfen. Manchmal werden sie sogar gezwungen, eigene Nachbarn und Verwandte umzubringen, um sie an die Truppe zu fesseln und eine Rückkehr in die Dörfer unmöglich zu machen (Plakat der internationalen Kinderhilfsorganisation „terre des homes").

Es begann 1789

Am 26. August 1789 verkündete die französische Nationalversammlung die Erklärung der Menschen- und Bürgerrechte. Dies war ein Dokument, das vielleicht wie kein zweites gewirkt hat. Menschen in aller Welt haben seitdem für die Garantie grundlegender Rechte gekämpft und dabei große Fortschritte gemacht. Heute erscheint es fast selbstverständlich, dass Menschenrechte einen Schutz auch durch die internationale Staatengemeinschaft genießen. Trotzdem kann nicht von einem tatsächlichen Siegeszug der Menschrechte gesprochen werden. Wenn man an einem beliebigen Tag der Woche die Zeitung aufschlägt, wird man fast immer einen Bericht aus irgendeinem Land der Welt finden, in dem geschildert wird, wie Menschen geschunden, Kinder misshandelt, Häftlinge gefoltert werden, weil sie einer bestimmten Nationalität angehören, eine bestimmte politische Ansicht oder religiöse Überzeugung vertreten, die den Machthabern nicht passt.

Die „Erklärung der Menschenrechte"

Längst ist es üblich, dass sich internationale Organisationen einmischen, wenn irgendwo auf der Welt Menschenrechte verletzt werden. Ausgelöst worden ist diese Entwicklung vor allem durch die Schrecken des Zweiten Weltkriegs. Die menschenverachtende Politik der nationalsozialistischen Diktatur mit ihren Millionen von Opfern ließ die Überzeugung reifen, dass das Schicksal des Einzelmenschen im Verhältnis zu seiner Staatsgewalt auch eine Angelegenheit der Internationalen Gemeinschaft sei. So wurde 1945 in die Charta der Vereinten Nationen die Bestimmung aufgenommen, dass die Weltorganisation sich für die Förderung und den Schutz der Menschenrechte einzusetzen habe. Im Jahr 1948 wurde von der Generalversammlung der Vereinten Nationen die „Allgemeine Erklärung der Menschenrechte" angenommen. Zum ersten Mal in der Geschichte war damit ein für alle Menschen ohne Rücksicht auf Geschlecht, Nationalität, Religion bestimmter Katalog von Rechten formuliert und verabschiedet worden.

Menschenrechtsverletzungen heute

Gegenüber dem Menschenrechtskatalog der Vereinten Nationen hegen einige Länder Vorbehalte, vor allem China und einige islamische Länder, die weder den Gedanken religiöser Selbstbestimmung des Menschen noch das Prinzip einer vollen Gleichheit von Mann und Frau akzeptieren. In der Frage, wie auf religiöse Traditionen reagiert werden soll, sind die Meinungen geteilt. Während die arabischen Staaten Respekt vor ihren überkommenen religiösen Werten fordern, ist die Menschenrechtskommission der Vereinten Nationen nicht bereit, auf Kritik an menschenverachtenden Zuständen in diesen Ländern zu verzichten. Regelmäßig verurteilen Resolutionen der Vereinten Nationen die Diskriminierung von Frauen, religiöse Intoleranz und andere Verletzungen der Menschenrechte in den arabischen Staaten.

M2 *1948 kamen in Paris Vertreter aus den damals 48 Mitgliedsstaaten der Vereinten Nationen (United Nations Organization = UNO) zusammen. Sie veröffentlichten die „Allgemeine Erklärung der Menschenrechte“:*

Art. 1: Alle Menschen sind frei und gleich an Rechten geboren. (...)

Art. 3: Jeder Mensch hat das Recht auf Leben, Freiheit und Sicherheit der Person.

Art. 4: Niemand darf in Sklaverei und Leibeigenschaft gehalten werden. (...)

Art. 5: Niemand darf der Folter oder grausamer, unmenschlicher oder erniedrigender Behandlung oder Strafe unterworfen werden.

Art. 9: Niemand darf willkürlich festgenommen, in Haft gehalten oder des Landes verwiesen werden.

Art. 18: Jeder Mensch hat den Anspruch auf Gedanken-, Gewissens- und Religionsfreiheit. (...)

Resolution der UN-Generalversammlung 217 A (III.)

M4 *Demonstration für die Einhaltung der Menschenrechte* in Berlin 1997. Amnesty International ist eine von weit über 1000 Organisationen, die sich für den Schutz der Menschenrechte einsetzen.

M3 *Moderne Sklaverei. Henriette Akofa wächst in Togo auf. Als sie fünfzehn ist, wird sie von einer Freundin der Familie mit falschen Versprechungen nach Paris gelockt. Dort wird sie jahrelang in einem Haushalt wie eine Gefangene gehalten und ausgebeutet. In ihrem Buch „Keine Zeit für Tränen“ aus dem Jahr 2000 berichtet sie auch über das Schicksal anderer Mädchen:*

Celine, ein Mädchen aus Benin, war als Hausangestellte eines afrikanischen Botschafters nach Paris gekommen. Man hatte auch ihr versprochen, dass sie nur auf die Kinder aufpassen müsse, im Gegenzug könne sie die Schule besuchen. Tatsächlich aber schuftete sie den ganzen Tag im Haus und schlief auf dem Boden. Die Hausherrin beleidigte sie zuerst, dann schlug sie sie aus nichtigem Anlass. Die Schläge wurden immer schlimmer, bis ihre „Arbeitgeber“ ihr eines Tages mehrere Zähne ausschlugen. (...) Einmal schüttete die Hausherrin ihr heißes Öl in die Ohren und warf sie schließlich einfach auf die Straße.

Henriette Akofa, Keine Zeit für Tränen. Mein Leben als Sklavin in Paris, München 2001.

M5 *Über das Schicksal von Kindersoldaten berichtete UNICEF 2003:*

Für die Kommandeure sind Kinder eine ideale Verstärkung: Sie bekommen kaum Sold, sind gehorsam und begreifen oft die Gefahr, in die sie sich begeben, noch nicht. Deshalb werden sie auch an vorderster Front eingesetzt. „Sie haben mich aus meinem Dorf entführt, mich geschlagen und mir Drogen gegeben, damit ich tat, was sie wollten. Sie sagten: ‚Wenn du nicht kämpfst und unsere Feinde tötest, dann töten wir dich‘ “, (...) erzählt Charlie aus Sierra Leone. (...) Was ihm und weiteren 10 000 Kindern zugemutet wurde, ist entsetzlich: Sie mussten Dörfer niederbrennen, wurden dazu gezwungen, Menschen Arme und Beine abzuschlagen – oft in ihrer eigenen Nachbarschaft. (...)

unicef-Nachrichten 3, September 2003, Thema „Kindersoldaten“, Deutsches Komitee für UNICEF e. V. (Hg.), Köln, S. 7, 10 (Auszüge).

1 Erstellen Sie eine Wandzeitung, in der Sie Menschenrechtsverletzungen aus Zeitungen und dem Internet zusammentragen. Unter den Adressen www.amnesty.de, www.frauennews.de, www.unicef.de und www.unhchr.ch erhalten Sie Informationen.

2 Stellen Sie fest, welche der in der Menschenrechtserklärung der Vereinten Nationen (M2) genannten Rechte in ähnlicher Form im Grundgesetz und in der Erklärung der Menschenrechte durch die französische Nationalversammlung 1789 ausgewiesen sind (M1, S. 128).

10 Bürger gehen auf die Barrikaden

M1 *Während der Februarrevolution verbrennen Aufständische den Königsthron* (zeitgenössische Darstellung). Aus sozialer Not kam es im Juni zu einem Arbeiteraufstand gegen die Regierung der Republik.

Unzufriedene Bürger

In den Staaten des Deutschen Bundes waren die wirtschaftlichen Verhältnisse im Winter 1847/48 bedrückend. Infolge von Missernten stiegen die Lebensmittelpreise. Die Familien der Fabrikarbeiter litten bittere Not. Bei den meisten Handwerkern sah es kaum anders aus. Sie konnten mit den billigen Waren aus den Fabriken nicht mithalten.

Den Bürgern in den Städten ging es zwar wirtschaftlich besser, doch sie waren schon lange erbost über die Politik der Fürsten, die ihnen so viele Freiheitsrechte vorenthielten. In dieser Stimmung hörten die Menschen von einer neuen Revolution in Frankreich.

Revolutionen in Europa

Februar 1848: In Paris stürmen Bürger, Studenten, Handwerker und Arbeiter das königliche Schloss und rufen die Republik aus. Den Thron des Königs verbrennen sie an jenem Ort, an dem bis 1789 die Bastille gestanden hatte.

Als hätten die Menschen in den anderen Staaten nur auf ein solches Zeichen gewartet, ergriff die revolutionäre Bewegung halb Europa. Mailand, Neapel, Budapest, Wien, Baden, Dresden, München und Berlin wurden zu Zentren des Aufstands.

In Frankreich waren es vor allem Not leidende Arbeiter in den Städten, die den Aufstand auslösten. Eine Wirtschaftskrise hatte dazu geführt, dass viele Männer ihre Arbeit verloren und ihre Familien hungern mussten.

In Italien wiederum waren viele Menschen unzufrieden damit, dass ihr Land zersplittert war. Sie wünschten sich einen einheitlichen Staat für alle Italiener. Vor allem wollten sie aber die österreichische Fremdherrschaft im Norden des Landes los werden.

In Ungarn rebellierten national denkende Menschen gegen die Herrschaft des österreichischen Kaisers. Auch sie wollten einen eigenen Staat erringen.

Auf die Barrikaden!

Wie ein Lauffeuer breiteten sich Demonstrationen und Aufstände in den deutschen Staaten aus. Die Menschen forderten vor allem ein frei gewähltes deutsches Parlament und einen deutschen Nationalstaat.

In Wien musste der Kaiser auf Druck des Volkes den verhassten Kanzler Metternich entlassen. In Berlin versuchte der preußische König Friedrich Wilhelm IV. sein Volk zu beruhigen, indem er Pressefreiheit und eine Verfassung versprach. Doch es kam zu einem Zwischenfall: Am 18. März schossen Wachsoldaten vor dem Königsschloss auf Demonstranten. Innerhalb von Stunden errichteten Bürger, Handwerker und Arbeiter Barrikaden, um die Straßen abzusperren. Frauen und Kinder gossen aus Bleifenstern Kugeln, Männer bewaffneten sich. Bei den Kämpfen zwischen Soldaten und Bürgern kamen mehr als 200 Menschen ums Leben. Am 21. März ritt der König hinter einer schwarz-rot-goldenen Fahne durch die Stadt und ließ verkünden: „An mein Volk und an die deutsche Nation! (...) Ich habe heute die alten deutschen Farben angenommen. (...) Preußen geht fortan in Deutschland auf."

Deutscher Bund

Als loser Zusammenschluss von 35 deutschen Staaten und vier freien Städten wurde er 1815 gegründet und trat an die Stelle des aufgelösten „Heiligen Römischen Reiches Deutscher Nation". Die Staaten und Städte waren beim Frankfurter Bundestag, in dem Österreich den Vorsitz hatte, durch Gesandte vertreten.

M3 *Barrikadenkämpfe in Berlin am 18. März 1848* (kolorierter zeitgenössischer Stich). Der König setzte 14 000 Infanteristen gegen die Aufständischen ein. Doch die Bürger hielten stand. Am nächsten Tag brachten sie ihre Toten vor das königliche Schloss und bahrten sie dort auf. Friedrich Wilhelm IV. musste sich vor ihnen verneigen.

M2 *Bei vielen Volksversammlungen erhoben Bürger Forderungen, so in Offenburg (Baden) am 14. September 1847:*

Art. 2. Wir verlangen Pressefreiheit (...).

Art. 3. Wir verlangen Gewissens- und Lehrfreiheit. (...) Jedes Glaubensbekenntnis hat daher Anspruch auf gleiche Berechtigung im Staat. (...)

Art. 5. Wir verlangen persönliche Freiheit. Die Polizei höre auf, die Bürger zu bevormunden und zu quälen. Das Vereinsrecht, ein frisches Gemeindeleben, das Recht des Volkes, sich zu versammeln und zu reden. (...)

Art. 6. Wir verlangen Vertretung des Volkes beim Deutschen Bund. Die Deutschen sollen ein Vaterland werden (...).

Art. 8. Wir verlangen eine gerechte Besteuerung. (...) An die Stelle der bisherigen Besteuerung trete eine progressive Einkommenssteuer. (...)

Art. 9. Wir verlangen, dass die Bildung durch Unterricht allen gleich zugänglich werde. (...)

Art. 10. Wir verlangen Ausgleichung des Missverhältnisses zwischen Kapital und Arbeit. (...)

Art. 11. Wir verlangen (...) Geschworenengerichte. Der Bürger werde von dem Bürger gerichtet. Die Gerechtigkeitspflege ist Sache des Volkes.

Zit. nach: Karl Obermann (Hrsg.), Flugblätter zur Revolution 1848/49. München 1972, S. 36 f.

1 Welches Zeichen wollten die Pariser Bürgerinnen und Bürger in M1 für alle Franzosen setzen? Welche symbolische Bedeutung hat die Wahl des Ortes (VT)?

2 Vergleichen Sie die Entwicklung in Frankreich 1848–1852 mit der Revolution von 1789–1799 (VT S. 126/127).

3 Erläutern Sie, wie sich der preußische König verhielt.

4 Geben Sie die Forderungen des Volkes in Offenburg (M2) in eigenen Worten wieder. Welche Missstände sollten jeweils beseitigt werden? Was meint Art. 8 mit einer „progressiven" Einkommenssteuer?

11 Das erste deutsche Parlament

M1 *Wie sich die Zeiten ändern* (Karikatur aus dem Jahr 1849). – Erklären Sie die Aussage der Karikatur.

„Guten Tag ooch, Herr Hofrat Gumpel."
„Ihr Diener! Bester Freund, ein Wort im Vertrauen – nennen Sie mich einfach Herr Gumpel und lassen Sie den Hofrat weg!"

„Guten Tag ooch, Herr Gumpel."
„Guten Tag! Lieber Mann, ein Wort im Vertrauen – nennen Sie mich einfach Herr Hofrat und lassen Sie den Gumpel weg!"

Nationalversammlung
ist eine Versammlung von Abgeordneten, die vom Volk gewählt werden und den Anspruch erheben, für das ganze Volk zu sprechen. In der Frankfurter Paulskirche trat 1848 die erste deutsche Nationalversammlung zusammen. Sie sollte vor allem über Grundrechte, die Regierungsform und den Umfang des Reichsgebietes beraten und entscheiden.

Vielvölkerstaat
Ein Vielvölkerstaat besteht aus mehreren Nationen, also großen Volksgruppen mit eigener Sprache und Kultur. So herrschte der Kaiser von Österreich bis 1918 über viele Völker, z. B. Polen, Tschechen, Slowaken, Ungarn und Kroaten.

Eine deutsche Nationalversammlung

Angesichts der Aufstände in vielen Orten Deutschlands waren die meisten Fürsten sehr verängstigt. Daher gaben sie den Forderungen des Volkes scheinbar bereitwillig nach, hoben die Zensur der Presse auf und beriefen liberale Minister. Im Frankfurter Bundestag stimmten die Vertreter aller Länder des Deutschen Bundes der Wahl einer Nationalversammlung zu. Zum ersten Mal sollten Abgeordnete des deutschen Volkes in freier Wahl bestimmt werden.

Am 18. Mai 1848 traten diese Abgeordneten in Frankfurt/ M. zusammen. Das Ereignis wurde als großes nationales Fest gefeiert: Die Abgeordneten zogen unter Glockengeläut und Kanonendonner in die Paulskirche ein. Das war ihr Versammlungsort, denn es gab ja noch kein Parlamentsgebäude.

In der Nationalversammlung saßen vor allem Juristen, Gelehrte und Beamte zusammen. Nur vier Handwerker waren vertreten, kein einziger Arbeiter und auch keine Frauen. Die wichtigste Aufgabe der Abgeordneten war es, eine Verfassung auszuarbeiten. Nach langen Debatten wurde die Verfassung des zukünftigen Deutschen Reiches am 28. März 1849 mit 290 zu 248 Stimmen angenommen.

Kleindeutsch oder großdeutsch?

Besonders heftig hatten die Abgeordneten darüber gestritten, welchen Umfang der künftige deutsche Nationalstaat haben sollte. Die Kernfrage lautete: mit oder ohne Österreich? Im österreichischen Kaiserreich lebten viele Völker zusammen, etwa Ungarn, Tschechen und Slowaken. Da es unmöglich schien, nur den deutschen Teil Österreichs in das neue Reich aufzunehmen, entschied man sich schließlich für eine „kleindeutsche" Lösung, also ohne Österreich. Der König von Preußen sollte „Kaiser der Deutschen" werden.

Die alten Mächte kehren zurück

Friedrich Wilhelm IV. lehnte aber eine Kaiserkrone aus der Hand des Volkes ab. Viele Abgeordnete legten daraufhin ihr Amt enttäuscht nieder. Die radikalen Revolutionäre kämpften jetzt für eine deutsche Republik. Doch preußische Truppen schlugen Aufstände in Sachsen, in der Pfalz und in Baden nieder. Überall beendeten die Fürsten mit Soldaten die Revolution und hoben Freiheitsrechte wieder auf. Manche Revolutionäre wurden erschossen, andere verhaftet. Zehntausende flohen in die Schweiz und in die USA.

M2 *„Grundrechte des Deutschen Volkes". Die Nationalversammlung beschloss die Grundrechte im Dezember 1848. Sie wurden 1849 als Paragraphen 130–189 an die Reichsverfassung angehängt:*

(...) § 131: Das deutsche Volk besteht aus den Angehörigen der Staaten, welche das Deutsche Reich bilden. (...)

§ 137: Vor dem Gesetz gilt kein Unterschied der Stände. Der Adel als Stand ist aufgehoben. (...) Die Deutschen sind vor dem Gesetz gleich. (...) Die öffentlichen Ämter sind für alle Befähigten gleich zugänglich. Die Wehrpflicht ist für alle gleich.

§ 138: Die Freiheit der Person ist unverletzlich. (...)

§ 139: Die Todesstrafe, ausgenommen wo das Kriegsrecht sie vorschreibt (...), sowie die Strafen des Prangers, der Brandmarkung und der körperlichen Züchtigung sind abgeschafft.

§ 140: Die Wohnung ist unverletztlich. (...)

§ 143: Jeder Deutsche hat das Recht, durch Wort, Schrift, Druck und bildliche Darstellung seine Meinung frei zu äußern. (...)

§ 144: Jeder Deutsche hat volle Glaubens- und Gewissensfreiheit. Niemand ist verpflichtet, seine religiöse Überzeugung zu offenbaren.

§ 161: Die Deutschen haben das Recht, sich friedlich und ohne Waffen zu versammeln. (...)

§ 162: Die Deutschen haben das Recht, Vereine zu bilden. (...)

§ 164: Das Eigentum ist unverletzlich. Eine Enteignung kann nur aus Rücksichten des gemeinen Besten, nur aufgrund eines Gesetzes und gegen gerechte Entschädigung vorgenommen werden. (...)

§ 168: Alle auf Grund und Boden haftenden Abgaben und Leistungen, insbesondere die Zehnten, sind ablösbar. (...)

§ 178: Das Gerichtsverfahren soll öffentlich und mündlich sein. (...)

§ 179: Schwurgerichte sollen jedenfalls in schwereren Strafsachen und bei allen politischen Vergehen urteilen. (...)

§ 181: Rechtspflege und Verwaltung sollen getrennt und voneinander unabhängig sein.

Zit. nach: Ernst Rudolf Huber (Hg.), Quellen zum Staatsrecht der Neuzeit, Bd. 1, Tübingen 1949, S. 257 ff.

1 Vergleichen Sie, wie sich der preußische König 1848 und 1849 verhielt (vgl. S. 132/133).

2 Erklären Sie, warum die Abgeordneten der Nationalversammlung Österreich aus dem zukünftigen deutschen Reich ausschlossen.

3 Die „Grundrechte des deutschen Volkes" von 1848/49 (M2) finden sich zum Teil im Grundgesetz der Bundesrepublik Deutschland von 1949 wieder. Vergleichen Sie.

4 Vermuten Sie: Welche Folgen hatte das Scheitern der Revolution für Deutschland?

M3 *Sitzung der Nationalversammlung* (zeitgenössische Farblithographie). Die Abgeordneten saßen im Halbkreis. Links auf dem Podium steht der Präsident der Versammlung, Heinrich von Gagern. Vom Rednerpult aus spricht der sächsische Abgeordnete Robert Blum. Blum wurde in Wien standrechtlich erschossen, nachdem die Truppen des Kaisers im Oktober 1848 einen Volksaufstand niedergeschlagen hatten.

12 Werkstatt
Politische Lieder untersuchen

Im Vormärz, so nennt man die Zeit zwischen dem Wiener Kongress und der Märzrevolution von 1848 auch, haben Patrioten und Demokraten ein anderes Deutschland schaffen wollen. Dafür haben sie in Reden, Aufrufen, Flugblättern und Zeitungsartikeln gekämpft. Die Sehnsucht nach einem geeinten und freien Vaterland drückt sich auch in vielen Gedichten und Liedern der Zeit aus.

Politische Lieder haben im 19. Jahrhundert wahrscheinlich mehr Menschen erreicht als das geschriebene Wort. Bücher und Zeitungen wurden weitgehend von den gebildeten Bürgerinnen und Bürgern gelesen. Volkstümliche Lieder waren „in aller Munde" – auch in den Arbeitervierteln der Großstädte und auf dem Land, wo viele Menschen nicht lesen konnten.

M1 *Die Studenten auf dem Weg zum Wartburgfest* erscheinen auf dieser zeitgenössischen Darstellung in fröhlicher Laune, vermutlich singen sie sogar. 1817 fand auf der Wartburg bei Eisenach eine Kundgebung von Studenten statt. Sie forderten einen Nationalstaat und eine Verfassung auf der Grundlage von Menschenrechten. Im Anschluss an das Fest wurden von den Studenten symbolische Werte der Reaktion, aber auch der Aufklärung verbrannt, was für den zwiespältigen Charakter dieser Veranstaltung bezeichnend war. Freiheitslieder oder patriotische Lieder aus der Zeit der Befreiungskriege waren überall bekannt. Die Gesangvereine hatten 1848 fast 100 000 Mitglieder.

M2 *Ernst Moritz Arndt schrieb 1813 das Lied „Was ist des Deutschen Vaterland?"*

1. Was ist des Deutschen Vaterland?
Ist's Preußenland? Ist's Schwabenland?
Ist's, wo am Rhein die Rebe blüht? Ist's
wo am Belt die Möve zieht? O nein,
nein, nein; sein Vaterland muss größer
sein, sein Vaterland muss größer sein!
Das soll es sein, das soll es sein!
Das, wackrer Deutscher, nenne dein! (...)

6. Was ist des Deutschen Vaterland?
So nenne endlich mir das Land!
So weit die deutsche Zunge klingt
und Gott im Himmel Lieder singt:
Das soll es sein, das soll es sein!
Das, wackrer Deutscher, nenne dein! (...)

9. Das ganze Deutschland soll es sein!
O Gott vom Himmel, sieh darein
und gib uns rechten deutschen Mut,
dass wir es lieben treu und gut!
Das soll es sein, das soll es sein,
das ganze Deutschland soll es sein!

Manfred Sievritts, Lied – Song – Chanson, Bd. 2: Politisch Lied, ein garstig Lied?, Wiesbaden 1984, S. 396f.

M3 *Ein badisches Wiegenlied von Ludwig Pfau auf den Ausgang der 1848/49er-Revolution. Es wird nach der Melodie von „Maikäfer, flieg" gesungen. Der Text bezieht sich auf die Aufstände im Rheinland, in der Pfalz und in Baden, die von den preußischen Truppen niedergeschlagen wurden.*

1. Schlaf, mein Kind, schlaf leis,
Dort draußen geht der Preuß!
Deinen Vater hat er umgebracht,
Deine Mutter hat er arm gemacht,
Und wer nicht schläft in guter Ruh,
Dem drückt der Preuß die Augen zu.
Schlaf, mein Kind, schlaf leis,
Dort draußen geht der Preuß!

2. Schlaf, mein Kind, schlaf leis,
Dort draußen geht der Preuß!
Der Preuß hat eine blut'ge Hand,
Die streckt er übers bad'sche Land,
Und alle müssen stille sein,
Als wie der Vater unterm Stein.
Schlaf, mein Kind, schlaf leis,
Dort draußen geht der Preuß!

3. Schlaf, mein Kind, schlaf leis,
Dort draußen geht der Preuß!
Zu Rastatt[1] auf der Schanz,
Da spielt er auf zum Tanz,
Da spielt er auf mit Pulver und Blei,
So macht er alle Badener frei.
Schlaf, mein Kind, schlaf leis,
Dort draußen geht der Preuß!

4. Schlaf, mein Kind, schlaf leis,
Dort draußen geht der Preuß!
Gott aber weiß, wie lang er geht,
Bis dass die Freiheit aufersteht,
Und wo dein Vater liegt, mein Schatz,
Da hat noch mancher Preuße Platz!
Schrei, mein Kind, schrei's:
Dort draußen *liegt* der Preuß!

Text: Ludwig Pfau, Melodie: „Maikäfer, flieg". In: Lebendige Vergangenheit 3, Stuttgart 1992, S. 64.

[1] Hier kapitulierten im Juli 1849 6000 badische Aufständische.

M4 *Ernst Moritz Arndt (1769–1860)*

Methodische Arbeitsschritte

1. Wann ist das Lied entstanden?
2. Wer hat den Text geschrieben?
3. Um welche Ereignisse und Personen geht es in dem Lied?
4. Was sagt der Titel des Liedes aus?
5. Wie klingt der Text – anklagend, ironisch, aufrührerisch oder spöttisch?
6. Wie wirkt das Lied insgesamt auf Sie?
7. Was hat der Verfasser mit diesem Lied beabsichtigt?

1 Suchen Sie einen der Liedtexte aus und interpretieren Sie nach den methodischen Arbeitsschritten.

2 Informieren Sie sich über Ernst Moritz Arndt. Warum schrieb er das Lied „Was ist des Deutschen Vaterland?"?

3 Sicher kennen Sie das „Lied der Deutschen", das Hoffmann von Fallersleben 1841 auf der damals englischen Insel Helgoland schrieb. Seine dritte Strophe ist seit 1952 die deutsche Nationalhymne. Welche Gemeinsamkeit hat das Lied mit dem von E. M. Arndt?

4 Suchen Sie andere Lieder oder Gedichte aus der Zeit des Vormärz und der Revolution von 1848/49. Fragen Sie den Deutschlehrer/die Deutschlehrerin, suchen Sie in Liederbüchern und Gedichtbänden, gehen Sie mit gut gewählten Suchbegriffen ins Internet.

1769

James Watt lässt sich seine Erfindung einer leistungsfähigeren Dampfmaschine patentieren.

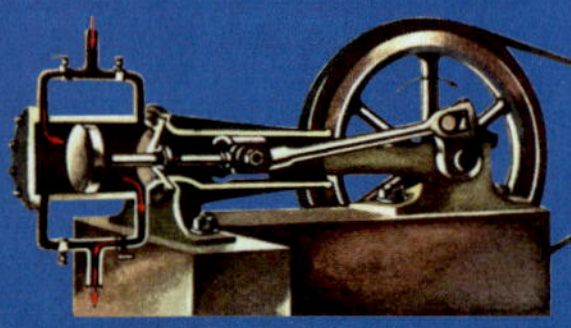

1834

Der Deutsche Zollverein wird gegründet.

1835

Fahrt der ersten deutschen Eisenbahn von Nürnberg nach Fürth

1844

Aufstand der schlesischen Weber

Industrialisierung und soziale Frage

„The Nineteenth Century – Iron and Coal" – „Das 19. Jahrhundert – Eisen und Kohle" (Gemälde von William Belle Scott, 1811–1890). Das Bild zeigt wichtige technische Neuerungen, die das Zeitalter der Industrialisierung bestimmten.

Im Internet surfen, mit Lasertechnik operieren, per Flugzeug um den Erdball reisen – so wie alle diese Dinge heute ganz selbstverständlich sind, waren sie vor 200 Jahren noch undenkbar. Erst durch die Industrialisierung ist unsere Welt so modern geworden, wie wir sie heute kennen. Wann aber begann diese Entwicklung, welche Kräfte haben sie vorangetrieben? Wie hat der Fortschritt das Leben der Menschen verändert? Und welche Probleme haben die Neuerungen gebracht?

In der Frühphase der Industrialisierung herrschte ein großer Optimismus und eine ungeheure Technikbegeisterung. Auch glaubten die Menschen fest daran, dass der Fortschritt einen wachsenden Wohlstand für alle bringen würde. Jetzt dagegen, am Beginn des 21. Jahrhunderts, könnte man leicht zu der Ansicht kommen, dass eine industrialisierte Welt gleich zwei Verlierer hat: den Menschen und die Umwelt.

1863

Die erste deutsche Arbeiterpartei wird gegründet.

1879

Werner von Siemens entwickelt eine elektrische Eisenbahn.

um 1960

Im Ruhrgebiet setzt das „Zechensterben" ein.

1 Der Aufbruch ins Industriezeitalter

industrielle Revolution
Dieser Begriff beschreibt die Anfangsphase der Industrialisierung. Der Schritt zur Industriegesellschaft brachte so viele technische, wirtschaftliche und soziale Umwälzungen mit sich, dass wir heute von einer Revolution sprechen. Die Industrialisierung begann im 18. Jahrhundert in England und hat bis heute fast alle Länder der Erde erfasst.

England schreitet voraus

Zu Beginn des 18. Jahrhunderts war von Fortschritt und Wandel in Europa noch wenig zu spüren. Im Leben der Menschen hatte sich über Jahrhunderte fast nichts verändert. Die meisten Menschen lebten als Bauern, Handwerker oder Tagelöhner auf dem Land. Nur wenige Handwerker und Landwirte kamen auf die Idee, technische Erfindungen gezielt zu nutzen, um mehr Waren herzustellen. Schließlich gab es ja auch so genügend Arbeitskräfte. Doch im 18. Jahrhundert konstruierten englische Erfinder zahlreiche Maschinen, welche die Arbeit der Handwerker erheblich erleichterten. Innerhalb weniger Jahrzehnte änderte sich nicht nur die Arbeitswelt der Menschen grundlegend, sondern ihre ganze Lebensweise: Die industrielle Revolution begann.

Die Textilindustrie macht den Anfang

Im 18. Jahrhundert wuchs die Bevölkerung Englands von etwa 5 auf über 9 Millionen. Es wurde immer schwieriger, alle Menschen mit Kleidung zu versorgen, denn die Spinn- und Webtechnik war jahrhundertelang kaum verändert worden. In Handarbeit wurde Wolle auf Spinnrädern zu Garn gesponnen und dann auf Webstühlen zu Stoffen verarbeitet.

Im Laufe des 18. Jahrhunderts wurde zunehmend auch Baumwolle verarbeitet, die in Europa und Nordamerika sehr gefragt war. Denn Baumwollstoffe waren zum einen billiger zu kaufen und zum anderen angenehmer zu tragen und leichter zu waschen als die herkömmlichen Wollkleider. Mit ihren alten Spinnrädern konnten die englischen Weber die steigende Nachfrage nicht mehr bewältigen. Die Herstellung von Garn dauerte einfach zu lange. Als der Webstuhl 1733 technisch so verbessert wurde, dass man mit doppelter Geschwindigkeit weben konnte, hinkte die Garnproduktion noch stärker hinterher.
1764 gelang der große Durchbruch. Der Weber James Hargreaves erfand eine handbetriebene Spinnmaschine, die „Spinning Jenny". Sie lieferte in gleicher Zeit sechzehnmal so viel Garn wie ein einzelnes Spinnrad. Eine weitere Verbesserung erzielte Richard Arkwright, indem er die Spinnmaschinen nicht mehr mit Muskelkraft, sondern von Wasserkraft antreiben ließ. Er stellte die Maschinen in großen Räumen auf, wo Arbeiter sie bedienten und kontrollierten. So entstanden die ersten Fabriken.

M1 *Heimarbeit im 18. Jahrhundert* (englisches Gemälde, um 1750). Das Bild zeigt das Kochen, Aufspulen und Spinnen des Garns. Spinnräder dieser Art gab es seit dem 15. Jahrhundert.

Watts kraftvolle Erfindung

Die Zahl der neuen Textilmaschinen stieg so rasch an, dass man nach einer neuen, stärkeren Antriebskraft suchte. Einem jungen Mechaniker namens James Watt aus der schottischen Stadt Glasgow gelang es 1769, eine leistungsstarke Dampfmaschine zu konstruieren, die mit Kohle befeuert wurde. Später veränderte Watt die Maschine noch so, dass man andere Maschinen damit antreiben konnte. Dieser technische Fortschritt ermöglichte es, die Menge der hergestellten Ware um ein Vielfaches zu erhöhen. Um 1850 produzierten 750 Arbeiter einer Baumwollfabrik so viel Garn wie 200 000 Heimarbeiter 100 Jahre zuvor. 50 000 Spindeln drehten sich gleichzeitig – angetrieben von einer einzigen Dampfmaschine.

M2 *Maschinelles Spinnen* (Gemälde, um 1834)

M3 *Erfindungen im 18. Jahrhundert:*
1705 Thomas Newcomen erfindet eine Kolbendampfpumpe, die in Bergwerken zum Herauspumpen des Grundwassers verwendet wird.
1733 Der Weber John Kay erfindet das „fliegende Weberschiffchen", das die Produktion des Webstuhls und damit die Nachfrage nach Garn verdoppelt.
1764 James Hargreaves erfindet die „Spinning Jenny". Tausende Heimarbeiterinnen und -arbeiter werden arbeitslos.
1769 Richard Arkwright konstruiert eine von Wasser angetriebene Spinnmaschine.
1769 James Watt meldet das erste Patent auf seine Dampfmaschine an.
1782 Watt konstruiert eine Dampfmaschine, die die Kolbenbewegung in eine Drehbewegung umsetzt.
vom Verfasser zusammengestellt

M5 *Automatisierte Textilfabrik* (Foto, um 1980)

M4 *Einfuhr von Rohbaumwolle nach Großbritannien:*

Jahr	*Menge*
um 1700	ca. 600 t
um 1720	ca. 1100 t
1764	1935 t
1780	8000 t
1801	25000 t
1815	50000 t
um 1825	ca. 100000 t
1849	346000 t

M6 *Schnitt durch eine Dampfmaschine:* Der Dampf strömt abwechselnd durch das rechte und linke Einlassventil in den Zylinder ein. Dadurch wird der Kolben in eine gleichmäßige Bewegung versetzt.

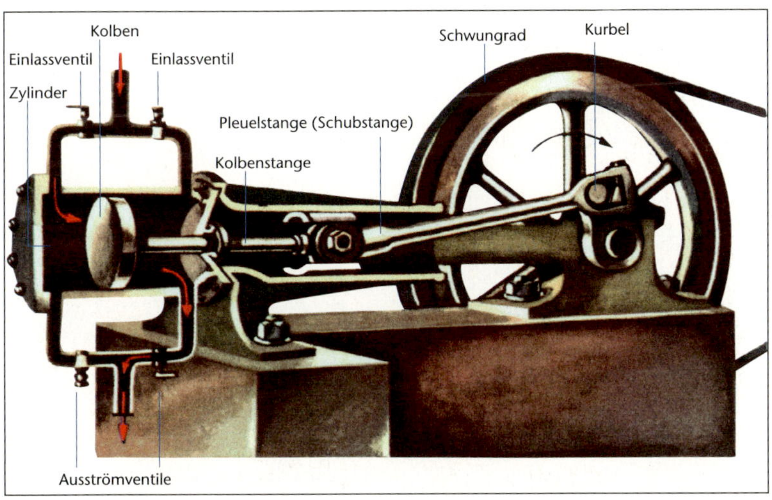

1 Zeigen Sie anhand der Textilherstellung, wie eine Erfindung die nächste nach sich zog (VT, M3).

2 Beschreiben Sie mit Hilfe von M1, M2, M5, wie sich die Herstellung von Textilien wandelte. Inwiefern veränderten die technischen Neuerungen auch die Rolle des Menschen in der Arbeitswelt?

3 Erarbeiten Sie aus M4 ein Kurvendiagramm (vgl. S. 148/149). Stellen Sie auf der x-Achse die Zeit, auf der y-Achse die Menge der Baumwolle dar.

4 Setzen Sie folgende Szene in ein Rollenspiel um: Der Besitzer einer Textilfabrik erklärt seinen Arbeitern mit Hilfe einer Zeichnung (M6), wie seine neueste Errungenschaft funktioniert. Aber die Arbeiter haben viele Fragen und Befürchtungen.

2 Warum gerade England?

Investition
Wer investiert, legt Geld in Sachvermögen wie Gebäude, Werkzeuge, Maschinen oder auch in der Forschung an, um daraus langfristig Gewinne zu erzielen.

Kapital
Das für die Errichtung von Produktionsanlagen zur Verfügung stehende Geld. Eigenkapital wird von den Unternehmenseignern, Fremdkapital meist von den Banken aufgebracht.

Erfinder und Unternehmer

Die Nachfrage nach Watts Erfindung war groß, ihm fehlte aber das Kapital, um die Maschinen herstellen zu können. Matthew Boulton, ein reicher Eisenfabrikant aus Birmingham, erkannte wiederum, dass mit Dampfmaschinen viel Geld zu verdienen war. Er schloss einen Vertrag mit Watt und übernahm alle anfallenden Kosten. Während nun der eine die Dampfmaschine ständig verbesserte, kümmerte sich der andere um deren Herstellung und Verkauf.
Wie Watt fanden viele Erfinder Geldgeber für ihre Projekte. In England war genügend Kapital vorhanden, denn Kaufleute hatten durch den Handel mit den Kolonien große Gewinne erzielt. Dieses Kapital investierten sie bereitwillig in neue, Gewinn versprechende Vorhaben.

Die Landwirtschaft verändert sich

Lebten um 1750 knapp 6 Millionen Menschen in England, waren es um 1800 schon über 9 Millionen. Das lag unter anderem daran, dass neue medizinische Erkenntnisse Massenseuchen von der Insel verdrängten. Bevölkerungsvermehrung und längere Lebensdauer hatten Auswirkungen auf die Landwirtschaft, denn die Menschen mussten mit Nahrungsmitteln versorgt werden. Aufgrund der steigenden Nachfrage nach Getreide, Fleisch, Milch und Fett lohnte es sich jetzt, in die Landwirtschaft zu investieren. Grundbesitzer legten kleine, verstreut liegende Äcker zusammen, bearbeiteten ihre Böden z. B. durch Fruchtwechsel intensiver und kauften bessere Landmaschinen. Viele kleine Bauern konnten sich das allerdings nicht leisten. Sie mussten ihre Höfe aufgeben und zogen in die Städte in der Hoffnung, dort Arbeit in den Fabriken zu finden.

M1 *Maschineneinsatz und künstlicher Dünger* revolutionierten auch die Landwirtschaft (zeitgenössischer Stich).

Schwarzes „Gold"

Um die Maschinen für die Landwirtschaft oder die Textilindustrie herzustellen, brauchte man viel Stahl und Eisen. Eisenerz gab es reichlich, aber das Holz, um es zu schmelzen, war knapp und teuer. An die Stelle des Holzes trat deshalb die Kohle. England verfügte über große Steinkohlevorkommen. Mit Hilfe von Dampfmaschinen im Bergbau konnte Kohle nun auch aus tieferen Schächten gefördert werden. Dampfmaschinen trieben leistungsstarke Pumpen an, die den Grundwasserpegel senkten und die Stollen entwässerten. Die Kohle wurde zum wichtigsten Energieträger für die Eisen- und Stahlerzeugung und für den Betrieb von Dampfmaschinen.

Maschinen verändern die Welt

Dampfmaschinen ersetzten bald überall die Wind- und Wasserkraft als Antrieb. Sie waren Tag und Nacht einsatzbereit und bestimmten das Arbeitstempo der übrigen Maschinen – und der Menschen. Die Heimarbeiter und Handwerkerfamilien waren gegen die neue Konkurrenz machtlos.
Da die Maschinen nicht mehr auf Wasserkraft angewiesen waren, mussten die Fabriken auch nicht mehr in Flusstälern liegen. Vielmehr zogen die Fabrikanten mit ihren Betrieben in die Städte, wo es genügend Arbeitskräfte gab. Hohe Fördertürme und rauchende Schornsteine bestimmten fortan das Bild in den neuen Industriezentren.

M2 *Modernisierung der Landwirtschaft: Fruchtwechsel löst Dreifelderwirtschaft ab.*

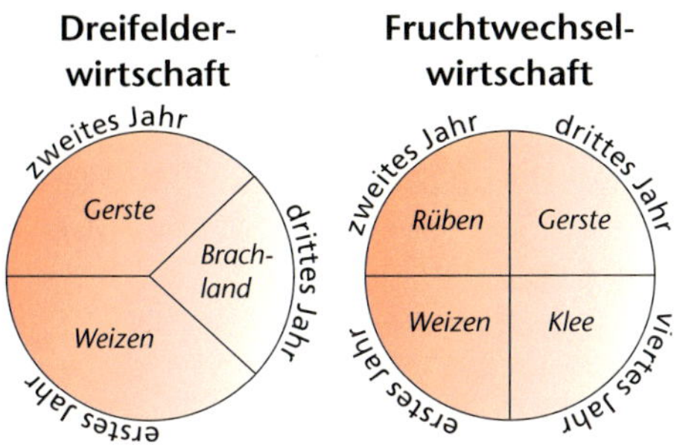

M4 *Verstädterungsprozess: Durch den Zustrom vom Land und das Bevölkerungswachstum standen den neuen Industriezentren genügend Arbeitskräfte zur Verfügung (Einwohner in Tausend).*

	1700	*1750*	*1800*	*1850*
London	575	675	959	2363
Liverpool	5–7	22	82	376
Manchester	8–9	18	75	303

M3 *Die Industriestadt Manchester beschrieb der französische Graf Alexis de Tocqueville 1835:*

Auf dem Gipfel der Hügel (…) erheben sich dreißig oder vierzig Fabriken. Mit ihren sechs Stockwerken ragen sie hoch in die Luft. (…) Um sie herum sind gleichsam willkürlich die erbärmlichen Behausungen der Armen verteilt; auf unzähligen gewundenen Pfaden gelangt man dorthin. Zwischen ihnen liegt unbebautes Land, das nicht mehr den Reiz ländlicher Natur hat, ohne schon die Annehmlichkeiten der Stadt zu bieten. Der Boden dort ist schon aufgewühlt, an tausend Stellen aufgerissen: Aber er ist noch nicht von menschlichen Siedlungen bedeckt.

(…) Um (ein) Elendsquartier herum schleppt einer der Bäche (…) langsam sein stinkendes Wasser, das von den Industriearbeiten eine schwärzliche Farbe erhält. Er wird in seinem Lauf nicht durch Kaimauern eingeschlossen. (…) Vor der Höhe seiner abschüssigen Ufer sieht man, wie er sich mühselig zwischen Erdbrocken, halbfertigen Wohnstätten oder frischen Ruinen seinen Weg bahnt. (…) Ein dichter schwarzer Qualm liegt über der Stadt. Durch ihn hindurch scheint die Sonne als Scheibe ohne Strahlen. In diesem verschleierten Licht bewegen sich unablässig dreihunderttausend menschliche Wesen. Tausend Geräusche tönen unablässig in diesem feuchten und finsteren Labyrinth. Aber es sind nicht die gewohnten Geräusche, die sonst aus den Mauern großer Städte aufsteigen: die Schritte einer geschäftigen Menge, das Knarren der Räder, (…) das Zischen des Dampfes, der dem Kessel entweicht, das gleichmäßige Hämmern des Webstuhls (…). Nirgends der Ausbruch von Freude, fröhliche Rufe, der Zusammenklang von Instrumenten, die einen Festtag ankünden.

Geschichte in Quellen, Bd 5., München 1980, S. 111 f.

1 Wie konnte England zur ersten Industrienation der Welt werden? Listen Sie die Gründe in einer Tabelle auf (VT, M2, M4).

2 Beschreiben Sie die Partnerschaft von Erfindern und Unternehmern wie Watt und Boulton mit Hilfe folgender Begriffe: Erfindung, Investition, Kapital, Produktion, Risiko, Gewinnbeteiligung.

3 Eine Bauernfamilie zieht in die Stadt, um künftig mit Industriearbeit ihren Lebensunterhalt zu verdienen. Stellen Sie ihre bisherige und ihre neue Lebens- und Arbeitswelt gegenüber.

4 Manche Menschen nannten die Dampfmaschinen „eiserne Engel", andere „schwarze Teufel". Erläutern Sie die Bezeichnungen und diskutieren Sie Vor- und Nachteile dieser Entwicklung (VT, M3, M5).

M5 *Einsatz einer frühen Dampfmaschine zum Antrieb von Pumpen in einem englischen Kohlenbergwerk (Gemälde, 1792).*

– Beschreiben Sie, welche „Kräfte" am Werk sind, um Kohle zu fördern und zu transportieren. Welche Bildelemente weisen in die Zukunft, welche in die Vergangenheit? Inwiefern zeigt das Bild, dass Kohle und Dampf in gewisser Weise voneinander abhängig sind?

3 Mit Volldampf voraus!

M1 *Eröffnung der ersten deutschen Eisenbahnstrecke zwischen Nürnberg und Fürth, 1835* (zeitgenössisches Gemälde). Die Lokomotive stammte noch aus Stephensons Fabrik und wurde von einem britischen Zugführer gefahren. Aber bald waren auch deutsche Ingenieure in der Lage, eigene und zum Teil bessere Maschinen zu entwickeln.

Deutscher Zollverein
1834 schlossen sich zunächst 18 Staaten des Deutschen Bundes zu einem einheitlichen Handelsgebiet ohne Zollschranken zusammen. Andere Staaten folgten nach und nach.

Die ersten Eisenbahnen

Der 6. Oktober 1829 war ein denkwürdiger Tag: Ein Wettbewerb sollte klären, welches Antriebssystem auf der neu erbauten Eisenbahnstrecke zwischen Manchester und Liverpool eingesetzt werden sollte. An einem Gleisstück bei Rainhill drängten sich tausende Zuschauer sowie Wissenschaftler und Techniker, um das Spektakel mitzuerleben.

Teilnehmen durften nur dampfgetriebene Lokomotiven von weniger als sechs Tonnen Gewicht, die auf ebener Strecke 20 Tonnen Gesamtgewicht mit einer Geschwindigkeit von etwa 16 km/h fortbewegen konnten. Nur eine einzige Lokomotive erbrachte schließlich die geforderten Leistungen: die „Rocket" des Bergwerkingenieurs Robert Stephenson. Unter dem Jubel der Zuschauer erreichte die „Rakete" Geschwindigkeiten bis zu 47 km/h und war die einzige Lokomotive, die ohne Pannen die Probefahrt bewältigte.

In Deutschland fuhr die erste Eisenbahn im Jahr 1835. Sie verband die beiden Städte Nürnberg und Fürth. Bei seiner Einweihungsfahrt benötigte der Zug rund neun Minuten für die sechs Kilometer lange Strecke. Die Lokomotive mit dem Namen „Adler" zog dabei neun Wagen mit etwa 200 Fahrgästen.

Ein „Schub" nach vorn

6 600 Kilometer Eisenbahnstrecken wurden in den Jahren zwischen 1840 und 1849 in Deutschland gebaut. Diese Entwicklung leitete einen gewaltigen Wirtschaftsaufschwung ein: Tausende Männer fanden bei den Eisenbahngesellschaften Arbeit. Sie schütteten Bahndämme auf, gruben Tunnel, verlegten Schienen, bauten Brücken und Bahnhöfe. Auch wurden immer mehr Arbeiter in den Fabriken für Lokomotiven und Waggons eingestellt. Riesige Mengen an Werkzeugen und Maschinen waren nötig. Folglich stieg der Bedarf an Eisen und Stahl, wodurch neue Bergwerke und Eisenhütten errichtet wurden.

Ein Weg zur Einheit?

„Anhalten, haben Sie etwas zu verzollen?", hieß es für Reisende in Deutschland alle paar Kilometer. Etwa 1800 Zollstellen gab es um 1800 in Deutschland. Das bedeutete für den Kaufmann einen immensen Zeit- und Geldverlust. Denn er musste an jeder Grenze halten und bezahlen, noch dazu immer in einer anderen Währung, weil fast jeder Staat seine eigene Geldeinheit hatte.

1834 wurde der Deutsche Zollverein gegründet, wodurch die zahlreichen Zollschranken wegfielen und ein großer, einheitlicher Markt entstand. Zum Zollverein gehörten anfangs 18 Staaten mit rund 32 Millionen Einwohnern, darunter Preußen, Bayern, Württemberg, Sachsen und die thüringischen Länder.

Viele Deutsche versprachen sich vom Eisenbahnbau und vom Zollverein wichtige politische Impulse. Sie hofften, dass ein deutsches Eisenbahnnetz eine „Klammer" für die staatliche Einheit werden könnte. Mit den Zollschranken auch die innerdeutschen Grenzen zu überwinden, das war ihr Traum, der allerdings noch lange unerfüllt blieb.

M2 *Maschinenfabrik Esslingen, gegründet 1846 von E. Kessler* (Lithografie, um 1870). 1865 gab es in Deutschland 5 500 Lokomotiven, 316 davon waren in Esslingen gebaut worden.

M3 *Der deutsche Volkswirtschaftler Friedrich List über Zollverein und Eisenbahn, 1841:*

Der Zollverein und das Eisenbahnsystem sind siamesische Zwillinge; zur gleichen Zeit geboren (…) eines Geistes und Sinnes, unterstützen sie sich wechselseitig, streben nach Vereinigung der deutschen Stämme zu einer großen und gebildeten, zu einer reichen, mächtigen und unantastbaren Nation. Ohne den Zollverein wäre ein deutsches Eisenbahnsystem nie zur Sprache, geschweige denn zur Ausführung gekommen (…). Das deutsche Eisenbahnsystem wirkt (…) auch als Stärkungsmittel des Nationalgeistes; denn es vernichtet die Übel der Kleinstaaterei und des provinziellen Eigendünkels und Vorurteils.

Friedrich List, Das nationale System der politischen Ökonomie, hg. von H. Voss, München 1942, S. 179 f.

M4 *Ankunft und Abfahrt der Postkutsche im Jahr 1825 von Köln nach Dortmund:*

Abfahrt	jeden Mittwoch und Samstag um 4 ½ Uhr	
Ankunft	in Mülheim/Ruhr	5 ½ Uhr
	Düsseldorf	12 Uhr
	Duisburg	16 ½ Uhr
	Essen n. Tag	11 ½ Uhr
	Dortmund n. Tag	6 ½ Uhr

Fahrkarten an allen Poststationen und in Wirtshäusern. Um Pünktlichkeit wird gebeten! Fahrzeiten gelten für trockene Straßen, wetterbedingte Verspätungen sind möglich. Übergepäck muss beim Fahrer angemeldet werden.

aus zeitgenössischen Quellen zusammengestellt

M5 *Fahrzeiten von Postkutsche und Eisenbahn im Vergleich (in Stunden):*

von Berlin nach	*Schnellpost um 1800*	*Eisenbahn Ende 19. Jh.*
Dresden	23	3
Hamburg	36	5
Frankfurt/M.	64	9
Köln	82	10

1 Beschreiben Sie die industriellen und politischen Entwicklungen in Deutschland ab 1834 (VT, M1, M2, M6). Erklären Sie dabei die Bedeutung des Eisenbahnbaus und des Zollvereins.

2 Erläutern Sie anhand von M4 und M5, warum die Eisenbahn das Ende der Postkutsche einläutete.

3 Erkundigen Sie sich, wann in Ihrer Heimatstadt die erste Eisenbahn gebaut wurde. Wie haben sich die Bahnlinien bis heute verändert?

4 Warum bezeichnete Friedrich List Zollverein und Eisenbahnbau als „siamesische Zwillinge“ (M3)?

M6 *Entwicklung des Eisenbahnnetzes*

4 Deutschland wird Industrieland

Sektor
Bezeichnung für die verschiedenen Bereiche in der Wirtschaft. Heute unterscheiden wir folgende Sektoren:
1. Landwirtschaft/Fischerei/Bergbau
2. Industrie/Handwerk
3. Dienstleistungsgewerbe

Unter Dampf

Ab 1850 setzte auch in Deutschland die Industrialisierung ein. Bergwerke, Stahlwerke, Eisenhütten und Fabriken wurden errichtet, Kohle, Koks und Eisen hatten Hochkonjunktur. Aus dieser Zeit stammen auch Redensarten wie „unter Dampf stehen", „Kohle machen" oder „hart wie Stahl sein". Unter den deutschen Staaten stieg Preußen zum führenden Industriestaat auf, denn das preußische Oberschlesien, das Ruhrgebiet, das Aachener Revier und das Saargebiet entwickelten sich schnell zu den Zentren des Kohlebergbaus und der Eisenindustrie.

Großstädte und Industriezentren

Die Industrieregionen boten unzählige Arbeitsplätze, sodass immer mehr Menschen vom Land in die Industriestädte zogen. Je größer die Städte, desto schneller stieg die Einwohnerzahl. Innerhalb von 50 Jahren verdoppelte sich die Bevölkerung in Städten wie Berlin, Duisburg und Essen. Wohnungen für die Arbeiter entstanden meist in der Nähe der Fabriken und Zechen, denn der Weg zum Arbeitsplatz sollte möglichst kurz sein. Es wurden schmale Reihenhäuser oder große, so genannte Mietskasernen errichtet. Die Straßen in diesen Vierteln waren eng, die Wohnungen klein, feucht und dunkel.

M1 *Der Maschinenfabrikant Friedrich Harkort gründete auf der leer stehenden Burg Wetter 1819 seine „Mechanische Werkstätte"*, eine der ersten Maschinenfabriken des Ruhrgebiets (Ölgemälde, um 1834). Ab 1826 arbeiteten hier die ersten Hochöfen. Die Maschinen wurden zunächst britischen Fabrikaten nachgebaut.

Neue Industriezweige

Vergleicht man die deutsche und britische Entwicklung zwischen 1870 und 1913, dann wird deutlich, wie groß die Fortschritte waren: Die industrielle Produktion in Großbritannien verdoppelte sich, während sich die deutsche versechsfachte! England war vor allem in den älteren Industrien stark. Doch in den schnell wachsenden neuen Sektoren wie der Chemieindustrie übernahm Deutschland bald die Führung. 1890 erzeugte die deutsche Industrie 50 % aller weltweit hergestellten künstlichen Farben, 1900 waren es bereits 90 %. Unternehmen wie Siemens, AEG, BASF, Bayer und Hoechst entwickelten sich zu mächtigen Konzernen.
Noch bedeutender war die rasante Entwicklung in der Elektroindustrie: Werner von Siemens entwickelte den Elektrodynamo, der Amerikaner Thomas Edison um 1860 die ersten Glühlampen. Bald darauf waren Straßen, Wohnhäuser und Fabriken mit elektrischem Licht erhellt. Die Elektrizität beschleunigte neue Entwicklungen, wie den elektrischen Motor, der bald die Dampfkraft in Fabriken ablöste. 1879 konstruierte Werner von Siemens eine Elektrolokomotive und 1880 den ersten elektrischen Aufzug.

„Made in Germany"

Am Ende des Jahrhunderts eroberten immer mehr deutsche Industrieprodukte die ausländischen Märkte. Englische Unternehmer und Politiker wollten verhindern, dass Deutschland zur ersten Industriemacht wurde. Mit einem Gesetz versuchten sie die heimischen Produkte und Fabrikanten zu schützen: Alle Produkte, die aus Deutschland kamen, mussten von nun an mit dem Vermerk „Made in Germany" versehen werden, um Verwechslungen mit britischen Produkten zu vermeiden. Doch die ursprünglich abwertende Bezeichnung wandelte sich bald zu einem erfolgreichen Qualitätsmerkmal.

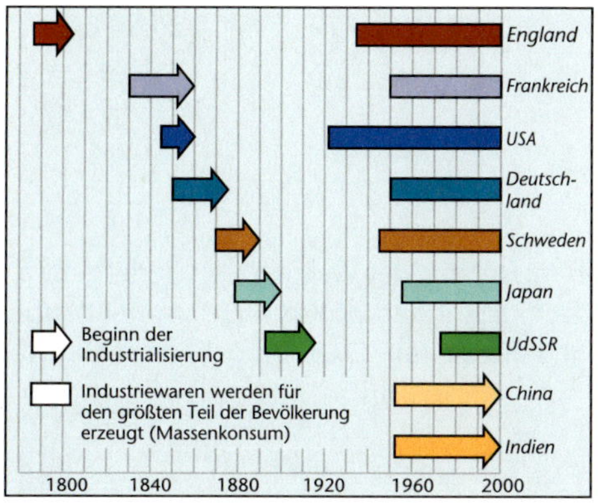

M2 *Beginn und Verlauf der Industrialisierung in verschiedenen Ländern*

M3 *Die Fabrik als Arbeitsplatz beschreibt Alfons Thun im Jahr 1879:*

Eine der ältesten, aus den 1820er-Jahren stammende Fabrikanlage wird noch gegenwärtig in Aachen benutzt; ich bin zurückgetaumelt, als mir die staubige, stinkende, heiße Luft aus den niedrigen Räumen durch die Tür entgegenströmte. (...) In den Wollspinnereien war die Staubentwicklung noch die geringste, weil das Material geölt wurde, am größten und am gefürchtetsten war sie in den Baumwollspinnereien. Man bedenke nur, dass die damaligen Wölfe, in welchen die Baumwolle durch rasche Umdrehung zerfasert und gereinigt wird, ohne Umhüllung und Abzugsventilation waren. Der Lärm war so entsetzlich, dass kein Wort vernommen wurde.

Alfons Thun, Die Industrie am Niederrhein und ihre Arbeiter, Teil 1, Leipzig 1879, S. 173f.

M4 *Deutschland als Industriestaat aus der Sicht eines französischen Besuchers (1915):*

Zu Beginn des 20. Jahrhunderts lebten von 67 Millionen Deutschen kaum 17 Millionen von der Landwirtschaft. Jedes Jahr kehrten zahllose Bauern dem Lande den Rücken und strömten in die riesigen Fabriken. Die Städte wuchsen ganz im amerikanischen Tempo, und 45 davon hatten bereits zu jener Zeit mehr als 100 000 Einwohner; ganze Armeen von Arbeitern stellten sich unter das Kommando der Industriekapitäne – 15 000 bei Mannesmann, mehr als 30 000 bei Thyssen und 73 000 in den verschiedenen Werken Krupps.

H. Hauser, Les methodes allemandes d'expansion Economique, Paris 1915, S. 1ff.

M5 *Spulenwickeln in der Kleinmotorenfabrik AEG* (Allgemeine Elektrizitätsgesellschaft) in Berlin-Wedding (Foto, 1906)

M6 *Arthur Wilke schreibt 1893 in seinem Buch „Die Elektrizität":*

Es ist noch nicht lange her, da nannte man unsere Zeit das „Jahrhundert des Dampfes". Mit Recht, denn die Dampfmaschine hat die modernen Erwerbs- und Verkehrsverhältnisse gestaltet. Kaum ist der „Dampf" zu voller Kraft herangewachsen, da will ihn jemand verdrängen, die „Elektrizität". Nicht mehr das „Jahrhundert des Dampfes", nein das „Zeitalter der Elektrizität" ist angebrochen. Die Elektrizität hat eine sehr viel größere Unabhängigkeit. Brauchen wir Licht? Die Elektrizität spendet es. In der Elektrizität besitzen wir jede benötigte Energieform: bewegende Kraft, Licht, Wärme usw.

Arthur Wilke, Die Elektrizität, (ihre Erzeugung und ihre Anwendung in Industrie und Gewerbe), Leipzig 1893.

1 Zeigen Sie anhand von VT, M4, M5 und M7, wie Deutschland zum Industrieland wurde. Welche Wirtschaftsbereiche spielten dabei eine große Rolle?

2 Vergleichen Sie die industrielle Entwicklung in Großbritannien und Deutschland. Erklären Sie die Unterschiede (VT, M2).

3 Rauchende Schornsteine wurden im 19. Jahrhundert als Zeichen des Fortschritts gesehen (M1). Wie wirken sie heute auf uns?

M7 *Elektrischer „Omnibus" in Berlin* (Stich, 1899). Die erste dieser neuartigen Straßenbahnen fuhr 1881 in Berlin.

5 Werkstatt
Statistiken auswerten

Statistiken als historische Quelle
In der zweiten Hälfte des 19. Jahrhunderts begann man damit, Zahlen über die verschiedensten wirtschaftlichen und gesellschaftlichen Bereiche zu sammeln, etwa über Produktionsergebnisse, Ein- und Ausfuhren, Preise und Löhne, Familiengrößen und anderes mehr. Solche Zahlenreihen nennen wir Statistiken. Sie sind für uns wichtige Geschichtsquellen.

Die Industrialisierung in Statistiken
Die industrielle Revolution und die nachfolgenden technischen und wirtschaftlichen Entwicklungen veränderten das Leben vieler Menschen erheblich. Es gibt zahlreiche Zeugnisse dafür, dass die betroffenen Handwerker, Landarbeiter, Bergleute und Fabrikarbeiter diesen Wandel sehr deutlich wahrgenommen haben. Da einzelne Berichte aber immer nur einen kleinen Ausschnitt der Wirklichkeit wiedergeben, ist es problematisch, aus ihnen größere Zusammenhänge und Entwicklungen abzuleiten. Dazu braucht man statistisches Material.

Vorsicht, Falle!
Wer aus den Zahlenangaben die gewünschten Informationen erhalten will, muss die Tabellen und Schaubilder (Diagramme) allerdings richtig „lesen" und kritisch hinterfragen. Dies gilt sowohl für die Zahlen selbst als auch für die Darstellungsform. Gerade Daten zu sozialen oder wirtschaftlichen Fragen werden häufig mit dem Ziel zusammengestellt, einen ganz bestimmten Eindruck zu erwecken. Um statistische Angaben richtig auszuwerten und eine mögliche „Manipulation" zu durchschauen, sollten Sie die Hinweise und Arbeitsschritte auf dieser Doppelseite beachten.

Stärken und Schwächen unterschiedlicher Darstellungsformen:

	⊕	⊖
Zahlentabellen 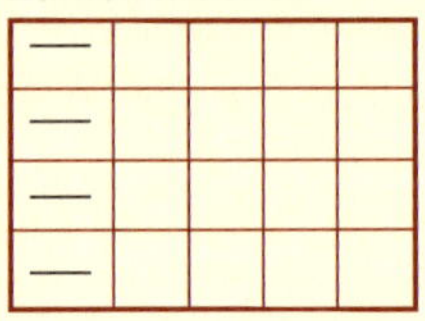	Bieten die größte Genauigkeit, da sie exakte Zahlenangaben liefern.	Sind nicht so übersichtlich und einprägsam wie Schaubilder.
Säulendiagramme 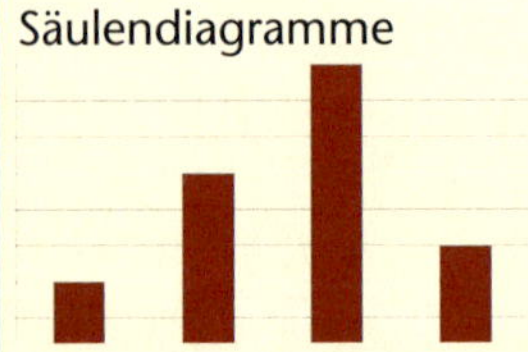	Eignen sich besonders zum Vergleich von Mengenangaben zu einem ganz bestimmten Zeitpunkt.	Die Wahl der Maßeinheiten beeinflusst, wie die Zahlen und Größenunterschiede wirken.
Kurvendiagramme 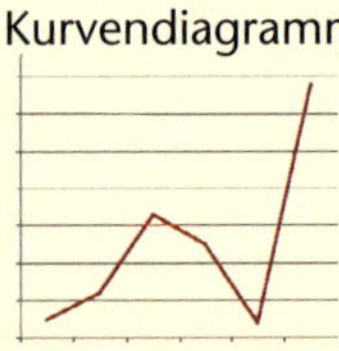	Verschaffen einen raschen Überblick; Entwicklungen lassen sich gut und schnell ablesen.	Der Maßstab kann über die wirkliche Größe der Änderungen täuschen.
Kreisdiagramme („Tortendiagramme") 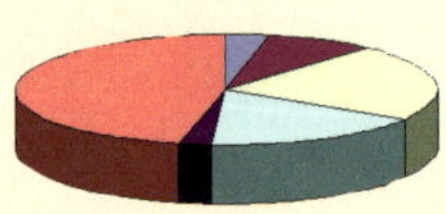	Eignen sich besonders gut, um Prozentwerte darzustellen.	Je mehr Angaben Kreisdiagramme enthalten, desto unübersichtlicher werden sie.

Realeinkommen
bezeichnet das um die Höhe der Geldentwertung verminderte Einkommen. Steigen die Einkommen einer Arbeitnehmergruppe um 5 % und beträgt die Inflationsrate 3 %, so nehmen die Realeinkommen um 2 % zu, womit die Kaufkraft des Einkommens um genau diesen Satz zunimmt. Die Veränderung des Geldwerts kann entweder gegenüber dem Vorjahr oder gegenüber einem Basisjahr mit der Basis (dem „Index") 100 angegeben werden.

M1 *Jährliche Realeinkommen von Handwerksgesellen und Industriearbeitern in Deutschland, 1810–1913*

Jahr	*in Mark (Geldwert von 1913)*	*Index (1913 = 100)*
1810	618	58
1820	698	64
1830	565	53
1840	618	57
1850	696	64
1860	639	60
1870	706	65
1880	634	58
1890	793	73
1900	945	87
1910	999	92
1913	1083	100

Nach: R. Gömmel, Realeinkommen in Deutschland, Nürnberg 1979, S. 27ff.

M3 *Der Außenhandel Deutschlands von 1880–1913 in laufenden Preisen*

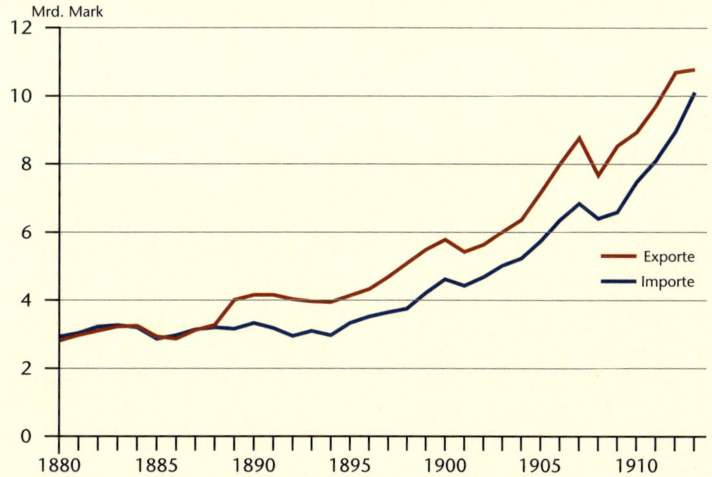

Grafikdaten vom Verfasser zusammengestellt

M2 *Beschäftigte in den drei Wirtschaftssektoren, 1800–1900 (in Prozent)*

Jahr	Land- und Forstwirtschaft, Fischerei	Industrie und Handwerk	Dienstleistung	Beschäftigte insgesamt in Millionen
1800	62	21	17	10,5
1825	59	22	19	12,6
1850	55	24	21	15,8
1875	49	30	21	18,6
1900	38	37	25	25,5

Nach: Friedrich-Wilhelm Henning, Die Industrialisierung in Deutschland 1800 bis 1914, Paderborn, S. 20.

Methodische Arbeitsschritte

1. Thema erfassen:
   - Um welchen Sachverhalt geht es? (Meistens steht es in der Überschrift oder in der Legende.)
   - Welchen Zeitraum umfassen die Zahlenangaben?
2. Inhalt und Darstellungsform beschreiben:
   - Wie wird das statistische Material dargestellt: als Tabelle oder Grafik, in absoluten Zahlen oder in Prozentangaben?
   - Sind die Zahlen übersichtlich zusammengestellt und vollständig (Maßstab, Datenmenge)?
3. Statistik auswerten:
   - Was sagen die angegebenen Daten genau aus?
   - Lassen sich Entwicklungen ablesen?
   - Gibt es Zusammenhänge mit anderen Informationen oder Materialien?
   - Inwiefern hat die Statistik neue Erkenntnisse hervorgebracht?
4. Statistik kritisch betrachten:
   - Beruhen die Zahlen auf Schätzungen oder auf genauen Zählungen?
   - Gibt es Zweifel am Wahrheitsgehalt der Aussagen?

1 Vergleichen Sie die Entwicklungen in den drei Wirtschaftssektoren miteinander (M2). Worauf sind die Veränderungen zurückzuführen? Erstellen Sie zu den Jahren 1800 und 1900 Kreisdiagramme.

2 Wie haben sich die Einkommen von Arbeitern zwischen 1810 und 1913 verändert (M1)? Veranschaulichen Sie die Entwicklung der Realeinkommen durch Säulendiagramm und Kurve. Wo ist die Entwicklung besser abzulesen?

3 Welchen Eindruck vermittelt die Statistik M3? Inwiefern verändert sich der Eindruck, wenn man die Abstände zwischen den Jahreszahlen verdoppelt bzw. halbiert?

4 Bewerten Sie die Statistiken gemäß des methodischen Arbeitsschritts 4 kritisch.

6 Die Industrialisierung in Baden und Württemberg

M1 *Die Uhrenfabrik Junghans in Schramberg im Schwarzwald um 1900.*
Ende des 19. Jahrhunderts kamen deutsche Uhren überwiegend aus dem Schwarzwald.

M2 *Erfindungen aus Baden-Württemberg:*
1840 Emil Kessler baut in Karlsruhe eine der ersten deutschen Lokomotiven.
1885 Gottlieb Daimler und Wilhelm Maybach bauen in Stuttgart das erste Motorrad.
1886 Carl Benz baut in Mannheim das erste Automobil.
1887 Robert Bosch erfindet in Stuttgart die elektromagnetische Zündung für Benzinmotoren.
1909 Graf Zeppelin und Wilhelm Maybach gründen in Friedrichshafen die Fabrik für Luftschiffmotoren. Daraus entsteht die Flugzeugfabrik Dornier.

Schweizer und Franzosen in Baden

Baden grenzte seit 1815 von Mannheim bis zum Bodensee an den Rhein. Dieser Transportweg bot dem Land einen entscheidenden Standortvorteil. Er verband Baden mit den Wirtschaftsregionen der Schweiz, von Frankreich und Holland. Die badischen Landesherren hatten schon im 18. Jahrhundert schweizerische und französische Unternehmer angeworben, damit sie in Baden Gewerbebetriebe errichteten. Aus dieser Initiative entstanden vor allem Textilfabriken. Weitere Spinnereien und Webereien gründeten schweizerische Unternehmer nach dem Beitritt Badens 1834 zum Zollverein. Sie wollten damit die deutschen Zollschranken umgehen.

Entwicklung durch Privatinitiativen

1836 versammelten sich im Albtal oberhalb von Ettlingen einige Adlige, Offiziere, Geistliche, Kaufleute und Handwerker, um gemeinsam eine Aktiengesellschaft zu gründen: Die Spinnerei und Weberei Ettlingen entwickelte sich bald zur größten Fabrik Badens. Ebenfalls in Form einer Aktiengesellschaft entstand die „Badische Gesellschaft für Zuckerfabrikation" in Waghäusel. Ein drittes Unternehmen, die Karlsruher Maschinenfabrik, wurde von dem Ingenieur Emil Kessler als Einzelunternehmen gegründet. Seit 1840 baute Kessler in Karlsruhe vor allem Lokomotiven.

Wasserkraft als „Motor"

Wichtig für die Ansiedelung von Industriebetrieben war die Versorgung mit kostengünstiger Energie. In Südwestdeutschland gab es keine Kohlevorräte wie im Ruhr- oder im Saargebiet. Dampfmaschinen kamen deshalb nur selten zum Einsatz. Stattdessen errichteten Fabrikanten und Handwerker ihre Betriebe an den Ufern von Flüssen und betrieben die Maschinen mit Wasserkraft.

Gewerbeförderung in Württemberg

Württembergs König und seine Minister hatten in den ersten vier Jahrzehnten des 19. Jahrhunderts die Zeichen der Zeit noch nicht erkannt. Das Recht, den Wohnsitz frei zu wählen, gab es erst seit 1848, die volle Gewerbefreiheit seit 1861 und die Anerkennung der Juden als gleichberechtigte Bürger seit 1864. Industrieansiedelungen stand man lange Zeit skeptisch gegenüber, weil die aus anderen Ländern bereits bekannten sozialen Konflikte nicht ins Land geholt werden sollten. Viel später als andere Landesfürsten begann der württembergische König mit der Gewerbeförderung.
Die 1848 gegründete „königliche Zentralstelle für Gewerbe und Handel" in Stuttgart kümmerte sich unter ihrem Präsidenten Ferdinand Steinbeis intensiv um den Ausbau des Berufsschulunterrichts, der damals nach der Arbeit abends, außerdem samstags und sonntags stattfand. Gut ausgebildete Facharbeiter und Ingenieure sollten zum Standortvorteil Württembergs werden. Auf Staatskosten schickte die Zentralstelle schwäbische Fachkräfte ins Ausland, um dort moderne Fabrikationsmethoden kennen zu lernen.
Zu den Stipendiaten der Zentralstelle gehörte auch Gottlieb Daimler, der für fünf Jahre als Facharbeiter ins Elsass geschickt wurde und danach die Ingenieurschule in Stuttgart besuchte. Steinbeis ließ im Ausland auch moderne Maschinen kaufen. Unternehmer konnten sie in Stuttgart besichtigen und sogar ausleihen.

M3 *Technische Entwicklung*
a) Anzahl der eingesetzten Dampfmaschinen

Baden		Württemberg		Preußen	
1847	24	1840	2	1843	862
1861	223	1858	212	1861	7 000
1869	489	1868	578	1875	28 783

b) Anteil der Wasserkraft an der Energieerzeugung in Württemberg

1861	93%	1907	25%
1895	47%	1953	39%

Willi A. Boelcke, Wirtschaftsgeschichte Baden-Württembergs, Stuttgart 1987, S. 295.

M4 *Badische Staatseisenbahn*

	Betriebslänge in km	Lokomotiven	davon aus Kesslers Fabrik*
1841	19	3	1
1845	225	54	30
1850	275	66	38

Karl Müller, Die badischen Eisenbahnen in historisch statistischer Darstellung, Heidelberg 1904, S. 72.

* Insgesamt baute Kessler zwischen 1841 und 1850 in Karlsruhe 177 Lokomotiven. Davon gingen 4 in die Schweiz, 6 nach Österreich-Ungarn und 6 nach Italien.

M5 *WMF – eine württembergische Firmengeschichte:*
Daniel Straub (1815–1889) entstammte einer Familie von Geislinger Wassermüllern. Er verbesserte die Technik in seinen zwei Wassermühlen und stellte sechs verschiedene Sorten hochwertigen Mehls her. Als 1847 der Eisenbahnbau bei Geislingen begann, richtete er in einer Mühle eine Reparaturwerkstätte ein. Hier wurden Werkzeuge oder Geräte repariert und Ersatzteile für Maschinen angefertigt. Das Mühlrad lieferte tagsüber Energie für die Maschinenfabrik und trieb nachts das Mühlwerk an. Straub bildete sich mit Fachliteratur und auf langen Reisen fort. 1852 entdeckte Straub für eine Pariser Ausstellung, wie man Bestecke, Kannen oder Schüsseln mit Silber überziehen konnte. Gerne kauften ärmere Menschen Straubs Silberimitate und täuschten etwas Reichtum vor. Fabrikinspektoren kritisierten allerdings die schlechten Arbeitsbedingungen in Straubs 1853 gegründeter Metallwarenfabrik: Es fehlte an Licht, Heizung und sanitären Einrichtungen. 1869 bezahlte er den Arbeitern durchschnittlich einen Stundenlohn von 24,6 Pfennig und ließ sie 10 Stunden am Tag arbeiten. 1880 wandelte er den Familienbetrieb in eine Aktiengesellschaft um, aus der die Württembergische Metallwarenfabrik (WMF) erwuchs.
vom Autor zusammengestellt

M6 *Der Rosensteintunnel in Stuttgart* mit vorgelagerter Neckarbrücke war einer der ersten Eisenbahntunnel in Deutschland (lithografischer Entwurf von 1844).

1 Vergleichen Sie die wirtschaftliche Entwicklung in Baden und Württemberg (VT, M1–M3).

2 Zeigen Sie auf, worauf der Erfolg Daniel Straubs als Unternehmer beruhte (M5).

3 Informieren Sie sich und berichten Sie über Erfinder aus Baden-Württemberg wie Carl Benz oder Robert Bosch.

M7 *„Löchlesbohrer".* Um 1900 lieferte Elektrizität billige Energie. Emil Fein erfand 1885 in Stuttgart die erste elektrische Handbohrmaschine der Welt. Die Fabriken C&E Fein und Bauknecht in Stuttgart stellten ab 1900 serienmäßig elektrische Kleinmotoren her. So nahm die Elektroindustrie einen großen Aufschwung in Südwestdeutschland und belieferte die Handwerksbetriebe.

7 Werkstatt
Exkursion in die Industriestadt Mannheim

M1 *Das „Landesmuseum für Technik und Arbeit"* in Mannheim. Es wurde 1990 eröffnet.

M2 *„Herr Eisele" informiert mit modernen Medien.* An jeder Station gibt es bei ihm interessante Kurzfilme.

TIPP!

Wollen Sie mehr über das Museum erfahren, wählen Sie im Internet: www.landesmuseum-mannheim.de

Zu Besuch im Museum

Im Mannheimer Landesmuseum für Arbeit und Technik dreht sich alles um die Entwicklung von Werkzeugen, Maschinen und Transportmitteln in den letzten 200 Jahren. Auf einem Rundgang durch die Ausstellung gibt es allerhand zu entdecken.

Im Foyer wartet die lebensgroße Figur des Herrn Eisele (M2). Er führt mit unterhaltsamen Kurzfilmen durch die Zeiten und erläutert die Veränderungen der Technik und der Arbeitswelt. Der Rundgang durch das Museum beginnt im oberen Stockwerk. Von dort geht es spiralförmig auf einer Rampe durch die Zeiten bis in die Gegenwart. Sie können sich dabei originalgetreue Papiermühlen, mechanische Webstühle und eine Druckerei anschauen. Ein typisches Arbeiterquartier des 19. Jahrhunderts bietet einen Einblick in die Lebenswelt einer Arbeiterfamilie. Vieles ist authentisch, vom Straßenpflaster, den Hinterhoffassaden bis zur Arbeiterkneipe. Im Erdgeschoss kommen Sie der Gegenwart immer näher: Ein Stück Porsche-Fließband, an dem bis vor wenigen Jahren Blechteile für den 911er-Sportwagen hergestellt wurden, beleuchtet ebenso den Wandel von Industrialisierung und Arbeitswelt wie die Produktion von Mikrochips in einem „Cleanest Room".

Ein „arbeitendes Museum"

Das Mannheimer Museum versteht sich als ein „arbeitendes Museum". Zahlreiche Maschinen und Geräte werden vorgeführt und ganze Werkstätten im Betriebszustand gezeigt. Die 25 Tonnen schwere Dampflokomotive „Eschenau" (siehe M3) schnauft zum Beispiel durch das Erdgeschoss hinaus auf ein Freigelände und an dem Fließband von Porsche demonstriert einer der Museumsführer, wie körperlich anstrengend es war, mit schwerem Schweißgerät Bleche zusammenzufügen.

M3 *links: Der Museumszug im Landesmuseum*

M4 *Von der Residenz zur Industriestadt:*

1689 Zerstörung Mannheims durch französische Truppen

1693 Ausbau zur neuen Hauptstadt der Kurpfalz anstelle Heidelbergs wegen Möglichkeit eines großen Schlossbaus in der Rheinebene; kulturelle Blüte am Kurfürstenhof

1778 Wegzug der Kurfürsten nach München; Rückgang der Einwohnerzahl von 25 000 auf 19 000

1803 Eingliederung in Baden

1817 Beginn der Rheinbegradigung

1825 Erstes Dampfschiff in Mannheim

1831 Zollfreie Rheinschifffahrt; Handel an allen Anliegerorten

1840 Eröffnung des Mannheimer Hafens; Verbindung für Großschiffe bis Rotterdam; Anschluss an die Eisenbahn

1859 Rhein schiffbar bis Straßburg

1871 40 000 Einwohner

1900 140 000 Einwohner

vom Autor zusammengestellt

M5 *Aus Meyers Conversationslexikon, 1895:*

Mannheim ist eine der reichsten Industriestädte und Handelsplätze Süddeutschlands. Es befinden sich hier eine Fabrik für landwirtschaftliche Maschinen (1300 Arbeiter), 4 chemische Fabriken (1300 Arbeiter), 3 Maschinenfabriken (1000 Arbeiter), 2 Gummiwarenfabriken (1000 Arbeiter). (...) Außerdem befinden sich in den Vororten von M. eine Spiegelfabrik (630 Arbeiter), eine Zellstofffabrik (1300 Arbeiter). (...) Diese namhaften Güterumsätze werden ermöglicht namentlich durch den in den letzten 25 Jahren mit einem Kostenaufwand von 35 Mill. Mk. erbauten Hafen, den Zentralgüter-, Rangier- und Personenbahnhof, die zusammen eine Fläche von 150 Hektar einnehmen. Der Mühlauhafen, 1875 eröffnet, hat eine Länge von 2100 m bei 190 m Breite, ist der größte Binnenhafen und spielt im Handel gleichsam die Rolle eines Seehafens im Binnenhandel.

Hermann Julius Meyer, Neues Conversations-Lexikon für alle Stände, Hildburghausen u. a. 1857–1861, Bd. 11, S. 873.

M6 *rechts: Gottlieb Daimler in einem von ihm entwickelten Kutschwagen* (Foto, 1886). Carl Benz und Gottlieb Daimler hatten maßgeblichen Anteil an der industriellen Entwicklung im deutschen Südwesten.

M7 *Ein Unternehmer in Mannheim:*

Der Schüler Carl Benz, 1844 in Karlruhe geboren, verdiente etwas Taschengeld mit dem Reparieren von Schwarzwalduhren. Sein 1860 begonnenes Studium an der Polytechnischen Hochschule in Karlsruhe musste er wegen des Todes seines Vaters abbrechen. Nach einer Lehre in einer Karlsruher Maschinenfabrik wurde er 1866 Zeichner und Konstrukteur in einer Mannheimer Waagenfabrik. In Mannheim gründete er 1871 mit einem Bekannten die „Carl Benz Eisengießerei und mechanische Werkstätte", die jedoch zunächst ein Misserfolg war. Als er 1879 den Zweitaktmotor konstruiert hatte, halfen ihm 1883 zwei Geldgeber bei der Grundung der „Benz & Cie, Rheinische Gasmotorenfabrik". Zwei Jahre später baute er das erste Automobil, das bald serienmäßig hergestellt wurde. 1911 vergrößerte er seinen Betrieb zur „Benz & Cie., Rheinische Automobil- und Motorenfabrik".

vom Autor zusammengestellt

M8 *Mannheim,* mit 309 000 Einwohnern zweitgrößte Stadt Baden-Würtembergs, war schon immer eines der bedeutendsten Industriezentren im Südwesten – vor allem dank seiner günstigen Verkehrslage an der Mündung des Neckars in den Rhein. Das Bild stammt von 1896 und zeigt auch die in 136 Rechtecke eingeteilte Altstadt. Am linken Rheinufer liegt die damals bayerische Hafen- und Industriestadt Ludwigsburg.

1 Beschreiben Sie die industrielle und wirtschaftliche Entwicklung der Stadt Mannheim.

2 Planen Sie einen Besuch im „Landesmuseum für Technik und Arbeit" und eine anschließende Stadtbesichtigung.

8 Die Industrialisierung bringt Probleme

Rauchende Fabrikschlote
Fabriken, Stahlwerke und Bergbauzechen brachten Fortschritt und Wohlstand, aber sie hatten auch bis dahin ungeahnte Folgen für Menschen und Natur: Die Kohle, die verheizt wurde, und der Koks in den Hochöfen setzten Ruß, Rauch und giftige Abgase frei. Darunter litten vor allem die Arbeiter und ärmeren Leute, denn ihre Wohnviertel lagen meistens in direkter Nähe der Fabriken. Hinzu kam, dass die Abwässer aus den Fabriken, sogar aus den Chemiebetrieben, direkt in die Flüsse geleitet wurden. Die Gewässer galten nämlich noch lange Zeit als „natürliche" Entsorgungswege.

Dunkle Wohnungen
Die meisten Arbeiterfamilien lebten in Mietskasernen. Aber die Wohnungsnot war groß, denn die Städte waren auf den großen Zuzug von Arbeitssuchenden nicht eingerichtet. Es fehlte an allem: Oft standen für die Bewohner eines Wohnblocks nur drei oder vier stinkende Toiletten bereit. Da die Brunnen nicht ausreichten und es auch keine Wasserleitungen gab, mussten die Menschen ihr Wasser zum Trinken, Kochen, Putzen und Waschen aus den nahen Flüssen schöpfen. Müll, Unrat und Abwässer verschmutzten die Straßen und Hinterhöfe, sodass sich Ungeziefer, Ratten und Krankheiten ausbreiteten und Seuchen drohten.

M1 *Bergleute beim Erneuern des Stollenausbaus* (Foto, um 1890)

Schwere Arbeit ...
Die Arbeit im Schacht war anstrengend und gefährlich: Die Temperatur betrug in einer Tiefe von 600 m etwa 30° C. Oft mussten die Bergleute kriechend oder gebückt und bei hoher Luftfeuchtigkeit arbeiten. Obwohl seit 1859 eine Achtstundenschicht für Bergleute festgeschrieben war, wurde in den Zechen länger gearbeitet. Zehn bis elf Stunden reine Arbeitszeit waren die Regel. Die Anfahrtswege im Kohlenschacht, die Ausgabe der Werkzeuge und Grubenlampen, das Umziehen und Waschen nach der Arbeit wurden nicht auf die Schichtzeit angerechnet.
Auch in den Fabriken arbeiteten Männer, Frauen und Kinder unter schwersten Bedingungen: Hitze, Lärm und Ruß, die ständig gebückte Haltung sowie die langen Arbeitszeiten belasteten die Menschen und führten zu Gelenkschmerzen und Atemwegserkrankungen. Auch passierten nicht selten Unfälle an den Maschinen, von denen manche Arbeiter schwere Verletzungen oder sogar bleibende Schäden davontrugen.

... und schlechtes Essen
Mitte des 19. Jahrhunderts kam es zu zahlreichen Missernten. Die Lebensmittelpreise im Ruhrgebiet stiegen auf das Drei- bis Vierfache, die Löhne aber blieben ungefähr gleich. Bis zu 70 % des Einkommens musste eine Arbeiterfamilie für Nahrungsmittel ausgeben. Das Essen einfacher Arbeiterfamilien bestand vor allem aus Kartoffeln mit Gemüse – Bohnen, Erbsen, Sauerkraut und Rüben – sowie aus Roggenbrot mit Milch; Fleisch und Speck konnten sie sich nur selten leisten.

M2 *Vielen Arbeiterfamilien ging es so wie den Dahlströms – ein Bericht von 1843:*

Herr Dahlström hat in einer Fabrik gearbeitet. Seit fünf Jahren leidet er an chronischem Katarrh und Augenschwäche. Seine Beschwerden sind so stark, dass er nicht mehr arbeiten kann. Die feuchte Kellerwohnung wirkt sich nachteilig auf seinen Gesundheitszustand aus. (...) Sein zehnjähriger Sohn geht zur Schule oder passt auf seinen zweijährigen Bruder auf. Frau Dahlström sucht in der Stadt nach Knochen, die sie sammelt und dann verkauft. (...) Den anderen kleinen Kindern dient ein Strohsack als Bett. Auf den Tisch kommt morgens ein wenig trockenes Brot, mittags gewöhnlich nichts. Abends Brot und Hering oder Mehlsuppe.

Aus einem Bericht von Heinrich Grunholzer von 1843. In: H. Pönicke (Hg.), Quellen zur Geschichte des 19. Jahrhunderts: Die wirtschaftliche und soziale Entwicklung Europas, S. 18ff. (bearb. v. Verf.).

M3 *Der Regierungsrat Keller schilderte 1834 die Arbeitsbedingungen in einer Fabrik:*

Von da eilte ich nach Gladbach, wo ich (...) mich durch die interessantesten Fabriken geleiten ließ. Am auffallendsten war mir das Gebäude und die Einrichtung der Spinnereien der Gebrüder Busch, die eher einer Mördergrube als einer Fabrik gleichsieht. Die Säle sind so niedrig, dass man unwillkürlich mit gebücktem Kopfe durch sie hindurchschreitet, weil man besorgt an die Decke zu stoßen, was denn doch nicht möglich ist; so überfüllt, dass man angsthaft seine Kleidungsstücke zu wahren hat, um nicht bei der geringsten (...) Bewegung hier ein Tuch, dort einen Rockzipfel der Maschine preiszugeben und von ihr zerfetzen zu lassen; die Luft in den Sälen und die Wände mit dem Schmutze des zu verarbeitenden Materials und die faserigen Partikelchen des Stoffes ganz angefüllt und überkleidet; die Kinder dementsprechend wahre Gebilde des Jammers, hohläugig und bleich wie der Tod.

Zit. nach: D. Bradtke, Die Industrielle Revolution in Deutschland, Stuttgart 1985, S.45.

M4 *Fabrikordnung für eine Weberei aus dem Jahr 1839:*

1. Jeder Arbeiter soll sowohl dem etwa bestellten Aufseher, als dem Fabrikanten selbst, allen gebührenden Gehorsam erzeigen.

2. Zur Sommerzeit sind die bestimmten Arbeitsstunden von halb 5 Uhr morgens bis halb 8 Uhr abends; zur Winterzeit von halb 6 Uhr morgens bis 10 Uhr abends.

3. Kein Arbeiter darf einen Tag ohne Erlaubnis versäumen, bei Strafe von 20 bis 30 Kreuzer. [60 Kreuzer = 1 Gulden; ein geübter Weber verdiente pro Tag etwa 1 Gulden] (...)

10. Jeder Arbeiter, der betrunken in der Fabrik angetroffen wird, verfällt in eine Strafe von 12 bis 18 Kreuzer.

11. Jeder, welcher sich zu unartig beträgt, und Streit oder Händel verursacht, oder auch bloß dazu Veranlassung gibt, verfällt in eine Strafe von 20 Kreuzern bis 1 Gulden. (...)

13. Das Tabakrauchen in den Werkstätten ist von Polizei wegen verboten (...).

Zit. nach der im Technikmuseum Mannheim ausgestellten Fabrikordnung von 1839.

M5 *Ein Bergarbeiter verdiente 1867 im Monat etwa 16 Taler (1 Taler = 30 Silbergroschen = 360 Pfennig). Kosten für eine 4-köpfige Familie pro Tag:*

Miete	3 S	9 Pf.
5 Pfd. Brot	4 S	10 Pf.
6 Pfd. Kartoffeln	3 S	4 Pf.
½ Pfd. Fleisch	4 S	3 Pf.
⅙ Pfd. Butter	2 S	
Kaffee		9 Pf.
Milch/Zucker		5 Pf.
Öl/Seife	1 S	5 Pf.

Licht, Heizung, Kleidung, Schulgeld, Steuern sind nicht eingerechnet.

aus zeitgenössischen Quellen vom Verfasser zusammengestellt

M6 *Unfall in einer Maschinenfabrik* (Gemälde von Johann Bahr, 1889)

1 Beschreiben Sie in eigenen Worten die Arbeitsbedingungen der Fabrikarbeiter während der industriellen Revolution (VT, M1–M3).

2 Berechnen Sie, wie weit der Lohn einer Arbeiterfamilie reichte (M5).

3 Auf welches unerwünschte Verhalten von Arbeitern lässt die Fabrikordnung (M4) schließen? Versuchen Sie, daraus Aussagen zum Verhältnis von Fabrikanten zu ihren Arbeitern abzuleiten.

4 Erstellen Sie eine Mindmap, in der Sie die Probleme, die durch die Industrialisierung entstanden, darstellen.

9 Kindheit und Jugend im Industriezeitalter

M1 *Kinder und Jugendliche bei der Arbeit in der Buntpapierfabrik in Aschaffenburg* (1858)

Kinder arbeiten wie Erwachsene

Jungen und Mädchen mussten seit Jahrhunderten auf den Bauernhöfen und in den Werkstätten ihrer Eltern mitarbeiten. Sie waren meist für leichte und einfache Arbeiten zuständig. Das änderte sich im Industriezeitalter. Viele Fabrikbesitzer stellten gerne Kinder ein, denn auch sie konnten die Maschinen bedienen, mussten genauso lange wie Erwachsene arbeiten, bekamen aber einen viel geringeren Lohn. Tausende von Kindern, manche kaum älter als zehn Jahre, arbeiteten am Tag 12 und mehr Stunden. Die Pausen waren kurz; wer zu spät kam oder fehlte, wurde bestraft oder einfach entlassen. Besonders hart waren die Bedingungen im Bergbau. Kinder, die hier arbeiteten, bekamen wochenlang die Sonne nicht zu sehen, sie wurden krank und viele starben schon sehr früh.

Den Eltern blieb aber meistens keine andere Wahl, als ihre Kinder zur Arbeit zu schicken. Denn schließlich mussten alle Familienmitglieder mitverdienen, um Tag für Tag die notwendigsten Lebensmittel kaufen zu können.

M2 *Kinderarbeit in einer Teppichwerkstatt im heutigen Indien*

Gesetze regeln Kinderarbeit

Als man feststellte, dass Jugendliche durch ihre Arbeit oft für den Militärdienst untauglich wurden, erließ der Staat Gesetze. Seit 1839 durften in Preußen Kinder unter zehn Jahren nicht mehr in Fabriken arbeiten. 1853 wurde die Altersgrenze auf 12 Jahre, 1841 auf 14 Jahre angehoben. Doch viele Fabrikherren versuchten diese Vorschriften zu umgehen und Kinder länger oder früher für sich arbeiten zu lassen als erlaubt.

Kinderarbeit – Geschichte?

Im Mai 2004 fand in Berlin der dritte Aktionstag gegen Kinderarbeit statt. Die Kinderhilfswerke „terre des hommes“ und UNICEF beklagten, dass weltweit mehr als 200 Millionen Kinder unter 15 Jahren als Schuhputzer, in der Landwirtschaft, in Steinbrüchen oder als Teppichknüpfer ausgebeutet werden. Allerdings sind Experten der Meinung, dass man Kinderarbeit nicht so einfach „abschaffen“ kann. Die Not in manchen Ländern ist so groß, dass viele Familien ohne den Verdienst der Kinder nicht überleben könnten.

M3 *Die 1869 geborene Adelheid Popp berichtet über ihre Erlebnisse als Zwölfjährige:*
Ich wurde in einer Werkstätte aufgenommen, wo ich Tücher häkeln lernte; bei zwölfstündiger fleißiger Arbeit verdiente ich 20 bis 25 Kreuzer im Tage. Wenn ich noch Arbeit für die Nacht nach Hause mitnahm, so wurden es einige Kreuzer mehr. Wenn ich frühmorgens um 6 Uhr in die Arbeit laufen musste, dann schliefen andere Kinder meines Alters noch. Und wenn ich um 8 Uhr abends nach Hause eilte, dann gingen die anderen gut genährt und gepflegt zu Bette. Während ich gebückt bei meiner Arbeit saß und Masche an Masche reihte, spielten sie, gingen spazieren oder sie saßen in der Schule. (...) [Ein] heißer Wunsch überkam mich immer wieder: mich nur einmal ausschlafen zu können.

Adelheid Popp, Jugend einer Arbeiterin, Nachdruck Berlin 1977, S. 35.

M4 *In der Spinnerei und Weberei Ettlingen arbeiteten im Jahre 1840 1298 Personen, davon 1008 Kinder unter 14 Jahren. Viele von ihnen besuchten Fabrikschulen. In einer Verordnung zu diesen Schulen aus dem Jahr 1849 heißt es:*
§ 1. Schulpflichtige Kinder können von dem ordentlichen Besuche der Volksschule nicht befreit werden, um in Fabriken zu arbeiten, es sei denn, daß sie besondere Fabrikschulen besuchen. (...)
§3. Kinder, welche das elfte Lebensjahr noch nicht zurückgelegt haben, können nicht in die Fabrikschule aufgenommen werden (...)
§ 4. Von ein und demselben Lehrer dürfen nie mehr als 70 Kinder in gleicher Stunde unterrichtet werden. (...)
§ 9. Die Arbeits- und Unterrichtsstunden zusammen dürfen bei Kindern, die das Schulentlassungsalter [13 Jahre] noch nicht erreicht haben, nicht mehr als täglich zwölf Stunden betragen. Nur wo eine Beschäftigung der Kinder im Freien stattfindet, darf mit Zustimmung des Physikats [Amt des Bezirksarztes] die Arbeitszeit auf zwölf Stunden erhöht werden. (...)
§11. Die Beschäftigung solcher jungen Leute vor 5 Uhr morgens und nach 9 Uhr abends, sowie an Sonn- und Feiertagen ist gänzlich untersagt.

Großherzoglich-Badisches Staats- und Regierungsblatt vom 14. März 1840.

M6 *Nachbildung einer Fabrikschule* im Museum für Technik und Arbeit in Mannheim

M5 *Angie Rocio Diaz Plazas aus Lateinamerika ist 16 Jahre alt und nahm am „Welttreffen arbeitender Kinder" teil. Sie gab der „Süddeutschen Zeitung" folgendes Interview:*
SZ: Du hast wirklich schon mit fünf Jahren zu arbeiten begonnen?
A: Ja, ich habe Kinder gehütet, geputzt und Recycling gemacht.
SZ: Was heißt das, Recycling machen?
A: Ich habe Müll von der Straße eingesammelt und an Recyclingfirmen verkauft. Irgendwann habe ich damit aufgehört. Die Arbeitsbedingungen waren so schlecht, dass ich keine Lust mehr hatte. Als ich 13 Jahre alt war, habe ich mit drei Freundinnen eine Firma gegründet, in der wir Geschenkkarten herstellen. Als wir anfingen, hatten wir nichts, inzwischen haben wir wenigstens eine alte Maschine (...).
SZ: Gehts du auch noch zur Schule?
A: Ja, vormittags. Dreimal die Woche arbeite ich eben nachmittags. Ohne Arbeit könnte ich mir die Schule gar nicht leisten (...).
SZ: Sollte man Kinderarbeit nicht grundsätzlich verbieten?
A: Wovon sollen wir denn leben? Leuten, die Kinderarbeit verbieten wollen, will ich sagen: Schaut euch die Realität in unseren Ländern an. Wir können es uns nicht leisten, nicht zu arbeiten. Für uns Kinder ist nicht das Arbeiten an sich das Problem, sondern die schlechten Arbeitsbedingungen. Arbeitszeiten für Kinder sind fast immer zu lang, und Kinder werden schlecht bezahlt, weil Erwachsene denken, Kindern müsse man nicht viel geben.

Süddeutsche Zeitung, April 2004.

1 Beschreiben Sie, zu welchen Arbeiten Kinder früher herangezogen wurden (VT, M1, M3). Vergleichen Sie mit der Situation von Kinderarbeit heute (VT, M2, M5).

2 Vergleichen Sie die Fabrikschulen mit den Schulen heute (M4, M6). Überlegen Sie Vor- und Nachteile von Fabrikschulen. Mit welchen Maßnahmen regelt der Staat heute die Einhaltung der Schulpflicht?

3 Lesen Sie M5 und geben Sie die Argumente der 16-jährigen Angie mit eigenen Worten wieder. Informieren Sie sich im Internet über Kinderarbeit heute.

10 Arbeiter kämpfen für soziale Gerechtigkeit

M1 *Der 1. Mai wurde 1889 zum „Kampftag der Arbeit" erklärt* und 1890 erstmals mit Massendemonstrationen begangen (Holzschnitt von 1896).

soziale Frage
Sammelbegriff für die sozialen Probleme, die mit der Industrialisierung entstanden: Kinderarbeit, lange Arbeitszeiten, schlechte Wohnverhältnisse sowie Verelendung der Arbeiterschicht.

Gewerkschaften
sind freiwillige Zusammenschlüsse der Arbeitnehmer. Sie vertreten gegenüber den Arbeitgebern die Interessen ihrer Mitglieder.

Die soziale Frage brennt

Die meisten Fabrikbesitzer kümmerten sich wenig um das Los ihrer Arbeiter, waren doch genügend Menschen vor den Fabriktoren, die Arbeit suchten. So konnten die Unternehmer die Löhne, die ohnehin kaum zum Leben reichten, noch weiter senken. Wer krank oder alt wurde, die Arbeitszeiten nicht durchhielt, gegen die Vorarbeiter aufbegehrte oder aufgrund neuer Maschinen überflüssig wurde, wurde entlassen.

Aufstände und Streiks

Das Elend und die Not der Arbeiterfamilien entlud sich an manchen Orten in gewalttätigen Aktionen. In Schlesien erhoben sich 1844 über 3000 Weber. Mit ihren Webstühlen waren sie der maschinellen Konkurrenz hoffnungslos unterlegen und die Unternehmer kauften ihre Stoffe zu Hungerlöhnen auf. In einem Akt der Verzweiflung trieben die Weber die Fabrikanten aus deren Villen und Betrieben. Doch ohne Erfolg: Der verzweifelte Protest wurde blutig niedergeschlagen. Solche Aufstände blieben in Deutschland aber die Ausnahme. Vielmehr setzten die Arbeiter gewaltlose Streiks ein, um höhere Löhne und bessere Arbeitsbedingungen zu erkämpfen.

Arbeiter organisieren sich

Allmählich erkannten die Arbeiter, dass sie gleiche Interessen hatten und alle zu einer Klasse gehörten: Tagsüber schufteten sie unter ähnlichen Bedingungen in den Fabriken und Bergwerken, nachts hausten sie in den gleichen elenden Wohnungen. Immer mehr Arbeiter schlossen sich in Vereinen zusammen, wo sie Erfahrungen austauschten, Aktionen vorbereiteten und Notkassen einrichteten. Die Arbeitervereine, die sich zum einen als Gewerkschaften, zum anderen als parteipolitische Interessenvertretungen verstanden, wurden so einflussreich, dass die Behörden 1869 das Streikverbot aufheben mussten.
1863 kamen Arbeitervertreter aus den einzelnen deutschen Staaten in Leipzig zusammen. Hier gründeten sie den „Allgemeinen Deutschen Arbeiterverein" (ADAV). Zum Präsidenten wählten sie den Journalisten Ferdinand Lasalle, der unter anderem für das allgemeine Wahlrecht kämpfte – allerdings nur für Männer. Sechs Jahre später riefen August Bebel und Wilhelm Liebknecht in Eisenach die „Sozialdemokratische Arbeiterpartei" ins Leben, die sich 1875 mit dem ADAV vereinigte. Seit 1890 heißt diese Partei „Sozialdemokratische Partei Deutschlands" oder kurz: SPD. Die Gewerkschaften bildeten seitdem eigene Organisationen.

Verdächtige Sozialdemokratie

Viele Politiker und Unternehmer misstrauten den Sozialdemokraten zutiefst. 1878 setzte Reichskanzler Bismarck das „Gesetz gegen die gemeingefährlichen Bestrebungen der Sozialdemokratie" durch. Den Sozialdemokraten war nun jede öffentliche Arbeit verwehrt, Versammlungen und Zeitungen wurden verboten, ihre Anhänger überwacht. Diese Maßnahmen sollten die SPD schwächen, doch das Gegenteil war der Fall: Viele Arbeiter hielten nun noch stärker zur Sozialdemokratie. 1890 musste das „Sozialistengesetz" wieder aufgehoben werden.

M2 *Auszug aus Heinrich Heines Gedicht „Die schlesischen Weber":*

Im düstern Auge keine Träne,
Sie sitzen am Webstuhl und fletschen die Zähne:
Deutschland, wir weben dein Leichentuch,
Wir weben hinein den dreifachen Fluch –
Wir weben, wir weben! (…)
Ein Fluch dem König, dem König der Reichen,
Den unser Elend nicht konnte erweichen,
Der den letzten Groschen von uns erpresst
Und uns wie Hunde erschießen lässt –
Wir weben, wir weben! (…)

Hans Schwab-Felisch, Gerhart Hauptmann: Die Weber. Vollständiger Text des Schauspiels. Dokumentation, Frankfurt/M., Berlin 1993, 33. Aufl., S. 153/154.

M3 *Zur Gründung des „Allgemeinen Deutschen Arbeitervereins" 1863 schrieb der Dichter Georg Herwegh:*

Mann der Arbeit, aufgewacht!
Und erkenne deine Macht!
Alle Räder stehen still,
wenn dein starker Arm es will.

Aus dem „Bundeslied" von Georg Herwegh.

M4 *Aus einer Bekanntmachung der Direktion des Märkisch-Westfälischen Bergwerks-Vereins (1878):*

An unsere Arbeiter.

Wir erklären hiermit, dass wir fortan jedem sofort kündigen werden, der sich an sozialdemokratischen (…) Bestrebungen beteiligt, sei es durch Besuch ihrer Versammlungen, oder von Lokalen, wo solche Blätter ausliegen, oder durch Halten und Verbreiten solcher Blätter, Geldunterstützung, oder andere Handlungen ähnlicher Art. Fleiß, Ordnung, Nüchternheit und Sparsamkeit sind die einzigen Mittel, um zu einer gesicherten Existenz zu gelangen und seine Lage zu verbessern.

Bodo Harenberg (Hg.), Chronik des Ruhrgebiets, Dortmund 1987, S. 172.

M5 *August Bebel (SPD) in einer Rede über die Aufgaben der Gewerkschaften (1900):*

Der einzelne Arbeiter ist dem Unternehmer gegenüber machtlos. Jeder Versuch, auf eigene Faust seine Lage zu verbessern, endet in der Regel mit einer Niederlage. (…) Die einzige Möglichkeit, seine Arbeit und damit seine Lebensbedingungen auf einige Dauer zu verbessern, ist die Vereinigung mit seinesgleichen. Deshalb ist der Beitritt zu einer Gewerkschaft eine Lebensnotwendigkeit für jeden Arbeiter. Die Gewerkschaft erstrebt: Erhöhung des Lohnes nach Maßgabe der Verhältnisse des Arbeitsmarktes, Verkürzung der Arbeitszeit, Herbeiführung menschenwürdiger Zustände im Betrieb, Rechtsschutz, Arbeitslosenunterstützung. (…) Ferner stärkt sie das Solidaritätsgefühl, ohne das kein großes Ziel erreicht werden kann.

Helmut Hirsch (Hg.), August Bebel, Köln/Berlin 1968, S. 352.

1 Ziehen Sie aus M2 Rückschlüsse auf den Ausgang des Weberaufstandes.

2 Schildern Sie die Situation auf dem Gemälde M6. Wie werden die Arbeiter und der Unternehmer vom Maler dargestellt? Verfassen Sie einen Zeitungsbericht: „Streik in der Fabrik".

3 Erläutern Sie mit Hilfe von M1, M3 und M5 den sozialdemokratischen Leitspruch „Einigkeit macht stark".

4 Wie reagierten die Regierung und die Unternehmer auf die politischen Aktivitäten der Arbeiter (VT, M4)? Wie erklären Sie diese Maßnahmen?

M6 *„Der Beginn des Streiks"* (kolorierter Holzstich nach einem Gemälde von Robert Koehler, 1893)

11 Kirchen, Staat und Unternehmer reagieren

M1 *Plakat zur deutschen Sozialversicherung* (1913)

Aus christlicher Nächstenliebe
Angesichts der extremen Verelendung vieler Arbeiterfamilien erhoben die beiden christlichen Kirchen weit reichende Forderungen: Die tägliche Arbeitszeit sollte verkürzt, der Arbeitslohn gerechter bemessen und die Kinderarbeit verboten werden. Auch setzten sich die Kirchen dafür ein, dass christliche Gewerkschaften gebildet wurden. Um Arbeiterfamilien unmittelbar helfen zu können, gründeten sie eigene Organisationen: 1848 die evangelische Innere Mission und 1897 die katholische Caritas.
Auch einige Geistliche wurden aktiv. So gründete der Priester Adolph Kolping den katholischen Gesellenverein. In den Kolpinghäusern fanden jüngere und allein stehende Handwerksgesellen ein Zuhause. In Hamburg baute der Pfarrer Johann Hinrich Wichern das „Raue Haus" auf, das verwaiste und verwahrloste Kinder aufnahm. Hier wohnten sie in Gruppen zusammen, wurden betreut und machten in Lehrbetrieben eine Ausbildung zu Handwerkern.

Initiativen von Unternehmern
Auch manche Unternehmer sahen ein, dass es nicht ihr einziges Ziel sein konnte, ihren Gewinn zu vergrößern. Einige hatten auch erkannt, dass ein Betrieb ein besseres Ergebnis erwirtschaftet, wenn die Menschen, die darin arbeiten, zufrieden sind.
Der Essener Fabrikant Alfred Krupp gründete eine Betriebskrankenkasse und ließ Werkswohnungen für Arbeiterfamilien bauen; dafür erwartete er Betriebstreue und politisches Wohlverhalten. Ferdinand Stumm, ein mächtiger Konzernherr an der Saar, gewährte eine Kranken- und Altersversorgung sowie billige Betriebswohnungen. Dafür erwartete er eiserne Disziplin am Arbeitsplatz. Einen partnerschaftlichen Weg ging Ernst Abbe von den Zeiss-Werken in Jena: Er beteiligte die Belegschaft am Unternehmen und seinen Gewinnen.

Staatliche Sozialpolitik
Auch die Regierung kam nicht umhin, sich der sozialen Frage anzunehmen. Denn sie fürchtete, dass sich die Arbeiter noch stärker den Sozialdemokraten zuwenden würden, wenn sich der Staat nicht um ihre Not kümmerte. Deshalb erließ Reichskanzler Bismarck Sozialgesetze: 1883 die Krankenversicherung, 1884 die Unfall- und 1889 die Invaliditäts- und Altersversicherung.
Diese Sozialversicherungen werden heute unterschiedlich bewertet. Die einen verweisen darauf, dass die tatsächlich ausgezahlten Beiträge enttäuschend niedrig waren. So betrug die durchschnittliche Altersrente 1912 nur knapp 20% des Lohnes, Witwen erhielten sogar noch weniger. Manche kritisieren auch, dass die Arbeiter einen Großteil der Versicherungsleistungen durch ihre Beiträge selbst finanzieren mussten. Andere betonen dagegen, dass es nach der Einführung der Sozialversicherung umfangreiche Verbesserungen im Vergleich zu vorher gegeben habe.

M2 *„Kapitalistische Wohltaten“* (Karikatur von A. Staehle aus „Der wahre Jacob“, 1905). Die Unterschrift lautet: „Der Kapitalist: So! Der läuft mir nicht mehr davon!“

M3 *Der Unternehmer Werner von Siemens begründet die Einrichtung einer Rentenkasse für „seine“ Arbeiter im Jahr 1872:*

Es ist (…) von höchster Wichtigkeit, einen festen Arbeiterstamm zu schaffen, und zwar umso mehr, je weiter die Arbeitsteilung und die Maschinenarbeit entwickelt wird. Dies soll nun wesentlich durch unsere Pensionskasse bewirkt werden. (…) Steht bei ihnen erst unwandelbar fest, dass denen, die bei uns bleiben, die Sorge für ihr Alter und ihre Familie genommen ist, so werden sie dadurch fest an das Geschäft geknüpft, sie werden den Umsturztheorien der Sozialisten abhold, werden sich Streiks widersetzen und haben eigenes Interesse am Gedeihen des Geschäfts.

Werner von Siemens, Briefe, ausgewählt und hg. v. Friedrich Heintzenberg, Stuttgart 1953, zit. nach: Gerhard A. Ritter/Jürgen Kocka (Hg.), Deutsche Sozialgeschichte, Bd. II, München 1974, S. 148.

M4 *In einer kaiserlichen Botschaft von 1881 heißt es:*

Aber auch diejenigen, welche durch Alter oder Invalidität erwerbsunfähig werden, haben der Gesamtheit gegenüber einen begründeten Anspruch auf ein höheres Maß an Fürsorge, als ihnen bisher hat zuteil werden können. Für diese Fürsorge die rechten Mittel und Wege zu finden, ist eine schwierige, aber auch eine der höchsten Aufgaben jedes Gemeinwesens, welches auf den sittlichen Fundamenten des christlichen Volkslebens steht.

„Es ist nicht leicht, unter Bismarck Kaiser zu sein“, soll Kaiser Wilhelm I. bei dieser Botschaft gesagt haben.

Wolfgang Kleinknecht u. H. Krieger, Die Neueste Zeit, Frankfurt 1965, S. 87.

1 Nennen Sie Gründe für die sozialen Maßnahmen der Kirchen, der Unternehmer und des Staates (VT, M3 und M4) und bewerten Sie sie.

2 Vergleichen Sie die Schaubilder M5 und M6. Informieren Sie sich über die Beitragshöhe der heutigen Sozialversicherung. Wer bezahlt jeweils die Beiträge?

3 Untersuchen Sie die Karikatur M2 und arbeiten Sie heraus, welche Meinung der Zeichner zu den Sozialversicherungen vertritt.

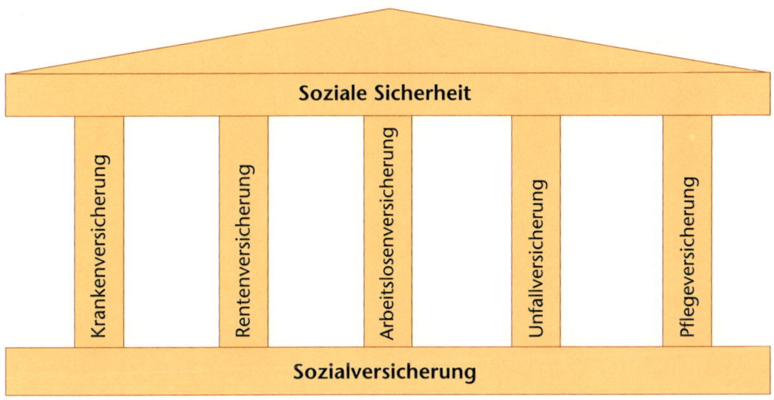

M5 *Soziale Sicherheit heute:* Nach dem Grundgesetz ist Deutschland ein „demokratischer und sozialer Bundesstaat“. Ein Sozialstaat verpflichtet sich, alle im Land lebenden Menschen sozial abzusichern. Man spricht auch von einem „sozialen Netz“, das alle Bürger im Notfall auffängt. Ein wichtiger Eckpfeiler des Sozialstaats ist die gesetzliche Sozialversicherung.

M6 *Sozialversicherung im deutschen Kaiserreich*

Versicherungsart	*Beiträge*	*Leistungen*
Krankenversicherung 1883 für gewerbliche Arbeiter und (freiwillig ab 1882) Angehörige	2–3 % des Lohns; $\frac{2}{3}$ vom Versicherten, $\frac{1}{3}$ vom Arbeitgeber	ärztliche Behandlung und Medizin, Krankenhauskosten; nach zweitägiger Wartezeit Krankengeld (50 % des Durchschnittslohns, max. 2 Mark/Tag)
Unfallversicherung 1884 für gewerbliche Arbeiter	als Haftpflicht vom Arbeitgeber zu zahlen	Heilungskosten; bei Erwerbsunfähigkeit $\frac{2}{3}$ des Einkommens, $\frac{1}{5}$ für Witwen
Invaliden- und Altersversicherung 1889 für Gewerbe- und Landarbeiter (ab 1911 auch für Familienangehörige)	1 % (ab 1900 1,5–3 %) des Lohns, je zur Hälfte von Arbeitnehmern und Arbeitgebern	Invalidenrente bei Erwerbsunfähigkeit (1911): 1,1 Mio. Rentenbezieher von durchschnittlich 187 Mark/Jahr; Altersrente ab 70. Lebensjahr und nach 30 Beitragsjahren (ab 1900: 24 Beitragsjahre)

12 Von der „Maloche“ zur Dienstleistung

M1 *Bergarbeiter demonstrieren am 11. November 1996 gegen die geplante Zechenstilllegung in Gladbeck.*

M2 *Flugblatt aus der Zeit des „Zechensterbens“*

Stahl und Kohle in der Krise

Rund 150 Jahre lang war das Ruhrgebiet das industrielle Herz und der wirtschaftliche Motor Deutschlands. Stahl und Kohle hatten dem Revier zu großem Wohlstand verholfen, fast jeder dritte Arbeitnehmer „malochte“ unter Tage oder im Stahlwerk. Als es in den 1960er-Jahren mit den Bergbauzechen und Hüttenwerken „bergab“ ging, bedeutete das den Niedergang einer ganzen Region. Mehr und mehr Zechen wurden geschlossen, Hochöfen stillgelegt und Arbeitsplätze vernichtet.

Neue Energien

Wie war es zum „Zechensterben“ gekommen? Zum einen verdrängten Erdöl und Erdgas allmählich die Kohle als Energieträger. Zum anderen hatte sich die Stahl- und Eisenindustrie technisch weiterentwickelt. Hatte man für die Produktion von einer Tonne Roheisen lange Zeit eine Tonne Koks benötigt, brauchten die neueren Hochöfen nur noch 540 kg Koks. Zudem sank der Bedarf an Stahl insgesamt, sodass viele Werke nicht mehr ausgelastet waren und geschlossen wurden.

Strukturwandel im Ruhrgebiet

Langsam reifte in den Köpfen der Menschen die schmerzhafte Erkenntnis, dass die Dauerkrise nur zu überwinden war, wenn man sich neuen Wirtschaftsbereichen zuwandte. Telekommunikation und Computerindustrie sollten die Zukunft des Ruhrgebiets sichern. Während im Kohle- und Stahlbereich heute nur noch knapp 9% der Erwerbstätigen arbeiten, entstanden ab Mitte der 1980er-Jahre über 200 000 neue Arbeitsplätze vor allem im Dienstleistungsbereich. Industrieanlagen sind großen Einkaufszentren gewichen, ehemalige Zechen beherbergen neue High-Tech-Unternehmen.
Doch der Weg von Stahl und Kohle hin zur Dienstleistungsgesellschaft ist langwierig und schwierig, und längst nicht alle ehemaligen „Kumpel“ fanden einen neuen Arbeitsplatz. Arbeitslosigkeit und Unsicherheit beherrschen deshalb viele Menschen in der Region.

Der Preis des Fortschritts

Man unterscheidet heute drei industrielle Revolutionen. Jede Stufe hat den Menschen einen höheren Lebensstandard ermöglicht, aber der Natur auch weitere Schäden zugefügt. Eisenbahnen und Straßen veränderten die Landschaften, Wiesen und Felder fielen dem Wohnungsbau und neuen Industrieanlagen zum Opfer.
Luftverschmutzung, Waldsterben, Gewässerverunreinigung und Belastung der Böden nahmen in der Zeit des industriellen Fortschritts ständig zu. Erst nach und nach wurde den Menschen bewusst, wie hoch der Preis der Industrialisierung wirklich war. Nationale und internationale Organisationen wie der „Bund für Umwelt und Naturschutz Deutschland“ (BUND) und „Greenpeace“, aber auch Bürgerinitiativen und Umweltgruppen vor Ort kämpfen heute mit teilweise spektakulären Aktionen dafür, die Welt, die uns umgibt, zu erhalten.

M3 *Der Politiker Jürgen Rüttgers 1999 über den Strukturwandel im Ruhrgebiet:*
In 140 Zechen wurde früher im Ruhrgebiet Kohle gemacht. Im größten Industriegebiet Europas ist die Arbeit immer noch zu Hause, aber in Kohle und Stahl ist nur noch ein Bruchteil der Menschen beschäftigt. Ruhrgebiet, das bedeutet heute nicht mehr nur Zeche und Hochofen, Duisburg-Rheinhausen, Zollverein, Brieftauben, Ruhrschnellweg und Schalke, sondern mittlerweile auch: Grüne Lunge und IBA, High Tech und Dienstleistung, Musical und Shopping, Kunst und Kultur. All die Veränderungen und Entwicklungen sind an den Menschen nicht spurlos vorübergegangen. Viele mussten sich beruflich und wirtschaftlich völlig neu orientieren. Sie erlebten persönliche Umbrüche, die in Deutschland höchstens noch von denen in den neuen Ländern nach der Wende übertroffen werden.

www.debatte-ruhrgebiet.de/politik/cdu_rede_ruettgers.shtml.

M6 *Die stillgelegte Zeche „Zollverein"* im Essener Norden wurde 2001 ins UNESCO-Weltkulturerbe aufgenommen. Im alten Kesselhaus befindet sich heute das Design-Zentrum NRW, die ehemalige Lesebandhalle wird als Konzertsaal genutzt, ein Ruhrmuseum ist in Planung.

M4 *Entwicklungsstufen der Industrialisierung in Deutschland*

	Erste industrielle Revolution	*Zweite industrielle Revolution*	*Dritte industrielle Revolution*
Beginn	Mitte des 19. Jahrhunderts	Ende des 19. Jahrhunderts	nach 1945
Merkmale	– Übergang von der Agrar- zur Industriegesellschaft – Fabrikarbeit – Einsatz von Kraft- und Arbeitsmaschinen – Arbeitsteilung – Massenproduktion	– Erfindungen in der Elektroindustrie, in der chemischen Industrie und im Fahrzeugbau – Anwachsen der Dienstleistungsberufe – Rationalisierung der Produktion, z. B. Fließbandarbeit	– Erfindungen in der Mikroelektronik – Ausbau der Telekommunikation – Übergang zur Robotertechnik – Automatisierung der Produktion

vom Verfasser zusammengestellt

M5 *Der deutsche Steinkohlenbergbau (1950–2002)*

Jahr	*Zahl der fördernden Bergwerke*	*Förderung (in 1000 Tonnen)*	*Zahl der Belegschaft insgesamt*
1950	177	125 739	538 076
1960	146	142 287	490 190
1970	69	111 271	252 742
1980	39	86 574	186 822
1990	27	69 762	130 255
2002	10	26 088	48 673

Nach: Statistik der Steinkohlewirtschaft e. V., Essen.

1 Ordnen Sie den einzelnen Entwicklungsstufen in der Tabelle M4 konkrete Ereignisse zu. Die ADS (S. 138/139) kann Ihnen dabei helfen.

2 Erläutern Sie, inwiefern die Zeche „Zollverein" (M6) ein Beispiel für den Strukturwandel im Ruhrgebiet ist.

3 Stellen Sie die Probleme zusammen, die mit den Veränderungen im Ruhrgebiet verbunden sind (VT, M1–M3).

4 Fertigen Sie eine Collage zum Thema „Mensch – Umwelt – Technik" an.

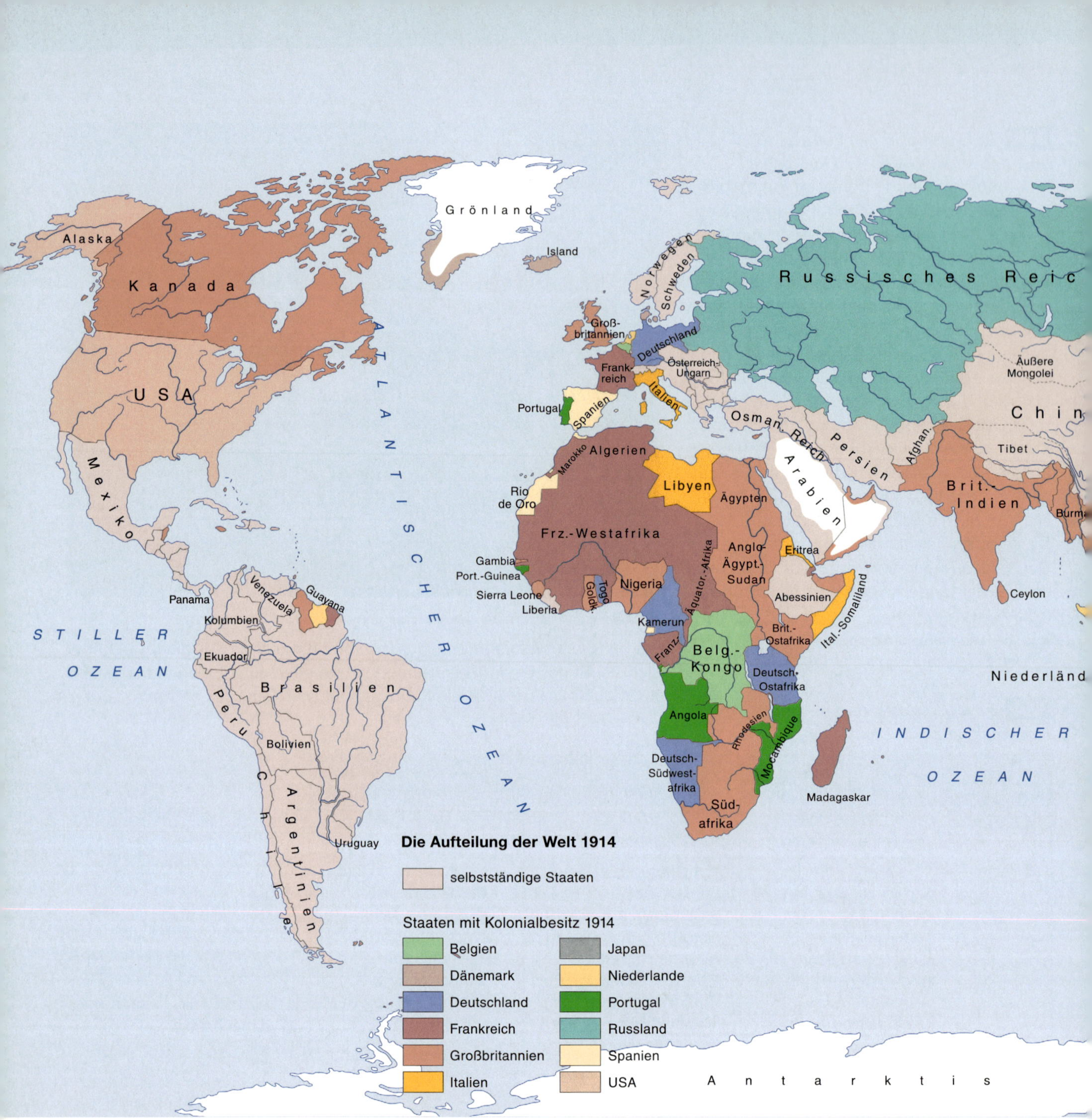

1871

Deutschland wird als Kaiserreich geeint.

ab 1880

„Wettlauf“ der europäischen Staaten um Kolonien in Afrika und im Pazifik

1890

„Deutsch-Ostafrika“, die erste Kolonie des Deutschen Reiches, wird gegründet.

1904

Aufstand der Herero in Deutsch-Südwestafrika

Imperialismus und Erster Weltkrieg

„Einen Platz an der Sonne" wünschte sich Kaiser Wilhelm II. 1884 für das Deutsche Reich. Zu der Zeit hatte bereits ein allgemeiner Wettlauf unter den europäischen Großmächten um Kolonien überall in der Welt begonnen. Um die Jahrhundertwende waren praktisch ganz Afrika und Südostasien unter den europäischen Mächten aufgeteilt und die einheimischen Völker von den weißen „Herren" unterworfen. Doch damit nicht genug – einige Jahre später führte die Rivalität zwischen den europäischen Mächten in eine unvorstellbare Katastrophe.

Wie die Europäer mit den einheimischen Menschen in den afrikanischen Gebieten umgingen, zeigt diese Postkarte von 1906 aus der Kolonie Deutsch-Ostafrika. Der handschriftliche Zusatz lautet: „ Die schönsten Grüße aus dem schwarzen Erdteil."

1912/13

Kriege in den Ländern auf dem Balkan

1914

Das Attentat von Sarajewo am 28. Juni löst den Ersten Weltkrieg aus.

Gratis. Extra-Blatt. Gratis.

Vossische Zeitung

Der österreichische Thronfolger und seine Gattin ermordet.

1917

Die USA treten in den Krieg ein.

1918

Im November wird ein Waffenstillstandsvertrag unterzeichnet und der Krieg beendet.

1 Die Europäer teilen die Welt unter sich auf

M1 *„Wenn das Wetter hält, soll nächstens die Fassade unseres Erdballs frisch gestrichen werden."* So lautet die Unterschrift dieser Karikatur aus der Zeitschrift „Kladderadatsch", 1884.

Wettlauf um Kolonien

Mitte des 19. Jahrhunderts war eine Reihe europäischer Staaten durch die Industrialisierung und den Überseehandel wohlhabend und mächtig geworden. Sie strebten nun nach noch mehr Reichtum und stärkerem politischen Gewicht. Viele Politiker und Unternehmer in fast allen europäischen Staaten forderten daher lautstark, sich Gebiete in Afrika und Asien anzueignen. Im letzten Drittel des 19. Jahrhunderts kam es auf diesen beiden Erdteilen dann zu einem regelrechten Wettlauf der europäischen Großmächte um die noch nicht kolonisierten Gebiete.

Wirtschaftliche Interessen

Bei dem Erwerb von Kolonien standen zunächst wirtschaftliche Interessen im Vordergrund. Denn viele Industrielle und Kaufleute wollten vor allem die kostbaren Rohstoffe wie Baumwolle und Kautschuk billig für die Industrie ihres eigenen Landes ausführen. Davon versprachen sich sowohl die Fabrikanten in den europäischen Ländern als auch die Plantagenbesitzer in den Kolonien hohe Gewinne. Auch hofften die europäischen Unternehmer, in den Kolonien neue Absatzmärkte für ihre fertigen Produkte zu finden, um somit mehr Geld verdienen zu können.

Doch diese Hoffnungen erfüllten sich kaum. Der Handel mit den Kolonien blieb relativ gering – die meisten Geschäfte wurden doch unter den „entwickelteren", also den europäischen Staaten gemacht. Auch war es sehr kostspielig, die Kolonien zu verwalten und militärisch zu schützen sowie Straßen und Eisenbahnstrecken auszubauen. Insgesamt steckten die europäischen Mächte weit mehr Geld in ihre Kolonialgebiete hinein, als sie an Einnahmen daraus gewannen.

Politische Ziele

Trotz der Schwierigkeiten hielt man an den Kolonien fest, denn Kolonien waren mittlerweile auch zu „Prestigeobjekten" geworden. Sowohl die Regierungen als auch die Bürgerinnen und Bürger in den europäischen Staaten glaubten, es sei eine Frage des Ansehens und der Macht in der Welt, möglichst viele Kolonien zu besitzen. Denn nur mächtige und reiche Nationen könnten im „Kampf ums Dasein" überleben. Dabei bewegten sich die Kolonialmächte oft am Rande eines Krieges, weil sie sich nicht immer über die Grenzen ihrer überseeischen Gebiete einigen konnten.

Aufteilung der Welt

Russland blieb neben Österreich-Ungarn der einzige größere europäische Staat, der keine Gebiete in Afrika oder im Pazifik erwarb. Vielmehr konzentrierte sich die russische Regierung darauf, ihre Herrschaft über die Völker in Mittelasien sowie über China auszudehnen.

Auch die USA und Japan reihten sich schließlich in den Kreis der Kolonialmächte ein. Während die USA vorwiegend den eigenen Kontinent erschloss, breitete sich Japan im asiatischen Raum aus und eroberte Gebiete in Korea und in Taiwan. Vor allem zwischen 1880 und 1914 wurden große Teile der Welt in riesige Kolonialreiche aufgeteilt. Diese Zeit nennen wir heute das Zeitalter des Imperialismus.

Imperialismus

(von lat. imperium = Macht, Herrschaft, Herrschaftsgebiet) bezeichnet ganz allgemein die Herrschaft eines Staates über die Bevölkerung eines fremden Landes. Meistens wird der Begriff für die Jahre 1880 bis 1914 verwendet, in der die europäischen Großmächte weite Gebiete in Afrika und Südostasien in ihren Besitz brachten.

M2 *Foto vom Eisenbahnbau in der deutschen Kolonie Togo, 1905.*
Deutsche Banken stellten das Kapital, die Stahlindustrie lieferte die Schienen.

M3 *Aus einer Rede des französischen Politikers Eugène Etienne (1889):*

Heute also muss Frankreich darum besorgt sein, sich seinen eigenen Markt zu bewahren, nämlich denjenigen, den es auf seinem eigenen Territorium, in seinen Kolonien besitzt (...). Wegen der sich immer schneller vollziehenden maschinellen Produktion muss man bemüht sein den Konsum zu erweitern. Es ist deshalb nötig, dass Frankreich sich nach außen begibt. Frankreich muss nach Afrika und nach Indien gehen. In Indochina haben wir uns für alle Zeit niedergelassen, (...), was auch immer man einwenden möge. (...); wir müssen von dort aus nach China vorstoßen.

Peter Alter (Hg.), Imperialismus, Stuttgart 1989, S. 25 f.

M4 *Der deutsche Historiker Heinrich von Treitschke beschreibt 1890 die Bedeutung von Kolonien für große Mächte aus seiner Sicht:*

Alle großen Völker der Geschichte haben, wenn sie stark geworden waren, den Drang gefühlt, Barbarenländern den Stempel ihres Wesens aufzudrücken. Und heute sehen wir die Völker Europas drauf und dran, weit über den Erdkreis eine Massenaristokratie der weißen Rasse zu schaffen. Wer bei diesem gewaltigen Wettkampf nicht mitwirkt, wird später einmal eine klägliche Rolle spielen. Es ist daher eine Lebensfrage für eine große Nation heute, kolonialen Drang zu zeigen. Das erste Volk der Geschichte, das die Majestät des Welthandels erkannt hatte, die Phöniker, sind auch große Kolonisatoren gewesen. Dann folgt die Kolonisation der Griechen im östlichen und westlichen Becken des Mittelmeers, dann die Römer, im Mittelalter die Deutschen, Spanier und Portugiesen, schließlich Holland und England. (...) Ganz ohne Zweifel ist eine große koloniale Entwicklung ein Glück für ein Volk.

Zit. nach: Werner Grütter, Der Imperialismus von 1870 bis 1914, Paderborn 1982, S. 53 f.

M5 *Aus einer Rede des britischen Kolonialministers Joseph Chamberlain (1903):*

Unsere nationale Existenz beruht auf unserer industriellen Leistungsfähigkeit und Produktion. Wir sind nicht etwa ein wesentlich Ackerbau betreibendes Land, dies kann niemals die Hauptquelle unseres Wohlstandes sein. Wir sind ein großes industrielles Land. Daraus folgt eins: dass der Handel innerhalb unseres Weltreiches für unser Gedeihen in der Gegenwart unbedingt notwendig ist. Geht dieser Handel nieder oder hört er nur auf im Verhältnis zu unserer Bevölkerung zuzunehmen, dann sinken wir zu einer Nation fünfter Klasse herab.

Gottfried Guggenbühl, Quellen zur Allgemeinen Geschichte, Bd. IV, Zürich 1954, S. 303 ff.

1 Erarbeiten Sie das Thema „Imperialismus" in der Arbeitsform des Gruppenpuzzles (s. S. 66/67):

– Stammgruppe: Klären Sie mit Hilfe der Lexikonerklärung den Begriff „Imperialismus".

– Expertengruppen:
1: Welche politischen Interessen und welche wirtschaftlichen Ziele verfolgten die Europäer mit der Kolonialpolitik? Lesen Sie Kapitel 1.

2: Wie gingen die Europäer bei der Aufteilung des afrikanischen Kontinents vor, und welche Folgen ergaben sich für die dort lebenden Menschen? Lesen Sie Kapitel 2.

3: Erklären Sie den Begriff „Rassismus", und nennen Sie Beispiele rassistischen Verhaltens während der Kolonialisierung Afrikas. Lesen Sie Kapitel 3.

4: Wie sah die deutsche Kolonialpolitik aus, und welche Argumente für und gegen die Kolonialisierung Afrikas wurden in Deutschland diskutiert? Lesen Sie Kapitel 7.

5: Wie verhielten sich die deutschen Kolonialherren, und warum kam es zum Aufstand der Herero? Lesen Sie Kapitel 8.

– Stammgruppe: Tragen Sie Ihre Ergebnisse vor, und fertigen Sie eine Mindmap zum Thema „Imperialismus" an, bei der jeder Experte einen Ast beschriftet.

2 Afrika – „herrenloses Land"?

M1 *Die Berliner Kongo-Konferenz von 1884/85* (Holzstich nach einer Zeichnung von 1884). Der deutsche Reichskanzler von Bismarck steht rechts im Hintergrund. An der Wand links hängt eine Karte von Afrika. Da man keinem Land das Gebiet am Kongo zusprechen wollte, einigte man sich darauf, es dem König von Belgien zur Verwaltung zu überlassen. Es sollte dort aber für alle Staaten Handelsfreiheit herrschen.

Das „alte Afrika"

Auf dem afrikanischen Kontinent lebten verschiedene Völker. Einige führten ein Leben als Jäger und Sammler, andere als Bauern, Handwerker oder Hirten und manche zogen als Nomaden umher. Die Menschen lebten in Großfamilien zusammen, die allen Angehörigen Schutz boten. Alle Völker hatten ihre eigenen Lieder, ihre eigene Sprache, Kultur und Religion. Politisch war der Kontinent in mehrere Reiche aufgeteilt, in denen Könige, Fürsten oder Priester herrschten. Auch gab es jahrhundertealte Städte, die meist an alten Handelswegen lagen.

Reisen in Afrikas Mitte

Lange Zeit waren nur wenige und relativ kleine Gebiete in der Hand der Europäer: 1806 hatten die Briten die Spitze Südafrikas und 1830 die Franzosen das nördliche Algerien besetzt. Im heutigen Angola und Mosambik lebten etwa 3000 Portugiesen. An der Westküste gab es mehrere Handelsniederlassungen, von denen aus europäische Kaufleute regen Handel mit den Völkern aus dem Landesinneren führten. Das Klima, gefürchtete Krankheiten wie Gelbfieber und Malaria, aber auch die Angst vor afrikanischen Kriegern hielten die europäischen Kaufleute und Siedler davon ab, weiter in den Kontinent vorzudringen.
Doch 1856 durchquerte der britische Forscher und Missionar David Livingstone als erster Europäer den afrikanischen Kontinent. Zu Tode erschöpft und an Malaria erkrankt, erreichte er am 25. Mai die Ostküste Afrikas. Als Livingstone von einer zweiten Expedition nicht zurückkehrte, machte sich der amerikanische Reporter Henry Morton Stanley auf die Suche und fand Livingstone am Tanganjikasee in Zentralafrika.
Livingstones und Stanleys Reisen ebneten den Weg dafür, Zentralafrika zu kolonialisieren. Der Herrscher von Bugunda am Victoriasee gestattete Stanley in seinem Land zu missionieren. Mit Geld vom belgischen König ließ Stanley dann 1879 eine Straße am Kongofluss bauen, die quer durch den Kontinent führte.

Beute der europäischen Mächte

Beim Wettlauf um die Kolonien kam es besonders zwischen Großbritannien und Frankreich zu einem lang andauernden Streit. Die Auseinandersetzungen wurden noch komplizierter, als auch das Deutsche Reich Gebiete in Südwestafrika, Togo, Kamerun und Ostafrika beanspruchte. Um einen militärischen Konflikt zu vermeiden, lud der deutsche Reichskanzler Bismarck 1884 zu einer Konferenz ein. Hier legten die Vertreter der europäischen Staaten fest, wie der afrikanische Kontinent aufgeteilt werden sollte. Die wichtigste Bestimmung lautete, dass alle Mächte mit Besitz von Küstenländern ihre Grenzen zum Hinterland beliebig erweitern durften.
Am Konferenztisch wurden auf noch ungenauen Karten die neuen Grenzlinien in Afrika gezogen. Dass sie damit in vielen Landesteilen traditionelle Stammesgebiete der afrikanischen Völker zerteilten oder Handelsstraßen zerschnitten, war den europäischen Politikern egal. Sie betrachteten ein Land als „herrenlos", solange es von keiner anderen Kolonialmacht besetzt war.

M2 *Hendrik Witboi, Häuptling der Nama in Südwestafrika, sprach 1892 zu anderen Häuptlingen:*

Dieses Afrika ist das Land der roten Kapitäne (Häuptlinge); wir sind von derselben Farbe und Lebensart, haben gemeinschaftliche Gesetze, die für uns und unsere Leute genügen. Wir sind nicht hart gegeneinander, sondern ordnen Dinge in Frieden und Brüderschaft. (…) Die weißen Menschen aber handeln ganz anders. Ihre Gesetze sind unpassend für uns rote Menschen und undurchführbar. Diese unbarmherzigen Gesetze bedrücken den Menschen von allen Seiten; sie kennen kein Gefühl oder Rücksicht darauf, ob ein Mensch reich ist oder arm.

Ich bin sehr ungehalten über euch (…), die ihr deutschen Schutz angenommen habt und dadurch den weißen Menschen Rechte und Einfluss in unserem Land gebt. (…) Die Deutschen lassen sich (…) nieder, ohne erst um Erlaubnis zu bitten, drängen den Menschen, denen die Gebiete gehören, ihre Gesetze auf, verbieten das freie Herumstreifen auf den Wegen, verbieten ihnen freie Verfügung über ihr eigenes Wasser und über die Weide; sie verbieten den Landeseingeborenen die Jagd auf ihr eigenes Wild, verbieten den Menschen mit Gewehr auf irgendeinem Platz zu erscheinen, geben den Menschen bestimmte Uhrzeiten und Tage als Termine an und halten die Menschen außerhalb der Wohnplätze an.

Hendrik Witbooi, Afrika den Afrikanern!, hg. v. W. Reinhard, Berlin 1982, S. 132 f.

M3 *Über den Imperialismus urteilte der nigerianische Historiker Jacob Ajayi 1977:*

Gestützt auf ihre technologische Überlegenheit, errichteten die Europäer ihre Herrschaft über den ganzen Kontinent. Sie zerstörten, unterdrückten oder schufen Staaten nach Belieben. (…) Die Gebiete, in die Afrika aufgeteilt wurde, waren ein völliger Neubeginn. (…) Die Grenzen der früheren Reiche unterlagen häufigen und raschen Veränderungen. Im Hin und Her der Geschichte war nichts von Dauer. Aber die Aufteilung der Europäer zielte darauf ab, die unablässige Veränderung zu unterbinden, indem sie die Entwicklung in völlig ungewohnte Bahnen zu lenken versuchte.

Peter Alter, Der Imperialismus, Stuttgart 1985, S. 67 f.

M4 *Der neue „Rhodes-Koloss"* (Karikatur aus der britischen Zeitschrift „Punch" von 1892). 1892 war die Telegrafenleitung von Kapstadt nach Kairo fertig gestellt worden. Die Figur stellt den britischen Kaufmann und Pionier Cecil Rhodes dar, der sich stark für den Erwerb von Kolonien einsetzte.

1 Beschreiben Sie, wie die Menschen in Afrika ursprünglich lebten (VT, M5).

2 Erläutern Sie, wie die Europäer bei der Aufteilung des afrikanischen Kontinents vorgingen (VT, M1).

3 Listen Sie anhand von M2 und M3 auf, welche Folgen die europäische Kolonialisierung hatte.

4 Erläutern Sie, wie der nigerianische Historiker den Imperialismus beurteilt (M3).

M5 *Afrika vor 1880*

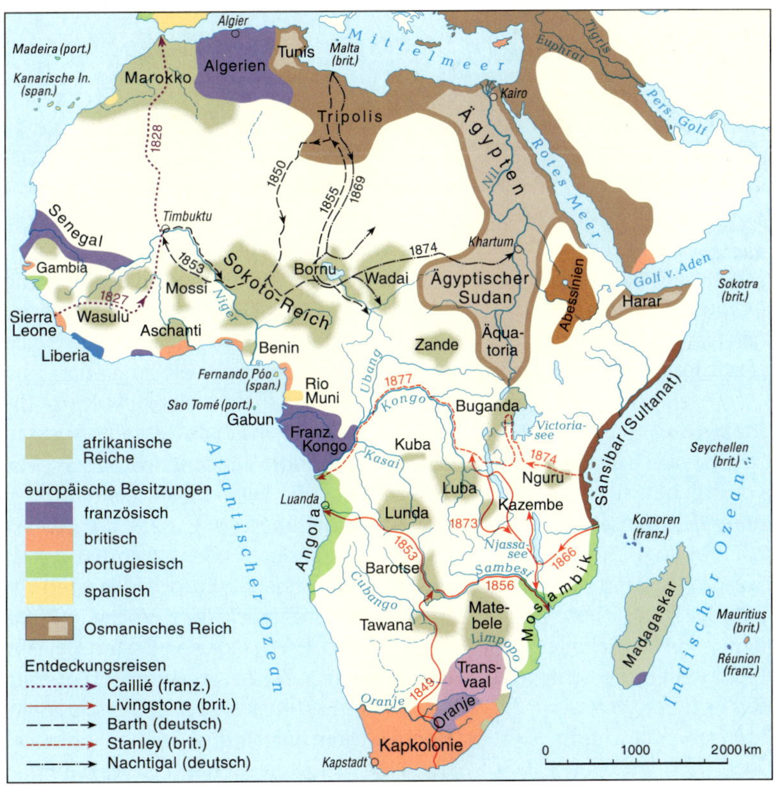

3 Der Globus in der Hand der „überlegenen Rasse"

M1 *„Frankreich wird Marokko Kultur, Wohlstand und Frieden bringen können"* (Titelseite des „Petit Journal", 1911).

Rassismus
ist eine scheinwissenschaftliche Unterscheidung der Menschen nach biologischen oder kulturellen Merkmalen, z. B. der Hautfarbe, von denen auf bestimmte Eigenschaften geschlossen und der Wert der Menschen bestimmt wird.

Rassismus der Weißen

Der englische Dichter Rudyard Kipling schrieb 1895 das Gedicht „Die Bürde des weißen Mannes". Darin forderte er seine Landsleute auf, in die Welt zu ziehen, um den „eingefangenen Völkerschaften, die halb Kinder sind und halb Teufel", zu essen zu geben und dort herrschende Seuchen zu bekämpfen. Wie viele seiner Zeitgenossen war er davon überzeugt, dass die „weiße Rasse" allen anderen Menschen überlegen sei. Viele Menschen in Europa glaubten daher, die „unterentwickelten" Völker in Afrika und Asien zu ihrem eigenen Besten zivilisieren zu müssen. Zu diesen angeblich primitiven Völkern zählten die Europäer sogar alte Hochkulturen wie Indien, China oder die hoch entwickelten Aschanti in Westafrika.

Weiße Missionare

Mit den Kolonialherren kamen auch die Missionare, um in den Kolonien den christlichen Glauben zu verbreiten. Außerdem richteten manche Missionare Krankenhäuser und Schulen ein, um das Leben der Menschen in den Kolonien zu verbessern. Doch sie trugen auch dazu bei, die alten Lebensgewohnheiten zu zerstören. Zum einen wurden viele einheimische Kinder in den Missionsschulen und Waisenhäusern dazu gezwungen, den christlichen Glauben anzunehmen. Zum anderen verdrängte die Kirche die traditionellen afrikanischen Bräuche, Sitten und Feste, wodurch sich das Leben in den Familien und Dörfern grundlegend veränderte.

Die Folgen des Rassismus

Auf die gewachsenen Handelsstrukturen und die traditionelle Landwirtschaft der einheimischen Völker nahmen die weißen „Herren" keine Rücksicht, als sie den Kontinent für sich erschlossen. Sie waren nur daran interessiert, möglichst hohe Gewinne zu erzielen. Handelsgesellschaften und Kaufleute ließen große Plantagen anlegen, auf denen sie Kaffee, Tee, Kakao und Baumwolle anbauten. Auch Bergwerke wurden erschlossen, um wertvolle Rohstoffe wie Gold, Kupfer und Diamanten zu gewinnen. Sowohl auf den Plantagen und in den Bergwerken als auch im Straßen- und Eisenbahnbau ließen die Besitzer tausende Afrikaner unter unmenschlichen Bedingungen für sich arbeiten.

Die europäischen Familien in den Kolonialgebieten wohnten in der Regel in eigenen Stadtteilen mit breiten Straßen und hellen, großen Villen oder Bungalows. Hier waren die einheimischen Männer und Frauen nur als Hauspersonal, Gärtner oder Pförtner geduldet. Im Gegensatz zu den Europäern lagen ihre ärmlichen Unterkünfte in eng bebauten, stickigen Wohnvierteln, wo es häufig weder feste Straßen noch eine Kanalisation gab.

M2 *Der spätere Kolonialpolitiker Cecil Rhodes sagte 1877 als junger Student:*
Ich behaupte, dass wir die erste Rasse der Welt sind und dass es für die Menschheit umso besser ist, je größere Teile der Welt wir bewohnen. (...) Darüber hinaus bedeutet es einfach das Ende aller Kriege, wenn der größere Teil der Welt in unserer Herrschaft aufgeht. Da [Gott] sich die Englisch sprechende Rasse offensichtlich zu seinem auserwählten Werkzeug geformt hat, (...) muss es auch seinem Wunsch entsprechen, dass ich alles in meiner Macht Stehende tue, um jener Rasse so viel Spielraum und Macht wie möglich zu verschaffen. Wenn es einen Gott gibt, denke ich, so will er daher eines gern von mir getan haben: nämlich so viel von der Karte Afrikas britisch-rot zu malen wie möglich und anderswo zu tun, was ich kann, um die Einheit der Englisch sprechenden Rasse zu fördern und ihren Einflussbereich auszudehnen.

Heinz Dieter Schmid (Hg.), Fragen an die Geschichte, Bd.3, Frankfurt 1981, S. 302.

M3 *Georges Clemenceau, der spätere französische Ministerpräsident, erwidert in einer Debatte einem anderen Kolonialpolitiker (1885):*
Überlegene Rassen! Minderwertige Rassen! Das ist leicht gesagt! Ich für meinen Teil bin da vorsichtig, seit ich erlebt habe, wie deutsche Gelehrte wissenschaftlich nachgewiesen haben, dass Frankreich den Krieg gegen Deutschland verlieren musste, weil die Franzosen den Deutschen gegenüber eine minderwertige Rasse seien. Die Hindus – eine minderwertige Rasse (...)? Die Chinesen? (...) Nein!
Nein, es gibt kein Recht für so genannte überlegene Nationen gegenüber unterlegenen Nationen. Wir sollten nicht die Gewalt mit der heuchlerischen Bezeichnung Kultur verhüllen. Sprechen wir nicht von Recht oder Pflicht. Die Eroberung, die Sie propagieren, ist nichts anderes als der Missbrauch der Macht, die die Wissenschaft unserer Kultur gegenüber zurückgebliebenen Kulturen gibt. Sie dient dazu, sich der Menschen zu bemächtigen, sie zu foltern oder alles aus ihnen herauszuholen zum Profit des angeblichen Kulturbringers.

Zit. nach: Klaus Wohlt, „Gloire à la plus grande France". Imperialismus – das französische Beispiel. In: Praxis Geschichte, 1/1993, S. 22.

M4 *Ein afrikanischer Lehrer und seine Frau* (Foto, um 1900). Die europäische Kultur wurde auch mit Zwang eingeführt. Selbst private Bereiche wie Heirat und Familienleben waren davon betroffen.

1 Erklären Sie den Begriff Rassismus mit eigenen Worten (VT). Finden Sie auch Beispiele aus heutiger Zeit.

2 Fassen Sie zusammen, wie die Europäer die Völker in Afrika sahen. Welches Recht leiteten sie daraus ab (VT, M1, M5)?

3 Geben Sie die Meinungen der Verfasser von M2 und M3 mit eigenen Worten wieder. Welche von Clemenceaus Argumenten finden Sie besonders überzeugend?

M5 *Einheimische im belgischen Teil des Kongo.* Ihnen wurden die Hände abgehackt, weil sie zu wenig Kautschuk abgeliefert hatten (Foto, 1907). Da die wachsende Elektro-, Auto- und Fahrradindustrie immer größere Mengen an Gummi benötigte, war der Handel mit Kautschuk ein lohnendes Geschäft.

4 Deutschland 1871 – Reichsgründung durch „Eisen und Blut“

M1 *Vom Norddeutschen Bund zur Reichsgründung.* Die Karte zeigt unter anderem die Lage der preußischen Territorien in der Zeit zwischen 1864 und 1871. – Beschreiben Sie die Veränderung des preußischen Staatsgebietes 1864–1866.

Annexion
bedeutet die gewaltsame, nach dem Völkerrecht unrechtmäßige Einverleibung eines fremden Staatsgebietes.

Auf dem Weg zum Deutschen Reich

Auch Deutschland wurde europäische Großmacht und strebte nach Kolonien. Dies konnte jedoch nur als Nationalstaat gelingen. Den Abgeordneten der Paulskirche (s. S. 134/135) war 1848 die Entscheidung schwer gefallen: Sie hatten sich nach langen Debatten für ein „kleindeutsches“ Reich entschieden. Ein „großdeutsches“ Reich schien mit der Idee des Nationalstaats nicht vereinbar. Denn dann wären auch die vielen verschiedenen Völker aus dem österreich-ungarischen Herrschaftsgebiet, etwa die Serben und Slowenen, mit in das Reich gekommen. Indem das Parlament Österreich ausschloss, trennte es den Teil Deutschlands ab, der seit 1438 fast ununterbrochen die deutschen Kaiser gestellt hatte.

Norddeutscher Bund

1862 berief der preußische König den Grafen Otto von Bismarck zum Ministerpräsidenten. Um Deutschland zu einen und unter preußische Führung zu bringen, nahm er auch Kriege in Kauf: 1864 marschierten die preußischen Truppen gemeinsam mit den Österreichern gegen Dänemark, um die Herzogtümer Schleswig und Holstein zu annektieren. 1866 traten Preußen und Österreich dann aber gegeneinander an. In der Schlacht von Königgrätz siegte das preußische Heer. Preußen gründete den Norddeutschen Bund, alle Staaten nördlich des Main mussten ihm beitreten. In einem Staatenbund ohne Österreich übernahm nun Preußen die Führung.

Deutsch-Französischer Krieg

Der französische Kaiser Napoleon III. war beim Krieg von 1866 neutral geblieben. Als Gegenleistung verlangte er nun linksrheinische Gebiete für Frankreich. Aber Bismarck lehnte ab. Das machte ihn in den Augen vieler Deutscher zum Verfechter nationaler Interessen. Gleichzeitig nutzte Bismarck die Gelegenheit, mit den süddeutschen Staaten „Schutz- und Trutzbündnisse“ abzuschließen. Diese fühlten sich nämlich von Frankreich bedroht.
1870 kam es erneut zu einem Konflikt zwischen Preußen und Frankreich, den Bismarck bewusst verschärfte. Schließlich erklärte Napoleon III. den Krieg, doch seine Armeen wurden von den preußischen und süddeutschen Truppen geschlagen. Frankreich musste eine hohe Kriegsentschädigung zahlen und Elsass-Lothringen abtreten.

Reichsgründung

Am 18. Januar 1871 riefen die deutschen Fürsten in Versailles den preußischen König zum deutschen Kaiser aus. In ganz Deutschland wurde die damit verbundene Einigung zum Deutschen Reich begeistert gefeiert. Die meisten vergaßen dabei im Siegestaumel, dass diese Reichsgründung „von oben“, also durch die Fürsten, aber ganz ohne das Volk zustande gekommen war.
Für viele Franzosen war es demütigend, dass das deutsche Kaiserreich ausgerechnet in Versailles ausgerufen wurde. Auch den Verlust von Elsass-Lothringen sahen viele als Raub an, der nach einer „Revanche“ verlangte.

M5 *König Wilhelm I. von Preußen wurde am 18. Januar 1871 im Spiegelsaal des Schlosses von Versailles zum deutschen Kaiser ausgerufen.* Das Gemälde von Anton von Werner hat Kaiser Wilhelm I. 1885 zu Bismarcks 70. Geburtstag in Auftrag gegeben. Daher steht Bismarck in weißer Uniform in der Bildmitte, neben ihm im Vordergrund der preußische Generalstabschef Moltke. Anton von Werner stellt den Augenblick dar, in dem der Großherzog von Baden ein „Hoch auf Kaiser Wilhelm" ausbringt.

M2 *Bismarck setzte 1862 eine Heeresreform gegen das preußische Abgeordnetenhaus durch. Vor den Abgeordneten erklärte er:*

Nicht auf Preußens Liberalismus sieht Deutschland, sondern auf seine Macht. (...) Preußen muss seine Kraft zusammenfassen und zusammenhalten auf den günstigen Augenblick, der schon einige Male verpasst ist; Preußens Grenzen nach den Wiener Verträgen sind zu einem gesunden Staatsleben nicht günstig; nicht durch Reden und Majoritätsbeschlüsse werden die großen Fragen der Zeit entschieden – das ist der große Fehler von 1848 und 1849 gewesen – sondern durch Eisen und Blut.

Geschichte in Quellen, Das bürgerliche Zeitalter 1815–1914, München, S. 312.

M3 *Der preußische Kronprinz Friedrich Wilhelm nahm am Krieg von 1870/71 als Oberbefehlshaber einer Armee teil. Am 31. Dezember 1870 schrieb er in sein Kriegstagebuch:*

Bismarck hat uns groß und mächtig gemacht, aber er raubte uns unsere Freunde, die Sympathien der Welt und – unser gutes Gewissen. Ich beharre noch heute fest bei der Ansicht, dass Deutschland ohne Blut und Eisen (...) einig, frei und mächtig werden konnte.

Geschichte in Quellen, Das bürgerliche Zeitalter 1815–1914, München, S. 367f.

M4 *Zum hundertsten Jahrestag der Reichsgründung äußerte Bundespräsident Gustav Heinemann 1971 in einer Rede:*

Als das Deutsche Reich vor 100 Jahren in Versailles ausgerufen wurde, war keiner von den 1848-ern zugegen (...). Um den Kaiser standen in Versailles allein die Fürsten, die Generäle, die Hofbeamten, aber keine Volksvertreter (...). Für unsere französischen Nachbarn war es eine tiefe Demütigung, dass unser Nationalstaat in ihrem Lande ausgerufen wurde. Diese Demütigung konnte Frankreich nicht vergessen. Was 1871 erreicht wurde, war eine äußere Einheit ohne volle innere Freiheit der Bürger. Die Staatsgewalt ging nicht vom Volke aus, sie lag bei den Fürsten.

Zit. nach: Helmut Böhme (Hg.), Die Reichsgründung, München 1967, S. 273.

1 Erläutern Sie, mit welchen Mitteln Bismarck die Einheit erreichen wollte (VT, M2)?
Wie sah der preußische Kronprinz Bismarcks Politik (M3)?

2 Die geplante Reichsgründung von 1848 wäre von „unten" erfolgt, die von 1871 erfolgte von „oben". Erklären Sie, wie das gemeint ist (VT, M4).

3 Formulieren Sie in Gruppenarbeit Schlagzeilen für zwei verschiedene Zeitungsartikel zur Kaiserproklamation von 1871 (M5): einen aus deutscher, den anderen aus französischer Sicht.

5 Nationalismus als neue Gefahr

M1 *Der „deutsche Michel"* zeigt auf der Postkarte von 1913 auf zwei Denkmäler: das Völkerschlachtdenkmal bei Leipzig für die Schlacht von 1813 und das Niederwalddenkmal bei Bingen für den Deutsch-Französischen Krieg von 1870/71. Der „deutsche Michel" ist die gutmütige und etwas verträumte Symbolfigur des Deutschen aus der Zeit des Vormärz.

Patriotismus
meint Vaterlandsliebe und den Willen, sich für die staatliche Gemeinschaft oder das eigene Volk einzusetzen. Wichtig sind den Patrioten auch nationale Symbole, z. B. Nationalfarben und eine Nationalhymne.

Nationalismus
Übersteigerter Stolz auf die Leistungen und Werte des eigenen Volkes. Andere Völker werden dabei oft gering geschätzt.

Stolz auf die Einheit

Die Siege von 1870/71 erfüllten die meisten Deutschen mit Genugtuung, denn viele hatten ein schlechtes Bild von den Franzosen. Diese antifranzösischen Gefühle stammten noch aus den Zeiten, als Ludwig XIV. und Napoleon viele Kriege in Europa geführt hatten und Deutschland das Elsass mit der Stadt Straßburg verlor. Viele Deutsche begeisterten sich nun an den Siegen der preußischen und süddeutschen Soldaten. Selbst Liberale, die Bismarck bisher als Unterdrücker der Freiheitsrechte gesehen hatten, wurden zu Bewunderern der Armee.

Symbole nationaler Stärke

Die Gefallenen der Einigungskriege galten als Helden, die für des „Vaterlandes Ehre und Freiheit" gestorben waren. Auf Friedhöfen und Plätzen setzte man ihnen Denkmäler mit Schwertern, Kanonen und Siegesadlern. Überall gründeten sich vaterländische Vereine, die das Andenken an die Siege pflegten. Im Geschichtsunterricht wurden Bismarck und Kaiser Wilhelm zu Heldengestalten verklärt.

Vom Patriotismus zum Nationalismus

Bismarck unterstützte diese Entwicklung, weil sie das neu geschaffene Reich auch im Innern festigte. Wenn die Mehrheit der Bürgerinnen und Bürger glaubte, „das Reich" bringe Sicherheit, dann fiel es nicht so sehr ins Gewicht, wenn die Freiheit des Einzelnen zurückblieb. Eine Wende trat in den 1890er-Jahren ein, als Wilhelm II., der Enkel Wilhelms I., eine Politik der Stärke betrieb. Die Patrioten in der Zeit des Vormärz hatten noch einen deutschen Nationalstaat angestrebt, der gleichberechtigt neben den Staaten anderer Nationen stehen sollte. Jetzt bekamen Reden zu nationalen Gedenktagen einen anderen Klang. Sie gipfelten in dem Anspruch, Deutschland müsse Weltmacht werden.

Nationalistische Tendenzen gab es damals in vielen Staaten – wenn auch nicht so ausgeprägt wie in Deutschland. In Frankreich etwa förderte die Niederlage gegen Deutschland den Nationalismus. So forderten radikale Franzosen schon seit den 1880er-Jahren offen den Krieg gegen Deutschland, um Elsass-Lothringen zurückzugewinnen.

M2 *„Der Kaiser steht wieder am Deutschen Eck in Koblenz“*, hieß es in der Rheinischen Zeitung vom 3. September 1993. Das Standbild war im Zweiten Weltkrieg zerstört worden. Ein Koblenzer Bürger hatte es der Stadt als Nachguss geschenkt.

M3 *„Die Wacht am Rhein“, patriotisches Lied von Max Schneckenburger, 1840:*

1. Es braust ein Ruf wie Donnerhall,
wie Schwertgeklirr und Wogenprall:
„Zum Rhein, zum Rhein, zum deutschen Rhein!
Wer will des Stromes Hüter sein?“
Lieb Vaterland, magst ruhig sein, (...)
fest steht und treu die Wacht am Rhein!
2. Durch Hunderttausend zuckt es schnell,
und aller Augen blicken hell;
der deutsche Jüngling, fromm und stark,
beschirmt die heilge Landesmark!
Lieb Vaterland, magst ruhig sein, (...)
fest steht und treu die Wacht am Rhein!
5. „Solang ein Tropfen Blut noch glüht,
noch eine Faust den Degen zieht
und noch ein Arm die Büchse spannt,
betritt kein Feind hier deinen Strand!“
Lieb Vaterland, magst ruhig sein, (...)
fest steht und treu die Wacht am Rhein!
6. Der Schwur erschallt, die Woge rinnt,
die Fahnen flattern hoch im Wind:
„Am Rhein, am Rhein, am deutschen Rhein,
wir alle wollen Hüter sein!“
Lieb Vaterland, magst ruhig sein, (...)
fest steht und treu die Wacht am Rhein!

Max Schneckenburger, „Die Wacht am Rhein“. In: Wolffs Poetischer Hausschatz des Deutschen Volkes, Leipzig o. J., S. 49.

M4 *„Was für ein Friede!“*

Baronin von Spitzemberg, die Ehefrau des württembergischen Gesandten in Berlin, schrieb am 3. März 1871 in ihr Tagebuch:

Und was für ein Friede für uns Deutsche! Herrlicher und glorreicher, als wir je einen geschlossen! Vereint zu einem Reiche, dem größten, mächtigsten, gefürchtetsten in Europa, groß durch seine physische Macht nicht allein, größer noch durch seine Bildung und den Geist, der das Volk durchdringt! Jedes deutsche Herz hatte das erhofft, keines geahnt, dass seine Träume sich in dieser Weise so bald und so herrlich erfüllen würden. Glücklich sind wir, dass wir nicht nur den Stern deutscher Größe und Herrlichkeit aufgehen sahen, sondern dass wir noch jung genug sind, um uns unter seinen Strahlen zu wärmen, um die, so Gott will, recht reichen und segensvollen Früchte zu genießen, die aus dieser unter Blut und Tränen gesäten Saat hervorgehen. Möge Gott den Geist meines Volkes also lenken, dass seine Entwicklung eine friedliche und zivilisatorische bleibe, sein Reich ein Reich des Lichts, der Freiheit, der wahren christlichen Gesinnung sei!

Das Tagebuch der Baronin Spitzemberg geb. Freiin von Varnbüler, Aufzeichnungen aus der Hofgesellschaft des Hohenzollernreiches, Deutsche Geschichtsquellen des 19. u. 20. Jahrhunderts, Bd. 43, Göttingen 1960, S. 121.

1 Erklären Sie den Unterschied zwischen Patriotismus und Nationalismus (VT).

2 1840 drohte ein französischer Minister mit Krieg; daraufhin schrieb Max Schneckenburger sein Lied von der „Wacht am Rhein“ (M3). Klingt das Lied eher patriotisch oder nationalistisch? Begründen Sie Ihre Meinung.

3 Untersuchen Sie das Bild auf der Postkarte M1. Welche Haltung der Deutschen gegenüber Frankreich kommt darauf zum Ausdruck?

4 In Deutschland hat man seit 1871 den Jahrestag der Schlacht von Sedan gefeiert. Überlegen Sie, wie das auf die Franzosen gewirkt haben mag (M5).

M5 *Sedanfeier in Berlin 1895.* Das Foto wurde während der Feier zum 25. Jahrestag der Schlacht bei Sedan aufgenommen. Mit solchen Feiern, Paraden und patriotischen Reden erinnerte man alljährlich an den entscheidenden Sieg im Deutsch-Französischen Krieg. Die deutschen Armeen hatten das französische Hauptheer am 2. September 1870 bei der Stadt Sedan eingeschlossen und zur Kapitulation gezwungen.

6 Werkstatt
Denkmäler deuten

M1 *Denkmal von Kaiser Wilhelm I. mit Soldatenmantel und Pickelhaube.* Das 1898 eingeweihte Reiterstandbild aus Bronze am Karlsplatz in Stuttgart ist 4,90 m hoch und ruht auf einem Sockel mit dem Relief des Reichsadlers an der Stirnseite. Die Löwen aus Granit unterstreichen den Wunsch nach Stärke und militärischem Kampfeswillen. Die beiden Obelisken im Hintergrund sind mit Inschriften versehen, die die deutschen Siege von 1870/71 aufzählen.

Denkmäler erzählen aus der Geschichte
Wer sich näher mit historischen und politischen Denkmälern beschäftigt, der erfährt einiges über die Vergangenheit. Denkmäler geben nämlich nicht nur unmittelbar Auskunft über ein historisches Ereignis oder eine Person aus der Geschichte, sie verraten durch ihre Gestaltung, ihre Inschrift, die Feiern und Reden anlässlich ihrer Errichtung auch einiges über das Verhältnis der Menschen zu ihrer Geschichte. Ein Denkmal dokumentiert, was den Menschen zum Zeitpunkt seiner Errichtung als erinnerungswürdig galt.
Der Blick auf Denkmäler der Vergangenheit verändert sich mit der Zeit. Ihre Schöpfer können nicht auf alle Zeiten festlegen, wie ihre Werke wahrgenommen werden. Deshalb ist es bei der Betrachtung und Interpretation von Denkmälern notwendig, ihre Wirkung in der damaligen und in der heutigen Zeit zu vergleichen. Häufig lassen sich in Zeitungsarchiven Berichte über die Einweihungsfeier und die dort gehaltenen Reden finden. Denn jede Zeit feiert sich mit den Denkmälern, die sie errichtet, auch selbst.

Denkmäler von Kaiser Wilhelm I.
Die Gründung des Deutschen Reiches von 1871 ist von den Zeitgenossen als derart außerordentlich empfunden worden, dass nach dem Tod Kaiser Wilhelms I. im Jahr 1888 viele Denkmäler von seiner Person errichtet wurden. Damit wurde der Versuch unternommen, die Bedeutung des Kaisers und seine politische Leistung zu überhöhen. Viele Reiterbilder von Wilhelm I., so am Deutschen Eck in Koblenz (S. 175) oder auch in Karlsruhe, in Ulm und in Stuttgart, zeugen von der Verehrung seiner Person. Aber Wilhelm I. war umstritten. Als Verkörperung des obrigkeitsstaatlichen konservativen preußischen Militarismus wurde er von manchen Zeitgenossen gefeiert, von vielen aber auch abgelehnt. Die Reaktionen auf seine Denkmäler sind auch heute unterschiedlich. Das bedeutendste Kaiserdenkmal Wilhelms I., das so genannte Nationaldenkmal neben dem früheren Berliner Stadtschloss, ließ die damalige DDR-Regierung 1950 einschmelzen. In Koblenz wurde dagegen das im Krieg zerstörte Denkmal erneuert. In Stuttgart dachte man zeitweise an eine Umsetzung des Standbilds aus der Stadtmitte.

Obelisk
ist ein hoher, vierkantiger Steinpfeiler, der sich nach oben verjüngt und in einer pyramidenförmigen Spitze endet; ursprünglich ein ägyptisches Sonnensymbol.

Relief
Darstellung, die sich plastisch aus einer Fläche abhebt; Hochbild.

M2 *„Wir wollen unseren alten Kaiser Wilhelm immer ha'm!"*
Karikatur aus der Stuttgarter Zeitung, 2001. Stuttgarts Oberbürgermeister Schuster hatte angeregt, das Reiterstandbild Wilhelms I. vom Karlsplatz wegzuversetzen, um dort einen großen Festplatz zu schaffen. Die Aktion löste Widerspruch aus. Letztlich widersetzte sich der Gemeinderat, da er das Monument als einen bewahrenswerten Teil von Alt-Stuttgart empfand.

M3 *Das Kaiser-Wilhelm-Denkmal auf einer Postkarte im Jahr seiner Einweihung 1898*

Methodische Arbeitsschritte

1. Wann und aus welchem Anlass wurde das Denkmal errichtet? Wer gab den Auftrag dazu und wer hat es geschaffen?
2. Was ist dargestellt? Wie lautet die Inschrift? Wie wurde das Thema des Denkmals künstlerisch umgesetzt?
3. Wo wurde das Denkmal aufgestellt? Wie reagieren Passanten? Gibt es bestimmte, regelmäßige Gedenkveranstaltungen an diesem Denkmal? Wie ist der Zustand heute?
4. Weitere Informationen geben Ihnen Artikel über Gedenkveranstaltungen in der Presse, Festprotokolle, Predigten, Fotos und Berichte von Teilnehmern.

1 Vergleichen Sie die drei Darstellungen des Denkmals (M1–M3). Welcher Eindruck sollte mit der zeitgenössischen Postkarte (M3) erzeugt werden? Überlegen Sie, warum von dem Denkmal heute keine Postkarten mehr im Handel sind.

2 Suchen Sie politische Denkmäler an Ihrem Wohn- oder Schulort, die historische Persönlichkeiten darstellen. Interpretieren Sie die Denkmäler mit Hilfe der methodischen Arbeitsschritte.

7 Das Deutsche Reich wird Kolonialmacht

M1 *Titelbild eines deutschen Schulbuchs von 1891*

Bismarck und die Kolonien

Lange hatte der deutsche Reichskanzler Bismarck es abgelehnt, Kolonien zu erwerben. Aus seiner Sicht waren Kolonien schon deswegen nicht erstrebenswert, weil ihre Verwaltung hohe Kosten verursachte. Aber auch aus außenpolitischen Gründen war er gegen deutsche Kolonien. Denn Bismarck glaubte, dass sich die Spannungen mit den Nachbarstaaten nur verschärfen würden, wenn sich auch das Deutsche Reich an dem Wettlauf um überseeische Besitzungen beteiligte. Um die anderen europäischen Mächte, vor allem Frankreich, von Deutschland abzulenken, förderte Bismarck sogar deren koloniale Bestrebungen.

Weltmacht Deutschland?

Doch 1884 musste Bismarck seine ablehnende Haltung aufgeben. Denn einflussreiche Großindustrielle und Großgrundbesitzer forderten immer nachdrücklicher den Erwerb von Kolonien. Zudem meinten viele Politiker, dass man durch eine erfolgreiche Kolonialpolitik leicht von den sozialen Problemen im eigenen Land ablenken könnte. Auch Kaiser Wilhelm II., der 1888 Nachfolger von Wilhelm I. wurde, begeisterte sich rasch für die Idee, das Deutsche Reich in den Kreis der Kolonial- und Weltmächte einzureihen.

Diesen Forderungen gab Bismarck letztlich nach. Im Auftrag der Regierung zogen ab 1884 deutsche Kaufleute, Forscher und Offiziere nach Afrika und in die Südsee, um hier so genannte „Schutzgebiete" zu erwerben. Dazu zählten Kamerun, Togo, Deutsch-Ostafrika, Deutsch-Südwestafrika, kleinere Inselgruppen im Pazifik wie die Marshall-Inseln und Kiautschou in China. Dennoch blieb Bismarck stets ein zurückhaltender Kolonialpolitiker, was viele Zeitgenossen und führende Politiker enttäuschte und schließlich zu Meinungsverschiedenheiten zwischen ihm und dem Kaiser führte.

„Im Dienste Seiner Majestät"

Ein Befürworter deutscher Kolonialpolitik war Carl Peters aus Neuhaus an der Elbe. Er hatte 1884 die „Gesellschaft für deutsche Kolonisation" gegründet. In deren Auftrag unternahm Peters mit sechs Dienern und vierzig Trägern im November 1884 eine Expedition in das östliche Afrika. In fieberhafter Eile durchquerte die Gruppe das Land mehrerer ostafrikanischer Stämme, um von den Stammesfürsten deren Gebiete als deutschen Besitz zu erwerben. Es war ein Wettlauf mit der Zeit, denn auch britische und französische Expeditionen waren mit diesem Ziel unterwegs. Es gelang Carl Peters innerhalb von fünf Wochen, Verträge mit zwölf Stammesfürsten abzuschließen und ein riesiges Gebiet zu erwerben, das die Regierung in Berlin 1890 als Kolonie Deutsch-Ostafrika übernahm.

M2 *Carl Peters beschreibt, wie er mit Sultanen in Afrika Verträge abschloss:*

Ich selbst hatte mir, um den Sultanen ebenbürtig zu erscheinen, eine Reihe Fahnen mitgenommen, die ich aufziehen ließ (...). Wir tranken dann einen Trunk guten Grogs und brachten seine Hoheit von vornherein in die vergnüglichste Stimmung (...). Alsdann wurden Ehrengeschenke ausgetauscht (...).

Peters schreibt außerdem, wie er vorging, wenn ein Sultan sich weigerte einen Vertrag mit ihm abzuschließen:

Ich wandte mich nun in die benachbarten Dörfer (...), um noch vor Einbruch der Nacht den Leuten eine Lektion zu erteilen. Ich befahl alles, was für uns von Wert war, schnell herauszuräumen, und ließ dann nacheinander sechs von diesen Dörfern in Brand stecken.

Carl Peters, Wie Deutsch-Ostafrika entstand, Leipzig 1912, S. 27ff.

M3 *Zur Kolonialpolitik sagte Wilhelm Liebknecht (SPD) 1885 im Reichstag:*

Was wird mit der so genannten Kolonialpolitik denn eigentlich bezweckt? Wenn wir auf den Grund gehen, so wird als der Zweck hingestellt: die Überproduktion und die Überbevölkerung zu (bekämpfen). (...) Deutschland ist noch lange nicht übervölkert, bei vernünftiger sozialer Organisation, bei zweckmäßiger Organisation der Industriearbeit und bei wissenschaftlichem Betriebe des Ackerbaues könnte Deutschland eine weit größere Bevölkerung ernähren, als dies heutzutage der Fall ist (...). Und gerade so ist es mit der Überproduktion. Da klagen unsere Fabrikanten, dass ihre Produkte keinen Absatz finden. Ja, meine Herren, warum haben sie keinen Absatz? Weil das Volk nicht kaufen kann – abermals eine Folge unserer mangelhaften sozialen Verhältnisse – und wenn die Sozialreform (...) an der richtigen Stelle ansetzen will, dann muss sie dafür sorgen, dass (...) der Nationalreichtum (...) seine richtige Verteilung findet. (...) Und wird etwa durch die Kolonialpolitik etwas nach dieser Richtung erreicht? Nein, meine Herren, sie exportieren einfach die soziale Frage. Sie zaubern vor die Augen des Volks eine Art Fata Morgana auf dem Sande und auf den Sümpfen Afrikas.

Heinz Dieter Schmid (Hg.), Fragen an die Geschichte, Bd.3, Frankfurt 1981, S. 307.

M5 *Carl Peters* (sitzend mit weißer Jacke) mit seinen Begleitern in Ostafrika

M4 *Der deutsche Staatssekretär im Reichskolonialamt Dernburg im Jahr 1908 über die Kolonialpolitik:*

1. Sie sichert der stetig wachsenden Bevölkerung unseres Vaterlandes, die (...) auf den Export angewiesen bleibt, zunächst große und sich steigernde Aufträge, also: Arbeit (...)

2. Kolonien sichern der deutschen Produktion einen großen Teil derjenigen Rohstoffe, welche zum eigenen Gebrauch innerhalb der Nation und zum Zwecke der Veredelung (...) dienen.

3. Sie sichert dem deutschen Fabrikanten (...) einen Einfluss auf die Preisgestaltung dieser Rohmaterialien gegenüber monopolistischen Tendenzen des Auslandes (...).

4. Sie schützt und stärkt unsere nationale Zahlungsbilanz (...).

Das ist die Bedeutung einer deutschen kolonialen Wirtschaft im Lichte der gegenwärtigen handelspolitischen Weltlage. Ihre Ausführung bedeutet demnach nicht mehr und nicht weniger, als die Frage der Zukunft der nationalen Arbeit, die Frage des Brotes vieler Millionen Industriearbeiter, die Frage der Beschäftigung der heimischen Kapitalien im Handel, im Gewerbe, in der Schifffahrt.

Zit. nach: Dokumente der deutschen Politik und Geschichte, hg. von J. Hohlfeld, BA 2. Berlin o. J., S. 167–169.

1 Stellen Sie gegenüber, wie Bismarck und Kaiser Wilhelm II. über den Erwerb von Kolonien dachten (VT).

2 Erläutern Sie, wie die deutsche Regierung vorging, um Kolonien in Afrika zu erwerben (VT, M2).

3 Vergleichen Sie M1 mit M6. Was soll das Bild auf dem Schulbuch vermitteln, was drückt das Foto aus?

4 Vergleichen Sie die Argumente der deutschen Regierung (M4) mit denjenigen des Sozialdemokraten Wilhelm Liebknecht (M3).

M6 *Der deutsche Reichstagsabgeordnete Dr. Arendt in Deutsch-Ostafrika, 1906*

8 Ausbeutung und Vernichtung

Deutsche Kolonialherrschaft

Die deutschen Kolonialherren unterschieden sich kaum von den anderen europäischen Mächten darin, wie sie ihre Gebiete beherrschten. Die weißen Siedler nahmen der Bevölkerung ihr Land, häufig auch ihr Vieh und zwangen die Männer und Frauen auf ihren Plantagen zu arbeiten. Aufseher und Plantagenbesitzer gingen rücksichtslos mit den Arbeitern um, misshandelten sie und vergewaltigten unzählige Frauen. Immer wieder kam es zu Aufständen der einheimischen Bevölkerung, die aber meist schnell mit Gewalt niedergeschlagen wurden.

An einen Aufstand, der auch im Deutschen Reich Aufsehen erregte, erinnerten 100 Jahre später – im Jahr 2004 – sowohl die Menschen im heutigen Namibia als auch Politiker in Deutschland und Europa.

Ein Volk wehrt sich …

1883 hatte der Bremer Kaufmann Adolf Lüderitz an der Südwestküste Afrikas Ländereien erworben, welche die deutsche Regierung später zur Kolonie Deutsch-Südwestafrika erklärte. Hier, am Rand einer großen Wüste, lebten die Herero, die als Nomaden mit ihren Viehherden von Weideplatz zu Weideplatz zogen. Als eine Rinderpest unter ihren Tieren ausbrach, waren die Herero gezwungen, ihr überlebendes Vieh zu einem Spottpreis an die weißen Siedler zu verkaufen.

1903 wurde den Herero von den deutschen Behörden ein Gebiet zugewiesen, wo sie künftig leben sollten. Doch dieses Reservat bestand aus unfruchtbarem Land, das Weideland der Herero hatten die Deutschen für sich behalten. Der Zorn der Herero wurde weiter angestachelt, als die Behörden eine Eisenbahnlinie von der Küste zu den Minen im Landesinneren bauen ließen. Dadurch wurden die Herero von den lebensnotwendigen Wasserlöchern abgeschnitten.

Ihre Not und ihr Zorn brachte die Herero dazu, sich gegen die Kolonialherren zu wehren. In der Nacht zum 12. Januar 1904 gingen sie gegen die Deutschen vor und vertrieben sie aus ihren Häusern und von ihrem Land. Der Angriff kam so unerwartet, dass die Herero in kurzer Zeit das Zentrum des Landes besetzen konnten. Insgesamt wurden ungefähr 100 Siedler getötet.

… und wird vernichtet

Doch gegen die Gewehre und Kanonen der deutschen Truppen waren sie chancenlos. Die Soldaten trieben alle Herero – Männer, Frauen und Kinder – in die Omaheke-Wüste und riegelten das gesamte Gebiet ab. Sobald jemand versuchte, aus der Wüste zu entkommen oder an eines der wenigen Wasserlöcher zu gelangen, schossen die Soldaten. Bis zu 60 000 Herero kamen dabei um. Nur etwa 15 000 Menschen überlebten diese Militäraktion, die viele afrikanische und auch europäische Historiker den ersten Völkermord des 20. Jahrhunderts nennen.

Zwar kritisierten manche Deutsche das gnadenlose Vorgehen. Aber man hielt es durchaus für richtig, die Ansprüche der Siedler gegenüber den einheimischen Völkern notfalls auch gewaltsam durchzusetzen.

M1 *Mit ihren Maschinengewehren waren die deutschen Soldaten den einfacher bewaffneten Herero überlegen* (Foto, 1904).

M2 *Ein deutscher Farmer schrieb nach einem Überfall der Herero:*

Für solch unbarmherziges Rauben, Morden und Schänden kann es nur eine Strafe geben: (…). Von den überlebenden Mördern müssen für jeden erschlagenen Weißen mindestens fünf Stück aufgehängt werden (…). Für die Überlebenden: Frondienst, bis diese sich (…) bewusst sind, der Weiße, und ganz speziell der Deutsche, ist Herr und nicht gesonnen seine Herrschaft abzutreten.

Zit. nach: Alldeutsche Blätter, Nr. 12 vom 19. 3. 1904.

M3 *Der Häuptling der Herero schrieb an den deutschen Gouverneur:*

Der Anfang des Krieges ist nicht jetzt in diesem Jahr durch mich begonnen worden, sondern er ist begonnen worden von den Weißen. Du weißt, wie viele Herero durch die weißen Leute, besonders durch Händler, mit Gewehren und in Gefängnissen getötet worden sind (…). Die Händler raubten meine Leute aus. Für ein oder zwei Pfund Sterling Schulden nahmen sie meinen Leuten zwei oder drei Rinder gewaltsam weg (…). Leutnant N. fing an meine Leute im Gefängnis zu töten. Es starben zehn und es hieß, sie seien an Krankheit gestorben, aber sie starben durch die Aufseher (…). Jetzt muss ich die Weißen töten (…).

Imperialimus, Weinheim/Basel 1978, S. 36.

M4 *Deutsch-Südwestafrika und der Aufstand der Herero, 1904/05.* Nach dem Aufstand bestimmte der deutsche Kaiser, dass die Herero ihr gesamtes Land aufzugeben hatten. Der Gouverneur der Kolonie ließ die gefangenen Herero Zwangsarbeit beim Eisenbahnbau leisten. Alle Überlebenden wurden in Lagern untergebracht, die sie nicht eigenmächtig verlassen durften. Außerdem wurden die Männer und Frauen als Arbeitskräfte, etwa auf Werften oder beim Straßenbau, eingesetzt.

1 Erklären Sie, warum es zum Aufstand der Herero gegen die Deutschen kam (VT, M3).

2 Schreiben Sie einen kritischen Zeitungsartikel über das Vorgehen der deutschen Truppen (VT, M1, M5).

3 Wie erklären Sie die Haltung vieler Deutscher gegenüber den Herero (VT, M2)?

M5 *Herero, die vor deutschen Truppen geflüchtet waren, nach ihrer Rückkehr aus der Omaheke-Wüste* (Foto, 1907)

9 Afrika heute

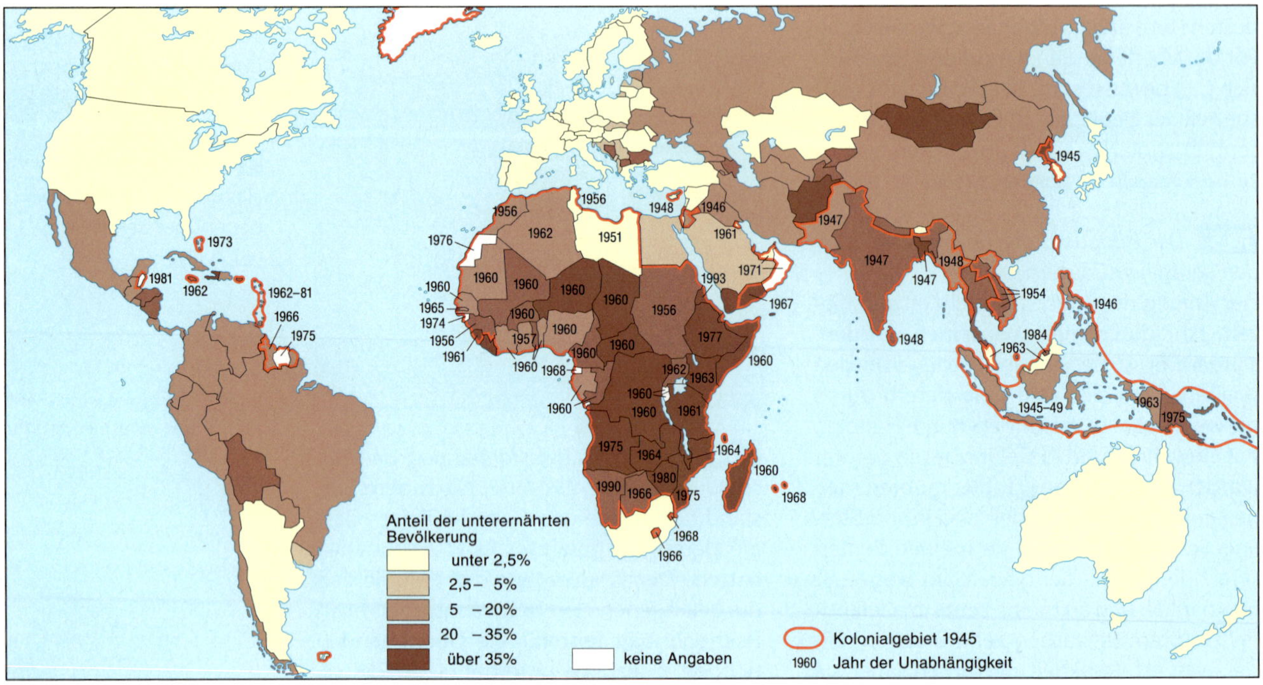

M1 *Hunger in der Welt*

Die Folgen der Kolonialherrschaft

Die Kolonialmächte bestimmten über lange Zeit die wirtschaftliche Entwicklung „ihrer" Kolonien. Da die Bodenschätze und die Erträge der Plantagen vor allem den Mutterländern zugute kommen sollten, wurde die industrielle Entwicklung in den Kolonien nicht gefördert. Durch die Plantagenwirtschaft wurden Produkte wie Kaffee, Tee und Bananen für die Menschen in Europa immer erschwinglicher. Für die Kolonien bedeutete die Plantagenwirtschaft aber, dass andere einheimische Pflanzen- und Gemüsesorten kaum noch angebaut wurden.

Doch die Veränderungen durch die Europäer ging noch weiter: Neue Grenzziehungen zerschnitten in vielen Landesteilen traditionelle Stammesgebiete oder Wanderwege der Nomaden. Zudem wurden die Großfamilien auseinander gerissen, da viele Männer und Frauen zur Arbeit auf den Plantagen, in den Bergwerken oder auf den Baustellen der Europäer gezwungen wurden.

Bürgerkriege und Hunger

Immer wieder brechen in verschiedenen Teilen Afrikas Bürgerkriege aus. Eine Ursache dafür liegt auch in der Kolonialgeschichte: 1884/85 verteilten die Kolonialmächte 1000 Volksgruppen auf neu festgelegte Territorien. So wurden beispielsweise Stämme, die seit langem verfeindet waren, in gemeinsame Staatsgebiete gezwungen. Da sich diese Grenzen bis heute kaum verändert haben, brechen in vielen Staatsgebilden immer wieder Konflikte zwischen den verschiedenen Volksgruppen auf.

Zudem wurden auch Staaten gebildet, die wirtschaftlich kaum lebensfähig sind. Einige Länder verfügen über Bodenschätze und fruchtbare Böden, andere liegen in Wüstengebieten. Allein 31 afrikanische Staaten gehören zu den Ländern mit den niedrigsten Bevölkerungseinkommen der Welt. Sämtliche Staaten Afrikas werden zu einer Gruppe von Ländern gezählt, die wir als „Entwicklungsländer" bezeichnen.

Entwicklungsländer/ unterentwickelte Länder

Beide Begriffe sollen die wirtschaftlich schwächsten Länder der Erde bezeichnen. Sie spiegeln allerdings nur die Sichtweise der reichen Industrieländer, indem sie andere Länder an der eigenen Entwicklung messen.

M2 *Brunnen in einem äthiopischen Dorf.* Das ist immer noch die Ausnahme. 91 Prozent der äthiopischen Bevölkerung hat keinen Zugang zu sauberem Trinkwasser.

M4 *Dorfschule in Ghana.* Noch immer kann ein großer Teil der Menschen in Afrika nicht lesen und schreiben. Dies zu ändern, ist eine wichtige Aufgabe der afrikanischen Regierungen und internationaler Hilfsorganisationen.

M3 *Zwei Meinungen zu den Problemen im heutigen Afrika*

a) Die Sozialwissenschaftler D. Hansohm und R. Kappel schreiben 1994:

Es ist eine verkürzte Sicht, Probleme, die sich historisch entwickelt haben, militärisch lösen zu wollen. Es ist bodenlos naiv (...) zu glauben, im Handstreich gesellschaftliche Probleme lösen zu können. Es wird keine schnellen Lösungen geben. Reformen sind unabdingbar. Wir müssen die herrschenden [Führungsschichten] von der Notwendigkeit ernsthafter Armutsbekämpfung überzeugen, ihr Bemühen aber von mehreren Seiten her unterstützen. Wir könnten auf vielen Ebenen Unterstützung leisten, z. B. den zahllosen Selbsthilfegruppen durch Aus- und Fortbildung helfen oder Genossenschaften durch Kreditvergabe fördern. Auf einer anderen Ebene wäre es sinnvoller als militärisch einzugreifen, den Export von Waffen wirksam zu unterbinden. Unsere Verantwortung leitet sich weniger aus kolonialer Vergangenheit ab als einfach daraus, dass wir heute in einer Weltgesellschaft leben, die nur gemeinsam in [menschlicher Weise] auf diesem Planeten überleben kann.

Dirk Hansohm/Robert Kappel, Schwarz-weiße Mythen, Münster 1994, S. 16.

b) Die kamerunische Sozialwissenschaftlerin Axelle Kabou, 1993:

Die Afrikaner sind die einzigen Menschen auf der Welt, die noch meinen sich nicht selbst um die eigene Entwicklung kümmern zu müssen. Afrikas Probleme lassen sich nicht von außen lösen. Das Problem heißt nicht Kolonialismus und Verschuldung (...). Das Hauptproblem ist der Minderwertigkeitskomplex der Afrikaner gegenüber dem Westen. Afrika ist gelähmt durch die [Unfähigkeit] seiner politischen Klassen und durch dreißig Jahre Entwicklungs- und Nahrungsmittelhilfe. Afrika muss endlich aus seiner (Trägheit) aufwachen und seine Entwicklung in die eigenen Hände nehmen.

Axelle Kabou. In: Weder arm noch ohnmächtig, Basel 1993.

1 Listen Sie die Folgen der europäischen Kolonialherrschaft in Afrika auf (VT).

2 Erklären Sie, zu welchen Problemen diese Folgen heute beitragen (VT).

3 Sind die ehemaligen Kolonialmächte an der Not in Afrika schuld? Halten Sie Ihre Meinung in Stichworten fest. Lesen Sie M3a und M3b. Wie begründen diese Verfasser die Probleme in Afrika?

4 Informieren Sie sich im Internet über verschiedene Hilfsorganisationen und ihre Projekte in Afrika.

M5 *Kinder in einem Flüchtlingslager im Sudan.* Niemand kennt die genaue Zahl der Kriegswaisen. Oft genug haben diese Kinder mit ansehen müssen, wie ihre Eltern getötet wurden.

10 Bündnisse und Konflikte

M1 *Kaiser Wilhelm II. in Admiralsuniform* (Ausschnitt aus einer Ansichtskarte um 1900). Mit solchen Darstellungen wurde in der deutschen Bevölkerung für die Flottenaufrüstung geworben.

Bismarcks Bündnispolitik

Um das Deutsche Reich außenpolitisch abzusichern, hatte Reichskanzler Bismarck Bündnisse mit Russland, Österreich-Ungarn und Italien geschlossen. Auf diese Weise sollte Frankreich isoliert und für das Reich ungefährlich gehalten werden. Doch mit der Zeit verstärkte sich der Konflikt zwischen Österreich-Ungarn und Russland. Beide stritten um Einfluss auf die Völker in den Balkanländern. Durch diese Feindschaft geriet das Deutsche Reich in Gefahr, in einen Krieg gegen Russland verwickelt zu werden.

1888 bestieg der junge Kaiser Wilhelm II. den Thron. Zwischen ihm und Bismarck kam es bald zu großen Streitigkeiten, denn der junge Kaiser wollte in seiner Außenpolitik einen neuen Kurs verfolgen. Sein Ziel war es, so viele Kolonien wie möglich zu erwerben und das Deutsche Reich zu einer Weltmacht zu machen. Bismarck dagegen war zurückhaltender in der Kolonialpolitik. 1890 forderte Wilhelm II. deswegen seinen Reichskanzler auf zurückzutreten, was dieser auch verbittert tat.

Bismarcks Nachfolger erneuerten das Bündnis mit Russland nicht mehr. Daraufhin verständigten sich Frankreich und Russland auf ein Abkommen, sodass Deutschland sich nun plötzlich von zwei Seiten bedroht sah.

„Unsere Zukunft liegt auf dem Wasser"

Das jedenfalls behauptete Kaiser Wilhelm II. Eine große Kriegsflotte sollte dem Deutschen Reich eine führende Stellung in der Welt sichern. Die deutsche Regierung beschloss daher, die Flotte auf insgesamt 36 Linienschiffe, 22 große und 38 kleine Kreuzer auszubauen. Im Ausland wurde die deutsche Politik misstrauisch beobachtet. Vor allem die britische Regierung sah ihre Vormachtstellung auf See gefährdet. Ab 1904 begannen deshalb auch die Briten, ihre Flotte mit mehr und größeren Kriegsschiffen aufzurüsten.

Konflikte um Kolonien

Wilhelm II. nahm in Kauf, dass er durch seine Weltmachtpolitik mit anderen Mächten in Streit geriet. Doch während sich die Beziehungen zwischen dem Deutschen Reich und seinen Nachbarn verschlechterten, änderte sich das Verhältnis der anderen europäischen Mächte untereinander.

1898 hatte sich die Lage in den afrikanischen Kolonialgebieten gefährlich zugespitzt: Frankreich und Großbritannien beanspruchten beide ein Gebiet am oberen Nil bei Faschoda im heutigen Sudan. Ein Krieg drohte. Doch letztlich erkannten beide Regierungen, dass es besser sei, sich über die Kolonialpolitik friedlich zu verständigen. Deshalb schlossen sie 1904 eine Allianz, welche sie „Entente cordiale" („herzliches Übereinkommen") nannten.

Als Frankreich nach dieser Krise Marokko besetzte, protestierte die deutsche Regierung. Doch nun zeigte sich, dass Frankreich und Großbritannien gegen das Deutsche Reich zusammenhielten. Auch Großbritannien und Russland einigten sich, nachdem sie lange um Macht und Einfluss in Persien und Afghanistan gestritten hatten. Das Deutsche Reich war nun von allen Seiten eingekreist und isoliert.

M2 *Im Jahr 1892 schlossen Frankreich und Russland ein Militärabkommen. Darin wurde Folgendes festgeschrieben:*

1. Falls Frankreich von Deutschland oder von Italien mit Deutschlands Unterstützung angegriffen wird, wird Russland alle seine verfügbaren Kräfte für einen Angriff auf Deutschland einsetzen. Falls Russland von Deutschland oder von Österreich mit Unterstützung Deutschlands angegriffen wird, wird Frankreich alle seine verfügbaren Kräfte zum Kampf gegen Deutschland einsetzen.

2. Falls der Dreibund oder eine der an ihm beteiligten Mächte etwa mobil machen sollten, werden auch Frankreich und Russland auf die erste Kunde von diesem Ereignis sofort gemeinsam ihre gesamten Streitkräfte mobil machen und so nahe wie möglich an die Grenze werfen.

3. Die gegen Deutschland verfügbaren Streitkräfte werden auf französischer Seite 1 300 000 Mann, auf russischer Seite 700 000 bis 800 000 Mann betragen. Diese Streitkräfte werden mit Nachdruck (...) derart vorgehen, dass Deutschland zugleich sowohl nach Osten wie nach Westen hin zu kämpfen hat.

Friedrich Shere, Deutschland und Europa 1890–1914, Berlin 1928, S. 180ff.

M3 *Bündnisse und Spannungen zwischen den Großmächten 1887 und 1914*

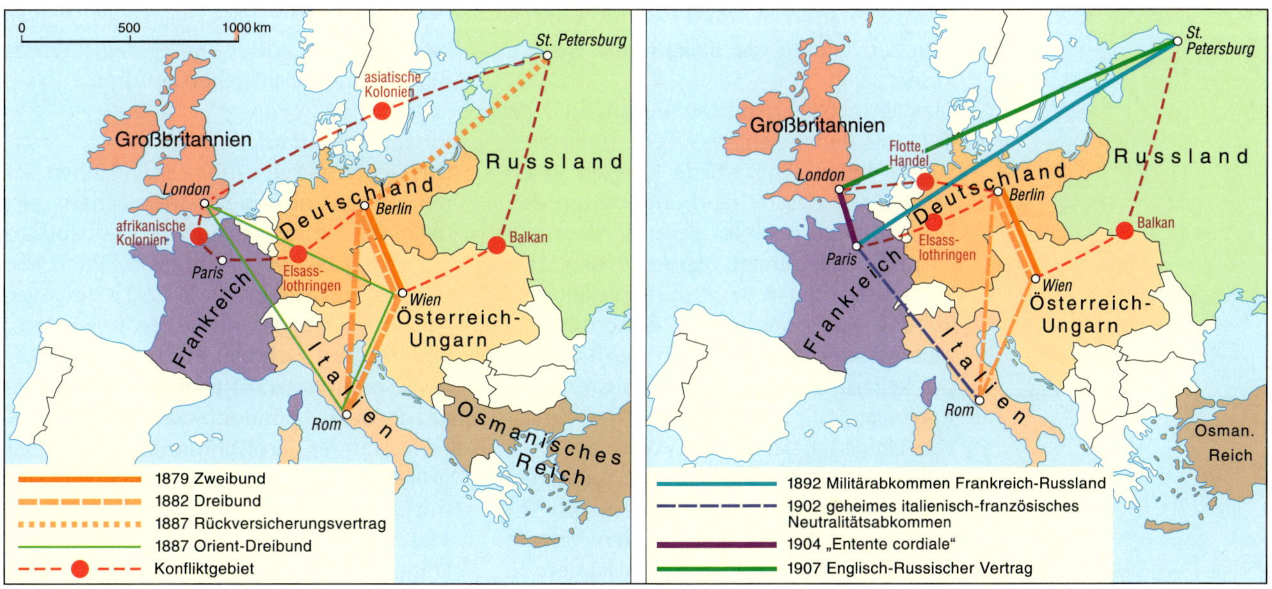

M4 *Die Sozialdemokraten zur geplanten Verstärkung der deutschen Flotte (1900):*

Die Arbeiterklasse hat kein Interesse Rüstungen zu unterstützen (...). Insbesondere ist es wieder die Arbeiterklasse, auf deren Schultern die Last der neuen ins Riesenhafte sich steigernden Ausgaben hauptsächlich abgewälzt wird, wohingegen die herrschenden Klassen durch die ungeheuren Profite aus diesen Rüstungen ihren Reichtum ins Ungemessene steigern und neue einflussreiche Posten und Versorgungsstellen für ihre Angehörigen gewinnen.

Dieter Fricke (Hg.), Dokumente zur deutschen Geschichte 1897/98 bis 1904, Frankfurt/M. 1977, S. 54f.

M5 *Der britische Außenminister Grey sagte 1911 zur deutschen Flottenpolitik:*

Aber ich meine, die deutsche öffentliche Meinung sollte bedenken, (...) wenn eine Nation die größte Armee in der Welt besitzt und wenn sie eine sehr große Flotte hat und fortfährt, eine noch größere Flotte zu bauen, dann muss sie alles, was in ihren Kräften steht, tun, um den natürlichen Befürchtungen vorzubeugen, die sonst bei andern, die keine aggressiven Absichten gegen jene Macht haben, darin entstehen würden, dass jene Macht mit ihrer Armee und Flotte aggressive Absichten gegen sie hege.

Die Britischen Amtlichen Dokumente über den Ursprung des Weltkriegs 1989–1914, Bd. 7/2, Berlin und Leipzig 1932, S. 1199.

1 Untersuchen Sie die Bündnisse und Konflikte zwischen den europäischen Großmächten (VT, M3). Wer stand sich 1914 gegenüber?

2 Prüfen Sie, ob Frankreich und Russland 1892 ein Verteidigungs- oder Angriffsbündnis geschlossen haben (M2).

3 Arbeiten Sie aus M4 und M5 die Argumente gegen die deutsche Flottenpolitik heraus. Welche Gefahren sahen die jeweiligen Parteien?

11 „Pulverfass“ Balkan

M1 *Die fünf Großmächte auf einem Dampfkessel* (Karikatur aus der englischen Satirezeitschrift „Punch“, 1908). – Können Sie die Aufschrift auf dem Kessel übersetzen?

Ein Krisenherd in Europa

Der „Wettlauf“ der imperialistischen Mächte um Kolonien sowie ihre Streitigkeiten um Grenzziehungen und Einflussgebiete auf anderen Kontinenten belasteten ihre Beziehungen auch in Europa. Zusätzlich bedrohte das Flottenwettrüsten zwischen dem Deutschen Reich und Großbritannien den Frieden. In dieser angespannten Situation bildete der Balkan eine weitere Krisenregion.

Die Balkanvölker gehörten seit langem zum Osmanischen Reich, das vom türkischen Sultan beherrscht wurde. Dieses Reich wurde Ende des 19. Jahrhunderts von den Europäern nur noch als „kranker Mann am Bosporus“ bezeichnet. Versuche, den Staat durch Reformen in das Industriezeitalter zu führen, waren gescheitert. Zudem lebten viele verschiedene Völker in den Grenzen des Reichs, wodurch es politisch recht instabil war.

Vor allem die slawischen Völker auf dem Balkan versuchten sich von der türkischen Herrschaft loszulösen. Sie lebten zum Teil verstreut über die Staatsgrenzen hinweg und strebten danach, Nationalstaaten zu bilden. So wollte beispielsweise Serbien alle Serben in einem „großserbischen Reich“ vereinen. Dazu sollten auch die Serben gehören, die auf dem Gebiet des österreichisch-ungarischen Kaiserreichs lebten. Russland als größte slawische Nation verstand sich als Beschützer aller Slawen, also auch der Serben.

Kriege auf dem Balkan

1908 rebellierten türkische Offiziere gegen den Sultan. Österreich-Ungarn nutzte diese Krise des Osmanischen Reichs und annektierte Bosnien und Herzegowina. Damit löste die österreichische Regierung einen gefährlichen Konflikt aus: Serbien betrachtete Österreich als Feind und drohte militärisch vorzugehen. Auch Russland fühlte sich durch die österreichische Annexion in seinen Interessen angegriffen. Doch die deutsche Regierung, die ja mit Österreich-Ungarn verbündet war, warnte Russland davor, Serbien gegen Österreich zu unterstützen.

Auf dem Balkan selbst brachen in den folgenden Jahren mehrere Kriege einiger Staaten untereinander sowie gegen die Türkei aus. Nur mit Mühe gelang es den europäischen Großmächten, diese Kämpfe zu beenden. Doch seit 1908 galt der Balkan als „Pulverfass“, von dem jederzeit Kriege zwischen den Bündnisstaaten ausgehen konnten.

Rüstungswettlauf

Das Deutsche Reich fühlte sich in jenen Jahren von den anderen Bündnismächten „eingekreist“. Umso mehr baute die deutsche Regierung das Militär in Deutschland aus: Heer und Flotte wurden 1912/13 stetig vergrößert. Die anderen Mächte antworteten ihrerseits mit weiteren Rüstungsbemühungen. So entstand ein allgemeines Wettrüsten der beiden Bündnisblöcke. Auf der einen Seite standen Großbritannien, Frankreich und Russland, auf der anderen Deutschland mit Österreich-Ungarn und Italien, das aber 1902 einen geheimen Nichtangriffspakt mit Frankreich geschlossen hatte.

M2 *Österreichs Haltung gegenüber Serbien formulierte der österreichische Generalstabschef am 20. Januar 1913:*

Die Entwicklung eines selbstständigen großserbischen Staates ist eine (sehr große) Gefahr für die Monarchie (Österreich-Ungarn); sie liegt darin, dass (...) die Slawen der Monarchie (...) ihren Hort in diesem neuen, von Russland unterstützten Staatswesen suchen, dass vor allem die Serben der Monarchie die Angliederung an dasselbe anstreben werden; damit droht der Monarchie der Verlust der wichtigsten Gebiete für ihre Großmachtstellung und ihr wirtschaftliches Gedeihen. (...) Eingekeilt zwischen Russland, dann einem mächtig gewordenen Serbien und Montenegro und einem auf die Dauer kaum verlässlichen Italien wird die Monarchie zur politischen Ohnmacht und damit zum sicheren Niedergang verurteilt sein. (...) Die Monarchie muss durch eine militärische Kraftäußerung ihr Prestige, besser gesagt ihre politische Geltung, wiederherstellen.

Franz Conrad v. Hötzendorff, Aus meiner Dienstzeit 1906–1918, Bd. 3, Wien 1922, S. 12f.

M3 *Die serbische Zeitung „Piemont" schrieb am 8. Oktober 1913, dem Jahrestag der Annexion Bosniens und Herzegowinas:*

Den Schmerz, der an diesem Tage dem serbischen Volke zugefügt wurde, wird das serbische Volk noch durch Jahrzehnte fühlen. (...) Das Volk legt das Gelübde ab Rache zu üben, um durch einen heroischen Schritt zur Freiheit zu gelangen. Serbische Soldaten (...) legen heute das Gelübde ab, dass sie gegen die „zweite Türkei" ebenso vorgehen werden, wie sie (...) gegen die Balkan-Türkei vorgegangen sind. (...) Der Tag der Rache naht. Eine Türkei verschwand. Der gute serbische Gott wird geben, dass auch die „zweite Türkei" verschwindet.

Wolfgang Kleinknecht/Herbert Krieger (Hg.), Materialien für den Geschichtsunterricht in den mittleren Klassen, Bd. 5, Frankfurt/M. 1965, S. 140.

	1905	1910	1913
Frankreich	991	1177	1327
Russland	1069	1435	2050
Großbritannien	1263	1367	1491
Deutschland	1064	1377	2111
Österreich-Ungarn	460	660	720

M4 *Der Balkan 1908–1913*

M5 *„Wie sollen wir uns da die Hand geben?"* (deutsche Karikatur von 1912, in der satirischen Zeitschrift „Simplicissimus").

M6 *links: Rüstungsausgaben* (in Millionen Mark)

1 Erläutern Sie, aus welchen Gründen der Balkan ein „Pulverfass" für Europa war (VT, M1).

2 Prüfen Sie, was Österreich mit der Annexion von Bosnien und Herzegowina erreichte (M2). Welche Folgen hatte dieser Schritt (M3)?

3 Untersuchen Sie die Karikatur M5. Auf welche Gefahren weist der Zeichner hin?

12 Julikrise und Kriegsausbruch

M1 *Kurz nach dem Attentat:* Der serbische Student Gavrilo Princip wird überwältigt und festgenommen (Fotografie, 1914).

Das Attentat in Sarajewo

Der 28. Juni 1914 war ein prächtiger Sommertag in Europa. Aber am Abend erschienen in allen europäischen Großstädten Extrablätter mit einer entsetzlichen Meldung: In der bosnischen Stadt Sarajewo war auf Erzherzog Franz Ferdinand, den österreichischen Thronfolger, und seine Frau geschossen worden. Der Attentäter war ein serbischer Student, der mit seiner Tat gegen die Unterdrückung der Serben durch Österreich-Ungarn protestieren wollte. Die Menschen in Europa waren empört und bestürzt über diesen politischen Mord.

Krieg statt Diplomatie

Das Streben der Serben nach einem eigenen Staat empfand Österreich-Ungarn seit langem als Gefahr. Daher sah die Regierung in Wien in dem Attentat einen geeigneten Anlass, um mit Serbien „abzurechnen". Das Deutsche Reich war bereit, diese Politik zu unterstützen. Die Regierung in Berlin ging davon aus, dass Russland einem Krieg Österreichs gegen Serbien tatenlos zusehen würde. So sicherte die deutsche Regierung Österreich-Ungarn am 6. Juli ihre bedingungslose Unterstützung zu. Damit erteilte sie dem österreichischen Bündnispartner eine Art „Blankovollmacht" für jedes weitere Vorgehen.

Falls Russland Serbien aber doch militärisch unterstützen sollte, wäre ein europäischer Krieg kaum vermeidbar. Denn alle europäischen Großmächte waren durch ihre Bündnisse feste militärische Verpflichtungen eingegangen. Über dieses Risiko waren sich die Politiker in Berlin von Anfang an im Klaren. Großbritannien schlug mehrfach vor, alle Staaten, die an dem Konflikt beteiligt waren, sollten eine Verhandlungslösung suchen. Doch aus Sicht der Regierungen in Berlin und Wien wäre ein politischer Kompromiss eine Niederlage gewesen.

Beginn des „Weltbrandes"

Ende Juli stellte die österreichische Regierung Serbien ein Ultimatum: Unter anderem sollten österreichische Beamte an den Untersuchungen des Attentats vom 28. Juni mitwirken. Die serbische Regierung war bereit Wien entgegenzukommen, lehnte aber eine Einmischung in die inneren Angelegenheiten ab. Daraufhin erklärte Österreich Serbien den Krieg. Entgegen der deutschen Hoffnung begann die russische Regierung mit der Mobilmachung, um die Serben gegen die Österreicher zu unterstützen. Daraufhin erklärte die deutsche Reichsregierung Russland und dessen Verbündetem Frankreich den Krieg.

Gleich zu Kriegsbeginn überfielen deutsche Truppen das neutrale Belgien. Die deutsche militärische Führung wollte Frankreich von Norden her schnell besiegen, um sich dann gegen Russland zu wenden. Für Großbritannien war der Überfall auf Belgien der Anlass, an der Seite Frankreichs und Russlands in den Krieg einzutreten. Damit waren innerhalb kurzer Zeit alle europäischen Großmächte in den Krieg verwickelt, der sich bald zu einem „Weltbrand" ausweitete.

Mobilmachung
bezeichnet die Herstellung der Kriegsbereitschaft der Streitkräfte (Heer, Flotte, Luftwaffe). So müssen z. B. Transportmittel bereitgestellt und Reservisten einberufen werden. Eine Mobilmachung gilt auch als Form der Kriegsdrohung.

M2 *Zwei Historiker über die Schuld am Ausbruch des Ersten Weltkriegs*

a) Fritz Fischer (1967):

Bei der angespannten Weltlage des Jahres 1914, nicht zuletzt als Folge der deutschen Weltpolitik (...), musste jeder lokale Krieg in Europa, an dem eine Großmacht unmittelbar beteiligt war, die Gefahr eines allgemeinen Krieges unvermeidbar nahe heranrücken. Da Deutschland den österreichisch-serbischen Krieg gewollt und gedeckt hat und, im Vertrauen auf die deutsche militärische Überlegenheit, es im Juli 1914 bewusst auf einen Konflikt mit Russland und Frankreich ankommen ließ, trägt die deutsche Reichsführung den entscheidenden Teil der historischen Verantwortung für den Ausbruch des allgemeinen Krieges.

Fritz Fischer, Griff nach der Weltmacht. Die Kriegszielpolitik des Kaiserlichen Deutschland 1914/1918, Düsseldorf 1967, S. 82.

b) Karl Dietrich Erdmann (1985):

Gewiss, keine der europäischen Regierungen hat den allgemeinen Krieg gewollt. Aber fragen wir einmal umgekehrt: Haben sie den Frieden gewollt? Jede hätte den Krieg verhindern können, wenn sie bereit gewesen wäre den Preis für den Frieden zu zahlen: Österreich, wenn es darauf verzichtet hätte, den seine Existenz als Vielvölkerstaat bedrohenden großserbischen Nationalismus zu zerbrechen; Deutschland, wenn es Österreich hierbei nicht angetrieben, sondern zurückgehalten hätte (...); Russland, wenn es darauf verzichtet hätte, den serbisch-österreichischen Konflikt durch seine Mobilmachung zu einem europäischen Konflikt zu erweitern (...); Frankreich, wenn es dem russischen Bundesgenossen nicht die Gewissheit gegeben hätte, unter allen Umständen mit französischer Hilfe rechnen zu können (...); England, wenn es nicht seinen Entente-Partnern [Bündnispartnern] die Gewissheit gegeben hätte, dass es im Kriegsfall auf deren Seite stehen werde.

Karl Dietrich Erdmann, „Hat Deutschland auch den ersten Weltkrieg entfesselt?". In: Europa 1914 – Krieg oder Frieden, hg. v. Kultusminister des Landes Schleswig-Holstein, Kiel 1985, S. 45 ff.

M4 *Am 1. August 1914 in Berlin: Kriegsbegeisterte Jugendliche ziehen durch die Stadt* (Foto).

Extra-Blatt.

Vossische Zeitung

Der österreichische Thronfolger und seine Gattin ermordet.

M5 *Extrablatt einer Berliner Zeitung vom 28. Juni 1914*

M3 *Die Kriegsmaschine kommt in Gang* – die Ereignisse im Sommer 1914

28. Juni	Attentat in Sarajewo
5. Juli	Die deutsche Reichsführung versichert gegenüber Österreich ihre volle Rückendeckung und Bündnistreue
23. Juli	österreichisches Ultimatum an Serbien, unter anderem mit der Forderung nach Untersuchung der Schuld unter Beteiligung österreichischer Beauftragter
25. Juli	russisches Hilfsversprechen für Serbien, serbische Mobilmachung
28. Juli	Kriegserklärung Österreich-Ungarns an Serbien
30. Juli	russische Mobilmachung
31. Juli	deutsches Ultimatum an Frankreich (Frankreich sollte in einem russisch-deutschen Krieg neutral bleiben); deutsches Ultimatum an Russland
1. August	15 Uhr französische Mobilmachung 17 Uhr deutsche Mobilmachung 19 Uhr Kriegserklärung Deutschlands an Russland
3. August	Kriegserklärung Deutschlands an Frankreich
4. August	deutscher Einmarsch in Belgien, Kriegserklärung Englands an Deutschland

vom Verfasser zusammengestellt

1 Fassen Sie zusammen, wie es zum Kriegsausbruch kam (VT, M3).

2 Beschreiben Sie anhand von M4 die Stimmung in der Bevölkerung bei Kriegsbeginn.

3 Listen Sie auf: Welche Gründe für den Kriegsausbruch führen die beiden Historiker in M2 an?

4 Urteilen Sie selbst: Was waren die Ursachen und was war der Anlass für den Ersten Weltkrieg?

13 Europa wird zum Schlachtfeld

M1 *Deutsche Soldaten fahren in einem Güterwagen an die Westfront* (Foto, 1914). Begeisterte Menschen verabschiedeten die Truppen an den Bahnhöfen.

Kriegsbeginn

Als im August 1914 die Züge mit Millionen von Soldaten an die Fronten rollten, herrschte in der deutschen Bevölkerung überwiegend Begeisterung. Viele junge Männer meldeten sich freiwillig für den Kriegseinsatz. Waren die Reichstagsabgeordneten der Arbeiterparteien zunächst gegen den Krieg, wollten sie nun nicht als Vaterlandsverräter gelten. Mit wenigen Ausnahmen stimmten sie der Aufnahme von Kriegskrediten zu, mit denen die Regierung die hohen Kriegskosten bezahlen konnte. Die Regierung ging davon aus, dass sie nach einem gewonnenen Krieg hohe Entschädigungen von Frankreich erhalten würde.

Krieg an zwei Fronten

Die deutschen Truppen marschierten über Belgien in Richtung Paris vor. Unerwartet früh griffen russische Soldaten Deutschland im Osten an, sodass die deutschen Armeen zugleich gegen Belgier, Briten, Franzosen und Russen kämpfen mussten.
Nach verlustreichen Kämpfen an der Marne in der Nähe von Paris kam im September der deutsche Vormarsch zum Stehen. Zur gleichen Zeit besiegten deutsche Truppen im Osten zwei russische Armeen. Damit verhinderten sie zwar einen Einmarsch der russischen Truppen in Ostdeutschland, an ein schnelles Kriegsende glaubten aber immer weniger Menschen.

Materialschlacht und Stellungskrieg

Bald machten sich die riesigen Verluste an Menschen und Kriegsmaterial bemerkbar. Die Fabriken konnten die angeforderten Mengen an Munition kaum liefern. Der Krieg erstarrte zum „Stellungskrieg“: Die Soldaten gruben sich in die schützende Erde ein, und bald zogen sich Stellungen aus Schützengräben von der Küste durch Belgien und Frankreich bis zur Schweiz. Keine Kriegspartei konnte entscheidende Siege erzielen. Daher versuchte man nun, weitere Länder auf die eigene Seite zu ziehen.
Auch in den Kolonialgebieten wurde gekämpft. So spannte sich das Netz der Fronten fast über den gesamten Globus. Schließlich setzten die Strategen neue Waffen wie etwa das Giftgas ein. Dieses Nervengas verursachte entsetzliche Leiden bei den Soldaten, führte aber auch keine Kriegsentscheidung herbei.

Die Hölle von Verdun

Am 21. Februar 1916 eröffneten die deutschen Soldaten an der Westfront das Feuer auf die Stadt Verdun sowie auf die Nachschubwege und die gegnerischen Schützengräben. Frankreich sollte „ausgeblutet“ und so zum Aufgeben gezwungen werden. Über Monate hinweg tobten grausame Schlachten zwischen dem deutschen und dem französischen Heer, wobei zehntausende Männer von Maschinengewehren „niedergemäht“ oder von Granaten zerrissen wurden. Im Oktober letztlich waren die deutschen Truppen gezwungen aus Verdun abzuziehen. An einem einzigen Tag gewannen die Franzosen das Gelände zurück, das die Deutschen zuvor in vier Monaten erkämpft hatten.

M2 *Der deutsche Reichskanzler Bethmann Hollweg skizzierte am 9. September 1914 in dem geheimen „Septemberprogramm" die deutschen Kriegsziele:*

Das allgemeine Ziel des Krieges: Sicherung des Deutschen Reiches nach West und Ost auf erdenkliche Zeit. Zu diesem Zweck muss Frankreich so geschwächt werden, dass es als Großmacht nicht neu erstehen kann, Russland von der deutschen Grenze nach Möglichkeit abgedrängt und seine Herrschaft über die nichtrussischen Vasallenvölker gebrochen werden. Die Ziele des Krieges im Einzelnen:

1. Frankreich. Von den militärischen Stellen zu beurteilen, ob die Abtretung von Belfort, des Westabhangs der Vogesen, die Schleifung der Festungen und die Abtretung des Küstenstrichs von Dünkirchen bis Boulogne zu fordern ist. In jedem Falle abzutreten, weil für die Erzgewinnung unserer Industrie nötig, das Erzbecken von Briey. Ferner eine in Raten zahlbare Kriegsentschädigung; sie muss so hoch sein, dass Frankreich nicht imstande ist, in den nächsten 18 bis 20 Jahren erhebliche Mittel für Rüstung aufzuwenden. Des Weiteren: ein Handelsvertrag, der Frankreich in wirtschaftliche Abhängigkeit von Deutschland bringt, es zu unserem Exportland macht und es ermöglicht, den englischen Handel in Frankreich auszuschalten. (...)

2. Belgien. (...) Jedenfalls muss ganz Belgien, wenn es auch als Staat äußerlich bestehen bleibt, zu einem Vasallenstaat herabsinken.

Gunther Mai, Das Ende des Kaiserreiches, München 1993, S. 201.

M3 *Der französische Botschafter in St. Petersburg beschrieb am 12. September 1914 die russischen Ziele:*

1. Das Hauptziel der drei Verbündeten würde sein, die Macht Deutschlands und seinen Anspruch auf militärische und politische Herrschaft zu brechen. (...)

3. Russland würde sich den Unterlauf des Njemen und den östlichen Teil Galiziens aneignen. Es würde dem Königreich Polen das östliche Posen, Schlesien (...) und den westlichen Teil Galiziens angliedern.

4. Frankreich würde Elsass-Lothringen wiedernehmen, wobei es ihm freisteht, einen Teil Rheinpreußens und der Pfalz hinzuzufügen. Belgien würde (...) einen bedeutenden Gebietszuwachs erhalten. (...)

12. England, Frankreich und Japan würden sich die deutschen Kolonien teilen.

13. Deutschland und Österreich würden eine Kriegskontribution zahlen.

Asmut Brückmann, Historisch-politische Weltkunde: Die europäische Expansion, Stuttgart 1993, S. 151.

M4 *Die Folgen der neuen Kriegstechnik* zeigt dieses Foto von der Gegend um die nordfranzösische Stadt Arras (1917).

1 Überlegen Sie, aus welchen Gründen die deutsche Regierung versucht hat, ihre Kriegsziele geheim zu halten (M2)?

2 Vergleichen Sie die Kriegsziele der Deutschen und der Alliierten (M2, M3). Erläutern Sie die möglichen Folgen dieser Ziele.

M5 *Frontenverlauf des Ersten Weltkriegs*

14 Das Entscheidungsjahr 1917

M1 *„Nur die Marine kann dies beenden“* (Propagandaplakat der US-amerikanischen Regierung von 1917).

Der verpasste Frieden

Noch Ende 1916 schätzte die deutsche Regierung die militärische Lage so günstig ein, dass Reichskanzler Bethmann Hollweg den Alliierten ein Friedensangebot machte. England und Frankreich lehnten aber ab. Daraufhin forderte der amerikanische Präsident Thomas W. Wilson die Krieg führenden Mächte auf, ihre Bedingungen für eine Friedenskonferenz zu nennen. Einen „Frieden ohne Sieg“ war es, was Wilson vorschlug. Aber dazu war keine der beteiligten Regierungen bereit.

Die entscheidende Wende

Angesichts der zunehmend ausweglosen Lage an allen Fronten verschärfte die Oberste Heeresleitung im Februar 1917 den Krieg zur See. Deutsche U-Boote sollten nun ohne Vorwarnung Handels- und Passagierschiffe versenken. Als in dem folgenden „uneingeschränkten U-Boot-Krieg“ auch amerikanische Schiffe versenkt wurden, erklärte Präsident Wilson den Deutschen im April 1917 den Krieg. In nur eineinhalb Jahren brachten die USA über 30 Milliarden Dollar für den Krieg auf und schickten 4,5 Millionen Soldaten in den Kampf.
In Russland brach im Frühjahr 1917 eine Revolution aus: Der Zar wurde gestürzt und die Sozialisten unter dem Politiker Lenin übernahmen die Macht. Doch politische Kämpfe im ganzen Land und Probleme in der Lebensmittelversorgung schwächten die russische Regierung und die Truppen. Im Frühjahr 1918 schloss Lenin deshalb einen von Deutschland diktierten Friedensvertrag und Russland schied aus dem Krieg aus.

Revolution und Waffenstillstand

Erstmals seit vier Jahren geriet der Krieg wieder in Bewegung. Aber jetzt machte sich bemerkbar, dass die USA gewaltige Massen an Kriegsmaterial nach Europa gebracht hatten und dass die deutsche Armee erschöpft war. Auch die Verbündeten des Deutschen Reichs standen kurz vor dem Zusammenbruch. Der Krieg war praktisch verloren.
Im September 1918 verlangte die Oberste Heeresleitung unter Hindenburg und Ludendorff von der deutschen Regierung, einen Waffenstillstand herbeizuführen. Die deutsche Marineführung aber erteilte Anfang November der deutschen Hochseeflotte den Befehl, gegen die englischen Schiffe auszulaufen. Lieber heldenhaft untergehen, als die Flotte an den Feind ausliefern, hieß ihre Devise. Doch die Matrosen verweigerten den Gehorsam. In Kiel kam es zum bewaffneten Aufstand, der sich zu einer Revolution in ganz Deutschland ausbreitete. Am 9. November musste Kaiser Wilhelm II. auf den Thron verzichten. Zwei Tage später unterzeichneten Vertreter der neuen demokratischen Regierung mit den Siegermächten einen Waffenstillstand. Der Erste Weltkrieg war zu Ende.

Waffenstillstand
bedeutet die Einstellung von Feindseligkeiten zwischen Krieg führenden Staaten. Meistens folgen Friedensverhandlungen. Werden Kampfhandlungen für kurze Zeit – z. B. zur Bergung von Verwundeten – eingestellt, spricht man von Waffenruhe.

M2 *Das deutsche Friedensangebot*

a) Schreiben der Regierung vom 2. Dezember 1916 an die Alliierten:

Getragen von dem Bewusstsein ihrer militärischen und wirtschaftlichen Kraft und bereit, den ihnen aufgezwungenen Kampf nötigenfalls bis zum Äußersten fortzusetzen, zugleich aber von dem Wunsch beseelt, weiteres Blutvergießen zu verhüten und den Gräueln des Krieges ein Ende zu machen, schlagen die vier verbündeten Mächte vor, alsbald in Friedensverhandlungen einzutreten. Die Vorschläge, (...) die darauf gerichtet sind, Dasein, Ehre und Entwicklungsfreiheit ihrer Völker zu sichern, bilden nach ihrer Überzeugung eine geeignete Grundlage für [einen] dauerhaften Frieden.

Geschichte in Quellen, Bd. 5, München 1980, S. 49.

b) Antwort der Alliierten vom 30. Dezember 1916:

Vor jeder Antwort legen die alliierten Mächte Gewicht darauf, gegen die beiden wesentlichen Behauptungen der Note der feindlichen Staaten lauten Einspruch zu erheben, welche auf die Alliierten die Verantwortung für den Krieg abwälzen will und die den Sieg der Zentralmächte verkündete. (...) Für die Vergangenheit übersieht die deutsche Note die Tatsachen, die Daten und die Zahlen, die feststellen, dass der Krieg gewollt hervorgerufen und erklärt worden ist durch Deutschland und Österreich-Ungarn. (...) Für die Zukunft verlangen die (...) verursachten Verwüstungen (...) Sühne, Wiedergutmachung und Bürgschaften.

Geschichte in Quellen, Bd. 5, München 1980, S. 49 f.

M4 *Matrosen der Kriegsflotte* verweigern im November 1918 den Gehorsam und rufen zur Revolution in Deutschland auf.

M3 *Die deutsche Waffenstillstandskommission* mit weißen Fahnen an den Autos fährt durch den französischen Ort Compiègne zu den Verhandlungen. Matthias Erzberger, Mitglied der Zentrumspartei und der Regierung, unterzeichnet am 11. November 1918 um 17 Uhr den Waffenstillstandsvertrag.

1 Beurteilen Sie den Friedenswillen der Kriegsparteien (M2).

2 Untersuchen Sie das Plakat M1. An welche Gefühle appelliert die amerikanische Kriegspropaganda?

3 Erläutern Sie, was Präsident Wilson bewog, in den Krieg einzutreten? Inwiefern brachte dies eine entscheidende Wende?

4 Schildern Sie mit eigenen Worten den Ausgang des Krieges (VT, M3, M4).

1918

Nach der Novemberrevolution wird in Deutschland die Republik ausgerufen.

1919

Die Siegermächte aus dem Ersten Weltkrieg legen im Versailler Vertrag die Friedensbedingungen fest.

1923

Französische Truppen besetzen das Ruhrgebiet. In Deutschland erreicht die Inflation ihren Höhepunkt.

Die Weimarer Republik

11. November 1918: In Paris und London läuten die Siegesglocken. Der Erste Weltkrieg ist zu Ende, aber der Friede hat keineswegs begonnen. Vielmehr bricht in Europa eine Zeit der Spannungen und Konflikte an.
Revolutionen und Bürgerkriege, Wirtschaftskrisen und die verzweifelte Suche nach Ordnung und Orientierung prägen das Gesicht des Kontinents. Bis 1939 zerfiel Europa in zwei Lager: Während die Demokratien im Westen und Norden Bestand hatten, beschritten Deutschland und das übrige Europa nach und nach den Weg in die Diktatur. Was trieb die Deutschen zur „Flucht in die Unfreiheit"? Warum scheiterte die neu errichtete erste deutsche Republik? Und war der Niedergang der Demokratie zwangsläufig oder gab es bis zuletzt nicht auch die Chance des Erfolges?

Wahlen zum Reichstag am 31. Juli 1932: Der damalige Reichskanzler der Weimarer Republik Franz von Papen verlässt ein Wahllokal. Die Bandbreite der politischen Parteien reichte damals von den rechtsextremen Nationalsozialisten bis zu den linksradikalen Kommunisten.

1929

Dramatische Kurseinbrüche an der New Yorker Börse lösen eine Weltwirtschaftskrise aus.

ab 1930

Präsidialregierungen bestimmen die Politik Deutschlands.

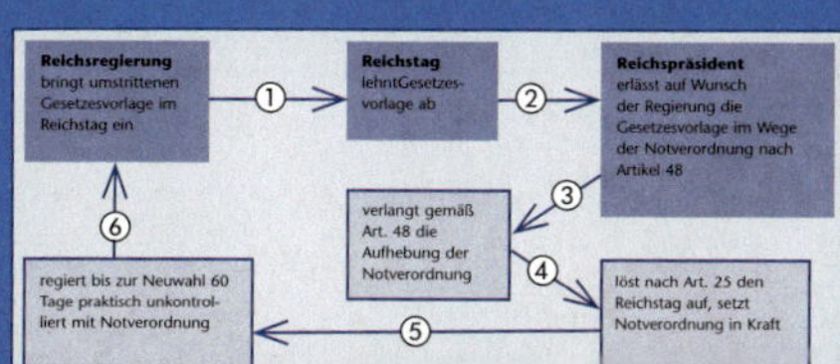

1933

In Deutschland beendet die Diktatur der Nationalsozialisten die Weimarer Republik.

1 Werkstatt
Die Epoche der Weimarer Republik in einem Lernzirkel erarbeiten

Die Idee des Lernzirkels (auch: Stationenlernen) kommt ursprünglich aus dem Bereich des Sports. Hier werden unterschiedliche Übungsstationen in Kreisform aufgebaut, die der Reihe nach oder in freier Auswahl durchlaufen werden. Dieses Prinzip lässt sich auch auf den Geschichtsunterricht übertragen: Dazu muss ein Themenbereich in unterschiedliche Teilbereiche aufgegliedert und diese auf mehrere Lernstationen verteilt werden. In Arbeitsgruppen können Sie die einzelnen Stationen dann durchlaufen. Nach Ablauf einer festgesetzten Zeit findet ein Wechsel der Stationen statt.
In einer Auswertungsphase am Ende können die erarbeiteten Ergebnisse zusammengefasst, verglichen und diskutiert werden.

Ablauf eines Lernzirkels

1. Phase: Plenum – Vorstellung des übergreifenden Themas und der einzelnen Stationen. Stellen Sie die Tische des Klassenraums zu Gruppentischen bzw. Stationen zusammen und bilden Sie so viele Arbeitsgruppen, wie Lernstationen vorgesehen sind. Wichtig: An jeder Lernstation müssen die benötigten Materialien bereitliegen.

2. Phase: Gruppenarbeit an den Stationen – Durchlaufen Sie die einzelnen Lernstationen mit ihrer Arbeitsgruppe, eventuell in einer vorgegebenen Reihenfolge. Teilen Sie die Arbeitsaufträge an den Stationen unter den Gruppenmitgliedern auf oder bearbeiten Sie den vorhandenen Arbeitsauftrag gemeinsam. An jeder Station übernimmt ein anderes Gruppenmitglied die Aufgabe, sorgfältige Notizen zu machen. Nach dem Ablauf einer vorgegebenen Zeit wechseln alle Gruppen zur nächsten Station.

3. Phase: Plenum – Vergleichen und diskutieren Sie die an den Stationen erarbeiteten Ergebnisse und Erkenntnisse gemeinsam im Plenum. Heften Sie dazu etwaige Ergebnisse der Stationen (z. B. Zeitstrahl, Mindmap) an eine Pinnwand. In einer Tabelle fassen Sie die wichtigsten Ergebnisse zusammen.

M1 *Mindmap zur Weimarer Republik.* Übersichtlich zeigt die Grafik wichtige Aspekte und Begriffe des Themas. Ein Themenbereich wie die Weimarer Republik lässt sich auch dann erarbeiten, wenn Sie die einzelnen Zeitabschnitte nicht chronologisch, sondern anhand einzelner Äste einer Mindmap ergründen.

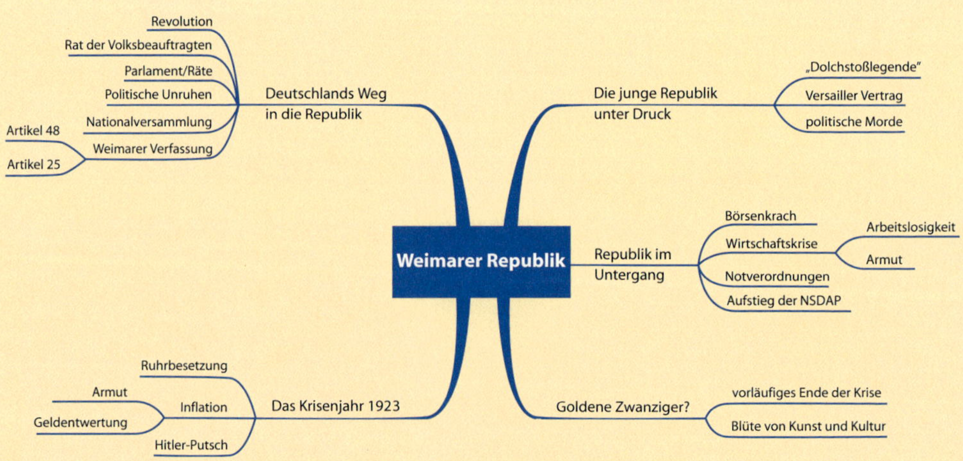

Erarbeiten Sie in einem Lernzirkel wesentliche Inhalte des Themas „Weimarer Republik".

Folgende Materialien benötigen Sie:
- Kapitel 2–6 der Themeneinheit „Die Weimarer Republik" (S. 198–211),
- 2 Ausgaben des Grundgesetzes,
- Geschichtsatlas,
- Wirtschaftslehrebuch,
- PC mit Internetzugang.

Station 1:
Parlamentarische Republik oder Rätesystem?
Materialien: Kapitel 2 des Schülerbuchs, Grundgesetz
Lesen Sie den VT von Kapitel 2 und erstellen Sie einen Zeitstrahl gemäß Frage 1. Beantworten Sie Frage 5 und schlagen Sie im Grundgesetz nach, welche Rechte der Bundespräsident heute besitzt. Vergleichen Sie auch Artikel 109 der Reichsverfassung (M5) mit Artikel 3 des Grundgesetzes.

Station 2:
Politische Krisen – Wie kamen sie zustande?
Materialien: Kapitel 3 des Schülerbuchs, Geschichtsatlas.
Lesen Sie den VT von Kapitel 3 und untersuchen Sie die Materialien 1, 2 und 5. Beantworten Sie die Fragen 1 und 2. Vergleichen Sie die Landkarte M4 mit einer Europakarte unmittelbar nach dem Zweiten Weltkrieg und einer Karte des heutigen Europa. Listen Sie auf, welche Gebietsveränderungen sich in Europa seit 1919 ergeben haben.

Station 3:
Die Inflation – Welche Ursachen hatte sie und wie wirkte sie sich aus?
Materialien: Kapitel 4 des Schülerbuchs, Wirtschaftslehrebuch
Lesen Sie den VT von Kapitel 4 und erstellen Sie eine Mindmap gemäß Frage 1. Lesen Sie im Wirtschaftslehrebuch nach, welche Ursachen und welche Auswirkungen Inflationen haben. Beantworten Sie die Fragen 3 und 5.

Station 4:
Die Zeit zwischen den Krisen – „goldene" Jahre?
Materialien: Kapitel 5 des Schülerbuchs, PC mit Internetzugang
Lesen Sie den VT von Kapitel 5. Bereiten Sie schriftlich Kurzreferate gemäß Frage 4 vor, die Sie später auch im Plenum vortragen können.

Station 5:
Untergang der Republik – Wie kommt es zum Ende der Demokratie?
Materialien: Kapitel 6 des Schülerbuchs, Lexikon, Grundgesetz
Lesen Sie den VT von Kapitel 6 und fertigen Sie eine Skizze gemäß Frage 1 an. Bearbeiten Sie anschließend Frage 4. Informieren Sie sich in Artikel 67 des Grundgesetzes, wie in der heutigen Zeit ein Bundeskanzler durch einen anderen Kanzler ersetzt werden kann. Vergleichen Sie mit Artikel 54 der Reichsverfassung der Weimarer Republik (Kapitel 2, M5).

Abschlussgespräch im Plenum
Präsentieren Sie Ihre Ergebnisse im Plenum. Fertigen Sie abschließend gemeinsam eine Art Konjunkturkurve an. Führen Sie die waagerechte Achse als Zeitstrahl zwischen 1918 und 1933 aus. Tragen Sie darüber die Kurve so ein, dass politische und wirtschaftliche Krisenzeiten und die Phase der Beruhigung sichtbar werden. Beschriften Sie die Kurve.

2 Deutschlands Weg in die Republik

M1 *Mitglieder des Arbeiter- und Soldatenrates* besetzen am 9. November 1918 in Berlin eine Militärkaserne.

Räte
Von Arbeitern und Soldaten gewählte Vertreter. Ihr Vorbild waren die erstmals in Russland von Arbeitern, Soldaten und Bauern gewählten „Sowjets".

Weimarer Nationalversammlung
Sie arbeitete vom 6. Februar bis zum 31. Juli 1919 in Weimar die Verfassung der neuen Republik aus (daher der Name „Weimarer Republik"). Ihre Mitglieder waren in den ersten demokratischen Wahlen vom Volk gewählt worden.

Von der Rebellion zur Revolution

Das Ende des Ersten Weltkriegs brachte in Deutschland eine Revolution und damit dramatische Veränderungen: Innerhalb kürzester Zeit trat an die Stelle des Kaiserreiches eine demokratische Republik. Auslöser dieser Entwicklung waren die Geschehnisse in den letzten Kriegstagen: Obwohl das Ende der Kämpfe bereits abzusehen war, wollten fanatische Offiziere die Flotte im Oktober 1918 zu einem letzten Gefecht in die Schlacht schicken. Doch die Schiffsbesatzungen wollten sich nicht sinnlos opfern lassen. Sie widersetzten sich dem Befehl, es kam zur Rebellion. Werftarbeiter und aus dem Krieg zurückkehrende Soldaten verbündeten sich mit den Matrosen. Sie riefen zum Generalstreik auf und besetzten die Rathäuser der Küstenstädte. Deren Kontrolle übernahmen gewählte Vertreter aus den eigenen Reihen: die Arbeiter- und Soldatenräte. In den folgenden Tagen weitete sich der Aufstand zur Revolution aus. In fast allen Städten übernahmen rasch gebildete Arbeiter- und Soldatenräte die Macht.

Das Ende der Monarchie

Am 9. November 1918 erreichte die Revolution Berlin. Riesige Demonstrationszüge bewegten sich auf das Schloss und den Reichstag zu. Streikende Arbeiter forderten die sofortige Beendigung des Krieges und die Abdankung des Kaisers. Nun überschlugen sich die Ereignisse: Unter dem Druck der Massen verkündete der Reichskanzler der kaiserlichen Regierung Prinz Max von Baden eigenmächtig den Rücktritt des Monarchen. Er ernannte den Vorsitzenden der SPD, Friedrich Ebert, zum neuen Reichskanzler. Fast zeitgleich riefen Philipp Scheidemann (SPD) und Karl Liebknecht (Spartakusbund) am Nachmittag des 9. November die Republik aus – allerdings mit unterschiedlichen Zielen.

Die Aufgaben der neuen Regierung

Ebert bildete eine provisorische Regierung, die sich „Rat der Volksbeauftragten" nannte. Ihr gehörten je drei Politiker der SPD und der USPD (Unabhängige Sozialdemokraten – sie hatten sich 1917 von der SPD getrennt) an. Die Übergangsregierung stand vor großen Problemen: Wie sollten die Soldaten von der Front zurückgeführt und wieder in den Arbeitsprozess eingegliedert werden? Was war gegen Arbeitslosigkeit und Hungersnot zu tun? Aufgrund der Notlage waren insbesondere die SPD-Mitglieder im Rat der Volksbeauftragten dazu bereit, mit den führenden Kräften des alten Kaiserreichs – der Obersten Heeresleitung, den Beamten und den Unternehmern – zusammenzuarbeiten. Selbst offene Gegner der Republik blieben dadurch im Amt.

Parlament oder Räte?

Wie aber sollte die künftige Republik aussehen? Die SPD unter Friedrich Ebert strebte eine parlamentarische Demokratie an. Eine von den Deutschen gewählte Nationalversammlung sollte eine Verfassung ausarbeiten. Der linke Flügel der USPD und der kommunistische Spartakusbund dagegen wollten eine Räterepublik nach russischem Vorbild: Die Wirtschaft sollte verstaatlicht und die Macht in die Hände von Arbeiter- und Soldatenräten gelegt werden. Die Entscheidung fiel im Dezember auf einem Kongress der Arbeiter- und Soldatenräte in Berlin. Die große Mehrheit der dort Anwesenden stimmte für die Wahl zur Nationalversammlung und somit für die parlamentarische Demokratie.

„Berliner Blutwoche"

Der Spartakusbund war jedoch nicht bereit, die Vorstellung von der Räterepublik kampflos aufzugeben. Am 1. Januar 1919 gründeten die Spartakisten zusammen mit anderen linksradikalen Gruppierungen die Kommunistische Partei Deutschlands. Um die Wahl zu verhindern und die Revolution voranzutreiben, organisierte die KPD am 5. Januar in Berlin einen bewaffneten Aufstand. Die Regierung rief Einheiten der Reichswehr und Freiwilligenverbände zur Hilfe. Diese so genannten Freikorps bestanden meist aus entlassenen Berufssoldaten. Sie lehnten zwar die Demokratie ab, ihr Hass auf die „Roten" war aber noch größer. Innerhalb einer Woche wurde die Revolte mit großer Härte niedergeworfen. Es gab etliche Tote. Dabei wurden auch die bekannten KPD-Führer Rosa Luxemburg und Karl Liebknecht von Freikorpssoldaten ermordet.

Wahl zur Nationalversammlung

Bei den ersten freien, geheimen und gleichen Wahlen auf deutschem Boden entschied sich die große Mehrheit der Bevölkerung für demokratische Parteien. Die SPD wurde zwar stärkste Partei, erreichte aber nur 39 Prozent der Stimmen. Viele Arbeiter hatten der Arbeiterpartei das Bündnis mit den Militärs und das brutale Vorgehen gegen die Spartakisten nicht verziehen.

Weil man weitere Unruhen in Berlin befürchtete, trat die Nationalversammlung am 6. Februar in Weimar zusammen. Die SPD bildete mit der Zentrumspartei und der DDP die Regierung, die so genannte Weimarer Koalition. Diese wählte Friedrich Ebert zum Reichspräsidenten. Ebert wiederum ernannte den SPD-Politiker Philipp Scheidemann zum Reichskanzler.

M2 *Der Rat der Volksbeauftragten* (Postkarte aus den 1920er-Jahren). Links: Mitglieder aus den Reihen der USPD. Rechts: Mitglieder aus den Reihen der SPD. In der Mitte: Ausrufung der Republik durch Philipp Scheidemann. Die Szene wurde 1927 nachgestellt, da es von diesem Moment kein Foto gibt.

Die Weimarer Verfassung

Am 11. August 1919 trat die von der Nationalversammlung ausgearbeitete neue Verfassung in Kraft. Sie sicherte allen Deutschen die Menschenrechte als Grundrechte zu. Gewählt wurde künftig nach dem Verhältniswahlrecht: Alle Parteien schickten genau im Verhältnis ihres erreichten Stimmenanteils Abgeordnete in den Reichstag. Das Volk sollte aber auch durch Volksbegehren und Volksentscheide direkt über Gesetze abstimmen können.

Der Reichspräsident als „Ersatzkaiser"?

Staatsoberhaupt war der Reichspräsident, der alle sieben Jahre direkt vom Volk gewählt wurde. Die Verfassung sprach ihm eine große Machtfülle zu. In Krisenzeiten konnte er Notverordnungen erlassen und so ohne den Reichstag regieren. Der Reichspräsident sollte als eine Art „Ersatzkaiser" die Anhänger der Monarchie mit der Republik versöhnen und ein Gegengewicht zum Parlament bilden.

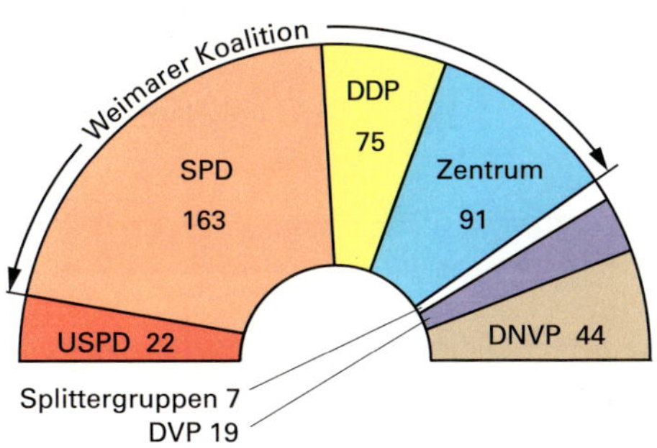

M3 *Ergebnis der Wahlen zur Nationalversammlung:* Die Deutsche Demokratische Partei (DDP) vertrat bürgerliche Schichten, das Zentrum den katholischen Bevölkerungsteil. Als Vertreterin der Industrie verstand sich die Deutsche Volkspartei (DVP). Die Deutschnationale Volkspartei (DNVP) wurde vor allem von Anhängern der Monarchie gewählt. Die KPD hatte die Wahl boykottiert.

M4 *Zweimal Ausrufung der Republik am 9. November 1918 in Berlin*

a) Philipp Scheidemann gegen 14 Uhr vom Balkon des Reichstagsgebäudes:

Arbeiter und Soldaten! Das deutsche Volk hat auf der ganzen Linie gesiegt. Das alte Morsche ist zusammengebrochen. (…) Die Hohenzollern haben abgedankt! Es lebe die deutsche Republik! Der Abgeordnete Ebert ist zum Reichskanzler ausgerufen worden. (…) Jetzt besteht unsere Aufgabe darin, diesen glänzenden Sieg (…) nicht beschmutzen zu lassen, und deshalb bitte ich Sie, sorgen Sie dafür, dass keine Störung der Sicherheit eintrete. (…) Ruhe, Ordnung und Sicherheit ist das, was wir jetzt brauchen.

Zit. nach: Gerhard A. Ritter/Susanne Miller (Hg.), Die deutsche Revolution 1918–19, Frankfurt/M. 1983, S. 77f.

b) Karl Liebknecht gegen 16 Uhr vor dem Berliner Schloss:

Der Tag der Revolution ist gekommen. Wir haben den Frieden erzwungen. (…) Parteigenossen, ich proklamiere die freie sozialistische Republik Deutschland. (…) Die Herrschaft des Kapitalismus, der Europa in ein Leichenfeld verwandelt hat, ist gebrochen. (…) Wenn auch das Alte niedergerissen ist, dürfen wir doch nicht glauben, dass unsere Aufgabe getan ist. Wir müssen alle Kräfte anspannen, um eine Regierung der Arbeiter und Soldaten aufzubauen und eine neue staatliche Ordnung des Proletariats zu schaffen.

Zit. nach: Gerhard A. Ritter/Susanne Miller (Hg.), Die deutsche Revolution 1918–19, Frankfurt/M. 1983, S. 77f.

8. Extraausgabe. Sonnabend, den 9. November 1918.

Vorwärts

Berliner Volksblatt.

Zentralorgan der sozialdemokratischen Partei Deutschlands.

Arbeiter, Soldaten, Mitbürger!

Der freie Volksstaat ist da!

Kaiser und Kronprinz haben abgedankt!

Fritz Ebert, der Vorsitzende der sozialdemokratischen Partei, ist Reichskanzler geworden und bildet im Reiche und in Preußen eine neue Regierung aus Männern, die das Vertrauen des werktätigen Volkes in Stadt und Land, der Arbeiter und Soldaten haben. Damit ist die öffentliche Gewalt in die Hände des Volkes übergegangen. Eine verfassunggebende Nationalversammlung tritt schnellstens zusammen.

Arbeiter, Soldaten, Bürger! Der Sieg des Volkes ist errungen, er darf nicht durch Unbesonnenheiten entehrt und gefährdet werden. Wirtschaftsleben und Verkehr müssen unbedingt aufrecht erhalten werden, damit die Volksregierung unter allen Umständen gesichert wird.

Folgt allen Weisungen der neuen Volksregierung und ihren Beauftragten. Sie handelt im engsten Einvernehmen mit den Arbeitern und Soldaten.

Hoch die deutsche Republik!

Der Vorstand der Sozialdemokratie Deutschlands.

Der Arbeiter- und Soldatenrat.

M5 *Auszüge aus der Weimarer Verfassung:*

Art. 1: Das Deutsche Reich ist eine Republik. Die Staatsgewalt geht vom Volke aus. (…)

Art. 25: Der Reichspräsident kann den Reichstag auflösen, jedoch nur einmal aus dem gleichen Anlass. (…)

Art. 48: Der Reichspräsident kann, wenn im Deutschen Reiche die öffentliche Sicherheit und Ordnung erheblich gestört oder gefährdet wird, die zur Wiederherstellung der öffentlichen Sicherheit und Ordnung nötigen Maßnahmen treffen, erforderlichenfalls mit Hilfe der bewaffneten Macht einschreiten. Zu diesem Zwecke darf er vorübergehend die (…) Grundrechte ganz oder zum Teil außer Kraft setzen.

Art. 54: Der Reichskanzler und die Reichsminister bedürfen zu ihrer Amtsführung des Vertrauens des Reichstags. Jeder von ihnen muss zurücktreten, wenn ihm der Reichstag durch ausdrücklichen Beschluss sein Vertrauen entzieht.

Art. 109: Alle Deutschen sind vor dem Gesetze gleich. Männer und Frauen haben grundsätzlich dieselben staatsbürgerlichen Rechte und Pflichten.

Stenographische Berichte des Reichstages Bd. 427, S. 4728.

M6 *links: Extraausgabe des „Vorwärts" vom 9. November 1918.* Der „Vorwärts" war die offizielle Parteizeitung der SPD. Am 9. November wurden insgesamt sechs Extraausgaben gedruckt.

M8 *Frauen als Wahlkämpferinnen:* An den Wahlen zur Nationalversammlung durften zum ersten Mal in der deutschen Geschichte Frauen teilnehmen.

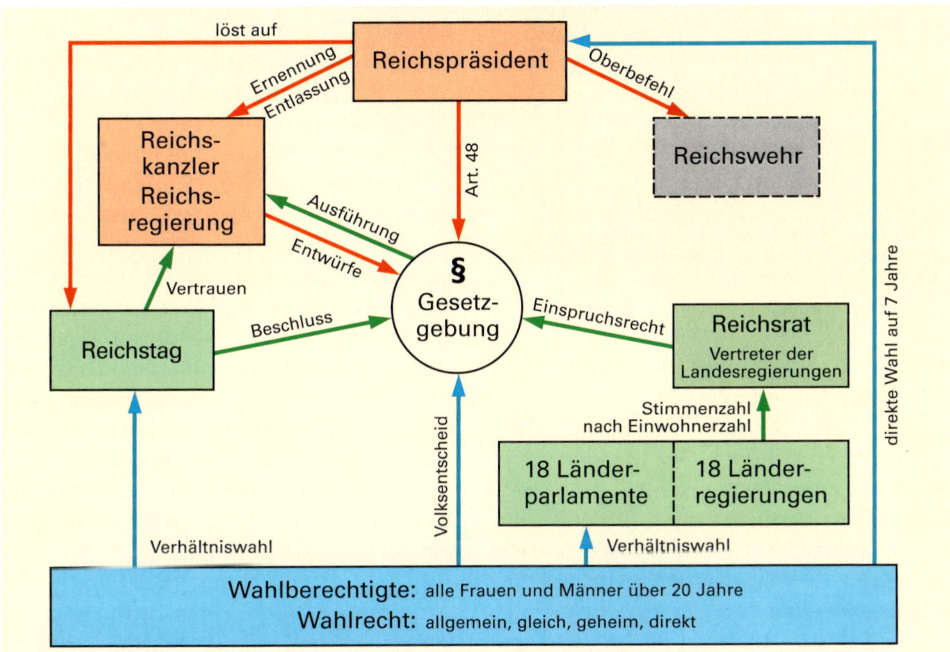

M7 *Die Weimarer Verfassung.* Im Reichstag war jede Partei ihrem Stimmenanteil entsprechend vertreten. Eine Fünfprozentklausel gab es nicht. Das begünstigte Splitterparteien und erschwerte die Bildung von kompromissfähigen Regierungsmehrheiten.

1 Halten Sie Deutschlands Weg vom Kaiserreich zur Republik auf einem Zeitstrahl fest.

2 Untersuchen Sie, welche Ziele Philipp Scheidemann und Karl Liebknecht jeweils verfolgten (VT, M4).

3 Auf welchem Weg versuchte die SPD im Unterschied zum Spartakusbund (später KPD) ihre politischen Ziele zu erreichen (VT, M6)?

4 Erklären Sie das schlechte Abschneiden der SPD bei den Wahlen zur Nationalversammlung (VT, M3).

5 Beschreiben Sie die Grundzüge der Weimarer Verfassung (VT, M7). Vergleichen Sie dabei auch die Stellung des Reichspräsidenten mit der des Reichskanzlers (M5).

M9 *Politische Grundeinstellung der wichtigsten Parteien der Weimarer Republik*

	linksradikale Parteien	*sozialistische Parteien*	*christliche Parteien*	*liberale Parteien*		*konservative Parteien*	*rechtsradikale Parteien*
Partei	Kommunistische Partei Deutschlands (KPD)	Sozialdemokratische Partei Deutschlands (SPD)	Zentrum (Z)	Deutsche Demokratische Partei (DDP)	Deutsche Volkspartei (DVP)	Deutschnationale Volkspartei (DNVP)	Nationalsozialistische Deutsche Arbeiterpartei (NSDAP)
	Unabhängige Sozialdemokratische Partei Deutschlands (USPD)						
angestrebte Staatsform	Rätedemokratie bzw. Diktatur des Proletariats	parlamentarische Demokratie Republik	parlamentarische Demokratie Republik	parlam. Dem. Republik	parlam. Monarchie	parlamentarische Mitwirkung in der Monarchie	antiparlamentarische autoritäre Diktatur

3 Lasten und Legenden – die junge Republik unter Druck

M1 *Ausschnitt aus einem Wahlplakat* der Deutschnationalen Volkspartei 1924

Die „Dolchstoßlegende“

Oktober 1918: Der Krieg ist verloren. Die Oberste Heeresleitung (OHL) fordert den Abschluss eines Waffenstillstandes. Wer aber soll die Verhandlungen führen? Generalfeldmarschall Ludendorff vor seinen Offizieren: „Ich habe aber seine Majestät gebeten, jetzt auch diejenigen Kreise an die Regierung zu bringen, denen wir es in der Hauptsache zu verdanken haben, dass wir so weit gekommen sind. (...) Die sollen nun den Frieden schließen, der jetzt geschlossen werden muss. Sie sollen die Suppe jetzt essen, die sie uns eingebrockt haben.“ Gemeint waren Politiker der SPD und der Zentrumspartei, denen Ludendorff mit diesem Schachzug die Verantwortung für die Niederlage aufbürden wollte.
November 1918: Der Zentrumspolitiker Matthias Erzberger unterzeichnet als Leiter der deutschen Delegation auf Drängen der OHL trotz größter Bedenken ein Waffenstillstandsabkommen. Nur wenige Monate später verbreiteten die Generäle von Hindenburg und Ludendorff jedoch in der Öffentlichkeit, das Heer sei „im Felde unbesiegt“, man habe es „von hinten erdolcht“. Für die Niederlage machten sie die Novemberrevolution und demokratische Politiker verantwortlich, die hinterrücks den Waffenstillstand ausgehandelt hätten.

Der Versailler Vertrag

Bösen Beschimpfungen im eigenen Lande sahen sich auch diejenigen Politiker ausgesetzt, die sich für die Unterzeichnung eines Friedensvertrages einsetzten. Im Januar 1919 kamen im Pariser Vorort Versailles die Vertreter der Kriegsgegner Deutschlands zusammen, um über Friedensbedingungen zu beraten. Die Siegermächte verlangten sehr hohe Reparationsleistungen. Deutschland musste zudem umfangreiche Gebiete an andere Länder abtreten. Doch besonders schwer wog: Dem Deutschen Reich wurde die Alleinschuld am Krieg angelastet. Das empfanden viele Deutsche als Kränkung ihrer nationalen Ehre. Um eine drohende Wiederaufnahme der Kriegshandlungen zu verhindern, unterschrieben die Vertreter der jungen deutschen Republik das „Friedensdiktat“ im Juni 1919 notgedrungen.

Anfeindungen von rechts und links

Die „Dolchstoßlegende“ und der „Schandvertrag von Versailles“ vergifteten das politische Klima in Deutschland. Die Ablehnung der Demokratie kam im Hass auf die Politiker von Weimar zum Ausdruck. Für die Anhänger des alten Kaiserreichs waren sie „Novemberverbrecher“ und „Vaterlandsverräter“, für die Kommunisten „Arbeiterschlächter“ und „Spartakusmörder“. Die Hetzkampagnen hatten schwerwiegende Folgen: Demokratische Politiker, die in der militärischen Niederlage die Verantwortung auf sich genommen hatten, wurden von rechtsgerichteten Fanatikern ermordet – so etwa 1921 Matthias Erzberger, der Unterzeichner des Waffenstillstandes, und 1922 Walter Rathenau, der Reichsaußenminister.

Reparationen
(von lat. reparare = wiederherstellen, erneuern) sind den Besiegten eines Krieges auferlegte Leistungen zum Ausgleich der Kriegsschäden der Sieger. Dies können Geldzahlungen oder Sachlieferungen sein.

M2 *Der Journalist Kurt Tucholsky schreibt 1919 unter dem Titel „Das erdolchte Heer":*

Die Generale habens gesagt
und haben die Heimat angeklagt.
Die Heimat – heißt es – erdolchte das Heer.
Aber die Heimat litt viel zu sehr!
Sie schrie und ächzte unter der Faust.
Es würgt der Hunger, der Winterwind saust.
Ihr habt der Heimat erst alles genommen
und seid noch besiegt zurückgekommen.
Besiegt hat euch euer eigener Wahn.
Dreimal kräht jetzt der biblische Hahn.
Und nach so vielen Fehlern und falschen Taten
habt ihr nun auch die Heimat verraten.
Die Heimat, die Frauen, die Schwachen, die Kranken –
Wir danken, Generale, wir danken!

Kurt Tucholsky, Gesammelte Werke. Bd. 2, 1919–1920, Reinbek 1975, S. 205.

M3 *Der Schriftsteller Stefan Zweig im Dezember 1918 zur Lage der jungen Republik:*

Ich will versuchen, etwas deutlich zu sagen, was man vorerst nicht gerne wird wissen wollen, obwohl es jeder weiß. Dass nämlich in Deutschland die Republik noch nicht da ist, sondern nur ihre Form. (...) Die Republik ist da, aber noch kein republikanisches Bewusstsein. (...) Dieses – das republikanische Bewusstsein – muss erst geschaffen werden; (...) Es [das Volk] hat die Republik als eine Hoffnung auf Rettung in dem ungeheuren Elend genommen wie eine Arznei. Betrügen wir uns nicht: Es war nicht der Geist, der Glaube, die Überzeugung, die jene Wandlung bewirkten, sondern die Not, der Hass, die Erbitterung.

Herbert Michaelis/Ernst Schraepler (Hg.), Ursachen und Folgen. Vom deutschen Zusammenbruch 1918 und 1945 bis zur staatlichen Neuordnung Deutschlands in der Gegenwart. Eine Urkunden- und Dokumentensammlung zur Zeitgeschichte, 3. Bd., Berlin o. J., S. 226f.

Politische Morde begangen von:	*Linksstehenden*	*Rechtsstehenden*
Anzahl der Morde	22	354
ungesühnte Morde	4	326
teilweise gesühnte Morde	1	27
gesühnte Morde	17	1
verurteilte Mörder	38	24
freigesprochene Täter	—	23
hingerichtete Mörder	10	—
Freiheitsstrafe je Mord	15 Jahre	4 Monate

Zit. nach: H. Pross (Hg), Die Zerstörung der dt. Politik, Dokumente 1871–1933, Frankfurt/M. 1983, S. 145f.

M4 *Gerechte Richter?*
Rechtsprechung in den Jahren 1918–1922.

1 Vergleichen Sie M1 und M2 miteinander. Wem wird hier die Schuld an der Kriegsniederlage zugeschrieben?

2 Erläutern Sie, warum die „Dolchstoßlegende" und der Versailler Vertrag enorme Belastungen für die erste deutsche Republik darstellten (VT, M5).

3 Diskutieren Sie anhand von M4 die Behauptung, die Justiz der Weimarer Republik sei „auf dem rechten Auge blind" gewesen.

4 Stefan Zweig unterscheidet in seinem Artikel (M3) republikanische Form und republikanisches Bewusstsein. Was meint er damit?

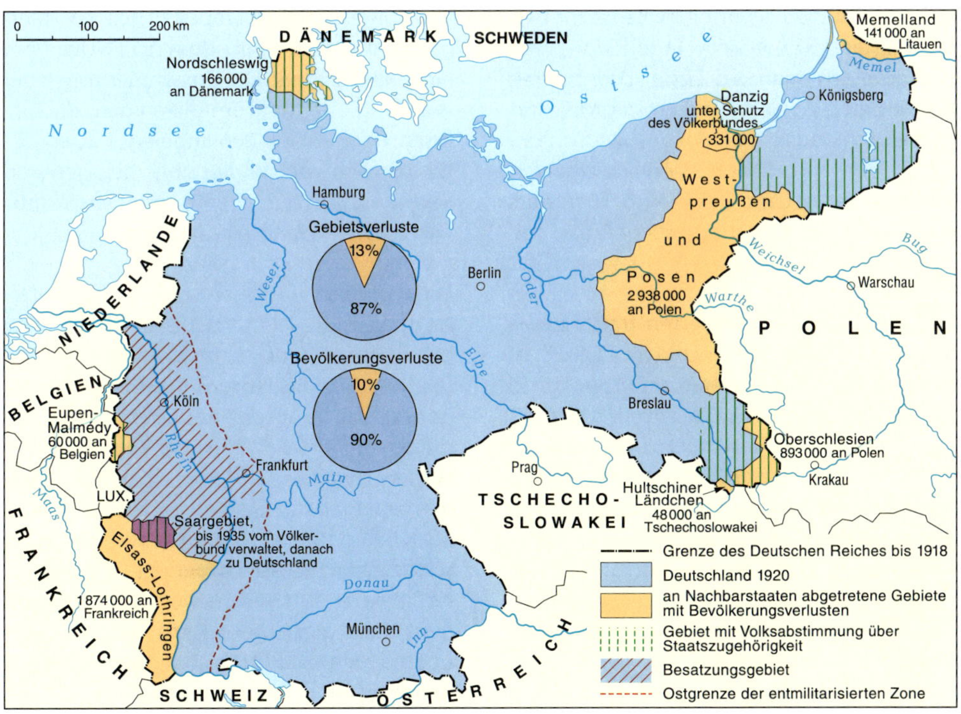

M5 *links: Die Bestimmungen des Versailler Vertrages für das Deutsche Reich*

4 Das Krisenjahr 1923

M1 *Plakat der Reichsregierung aus dem Jahr 1923*

Am Abgrund

Der britische Botschafter in Berlin notierte Silvester 1923 in sein Tagebuch: „Nun geht das Krisenjahr zu Ende. Die inneren und äußeren Gefahren waren so groß, dass sie Deutschlands ganze Zukunft bedrohten. Wenn man zurückblickt, sieht man klarer, wie nah dieses Land am Abgrund stand." Was war in Deutschland geschehen?

Ruhrbesetzung

Im Januar 1923 marschierten französische Truppen ins Ruhrgebiet ein, weil Deutschland mit Reparationslieferungen im Rückstand war. Soldaten sollten den Transport von Kohle nach Frankreich überwachen. Eine Welle der Empörung einte ausnahmsweise alle politischen Lager in Deutschland. Die Regierung rief zum „passiven Widerstand" auf: Zechen wurden stillgelegt, Fabriken bestreikt. Beamte verweigerten die Zusammenarbeit mit den Besatzern. Radikale Kräfte sprengten sogar Gleise und überfielen Wachposten.

Inflation – das Geld verliert an Wert

Der Staat unterstützte die Streikenden finanziell. Jeder Tag des „Ruhrkampfes" kostete die Staatskasse rund 40 Millionen Goldmark. Um das bezahlen zu können, ließ die Regierung Geld drucken. Das heizte die Inflation an: Der Wert des Geldes verfiel in rasender Geschwindigkeit.
Ausgelöst wurde die Inflation bereits im Kaiserreich: Um den Krieg zu finanzieren, hatte die damalige Regierung Kredite aufgenommen und die Papiergeldmenge drastisch erhöht. Durch Kriegsniederlage und Reparationsleistungen entstanden zusätzliche Kosten, die der Staat wiederum mit neuen Banknoten beglich. Die junge Republik war also im Jahr 1923 bereits hoch verschuldet, durch Streik und Produktionsausfall lag die Wirtschaft im September des Jahres nun völlig am Boden. Der Ruhrkampf musste abgebrochen werden.

Währungsreform – Ende der Inflation

Die Inflation wurde schließlich durch eine Währungsreform gestoppt: 1 Billion Papiermark entsprachen ab dem 15. November einer Rentenmark. Der Zusammenbruch der Währung traf vor allem diejenigen, die ihre Ersparnisse auf Konten angelegt hatten. Sie fühlten sich von der Republik belogen und betrogen, ihr Vertrauen in die Demokratie war schwer erschüttert.

Hitler-Putsch

Im Spätherbst 1923 versuchte Adolf Hitler, der „Führer" der rechtsradikalen NSDAP (Nationalsozialistische Deutsche Arbeiterpartei), die Krise der Republik für sich zu nutzen. Sein Ziel war es, die Regierung mit Waffengewalt zu stürzen. Gemeinsam mit dem ehemaligen General Ludendorff rief er die „Nationale Revolution" aus und marschierte am 9. November mit etwa 2000 Anhängern durch München. Vor der Feldherrnhalle ging die bayerische Polizei jedoch gegen die Putschisten vor. Hitler wurde verhaftet, die NSDAP verboten.

Inflation
bedeutet den Wertverlust des Geldes durch Vermehrung der Geldmenge. Der Staat lässt Geld drucken, die Warenmenge wird aber nicht vermehrt. Dies führt zu steigenden Preisen. Sachwerte, wie Grundstücke oder Schmuck behalten ihren Wert. Wer Schulden hat, kann sie nun leichter zurückzahlen.

M2 *Der Schriftsteller Max Krell erinnert sich an die Zeit der Inflation:*

Die Mark rutschte, fiel, überstürzte sich, verlor sich im Bodenlosen. Städte, Fabriken, Handelsunternehmungen druckten Assignaten [Papiergeld] nach eigenem Belieben, ließen Milliardenflocken auf die Straße schneien. Keiner wollte die bunten Zettel wirklich haben. Wer wusste denn, ob sie gedeckt waren? Die Inflation machte aus dem Geld einen Unsinn. Wer etwas davon in die Tasche bekam, stopfte es am Vormittag in irgendeine Geschäftskasse, um etwas zu erstehen, das er nicht brauchte, der Kaufmann stürzte mit dem Papier in ein anderes Geschäft, nur fort damit, es war, als ob die Geldzettel giftig oder feucht wären; ein Mann kaufte zwanzig Badewannen, das Wort „Sachwerte" wurde Trumpf.

Max Krell, Das alles gab es einmal, Frankfurt 1961, S. 67.

M3 *Ein französischer Soldat bewacht einen Güterzug,* der Steinkohle aus dem besetzten Ruhrgebiet nach Frankreich transportiert.

M4 *Überdruckter Geldschein einer Stuttgarter Zigarettenfabrik.* Um den riesigen Geldbedarf zu decken, brachten außer der Reichsbank auch Städte, Banken und Unternehmen Geldscheine in Umlauf.

M5 *Preise der letzten Inflationswoche (November 1923)*

Die Preise der neuen Woche.

In Milliarden Mark.

Brot, grau (77 Pf.)	770	Mark
Brot, weiß (84 Pf.)	840	"
Schrippe (3 Pf.)	30	"
Vollmilch, 1 Liter	280	"
Magermilch, 1 Liter	95	"
Gas, 1 Kubikmeter	210	"
Elektr. Strom, 1 Kilowattstunde	420	"
Wasser, 1 Kubikmeter	210	"
Briketts, Zentner frei Keller	1981	"
Straßenbahn	150	"
Hochbahn, 3. Klasse	100 u. 150	"
Hochbahn, 2. Klasse	150 u. 200	"
Stadtbahn, 3. Klasse (15 Pf.)	150	"
Stadtbahn, 2. Klasse (25 Pf.)	250	"
Omnibus	150 u. 200	"

M6 *Plakat zum Hitler-Putsch am 8./9. November 1923*

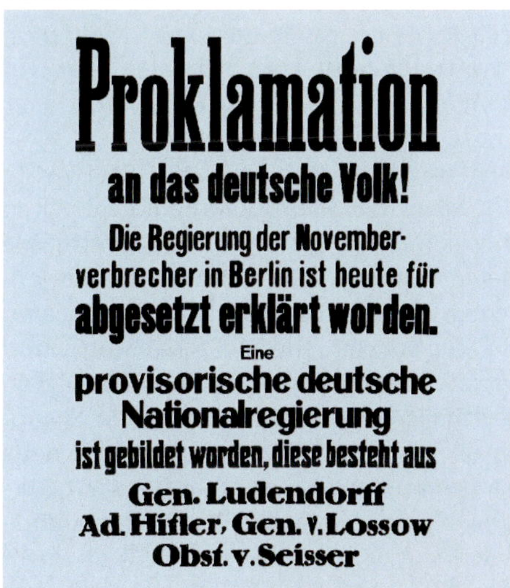

1 Stellen Sie die einzelnen Aspekte, die das Jahr 1923 zu einem Krisenjahr der Republik machten, in einer Mindmap dar.

2 Ordnen Sie die Quellen dieser Doppelseite den damaligen Krisen von „Wirtschaft", „Außenpolitik" und „Innenpolitik" zu.

3 Erläutern Sie, welche Ursachen die Inflation hatte und wie sie das Leben der Menschen veränderte (VT, M2, M5).

4 Viele Menschen gaben der Republik die Schuld an der Krise. Nehmen Sie dazu Stellung und begründen Sie Ihre Meinung.

5 Überlegen Sie, warum Parteien wie die NSDAP von solchen Krisen oftmals profitieren.

5 Goldene Zwanziger?

M1 *„Großstadt“*, ein berühmtes Gemälde der „Neuen Sachlichkeit“ (Otto Dix, 1927/28). Viele Maler und Schriftsteller machten die Metropole Berlin zum Thema ihrer Werke.

Neue Sachlichkeit
bezeichnet eine in den 1920er-Jahren in Deutschland aufgekommene Kunstrichtung, die die Wirklichkeit realistisch erfasste und sich kritisch mit der Gesellschaft auseinander setzte. Der Begriff geht auf eine Ausstellung moderner Malerei in Mannheim 1925 zurück.

„Hoppla, wir leben!“

So heißt ein Theaterstück von Ernst Toller, das 1927 in Hamburg uraufgeführt wurde. Der Titel spiegelt den vorsichtigen Optimismus, der sich in Deutschland infolge der leichten wirtschaftlichen und politischen Erholung nach dem Krisenjahr 1923 ausbreitete. Es schien, als ginge es nun endlich aufwärts. Eine schillernde Zeit voller Lebenshunger und Modernität brach an, aber auch eine unruhige Zeit voller Extreme und Ungewissheiten. Schon den Zeitgenossen erschienen die „Goldenen Zwanziger Jahre“ deshalb als „Tanz auf dem Vulkan“.

Weltstadt Berlin

Vor allem die Metropole Berlin mit ihren 4 Millionen Einwohnern verkörperte die neue, moderne Welt. Mitte der 1920er-Jahre existierten in der Hauptstadt 49 Theater, 3 Opernhäuser sowie 75 Kabarett- und Varietébühnen. Das Nachtleben blühte: In Tanzhallen und Bars war Jazz- und Swingmusik aus den USA zu hören, zu der neue Tänze wie der Charleston ausprobiert wurden. Zwar konnte sich dieses aufregende Leben nur ein kleiner Kreis von Wohlhabenden leisten, doch auch für die breite Masse der Bevölkerung nahm das Freizeitangebot zu. Etliche Tageszeitungen, „Groschenromane“ und die neuartigen Illustrierten warben um Leser. Hinzu kamen die ersten Radioprogramme und Tonfilme im Kino. Eine Massenkultur war entstanden.

Kulturelle Blütezeit

Die Umbrüche und Veränderungen, die die Weimarer Republik hervorgerufen hatte, setzten enorme künstlerische Energie und Kreativität im Kulturleben frei. Viele Künstler ließen sich von der großstädtischen Atmosphäre inspirieren und experimentierten mit neuen Stilen und Formen. Dabei schockierten sie oftmals die Öffentlichkeit. Einige Kritiker beklagten deshalb lautstark die „Verrottung der Kunst“.
Die „Neue Sachlichkeit“ wurde zur dominierenden Kunstrichtung, die Großstadt zum zentralen Thema. So fingen Maler wie Otto Dix und George Grosz das Leben in den modernen Metropolen in ihren Bildern ein. Alfred Döblin schilderte in seinem Roman „Berlin Alexanderplatz“ den Alltag des „kleinen Mannes“, während Regisseur Fritz Lang im Science-Fiction-Film „Metropolis“ seine Vision von einer Zukunftsstadt offenbarte.

M2 *Filmplakat zu „Metropolis".* Der Stummfilm hatte am 10. Januar 1927 im Ufa-Palast am Berliner Zoo Premiere.

M5 *Titelblatt einer Modezeitschrift vom Mai 1922.* Das Bild eines neuen Frauentyps wurde in den 1920er-Jahren durch Werbung, Filme und Zeitschriften verbreitet.

M3 *Ein junger Mann aus einem Berliner Arbeiterviertel schreibt über die 1920er-Jahre:*

Von der kulturellen Metropole Europas merkten wir im Norden Berlins wenig. Die „goldenen zwanziger Jahre" fanden in den Theaterzentren, Galerien und feinen Restaurants statt, waren eine Angelegenheit sensationeller Bälle und Galas der Neureichen, der Nachtlokale und Künstler-Cafés (...). Den Kulturbedarf der breiten Massen befriedigten das Radio, der neue Unterhaltungsfilm, die Trivialliteratur sowie Revuen und Tanzlokale. Die Schlager (...) halfen Luftschlösser bauen, erleichterten die Flucht aus dem grauen Alltag.

Heinrich August Winkler/Alexander Cammann (Hg.), Weimar. Ein Lesebuch zur deutschen Geschichte 1918–1933, München 1997, S. 146 f.

M4 *Über die Entstehung der modernen Massenkultur schreibt die Historikerin Ursula Becher:*

Erst in der Weimarer Republik wurde mit Arbeitszeitverkürzung und Urlaubsregelung die Voraussetzung für die moderne Freizeit geschaffen. Erst jetzt war es einer breiten Bevölkerung möglich, die nach ihrer Berufstätikeit verbleibende Zeit nach eigenen Wünschen zu gestalten und an Vergnügungen teilzunehmen, die bisher vorwiegend dem Bürgertum vorbehalten waren. Außer den traditionellen und erweiterten Bildungsangeboten wie Theater, Bibliotheken, Museen, Konzerte, Veranstaltungen der Volkshochschulen wurden Massenspektakel populär: Boxkämpfe und Sechstagerennen zogen Zuschauermengen an. Die neuen Kinopaläste, Varietés, Tanzsäle, Sportarenen waren Hochburgen der neuen Freizeitwelt. (...) Massenkultur ist nicht zu denken ohne Massenkonsum. Die Versorgung der Bevölkerung mit neuen Produkten verbesserte sich stetig. Im Jahr 1932 kamen in Deutschland auf je 1000 Einwohner 66 Rundfunkgeräte, 52 Fernsprechanschlüsse und 8 Personenautos. Das entsprach dem europäischen Durchschnittswert.

Ursula A. J. Becher, Geschichte des modernen Lebensstils. Essen–Wohnen–Freizeit, München 1990, S. 175 f.

1 Beschreiben Sie das Gemälde von Otto Dix genau. Wie ist das Großstadtleben dargestellt (M1)?

2 Erläutern Sie den Begriff „Massenkultur". Zeigen Sie auf, wie und in welchen Bereichen sich diese Kultur entwickelt hat (VT, M3, M4).

3 Überlegen Sie, welche Botschaft Modezeitschrift (M5) und Zigarettenwerbung (M6) von der „neuen Frau" vermitteln wollen.

4 Informieren Sie sich unter der Internetadresse www.dhm.de/lemo/home.html über die Bereiche Literatur, Theater, Kino und Architektur („Bauhaus"). Stellen Sie Ihre Ergebnisse anschließend in Kurzreferaten vor.

M6 *Blechdose für Zigaretten, 1925–1930*

6 Republik im Untergang

M1 *Auf verzweifelter Suche nach Arbeit* waren während der Wirtschaftskrise Millionen Menschen in den Industrieländern.

Weltwirtschaftskrise
bezeichnet die große Wirtschaftskrise, die ab 1929 alle großen Industrieländer erfasste. Sie begann mit dem „Schwarzen Freitag" am 24. Oktober 1929 in New York. An der dortigen Börse brachen die Kurse ein, weil Aktien zuvor weit über Wert gehandelt worden waren.

Der New Yorker Börsencrash

Nachdem es Ende 1923 gelungen war, die Inflation zu stoppen, blühte die deutsche Wirtschaft in den Folgejahren auf. Allerdings war der Wohlstand auf Pump finanziert. Vor allem aus den USA flossen Kredite in Milliardenhöhe. Deshalb wurde Deutschland von der amerikanischen Wirtschaftskrise, die im Herbst 1929 schlagartig mit dramatischen Kurseinbrüchen an der New Yorker Börse einsetzte, besonders hart getroffen. Die Krise der USA griff aber auch auf andere Länder über und weitete sich schnell zur Weltwirtschaftskrise aus.

Die Wirtschaftskrise …

Deutschland bekam die Folgen des amerikanischen Niedergangs doppelt zu spüren. Zum einen ging der deutsche Export stark zurück. In den Überseehäfen stauten sich Schiffe, die ihre Güter nicht entladen konnten, weil die Empfänger nicht in der Lage waren, die Waren zu bezahlen. Zum anderen forderten amerikanische Banken wegen des Geldmangels in den USA Kredite zurück, die sie nach Deutschland vergeben hatten. Einige deutsche Banken wurden dadurch zahlungsunfähig. Eine verhängnisvolle Spirale setzte nun ein: Der Zusammenbruch der Banken zog die Insolvenz von Betrieben nach sich, die auf die Kredite angewiesen waren. Andere Unternehmen mussten wegen mangelnder Aufträge ihre Produktion herunterfahren und Arbeitnehmer entlassen. Dadurch wurden weniger Waren gekauft und auch die Steuereinnahmen des Staates gingen zurück. Dieser sah sich zu Sparmaßnahmen gezwungen und konnte weniger Aufträge an die Wirtschaft vergeben.

… und ihre Folgen

Die Zahl der Arbeitslosen, die auch in den wenigen Jahren des wirtschaftlichen Aufschwungs recht hoch war, stieg nun dramatisch an. Seit 1927 gab es zwar eine Arbeitslosenversicherung, aber deren Leistungen garantierten kaum das Existenzminimum. 1932 bekamen von mehr als sechs Millionen Arbeitslosen rund 800 000 Familien überhaupt keine Unterstützung mehr. Viele dieser Menschen hungerten und mussten ihre Wohnung aufgeben. Nackte Existenzangst machte sich breit – auch unter denjenigen, die noch Arbeit besaßen.

Regierung zerbricht an den Problemen

Seit den Reichstagswahlen von 1928 regierte eine Große Koalition der gemäßigten demokratischen Parteien (u. a. SPD, Zentrum, DDP, DVP). Die Interessengegensätze in ihr waren groß und Kompromissbereitschaft wie so oft in jenen Jahren kaum vorhanden. Ausgangspunkt des Konflikts, an dem die Koalition schließlich zerbrechen sollte, war die verzweifelte finanzielle Lage der Arbeitslosenversicherung. Während die DVP als Vertreterin der Großindustrie eine Senkung der Leistungen forderte, beharrte die SPD auf einer Erhöhung der Beiträge. Daraufhin verließ die DVP 1930 die Koalition und die Regierung trat zurück. Danach sollte es nie mehr gelingen, eine demokratische Mehrheit im Reichstag zu finden.

Die Zeit der Notverordnungen
Fortan schlug die Stunde der Präsidialkabinette, die mit der Unterstützung des Reichspräsidenten Paul v. Hindenburg regierten. Dieser war 1925 zum Staatsoberhaupt gewählt worden. Der überzeugte Monarchist und Urheber der „Dolchstoßlegende" im höchsten Staatsamt von Weimar – das war ein schwerer Schlag für die Republik. Nach dem Ende der Großen Koalition ernannte Hindenburg den Zentrumspolitiker Heinrich Brüning zum neuen Reichskanzler. Die Regierung Brüning war die erste von vier so genannten Präsidialregierungen. Sie hatten keine Mehrheit im Parlament, waren allein vom Vertrauen des Reichspräsidenten abhängig und regierten vor allem mit Hilfe von Notverordnungen nach Art. 48 der Verfassung. Als die Abgeordneten im Juli 1930 versuchten, eine Notverordnung Brünings wieder aufzuheben, löste Hindenburg den Reichstag auf und schrieb Neuwahlen aus. Dieses Vorgehen wurde zur gängigen Praxis der nächsten 2 ½ Jahre.

Die Stunde der Gegner
Brüning glaubte, die Wirtschaftskrise mit einer drastischen Sparpolitik überwinden zu können. Leistungen bei den Sozialausgaben wurden gestrichen, Arbeitslosenunterstützungen gesenkt und Gehälter gekürzt. Doch Not und Arbeitslosigkeit nahmen immer weiter zu. Insbesondere diejenigen, die durch Krieg, Inflation und Wirtschaftskrise alles verloren hatten, waren zunehmend anfällig für die radikalen Parolen der Republikfeinde. So versprach die KPD das Ende aller Not, sobald der Kapitalismus vernichtet sei. Die NSDAP machte die demokratischen Politiker für die schlimme Lage verantwortlich und forderte einen autoritären „Führerstaat". Die Hetzkampagnen verfehlten ihre Wirkung nicht. Nach den Neuwahlen im September 1930 gehörten etwa 40 % der Reichstagsabgeordneten antidemokratischen Parteien an. Gleichzeitig schürten Kommunisten und Nationalsozialisten mit gewalttätigen Demonstrationen und Straßenschlachten bewusst die Furcht vor einem Bürgerkrieg. Viele riefen deshalb nach einem „starken Mann", der wieder für Ruhe und Ordnung sorgen sollte.

Das Ende der Weimarer Republik
Als bei den Reichstagswahlen im Juli 1932 NSDAP und KPD die Stimmenmehrheit im Reichstag erhielten, hatten die Demokraten den Kampf endgültig verloren. Vorher war schon Reichskanzler Brüning durch Intrigen von Beratern Hindenburgs, der so genannten Kamarilla, gestürzt worden. Führende konservative Politiker, Industrielle, Adelige und Angehörige der Reichswehr gehörten zu diesem engsten Beraterkreis des Reichspräsidenten. Sie lehnten die demokratische Republik ab und hatten maßgeblichen Einfluss auf die Politik der Präsidialkabinette seit 1930. Teile dieser Kamarilla sprachen sich Ende 1932 für Adolf Hitler als Reichskanzler aus. Sie glaubten, den Führer der NSDAP für ihre Ziele einspannen zu können. Hindenburg hatte zwar große Zweifel gegenüber Hitler, aber den Beratern gelang es, diese Bedenken zu zerstreuen. Am 30. Januar 1933 wurde Adolf Hitler zum deutschen Reichskanzler ernannt.

M3 *Das Hakenkreuz,* Symbol der Nationalsozialisten (Karikatur aus „Der wahre Jacob" von Anfang 1933). – Wie sah der Zeichner die NSDAP?

M2 *Menschenansammlung vor den geschlossenen Toren einer Berliner Bank.* In der Wirtschaftskrise gehörten Bankenzusammenbrüche zum alltäglichen Geschehen, viele Menschen verloren ihre gesamten Ersparnisse (Fotografie, Juli 1931).

M4 *Auswirkungen der Weltwirtschaftskrise auf die Bevölkerung. Der 24-jährige Günther Prien war damals vergeblich auf Arbeitsuche:*
Ich ging auf die Straße hinaus. Nun war ich also wieder unten, ganz unten. (...) Warum? Jeder, den man fragte, zuckte die Achseln: „Ja es gibt eben keine Arbeit, das sind die Verhältnisse, mein Lieber!" Ja, verflucht noch mal, waren denn die da oben, die Minister, die Parteibonzen, (...) nicht dazu da, die Verhältnisse zu ändern? Wie konnten sie ruhig schlafen, solange es noch Menschen gab, kräftig und gesund, willig zur Arbeit (...) und nun verrottend wie faules Stroh? Die paar elenden Pimperlinge, die sie uns hinwarfen, schützten gerade vor dem Hungertode. Sie gaben sie widerwillig her, weil sie Angst hatten vor unserer Verzweiflung und sie wickelten uns das Lumpengeld in das Papier ihrer Zeitungen, die von schönen Redensarten (...) trieften. Ein wütender Zorn (...) packte mich. In diesen Tagen wurde ich Mitglied der nationalsozialistischen Bewegung.

Günther Prien, Mein Weg nach Scapa Flow. In: Christian Geißler (Hg.), Das dritte Reich mit seiner Vorgeschichte, Lesewerk zur Geschichte, Bd. 9, Ebenhausen bei München 1961, S. 55.

M5 *„Notverordnung:* Nach den Erfahrungen der letzten Tage ist verfügt worden, dass jeder Demonstrationszug seinen eigenen Leichenwagen mitzuführen hat." (Karikatur aus der Zeitschrift „Simplicissimus", 1931).

M6 *In einer Schulchronik aus dem Jahre 1932 findet sich folgende Eintragung:*
Immer häufiger erscheinen morgens Mütter oder Väter in der Schule mit dem Bescheid: „Ich kann meine Kinder nicht schicken; wir haben kein Stück Brot im Haus. Wir haben die Kinder im Bett gelassen, da merken sie den Hunger nicht so." – Oder es heißt: „Die Schuhe sind ganz durch. Gestern ging's noch, da war's trocken, aber heute ist die Straße nass." Am 10. November eröffnete die Schule (...) eine Frühspeisung für zunächst 25 Kinder. Ihr Appell an die noch erwerbstätigen Eltern und Freunde der Schule setzte sie in die Lage, die Zahl auf 40 bis 50 zu erhöhen (von 430 Kindern hatten noch rund 170 erwerbstätige Väter und Mütter).

Zeiten und Menschen, Bd. 4, Paderborn 1983, S. 65.

M7 *Petition (politische Bittschrift) an den Reichspräsidenten von Vertretern der Wirtschaft, der Banken und des Großgrundbesitzes im November 1932:*
Gegen das bisherige parlamentarische Parteiregime sind nicht nur die Deutschnationale Volkspartei und die ihr nahe stehenden kleinen Gruppen, sondern auch die Nationalsozialistische Deutsche Arbeiterpartei grundsätzlich eingestellt (...).
Wir erkennen in der nationalen Bewegung, die durch unser Volk geht, den verheißungsvollen Beginn einer Zeit, die durch Überwindung des Klassengegensatzes die unerlässliche Grundlage für einen Wiederaufstieg der deutschen Wirtschaft erst schafft. Wir wissen, dass dieser Aufstieg noch viele Opfer erfordert. Wir glauben, dass diese Opfer nur dann willig gebracht werden können, wenn die größte Gruppe dieser nationalen Bewegung führend an der Regierung beteiligt wird.
Die Übertragung der verantwortlichen Leitung eines mit den besten sachlichen und persönlichen Kräften ausgestatteten Präsidialkabinetts an den Führer der größten nationalen Gruppe wird die Schwächen und Fehler, die jeder Massenbewegung notgedrungen anhaften, ausmerzen und Millionen Menschen (...) zu bejahender Kraft mitreißen.

Zit. nach: Wolfgang Michalka/Gottfried Niedhart (Hg.), Die ungeliebte Republik, Dokumentation zur Innen- und Außenpolitik Weimars 1918–1933, München 1980, S. 340 ff.

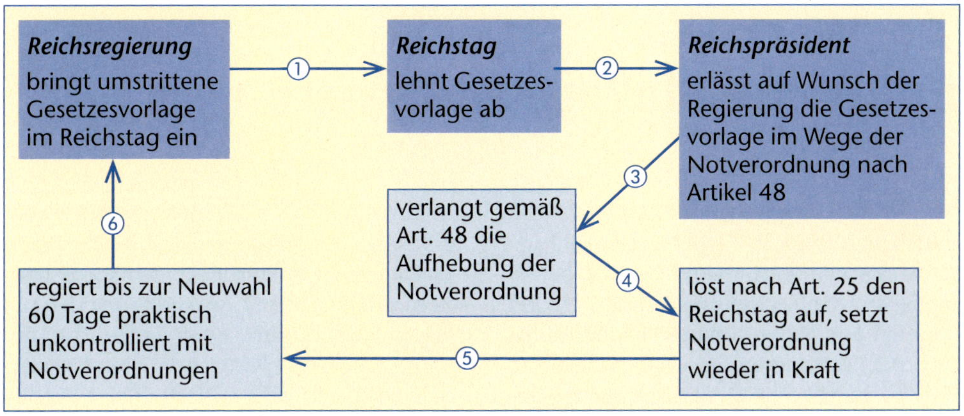

M8 *Die Funktionsweise der Präsidialregierungen (1930–1933).* Die Präsidialregierungen beruhten auf der Kombination der Artikel 48 und 25 der Weimarer Verfassung. Durch Androhung und Anwendung beider Artikel konnte der Reichspräsident das Parlament ausschalten.

M9 *Arbeitslosigkeit in Deutschland* (Jahresdurchschnitt)

1929	1 899 000	8,5 Prozent
1930	3 076 000	14,0 Prozent
1931	4 520 000	21,9 Prozent
1932	5 603 000	29,9 Prozent

vom Verfasser zusammengestellt

M10 *Reguläre Gesetzgebung und Notverordnungspraxis* 1930–1932

	Gesetze	*Notverordnungen*	*Reichstagssitzungen*
1930	98	5	94
1931	34	44	41
1932	5	60	13

Zit. nach: H. Möller, Weimar. Die unvollendete Demokratie, München 1985.

M11 *Die Bewohner der Hinterhofwohnungen in der Berliner Köpenicker Straße* treten 1932 in den Mieterstreik. – Welche Rückschlüsse auf die politischen Einstellungen der Bewohner lassen sich aus dem Foto ziehen?

1 Versuchen Sie, den „Teufelskreislauf", in den die deutsche Wirtschaft ab 1929 geriet, zu verdeutlichen, indem Sie den VT zu diesem Thema in eine Skizze umwandeln.

2 Beschreiben Sie die Not der Menschen während der Krise (VT, M1, M2, M6, M9).

3 Erklären Sie, welcher Zusammenhang sich zwischen Wirtschaftskrise und politischen Veränderungen erkennen lässt (M4, M11).

4 Erläutern Sie mit Hilfe des Schaubildes (M8) und der Statistik (M10) das System der Präsidialregierungen. Inwiefern trugen sie zur Zerstörung der parlamentarischen Demokratie bei?

5 Beschreiben Sie die Methoden, die die NSDAP einsetzte, um an die Regierung zu gelangen (M3, M5). Welche Rolle spielte dabei die Kamarilla (VT, M7)?

7 Werkstatt
Politische Plakate analysieren

Bei der Reichstagswahl am 31. Juli 1932 hatten sich rund 30 Parteien zur Wahl gestellt. Sie alle warben mit Wahlplakaten, die sie an Litfaßsäulen, Häuserfassaden und Bäumen anbrachten, massiv um die Gunst der Wählerstimmen. In keiner anderen Epoche hatten Plakate eine so große Bedeutung wie in der Weimarer Republik. Sie waren ein wichtiges Mittel der politischen Auseinandersetzung, denn nur gedruckte Medien boten damals die Möglichkeit, viele Menschen in Wort und Bild anzusprechen. Für den heutigen Betrachter stellen Wahlplakate eine wertvolle Geschichtsquelle dar. Zum einen geben sie Auskunft über den politischen Standpunkt einer Partei. Zum anderen greifen die Parteien in ihren Plakaten oftmals soziale oder wirtschaftliche Probleme der Zeit auf und bieten Lösungen an. So erfährt man, was die Menschen damals bewegte, welche Ängste und Hoffnungen sie hatten.

M1 *Wahlplakat der NSDAP von 1932*

M2 *Wahlplakat der KPD aus dem Jahr 1932*

M3 *Wahlplakat der SPD von 1932*

M4 *Wahlplakat des Zentrums aus dem Jahr 1932*

Methodische Arbeitsschritte

Um Botschaft und Absicht eines politischen Plakates zu ergründen, ist es sinnvoll, dessen Wort- und Bildsprache zu analysieren:

1. Klären Sie die Hintergründe:
   - Von wem stammt das Plakat, an wen richtet es sich?
   - Wann und aus welchem Anlass ist es entstanden?
2. Beschreiben Sie das Plakat genau:
   - Welche Personen, Gegenstände, Situationen sind abgebildet?
   - Wie lautet der Text des Plakates?
3. Untersuchen Sie die Gestaltungsmittel:
   - Wie sind die Personen dargestellt (Aussehen, Gesichtszüge, Körpersprache)?
   - Welche Symbole werden eingesetzt? Wofür stehen sie?
   - Welche Farben und Schriftzüge werden verwendet? Welche Wirkung wird damit erzielt?
   - Arbeitet das Plakat mit Argumenten, Gefühlen, Feindbildern?
4. Bewerten Sie das Plakat:
   - In welcher Beziehung steht das Plakat zur damaligen politischen Situation?
   - Was will die Partei mit dem Plakat erreichen?
   - Was erfährt man durch das Plakat über die Partei und ihre Politik?

1 Analysieren Sie die politischen Plakate mit Hilfe der methodischen Arbeitsschritte.

2 Vergleichen Sie die Wahlplakate aus der Endphase der Weimarer Republik mit aktuellen Wahlplakaten. Worauf sind die Unterschiede zurückzuführen?

3 Listen Sie auf, welche anderen Werbemittel Parteien heute einsetzen, um Wählerstimmen zu gewinnen.

8 Wer wählte die NSDAP?

M1 *„Das Firmenschild. Vor den Proleten und vor den zahlungskräftigen Kreisen"* (Karikatur aus dem „Wahren Jacob" 1931)

Aufstieg der NSDAP zur Massenpartei

Bei der Reichstagswahl 1928 entschieden sich nur 2,6% der Wähler für die NSDAP. Vier Jahre später konnte die Hitlerbewegung 37,4% der Stimmen auf sich vereinigen. 13,8 Millionen Menschen hatten im Juli 1932 die NSDAP gewählt, die damit zur weitaus stärksten politischen Kraft aufstieg. Keine andere Partei in der deutschen Geschichte hat in so kurzer Zeit einen derartigen Sprung in der Wählergunst geschafft. Wie lässt sich dieser Aufstieg von einer kleinen, relativ erfolglosen Splitterpartei zur stärksten Fraktion des Reichstags erklären?

Volkspartei des Protestes

Nach dem gescheiterten Putschversuch von 1923 änderte die NSDAP ihre Taktik. Die revolutionären Bestrebungen wurden zurückgestellt, die Republik sollte von innen ausgehöhlt werden. Ziel war es, die Herrschaft im Parlament und auf der Straße zu erlangen. Dabei bemühte sich die NSDAP darum, als Partei für das ganze Volk aufzutreten und möglichst alle gesellschaftlichen Gruppen zu umwerben. Dies kam allein schon in der Namensgebung der Partei zum Ausdruck: Während das „N" Konservative aus dem bürgerlichen Lager ansprechen sollte, zielte das „S" darauf ab, traditionelle Wähler der Arbeiterparteien zu gewinnen. Mit Hilfe einer Propaganda, die für jede Sozialschicht spezielle „Heilsbotschaften" bereithielt, gelang es der NSDAP, Menschen ganz unterschiedlicher Herkunft zu einen: Den Arbeitslosen versprach die NSDAP Arbeit und Brot, dem Mittelstand nahm sie die Furcht vor dem sozialen Abstieg, der Oberschicht versicherte sie Schutz vor der kommunistischen Gefahr, dem Militär gab sie die Hoffnung auf eine neue große Armee. Beharrlich schürte die NSDAP in der Bevölkerung das Feuer aus Angst und Unzufriedenheit. Hitler wurde zum Heilsbringer aufgebaut, seine Bewegung zur Sammelpartei des sozialen und wirtschaftlichen Protestes.

Zwischen Attraktivität und Immunität

Insbesondere junge Menschen fühlten sich von der NSDAP angezogen. Für sie stellte die Partei, die sich besonders dynamisch und aggressiv gab, eine Art Aufbruchsbewegung in eine bessere Zukunft dar. 1933 war fast jedes zweite Parteimitglied zwischen 18 und 30 Jahre alt. Als einigermaßen immun gegenüber den nationalsozialistischen Versprechungen erwiesen sich hingegen Katholiken und Kommunisten, die ihren angestammten Parteien zumeist die Treue hielten. Offensichtlich verfügten das katholische Zentrum und die KPD über eine stärkere Bindekraft zu ihren Wählern als die übrigen Parteien.

TIPP!

Unter dem Stichwort „Reichstagswahlen" finden Sie auf der Internetseite www.dhm.de/lemo/suche/index.html Statistiken und Diagramme zur Entwicklung der einzelnen Parteien zwischen 1919 und 1933.

M2 *Der Journalist Helmut von Gerlach kommentiert in einem Zeitungsartikel vom 6. Oktober 1930 den Erfolg der NSDAP bei den Septemberwahlen:*

Die Welt zerbricht sich den Kopf darüber, worauf die Verneunfachung der Hitlerstimmen zurückzuführen ist. (...) „Deutschland hat drei Millionen Arbeitslose, sie haben fast sämtlich nationalsozialistisch gewählt. Ergo." So konnte man wörtlich in Paris und anderswo lesen.

Irrtum! Von den drei Millionen Erwerbslosen hat nur ein verschwindend geringer Prozentsatz Hitler seine Stimme gegeben. Diese drei Millionen stellen vielmehr das Gros der kommunistischen Wähler dar. (...) Die Arbeitslosen waren also nicht die Hauptwähler Hitlers. Wohl aber ist richtig, dass die Wirtschaftskrisis, deren äußeres Symptom die riesenhafte Arbeitslosigkeit ist, die Grundlage des hitlerischen Sieges war.

Die Hitlerwähler setzen sich aus zwei Kategorien zusammen: einer kleinen Minderheit von Nationalsozialisten, die auf das Hakenkreuz eingeschworen sind, und einer riesigen Mehrheit von Mitläufern.

Wolfgang Michalka u. Gottfried Niedhart (Hg.), Deutsche Geschichte 1918–1933. Dokumente zur Innen- und Außenpolitik, Frankfurt/Main 1992, S. 186.

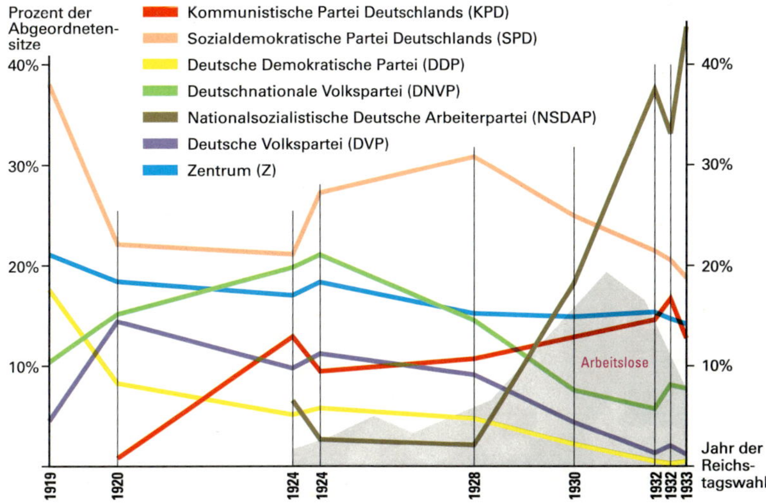

M5 *Entwicklung der Parteien bei den Reichstagswahlen*

M3 *Die soziale Zusammensetzung der NSDAP-Wählerschaft nach Berufsgruppen.*

1932J = Juli; 1932N = November; Alle = Anteil der Berufsgruppe an allen Wahlberechtigten; Berufslose = davon ca. 90 % Rentner und Pensionäre (1933); Lesebeispiel: 26 % der NSDAP-Wähler im Jahre 1928 gehörten zur Berufsgruppe der Selbstständigen und mithelfenden Familienangehörigen, 1933 waren es 31 %. Der Anteil dieser Berufsgruppe an allen Wahlberechtigten lag in diesem Zeitraum bei 24 %.

	1928	*1930*	*1932J*	*1932N*	*1933*	*Alle*
Selbstständige/Mithelfende	26	27	31	30	31	24
Angestellte/Beamte	12	13	11	12	12	15
Arbeiter	30	26	25	26	26	32
Berufslose	13	17	17	17	16	13
Hausfrauen usw.	17	17	16	16	16	17

Nach: Jürgen W. Falter, Hitlers Wähler, München 1991, S. 288.

M4 *Wahlerfolg von NSDAP und KPD in Gebieten mit hoher und niedriger Arbeitslosigkeit*

Kreis/Bezirksamt	*Arbeitslose*	*NSDAP 1930*	*NSDAP 1932J*	*NSDAP 1933*	*KPD 1932N*
Neustadt b. Coburg	30	37	45	48	13
Berlin-Wedding	26	8	16	23	39
Berlin-Friedrichshain	26	9	18	25	35
Bochum (Stadt)	25	16	26	33	20
Nördlingen (Land)	2	10	43	55	1
Königshofen/Grabfeld	2	18	37	52	1
Gerabronn	2	12	46	64	2
Rothenburg/T. (Land)	2	29	76	79	0

Nach: Jürgen W. Falter, Hitlers Wähler, München 1991, S. 297.

1 Worauf führt der Karikaturist (M1) den Wahlerfolg der Nationalsozialisten zurück?

2 Historiker haben den Aufstieg der NSDAP in der Weimarer Republik unterschiedlich erklärt. Überprüfen Sie mit Hilfe der Materialien folgende Theorien:

- Die NSDAP ist fast ausschließlich von Angehörigen der Mittelschicht gewählt worden (VT, M3).
- Die Wirtschaftskrise hat die Arbeitslosen in die Arme der NSDAP getrieben (M2, M4, M5).
- Durch den Niedergang der Wirtschaft und die Massenarbeitslosigkeit verloren viele Menschen das Vertrauen in das Weimarer System und wählten aus Protest die NSDAP (VT, M2, M5).

9 Warum scheiterte die erste deutsche Demokratie?

Auf der Suche nach Gründen

Mit der nationalsozialistischen Machtübernahme am 30. Januar 1933 war die Weimarer Republik gescheitert. Vorausgegangen waren ihr Kaiserreich und Monarchie, abgelöst wurde sie nun von einer faschistischen Diktatur. Nicht einmal 15 Jahre hatte die erste deutsche Demokratie Bestand gehabt. In dieser kurzen Zeit verschliss die Republik 20 Regierungen mit einer Durchschnittsdauer von 8 Monaten. 4 von ihnen überstanden nicht einmal die ersten 100 Tage. 12 Reichskanzler versuchten in insgesamt 8 Koalitionsvarianten die Geschicke der Republik zu lenken. Allein diese Zahlen lassen erahnen, wie instabil und zerrüttet das politische Leben in den Weimarer Jahren war. Nicht zuletzt deshalb konnte die NS-Diktatur errichtet werden, durch die Millionen Menschen auf der Welt Krieg und Massenmord erlitten. Was waren die Gründe für das Scheitern, welche Fehler wurden gemacht? Das fragten sich Zeitgenossen und Historiker immer wieder und führten dabei bis heute verschiedene Ursachen an. Aus der Vielzahl von Büchern zu diesem Thema finden Sie im Material-Teil zwei unterschiedliche Positionen.

M1 *„Stützen der Gesellschaft"?*

Viele Historiker sehen in der Ablehnung der republikanischen Staatsform durch breite Teile der Bevölkerung eine der Hauptursachen für das Scheitern der Weimarer Republik. Sie prägten deshalb das Schlagwort von der „Republik ohne Republikaner". Der Künstler George Grosz porträtierte in seinem Gemälde „Stützen der Gesellschaft" aus dem Jahr 1926 die gesellschaftlichen Kräfte, die in der Weimarer Republik einen großen Einfluss hatten. – Ordnen Sie die abgebildeten Figuren der Gesellschaft den Bereichen Kirche, Presse, Parlament, Justiz und Militär zu. Welche Grundhaltung der Gruppen zur Republik kommt auf dem Bild zum Ausdruck?

M2 *Karl Dietrich Erdmann (1973):*

Durch den Bruch der Großen Koalition am 27. März 1930 schaltete der deutsche Reichstag sich selber aus. Damals waren von 491 Abgeordneten nur 12 Nationalsozialisten und 54 Kommunisten. Der Parlamentarismus der Weimarer Republik ist nicht von außen zu Fall gebracht worden. Er ging an sich selber zugrunde, als die Flügelparteien der Großen Koalition nicht mehr die Kraft und den Willen aufbrachten, über den widerstreitenden Interessen der hinter ihnen stehenden Gruppen eine zum Kompromiss fähige (...) Staatsgesinnung zur Geltung zu bringen. (...)

Erst in dem Machtvakuum, das durch das Versagen der Parteien der Großen Koalition geschaffen wurde, konnte sich die Präsidialgewalt, gestützt auf die Reichswehr, entwickeln. Die Geschichte der Präsidialregierungen zeigte, dass es zum Parteienstaat schließlich nur die Alternative der Diktatur einer Partei gab. Es war eine Illusion zu glauben, dass sich in der Person des Staatsoberhauptes ein überparteilicher Staatswille verkörpere. Unter den Bedingungen des Parteienstaates konnte der Staatswille sich nicht anders artikulieren [äußern] als dadurch, dass die (...) Interessengruppen sich zum Interessenausgleich bereit und fähig zeigten. Das Versagen der demokratischen Parteien vor dieser Aufgabe machte den Weg frei für Hitler.

Karl Dietrich Erdmann, Die Weimarer Republik. In: Bruno Gebhardt, Handbuch der deutschen Geschichte, Bd. 4/1, Stuttgart 1973, S. 307 u. S. 330.

M3 *Eberhard Kolb (2002):*

Gewiss war die erste deutsche Republik im Ergebnis der Gründungsphase mit einer fundamentalen Schwäche behaftet. In ihrer 1919 konstituierten konkreten Gestalt wurde die parlamentarische Demokratie nur von einer Minderheit der Bevölkerung wirklich akzeptiert und mit kämpferischem Elan verteidigt, breite Bevölkerungsschichten verharrten in Distanz, Skepsis und offener Ablehnung, bereits im Verlauf der Gründungsphase organisierten sich auf der politischen Rechten und der äußersten politischen Linken die antidemokratischen Kräfte zum Kampf gegen die Republik. Unter diesen Umständen muss es als ein kleines Wunder – und als eine beachtliche Leistung – gelten, dass es den republikanischen Politikern gelang, die Weimarer Demokratie durch die von komplexen innen- und außenpolitischen Gefährdungen erfüllten Anfangsjahre hindurchzuretten und schließlich einen bemerkenswerten Grad von politischer und wirtschaftlicher „Normalisierung" zu erreichen. (...)

Mit dem Übergang zum Präsidialsystem wurde eine Abwendung von der parlamentarischen Regierungsweise vollzogen und die Position gerade der republiktreuen und staatsbejahenden Kräfte empfindlich geschwächt, (...) sodass die extrem nationalistische und demokratiefeindliche NSDAP jenen Auftrieb erhielt, der sie zur Massenbewegung machte. Aber trotz aller Erfolge bei der Massenmobilisierung und an den Wahlurnen war die NSDAP nur deshalb schließlich siegreich, weil die alten Eliten in Großlandwirtschaft und Industrie, Militäraristokratie und Großbürgertum zur autoritären Abkehr von Weimar entschlossen waren und glaubten, die nationalsozialistische Massenbewegung für sich benutzen zu können.

Eberhard Kolb, Die Weimarer Republik, Bd. 16, München 1993, S. 144 ff.

M4 *„Sie tragen die Buchstaben der Firma – wer aber trägt den Geist?"* (Karikatur von Th. Heine, 1927). – Versuchen Sie, die Aussage dieser Karikatur zu erklären.

1 Stellen Sie die in den beiden Texten genannten Gründe für den Untergang von Weimar tabellarisch gegenüber (M2, M3).

2 Nehmen Sie Stellung zu den Aussagen der Historiker. Welche Position erscheint Ihnen überzeugender?

3 Sammeln Sie in der Klasse weitere Punkte, die zum Scheitern der ersten deutschen Demokratie beigetragen haben könnten.

Machtausdehnung des Deutschen Reiches
vom Regierungsantritt Hitlers bis Kriegsbeginn (1933–31.8.1939)

- Deutsches Reich 1933–1937
- Januar 1935: Wiedereingliederung des Saarlandes nach Abstimmung der Bevölkerung
- 1935: Besetzung der entmilitarisierten Rheinlandzone
- März 1938: Eingliederung Österreichs
- Grenze der Tschechoslowakei bis März 1938
- Oktober 1938: Eingliederung des Sudetenlandes
- März 1939: Besetzung und Annexion Böhmens und Mährens
- März 1939: Annexion des Memellandes
- Grenze der Slowakei seit November 1938 bzw. März 1939
- Grenze des Deutschen Reiches am 31.8.1939

0 100 200 300 km

1933

Die Nationalsozialisten übernehmen die Macht.

1935

Die „Nürnberger Gesetze" grenzen Juden aus der Gesellschaft aus.

1938

In der Pogromnacht werden jüdische Bürger misshandelt, terrorisiert und ermordet.

Der Nationalsozialismus

Zwölf Jahre dauerte die nationalsozialistische Diktatur in Deutschland. Jahre, die geprägt waren von Krieg, Terror und Völkermord. Von Anfang an strebten die Nationalsozialisten nach Machtausdehnung (siehe Karte). Dies führte zum Weltkrieg, in dem Millionen Menschen ihr Leben ließen. Juden und andere Minderheiten wurden von den Nationalsozialisten systematisch ausgegrenzt, verfolgt und schließlich vernichtet.
Wie konnte es zu dieser Schreckensherrschaft in Deutschland kommen? Wie gelang es den Nationalsozialisten, so viele Anhänger unter den Deutschen zu gewinnen? Und warum wehrten sich so wenig Menschen gegen die nationalsozialistischen Verbrechen?

Deportation einer jüdischen Familie in ein Vernichtungslager, 1942

1939

Mit dem Einmarsch in Polen löst Deutschland den Zweiten Weltkrieg aus.

ab 1941

Beginn des Völkermords, Deportationen von Juden in Vernichtungslager

1944

Stauffenbergs Attentat auf Hitler scheitert.

1945

Kapitulation: Ende des Zweiten Weltkriegs und der NS-Herrschaft

1 Kam Hitler legal an die Macht?

M1 *„Der 30. Januar 1933"* (Gemälde von Arthur Kampf, 1938). Fackelzug durch das Brandenburger Tor anlässlich der Machtübernahme Hitlers.
– Welchen Eindruck vom Geschehen will der Maler beim Betrachter erzeugen?

Reichskanzler Hitler
Am Abend des 30. Januar 1933 fand in Berlin ein gewaltiger Fackelzug statt: Die Nationalsozialisten feierten die Ernennung Hitlers zum Reichskanzler. Einflussreiche Personen aus Politik, Wirtschaft, Adel und Reichswehr hatten Reichspräsident Hindenburg so zugesetzt, dass dieser zustimmte und Hitler zum Reichskanzler ernannte. Diese konservativen Kreise glaubten, Hitler kontrollieren, ja sogar „zähmen" zu können. Hitler war zwar der Führer der stärksten Partei im Reichstag (Novemberwahl 1932: 33,1 % für die NSDAP), doch in der neuen Regierung gab es neben ihm nur zwei weitere Nationalsozialisten als Minister. Hitler aber wollte die ganze Macht. Er setzte für den 5. März Neuwahlen an. Dort wollte er die absolute Mehrheit für die NSDAP erreichen.

Der Reichstagsbrand und seine Folgen
In der Nacht vom 27. auf den 28. Februar 1933 brannte das Reichstagsgebäude in Berlin. Die Nationalsozialisten machten die Kommunisten dafür verantwortlich und schürten die Furcht vor einem kommunistischen Aufstand. Mit Zustimmung des Reichspräsidenten wurde eine von den Nationalsozialisten vorbereitete Notverordnung erlassen. Diese setzte wichtige Grundrechte der Weimarer Verfassung außer Kraft. Die so genannte „Reichstagsbrandverordnung" blieb bis 1945 in Kraft. Sie war die Grundlage des NS-Terrors: Unliebsame politische Gegner wurden nun verhaftet, Zeitungen verboten, die Versammlungs- und Meinungsfreiheit eingeschränkt. Die SA konnte ungestört den Wahlkampf anderer Parteien gewaltsam behindern. Trotzdem verfehlte die NSDAP bei den Wahlen im März mit 43,9 % die absolute Mehrheit.

Entmachtetes Parlament
Noch war Hitlers Macht nicht unbeschränkt. Die Nationalsozialisten wollten deshalb den Reichstag ausschalten. Am 23. März legte Hitler dem Parlament ein „Gesetz zur Behebung der Not von Volk und Staat" vor. Dieses so genannte „Ermächtigungsgesetz" sah für die Regierung Hitler das Recht vor, Gesetze ohne Zustimmung des Parlaments zu erlassen. Allerdings war dazu eine Zweidrittelmehrheit im Reichstag notwendig. Schon Tage vor der Abstimmung warben die Nationalsozialisten mit Terror und Drohungen für das Gesetz. SA-Männer verhafteten in der Funktion von Hilfspolizisten willkürlich politische Gegner.
Am Tag der Abstimmung selbst war das Parlamentsgebäude von SA-Leuten umstellt. Die Drohkulisse verfehlte ihre Wirkung nicht: Zwei Drittel der Abgeordneten sprachen sich für das Gesetz aus. Nur die SPD stimmte dagegen. Die Abgeordneten der KPD konnten an der Sitzung nicht teilnehmen, da sie bereits verhaftet oder auf der Flucht vor den Nazis waren. Das Parlament war damit entmachtet: Gesetze konnten künftig ohne Zustimmung des Reichstags beschlossen werden.

SA
(Abkürzung für Sturm-Abteilung) war die Parteiarmee der NSDAP. Sie zählte 1932 rund 400 000 braun uniformierte Mitglieder – meist arbeitslose, unzufriedene junge Männer, die bereit waren jederzeit Gewalt anzuwenden.

M2 *Aus der „Verordnung des Reichspräsidenten zum Schutz von Volk und Staat" vom 28. Februar 1933:*

§1 Es sind daher Beschränkungen der persönlichen Freiheit, des Rechts der freien Meinungsäußerung, einschließlich der Pressefreiheit, des Vereins- und Versammlungsrechts, Eingriffe in das Brief-, Post- und Fernsprechgeheimnis, Anordnungen von Hausdurchsuchungen und von Beschlagnahme sowie Beschränkungen des Eigentums auch außerhalb der sonst hierfür bestimmten gesetzlichen Grenzen zulässig.

Reichsgesetzblatt 1933, Teil 1, S. 83.

M3 *Die Abstimmung über das „Ermächtigungsgesetz"*

a) Otto Wels spricht für die SPD:

Freiheit und Leben kann man uns nehmen, die Ehre nicht. Nach den Verfolgungen, die die Sozialdemokratische Partei in der letzten Zeit erfahren hat, wird billigerweise niemand von ihr verlangen oder erwarten können, dass sie für das hier eingebrachte Ermächtigungsgesetz stimmt. Die Wahlen vom 5. März haben den Regierungsparteien die Mehrheit gebracht und damit die Möglichkeit gegeben, streng nach Wortlaut und Sinn der Verfassung zu regieren. Wo diese Möglichkeit besteht, besteht auch die Pflicht. Kritik ist heilsam und notwendig. Noch niemals, seit es einen Deutschen Reichstag gibt, ist die Kontrolle der öffentlichen Angelegenheiten durch die gewählten Vertreter des Volkes in solchem Maße ausgeschaltet worden, wie es jetzt geschieht, und wie es durch das neue Ermächtigungsgesetz noch mehr geschehen soll.

Zit. nach: Werner Conze, Der Nationalsozialismus 1919–1933, Stuttgart 1995, S. 72.

b) Aus der Regierungserklärung Hitlers vor der Abstimmung zum „Ermächtigungsgesetz":

Es würde dem Sinn der nationalen Erhebung widersprechen, (...) wollte die Regierung sich für ihre Maßnahmen von Fall zu Fall die Genehmigung des Reichstages erhandeln oder erbitten. Die Regierung wird dabei nicht von der Absicht getrieben, den Reichstag als solchen aufzuheben, im Gegenteil, sie behält sich auch in Zukunft vor, ihn von Zeit zu Zeit über ihre Maßnahmen zu unterrichten oder aus bestimmten Gründen, wenn zweckmäßig, auch seine Zustimmung einzuholen (...). [Die Regierung] bietet den Parteien des Reichstags die Möglichkeit einer ruhigen Entwicklung (...). Mögen Sie, meine Herren, nunmehr selbst die Entscheidung treffen über Frieden oder Krieg.

Dokumente der Deutschen Politik und Geschichte von 1848 bis zur Gegenwart, IV. Band: Die Zeit der nationalsozialistischen Diktatur 1933–1945, Aufbau und Entwicklung 1933–1938, Berlin/München o. J., S. 29 ff.

M4 *Aus dem Ermächtigungsgesetz vom 23. März 1933:*

Artikel 1 Reichsgesetze können (...) auch durch die Reichsregierung beschlossen werden.

Artikel 2 Die von der Reichsregierung beschlossenen Reichsgesetze können von der Reichsverfassung abweichen.

Artikel 3 Die von der Reichsregierung beschlossenen Reichsgesetze werden vom Reichskanzler ausgefertigt und im Reichsgesetzblatt verkündet.

Reichsgesetzblatt 1933, Teil 1, S. 141.

M5 *Wer den Brand gelegt hat, weiß man bis heute nicht genau.* – Welche Wirkung sollte das Plakat vom 29. Februar 1933 erzielen?

1 Erklären Sie, welche Folgen der Reichstagsbrand für den Wahlkampf und die Abschaffung der Demokratie hatte (VT, M2).

2 Fassen Sie die Aussagen von Wels und Hitler (M3a, M3b) in eigenen Worten zusammen und vergleichen Sie sie. Was stellen Sie fest?

3 Erläutern Sie die Auswirkungen des Ermächtigungsgesetzes für die Regierung und für die Opposition (VT, M4).

4 Diskutieren Sie, welcher der Begriffe für Hitlers Regierungsantritt am besten passt:
- Machtergreifung
- Machterschleichung
- Machtübertragung

5 Kam Hitler legal an die Macht? Nehmen Sie Stellung zur Überschrift dieser Doppelseite.

2 Auf dem Weg in den Führerstaat

M1 *Die SA marschiert in Haigerloch am 1. Mai 1933.* Die Aufmärsche sollten Stärke und Entschlossenheit zeigen und politischen Gegnern Furcht einflößen. Nach der „Gleichschaltung" wurde die SA von Hitler entmachtet.

Ausschaltung der Opposition
Das Ermächtigungsgesetz gab Hitler beim Aufbau seiner Diktatur freie Hand. Ohne Kontrolle des Parlaments schufen die Nationalsozialisten einen Staat, in dem sich alles dem „Willen des Führers" unterzuordnen hatte. Für anderes Denken oder gar eine Opposition sollte im künftigen „Führerstaat" kein Platz mehr sein. In diesem Sinne wurden wichtige Bereiche des Staates und der Gesellschaft „gleichgeschaltet". Einer der ersten Schritte auf diesem Weg war das „Gesetz zur Wiederherstellung des Berufsbeamtentums" vom April 1933. Es erlaubte die Entlassung missliebiger Beamter. Im gleichen Monat beseitigte das „Gesetz zur Gleichschaltung der Länder mit dem Reich" die bisherige Eigenständigkeit der Länder. Auch die Arbeiterbewegung blieb nicht verschont. Anfang Mai wurden sämtliche freien Gewerkschaften zerschlagen. Leichtes Spiel hatten die Nationalsozialisten mit den politischen Parteien: Die meisten lösten sich selbst auf oder traten gar der NSDAP bei, die SPD wurde im Juni 1933 verboten. Im Gesetz gegen die Neubildung von Parteien vom 14. Juli wurde die NSDAP schließlich zur einzigen politischen Partei in Deutschland erklärt.

Morde vollenden die Diktatur
Nach der Ausschaltung jeglicher Opposition drohte der NSDAP nun lediglich Gefahr aus den eigenen Reihen. Grund dafür war ein Konflikt zwischen SA und Reichswehr. Der Führer der SA, Ernst Röhm, wollte die Reichswehr mit der bewaffneten Parteiarmee unter seiner Führung „gleichschalten". Dies lehnte die Reichswehrführung strikt ab. Hitler brauchte aber die Reichswehr für seine Aufrüstungspläne. So schlug er sich in diesem Streit auf die Seite der Generale und ließ im Morgengrauen des 30. Juni 1934 Röhm und andere wichtige SA-Führer verhaften und ohne Gerichtsurteil ermorden. Dabei schaltete Hitler auch andere politische Gegner aus.

Führer und Reichskanzler
Als am 2. August 1934 Reichspräsident Hindenburg starb, ernannte Hitler sich selbst als „Führer und Reichskanzler" zum Staatsoberhaupt. Mit diesem Amt übernahm er auch den Oberbefehl über die Wehrmacht, die auf seine Person vereidigt wurde. Innerhalb weniger Monate seit ihrem Regierungsantritt hatten die Nationalsozialisten in Deutschland eine Diktatur errichtet und jegliche Opposition ausgeschaltet.

M2 *„Gleichschaltung" auf allen Gebieten* (Schild bzw. Schmuckblatt des Deutschen Roten Kreuzes). Das Hakenkreuz wurde zum Symbol des NS-Staates.

SS
(Abkürzung für Schutzstaffel) Die SS stand als Leibwache und Elitetruppe zur persönlichen Verfügung Hitlers. Nach der Entmachtung der SA beherrschte sie unter Führung Heinrich Himmlers die gesamte Polizei.

M3 *Ernst Niekisch, ein sozialistisch orientierter Schriftsteller, der 1937 zu lebenslänglichem Zuchthaus verurteilt wurde, schrieb 1935:*

Der Punkt, an dem der Hebel ansetzt, welcher den Menschen gleichschaltet, ist die Existenzfrage. Wenn der Mann nicht richtig liegt, bekommt er kein Futter mehr. Unverhüllter wurde noch niemals auf den Magen gedrückt, um die richtige Gesinnung herauszupressen. Der Beamte zittert um Gehalt und Versorgung. (...) Angestellten und Arbeitern erging es nicht besser; sie verloren die Arbeitsplätze, wenn ihr Eifer der Gleichschaltung enttäuschte. Entzog sich ein Arbeiter dem anbefohlenen Aufmarsch, wurde er fristlos entlassen: Er war als Staatsfeind nicht würdig, wirtschaftlich geborgen zu sein. (...) Wurden sie [die freien Berufe wie Architekten, Ärzte, Rechtsanwälte; Gewerbetreibende, Handwerker und Kaufleute] aus ihrer Berufskammer entfernt, war ihnen das Recht auf Berufsausübung genommen; sie waren brotlos und ins wirtschaftliche Nichts verstoßen. Die nationalsozialistische Weltanschauung zog ihre überzeugende Kraft aus der Sorge um den Futterplatz; weil der nationalsozialistische Herr den Brotkorb monopolisiert hatte [weil er alleiniger Arbeitgeber war], sang jedermann sein Lied.

Ernst Niekisch, Das Reich der niederen Dämonen, Hamburg 1953, S. 131 ff.

M4 *In einem Bericht des Regierungspräsidenten von Schwaben vom August 1933 heißt es:*

Ein größerer Teil der Bevölkerung hat allzu schnell und offenkundig die Farbe gewechselt, um mit Sicherheit sagen zu können, dass sie aus innerster Überzeugung hinter der nationalen Regierung steht. Da Denuntiantentum und Schutzhaft [Verhaftung politisch Andersdenkender] gefürchtet werden, ist es oft sehr schwierig, die wahre Einstellung kennen zu lernen.

Klaus-Jörg Ruhl, Brauner Alltag. 1933–1939 in Deutschland, Düsseldorf 1990, S. 35.

M5 *Eine an den Ortsverband der SPD gerichtete Erklärung vom 29. März 1933:*

Die Machtverhältnisse haben sich in ungeahnter Weise überschlagen. Deshalb komme ich dem Verbot – der SPD als Mitglied noch weiter anzugehören – zuvor und erkläre hiermit meinen Austritt aus der Partei.

Erich Matthias/Rudolf Morsey, Das Ende der Parteien 1933, Düsseldorf 1960, S. 241.

1 Listen Sie auf, welche demokratischen Grundlagen der Weimarer Republik von den Nationalsozialisten zerstört wurden. Berücksichtigen Sie auch die Seiten 220/221.

2 Erläutern Sie den Begriff „Gleichschaltung“ mit Hilfe von VT, M2 und M3.

3 Beschreiben Sie die Auswirkungen der „Gleichschaltung“ auf die Menschen. Beachten Sie insbesondere M3, M5 und M6.

4 Nennen Sie Gründe, warum sich die Bevölkerung ohne große Gegenwehr „gleichschalten“ ließ (M3, M4).

M6 *Das Herrschaftssystem der Nationalsozialisten.*

Die Doppelung von Ämtern in Staat und Partei führte zwar zu einer oft unübersichtlichen Überschneidung der Aufgaben und Machtbereiche, die Beibehaltung der alten Instanzen wirkte aber beruhigend auf die Bevölkerung.

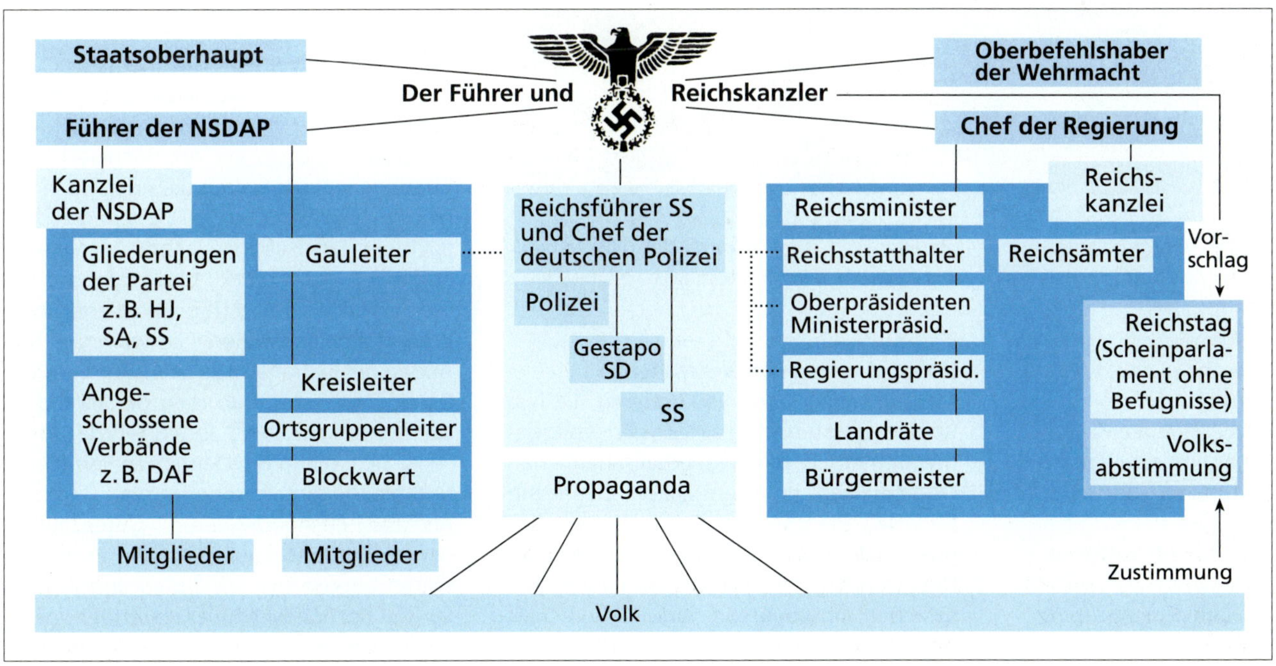

3 Ziele und Ideen der Nationalsozialisten – Wie reagierten die Deutschen?

M1 *Empfang Hitlers auf dem Berliner Wilhelmplatz* nach dem Waffenstillstand mit Frankreich 1940.

Ideologie
(griech. = Lehre von den Ideen) bezeichnet die Weltanschauung gesellschaftlicher oder politischer Gruppen.
Zu einer Art Religionsersatz gesteigert, soll sie alle Vorgänge in der Welt erklären.

Volksgemeinschaft: Versprechen …

Mit viel Propaganda verkündeten die Nationalsozialisten ihre Idee der Volksgemeinschaft, in der alle gesellschaftlichen Gruppen verschmelzen sollten. Das klang für viele Deutsche verlockend. Egal ob arm oder reich, Mann oder Frau, Arbeiter oder Unternehmer – die Nationalsozialisten versprachen anscheinend eine Gesellschaft ohne Klassenunterschiede. Standesgegensätze und Parteienstreit sollte es nicht mehr geben. Gemäß der Parole „Du bist nichts, dein Volk ist alles" sollten sich Einzelinteressen dem Gemeinwohl unterordnen.

… und Wirklichkeit

Die Realität der Volksgemeinschaft sah allerdings völlig anders aus. Den Nationalsozialisten ging es nicht um ein selbstbestimmtes Leben oder die Gleichheit der Deutschen. Im Gegenteil: Volksgemeinschaft im NS-Staat bedeutete verstärkte Kontrolle und „Gleichschaltung". Sowohl im Beruf als auch im Privatleben sollte der „Volksgenosse" sein Leben und Denken nur nach den Vorstellungen und Ideen der Nationalsozialisten richten.
Von jedem wurde somit erwartet, dass er ein Leben im Sinne der nationalsozialistischen Ideologie führte. Tat er das nicht, machte er sich verdächtig. Er drohte ebenso aus der Volksgemeinschaft ausgeschlossen zu werden wie all jene, die den nationalsozialistischen Rassevorstellungen nicht entsprachen.

Rassenlehre

Die Rassenlehre war das Kernstück der nationalsozialistischen Denkweise. Danach gehörten alle Menschen unterschiedlich wertvollen Rassen an. Als hochwertigste, überlegene Rasse galten die Arier. Zu ihnen wurden die germanischen Völker und somit auch die Deutschen gezählt. Arier waren angeblich groß, blond, blauäugig und besonders klug und mutig. Als Gegenstück dazu galten die Juden. Sie waren in den Augen der Nationalsozialisten eine wertlose Rasse. Den Juden gab man die Schuld an allem Übel der Welt. Ihnen wurde unterstellt, sie wollten die Deutschen vernichten und die Weltherrschaft erringen.
Als „rassisch minderwertig" galten außerdem Behinderte sowie Sinti und Roma. Sie waren ebenso wie die Juden von Anfang an Ziel der menschenverachtenden, grausamen Hetze der Nationalsozialisten.

„Lebensraum"

Die Nationalsozialisten predigten das Recht des Stärkeren. Sie waren überzeugt, dass sich die in ihren Augen höherwertigen Rassen im so genannten Lebenskampf durchsetzen würden. Sich selbst sahen sie als „Herrenrasse", die über andere Völker herrschen werde. Aus diesen Ideen entstand die Vorstellung, mehr „Lebensraum" für das deutsche Volk zu erobern. Dieser müsse durch Kriege im Osten erkämpft werden, denn die im Osten lebenden Völker galten als minderwertig. Diese ideologischen Grundgedanken der Nationalsozialisten hatte Hitler bereits 1924 formuliert und in seinem Buch „Mein Kampf" niedergeschrieben.

Terror gegen Andersdenkende

Wer dem Rasseideal der Nazis nicht entsprach, wer es wagte, Kritik zu üben oder wer eine andere Meinung vertrat, bekam den Terror der Nationalsozialisten zu spüren. Viele Schriftsteller, Künstler, Wissenschaftler und politisch Andersdenkende verließen Deutschland nach 1933. Sie sahen sich in ihrer Meinungsfreiheit beschränkt oder fürchteten gar um ihr Leben.

Schon in den ersten Tagen nach dem Regierungsantritt Hitlers konnten Menschen per Gesetz ohne gerichtliche Anordnung verhaftet werden. Diese so genannte Schutzhaft stützte sich auf die Reichstagsbrandverordnung. Da die Verhafteten kein Recht auf richterliche Anhörung oder einen Anwalt hatten, waren sie völlig der Willkür und der Gewalt der als Hilfs-Polizei agierenden SA-Schlägertrupps ausgesetzt. In dieser Zeit entstanden die ersten Konzentrationslager in Deutschland.

Die Deutschen – überzeugte Nazis?

Die Mehrheit der Bevölkerung nahm den Terror und die nationalsozialistischen Parolen widerspruchslos hin. Die ersten Gewalttaten gegen politische Gegner und Andersdenkende wurden als notwendige Maßnahmen auf dem Weg zur nationalen Erneuerung akzeptiert. Die rassistische Hetze gegen die Juden fiel bei vielen Deutschen auf fruchtbaren Boden. Die Juden waren als Sündenböcke für alles in den letzten Jahren Erlittene hochwillkommen.

M2 *Politische Gegner werden in einer Berliner SA-Kaserne zusammengetrieben* (Foto, April 1933). Etliche fielen in den ersten Monaten nach der Machtübernahme dem Terror der brutalen SA-Schläger zum Opfer.

Und auch die Forderung nach mehr Lebensraum war populär. Sie kam all jenen entgegen, die sich nach der Niederlage im Ersten Weltkrieg nach mehr nationaler Größe sehnten.

Waren also alle Deutschen begeisterte Nationalsozialisten? Eine große Anzahl war in den Anfangsjahren wohl vom Nationalsozialismus überzeugt. Ebenso groß aber war die Zahl der Mitläufer. Sie unterstützten die neuen Machthaber und engagierten sich im Staat vor allem deshalb, weil sie sich davon persönliche Vorteile für ihre Karriere versprachen.

Natürlich gab es auch Menschen, die Terror und NS-Ideologie vollständig ablehnten. Viele davon unternahmen jedoch nichts, weil sie fürchteten, sich selbst in Gefahr zu bringen. Man musste auf der Hut sein, denn jeder, selbst in der eigenen Familie, konnte ein Denunziant sein.

Die Nationalsozialisten forderten nämlich die Bevölkerung dazu auf, politische Gegner oder von der NS-Gesinnung abweichendes Verhalten anzuzeigen. Immer wieder führten solche Anzeigen aus dem Volk zu Verfolgung und Verhaftungen. Dadurch entstand überall im Land eine Atmosphäre des gegenseitigen Misstrauens.

Arier
(altindisch = der Edle)
Nach der NS-Rassenideologie stellten die Arier durch ihre körperlichen (groß, blond, blauäugig) und geistig-seelischen (tapfer, heldisch, opferbereit) Eigenschaften die höchste Rasse dar. Den Kern der arischen Rasse bildeten nach dieser „Lehre" die germanischen Völker und hier vor allem die meisten Deutschen.

M3 *Werbebroschüre von 1938.* Die Organisation „Kraft durch Freude" (KdF) bot allen „Volksgenossen", die sich zur Volksgemeinschaft bekannten, zahlreiche kulturelle Angebote und preiswerte Urlaubsreisen. Diese Angebote wurden von der NS-Propaganda stark beworben. Auch der Kauf eines günstigen KdF-Wagens von Volkswagen wurde geplant. Interessenten konnten Sparmarken erwerben. Bereits nach zwei Jahren hatten etwa 300 000 Deutsche über 280 Millionen Reichsmark angespart, für die sie jedoch niemals ein Auto erhielten.

M4 *Im Schutz der „Volksgemeinschaft"* (Propagandaplakat der NSDAP)

M5 *Hitler in „Mein Kampf" über Rasse:*
Die völkische Weltanschauung (...) glaubt somit keineswegs an eine Gleichheit der Rassen, sondern erkennt mit ihrer Verschiedenheit auch ihren höheren oder minderen Wert und fühlt sich (...) verpflichtet, (...) den Sieg des Besseren, Stärkeren zu fördern, die Unterordnung des Schlechteren und Schwächeren zu verlangen. (...) Sie sieht nicht nur den verschiedenen Wert der Rassen, sondern auch den verschiedenen Wert der Einzelmenschen. (...) Was nicht gute Rasse ist auf dieser Welt, ist Spreu. Alles weltgeschichtliche Geschehen ist aber nur die Äußerung des Selbsterhaltungstriebs der Rassen im guten oder schlechten Sinne. (...) Menschliche Kultur und Zivilisation sind auf diesem Erdteil unzertrennlich gebunden an das Vorhandensein des Ariers.

Adolf Hitler, Mein Kampf 1925/1927, München 1933, S. 420 ff.

M6 *Hitlers Menschenbild:*
Was für ein Glück für die Regierenden, dass die Menschen nicht denken! Denken gibt es nur in der Erteilung oder im Vollzug eines Befehls. Wäre es anders, so könnte die menschliche Gesellschaft nicht bestehen. (...) Der Mensch ist von Geburt aus schlecht. Man bändigt ihn nur mit Gewalt. Um ihn zu leiten, sind alle Mittel zulässig. Man muss auch lügen, verraten, ja sogar morden können, wenn es die Politik erfordert.

Adolf Hitler, Mein Kampf 1925/1927, München 1933, S. 420 ff.

M7 *Hitler über seine „Lebensraum"-Politik:*
Wir Nationalsozialisten [müssen] unverrückbar an unserem außenpolitischen Ziel festhalten, nämlich dem deutschen Volk den ihm gebührenden Grund und Boden auf dieser Erde zu sichern. Und diese Aktion ist die einzige, die vor Gott und unserer deutschen Nachwelt einen Bluteinsatz gerechtfertigt erscheinen lässt. (...)
Wir (...) weisen den Blick nach dem Land im Osten. Wir (...) gehen über zur Bodenpolitik der Zukunft. Wenn wir aber heute in Europa von neuem Grund und Boden reden, können wir in erster Linie nur an Russland und die ihm untertanen Randstaaten denken.

Adolf Hitler, Mein Kampf 1925/1927, München 1933, S. 739 ff.

M8 *Ein „Volksgenosse" wird denunziert:*
Der Volksgenosse P. muss als nicht nationalsozialistisch zuverlässig angesehen werden. Er hält keine Zeitung. Wie mehrere Parteigenossen bestätigen, kauft er weder Plaketten, noch grüßt er mit dem „Deutschen Gruß". (...) Den Gruß „Heil Hitler" beantwortet er mit „Guten Tag" unter Abnehmen seines Hutes (...) Selbst an hohen nationalsozialistischen Feiertagen zeigt er keine Flagge. Von der Empörung der Nachbarn und de-

ren Verlangen auf Einschreitung habe ich mich überzeugt. (...) Ich bitte Maßnahmen zu ergreifen, dass P. empfindlich merkt, dass er sich nicht dauernd gegen die Volksgemeinschaft stellen kann.

Zit. nach: Inge Marßolek/René Ott, Bremen im Dritten Reich. Anpassung–Widerstand–Verfolgung, Bremen 1986, S. 170f.

M9 *Denunziationsschreiben vom 22. Juni 1935 (Auszug):*

Wir hatten geschäftlich in Wiesbaden zu tun und begaben uns (...) in das Lokal des Hauser. (...) Kurze Zeit darauf betrat ein Jude das Lokal und bestellte sich ein Glas Wein. Einige Minuten später kam aus einem Raum hinter dem Büffet ein Mädchen (...). Das Mädchen nahm bei dem Juden am Tisch Platz. Selbiger unterhielt sich mit dem Mädchen in freundschaftlicher Form. Nach ungefähr einer halben Stunde verließ der Jude das Lokal, das Mädchen verschwand hinter dem Büffet. Daraufhin baten wir die Wirtin mit ruhigen Worten um Auskunft, ob das Mädel ihre Tochter sei und ob der Herr ein Jude. Die Wirtin tat entrüstet und erwiderte: „Das ist kein Jude, der ist längst vor dem Krieg getauft." Wir erwiderten: „Ob getauft, Jude bleibt Jude." Die Wirtin erwiderte daraufhin: „Gestatten Sie, wir sind schon lange mit dem Herrn befreundet, und er verkehrt sehr oft bei uns." In diesem Augenblick betrat der Wirt das Lokal und mischte sich sofort erregt in das Gespräch (...). Ich verbat mir die Äußerungen des Wirtes mit den Worten: „Ich bin SA-Mann, Parteigenosse und Amtsverwalter." Daraufhin erwiderte der Wirt: „Ich bin auch Untergruppenführer im Luftschutz." Mein Kamerad erwiderte. „Es ist eine große Zumutung für uns als Gäste, dass Sie in Ihrem Lokal Juden bewirten."

Hessisches Hauptstaatsarchiv Wiesbaden, Abt. 483 Nr. 01073, Bl. 160.

M10 *Von den Nationalsozialisten organisierte Bücherverbrennung in Hamburg.*

In ganz Deutschland wurden im Mai 1933 Bücher von berühmten deutschen Schriftstellern und Denkern verbrannt (z. B. von Ernst Bloch, Bertolt Brecht, Thomas Mann, Heinrich Mann, Stefan Zweig, Erich Kästner, Anna Seghers und vielen anderen).

M11 *Auszug aus der Disziplinar- und Strafverordnung eines KZ von 1934:*

§4 mit 8 Tagen strengem Arrest wird bestraft: wer zum Zwecke der Beschwerde Unterschriften sammelt. (...)

§8 mit 14 Tagen strengem Arrest und mit je 25 Stockhieben zu Beginn und am Ende der Strafe werden bestraft: wer in Briefen oder sonstigen Mitteilungen abfällige Bemerkungen über nationalsozialistische Führer, über Staat und Regierung, Behörden und Einrichtungen zum Ausdruck bringt oder Vorgänge im Konzentrationslager mitteilt.

Alte Synagoge Essen (Hg.), Stationen jüdischen Lebens, Essen 1995, S. 122.

M12 *Lina Haag war mit einem Kommunisten verheiratet. 1933 wurde sie mit ihrem Mann verhaftet und in ein KZ gesperrt. Sie berichtet:*

Am Ostersonntag peitscht er eigenhändig drei Frauen aus. Die Genossin Steffie ist dabei. Sie hatte ihrem Freund, einem Juden, zur Flucht verholfen. Bald darauf stirbt sie. Sie hält das nicht aus. So feiert der Kommandant des Konzentrationslagers Ostern. Mit drei, auf dem Holzpflock geschnallten Frauen, die er auspeitscht, bis er nicht mehr kann. Würde das draußen ein Mensch glauben? Angenommen es würde einer glauben, vielleicht sogar weitererzählen – ein Gestapodaumennagel genügt, um ihn augenblicklich alles vergessen zu lassen. Die leiseste Drohung genügt und das Volk schweigt. Schweigt nicht nur, jubelt, marschiert, denunziert, steht geschlossen hinter dem Führer, wie es der Führer will.

Lina Haag, Eine Hand voll Staub, Frankfurt/M. 1995, S. 136.

1 In seinem Buch „Mein Kampf" erläutert Hitler seine Weltanschauung und seine politischen Ziele. Fassen Sie mit Hilfe von M5–M7 diese Ideologie zusammen und nehmen Sie kritisch Stellung dazu.

2 Schildern Sie mit eigenen Worten, wie die Nazis mit Andersdenkenden umgingen. Beachten Sie dabei insbesondere M2 sowie M10–M12.

3 Stellen Sie zusammen, wer aus welchen Gründen Opfer des NS-Terrors werden konnte.

4 Erklären Sie, was die Nationalsozialisten mit der Volksgemeinschaft erreichen wollten (VT, M1, M4).

5 Überlegen Sie, welche Motive hinter Anzeigen wie M8 oder M9 wohl standen.

6 Suchen Sie in der Bücherei nach Texten von Dichtern, deren Werke die Nazis verbrannten. Warum bekämpften sie diese Autoren?

4 NS-Wirtschaftspolitik – den Krieg im Visier

M1 *Autobahnbau in Handarbeit* (Foto von 1936)

Ein Wirtschaftswunder?

Die von der Weltwirtschaftskrise ausgelöste hohe Arbeitslosigkeit war ein Grund, warum die Nationalsozialisten in Deutschland an die Macht gekommen waren. Wie würde die Regierung Hitler nun mit dem Problem von sechs Millionen Arbeitslosen fertig werden?
Tatsächlich sank die Zahl der Arbeitslosen in den ersten drei Jahren der NS-Herrschaft stark: Im Herbst 1936 waren in Deutschland nur noch rund eine Million Menschen ohne Arbeit. Wie war das möglich?

Arbeitsbeschaffung …

Die NS-Regierung vergab als Sofortprogramm gegen die Arbeitslosigkeit große Staatsaufträge: Autobahnen, öffentliche Gebäude, Kasernen und Flugplätze wurden gebaut. Dabei griffen die Nationalsozialisten meist auf bereits vorliegende Pläne aus der Weimarer Zeit zurück. Die Bauten fanden zum Großteil ohne Maschinen statt und erforderten den Einsatz von vielen Menschen. Das schuf Arbeitsplätze und kurbelte die Wirtschaft an.

… und geschönte Statistiken

1935 trat das „Reichsarbeitsdienstgesetz" in Kraft. Alle 18- bis 25-jährigen Jugendlichen mussten für ein halbes Jahr gemeinnützige Arbeit, etwa in der Landwirtschaft oder beim Straßenbau leisten. Rund 200 000 bis 300 000 junge Männer und Frauen befanden sich ständig in den Lagern des Reichsarbeitsdienstes und verschwanden aus der Statistik der Arbeitslosen. Auch die Wiedereinführung der Wehrpflicht im März 1935 ließ die Zahl der Arbeitslosen sinken. Schließlich sorgte auch das so genannte Ehestandsdarlehen für eine geschönte Statistik. Frisch verheiratete Paare bekamen ein zinsloses Darlehen vom Staat unter der Bedingung, dass die Frau ihren Arbeitsplatz aufgab. Bis 1935 wurden so rund 370 000 Frauen aus dem Berufsleben gedrängt.

Aufrüstung für den Krieg

Zahlreiche neue Arbeitsplätze gab es zudem durch die seit 1934 voll anlaufende Aufrüstung des Staates in den Betrieben der Rüstungsindustrie.
Den meisten Deutschen erschien die Wirtschaftspolitik Hitlers in diesen Jahren erfolgreich, sank doch die Zahl der Arbeitslosen. Nur wenige erkannten die Schattenseiten: Um die staatlichen Großaufträge, die Maßnahmen zur Senkung der Arbeitslosigkeit und die Ankurbelung der Rüstungsindustrie zu finanzieren, machte der Staat enorme Schulden, die er unter normalen Umständen gar nicht zurückzahlen konnte. Doch längst hatten die führenden Nationalsozialisten beschlossen, dieses Problem durch Krieg und Eroberung zu lösen.

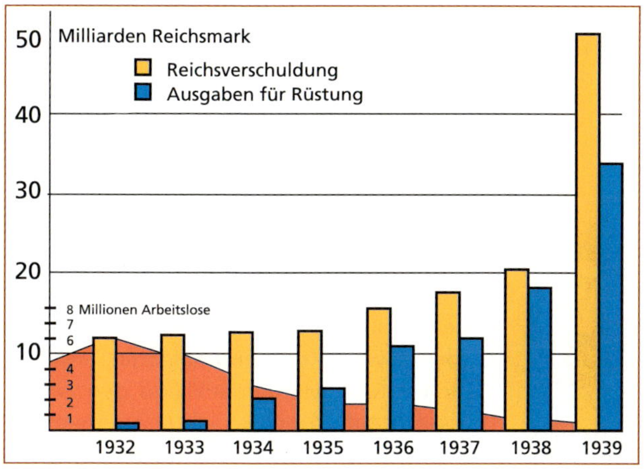

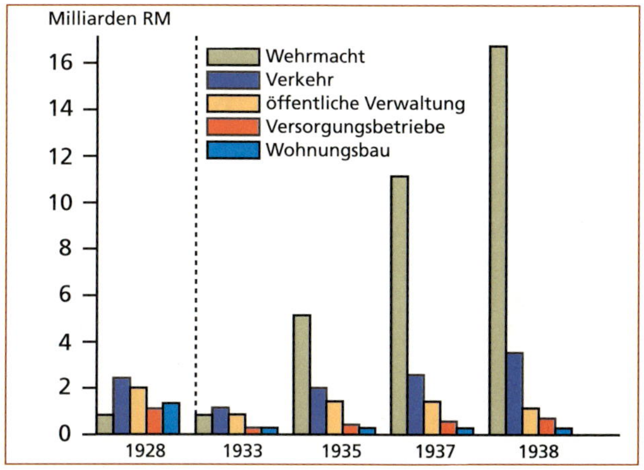

M2 *Im August 1936 legte Hitler eine geheime Schrift zur Wirtschaftspolitik vor. Darin heißt es unter anderem:*

Es hat eine Mobilmachung der Wirtschaft zu erfolgen, und zwar mit Tempo, mit Entschlossenheit und wenn nötig auch mit Rücksichtslosigkeit. (...)
In diesem Sinne ist die deutsche Brennstofferzeugung im schnellsten Tempo vorwärts zu treiben. Diese Aufgabe ist mit derselben Entschlossenheit wie die Führung eines Krieges anzufassen und durchzuführen; denn von ihrer Lösung hängt die kommende Kriegsführung ab. (...)
Ich stelle damit folgende Aufgabe:

1. Die deutsche Armee muss in vier Jahren einsatzfähig sein.
2. Die deutsche Wirtschaft muss in vier Jahren kriegsfähig sein.

Fritz Blaich (Hg.), Wirtschaft und Rüstung im „Dritten Reich", Düsseldorf 1987, S. 65.

M4 *Lebensmittelverbrauch im Vergleich.* Durchschnittlicher Jahreskonsum in einem Vier-Personen-Haushalt.

	1928	*1937*
Fleisch (kg)	146,5	118,5
Eier (Stück)	472	258
Milch (l)	481	358
Kartoffel (kg)	507,8	530,3
Gemüse (kg)	127,3	117,8
Obst (kg)	96,2	64,9

M5 *Statistiken*
links: Arbeitslosigkeit, Rüstung, Staatsschulden
rechts: Öffentliche Investitionen in Deutschland

M3 *Ehestandsdarlehen in Höhe von bis zu 1000 RM wurden in Form von Gutscheinen gewährt.* Die zurückzuzahlenden Schulden wurden nach der Geburt eines Kindes jeweils um ein Viertel vermindert. – Lesen Sie den Aufdruck. Was konnten Ehepaare mit diesem Gutschein erwerben?

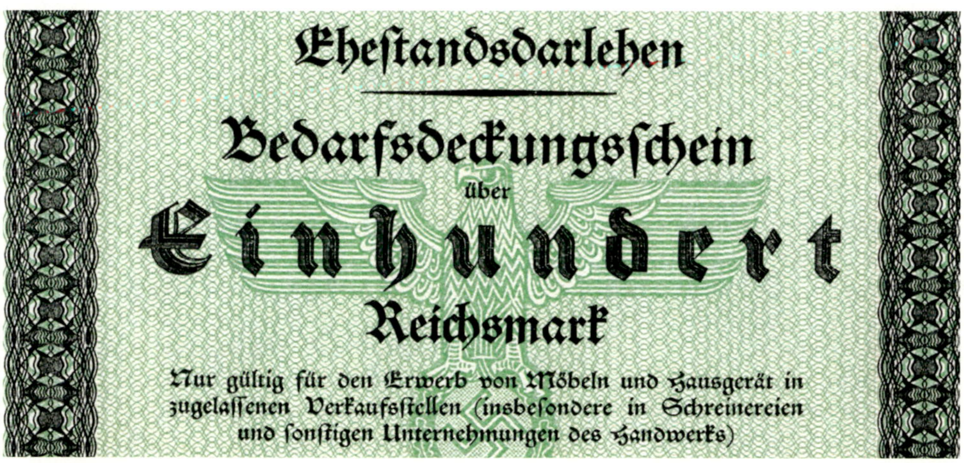
Ehestandsdarlehen
Bedarfsdeckungsschein
über
Einhundert
Reichsmark
Nur gültig für den Erwerb von Möbeln und Hausgerät in zugelassenen Verkaufsstellen (insbesondere in Schreinereien und sonstigen Unternehmungen des Handwerks)

1 Erklären Sie mit eigenen Worten die Ziele der nationalsozialistischen Wirtschaftspolitik (VT, M1, M2).

2 Stellen Sie fest, inwieweit sich die Kosten für die Aufrüstung auf den Lebensstandard der Bevölkerung ausgewirkt haben (M4, M5).

3 Welche Ziele sollten mit den Ehestandsdarlehen (VT, M3) verfolgt werden?

4 War Hitlers Wirtschaftspolitik erfolgreich? Nehmen Sie Stellung.

5 Schule und Berufsausbildung im NS-Staat

M1 *Rassenkunde in der Schule.* Schulhelferinnen, die als Maßnahme gegen den Lehrermangel ausgebildet wurden, vermitteln mit Hilfe von Schautafeln die nationalsozialistische Rassenlehre (Bild von 1943).

Deutsche Arbeitsfront (DAF)
Einheitsverband der Arbeitgeber und Arbeitnehmer, der die Vertretung aller „schaffenden Deutschen“ sein sollte. Die DAF wurde 1933 nach der Zerschlagung der Gewerkschaften gegründet. Auf die arbeitende Bevölkerung wurde erheblicher Druck ausgeübt dieser Massenorganisation beizutreten. Ziel der DAF war es, Arbeitgeber und Arbeitnehmer im Sinne der NS-Regierung zu kontrollieren und politisch zu beeinflussen.

Nationalsozialistische Schulbildung

Schule und Ausbildung sollten gemäß der NS-Ideologie gestaltet werden. Ein erster Schritt auf diesem Weg war ein Gesetz vom April 1933. Es ermöglichte die Entlassung von jüdischen und regimekritisch gesinnten Lehrern aus dem Schuldienst.
Änderungen gab es auch bei den Unterrichtsinhalten. Die Lehrpläne der Fächer Deutsch, Geschichte, Biologie und Erdkunde wurden auf die NS-Ideologie abgestimmt. Die nationalsozialistische „Rassenlehre“ war künftig Pflichtunterricht. Im neu geschaffenen Fach „Rassenkunde“ lernten Jungen und Mädchen, dass die Einteilung der Menschen in höher- und minderwertige Rassen angeblich wissenschaftlich nachzuweisen sei. Als besonders wichtig galt auch die körperliche Ertüchtigung im Sportunterricht. Manche Schüler hatten fünf Stunden Sport pro Woche.
Die Klassenzimmer waren häufig mit nationalsozialistischen Symbolen ausgestattet. Morgens begrüßte man sich mit dem Hitlergruß, an manchen Schulen gab es auch einen Fahnenappell, bei dem feierlich eine Hakenkreuzflagge gehisst wurde.
Viele Schulbücher enthielten Darstellungen über Gewalt, Krieg und Soldaten. Selbst in Fächern wie Mathematik und den Naturwissenschaften wurde der Krieg verherrlicht und die Landesverteidigung in Aufgaben thematisiert.

Betriebliche Lehrwerkstätten

Die „Deutsche Arbeitsfront“(DAF) griff unmittelbar in die Berufsausbildung ein. Sie veranlasste in allen größeren Betrieben die Einrichtung von Lehrwerkstätten, die meist nur sehr spartanisch mit Werkzeugen und Maschinen ausgerüstet waren. Großen Wert legte die DAF dagegen auf Wasch- und Badeeinrichtungen, auf Schulungsräume für die theoretische Unterweisung und auf Lautsprecheranlagen. Sportunterricht, Geländespiele und Belehrung durch Wochenparolen dienten der ideologischen Beeinflussung der Auszubildenden. Den kirchlichen Losungen nachempfundene wöchentliche Parolen mussten von Ausbildern und Lehrern der Berufsschulen am Wochenanfang oder zu Beginn des Unterrichts verdeutlicht werden.

Reichsberufswettkämpfe

Wer als Lehrling erfolgreich war, besonders bei den jährlich ausgerichteten Reichsberufswettkämpfen, bei denen berufliche Fertigkeiten, sportliche Leistungsfähigkeit und politische Überzeugung überprüft wurden, bekam Preise und Urkunden überreicht. Solche Erfolge halfen beim beruflichen Aufstieg. Auch der Besuch von Eliteschulen wie der Berufsoberschule in Ulm wurde dadurch erleichtert. Den maximal 18 Werktage dauernden Jahresurlaub verbrachten erfolgreiche Lehrlinge bei Segelfliegerlehrgängen, Marine-HJ-Lehrgängen und Schulungen für HJ-Führerinnen und -Führer. Die weniger Tüchtigen versammelten sich in HJ-Lagern zum Ernteeinsatz.

M2 *Aus einem NS-Rechenbuch:*
Ein moderner Nachtbomber kann 1800 Brandbomben tragen. Auf wie viel Kilometern Streckenlänge kann er diese Bomben verteilen, wenn er bei einer Stundengeschwindigkeit von 250 Kilometern in jeder Sekunde eine Bombe wirft?

Harald Focke/Uwe Reimer, Alltag unterm Hakenkreuz, Reinbek bei Hamburg 1979, S. 90f.

M3 *1934 schrieben die Schülerinnen und Schüler einer dritten Volksschulklasse in München folgendes Diktat:*
Wie Jesus die Menschen von der Sünde und Hölle befreite, so rettete Hitler das deutsche Volk vor dem Verderben. Jesus und Hitler wurden verfolgt, aber während Jesus gekreuzigt wurde, wurde Hitler zum Kanzler erhoben. Während die Jünger Jesu ihren Meister verleugneten und ihn im Stich ließen, fielen 16 Kameraden für ihren Führer. Die Apostel vollendeten das Werk ihres Herrn. Wir hoffen, dass Hitler sein Werk selbst zu Ende führen darf. Jesus baute für den Himmel, Hitler für die deutsche Erde.

Hans-Jochen Gamm, Der braune Kult, Hamburg 1962, S. 39.

M4 *Schulausschluss eines Lehrlings. Schreiben des Schulleiters der Gewerbeschule Aalen an die Schulbehörde am 02. Juni 1937:*
Ich beantrage hiermit den Ausschluss des Malerlehrlings Leis aus der Gewerbeschule. Eine Folge dieses Ausschlusses ist, dass Leis keinen Gesellenbrief erhalten kann. Diesem Antrag liegt folgender Tatbestand zugrunde: Am Nachmittag fragte ich Leis, ob er die Rede von Dr. Goebbels im Radio gehört habe, was er bejahte. Auf meine Frage, ob diese aufrüttelnde Rede uns nicht zur Einigkeit mahnen müsste, schwieg er. Auf meine zweite Frage, ob er den Inhalt der Rede von Dr. Goebbels etwa bezweifle, presste er die Lippen zusammen und schwieg. Auf mein ernsthaftes Eindringen, mir diese Frage als seinem Klassenlehrer und Schulleiter beantworten zu wollen, presste er ein verstocktes „nein" heraus. (...) Auf meine Frage, er möchte mir nun antworten, ob er den Inhalt der Rede vergessen habe, presste er wieder die Lippen zusammen und schwieg. Dieses ehrverletzende Verhalten von Leis zwang mich zur Bestrafung. Er erhielt einige Ohrfeigen. Nunmehr zeigte Leis sein wahres Gesicht. In Abwehrstellung übergehend rief er mir zu: „Sie haben kein Recht, mich zu schlagen!" Was ich mit einer Bestrafung ahndete. Ich entließ ihn dann aus meinem Amtszimmer, das Leis verließ, ohne den Gruß „Heil Hitler" zu erbieten, obwohl das Bild unseres Führers an der Wand aufgehängt ist.

Schulakten der gewerblichen Berufsschule Aalen.

M6 *Schule im Dritten Reich*

M5 *Aus einem Bericht über die Ausbildung in der Maschinenfabrik Esslingen 1940/41:*
Unsere Lehrlinge sind vollzählig in der HJ. Jeden Montag findet bei Arbeitsbeginn ein Wochenappell mit Flaggenhissung statt, bei dem die Wochenparole ausgegeben und erläutert wird. An ihm nehmen sowohl die Lehrlinge aus den Lehrwerkstätten wie diejenigen aus den Betriebsabteilungen und Büros teil. Auf enge Zusammenarbeit mit den Dienststellen der HJ wird Wert gelegt. (...) Die weltanschauliche und charakterliche Haltung der Lehrlinge, ihr berufliches und außerberufliches Verhalten ist Gegenstand dauernder Beobachtung und Fürsorge. (...) Das Antreten zur Arbeit nach den Pausen, zum Sport oder zu sonstigen gemeinsamen Veranstaltungen der Lehrlinge vollzieht sich in militärischer Ordnung mit Marschgesang, wie überhaupt auf soldatisch-stramme Haltung geachtet wird.

Maschinenfabrik Esslingen, Berufserziehung, Bericht zum Leistungskampf der deutschen Betriebe 1940/41. Daimler-Chrysler-Archiv Stuttgart-Untertürkheim.

1 Heinrich Böll schrieb über seine Schulzeit: „Wir lernten nicht fürs Leben in der Schule, sondern für den Tod." Nehmen Sie mit Hilfe des VT und M2 Stellung zu diesem Ausspruch.

2 Welche Ausbildungsinhalte waren für Lehrlinge während der NS-Zeit wohl attraktiv (VT)? Welche Bedeutung hatten die Wochenparolen (M5)?

3 Listen Sie auf, wie Berufsschulen und Betriebe die Auszubildenden ideologisch beeinflussten (VT, M4, M5).

4 Überlegen Sie, warum nur sehr wenige Jugendliche den Mut hatten, ihre eigene politische Meinung zu äußern.

5 Suchen Sie Zeitzeugen, die in der NS-Zeit eine Berufsausbildung absolviert haben und fragen Sie nach deren Erlebnissen.

6 Frauen im NS-Staat

M1 *Unterschiedliche Frauenbilder.*
links: Werbeplakat aus den 1920er-Jahren.
rechts: Nationalsozialistisches Idealbild einer Familie von Paul Hermann Schoedder aus dem Jahre 1938.

Frauen in der Weimarer Zeit
Während der Weimarer Republik fielen überall in größeren Städten die „neuen Frauen" auf: Sie hatten einen „Bubikopf", trugen kurze Röcke und rauchten in der Öffentlichkeit – Zeichen für das gestiegene Selbstbewusstsein und den eigenständigen Lebensstil von meist jungen, unverheirateten Frauen. Neue Frauenberufe wie Stenotypistin, Telefonistin oder Sekretärin ermöglichten ihnen ein eigenes Einkommen.
Zwar galt der Typ der neuen Frau als Leitbild – etwa in der Werbung, auf Illustrierten, in Kinofilmen und Romanen. Für die Nationalsozialisten jedoch kam dieses Frauenbild einem Kulturverfall gleich.

NS-Idealbild der Frau …
Die Nationalsozialisten hatten klare Vorstellungen von der Rolle der Frau in Staat und Familie: Sie sollte eine treue Gattin und eine fürsorgliche Mutter sein, die sich ganz dem Haushalt und der Kindererziehung widmet. Die NS-Propaganda bemühte sich, die Frauen von diesem Idealbild zu überzeugen und sie zum Verzicht auf Beruf oder Studium zu bewegen. Frauen sollten ihre Arbeit aufgeben und somit die Arbeitslosigkeit senken.

… und die Wirklichkeit
Allenfalls als Kindergärtnerinnen, in Pflegediensten oder in landwirtschaftlichen Berufen wurden Frauen noch geduldet. Im Schulwesen wurden sie aus Leitungsposten verdrängt, ab 1936 durften Frauen weder Richterinnen noch Staats- oder Rechtsanwältinnen werden. Kinderreiche Mütter wurden dagegen mit Orden und Auszeichnungen belohnt.
Als in der Rüstungsindustrie zunehmend Arbeitskräfte gebraucht wurden, klafften das Idealbild der Frau und die Wirklichkeit jedoch weit auseinander: Um die Produktion während der Kriegsjahre aufrechterhalten zu können, sollten die Frauen nun auch in den „Männerberufen" arbeiten.

M2 *Hitler zur Rolle der Frau:*

Analog der Erziehung des Knaben kann der völkische Staat auch die Erziehung des Mädchens von den gleichen Gesichtspunkten aus leiten. Auch dort ist das Hauptgewicht vor allem auf die körperliche Ausbildung zu legen, erst dann auch die Förderung der seelischen und zuletzt der geistigen Werte. Das Ziel der weiblichen Erziehung hat unverrückbar die kommende Mutter zu sein.

Adolf Hitler, Mein Kampf, München 1932, S. 459f.

M3 *Gerda Zorn erzählte 1980 zum Thema „Frauen unter dem Hakenkreuz":*

Nach ihrer Heirat musste meine Mutter ihre Sekretärinnenstelle aufgeben, weil es so genannte Doppelverdiener nicht geben durfte. (...) Die Nazis machten eine Religion daraus, den Frauen die Rolle als Hausfrau und Mutter zuzuweisen. Meine Mutter hasste die „Drei-K-Rolle" [Kinder–Küche–Kirche]. Als geselliger Mensch sehnte sie sich nach Kontakten mit anderen Menschen. Da sie sich weder mit der Nazi-Ideologie noch mit der Nachbarschaft, die dieser Ideologie mehr oder weniger verfallen war, anfreunden konnte, blieben ihr nur Haushalt und Garten.

Mitschrift des Verfassers bei einer Veranstaltung: „Frauen unter dem Hakenkreuz", Hamburg 1980.

M4 *Eine emigrierte Deutsche schrieb 1939 aus Paris:*

Jahrelang haben die Nazis sich als Retter der deutschen Familie ausgegeben und Märchen darüber verbreitet, dass andere Ideologien die Familien zerstören. Während in anderen Ländern der Wohlstand der Familien gesichert wird, werden in Hitlers Reich durch die Kriegspolitik die Familien gewaltsam auseinander gerissen und zerstört. (...) Die Ehe ist für die Nazis keine Gemeinschaft zweier Menschen, die das Glück ihrer Familie und ihre Zukunft gestalten und darum gerne Kinder haben wollen. Im Dritten Reich wird die Ehe als Zuchtanstalt und die Frau als Gebärmaschine betrachtet.

Zit. nach: Der deutschen Frauen Leid und Glück, Paris 1939, S. 47.

M5 *Mann sucht Frau. Inserat aus den „Münchener Neuesten Nachrichten":*

Zweiundfünfzig Jahre alter, rein arischer Arzt, Teilnehmer an der Schlacht bei Tannenberg, der auf dem Lande zu siedeln beabsichtigt, wünscht sich männlichen Nachwuchs durch eine standesamtliche Heirat mit einer gesunden Arierin, jungfräulich, jung, bescheiden, sparsame Hausfrau, gewöhnt an schwere Arbeit, breithüftig, flache Absätze, keine Ohrringe, möglichst ohne Eigentum.

Zit. nach: Wolfgang Hug (Hg.), Geschichtliche Weltkunde. Quellenbuch, Bd. 3, Frankfurt 1983, S. 151.

M7 *NS-Plakat von 1944.* – Was sagt das Plakat darüber aus, welche Tätigkeiten Frauen in den Augen der Nationalsozialisten ausüben sollten? Beachten Sie auch die Jahreszahl.

M6 *Frau sucht Mann. Heiratsannonce aus dem „Völkischen Beobachter":*

Deutsche Minne, BDM-Mädel, gottgläubig, aus bäuerlicher Sippe, artbewusst, kinderlieb, mit starken Hüften, möchte einem deutschen Jungmann Frohwalterin seines Stammhalters sein (niedere Absätze – kein Lippenstift). Nur Neigungsehe mit zackigem Uniformträger.

„Völkischer Beobachter" vom 12.8.1934.

M8 *Das Mutterkreuz* wurde Frauen mit mehr als vier Kindern verliehen, und sollte einen Anreiz geben, möglichst viele Kinder zu gebären und sich für die Familie aufzuopfern.

1 Erläutern Sie mit Hilfe der Quellen und des VT das nationalsozialistische Frauenbild.

2 Nennen Sie Gründe dafür, warum die Nationalsozialisten dem Muttertag, den es schon in der Weimarer Republik gab, so große Beachtung schenkten.

3 Erklären Sie, inwiefern M5 und M6 das NS-Frauenbild widerspiegeln.

4 Begründen Sie, warum die Nationalsozialisten von ihrer ursprünglichen Frauenpolitik abrückten (VT, M7).

7 Ausgegrenzt, verfolgt, ermordet

M1 *Vor dem Brand der Baden-Badener Synagoge:* Angehörige der SS zwingen Dr. Artur Flehinger, Mitglied der jüdischen Gemeinde, in der Synagoge aus Hitlers „Mein Kampf" vorzulesen, bevor sie angezündet wird (10. November 1938).

Unterdrückung im NS-Staat

Die Nationalsozialisten duldeten in ihrem Staat keine Menschen, die nicht ihren Vorstellungen entsprachen. Wer nicht in das Schema der Volksgemeinschaft passte, wurde unterdrückt, ausgegrenzt oder gar ermordet. Vor allem für die jüdischen Bürger begann mit der Machtübernahme der Nationalsozialisten ein unvorstellbarer Leidensweg.

Boykott gegen Juden

Im Jahr 1932 lebten rund 550 000 Juden in Deutschland. Mit dem Regierungsantritt Hitlers begannen die Nationalsozialisten, deren bürgerliches Leben systematisch zu zerstören. Am 1. April 1933 rief die NSDAP zum Boykott jüdischer Läden, Anwaltskanzleien und Arztpraxen auf. SA-Mitglieder versperrten den Zugang zu jüdischen Geschäften und beschmierten Schaufenster mit Sprüchen wie „Juden raus". Dabei kam es mehrfach zu Gewalttaten. Bereits eine Woche später trat ein Gesetz in Kraft, das es ermöglichte, jüdische Beamte aus dem Staatsdienst zu entlassen.

Ausgrenzung per Gesetz

Mit den Nürnberger Rassegesetzen von 1935 wurden die Juden zu Bürgern zweiter Klasse. Sie durften nicht mehr wählen und kein öffentliches Amt übernehmen. Eheschließungen zwischen Juden und Nichtjuden wurden verboten. Sogar der Kontakt zwischen Juden und Nichtjuden wurde strafrechtlich verfolgt. Während der Olympischen Spiele in Berlin 1936 nahmen die Nazis Rücksicht auf die ausländische Öffentlichkeit und versuchten die Entrechtung der Juden zu verschleiern. Danach jedoch kaum noch: Jüdische Unternehmen mussten an Nichtjuden verkauft werden, jüdische Ärzte und Rechtsanwälte durften ihre Berufe nicht mehr ausüben, die Reisepässe von Juden wurden mit einem „J" gekennzeichnet.

Die Pogromnacht

In der Nacht vom 9. auf den 10. November 1938 organisierten die Nationalsozialisten die bis dahin schlimmste Verfolgung von jüdischen Bürgern. Als Vorwand diente das Attentat eines jüdischen Jugendlichen auf den deutschen Diplomaten Ernst vom Rath in Paris. Der 17-Jährige wollte mit seinem Anschlag gegen die Ausweisung seiner Eltern nach Polen protestieren.
Aufgestachelt von einer wüsten Hetzrede Goebbels prügelten SA-Männer Tausen-

de von Juden durch die Straßen. Jüdische Menschen wurden verhöhnt, gedemütigt und misshandelt, ihre Geschäfte wurden geplündert, Synagogen gingen in Flammen auf. Hunderte Juden wurden bei diesen Terroraktionen kaltblütig ermordet oder starben an den Folgen. Doch damit nicht genug: In den folgenden Tagen sperrte man annähernd 30 000 jüdische Männer in Konzentrationslager (KZ). Und es gab weitere Schikanen: Juden durften keine öffentlichen Verkehrsmittel mehr benutzen, Autos oder Motorräder besitzen, keine Kinos, Theater oder Konzerte besuchen.

Was tat die Bevölkerung?
Die Deutschen reagierten unterschiedlich auf Ausgrenzung und Verfolgung ihrer Mitbürger. Auch wenn ein nicht geringer Teil der Bevölkerung mit der Diskriminierung der Juden grundsätzlich einverstanden war, lehnten die meisten doch Gewalttaten, Verfolgungen oder gar Morde ab. Nur wenige beteiligten sich direkt an den Boykottaktionen oder dem Pogrom.
Öffentlichen Protest gegen den Nazi-Terror gab es aber auch nur selten. Die große Mehrheit schwieg, schaute weg, unternahm nichts und nahm so den Anschlag auf die Menschenwürde hin – aus Angst, Anpassung oder Gleichgültigkeit. Allmählich entstand so eine Kluft zwischen Juden und Nichtjuden: Freundschaften wurden gelöst, Nachbarn nicht mehr gegrüßt, jüdische Kinder gehänselt und verspottet.

Jüdische Auswanderung
Bis 1938 wanderten etwa 130 000 Juden aus Deutschland aus. Diese Zahl erscheint gering, wenn man den Terror und die Gewalttaten gegen die Juden betrachtet. Auszuwandern war jedoch eine schwerwiegende Entscheidung: Man verließ die Heimat, Verwandte, Freunde und wusste nicht, was einen in der Fremde erwartete. Die Beschlagnahmung von jüdischem Vermögen und hohe Auswanderungsabgaben stellten weitere Hindernisse dar. Als 1938 eine neue Auswanderungswelle einsetzte, weigerten sich mehrere Staaten weitere Juden aufzunehmen. 1941 wurde den Juden schließlich die Auswanderung verboten. Zu diesem Zeitpunkt lebten noch rund 170 000 Juden in Deutschland.

„Artfremd" und „asozial"
Neben den Juden gab es weitere Minderheiten, die bis in den Tod verfolgt wurden. Zu ihnen zählten die Sinti und Roma, die im Sinne des NS-Rassenwahns als „artfremd" oder „asozial" galten. Nach ersten Ausgrenzungsmaßnahmen wie Schul- und Berufsverboten wurden sie ab 1938 in Konzentrationslager verschleppt. Während des Zweiten Weltkriegs kam es dort zur systematischen Vernichtung. Mindestens 200 000 Sinti und Roma wurden Opfer dieses Völkermords. Verfolgt, verhaftet und teils ermordet wurden auch jene Menschen, deren Glaubensrichtung (Zeugen Jehovas) oder Lebensführung (Homosexuelle) den Nationalsozialisten nicht passte.

Behinderte werden ermordet
Auch für Behinderte war in der nationalsozialistischen Volksgemeinschaft kein Platz. Psychisch kranke, missgebildete oder geistig behinderte Menschen durften im Staate Hitlers weder heiraten noch Kinder bekommen. 1939 ordnete Hitler die so genannte Vernichtung „unwerten Lebens" an. In einer Geheimaktion wurden über 100 000 körperlich und geistig behinderte Menschen ermordet. Nach öffentlichen Protesten stellten die Nazis den Massenmord 1941 zwar ein. Einzeltötungen gab es aber weiter.

M2 *Judenstern.*
Ab 1941 mussten alle Juden in Deutschland dieses Zeichen auf ihrer Kleidung tragen.

M3 *„Rassenschande".*
Ein Paar wird öffentlich gedemütigt.

M5 *Der Stuttgarter NS-Kurier am 1. April 1933 über den Boykott jüdischer Geschäfte:*
Schlag 10 Uhr setzt der Boykott in Stuttgart ein. Die SA hatte bereits sämtliche jüdischen Geschäfte und Häuser besetzt. Wenige Minuten nach 10 Uhr klebten an allen Firmenschildern und Schaufenstern der jüdischen Geschäfte „Jude". (...) Autos durchfahren die Straßen mit Plakaten: „Unsere Antwort auf die jüdische Boykottbewegung im Ausland: ‚Deutsche, kauft nur noch in deutschen Geschäften!'" – „Meidet die Juden." Die Verräter am deutschen Volk, die es wagen, heute noch beim Juden zu kaufen, wurden gefilmt. Viele jüdische Firmen haben es vorgezogen, das Geschäft zu schließen. Andere wollen hartnäckig das Geschäft machen. Die deutsche Bevölkerung aber geht an diesen Geschäften vorbei.

Stuttgarter NS-Kurier vom 1.4.1933.

M6 *1935 wurden die so genannten „Nürnberger Rassegesetze" beschlossen. Darin heißt es unter anderem:*
§1 Eheschließungen zwischen Juden und Staatsangehörigen deutschen oder artverwandten Blutes sind verboten. Trotzdem geschlossene Ehen sind nichtig (...)
§2 Außerehelicher Verkehr zwischen Juden und Staatsangehörigen deutschen oder artverwandten Blutes ist verboten.

Aus dem „Gesetz zum Schutze des deutschen Blutes und der Ehre" vom 15. September 1935.

M4 *Reisepass von Susanne Blumenthal* mit „J-Stempel" und dem Zwangsnamen „Sara". In den Ausweisen wurde ein „J" (für Jude) gestempelt und die zusätzlichen Vornamen „Sara" bzw. „Israel" eingetragen.

M7 *Ein Deutscher beschwert sich 1936:*
Wie ich heute Morgen feststellen musste, waren im Hansabad 3 Juden und zwar 1 Jude und 2 Jüdinnen. Es ist mir unverständlich, dass Juden dort zugelassen sind. Der Wärter sagte, es bestände dort (...) kein Judenverbot. Es ist aber höchste Zeit, dass ein solches Verbot in Kraft tritt, da auch in anderen Städten derartige Verbote für Juden bestehen.

Zit. nach: Inge Marßolek/René Ott, Bremen im Dritten Reich. Anpassung – Widerstand – Verfolgung, Bremen 1986, S. 175.

M8 *Aus den Berichten der Sopade [Exil-SPD], November 1938:*
Alle Berichte stimmen dahin überein, dass die Ausschreitungen von der großen Mehrheit des deutschen Volkes scharf verurteilt werden. (...) Oft wird die Frage gestellt: „Wer kommt nach den Juden an die Reihe?" – Man muss sich allerdings – wie groß die allgemeine Empörung auch sein mag – darüber klar werden, dass die Brutalitäten der Pogromhorden die Einschüchterung gesteigert und in der Bevölkerung die Vorstellung gefestigt haben, jeder Widerstand gegen die uneingeschränkte nationalsozialistische Gewalt sei zwecklos. (...) Bemerkenswert ist übrigens, dass, wie nach jeder früheren Welle von Ausschreitungen so auch diesmal wieder, das Gerede auftaucht, Hitler habe das nicht gewollt. „Hitler will zwar, dass die Juden verschwinden, aber er will doch nicht, dass sie totgeschlagen und so behandelt werden" usw. usw.

Deutschland-Berichte der Sozialdemokratischen Partei Deutschlands 1934–1940, hg. von Klaus Behnken, Frankfurt/M. 1980, Bd. 5 (1938), S. 1204 f., S. 1209.

M9 *Der Sicherheitsdienst Württemberg-Hohenzollern über die Pogromnacht:*
In Wirtschaftskreisen wurde die Aktion mit gemischten Gefühlen aufgenommen. (...) Als Beispiel für die schlechte Haltung eines Gewerbezweiges, der aus der Aktion nur hätte Nutzen ziehen können, sei die Tatsache angeführt, dass die Stuttgarter Glasermeister beschlossen, den Juden für die Anfertigung neuer Schaufenster einen billigeren Preis zu berechnen, da die Juden den Schaden ja nicht verursacht hätten.

Dokumente über die Verfolgung der jüdischen Bürger in Baden-Württemberg, Bd. 1, S. 53 f.

M10 *Aus dem „Gesetz zur Verhütung erbkranken Nachwuchses" vom 14. Juli 1933:*

§ 1 (1) Wer erbkrank ist, kann durch chirurgischen Eingriff unfruchtbar gemacht (sterilisiert) werden, wenn nach den Erfahrungen der ärztlichen Wissenschaft mit großer Wahrscheinlichkeit zu erwarten ist, dass seine Nachkommen an schweren körperlichen oder geistigen Erbschäden leiden werden.

M11 *Victor Brack war als Leiter eines 1939 eigens gegründeten Amtes deutschlandweit für die „Euthanasie" verantwortlich. Nach dem Krieg führte er im so genannten Ärzteprozess aus:*

Letzten Endes bezweckte Hitler [...] jene Leute auszumerzen, die in Irrenhäusern und ähnlichen Anstalten verwahrt und für das Reich von keinem irgendwelchen Nutzen mehr waren. Diese Leute wurden als nutzlose Esser angesehen, und Hitler war der Ansicht, dass durch die Vernichtung dieser sog. nutzlosen Esser die Möglichkeit gegeben wäre, weitere Ärzte, Pfleger und anderes Personal, Krankenbetten und andere Einrichtungen für den Gebrauch der Wehrmacht freizumachen.

Zit. nach: „Euthanasie" im NS-Staat: Grafeneck im Jahr 1940, hg. von der Landeszentrale für politische Bildung Baden-Würtemberg. Stuttgart 2000, S. 9.

M13 *Wie Menschenverachtung gelehrt wird, zeigt diese Mathematikaufgabe:*

Ein Geisteskranker kostet täglich RM 4.–, ein Krüppel RM 5.50, ein Verbrecher RM 3.50. In vielen Fällen hat ein Beamter täglich nur etwa RM 4.–, ein Angestellter kaum RM 3.50, ein ungelernter Arbeiter noch keine RM 2.– auf den Kopf der Familie.

a) Stelle diese Zahlen bildlich dar. Nach vorsichtiger Schätzung sind in Deutschland 300 000 Geisteskranke, Epileptiker usw. in Anstaltspflege.

b) Was kosten diese jährlich insgesamt bei einem Satz von RM 4.–?

c) Wie viel Ehestandsdarlehen zu je RM 1000.– könnten – unter Verzicht auf spätere Rückzahlung – von diesem Geld jährlich ausgegeben werden?

Zit. nach: „Euthanasie" im NS-Staat: Grafeneck im Jahr 1940, hg. von der Landeszentrale für politische Bildung Baden-Württemberg, Stuttgart 2000.

M12 *Ausmerzung des Kranken und Schwachen in der Natur* (Propagandamaterial für die Schule)

1 Listen Sie auf, wer im NS-Staat Opfer von Terror und Verfolgung werden konnte (VT). Berücksichtigen Sie auch die Seiten 224/225.

2 Stellen Sie die staatlichen Maßnahmen zur Ausgrenzung der jüdischen Bevölkerung zusammen (VT, M2–M7).

3 Beschreiben Sie, wie sich die Bevölkerung zur Ausgrenzung und Verfolgung verhielt (VT, M7–M9)? Überlegen Sie, welche Motive dahinter standen.

4 Informieren Sie sich im Internet unter www.gedenkstätte-grafeneck.de über die Ermordung Behinderter. Welche Informationen finden Sie dort über Euthanasie? Fassen Sie stichwortartig zusammen, was damals dort geschah (auch M11).

5 Wie und mit welchen Mitteln begründeten die Nationalsozialisten die Vernichtung „unwerten Lebens" (VT, M10–M13)?

8 Werkstatt
Pogromnacht in Esslingen – eine Regionalstudie

10. November 1938 in Esslingen
Am Morgen nach der Pogromnacht mit ihren landesweiten Ausschreitungen gegen jüdische Bürger, Einrichtungen und Geschäfte kam von der NSDAP-Gauleitung aus Stuttgart der Befehl, die Synagoge in Esslingen in Brand zu setzen. Der NSDAP-Kreisleiter rief deshalb um 12.00 Uhr zu einer Kundgebung auf dem Esslinger Marktplatz auf, zu der sich Angehörige von Esslinger Betrieben, Studenten des Lehrerseminars und der Ingenieurschule versammelten. Nach einer antijüdischen Hetzrede machte sich die Menge zu den beiden bedeutendsten jüdischen Gebäuden der Stadt auf: der Synagoge und dem jüdischen Waisenhaus.

Zerstörung der Synagoge
Die Synagoge – ein ehemaliges Schneiderzunfthaus – befand sich seit Beginn des 19. Jahrhunderts im Besitz der kleinen jüdischen Gemeinde Esslingens. Kaum traf die Menge bei der Synagoge ein, begann sie, das jüdische Gotteshaus auszuplündern und die Inneneinrichtung vollkommen zu zerstören. Angezündet wurde die Synagoge nicht, Nachbarn befürchteten ein Übergreifen der Flammen auf die umliegenden Häuser und die Innenstadt. Stattdessen wurden sämtliche Gegenstände aus der Synagoge und deren Einrichtung zusammengetragen und in Brand gesetzt. An den Zerstörungen unmittelbar beteiligt waren vor allem SA-Mitglieder, die allerdings keine Uniform trugen. Damit sollte der Eindruck erweckt werden, der „Volkszorn" hätte zu den Verwüstungen geführt.

Übergriff auf das jüdische Waisenhaus
Ähnlich verfuhr man mit dem Waisenhaus, dem auch eine jüdische Schule angegliedert war. Die Inneneinrichtung wurde demoliert und verbrannt, zwei jüdische Lehrer von der Menge misshandelt. Nach den Verwüstungen wurden Waisenhaus und Schule geschlossen. Einige der Kinder kamen in der jüdischen Schule in Stuttgart unter, andere wurden zu ihren Eltern zurückgeschickt. Viele jüdische Familien wanderten aufgrund dieser Geschehnisse aus. Etliche derer, die blieben, wurden später in Konzentrationslager verschleppt und dort ermordet.

M1 *Das jüdische Waisenhaus „Wilhelmspflege" vor 1933*

M2 *An die Verwüstung der Esslinger Synagoge erinnert sich die Pförtnerin:*
(...) Der Haufe kam herein und zerstörte mit Hämmern und Werkzeugen die großen Türen zum Gebetsaal. Sie raubten alle Wertgegenstände u. a. Altar- und Gebetsschalen, Bücher und sonstige Kostbarkeiten. Dann zertrümmerten sie Altar und Bänke; Fenster und Fensterrahmen schlugen sie hinaus. Es wurde alles mit bestialischer Gewalt durchgeführt. Der Anführer unter ihnen wollte Petroleum aus dem Laden von Gotthilf Bocher holen, um die Synagoge anzuzünden. Man weigerte sich, ihm dies zu geben. (...)
Der Volkshaufe nahm dann vieles aus der Synagoge, wie z. B. Bücher, Dokumente, Altargegenstände, und verbrannte es auf dem Platz vor der Synagoge. (...) Einige Tage später wurden alle männlichen Juden in ein Konzentrationslager gebracht und für Wochen eingesperrt. Nach ihrer Rückkehr erlaubte man ihnen nicht, über ihre Erlebnisse zu sprechen, aber das was sie erlitten hatten, war auf ihren Gesichtern geschrieben. In der Zwischenzeit hatte man ihre Häuser weggenommen und ihr Vermögen beschlagnahmt (...). Die Juden in Esslingen mussten alle in ein Haus ziehen, und es wurde ihnen nicht mehr gestattet, in „arischen" Läden einzukaufen.

Bericht der Pförtnerin Maria Kleinknecht, vermutlich zwischen 1945 und 1947 für die amerikanische Militärbehörde angefertigt. K-H Kraetke, Bernhard Stüber. In: Von Weimar bis Bonn. Esslingen 1919–1949, Esslingen 1991, S. 195.

M3 *Die Frau des letzten Leiters des Waisenhauses Rothschild schilderte später rückblickend, was am 10. November 1938 in Esslingen geschah:*
Ich wußte die Namen der Männer, die um die Mittagszeit im Waisenhaus erschienen; wir saßen mit den Kindern beim Essen – diese Männer stürmten in den Speisesaal, schrieen: „Raus mit Euch" etc.; warfen die Tische mit Geschirr und Essen um, trieben uns aus dem Haus, rannten durch die Küche und unteren Räume und zerschlugen, was sie gerade sahen. (...) Unterdessen holten sich diese Helden „Keulen" und Stangen aus dem Turnsaal, mißhandelten meinen Mann und die beiden Lehrer Samuel und Jonas. Andere gingen durch das Haus und die Schulräume, nahmen dabei Gegenstände, die man in die Tasche stecken konnte: Taschenuhren, Wecker, kleine Silberleuchter etc. Als einige Kinder ins Haus zurückgehen wollten und mußten, wurden sie mit Drohungen rausgeworfen: „Wenn ihr nicht verschwindet, werfen wir euch ins Feuer!" Im inneren Hof unter dem Amtszimmer hatten sie einen Scheiterhaufen errichtet und verbrannten Thorarollen [Gesetzbuch der Juden] und einen Teil der wertvollen Bibliothek meines Mannes. Andere Bücher wurden zerrissen, viele gestohlen, die feuerfesten Geldschränke erbrochen, die Ersparnisse der Kinder und deren Papiere verschwanden.

Brief von Frau Ina Rothschild an Majer-Leonhard, Philadelphia/USA, vom 12. 07. 1962, Abschrift im Stadtarchiv Esslingen.

M4 *Die ehemalige Synagoge in Esslingen.* Im Jahr 1819 hatte die jüdische Gemeinde das Haus erworben.

M5 *Brief von Frau Flora Beer über das Geschehen im Waisenhaus:*
(...) mittags, ca. 12 Uhr kam ein Strom von jungen Menschen ins Waisenhaus Esslingen/N gestürzt. Die Kinder saßen gerade am Tisch. Die Suppe war geschöpft und jedes Kind hatte einen Teller vor sich. Die Nazis brachen in den Speisesaal rein, voll von Hass und Vernichtung, zogen an jedem Tischtuch, und Teller und heiße Suppe fielen auf Kinder und Boden.

Die zwei Lehrer, ein Herr Samuel und Herr Jonas haben die Schweine in den hinteren Hof geschleppt, an die Wand gestellt und geschlagen bis sie blutig umfielen, dann aufgeladen und in ein Konzentrationslager gebracht.

Brief von Frau Flora Beer, Manchester/England, vom 14.08.1962 an die Hilfsstelle für Rassenverfolgte der Evang. Ges. Stuttgart. Abschrift Stadtarchiv Esslingen.

M7 *Bericht von Carl Graf, einem Esslinger Schüler, über den 10. November:*

Mit meinem Bruder war ich gerade auf dem Nachhauseweg, als wir auf dem Marktplatz einer großen Menschenmenge ansichtig wurden, die sich eben anschickte, in wilder Erregung, gestikulierend und schreiend (...) in jagender Eile dem Waisenhaus zuzusteuern. Wir schlossen uns natürlich, neugierig geworden, diesem Zug von Rasenden an. Am Waisenhaus angekommen, wurden mit krachenden Schlägen die Tore und Türen aufgezwängt (...). Die Menge ergoss sich in das Innere des Heims, Fensterscheiben klirrten – das Werk der Zerstörung nahm seinen Lauf. In den Gängen des Heims ein chaotisches Durcheinander. Alles, was irgendwie erlangbar, was nicht niet- und nagelfest war, schleuderte man auf den Boden. Ausgelaufene Tinte, umgestürzte Schulbänke, in einem Wort ein Bild der Barbarei. Dann flogen die Fenster auf, und in den Hof entleerte sich ein Sturzregen von Papieren und Büchern. (...)

Und tatsächlich verbrannte wenig später alles, was in den Hof hinuntergeworfen worden war. Im Hintergrund der schaurigen Szene standen die Waisenkinder wie eine zusammengewürfelte Herde und mussten sich das alles mit ansehen.

Als wir, mein Bruder und ich, am Tage nach dem Sturm auf das Esslinger Waisenhaus erwarteten, dass in der Schule oder sonst wie verständliche Erklärungen zu den schaurigen Vorgängen abgegeben würden, sahen wir uns darin schrecklich getäuscht. Alles schwieg sich darüber aus.

Leserbrief in der Esslinger Zeitung vom 6. Februar 1962.

M6 *Für ganz Württemberg wurden die Juden vom Sammellager Stuttgart-Killesberg aus in die Vernichtungslager deportiert.*

M8 *Am Tag nach den Verwüstungen fand sich in der Esslinger Zeitung folgender Bericht:*

Gerechter Zorn. Eine entrüstete Volksmenge, die durch die Botschaft vom Tode Raths sehr bewegt war, zog in spontaner Eingebung gestern Mittag vor und in das jüdische Waisenhaus, wo sie deutlich Stellung nahm gegen die Juden. So verständlich anlässlich des gemeinen Mordes in Paris die Entrüstung und Vergeltungsgefühle waren, so diszipliniert ging die Aktion vor sich. Einigen jüdischen Lehrern, die noch frech wurden, mussten kleinere Abreibungen gegeben werden. Es ist selbstverständlich, dass deutsche Menschen sich auch nicht an dem kleinsten Gut jüdischen Eigentums persönlich „bereicherten". Wie überall im Lande sollte die Demonstration nur ein spontanes Warnzeichen gegen die Juden sein, bei denen falsches Mitleid natürlich gänzlich deplatziert ist.

Esslinger Zeitung vom 11. November 1938.

M9 *Mutig verurteilte der Pfarrer Julius von Jan aus Oberlenningen (in der Nähe von Esslingen) in seiner Predigt am 16. November die Verbrechen der Pogrome vom 9./10. November 1938:*

Ein Verbrechen ist geschehen in Paris (...). Wir trauern mit unserem Volk um das Opfer dieser verbrecherischen Tat. Aber wer hätte gedacht, dass dieses eine Verbrechen in Paris bei uns in Deutschland so viele Verbrechen zur Folge haben könnte? (...) Die Leidenschaften sind entfesselt, die Gebote Gottes missachtet, Gotteshäuser, die anderen heilig waren, sind ungestraft niedergebrannt worden, das Eigentum der Fremden geraubt oder zerstört, Männer, die unserem deutschen Volk treu gedient und ihre Pflicht gewissenhaft erfüllt haben, wurden ins KZ geworfen (...). Mag das Unrecht auch von oben nicht zugegeben werden – das gesunde Volksempfinden fühlt es deutlich, auch wo man nicht darüber zu sprechen wagt.

Faltblatt des ev. Pfarramts Oberlenningen „Zum Gedenken an Julius von Jan 1897–1964".

M10 *Über die brutale Reaktion der Nationalsozialisten auf die kritischen Worte des Oberlenninger Pfarrers Jan berichtet ein Augenzeuge:*

Am Freitag, dem 25.11.1938, fuhren abends gegen 8 Uhr eine Anzahl Lastwagen, Motorräder, Personenautos, auch ein Omnibus in Oberlenningen ein, mit denen einige hundert Menschen herbeibefordert worden waren. (...) Kurz nach 9 Uhr wurden im Untergeschoss des Pfarrhauses die Fensterscheiben eingeschlagen, die zum Garten führende Tür mit Gewalt erbrochen, hierauf drang eine Anzahl unbekannter Männer ins Pfarrhaus ein. (...) Die Menge hatte sich dicht herangedrängt und begann sofort entsetzlich auf den Pfarrer einzuhauen. Die Fäuste flogen nur so. Grauenvoll war der Anblick der rasend gewordenen Menschen. Immer mal wieder wurde der Misshandelte hochgehoben, um dann erneut geschlagen, gestoßen, gepufft und getreten zu werden. (...) Einige beherzte Männer griffen jedoch zu und trugen den Bewusstlosen vom Pfarrhaus bis zum Rathaus (...). Die Träger mussten den ganzen Weg eine Reihe von Püffen und Schlägen aushalten. (...) Die ganze Gemeinde war ob dieses räuberischen Überfalls, ob solch unmenschlichen Verhaltens bis ins Innerste erschüttert, empört und aufgebracht. Es war ihr, als ob die Grauen des Dreißigjährigen Krieges über sie hereingebrochen wären. Wohl kaum ein Mensch hat in der folgenden Nacht ein Auge zutun können.*

Augenzeugenbericht, wenige Tage später im Pfarrhaus niedergeschrieben, ev. Pfarramt Oberlenningen.

* Pfarrer Jan wurde verhaftet und von einem Sondergericht zu 16 Monaten Gefängnis verurteilt. Nach seiner Entlassung wurde er an die Ostfront geschickt.

M11 *Auf Anordnung der amerikanischen Militärregierung mussten einige der Täter, die am Tag nach der Pogromnacht das jüdische Waisenhaus überfallen hatten, am 15. November 1945 auf dem Esslinger Marktplatz zur Strafe Holz sägen und hacken.*

Methodische Arbeitsschritte

So untersuchen Sie, wie die Pogromnacht 1938 in Ihrer Heimatgemeinde verlief. Am besten gehen Sie dabei in arbeitsteiliger Gruppenarbeit vor:

1. Befragen Sie Zeitzeugen, Menschen also, die die Ereignisse 1938 gesehen oder erlebt haben (vgl. S. 350/351).
2. Schauen Sie in der Stadtbücherei, ob Sie Literatur zu dem Thema finden.
3. Informieren Sie sich im Internet unter www.lpb.bwue.de über jüdische Gedenkstätten in Ihrer Nähe. Dort finden Sie Informationen zum jüdischen Leben in der Region.
4. Informieren Sie sich, ob es in Ihrem Heimatort eine jüdische Gemeinde gibt, die Ihnen mit Auskünften weiterhelfen kann.
5. Besuchen Sie Ihr Stadt- oder Kreisarchiv. Die Archivangestellten unterstützen Sie bei Ihrer Suche. Sie helfen Ihnen auch dabei, Handschriften zu lesen.
6. Tragen Sie sämtliche Informationen zusammen und werten Sie diese aus. Fertigen Sie eine ausführliche Dokumentation an und präsentieren Sie die Ergebnisse vor Ihrer Klasse. Dafür bietet sich unter anderem eine Wandzeitung an.

1 Lesen Sie M2, M3, M5, M7 und vergleichen Sie die Zeugenaussagen. Warum waren wohl vor allem junge Menschen an den Verwüstungen beteiligt? Überlegen Sie, warum keine Uniformen zu sehen waren und warum in den Schulen nicht über die Vorgänge gesprochen wurde.

2 Vergleichen Sie den Zeitungsartikel M8 mit den Berichten der Augenzeugen M2, M3, M5, M7.

3 Beschreiben und bewerten Sie das Verhalten des Pfarrers in Oberlenningen (M9). Wie beurteilen Sie das Verhalten der Oberlenninger Bürger (M10)?

4 Suchen Sie in Ihrer Gemeinde nach Quellen über Geschehnisse in der Pogromnacht. Fragen Sie in Büchereien, in Archiven, bei jüdischen Einrichtungen nach.

9 Der Weg in den Krieg

M1 *Hitler fährt nach dem „Anschluss" Österreichs,* der in Wirklichkeit eine militärische Besetzung war, durch Wien.

Selbstbestimmungsrecht der Völker
meint den Anspruch eines Volkes auf Unabhängigkeit und Entscheidungsfreiheit über seine Angelegenheiten. Hitler missbrauchte dieses Recht für seine Eroberungspläne.

Appeasement-Politik
(von engl. to appease = beschwichtigen)
Politik der englischen Regierung bis 1938: Zugeständnisse gegenüber Hitlers Aufrüstungsplänen und Gebietsansprüchen sollten ihn davon abhalten, Gewalt anzuwenden.

Ziel: Weltmacht

In seinem Buch „Mein Kampf" hatte Hitler als Ziel der nationalsozialistischen Außenpolitik formuliert: „Deutschland wird entweder Weltmacht oder überhaupt nicht mehr sein." In Hitlers Vorstellungen spielte dabei der Gedanke von „mehr Lebensraum im Osten" eine große Rolle. Das bedeutete die gewaltsame Ausdehnung Deutschlands nach Osten, also Krieg. Hitler verstand es jedoch in den ersten Regierungsjahren, seine aggressiven Ziele nach außen hin zu verbergen. Obwohl er Krieg plante, sprach er in der Öffentlichkeit immer nur vom Frieden.

Deutschland rüstet auf

Anfangs verfolgte die NS-Außenpolitik vor allem ein Ziel: die Rücknahme der Bestimmungen des Versailler Vertrages. Das war bei vielen Deutschen populär, die sich nach alter Macht und Größe sehnten. Bereits 1933 trat Deutschland aus dem Völkerbund aus. Die Nationalsozialisten konnten sich so internationaler Kontrolle entziehen und heimlich aufrüsten. 1935 verletzte die NS-Regierung gleich zweimal die Rüstungsbeschränkungen des Versailler Vertrags: Im März wurde die Wehrpflicht wiedereingeführt, im Juli kam es zu einem Flottenabkommen mit England. Ein Jahr später besetzten deutsche Truppen das entmilitarisierte Rheinland. Die ausländischen Regierungen protestierten gegen all diese Aktionen nur schwach.

Großdeutsches Reich

1938 befahl Hitler den Einmarsch in Österreich. Dabei berief er sich auf das Selbstbestimmungsrecht der Völker. Während die österreichische Regierung protestierte, jubelten die meisten Österreicher über die Vereinigung mit Deutschland zum „Großdeutschen Reich".
Noch im selben Jahr forderte Hitler auch für die in der Tschechoslowakei lebenden Sudetendeutschen das Selbstbestimmungsrecht: Das Sudetenland sollte Deutschland angegliedert werden. Als Hitler mit Krieg drohte, gaben die Staatsmänner Englands, Frankreichs und Italiens nach. Auf der Münchener Konferenz beschlossen sie, dass die Tschechoslowakei das Sudetenland abtreten musste. Dafür wurde die Existenz der übrigen Tschechoslowakei garantiert. Hitler erklärte, keine weiteren Forderungen zu stellen. Der Frieden in Europa schien gerettet.

Am Vorabend des Krieges

Als im März 1939 deutsche Truppen in die Tschechoslowakei einmarschierten, war die britische Appeasement-Politik gescheitert. England und Frankreich gaben nun Polen eine Garantieerklärung, denn dieser Staat schien als Nächster ins Visier Hitlers zu geraten. Ende August 1939 überraschten Deutschland und die Sowjetunion die übrige Welt mit der Unterzeichnung eines Nichtangriffspaktes. In einem geheimen Zusatzprotokoll teilten sie bereits Polen als Kriegsbeute auf. Am 1. September griffen deutsche Soldaten Polen an. England und Frankreich hielten sich an ihre Garantiezusage und erklärten Deutschland den Krieg. Der Zweite Weltkrieg hatte begonnen.

M2 *Aus der Regierungserklärung Hitlers vor dem Deutschen Reichstag am 23. März 1933:*
Das deutsche Volk will mit der Welt in Frieden leben (...). Die Begriffe von Siegernationen und von Besiegten können nicht als eine dauernde Basis freundschaftlicher Beziehungen der Völker untereinander gelten (...). Die nationale Regierung ist bereit, jedem Volke die Hand zu einer aufrichtigen Verständigung zu reichen, das gewillt ist, die traurige Vergangenheit endlich einmal grundsätzlich abzuschließen (...). Die Reichsregierung wird jede Bemühung unterstützen, die darauf gerichtet ist, einer allgemeinen Abrüstung wirksam zu dienen und den dabei schon längst fälligen Anspruch Deutschlands zur Gleichberechtigung sicherzustellen (...). Wir sind (...) der Überzeugung, dass ein solcher Ausgleich in unserem Verhältnis zu Frankreich möglich ist.

Zit. nach: Erhard Klöss (Hg.), Reden des Führers, München 1967, S. 104 ff.

M3 *Auf einer Besprechung äußerte sich Hitler 1937 zur Außenpolitik. Sein Adjutant Oberst Hoßbach notierte diese Gedanken:*
Das Ziel der deutschen Politik sei die Sicherung und Erhaltung der Volksmasse und deren Vermehrung, somit handle es sich um das Problem des Raumes. (...) Dass jede Raumerweiterung nur durch Brechen von Widerstand und unter Risiko vor sich gehen könne, habe die Geschichte aller Zeiten – römisches Weltreich, englisches Empire – bewiesen. Auch Rückschläge seien unvermeidbar. Weder früher noch heute habe es herrenlosen Raum gegeben, der Angreifer stoße stets auf den Besitzer. Für Deutschland laute die Frage, wo größter Gewinn unter geringstem Einsatz zu erreichen sei. (...) Zur Lösung der deutschen Frage könne es nur den Weg der Gewalt geben.

Zit. nach: Günter Schönbrunn, Weltkriege und Revolutionen 1914–1945, Geschichte in Quellen, Bd. V, München 1961, S. 349 f.

M4 *Karikatur zum „Hitler-Stalin-Pakt", USA 1939.* Polen trifft auf Deutschland und die Sowjetunion.

M6 *„Der Mann mit den zwei Gesichtern"*
(Karikatur aus der französischen Zeitung „Le Rempart" von 1933).
– Erläutern Sie die Aussage der Karikatur mit Hilfe des VT. Achten Sie auf die Einzelheiten der Zeichnung.

1 Listen Sie die Schritte der NS-Außenpolitik zwischen 1933 und 1939 auf. Nehmen Sie dabei die Karte auf S. 218 zu Hilfe.

2 Erläutern Sie, inwieweit das Motto „Den Frieden verkünden, den Krieg vorbereiten" auf die Außenpolitik Hitlers zutrifft (VT, M2, M3, M5).

3 Erklären Sie die Aussage der Karikatur M4.

4 Die NS-Propaganda bezeichnete den Einmarsch in Österreich als „Anschluss". Diskutieren Sie über diese Denkweise.

M5 *Bewohner Prags beim Einmarsch deutscher Truppen 1939.* – Mit welchen Gesten werden die Soldaten empfangen? Vergleichen Sie mit M1.

10 Der Krieg in Europa – Völkervernichtung

M1 *Jüdische Zwangsarbeiter im Dienste der Wehrmacht in Mogilew (Weißrussland),* 1944 (Foto einer Propaganda-Kompanie der Wehrmacht).

„Blitzkriege" in Europa

Der Krieg in Polen dauerte nur wenige Wochen. Zwar hatten England und Frankreich, gemäß ihrem Bündnisversprechen, Deutschland den Krieg erklärt, doch sie beteiligten sich nicht an den Kämpfen. Beide Länder fürchteten, einem Krieg noch nicht gewachsen zu sein. So standen die polnischen Truppen alleine einer überlegenen, hochgerüsteten deutschen Wehrmacht gegenüber. Als Mitte September 1939 zudem sowjetische Soldaten in Polen eindrangen, war das polnische Schicksal endgültig besiegelt. Wie im „Hitler-Stalin-Pakt" verabredet, wurde das Land zwischen Deutschland und der Sowjetunion aufgeteilt.
Nach der Eroberung Polens verlagerte sich der Krieg zunächst nach Nord- und Westeuropa. Da die Erzimporte aus Schweden für die deutsche Kriegswirtschaft sehr wichtig waren, ließ Hitler Dänemark und Norwegen besetzen. Im Mai 1940 begann der so genannte Westfeldzug. Die deutschen Truppen besetzten zunächst die Niederlande und Belgien. Im Juni griff die Wehrmacht dann Frankreich an. Mit Hilfe der überlegenen Panzer- und Luftwaffe wurde es binnen weniger Wochen zur Kapitulation gezwungen. Im Mittelmeerraum kämpften deutsche Truppen gemeinsam mit ihren italienischen Verbündeten. Die Wehrmacht besetzte den Balkan, Griechenland und Nordafrika.
Weite Teile Europas standen 1941 unter nationalsozialistischer Besatzung. Einzig England wehrte sich erfolgreich gegen die Angriffe. Die von Hitler geplante Eroberung der britischen Insel ließ sich nicht verwirklichen.

Vernichtungskrieg im Osten

Am 22. Juni 1941 brach die deutsche Regierung ihren Nichtangriffspakt mit Stalin: Deutsche Truppen fielen in die Sowjetunion ein. Der Kampf im Osten war von Anfang an ein Vernichtungskrieg. Er wurde mit äußerster Brutalität geführt. Vor allem SS-Männer, teilweise aber auch Soldaten der deutschen Wehrmacht, ermordeten Millionen Kriegsgefangene und Zivilisten. Die Nationalsozialisten führten diesen Krieg nicht um einen Staat zu erobern, sondern um das Land auszubeuten und die in ihren Augen „rassisch minderwertige" Bevölkerung zu vernichten.
Bereits im Oktober 1939 hatten deutsche Sondereinheiten in Polen mit der Vernichtung der dortigen Intelligenz und Führungsschicht begonnen. Bis Kriegsende starben dabei mindestens eine Million Polen. Das Gleiche wiederholte sich nun in der Sowjetunion. Mehr als 20 Millionen Russen kostete der Kampf gegen die Nationalsozialisten das Leben, darunter etliche Zivilisten. Rund 3,3 Millionen sowjetische Soldaten kamen allein in deutscher Kriegsgefangenschaft ums Leben. Sie starben an Hunger, Erfrierungen, Seuchen oder den Folgen der Zwangsarbeit.

M2 *Hinrichtungsopfer* wurden in Belgrad zur „Abschreckung“ öffentlich aufgehängt (Foto, August 1941).

M3 *Aus einem Brief des Generalmajors Hellmuth Stieff vom 31. Oktober 1939 (Stieff gehörte später zum Widerstand gegen Hitler und wurde hingerichtet):*

Es ist eine Stadt und eine Bevölkerung [in Warschau], die dem Untergang geweiht ist. (…) Man bewegt sich dort nicht als Sieger, sondern als Schuldbewusster. (…) Dazu kommt noch all das Unglaubliche, was dort am Rande passiert und wo wir mit verschränkten Armen zusehen müssen! Die blühendste Fantasie einer Gräuelpropaganda ist arm gegen die Dinge, die eine organisierte Mörder-, Räuber- und Plünderbande unter angeblich höchster Duldung dort verbricht. (…) Diese Ausrottung ganzer Geschlechter mit Frauen und Kindern ist nur von einem Untermenschentum möglich, das den Namen Deutsch nicht mehr verdient. Ich schäme mich ein Deutscher zu sein!

Wolfgang Michalka (Hg.), Deutsche Geschichte 1933–1945, Frankfurt/M. 1993, S. 235.

M4 *Der ehemalige Wehrmachtssoldat Bruno Schneider berichtet:*

1941 gehörte ich zur 4. Kompanie. Mit dieser Einheit kam ich Ende Juni 1941 von Frankreich nach Russland. Kurz vor unserem Abmarsch wurden wir von unserem Kompaniechef, dem Oberleutnant Prinz, in einer Scheune versammelt. Hier erhielten wir folgenden Geheimbefehl: „Kriegsgefangene sind von der Roten Armee nur in Ausnahmefällen, d. h. wenn es unvermeidlich ist zu machen. Im Übrigen sind gefangene Sowjetsoldaten zu erschießen. Stets zu erschießen sind Frauen, die in den Einheiten der Roten Armee dienen.“ Ich kann nun noch sagen, dass sich der große Teil der Soldaten meiner Einheit nicht so verhielt, wie es der obige Befehl von ihnen forderte. Ich sah aber auch, wie sich die deutsche Armee ein grauenhaftes Ansehen erwarb.

Hannes Heer (Hg.), „Stets zu erschießen sind Frauen, die in der Roten Armee dienen“. Geständnisse deutscher Kriegsgefangener über ihren Einsatz an der Ostfront, Hamburg 1995, S. 10.

1 Betrachten Sie die Bilder und beschreiben Sie mögliche Reaktionen der Bevölkerung.

2 Erläutern Sie, worin sich der Krieg im Westen vom Krieg im Osten unterschied (VT, M3, M4).

3 Erklären Sie mit eigenen Worten, warum bei den Völkern Osteuropas die Taten der SS-Männer und der Soldaten nicht vergessen und wohl auch nicht vergeben werden können.

M5 *Der Krieg in Europa 1939 bis 1945:*
① Phase der deutschen „Blitzkriege“
② größte Ausdehnung der deutschen und italienischen Mächte während des Krieges im Jahre 1942
③ die Zeit der alliierten Invasion und Offensiven, die am 8. Mai 1945 zur Kapitulation des Deutschen Reiches führten

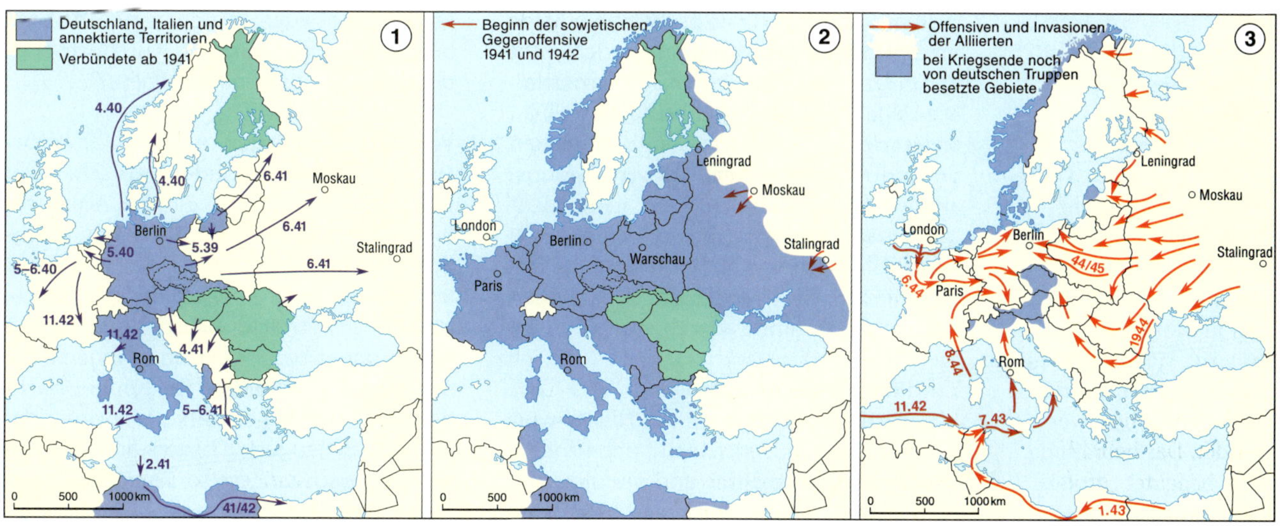

11 Holocaust – Shoa

M1 *Auf dem Bahnsteig des Vernichtungslagers Auschwitz-Birkenau* sortierten SS-Ärzte und Wachpersonal die Ankommenden in zwei Gruppen: Schwangere, Mütter mit Kindern, Invaliden und alte Menschen kamen sofort in die Gaskammer. Alle anderen wurden dem Lager zur „Vernichtung durch Arbeit" zugewiesen.

Holocaust/Shoa

Der Begriff „Holocaust" kommt vom griechischen „holocaustos", die wörtliche Übersetzung bedeutet: „völlig verbrannt". Mit dem Begriff bezeichnet man heute die Ermordung der Juden während der nationalsozialistischen Diktatur. Häufig wird für dieses Verbrechen auch der Begriff „Shoa" verwendet. Das hebräische Wort bedeutet „großes Unheil, Katastrophe".

Unfassbare Verbrechen

Wer sich mit dem Holocaust beschäftigt, gerät schnell an die Grenze seines Vorstellungsvermögens. Sechs Millionen Menschen jüdischer Abstammung wurden unter dem Nazi-Regime systematisch ermordet. Die Leiden der Opfer sind kaum vorstellbar. Sie wurden erschossen, in Ghettos getrieben und ausgehungert, durch schwere Zwangsarbeit zu Tode gebracht oder in Konzentrationslagern vergast und verbrannt. Noch heute fällt es schwer, Antworten auf die Frage zu finden, wie es zu diesem beispiellosen Verbrechen kommen konnte.

„Endlösung der Judenfrage"

Schon seit dem Machtantritt Hitlers wurden die Juden in Deutschland unterdrückt, gedemütigt, entrechtet und verfolgt. Mit Beginn des Krieges wurden die Nationalsozialisten noch radikaler. Auf der „Wannsee-Konferenz" in Berlin im Januar 1942 besprachen führende Nationalsozialisten die Organisation der „Endlösung der Judenfrage". Gemeint war damit die systematische Vernichtung aller Juden in Europa. Der Völkermord an den Juden war zu diesem Zeitpunkt schon beschlossene Sache. Seit Herbst 1941 wurden Juden aus Deutschland und den seit Kriegsbeginn besetzten Ländern in Konzentrationslager und Vernichtungslager in den eroberten Ostgebieten verschleppt.

„Todesfabrik" Auschwitz

Das Vernichtungslager Auschwitz war die größte Mordmaschine, die je erdacht und verwirklicht wurde. In Güterwaggons zusammengepfercht wurden die Menschen in das Lager gebracht und sofort bei der Ankunft in Arbeitsfähige und Todeskandidaten aussortiert. Es waren Frauen, Kinder, alte Menschen, die man sofort in den Tod schickte. Sie wurden vergast, ihre Leichen verbrannt. Die Arbeitsfähigen wurden als billige Arbeitskräfte eingesetzt. Doch auch sie starben, an Unterernährung, Seuchen, Misshandlungen und den unmenschlichen Bedingungen im Lager.
Neben Auschwitz gab es etliche weitere Vernichtungslager, in denen systematisch gemordet wurde. Allein in Auschwitz starben über eine Million Menschen.

Von allem nichts gewusst?

Die Vernichtung der Juden war schon vor 1933 ein erklärtes Ziel Hitlers. Allein mit dem wahnhaften Rassismus eines mächtigen Diktators lässt sich der Holocaust jedoch nicht erklären. Die Vernichtung hatte industrielle Ausmaße, zahlreiche Menschen waren daran beteiligt: Planer, Ingenieure, Buchhalter, Lieferanten, Lokführer, Wachpersonal und viele mehr. Mancher, der ahnte, was den Juden bevorstand, schaute bewusst weg, um ein so übergroßes Verbrechen überhaupt ertragen zu können.

M5 *Großunternehmen und Konzerne* – darunter Siemens, Krupp, IG Farben – errichteten Fabriken neben den Vernichtungslagern und liehen sich von der SS Häftlinge als billige Arbeitskräfte (Zeichnung eines Häftlings des Lagers Sachsenhausen).

M2 *Aus dem Protokoll der Wannsee-Konferenz, 20. Januar 1942:*

Unter entsprechender Leitung sollen im Zuge der Endlösung die Juden im Osten zum Arbeitseinsatz kommen. In großen Arbeitskolonnen, unter Trennung der Geschlechter, werden die arbeitsfähigen Juden Straßen bauend in diese Gebiete geführt, wobei zweifellos ein Großteil durch natürliche Verminderung ausfallen wird. Der allfällig endlich verbleibende Restbestand wird, da es sich bei diesem zweifellos um den widerstandsfähigsten Teil handelt, entsprechend behandelt werden müssen, da dieser, eine natürliche Auslese darstellend, bei Freilassung als Keimzelle eines neuen jüdischen Aufbaues anzusprechen ist.

Wolfgang Benz, Der Holocaust, München 1995, S. 10.

M3 *Ruth Klüger, eine Jüdin, die das Konzentrationslager überlebte, beschreibt in ihren Erinnerungen den Transport nach Auschwitz:*

Noch jetzt, wenn ich Güterwagen sehe, überläuft es mich. Es ist ja üblich, Viehwaggons zu sagen, aber auch Tiere werden normalerweise nicht so befördert und wenn, so sollte es nicht sein. Die Türen waren abgeschlossen, Luft kam durch ein kleines Viereck von einem Fenster. Waren es 60 oder 80 Menschen? Bald stank der Wagen nach Urin und Kot, es gab nur eine Luke, um Gefäße zu entleeren. Ich weiß nicht, wie lange die Reise gedauert hat. Aber die Fahrt war für mich die längste. Vielleicht hat der Zug auch mehrmals gehalten und ist herumgestanden. Bestimmt nach der Ankunft in Auschwitz, doch wohl auch schon vorher standen die Waggons und die Temperatur drinnen stieg. Panik, Ausdünstungen der Körper, die es nicht mehr aushielten in der Hitze und in einer Luft, die mit jeder Minute zum Atmen ungeeigneter wurde. Von daher glaube ich eine Ahnung zu haben, wie es in den Gaskammern gewesen sein muss.

Ruth Klüger, Weiter leben. Eine Jugend. Göttingen 1992, S. 107.

M4 *Rudolf Höß, der 1947 hingerichtete ehemalige Lagerkommandant von Auschwitz, beschreibt den Gastod:*

Die zur Vernichtung bestimmten Juden wurden möglichst ruhig – Männer und Frauen getrennt – zu den Krematorien geführt. Im Auskleideraum wurde ihnen (...) gesagt, dass sie hier nun zum Baden und zur Entlausung kämen, dass sie ihre Kleider ordentlich zusammenlegen sollten und vor allem den Platz zu merken hätten, damit sie nach der Entlausung ihre Sachen schnell wiederfinden könnten (...). Nach der Entkleidung gingen die Juden in die Gaskammer, die mit Brausen und Wasserleitungsrohren versehen, völlig den Eindruck eines Baderaumes machte. Zuerst kamen die Frauen mit den Kindern hinein, hernach die Männer (...). Die Tür wurde schnell zugeschraubt und das Gas sofort durch die (...) Decke der Gaskammer in einen Luftschacht bis zum Boden geworfen. Dies bewirkte die sofortige Entwicklung des Gases. Durch das Beobachtungsloch in der Tür konnte man sehen, dass die dem Einwurfschacht am nächsten Stehenden sofort tot umfielen. Man kann sagen, dass ungefähr ein Drittel sofort tot war. Die anderen fingen an zu taumeln, zu schreien und nach Luft zu ringen. Das Schreien ging aber bald in ein Röcheln über und in wenigen Minuten lagen sie alle. Nach mindestens 20 Minuten regte sich keiner mehr (...). Eine halbe Stunde nach Einwurf des Gases wurde die Tür geöffnet und die Entlüftungsanlage eingeschaltet (...). Den Leichen wurden nun (...) die Goldzähne entfernt und den Frauen die Haare abgeschnitten. Hiernach [wurden sie] durch den Aufzug nach oben gebracht vor die inzwischen angeheizten Öfen. Je nach Körperbeschaffenheit wurden bis zu drei Leichen in eine Ofenkammer gebracht. Auch die Dauer der Verbrennung war durch die Körperbeschaffenheit bedingt. Es dauerte im Durchschnitt 20 Minuten (...). Die Asche fiel (...) durch die Roste und wurde laufend entfernt und zerstampft. Das Aschenmehl wurde mittels Lastwagen nach der Weichsel gefahren und dort schaufelweise in die Strömung geworfen, wo es sofort abtrieb und sich auflöste.

Geschichte in Quellen, Band 6, München 1970, S. 521 f.

M6 *Konzentrationslager und die Herkunftsländer der ermordeten Juden*

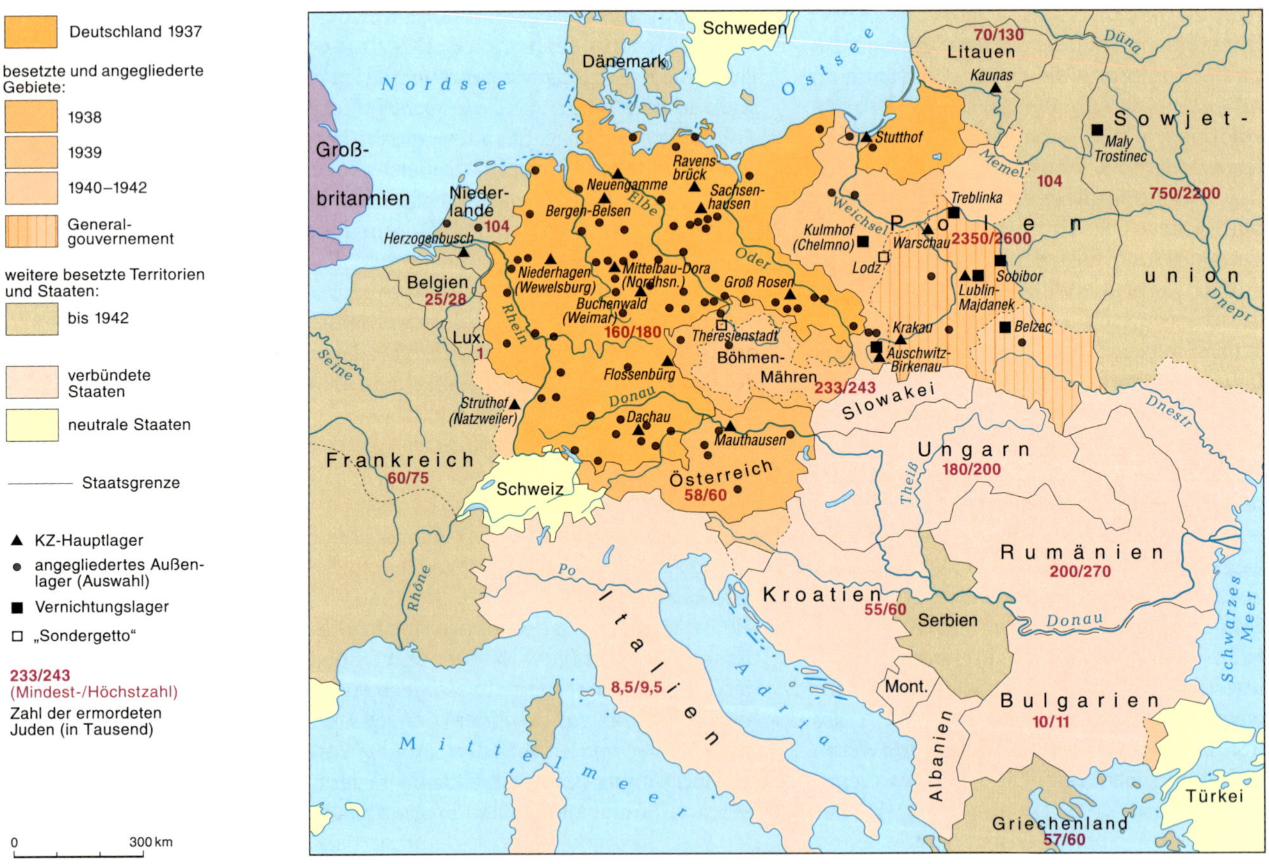

M9 *„Wandelnde Leichen"* (Tuschezeichnung von Alfred Kantor). Kantor war gelernter Werbegrafiker, als er in ein KZ gebracht wurde, weil er Jude war.

M7 *In einer Rede vor SS-Führern erklärte Heinrich Himmler, der Reichsführer der SS, am 4. Oktober 1943 in Posen:*

Ich will hier vor Ihnen in aller Öffentlichkeit auch ein ganz schweres Kapitel erwähnen. Unter uns soll es einmal ganz offen ausgesprochen sein und trotzdem werden wir in der Öffentlichkeit nie darüber reden (...). Ich meine jetzt die Judenevakuierung, die Ausrottung des jüdischen Volkes. Es gehört zu den Dingen, die man leicht ausspricht – „Das jüdische Volk wird ausgerottet", sagt ein jeder Parteigenosse, „ganz klar, steht in unserem Programm, Ausschaltung der Juden, Ausrottung, machen wir." Und dann kommen sie alle an, die braven 80 Millionen Deutschen, und jeder hat seinen anständigen Juden. Es ist ja klar, die anderen sind Schweine, aber dieser eine ist ein prima Jude. Von allen, die so reden, hat keiner zugesehen, keiner hat es durchgestanden. Von euch werden die meisten wissen, was es heißt, wenn 100 Leichen beisammenliegen, wenn 500 daliegen oder (...) 1000 (...). Dies durchgehalten zu haben und dabei – abgesehen von Ausnahmen menschlicher Schwächen – anständig geblieben zu sein, das hat uns hart gemacht. Dies ist ein niemals geschriebenes und niemals zu schreibendes Ruhmesblatt unserer Geschichte.

Zit. nach: Internationaler Militärgerichtshof, Bd. XXIX, S. 145.

M8 *Was wussten die Deutschen vom Holocaust? Der Historiker Wolfgang Benz schreibt 1995 dazu:*

[Es] gab viele Möglichkeiten, davon zu erfahren – und man konnte sich dem Wissen kaum entziehen. Soldaten der Wehrmacht erzählten im Urlaub von der Ostfront oder schrieben nach Hause, was sie gesehen hatten. Die Existenz der Ghettos und Konzentrationslager konnte ebenso wenig verborgen bleiben wie die Deportation der Juden aus allen Teilen Europas „zur Siedlung im Osten".

Dass es – über die Gerüchte hinaus – mehr oder weniger deutliches Wissen um den organisierten Völkermord am Ostrand des deutschen Herrschaftsgebiet gab, ist evident [klar]. Aber die Deutschen wussten von den Gaskammern und Vernichtungslagern, ohne davon wissen zu wollen. Was vielen Selbstschutz war, wurde nach dem Zusammenbruch des Hitlerstaats zur Lebenslüge einer Generation. Weil sie entsetzt und beschämt waren über die Verbrechen, wollten sie nicht durch Wissen mitschuldig gewesen sein und beteuerten nach 1945 gemeinsam, nichts gewusst zu haben, redeten sich ein, der Völkermord sei das Geheimnis einer kleinen Clique von Verbrechern gewesen.

Wolfgang Benz, Der Holocaust, München 1995, S. 117.

1 Vergleichen Sie das Protokoll M2 und den Bericht von Höß (M4) mit der Schilderung von Ruth Klüger (M3). Beachten Sie vor allem die Sprache.

2 Stellen Sie fest, wo sich die Vernichtungslager befanden (M6). Was kann man daraus schließen? Versuchen Sie zu klären, ob es auch in der Nähe Ihres Ortes ein Konzentrationslager gab.

3 Versuchen Sie Stellung zu nehmen zu dem unmenschlichen Leid, das den Menschen angetan wurde (M1, M3, M4, M9).

4 Der Historiker Benz schreibt, die Deutschen wussten vom Völkermord „ohne davon wissen zu wollen" (M8). Erklären Sie, was er damit meint.

5 Diskutieren Sie, warum es auch heute noch Menschen gibt, die den Massenmord der Nationalsozialisten leugnen.

12 Widerstand im NS-Staat

Widerstand
So bezeichnet man jede Handlung, die absichtsvoll darauf gerichtet war oder ist, ein Unrechtsregime zu beseitigen. Das Recht auf Widerstand ist gegeben, wenn ein Staat oder eine Regierung die Menschenrechte missachten. Es wird unterschieden zwischen aktivem und passivem Widerstand sowie zwischen Widerstand mit Gewalt und gewaltfreiem Widerstand.

Menschen mit Mut

In vielen deutschen Städten gibt es heute Straßen oder Plätze, die nach Widerstandskämpfern gegen den NS-Staat benannt sind. Damals hatten nur wenige Deutsche den Mut, etwas gegen Hitler und die Nationalsozialisten zu unternehmen. Zu groß schien den meisten das Risiko, denn eine andere Meinung oder gar öffentlicher Widerspruch waren lebensgefährlich. Dennoch gab es sie, die Menschen, die nicht mitmachten oder Widerstand leisteten. Manche verweigerten im Alltag den Hitler-Gruß, ignorierten die Regeln der „Volksgemeinschaft" oder hörten die verbotene „entartete" Musik und „Feindsender". Andere versteckten Juden und politisch Verfolgte, verteilten Flugblätter oder planten gar ein Attentat auf Hitler.

Politischer Widerstand

Widerstand wurde von allen sozialen Schichten und politischen Richtungen geleistet. In der Anfangszeit des NS-Staates waren besonders Gewerkschafter, Sozialdemokraten und Kommunisten aktiv, die schon vor Hitlers Machtübernahme überzeugte Gegner der Nationalsozialisten gewesen waren. Nach dem Verbot der Parteien und angesichts der Verhaftungswellen 1933 gingen viele von ihnen schon früh in den Untergrund, um durch Flugblattaktionen oder Sabotageakte ihren Kampf fortzuführen.

Christlicher Widerstand

Die beiden christlichen Kirchen beteiligten sich anfangs kaum am Widerstand gegen das NS-Regime. Die katholische Kirche protestierte erst, als der Staat katholische

M1 *Zerstörter Besprechungsraum* im Führerhauptquartier nach dem Attentat vom 20. Juli 1944.

Schulen schließen und katholische Verbände verbieten wollte. Später gab es vereinzelt auch öffentliche Kritik am NS-Staat. Bischof Clemens von Galen protestierte lautstark gegen die Tötung geistig und körperlich Behinderter.
Die evangelische Kirche war gespalten. Eine Mehrheit unterstützte die „Deutschen Christen" und damit Partei und Regierung. Eine Minderheit – die „Bekennende Kirche" – stand dem NS-Staat kritisch gegenüber. Darüber hinaus gab es einzelne Priester und Pfarrer, die sich widersetzten. Sie wurden verfolgt, eingesperrt und häufig in Konzentrationslagern ermordet.

Das Attentat am 20. Juli 1944

Die Widerstandsaktionen mit den meisten Aussichten auf Erfolg kamen aus dem bürgerlich-militärischen Lager. Die Widerstandsgruppe um den konservativen Politiker Carl Goerdeler, den Generaloberst Ludwig Beck und Oberst Claus Graf Schenk von Stauffenberg entschloss sich, Hitler zu töten. Am 20. Juli 1944 nahm Stauffenberg an einer Lagebesprechung in Hitlers Hauptquartier teil. In seiner Aktentasche hatte er eine Bombe, die er in Hitlers Nähe platzierte. Die Bombe tötete zwar fünf Besprechungsteilnehmer, doch Hitler selbst überlebte leicht verletzt. Das gescheiterte Attentat löste eine regelrechte Verfolgungs- und Mordwelle aus. Stauffenberg und drei weitere Offiziere wurden noch am selben Abend festgenommen und erschossen. Tausende Regimegegner traf es in den folgenden Wochen und Monaten. Sie wurden verhaftet, angeklagt und verurteilt. Etliche von ihnen wurden hingerichtet.

Einzelkämpfer

Neben organisierten Gruppen gab es auch immer wieder Einzelpersonen, die ein Ende der NS-Diktatur herbeiführen wollten. So plante etwa Georg Elser, ein Tischler aus Württemberg, ein Attentat auf Hitler. Sein Anschlag im November 1938 misslang, weil Hitler eine Veranstaltung, auf der Elser eine Bombe explodieren ließ, früher verließ als geplant. Elser wurde schnell gefasst, in ein Konzentrationslager gebracht und dort 1945 ermordet. Insgesamt scheiterten etwa vierzig weitere Versuche, Hitler zu töten.

Die „Weiße Rose"

Auch Jugendliche und Studenten lehnten sich gegen den NS-Staat auf, wie etwa die „Weiße Rose". Diese Gruppe von Studenten um die Geschwister Sophie und Hans Scholl verteilte während des Krieges heimlich Flugblätter. Darin riefen die Studenten zum Widerstand auf und verurteilten die Grausamkeiten des Krieges und die Morde an den Juden. Nach einer Flugblattaktion in der Münchener Universität verriet sie der Hausmeister. Im Februar 1943 wurden sie verhaftet und hingerichtet.

„Widerstand ohne Volk"?

Trotz der vielen Einzelpersonen und Gruppen waren es im Verhältnis zur Gesamtbevölkerung nur sehr wenig Menschen, die Widerstand leisteten. Der Historiker Hans Mommsen spricht deshalb von einem „Widerstand ohne Volk". Die Mehrheit der Deutschen verstand die Handlungen der Widerstandskämpfer nicht. Viele hatten sich mit dem NS-Staat arrangiert und widersetzten sich nicht, auch wenn sie mit manchen Dingen nicht einverstanden waren. Sie passten sich an, schwiegen und wurden so zu „Mitläufern". Terror, Einschüchterung und Propaganda der Nationalsozialisten taten ein Übriges, um den Großteil der Bevölkerung gegen die Frauen und Männer des Widerstandes einzunehmen.

M2 *Späte Würdigung eines Widerstandskämpfers.* Im Januar 2004 wurde in Duisburg offiziell die Schulze-Boysen-Straße eingeweiht. Harro Schulze-Boysen wurde im Dezember 1942 wegen „Vorbereitung zum Hochverrat, Kriegsverrats, Zersetzung der Wehrkraft und Spionage" zum Tode verurteilt und hingerichtet. Er wurde 33 Jahre alt. Er und seine Freunde hatten in Berlin Zettel mit folgender Aufschrift an die Häuser geklebt: „Ständige Ausstellung. Das Nazi-Paradies. Krieg, Hunger, Lüge, Gestapo. Wie lange noch?"

M3 *Der Werftarbeiter August Landmesser* (obere Bildmitte mit verschränkten Armen) verweigerte 1936 beim Stapellauf eines Kriegsschiffes den Hitlergruß. Obwohl Parteimitglied, war er in Gegensatz zum NS-Regime geraten. Landmesser liebte eine Jüdin, die er nach den „Nürnberger Gesetzen" von 1935 nicht heiraten durfte.

M4 *Aus der Biografie des Reichstagsabgeordneten der SPD Wilhelm Keil über seine Zeit während des Nationalsozialismus:*

An meinem Wohnort sind meine Gesinnungsgenossen durch die gemeinsame Parteiarbeit unlöslich verbundene treue Freunde geworden. In diesem Kreis kann man frei und offen sprechen. Jeder ist von unauslöschbarem Hass gegen die Gewaltherrschaft erfüllt.

Die Propagandatricks werden durchschaut und ändern nichts an der unbedingten Ablehnung des Staatssystems, das die Freiheitsrechte und die Würde des Menschen mit Füßen tritt. Die einfältige Redensart alter Weiber beiderlei Geschlechts, dass alles Übel nur von den örtlichen Parteigrößen, der kleinen „Adölfle" komme, der große Adolf von alledem nichts wisse und keine Ungerechtigkeit dulde, verfällt dem Spott. Man ist sich vollkommen im Klaren darüber, (…) dass dieser Mann jedes Verbrechen, das von seinen Mordgesellen verübt wird, gutheißt. Die Gemüter atmen auf, wenn man so unter zuverlässigen Gesprächspartnern sich den Druck von der Seele reden kann.

Jürgen Mittag, Wilhelm Keil (1870–1968). Sozialdemokratischer Parlamentarier zwischen Kaiserreich und Bundesrepublik, Düsseldorf 2001, S. 349.

M5 *Flugblatt der Geschwister Scholl, am 18. Februar 1943 verbreitet (Auszüge):*

Erschüttert steht unser Volk vor dem Untergang der Männer von Stalingrad. Dreihundertdreißigtausend deutsche Männer hat die geniale Strategie des Weltkriegsgefreiten sinn- und verantwortungslos in Tod und Verderben gehetzt. Führer, wir danken Dir!

Der Tag der Abrechnung ist gekommen, der Abrechnung der deutschen Jugend mit der verabscheuungswürdigsten Tyrannei, die unser Volk je erduldet hat. Im Namen der deutschen Jugend fordern wir vom Staat Adolf Hitlers die persönliche Freiheit, das kostbarste Gut der Deutschen, zurück, um das er uns in der erbärmlichsten Weise betrogen.

In einem Staat rücksichtsloser Knebelung jeder freien Meinungsäußerung sind wir aufgewachsen. HJ, SA, SS haben uns in den fruchtbarsten Bildungsjahren unseres Lebens zu uniformieren, zu revolutionieren, zu narkotisieren versucht. Es gibt für uns nur eine Parole: Kampf gegen die Partei!

Begleitmaterialien zur Ausstellung „Widerstand gegen den Nationalsozialismus", Gedenkstätte Deutscher Widerstand Berlin.

M6 *Predigt des Bischofs von Galen vom 3. August 1941 in Münster (Auszüge):*

Seit einigen Monaten hören wir Berichte, dass aus Heil- und Pflegeanstalten für Geisteskranke auf Anordnung von Berlin Pfleglinge, die schon länger krank sind und vielleicht unheilbar erscheinen, zwangsweise abgeführt werden. Regelmäßig erhalten dann die Angehörigen nach kurzer Zeit die Mitteilung, der Kranke sei verstorben, die Leiche sei verbrannt, die Asche könne abgeliefert werden. Allgemein herrscht der an Sicherheit grenzende Verdacht, dass die zahlreichen Todesfälle von Geisteskranken nicht von selbst eintreten, sondern absichtlich herbeigeführt werden, dass man dabei jener Lehre folgt, die behauptet, man dürfe sogar lebensunwertes Leben vernichten, also unschuldige Menschen töten, wenn man meint, ihr Le-

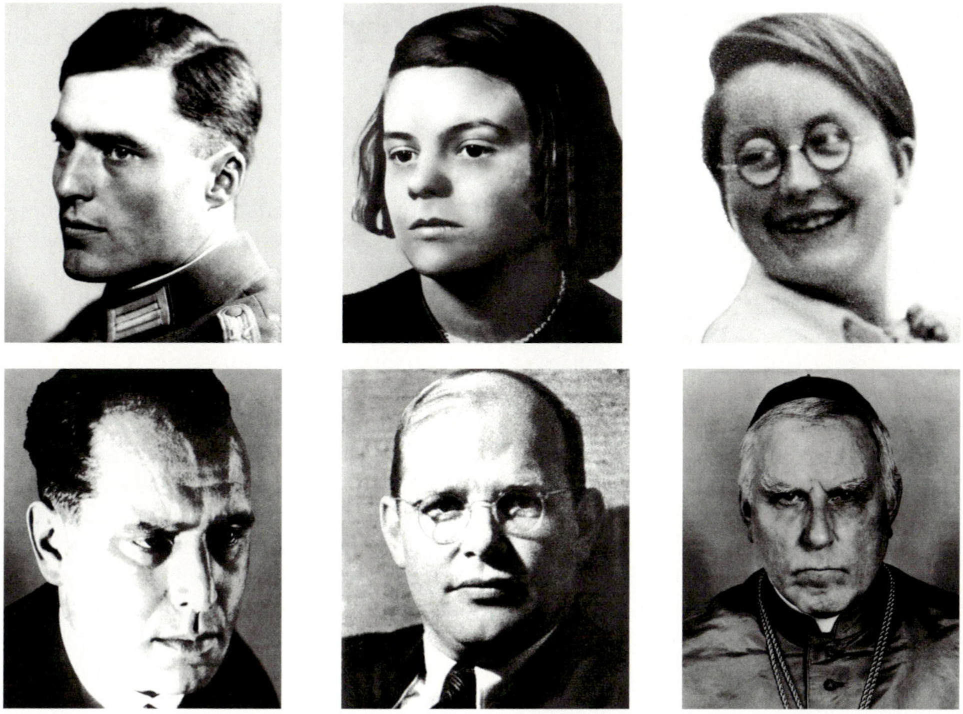

ben sei für Volk und Staat nichts mehr wert. Eine furchtbare Lehre, die die Ermordung Unschuldiger rechtfertigen will, die die gewaltsame Tötung der nicht mehr arbeitsfähigen Invaliden, Krüppel, unheilbaren Kranken, Altersschwachen grundsätzlich freigibt.

Günter Weisenborn, Der lautlose Aufstand. Bericht über die Widerstandsbewegung des deutschen Volkes 1933–1945, Hamburg 1962, S. 39.

M7 *Auszug aus dem Aufruf des sozialdemokratischen Emigrationsvorstandes „Für Deutschland – gegen Hitler!", 1936:*

Am 1. Februar 1933 versprach Hitler dem deutschen Volke, er werde es nach vier Jahren zu einer freien Entscheidung aufrufen. Er hat dieses Versprechen gebrochen. Ein Volk, das frei entscheiden soll, muss alle Tatsachen kennen, alle Meinungen hören und sich aus ihnen sein Urteil bilden. Es gibt keine freie Entscheidung ohne Freiheit der Meinungsäußerung, Freiheit des Zusammenschlusses, der Presse, des Vereins- und Versammlungswesens. Hitler hat alle diese Voraussetzungen einer freien Entscheidung zerstört. (…)
Nach Hitler das Chaos? Nein, Hitler ist das Chaos!

G. Ritter (Hg.), Geschichte der deutschen Arbeiterbewegung, Band 5, Berlin 1991, S. 476.

M8 *Denkmal für einen Deserteur in Ulm.* Inschrift: „Hier lebte ein Mann, der sich geweigert hat, auf seine Mitmenschen zu schießen. Ehre seinem Andenken." Die Stadt Ulm erlaubte nicht, das Denkmal auf dem Marktplatz aufzustellen. Es steht jetzt im Garten einer Ulmerin.

M9 *Widerstandskämpfer: oben:* Oberst Claus Graf Schenk von Stauffenberg (militärischer Widerstand), Sophie Scholl (Widerstandsgruppe „Weiße Rose"), Liselotte Herrmann (kommunistischer Widerstand)
unten: Julius Leber (Sozialdemokrat), Dietrich Bonhoeffer (evangelischer Theologe), Clemens August Graf von Galen (katholischer Bischof).
Bis auf Bischof Galen wurden alle hingerichtet.

1 Listen Sie auf, wer aus welchen Gründen im NS-Staat Widerstand leistete.

2 Oft wird zwischen aktivem und passivem Widerstand unterschieden. Nennen Sie Beispiele aus diesem Kapitel.

3 Diskutieren Sie, ob man das Verhalten von August Landmesser (M3) Widerstand nennen kann.

4 Wählen Sie in Gruppen jeweils eine Person aus M9 aus. Sammeln Sie im Internet und in Lexika Informationen zum Leben dieser Person und tragen Sie Ihre Ergebnisse der Klasse vor.

5 Diskutieren Sie die Aussage: Widerstandskämpfer haben dazu beigetragen, den demokratischen Neubeginn in Deutschland zu ermöglichen.

6 In Ulm wehrten sich viele Menschen gegen das Denkmal für Deserteure (M8). Wie denken Sie darüber?

13 Vom totalen Krieg zur Kapitulation

M1 *„Der letzte Pressetermin".* Hitler verleiht den Jungen des Volkssturms im Garten der Reichskanzlei in Berlin das Eiserne Kreuz (Foto vom 20. März 1945).

Alliierte
(von frz. „allier" = verbünden)
In Deutschland werden damit meist die verbündeten Siegermächte des Zweiten Weltkriegs bezeichnet: Frankreich, Großbritannien, die USA und die Sowjetunion.

Volkssturm
Männer im Alter von 16 bis 60 Jahren, die noch nicht zur Wehrmacht eingezogen worden waren, sollten ab September 1944 die Heimat verteidigen. Sie waren schlecht ausgebildet und nur dürftig bewaffnet. Tausende von ihnen starben in den letzten Kriegsmonaten.

Der Krieg wird zum Weltkrieg

Als am 7. Dezember 1941 Japan völlig überraschend den amerikanischen Flottenstützpunkt Pearl Harbor auf Hawaii angriff, weitete sich der Krieg aus. Die USA griffen nun auch zu den Waffen. Daraufhin erklärten Deutschland und Italien als Bündnispartner der Japaner den USA ebenfalls den Krieg. Die Amerikaner begannen verstärkt die alliierten Truppen in Europa mit Munition, Waffen und Soldaten zu unterstützen. Der Krieg war zum Weltkrieg geworden.

Stalingrad – die Wende

Neben dem Kriegseintritt der USA gilt die Schlacht um Stalingrad im Winter 1942/43 als Wendepunkt im Zweiten Weltkrieg. Etwa 250 000 Soldaten der sechsten deutschen Armee waren bei Stalingrad von sowjetischen Truppen eingekesselt worden. Hitler befahl, die Stadt zu verteidigen und untersagte einen möglichen Ausbruchversuch. Das führte zur Katastrophe. 160 000 deutsche Soldaten starben bei den Kämpfen, erlagen ihren Verletzungen oder verhungerten. 90 000 gerieten in Kriegsgefangenschaft. Die NS-Propaganda versuchte die Niederlage zu beschönigen. Im offiziellen Sprachgebrauch hieß es: Die Front im Osten sei begradigt worden.

Totaler Krieg

Wenige Tage nach der Katastrophe von Stalingrad rief Goebbels im Februar 1943 die Deutschen zum „totalen Krieg" auf. Das gesamte Leben an der „Heimatfront" wurde nun auf Krieg eingestellt: Die Arbeitszeiten wurden verlängert, Lebensmittel gab es nur noch gegen Bezugsscheine und immer mehr Frauen arbeiteten in Rüstungsbetrieben. Dabei war das Ende des Krieges nur eine Frage der Zeit. Zu groß war die Übermacht der Alliierten.
Die Menschen in Deutschland erlebten die Schrecken des Krieges nun auch am eigenen Leib: Bei Luftangriffen alliierter Bomber kamen mehr als 600 000 Menschen ums Leben, darunter zahlreiche Zivilisten. Etliche deutsche Städte wurden in Schutt und Asche gelegt. Die Stimmung in der Bevölkerung verschlechterte sich stetig. Dennoch begehrte kaum jemand gegen das Nazi-Regime auf. Zu groß war die Angst vor der Niederlage.

Ende des Krieges

Im Juni 1944 landeten alliierte Truppen in Frankreich und drangen unaufhaltsam Richtung Deutschland vor. Aus dem Osten rückte die Rote Armee der Sowjetunion immer näher. Die Niederlage war nun unvermeidlich. Da halfen weder Durchhalteparolen noch der so genannte Volkssturm. Am 8. und 9. Mai 1945 kapitulierte die deutsche Wehrmacht schließlich. Der Krieg in Europa war damit beendet. In Asien dauerten die Kämpfe an. Um die Kapitulation der Japaner zu erzwingen, setzten die USA erstmals in der Geschichte Atombomben ein. In Hiroshima und Nagasaki starben dabei über 150 000 Menschen.

M5 *Berlin war 1945 das größte Trümmerfeld in Europa.* Zwischen 1943 und 1945 erlitt die Stadt insgesamt 351 Luftangriffe.

M2 *Feldpostbrief eines deutschen Soldaten aus Stalingrad vom 31. Dezember 1942:*

Meine Lieben!

Jetzt ist Silvesterabend und wenn ich an zu Hause denke, dann will mir fast das Herz brechen. Wie ist das alles hier trost- und hoffnungslos. Seit 4 Tagen habe ich schon kein Brot mehr zu essen und lebe nur von dem Schlag Mittagssuppe. Morgens und abends einen Schluck Kaffee und alle 2 Tage 100g Büchsenfleisch od. ½ Büchse Ölsardinen od. etwas Tubenkäse. – Hunger, Hunger, Hunger, und Läuse und Schmutz. Tag und Nacht werden wir von Fliegern angegriffen, und das Artillerie-Feuer schweigt fast nie. Wenn nicht in absehbarer Zeit ein Wunder geschieht, gehe ich hier zugrunde.

Zit. nach: Walter Kempowski, Das Echolot, Bd. 1, München 1993, S. 34ff.

M3 *Führer-Befehl vom 19. März 1945:*

Alle militärischen, Verkehrs-, Nachrichten-, Industrie- und Versorgungsanlagen sowie Sachwerte innerhalb des Reichsgebietes, die sich der Feind für die Fortsetzung des Kampfes irgendwie sofort oder in absehbarer Zeit nutzbar machen kann, sind zu zerstören.

Zit. nach: Geschichte in Quellen, Bd. 6, München 1970, S. 542f.

M4 *Propagandaplakat zur Mobilisierung der letzten Kräfte* (November 1944)

1 Erklären Sie mit eigenen Worten, was die Nationalsozialisten unter „totalem Krieg" verstanden (VT, M3, M4).

2 Diskutieren Sie, warum es nicht früher zu einer Kapitulation kam.

3 Der Befehl Hitlers (M3) ist kaum befolgt worden. Überlegen Sie, was die Ausführung dieser Anordnung für die Deutschen bedeutet hätte.

4 Erkundigen Sie sich bei Betroffenen nach deren Kriegserfahrungen.

14 Flucht und Vertreibung

M1 *Deutsche aus Schlesien* warten auf ihren Abtransport nach dem Westen. Auf den Handwagen vor dem Güterzug haben sie das verstaut, was sie mitnehmen durften.

Massenflucht und Zwangsausweisungen

Als im Herbst 1944 sowjetische Truppen die deutsche Grenze überschritten, häuften sich Meldungen über Gewalttaten der Soldaten der Roten Armee und über Deportationen arbeitsfähiger Deutscher in das Innere der Sowjetunion. Hunderttausende Deutsche flüchteten daraufhin Richtung Westen. Tausende Flüchtlinge starben unterwegs. Sie waren den Strapazen der Flucht nicht gewachsen. In den Gebieten, in denen neben den Deutschen auch andere Bevölkerungsgruppen lebten (etwa die Tschechen im Sudetenland), entluden sich nach der Befreiung von der deutschen Wehrmacht aufgestauter Hass und Rachegefühle über die von Deutschen begangenen Verbrechen. Hunderttausende Deutsche wurden gezwungen diese Gebiete zu verlassen.
Auf der Potsdamer Konferenz im Juli/August 1945 beschlossen die Siegermächte USA, Großbritannien und Sowjetunion unter dem Druck Stalins die Anerkennung der Oder-Neiße-Linie als Westgrenze Polens. Die deutsche Bevölkerung sollte aus den ehemaligen deutschen Ostgebieten sowie aus Polen, Ungarn und der Tschechoslowakei „in ordnungsgemäßer und humaner Weise" nach Deutschland überführt werden. Insgesamt wurden bis 1947 12 Millionen Deutsche vertrieben. Die Zahl derjenigen, die dabei umkamen, wird auf zwei Millionen geschätzt. Aber nicht nur Deutsche mussten ihre Heimat verlassen. Auch Hunderttausende Polen wurden aus ehemals polnischen Gebieten ausgewiesen, die der Sowjetunion angegliedert wurden.

In der neuen Heimat

Nicht selten wurden die Flüchtlinge in der neuen Heimat mit Ablehnung und Misstrauen aufgenommen. Die Neuankömmlinge überfüllten die Dörfer und Städte und vergrößerten die bereits schon vorhandenen Ernährungsprobleme. Am schwierigsten war die Unterbringung, da es überall an Wohnraum fehlte. Oft waren für die Flüchtlingsfamilien Schulen, Kasernen, Gasthöfe oder Baracken Durchgangsstationen, bis ihnen anderer Wohnraum zugewiesen wurde. Dass es oft doch gelang, für Flüchtlinge und Vertriebene menschenwürdige Lebensbedingungen zu schaffen, lag an der selbstlosen Hilfe vieler Einheimischer. Die Integration der Flüchtlinge und Vertriebenen in ihr neues Umfeld zählt zu den großen menschlichen und politischen Leistungen in West- und Ostdeutschland.

M2 *Im Notaufnahmelager.* Oft mussten Flüchtlinge und Vertriebene jahrelang in solchen Wohnunterkünften leben.

M3 *Eine Frau berichtet, wie sie mit ihren drei Kindern aus dem Sudetenland vertrieben wurde:*

Am 26. Juli 1945 kamen plötzlich drei bewaffnete tschechische Soldaten und ein Polizist in meine Wohnung und ich musste dieselbe binnen einer halben Stunde verlassen. Ich durfte gar nichts mitnehmen. Wir wurden auf einen Sammelplatz getrieben. (...) Gegen Abend wurden wir unter grässlichen Beschimpfungen und Peitschenschlägen aus dem Heimatort fortgeführt. Nach sechsstündigem Fußmarsch mussten wir im Freien übernachten. (...) Es wurde uns (...) nicht gesagt, was mit uns geschehen soll, bis wir am 2. 8. 1945 zum Bahnhof mussten und auf offene Kohlenwagen verladen wurden. Während der Fahrt regnete es in Strömen. (...) Die Kinder wurden krank und ich wusste vor Verzweiflung keinen Rat. Nach zwei Tagen wurden wir in Tetschen [heute Cesky Tesin] ausgeladen. Wir waren hungrig und erschöpft und mussten in diesem Zustand den Weg bis zur Reichsgrenze zu Fuß antreten.

Alois Harasko, Die Vertreibung der Sudetendeutschen. In: Wolfgang Benz (Hg.), Die Vertreibung der Deutschen aus dem Osten, Frankfurt/Main 1985, S. 138.

M4 *Ein einheimischer Bürger aus dem Kreis Ludwigsburg erinnert sich:*

Als ich 1945 mit 23 Jahren aus dem Krieg zurückkehrte, waren 28 Gebäude im Dorf beschädigt oder zerstört. Die Obdachlosen lebten bei anderen Familien. Eines Tages hielt bei der Kirche ein Lastwagen mit Flüchtlingen. Eine dieser Familien, Eltern, Großeltern und drei Kinder, wurden in unser Haus eingewiesen. (...) Unsere Stube mussten wir durch eine Trennwand teilen, damit die Flüchtlinge einen Schlafraum erhielten. Die Küche benutzten wir gemeinsam. Abends, wenn wir von der Feldarbeit müde und hungrig heimkehrten, wollte Mutter ein warmes Essen machen, gerade da kamen auch die Männer der anderen Familie nach Hause, die den Tag über in der Fabrik gearbeitet und mittags nur Brot gegessen hatten. Das war sehr schwer für beide Teile, es gab manchmal Streit. (...) Und doch haben wir viele Jahre miteinander gelebt.

Landkreis Ludwigsburg (Hg.), Die Eingliederung der Vertriebenen im Landkreis Ludwigsburg, Ludwigsburg 1986, S. 89.

1 Beschreiben Sie die näheren Umstände der Flucht und Vertreibung der Deutschen (VT, M1–M4)

2 Vielleicht ist es möglich, Flüchtlinge oder Vertriebene über ihre Erlebnisse zu befragen. Werten Sie die Ergebnisse gemeinsam in der Klasse aus.

3 Informieren Sie sich im Internet über Flucht und Vertreibung in der heutigen Zeit. Wählen Sie ein Beispiel aus und vergleichen Sie mit der Nachkriegszeit.

M5 *Deutschland nach dem Zweiten Weltkrieg*

Grenze des Deutschen Reiches 1937
Demarkationslinie zwischen britisch-amerikanischen und sowjetischen Truppen 8. 5. 1945

Besatzungszonen und Berliner Sektoren
- amerikanisch
- britisch
- französisch
- sowjetisch

Ländergrenzen 1947

Gebiet unter polnischer Verwaltung
Gebiet unter sowjetischer Verwaltung
Saargebiet (1945–56 französisches Zoll- und Wirtschaftsgebiet)

0 100 200 300 km

Mitbestimmen – in Schulen und Vereinen

Chancen von Bürgerinitiativen

Gemeindepolitik – Wer hat was zu sagen?

Möglichkeiten der Mitbestimmung

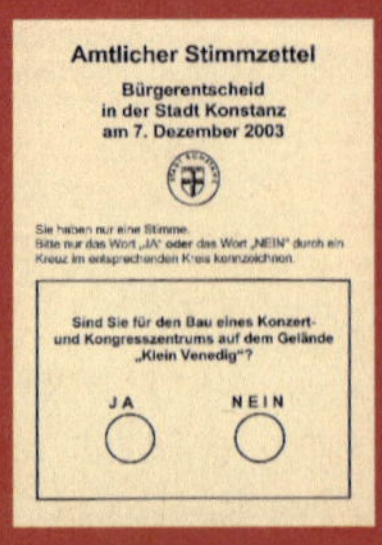

Politische Mitwirkung in Baden-Württemberg

Aktive politische Mitwirkung ist eine Aufgabe für jeden von uns. Auch Sie können sich einbringen und einmischen – in der Schule, am Arbeitsplatz, im Verein, in Bürgerinitiativen oder in der Gemeinde. Gemeinde- und Kreisräte opfern oft viele Stunden Freizeit für ihr politisches Ehrenamt. Sie haben die Möglichkeit, mit ihrem Engagement das unmittelbare Umfeld von Bürgerinnen und Bürgern zu gestalten und zu beeinflussen. Straßen, Schulen und Sporteinrichtungen gehören dazu. Politische Arbeit in der Gemeinde findet mitunter im Schatten der von den Medien stärker beachteten Landes- und Bundespolitik statt. Das Thema Politik ist fester Bestandteil der Berichterstattung von Fernsehen und Zeitungen. Täglich gibt es für die Journalisten neue Nachrichten zu vermelden.

Welche Möglichkeiten der politischen Mitbestimmung auf Gemeinde-, Landes- und Bundesebene bieten sich Ihnen konkret? Wie sieht die politische Arbeit in Ihrer Heimatgemeinde und im Land Baden-Württemberg aus? Und welche Rolle spielen die Medien in der Berichterstattung über Politik? Diesen Fragen gehen die Kapitel der folgenden Seiten nach.

Demonstration der IG-Metall-Jugend in Stuttgart

Das Land Baden-Württemberg entsteht.

Arbeit des Landtags

Kanzler und Co. – der Bundestag

Was läuft? – Umgang mit Medien

1 In der Schule mitmischen

M1 *Teamtraining des Schülerrats der Friedrich-Ebert-Schule (Gewerbliche Schule) in Esslingen*

Schülermitverantwortung (SMV)

Die Mitwirkung am Schulleben beginnt für Sie und Ihre Klassenkameraden mit der Klassensprecherwahl. Sie haben sicher schon Klassensprecher erlebt, die nach ihrer Wahl gleichgültig und ideenlos blieben oder die nur die Interessen einer kleinen Gruppe in der Klasse vertraten.

Welche Fähigkeiten sollte also ein guter Klassensprecher haben? Er soll verbindlich auftreten und gut argumentieren können, Kontakt zu allen Mitschülern haben, bereit sein, sich für die Klasse und im Schülerrat zu engagieren, unparteiisch sein, Interesse an der Klassengemeinschaft haben, die Rechte und Pflichten der Schüler kennen, kompromissbereit und auch mutig sein.

Schülervertreter werden nach den im Grundgesetz verankerten Grundsätzen demokratischer Wahlen bestimmt. Sie haben einen Anspruch gegenüber Lehrern und Schulleitung, zu allen die Schüler berührenden Fragen gehört und darüber informiert zu werden. Nachteile dürfen ihnen aus der Wahrnehmung ihrer Aufgaben selbstverständlich nicht erwachsen; aber auch keine Vorteile.

Wahlgrundsätze

Wahlen sind *allgemein*, wenn alle Bürgerinnen und Bürger ab 18 Jahren wählen dürfen, unabhängig von Besitz und Bildung; *gleich*, wenn jede Stimme gleich viel zählt; *direkt* bzw. *unmittelbar*, wenn es keine Wahlmänner gibt; *frei*, wenn jeder selbst entscheidet, ob er an der Wahl teilnimmt oder nicht und *geheim* durch unbeobachtete Stimmabgabe in einer Wahlkabine.

Schulisches Engagement

Schülermitverantwortung gehört zum Schulalltag, doch sie ist eine rein ehrenamtliche Aufgabe. Am wichtigsten ist dabei die Interessenvertretung der Schüler gegenüber den Lehrern und der Schulleitung. Dass darüber hinaus große Bereitschaft zum Engagement besteht, beweisen viele Beispiele wie Mitarbeit bei Schülerzeitungen, Schulhaus- und Schulhofgestaltung, Pausenangeboten, Organisation von Sportveranstaltungen oder die Mitwirkung an pädagogischen Tagen. Ferner gibt es von Schülern initiierte schulische Projekte mit Außenwirkung. An vielen beruflichen Schulen engagieren sich Schüler in Junior- und Übungsfirmen oder Projektgruppen mit Aufgabenstellungen unter anderem im sozialen Bereich oder im Umweltschutz, die nicht an den Schulgrenzen enden.

Ehrenamtliche Tätigkeit

Einer aktuellen Umfrage zufolge begleiten rund 40 Prozent der Bürgerinnen und Bürger ab 14 Jahren in Baden-Württemberg ein Ehrenamt. Es geht dabei um ein Handeln außerhalb des Unterrichts oder der beruflichen Tätigkeit, bei dem Menschen zusammenkommen, um etwas gemeinsam mit- und füreinander zu tun. Die Palette der Möglichkeiten reicht vom ehrenamtlichen Sanitätshelfer oder dem Mitglied der freiwilligen Feuerwehr bis zum Übungsleiter im Sportverein, vom Dirigenten im Musikverein bis zum Mitarbeiter im selbst organisierten Jugendzentrum.

Viele Menschen begründen ihren freiwilligen Einsatz auch damit, dass sie im Ehrenamt Fähigkeiten verwirklichen können, die im Berufsleben nicht zum Tragen kommen. Zu den ehrenamtlich Tätigen gehören in Baden-Württemberg auch rund 110 000 Mütter und Väter, die als gewählte Elternvertreter tätig sind, und ebenso viele gewählte Klassensprecherinnen und Klassensprecher.

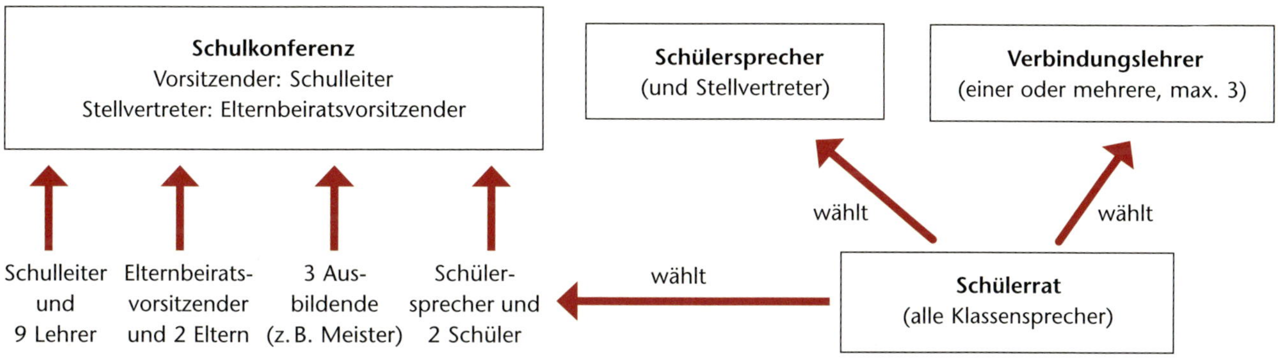

M2 *Mitwirkungsmöglichkeiten an beruflichen Schulen*

M3 *Auszug aus dem Schulgesetz für Baden-Württemberg:*

§ 47 Schulkonferenz. (1) Die Schulkonferenz ist das gemeinsame Organ der Schule. Sie hat die Aufgabe, das Zusammenwirken von Schulleitung, Lehrern, Eltern, Schülern und der für die Berufserziehung Mitverantwortlichen zu fördern, bei Meinungsverschiedenheiten zu vermitteln sowie über Angelegenheiten, die für die Schule von wesentlicher Bedeutung sind, zu beraten und (...) zu beschließen.

www.leu.bw.schule.de/bild/SchG.pdf (10. 5. 2005)

M4 *Auszug aus der Verordnung zur Schülermitverantwortung:*

§ 3 Organe.

(2) Die Klassenschülerversammlung besteht aus allen Schülern der Klasse. (...)

(3) Die Wahl des Klassensprechers und seines Stellvertreters (...) soll spätestens bis zum Ablauf der dritten Unterrichtswoche im Schuljahr stattfinden. (...)

(6) Der Schülerrat soll binnen zweier Wochen nach der Wahl aller seiner Mitglieder, spätestens jedoch in der fünften Unterrichtswoche im Schuljahr, erstmals zusammentreten. (...) Spätestens binnen zweier weiterer Wochen soll die Wahl des Schülersprechers und seines Stellvertreters (...) stattfinden. (...)

§ 5 Wahlverfahren, Abwahl.

(1) Die Wahl [von Klassensprechern und Schülersprechern] ist geheim. (...) Im Übrigen muss die Wahl der Schülervertreter den Grundsätzen entsprechen, die für demokratische Wahlen gelten, insbesondere also allgemein, frei, gleich und unmittelbar sein.

(2) Gewählt ist, wer die meisten gültigen Stimmen erhält. Bei Stimmengleichheit ist ein zweiter Wahlgang erforderlich.

(3) Ein Schülervertreter kann aus seinem Amt vor Ablauf seiner Amtszeit nur dadurch abberufen werden, dass von der Mehrheit der Wahlberechtigten ein Nachfolger für den Rest der laufenden Amtszeit gewählt wird. Die wahlberechtigten Schüler müssen zur Wahl eines Nachfolgers eingeladen werden, wenn ein Drittel der Wahlberechtigten schriftlich darum nachsucht.

www.smv.bw.schule.de/verordnung.htm (10. 5. 2005)

M5 *Der Landesschülerbeirat besteht in Baden-Württemberg aus 24 Schülerinnen und Schülern, davon acht Schüler beruflicher Schulen. In einem Zeitungsbericht werden Vorschläge dieses Gremiums vorgestellt:*

Der Schülerbeirat fordert, das Berufsvorbereitungsjahr aufzugeben und stattdessen Schüler an Hauptschulen zu fördern, damit sie dort den Abschluss schaffen. An den Hauptschulen sollen mehr Psychologen arbeiten, berufliche Schulen in das Ganztagskonzept aufgenommen werden.

Im Forderungskatalog an das Kultusministerium verlangen die Schüler auch, die Grundschulzeit von vier auf sechs Jahre zu verlängern und mehr Geld für Grundschulen und Kindergärten auszugeben. Schüler würden zu früh getrennt, die Schülerzahlen pro Lehrer seien zu hoch. Das letzte Kindergartenjahr sollte als Vorschuljahr eingerichtet werden.

Renate Allgäuer, in: Stuttgarter Zeitung v. 28. 9. 2004, S. 6

1 Aus wie vielen Personen besteht an beruflichen Schulen die Schulkonferenz? Wie ist das zahlenmäßige Verhältnis zwischen Lehrern und den übrigen Mitgliedern (M2)?

2 Skizzieren Sie einen Zeitstrahl, in dem im laufenden Schuljahr die jeweils spätesten Wahltermine für den Klassensprecher bis hin zum Schülersprecher eingetragen sind (M4).

3 Begründen Sie, warum die Grundsätze einer demokratischen Wahl auch für die SMV gelten.

4 Diskutieren Sie, welche Vorschläge des Landesschülerbeirats (M5) Sie für sinnvoll halten. Fragen Sie auch Ihre Lehrer nach deren Meinung. Informieren Sie sich bei Ihrem Verbindungslehrer, wie der Landesschülerbeirat gewählt wird.

2 Sich engagieren – warum und wie?

M1 *Schüler der Gewerblichen Schule Tauberbischofsheim helfen Senioren beim Umgang mit dem Internet.*

Verbände
vertreten die Interessen ihrer Mitglieder nach außen und versuchen, Einfluss auf Politik, Wirtschaft und Gesellschaft auszuüben. Interessenverbände sind z. B. Gewerkschaften und Sportverbände.

Vereine
bieten ihren Mitgliedern Möglichkeiten der gemeinsamen Betätigung (z. B. aktiv Sport zu treiben).

Ehrenamt – wie, wo, warum?

Arbeiten Sie in Vereinen, Bürgerinitiativen oder sonstigen Gruppen mit? Wenn ja, dann gehören Sie zur großen Zahl der freiwillig und ehrenamtlich tätigen Jugendlichen.
Jugendliche sind eine besonders aktive Altersgruppe. Sie möchten in Vereinen und Bürgerinitiativen mehr „mitmachen" als andere Altersgruppen. Das überwiegende Engagement geschieht dabei in Vereinen, Verbänden, Kirchen und kirchlichen Vereinigungen.
Für die meisten der freiwillig Engagierten bietet die Kinder- und Jugendarbeit die erste Erfahrung mit der ehrenamtlichen Tätigkeit. Jugendliche, die in Vereinen und Verbänden Verantwortung und praktische Aufgaben übernehmen, haben folgende Vorteile: Sie erwerben fachspezifisches Wissen, Selbstständigkeit, Kommunikationsfähigkeit sowie die Fähigkeit, komplexe Vorgänge zu durchschauen und politische Zusammenhänge praktisch zu erfahren. Darüber hinaus bieten Vereine und Jugendverbände jungen Menschen die Möglichkeit, ihre Fähigkeiten zu entdecken, zu erproben und weiter zu entwickeln.

Vereine und Verbände

Der Wunsch nach Kontakt und Geselligkeit, nach Selbstbestimmung, Anerkennung und die Suche nach gesellschaftlicher Teilhabe findet durch das ehrenamtliche Engagement Erfüllung. In Baden-Württemberg engagieren sich bei den 840 Jugendfeuerwehren 25 000 Jugendliche bis 18 Jahre, bevor sie zur Erwachsenenfeuerwehr wechseln; rund 10 000 Jugendliche gehören zum Jugendrotkreuz; mehr als 100 000 engagieren sich in der evangelischen und katholischen kirchlichen Jugendarbeit. Viele junge Menschen sind nicht nur Mitglieder in Sportvereinen, sondern übernehmen dort auch ehrenamtliche Aufgaben.

Mitarbeit zeitlich befristen

Manche Jugendliche wollen sich nicht auf ein langfristiges Engagement festlegen, sondern in spontanen, zeitlich befristeten und begrenzten Formen mitarbeiten. Dazu gibt es zahllose Beispiele im Land. Wo auf Initiative Jugendlicher Jugendzentren zu Stande gekommen sind, werden sie oft von den jungen Leuten zusammen mit Erwachsenen in Selbstverwaltung geführt. Die meisten Jugendlichen sind dort dann nur wenige Monate oder auch Jahre aktiv. Vielfach engagieren sich junge Menschen auch bei zeitlich befristeten Projekten des Umweltschutzes oder auch bei der Organisation von Straßenfesten oder Sportveranstaltungen.

M2 *In einem Zeitungsartikel über die Greenpeace-Jugend aus dem Jahr 2005 heißt es:*
„Krieg und Frieden", „Greendays", „Jugendrat" wird mit Kreide an die Schiefertafel geschrieben. 17 Jugendliche zücken Stift und Papier. Unterricht ist das aber nicht. „Auf welchen Punkt habt ihr als Erstes Bock?", fragt Dominika Tux in das Rund aus Klappstühlen, auf denen es sich Schüler, die unbequem sein möchten, bequem gemacht haben.

Einen Strickkreis bilden sie jedenfalls nicht. Genau genommen zumindest. Denn immerhin haben sie sich im Jugend- und Kulturzentrum Forum 3 versammelt, um an der Zukunft zu handarbeiten – und piksen wollen sie auch ab und zu, ihre Mitmenschen nämlich. (…) Neben der Organisation von Demonstrationen und dem Betreuen von Infoständen steht für die Jugendgruppe auch Unterricht in Bildungsstätten auf dem Programm. „Grundsätzlich ist unser primäres Ziel, andere Jugendliche dazu zu motivieren, über Umweltschutz nachzudenken", so Dominika.

Ariane Wölpper, in: Stuttgarter Zeitung vom 20.1.2005.

M3 *Über das ehrenamtliche Engagement bei der Feuerwehr:*
Wie der Vater, so der Sohn: Unter Feuerwehrleuten ist das – oder richtiger war das – die eherne Regel. Auch Helmut Trautwein hat sich davon nicht ausgenommen. Sein Vater war bei der Steinheimer Wehr, also wollte er ebenfalls Feuerwehrmann werden. „Das war für mich damals selbstverständlich", sagte er. Selbstverständlich war das nicht bloß für ihn, sein ganzer Freundeskreis im kleinen Städtchen Steinheim an der Murr hielt es so. Kein langes Nachgrübeln darüber, was man sich mit diesem freiwilligen, aber der örtlichen Tradition entspringenden Schritt an lebenslangen Bindungen und Verpflichtungen einhandelt. Die Feuerwehr gehörte nun einmal zum Leben in der Gemeinde dazu wie die Kirche oder das Rathaus.

Nur ein Drittel der Arbeit ist noch Feuerbekämpfung, der große Rest sind technische Hilfeleistungen bei Verkehrsunfällen, beim Umweltschutz, Überschwemmungen oder Sturmschäden.

Landesregierung Baden-Württemberg (Hg.), Das Bürgerlandhandbuch, Stuttgart 2001, S. 25f.

M4 *„Jugendliche steuern Ideen bei." Aus einem Bericht der Esslinger Zeitung (2004):*
Ehrenamtliches Engagement hat im Jugendzentrum „Penthaus" in Neuhausen (Kreis Esslingen) viele Gesichter. Ein fester Stamm von 40 aktiven Jugendlichen und jungen Erwachsenen gestaltet das Programm mit. (…) Viele der Ehrenamtlichen sind bereits seit mehreren Jahren im Haus aktiv. Dazu gehört Carmen Binder (19), die seit fünf Jahren regelmäßig kommt und bei Partys und sonstigen Veranstaltungen viele Ideen und tatkräftige Hilfe beisteuert. „Am Anfang gab es Vorurteile gegen das Jugendhaus", erinnert sie sich. Durch das Sonntagsfrühstück und durch Tage der offenen Tür seien aber viele Erwachsene ins Haus gekommen und hätten gesehen, wie aktiv sich die jungen Leute für die Gemeinschaft engagieren. Ihr gefällt am Haus die harmonische Atmosphäre. Das sieht auch Steffi Thiem (22) so. Die Erzieherin arbeitet in vielen Bereichen mit: „Ich mache, was anfällt." Beim Jubiläum gestaltet sie die Spielstraße. Schön findet sie, dass deutsche und ausländische Jugendliche einander ganz offen begegnen.

Das sieht auch Tugrul Kayak (17) so, der eine Fußball-AG für Jugendliche anbietet. Beim Sport spielt die Nationalität keine Rolle. Aber er findet es wichtig, Unterschiede zu sehen. „Es ist klasse, dass wir hier im Jugendhaus über das Leben in Deutschland und in der Türkei reden können", sagt er. Bei Projekten ziehe man an einem Strang, „aber wir reden auch über Unterschiede".

Elisabeth Maier, in: Esslinger Zeitung vom 21.10.2004.

M5 *Mitglieder der Greenpeace-Jugend* auf einer Demonstration für erneuerbare Energien, 2004.

1 Nennen Sie Möglichkeiten sozialen Engagements von Jugendlichen (VT, M1–M5). Welche Vorteile bringt ehrenamtliche Tätigkeit der Gesellschaft, welche denjenigen, die sich engagieren, und welche beiden?

2 Wägen Sie ab, was dafür spricht, an kurzfristigen Projekten mitzuarbeiten und welche Vorteile andererseits längerfristige Engagements in Vereinen und Verbänden bringen (VT, M2–M5).

3 Etwas bewegen – Bürgerinitiativen und ihre Möglichkeiten

M1 *„Kein Atomkraftwerk in Wyhl"* (Plakat)

Der starke Bürger

Nehmen wir an, Sie leben in einer kleinen Gemeinde ohne ausreichende Freizeitmöglichkeiten für Jugendliche. Sie wollen, dass dort ein Jugendzentrum errichtet wird, und Sie sind auch bereit, bei der Renovierung eventuell vorhandener Räume sowie bei der Betreuung der Einrichtung mitzuwirken. Wie gehen Sie vor? Sie suchen andere Jugendliche, die mit Ihnen zusammen aktiv werden. Sie überlegen mit Gleichgesinnten, wem Sie Ihre Pläne vortragen können: dem Bürgermeister, Mitgliedern des Gemeinderats, aber auch Vorständen von Vereinen und den örtlichen Pfarrern. Wenn Sie Erfolg haben wollen, braucht Ihr Vorhaben Sympathien in der Bevölkerung und dort Fürsprecher. Vermutlich müssen Sie auch Erwachsene finden, die Sie beraten. Wenn Sie sich mit anderen Jugendlichen zusammenfinden, mit dem Ziel ein solches Projekt durchzusetzen, haben Sie eine Bürgerinitiative ins Leben gerufen.

Bürger schließen sich zusammen

Bürgerinnen und Bürger haben eine Vielzahl von Möglichkeiten, an politischen Entscheidungen mitzuwirken oder solche Entscheidungen zu beeinflussen. Es gibt viele Probleme, die von Verwaltungen und Parlamenten, auch von Gemeinderäten, nicht immer rechtzeitig erfasst und gelöst werden. In solchen Fällen treten vor allem in den Gemeinden spontan gegründete und nicht als Vereine organisierte Bürgerinitiativen in Aktion. Diese setzen sich vorwiegend aus unmittelbar Betroffenen zusammen. Die Tätigkeitsfelder der Bürgerinitiativen reichen vom Erziehungs- und Bildungswesen (Kindergarten, Spielplatz, kleine Klassen) über den Verkehrs- und Städtebaubereich (Straßenbau, verkehrsberuhigte Zonen) bis hin zur Umwelt- und Energiepolitik. Allein in Baden-Württemberg gibt es zur Zeit nahezu 40 Bürgerinitiativen, die sich aus Furcht vor möglichen Gesundheitsschäden gegen Mobilfunkanlagen zur Wehr setzen.

Öffentlichkeitsarbeit

Probleme der Öffentlichkeit zu signalisieren, ist eine legitime Aufgabe der Bürgerinitiativen. Das Grundgesetz weist ausschließlich den gewählten Parlamenten und Regierungen das politische Entscheidungsrecht zu. Deshalb haben Bürgerinitiativen zwar wichtige demokratische Aufgaben, aber keine Entscheidungskompetenz. Ihnen verbleibt der Weg der Öffentlichkeitsarbeit, indem sie über Info-Stände, Handzettel und gegebenenfalls Demonstrationen auf Missstände und Probleme aufmerksam machen. In der Regel sind Bürgerinitiativen auf eine Gemeinde oder einen Stadtteil begrenzt. Die meisten lösen sich auf, wenn sie ihre Ziele erreicht haben oder wenn sie diese nicht erreichen können.

Bürgerinitiativen sind spontane, meist zeitlich begrenzte, lockere Zusammenschlüsse von Bürgern, die sich mit verschiedenen Aktionen gegen politische Maßnahmen und befürchtete Fehlentwicklungen wehren.

M2 *Mobilfunkanlage*

M3 *Eine Bürgerinitiative berichtet über ihre Arbeit:*

Anfang September 2002 reicht Vodafone das Baugesuch zur Erstellung eines Mobilfunkmastes bei der Gemeinde Vogt ein. Das nächstgelegene Wohngebäude liegt etwa 50 bis 60 Meter weit weg.

In seiner Sitzung vom 11.09.2002 versagt der Bauausschuss des Gemeinderats Vogt dem Vodafone-Bauantrag das gemeindliche Einvernehmen. Begründung: Die Grundversorgung sei in Vogt durch einen anderen Mobilfunkanbieter bereits gewährleistet.

Mitte September 2002 werden unmittelbare Nachbarn besagten Grundstücks (Angrenzer) von der Gemeinde bzw. vom Landratsamt aufgefordert, zu dem Baugesuch Stellung zu nehmen. Fünf Angrenzer versagen ihr Einverständnis, drei unternehmen nichts.

Am 05.11.2002 findet ein erster Infoabend für Angrenzer und Anlieger (ca. 35) zum besagten Grundstück statt. Eingeladen werden hierzu auch der Gemeinderat und der Bürgermeister. Zu dieser Zeit erfahren wir, dass bereits vor zwei Jahren im Kirchturm der katholischen Kirche ein Sendemast von T-Mobile Unterschlupf gefunden hat.

Aus den betroffenen Anliegern, Angrenzern und Nachbarn rekrutiert sich schnell eine Bürgerinitiative, die aktiv gegen das Vodafone-Bauvorhaben einschreiten will.

Am 06.11.2002 erscheint erstmals ein Presseartikel in der Schwäbischen Zeitung über unseren Protest. Gleichzeitig werden in der Gemeinde Unterschriftenlisten für die Bevölkerung ausgelegt. Am Ende der Aktion können wir 629 Unterschriften gegen den geplanten Mast verbuchen.

Ende November 2002 – die Gemeinde steht kurz vor einem Bürgermeisterwechsel – stellen wir ein Infopaket für den neuen Bürgermeister und die Gemeinderäte zusammen, um diese tiefer gehend über das Thema Mobilfunk zu informieren.

Am 10.12.2002 erhalten wir Antwort von der Rechtsabteilung der Firma Vodafone auf unsere Schadensersatzdrohungen. Vom Mast gehe keine Gefahr aus, schreibt man uns. Wir halten dies für lächerlich.

Am 07.01.2003 organisiert die Bürgerinitiative ihre erste große öffentliche Versammlung für die Bevölkerung in Vogt. Die Veranstaltung, über die wieder in der Schwäbischen Zeitung berichtet wird, ist sehr erfolgreich. Etwa 160 Bürgerinnen und Bürger kommen, auch der neue Bürgermeister und einige Gemeinderäte sind da. An diesem Abend wird uns aus zuverlässiger Quelle anvertraut, dass ein weiterer Anbieter (E-Plus) in der Gemeinde Vogt Standorte suche.

Von jetzt an trifft sich die Bürgerinitiative regelmäßig einmal im Monat in Gaststätten zu ihren Sitzungen.

Februar und März. Wir besuchen immer wieder Fraktionsbesprechungen unserer Gemeinderäte und versorgen diese mit Informationen, ebenso den Bürgermeister und seine Verwaltung.

Anfang Juli 2003 kommt das Baugesuch wieder auf die Tagesordnung des Gemeinderats. Wir nutzen die Gelegenheit und besuchen die Vorbesprechungen unserer Gemeinderäte, um diese nochmals davon zu überzeugen, dass sie nicht zustimmen sollten.

Am 08.07.2003 findet die Gemeinderatssitzung statt. Die Bürgerinitiative Vogt bekommt vor der Abstimmung das Rederecht. Gut drei Stunden dauert die Beratung – dann wird der Bauantrag von Vodafone mit überwältigender Mehrheit im Gemeinderat abgelehnt. Ende August teilt auch das Landratsamt Ravensburg den Angrenzern mit, dass der Bauantrag der Firma Vodafone abgelehnt worden sei.

www.izgmf.de/Kontakte/Bürgerinitiativen/Geschichten/BikE/bike.html (Zugriff: 10.1.2005).

1 Erklären Sie, was man unter einer Bürgerinitiative versteht (VT). Erläutern Sie den Unterschied zu einer Partei (s. S. 274).

2 Listen Sie auf, mit welchen Aktivitäten die Bürgerinitiative Vogt (M3) den Mobilfunkmast zu verhindern suchte. Warum wollten die Anlieger diese Anlage nicht?

3 Holen Sie sich zusätzliche Informationen: Lesen Sie im Internet in der Chronik der Initiative nach, wie sich das Unternehmen Vodafone zur Wehr setzte und wie die Bürger reagierten. Geben Sie dazu in der Suchmaschine „Google" den Begriff „Bürgerinitiative Vogt" ein.

4 Finden Sie heraus, ob es in Ihrer Umgebung Bürgerinitiativen gibt und informieren Sie sich über deren Tätigkeit.

4 Werkstatt

Wohin mit dem Durchgangsverkehr? – ein Planspiel

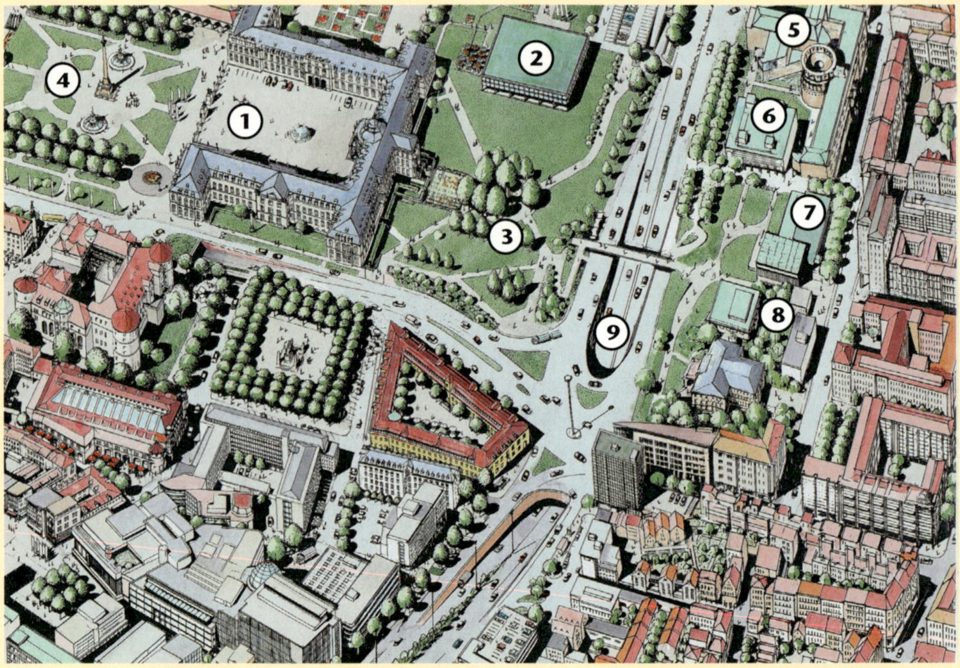

M1 *Die Landeshauptstadt Stuttgart*
① Neues Schloss
② Landtag
③ Akademiegarten
④ Schlossplatz in der Innenstadt
⑤ Staatsgalerie, Haus der Geschichte
⑥ Haus der Abgeordneten
⑦ Landesbibliothek
⑧ Hauptstaatsarchiv, Stadtbücherei
⑨ Achtspurige Stadtautobahn der B 14

Worum geht es?
Die Bundesstraße 14 gehört zu den meistumstrittenen Verkehrsschneisen in Stuttgart. Politiker und Planer, Bürgerinnen und Bürger haben schon viele Lösungen vorgeschlagen, um die trennende Wirkung der großen Stadtachse zwischen Innenstadt und „Kulturmeile" zu beseitigen. 110 000 Fahrzeuge verkehren täglich auf dieser Strecke. Unterführungen, Fußgängerstege und eine Tieferlegung eines Teils der Achse in einen Tunnel wurden ebenso diskutiert wie ebenerdige Querungen („Zebrastreifen"). Die Tieferlegung des Durchgangsverkehrs, der etwa 50 Prozent des Verkehrsaufkommens ausmacht, würde etwa 60 Millionen Euro kosten, ein Betrag, den Stadt und Land derzeit kaum aufbringen können. Auch der gesundheitsschädliche Feinstaub spielt bei der Diskussion eine Rolle. Von einer Maut für alle Autofahrer, die in die Stadt fahren, ist die Rede oder auch von einem Verkehrsverbot für Dieselfahrzeuge ohne Rußfilter. Die im Stuttgarter Gemeinderat vertretenen Parteien sind sich nicht einig, wie sie weiter vorgehen wollen.
Machen Sie als Klasse Vorschläge. Schließen Sie sich in einem Planspiel jener Gruppe an, die Ihren persönlichen Interessen am nächsten steht.

Ablauf eines Planspiels
Planspiele stellen für Sie Übungsfelder dar, die mögliche Situationen aus Ihrem späteren Leben vereinfachend vorwegnehmen. Sie ahmen beim Planspiel nicht nur die Handlung einzelner Personen nach, sondern auch die von Gruppen oder Gremien mit unterschiedlichen Interessen. Mehrere Spielgruppen führen dabei eine Konflikt- oder Planungssituation Schritt für Schritt einer Entscheidung zu. Sie üben dies anhand der Simulation (Nachahmung) eines realen Vorgangs.

Gruppe 1: Sie wollen den Verkehr in Stuttgart und damit auch auf der B 14 verringern, vor allem wegen der zunehmenden Lärm- und Feinstaubbelastung. Möglichkeiten sind: eine PKW-Maut z. B. in Form einer Vignette, ein Fahrverbot für besonders umweltschädliche Fahrzeuge, die Beschränkung auf Fahrzeuge mit gerader Autonummer montags, ungerader Nummer dienstags usw. Einigen Sie sich auf eine Konzeption.

Gruppe 2: Sie wollen eine Tieferlegung der B 14 erreichen und sie in einen grünen Stadtboulevard verwandeln. Überlegen Sie, wie Sie die Gemeinderäte davon überzeugen können. Was ist mit den Fahrzeugen, die von der B 14 abbiegen wollen? Suchen Sie aber auch nach Möglichkeiten, das Projekt zu finanzieren. Vielleicht sogar über eine Benutzergebühr für den Tunnel? Haben Sie andere Ideen?

Gruppe 3: Versuchen Sie Ihre Mitschüler davon zu überzeugen, dass in einer Stadt, in der Daimler, Porsche und Bosch Arbeitsplätze anbieten, wirtschaftliche Interessen Vorrang haben. Eine Untertunnelung lehnen Sie ab, da dadurch der Verkehr in die Stadt erschwert wird. Fußgängerbrücken zum Erreichen der Museen halten sie für zumutbar.

Gruppe 4: Sie wollen eine schnelle Lösung. Fußgängerampeln sollen ein Überqueren der Fahrbahn ermöglichen. Dass Staus entstehen, finden Sie zumutbar. Dadurch gelingt es vermutlich, Autofahrer zum Benutzen von Umgehungsstraßen zu bewegen.

Gruppe 5: Sie wollen den Öffentlichen Personennahverkehr (ÖPNV) attraktiver machen. Davon erhoffen Sie sich, dass zahlreiche Autofahrer auf Bahnen und Busse umsteigen. Überlegen Sie sich Maßnahmen (z. B. die Herabsetzung der Fahrpreise).

Methodische Arbeitsschritte

1. **Einführungsphase:**
   - Machen Sie sich mit der Situation vertraut.
2. **Erarbeitungsphase I (Gruppenarbeit):**
   - Bilden Sie für die einzelnen Interessenvertretungen Gruppen.
   - Simulieren Sie Ihr weiteres Vorgehen (Leserbriefe, Besuch bei Mitgliedern des Gemeinderats, Bildung einer Bürgerinitiative, Einbeziehung von Verbänden z. B. BUND oder ADAC, Anfrage beim Tiefbauamt über bestehende Pläne).
   - Simulieren Sie die Vorbereitung einer Bürgerversammlung, deren Teilnehmer den Gemeinderäten Lösungsvorschläge unterbreiten (Hearing).
   - Visualisieren Sie Ihren Standpunkt, z. B. an einer Pinnwand.
3. **Konferenzphase I (Bürgerversammlung – Hearing):**
   - Tragen Sie Ihre in der Gruppe erarbeiteten Statements vor.
   - Diskutieren Sie diese Vorschläge mit den Mitgliedern der anderen Gruppen.
4. **Erarbeitungsphase II (Gruppenarbeit):**
   - Überprüfen Sie Ihre Position, wo sind Unterschiede zu anderen Vorschlägen?
   - Bereiten Sie sich auf eine Gemeinderatssitzung vor, bei der Sie sich mit anderen Positionen auseinander setzen müssen.
5. **Konferenzphase II (Entscheidung im Gemeinderat):**
   - Bilden Sie Gruppen entsprechend den politischen Verhältnissen in Ihrem Gemeinderat und simulieren Sie eine Gemeinderatssitzung.
   - Suchen sie Kompromisse zwischen einzelnen Standpunkten.
   - Entscheiden Sie sich mehrheitlich für eine Lösung des Falls.
6. **Kritische Bewertung des Spielverlaufs:**
   - Überprüfen Sie Ihre Entscheidungen und Ihr Verhalten. Was könnten Sie in Zukunft besser machen?

1 Führen Sie das Planspiel zur B 14 durch.

2 Verfolgen Sie in der Presse, welche Maßnahmen in Stuttgart unternommen werden, um den Durchgangsverkehr der B 14 besser zu steuern und die Feinstaubbelastung zu senken. Das Internet hilft Ihnen bei der Recherche.

3 Informieren Sie sich, welche verkehrsberuhigten Maßnahmen in Ihrem Wohn- oder Schulort geplant sind. Fragen Sie bei der Gemeindeverwaltung nach, auch bei Mitgliedern der Gemeinderatsfraktionen und bei Verbänden.

5 Mitmachen oder sich raushalten?

M1 *Der Jugendgemeinderat Gerlingen 2003 in Bad Urach.* Unter dem Motto „Jugend macht Politik" planen Gerlinger Jugendgemeinderäte Projekte.

Lokale Agenda 21
(Agenda von lat.: was zu tun ist) bezeichnet den Versuch von Städten und Gemeinden, gemeinsam mit Bürgerinnen und Bürgern, sowie Unternehmen, Vereinen und Verbänden ein Leitbild für eine nachhaltige Kommune zu erarbeiten und Maßnahmen zu ihrer Umsetzung zu initiieren.

Nachhaltigkeit
ist ein Prinzip der Energie- und Umweltpolitik, wonach nur so viele Rohstoffe gewonnen und Eingriffe in die Natur vorgenommen werden dürfen, dass die nachfolgenden Generationen nicht beeinträchtigt werden.

Jugendgemeinderäte
Die Einrichtung von Jugendzentren und Skateboardanlagen oder die Organisation von Sprayer-Aktionen geht oft auf die Initiative von Jugendräten und Jugendgemeinderäten zurück. In Esslingen wurde auf Anregung des Jugendgemeinderats beispielsweise an Wochenenden ein Nachttaxi-Dienst eingeführt. Zusammensetzung, Zustandekommen und Kompetenz dieser Gremien bzw. Ausschüsse wechseln von Kommune zu Kommune. In Heidelberg etwa gibt es seit 1999 einen Jugendrat, gebildet aus 20 Vertretern verschiedener Schultypen. Zwei Mitglieder dieses Jugendrates beraten – ohne Stimmrecht – im Jugendhilfeausschuss des Gemeinderats mit. Und das Themenspektrum des Heidelberger Jugendrats ist breit: Umwelt, Jugendarbeit, Verkehr, Kultur, Freizeit, Sport und Ausbildung.
Jugendgemeinderäte werden nach unterschiedlichen Verfahren gewählt. Fast alle Jugendliche zwischen 14 und 18 Jahren, auch die ohne deutschen Pass, haben das Wahlrecht. Bei den Wahlen beschreiten die Organisatoren zum Teil neue Wege. In Fellbach zum Beispiel kann jeder wahlberechtigte Jugendliche per Internet seine Stimme abgeben.

Jugendorganisationen von Parteien
Ein Teil der Mitglieder von Jugendgemeinderäten ist in den Jugendorganisationen von politischen Parteien organisiert. Sie beschäftigen sich vor allem mit der Schul- und Berufsbildungspolitik. Andere Themen sind bei den weiblichen Mitgliedern die Berufs- und Aufstiegschancen von Mädchen und jungen Frauen und bei den männlichen Mitgliedern der Wehr- und Zivildienst. Weitere wichtige Themen sind Arbeitsplätze, Ökologie, Frieden und Staatsverschuldung. Die Mitarbeit bei Agenda 21-Gruppen bietet die Möglichkeit, Wünsche zu äußern und an deren Verwirklichung mitzuwirken. Selbstverständlich sind politische Jugendorganisationen nicht nur für Bildungsarbeit und Interessenvertretung zuständig. Sie sind vor allem Vereinigungen, wo sich junge Menschen treffen, reden, feiern, wo sie also einen Teil ihrer Freizeit gemeinsam gestalten.

M2 *Der baden-württembergische Jugendverband von Bündnis 90/Die Grünen stellt sich vor:*

Als der junge ökologische, soziale und linksliberale Jugendverband in Baden-Württemberg treten wir für die Belange der jungen Generation und eine nachhaltige Politik in allen Bereichen ein. Dabei arbeiten wir konstruktiv (und wenn nötig konstruktiv-kritisch) mit Bündnis 90/Die Grünen zusammen. Unsere landesweit etwa 800 Mitglieder und unsere Ortsgruppen engagieren sich ehrenamtlich. (…)
Wenn du unter 28 bist, heute schon an die Probleme von morgen denkst und die Zukunft mitgestalten möchtest, dann bist du bei der GRÜNEN JUGEND genau richtig. Denn vor allem wir als junge Menschen sind von den Entscheidungen heutiger Politik betroffen.

www. gruenejugend.de/index.php?id=98
(Zugriff: 17.1.2005).

M6 *Karikatur: Mester*

M3 *Die „Jungen Liberalen" in Baden-Württemberg schreiben über sich:*

Wir sind die Jugendorganisation der FDP und existieren seit Beginn der 80er-Jahre. Uns JuLis liegt die Würde und Freiheit des Menschen am Herzen. (…) Der schleichenden Bedrohung unserer Freiheit durch die Umweltverschmutzung, durch die riesigen Staatsschulden, durch die bevormundende Bürokratie erwehren wir uns gemeinsam und mit viel Engagement und Verantwortungsgefühl. (…) Unsere Mitglieder sind zwischen 14 und 35 Jahren alt. (…) Wir sind eine weitgehend unabhängige liberale Jugendorganisation, die, wenn möglich, mit der FDP zusammenarbeitet, aber auch vor offener Kritik ihr gegenüber nicht zurückschreckt.

www.julis.org/ueberuns/index.html
(Zugriff: 17.1.2005).

M4 *Die „Jungsozialisten" in Heidelberg über sich und ihr Selbstverständnis:*

Die Aufgaben der Jusos (14–35 Jahre) gehen weit über die Gewinnung junger Leute für die SPD und Wahlkampfaktivität hinaus: Die Jusos verstehen sich als fortschrittliche linke Kraft innerhalb der SPD mit eigenen politischen Standpunkten, die häufig nicht mit der Mehrheitsmeinung der Mutterpartei übereinstimmen. Daher legen die Jusos großen Wert auf eigene inhaltliche Positionierungen und damit verbundene Presse- und Öffentlichkeitsarbeit. (…) Wir veranstalten Bildungsseminare und laden Referenten aus Politik, Wissenschaft und Wirtschaft ein. Wir verstehen uns (…) als ein Verband junger Menschen, die sich Gedanken über die Zukunft machen und diese aktiv gestalten wollen.

www.spd-Heidelberg.de/partei/jusos.htm
(Zugriff: 17. 1. 2005).

M5 *Die „Junge Union" Baden-Württembergs stellt sich im Internet vor:*

Wir machen Politik. Bei uns ist was los: 10 500 junge Baden-Württemberger machen party & politics. In unseren Orts- und Kreisverbänden werden die Ideen von morgen diskutiert. Mitmachen können alle zwischen 14 und 35 Jahren. Die JU gibt es ganz bestimmt auch in Ihrer Nähe. Jugendgemeinderäte, die Ökologische Union auf europäischer Ebene, das Schülerferienticket oder Laptops an den Schulen – alles Initiativen, die wir durchgesetzt haben. Hier macht Politik noch richtig Spaß. Schau einfach mal vorbei, wir freuen uns auf dich!

www.ju-bw.de/start.php
(Zugriff: 17. 1. 2005).

1 Klären Sie, mit welchen Themenfeldern sich Jugendgemeinderäte und politische Jugendorganisationen beschäftigen (VT).

2 Diskutieren Sie die Internetauftritte (M2–M5) der Jugendorganisationen von Parteien. Wie werden deren Ziele beschrieben? Nennen Sie Unterschiede und Gemeinsamkeiten zwischen den einzelnen Jugendorganisationen. Wie versucht man Jugendliche anzusprechen?

3 Informieren Sie sich bei Ihrer Gemeindeverwaltung, ob es einen Jugendgemeinderat gibt und wie man dort Mitglied werden kann. Fragen Sie auch nach, ob es eine Agenda 21-Gruppe gibt.

6 Gemeinden und Landkreise – Wer macht hier was?

M1 *Das Rathaus von Wangen im Allgäu.* Rathäuser sind Sitz des Bürgermeisters und der Stadtverwaltung.

Gemeinde
ist gleichbedeutend mit Kommune. Die Gemeinden sind die unterste politische Ebene, unterhalb von Bund und Ländern.

Mehrheits- oder Persönlichkeitswahlsystem
Die Abgeordneten werden in Wahlkreisen gewählt. Die im Wahlkreis siegende Person bekommt das Mandat. Alle anderen gehen leer aus, das heißt, die für sie abgegebenen Stimmen bleiben wirkungslos. So ist es auch bei der Bürgermeisterwahl.

Verhältniswahlsystem
Zur Wahl stehen nicht einzelne Kandidaten, sondern die Kandidatenlisten verschiedener Parteien oder Wählervereinigungen. Dadurch sind auch kleine Parteien in den Parlamenten vertreten. Deren Zusammensetzung entspricht, wenn es keine Sperrklausel gibt, exakt der Verteilung der Stimmen auf die Wählerlisten.

Aufgaben von Gemeinden und Kreisen

Wir kommen mehrfach am Tag mit Aufgaben und Leistungen unserer Gemeinde oder unseres Kreises in Berührung: Wir benutzen die Strom-, die Wasserversorgung, die Kanalisation und die Müllabfuhr. Wir gehen in die berufliche Schule und sind für den Schulweg auf öffentliche Verkehrsmittel angewiesen. Wie die Berufsschulen ausgestattet sind, hängt von den finanziellen Möglichkeiten des Kreises ab, aber auch davon, wie wichtig dem Landrat und den Kreisräten die berufliche Bildung ist. Nach dem Unterricht besuchen wir vielleicht eine Bibliothek, am Wochenende ein Museum oder ab und zu eine Theateraufführung, und manchmal bleibt uns auch ein Krankenhausaufenthalt nicht erspart.

Gemeinden – Rechte und Pflichten

In der Bundesrepublik Deutschland existieren mehrere eigenständige politische Ebenen (Bund, Länder und Gemeinden) mit eigenen Zuständigkeiten, eigenen Finanzen und eigenen politischen Willensbildungsprozessen. Die Gemeinden sind die unterste politische Ebene und somit die Ebene, die den Bürgern am nächsten steht. Sie haben das Recht, im Rahmen der Gesetze ihre eigenen Angelegenheiten selbstständig zu regeln. In Baden-Württemberg gibt es 1 110 Gemeinden. Es überwiegen kleinere Städte und Dörfer, fast 60 Prozent haben weniger als 5 000 Einwohner. Gemeinden nehmen nicht nur Selbstverwaltungsaufgaben wahr. Der Staat bedient sich ihrer auch zur Erfüllung seiner Aufgaben nach seinen Weisungen.

Stadt- und Landkreise

Die 35 Landkreise Baden-Württembergs sind jeweils Zusammenschlüsse mehrerer Gemeinden, denen wie den Gemeinden selbst das Recht auf Selbstverwaltung zusteht. Sie haben zweierlei Aufgabenbereiche: Zum einen sind sie untere staatliche Verwaltungsbehörde, zum anderen regeln sie gemeinsam die Dinge, die die Kraft einer einzelnen Gemeinde übersteigen. Bei den neun größten Gemeinden des Landes bilden einzelne Städte die Kreise, man spricht dann von Stadtkreisen.

Kreistage und Landräte

Das Parlament eines Landkreises ist der Kreistag. Seine Mitglieder, die Kreisräte, werden alle fünf Jahre von den Wahlberechtigten des Landkreises im Verhältniswahlsystem gewählt. Wahlberechtigt sind diejenigen Einwohner des Landkreises, die Deutsche sind und das 18. Lebensjahr vollendet haben. Außerdem müssen sie mindestens sechs Monate im Gebiet des Landkreises ansässig sein. Vorsitzender des Kreistags und Leiter der Kreisverwaltung ist der Landrat. Er wird vom Kreistag auf acht Jahre gewählt. Die Kreisverwaltung (Landratsamt) übernimmt Aufgaben der gemeindlichen Selbstverwaltung, zugleich ist sie untere staatliche Verwaltungsbehörde.

M2 *Beispiele für Aufgaben von Kreisen und Gemeinden*

	Gemeinden	*Kreise*
Pflichtaufgaben	allgemein bildende Schulen, Straßen, Wasserversorgung, Feuerwehr	Berufs- und Sonderschulen, Kreisstraßen, Abfallbeseitigung, Schülerbeförderung, Sozialhilfe
freiwillige Aufgaben	Bibliotheken, Jugendhäuser, Schwimmbäder, Museen	Altenheime, Sportstätten, Kläranlagen, Krankenhäuser
vom Land oder Bund übertragene Aufgaben	Standesamt, Meldewesen, Ausstellung von Lohnsteuerkarten und Pässen	Ausbildungsförderung (BAFöG), KFZ-Zulassung, Wohngeld

Amtlicher Stimmzettel für die Wahl des Kreistags des Landkreises Esslingen im Wahlkreis 8 Reichenbach am 13. Juni 2004

Sie haben insgesamt 5 Stimmen.
Bitte beachten Sie:
- Kein Bewerber/keine Bewerberin darf mehr als drei Stimmen erhalten.
- Auch wenn Sie mehrere Stimmzettel verwenden, dürfen Sie insgesamt nicht mehr als 5 Stimmen abgeben.
- Wenn Sie mehr als insgesamt 5 Stimmen abgeben, sind alle von Ihnen verwendeten Stimmzettel ungültig!

Bitte lesen Sie vor der Stimmabgabe unbedingt das Merkblatt „Wichtige Hinweise für die Stimmabgabe"!

Wahlvorschlag
Christlich Demokratische Union Deutschlands (CDU)

101	**Hees,** Erwin	Steuerberater, Rechtsbeistand Mühlstr. 7, Reichenbach a. d. F.	
102	**Werner,** Andreas	Geschäftsführer Schnaiter Str. 57, Aichwald	
103	**Schlienz,** Carlo	Selbstständiger Handwerksmeister Zinkstr. 80, Baltmannsweiler	
104	**Krämer,** Rudolf	Polizeibeamter Wellinger Str. 35, Hochdorf	
105	**Müller,** Andreas	Mechaniker Hirtenweg 14, Lichtenwald	
106	**Pfannenschmid,** Hannelore	Kaufmännische Angestellte Lessingweg 15, Aichwald	
107	**Christ,** Martin	Landwirtschaftsmeister Blumenstr. 27, Reichenbach a. d. F.	

Bitte vergewissern Sie sich, dass Sie insgesamt nicht mehr als 5 Stimmen abgegeben haben!

Zur Kontrolle können Sie die Summe aller abgegebenen Stimmen in das nebenstehende Kästchen eintragen; dies bedeutet keine Stimmabgabe und wird bei der Stimmenzählung nicht gewertet. **Kontrollsumme:**

Amtlicher Stimmzettel für die Wahl des Kreistags des Landkreises Esslingen im Wahlkreis 8 Reichenbach am 13. Juni 2004

Sie haben insgesamt 5 Stimmen.
Bitte beachten Sie:
- Kein Bewerber/keine Bewerberin darf mehr als drei Stimmen erhalten.
- Auch wenn Sie mehrere Stimmzettel verwenden, dürfen Sie insgesamt nicht mehr als 5 Stimmen abgeben.
- Wenn Sie mehr als insgesamt 5 Stimmen abgeben, sind alle von Ihnen verwendeten Stimmzettel ungültig!

Bitte lesen Sie vor der Stimmabgabe unbedingt das Merkblatt „Wichtige Hinweise für die Stimmabgabe"!

Wahlvorschlag
Sozialdemokratische Partei Deutschlands (SPD)

301	**Frick,** Bettina	Arzthelferin, technische Sekretärin Hohenzollernstr. 16/1, Reichenbach a. d. F.	
302	**Neumann,** Michael	Hauptschullehrer Hesseweg 11, Aichwald	
303	**Bagdahn,** Andrea	Reiseverkehrskauffrau Steetwiesen 23, Hochdorf	
304	**Hummel,** Margit	Verkäuferin Hauffstr. 14, Baltmannsweiler	
305	**Heuberg,** Karin	Selbstständige Kauffrau Reichenbacher Str. 7, Lichtenwald	
306	**Fohler,** Sabine	Politologin M. A. In den Amseläckern 37, Reichenbach a. d. F.	
307	**Chirizzi,** Claudia	Gewerkschaftssekretärin Kernerweg 20, Aichwald	

Bitte vergewissern Sie sich, dass Sie insgesamt nicht mehr als 5 Stimmen abgegeben haben!

Zur Kontrolle können Sie die Summe aller abgegebenen Stimmen in das nebenstehende Kästchen eintragen; dies bedeutet keine Stimmabgabe und wird bei der Stimmenzählung nicht gewertet. **Kontrollsumme:**

M3 *Stimmzettel des Wahlkreises* 8 für die Kreistagswahl des Landkreises Esslingen. Dem Esslinger Kreistag gehören 100 Abgeordnete an.

1 Erklären Sie, was man unter der „Selbstverwaltung" der Gemeinden versteht (VT).

2 Wie unterscheiden sich die Aufgaben der Gemeinden von denen der Kreise (VT, M2)?

3 Erklären Sie, welche Möglichkeiten es gibt, die Stimmzettel zur Kreistagswahl (M3) auszufüllen. Lesen Sie dazu auch Kapitel 9 über das Wahlverfahren zum Gemeinderat.

4 Informieren Sie sich über die Mehrheitsverhältnisse in Ihrem Kreistag. Geben Sie in einer Suchmaschine im Internet den Begriff „Kreistag" und den Namen Ihres Kreises ein.

5 Ermitteln Sie, welche Städte Baden-Württembergs mehr als 100 000 Einwohner haben.

7 Bürgermeister – Chef der Gemeinde?

M1 *Karikatur von Mester*

Quorum
heißt die für die Gültigkeit eines Antrags erforderliche Mindestzahl abzugebender Stimmen.

absolute Mehrheit
Gewählt ist, wer mehr als die Hälfte aller abgegebenen Stimmen auf sich vereinigen kann.

einfache oder relative Mehrheit
Gewählt ist, wer die meisten der abgegebenen Stimmen erhält.

Was macht ein Bürgermeister?

Die Bürgermeister in Baden-Württemberg haben eine starke Position. Sie sind die Vorsitzenden des Gemeinderats (vgl. S. 274/275) und seiner Ausschüsse. Außerdem leiten sie die Verwaltung und vertreten die Gemeinde nach außen. Die Bürgermeister werden direkt vom Volk gewählt. Das verleiht ihnen eine hohe Bekanntheit und macht sie unabhängig vom Gemeinderat. Während die Gemeinderäte für fünf Jahre gewählt werden, dauert die Amtszeit der Bürgermeister acht Jahre.
Häufig verfügen die Bürgermeister gegenüber dem Gemeinderat über einen Informationsvorsprung, da die Gemeindeverwaltung, der sie vorstehen, die Beschlüsse des Gemeinderats vorbereitet. In Städten mit mehr als 20000 Einwohnern tragen Bürgermeister die Bezeichnung Oberbürgermeister.

Wer kontrolliert den Bürgermeister?

Kontrolliert wird die Arbeit des Bürgermeisters vom Gemeinderat. Doch dieser hat nicht das Recht, den Bürgermeister abzusetzen. Wenn ein Bürgermeister seine Amtspflichten grob vernachlässigt oder verletzt, kann er nur vom Regierungspräsidenten, dem leitenden Beamten eines Regierungsbezirks, von seinem Posten abgelöst werden.
Ein krasses Beispiel aus den 1990er-Jahren: Weil der Bürgermeister von Neckarwestheim 40 Millionen DM bei Aktiengeschäften veruntreut hatte, wurde er vor Gericht zu acht Jahren Freiheitsstrafe verurteilt – und selbstverständlich vom Regierungspräsidenten des Amtes enthoben.

Wer darf Bürgermeister werden?

Die Bürger einer Gemeinde entscheiden über ihr Gemeindeoberhaupt in einer direkten Wahl. Wahlberechtigt sind alle volljährigen EU-Bürger, die ihren Wohnsitz seit mindestens drei Monaten in der jeweiligen Gemeinde haben.
Um die Bewerbung von „Spaßkandidaten", die nicht ernsthaft am Bürgermeisteramt interessiert sind, einzudämmen, wurde 1997 das Unterschriftenquorum bei Wahlen in Gemeinden mit mehr als 20000 Einwohnern eingeführt. Bei Gemeinden mit mehr als 200000 Einwohnern etwa müssen seit dieser Zeit 250 Unterschriften von wahlberechtigten Einwohnern der Gemeinde vorgelegt werden, die den Wahlvorschlag unterstützen. Für die Oberbürgermeisterwahl in Stuttgart im Oktober 2004 gab es zunächst neun Bewerber, aber nur sechs davon konnten die vorgeschriebene Zahl an Unterschriften vorweisen.

Zur Not entscheidet die Neuwahl

Ein Bewerber ist bei der Bürgermeisterwahl im ersten Wahlgang dann gewählt, wenn er die absolute Mehrheit der gültigen Stimmen auf sich vereinigt. Erreicht kein Bewerber im ersten Wahlgang die absolute Mehrheit, findet meist zwei Wochen später eine Neuwahl statt, bei der auch neue Bewerber zugelassen sind. Dort reicht dann die einfache Mehrheit.

M2 *Drei Jugendliche diskutieren über die Kandidaten zur Oberbürgermeisterwahl in Stuttgart 2004. Der bisherige Oberbürgermeister Wolfgang Schuster siegte im zweiten Wahlgang mit 53,3 %. Nach dem ersten Wahlgang war Boris Palmer zurückgetreten, der nur 21,5 % der Stimmen erreicht hatte. Hier Auszüge aus dem Gespräch:*

Daniel Nordmann (20) wollte den Kandidaten der Grünen Boris Palmer.

Thay Chin Duong (19) unterstützte die Kandidatin der SPD Ute Kumpf.

Oliver Konrad (21) wollte, dass Wolfgang Schuster (CDU) wiedergewählt wird.

Welche Themen sind es denn, die Sie in Stuttgart spannend finden?
Duong: Mich interessiert die Integrationspolitik. Da würde Ute Kumpf wohl einiges bewegen können. Sie wirbt für Verständnis und spricht sich klar für Bürgerbeteiligung aus.
Woher nehmen Sie Ihre Überzeugung?
Duong: Es gibt ja Leitlinien und Parteiprogramme für so etwas.
Herr Nordmann, ist Boris Palmer (32) zu jung?
Nordmann: Ich denke, das Alter sollte eine geringere Bedeutung als die Person und die Partei haben. Boris Palmer hat Mathematik und Geschichte studiert, dadurch hat er nicht so eine einseitige Sicht der Dinge wie manch anderer. Und er besitzt schon einige Erfahrungen.
Herr Konrad, sind Sie denn überzeugt von der Persönlichkeit Ihres Kandidaten, des amtierenden Oberbürgermeisters?
Konrad: Ich habe mehrfach mit Herrn Schuster gesprochen, auch mal unter vier Augen. Trotz seiner Aufgaben als OB und dem Wahlkampf hat er noch Zeit gefunden, sich um mich persönlich zu kümmern.
Womit kann man bei Stuttgarter Jugendlichen punkten? Was sind die Themen?
Konrad: Studien sagen aus, dass die Zukunft und die Arbeitsplätze das Wichtigste für Jugendliche sind. Das sind für mich die entscheidenden Punkte. Wer nicht mit Schulden belastet werden will, muss Schuster wählen.
Normann: Aber in der Kommunalpolitik wird doch nicht über Arbeitsplätze entschieden. Ich denke Graffiti, die Förderung von jungen Künstlern oder Spielflächen – das interessiert die Jugendlichen in Stuttgart.
Duong: Ein Thema für Jugendliche war schon immer der Nahverkehr. In Berlin fahren jede Nacht Busse. In Stuttgart fahren sie nur am Wochenende.

Philipp Scheffbruch, in: Stuttgarter Zeitung vom 30.9.2004, S. 10.

1 Erklären Sie die Karikatur (M1). Inwieweit wird die Aussage durch den VT und durch M3 gestützt? Nennen Sie Vor- und Nachteile einer starken Stellung des Bürgermeisters.

2 Listen Sie auf, mit welchen Argumenten Daniel, Thay Chin und Oliver (M2) jeweils für ihre Kandidaten eintreten.

3 Stellen Sie anhand der Bürgermeisterwahl in Ihrer eigenen Kommune das Interview nach. Finden Sie Argumente für „Ihren" Bürgermeisterkandidaten.

Stadt Aalen

Die Stelle der/des hauptamtlichen

Oberbürgermeisterin/Oberbürgermeisters

der Großen Kreisstadt Aalen (rund 67000 Einwohner) ist zum 1. August 2005 wegen Eintritts in den Ruhestand des derzeitigen Amtsinhabers neu zu besetzen. Die Amtszeit beträgt acht Jahre. Die Besoldung richtet sich nach den gesetzlichen Bestimmungen.

Die Wahl findet am Sonntag, 26. Juni 2005, eine eventuell notwendig werdende Neuwahl am Sonntag, 10. Juli 2005, statt.

M3 *Oberbürgermeister gesucht.* Freie Bürgermeisterstellen werden wie andere Jobangebote in der Zeitung ausgeschrieben.

8 Disko ja oder nein? – Gemeinderäte entscheiden

M1 *Öffentliche Sitzung des Gemeinderats Kirchentellinsfurt im September 2004.* Zahlreiche Besucher nahmen teil.

Partei
Vereinigung von Bürgern mit gleichen oder ähnlichen politischen, sozialen, wirtschaftlichen und weltanschaulichen Auffassungen. Sie will auf die politische Willensbildung Einfluss nehmen und wirkt an der Vertretung der Bürger im Gemeinderat, in einem Landtag oder im Bundestag mit.

Fraktion
Gruppe innerhalb eines Gemeinderats oder eines Parlaments, die derselben Partei oder Wählervereinigung angehört.

Darf die Disko gebaut werden?

Im Gemeinderat des Städtchens Kirchentellinsfurt im Kreis Tübingen ging es hoch her. Mehr als 100 Besucher hatten sich auf der Sitzung des Rats eingefunden, auf der über eine Änderung des Bebauungsplans beraten wurde, die den Betrieb einer Diskothek mit 1400 Plätzen ermöglicht hätte. Die Gemeinderäte stimmten zwar zunächst zu, entschieden sich dann aber gegen die Disko, weil viele Bürger Autoverkehr, nächtlichen Lärm, Vandalismus und möglichen Drogenhandel fürchteten.
Das Beispiel Kirchentellinsfurt zeigt, dass Bürger unmittelbar Einfluss nehmen können auf wichtige politische Entscheidungen, die ihre Gemeinde betreffen.

Gemeinderat – Vertretung der Bürger

Der Gemeinderat – in den Städten führt er die Bezeichnung Stadtrat – bildet die politische Vertretung der Bürgerschaft. Die Mitglieder des Gemeinderats werden von den Einwohnern der Gemeinde gewählt. Sie arbeiten ehrenamtlich. Der Gemeinderat entscheidet über alle wichtigen Belange der Gemeinde, auch über den Haushalt. Er bestimmt also darüber, wofür die Gemeinde ihr Geld verwendet. Darüber hinaus entscheiden die Mitglieder des Gemeinderats über die Einstellung von Gemeindebediensteten.
Grundsätzlich können alle Deutschen und EU-Bürger, die in der Gemeinde wohnen und über 18 Jahre alt sind, für das Amt des Gemeinderats kandidieren. Die meisten Kandidaten werden von politischen Parteien nominiert. Allerdings gibt es auch Gemeinderäte, die keiner Partei angehören. Zwischen den im Gemeinderat vertretenen Fraktionen wird beraten, gestritten und letztlich mit dem Stimmrecht des Bürgermeisters entschieden. Die Sitzungen finden meist in den Abendstunden statt, weil die Gemeinderatsmitglieder tagsüber ihrem Hauptberuf nachgehen.

Wie kann man mitgestalten?

Politisches Mitgestalten in der Gemeinde ist auch außerhalb des Gemeinderats möglich: Besucher können den Sitzungen des Gemeinderats beiwohnen und in anschließenden Bürgerfragestunden über Entscheidungen diskutieren. Zudem kann jeder im Rahmen der Gesetze für seine Vorstellungen durch Leserbriefe, Flugblätter oder Demonstrationen werben. Auch wer sich in Bürgerinitiativen einsetzt, sich in einem Verein engagiert oder um Menschen kümmert, die Hilfe brauchen, übernimmt Verantwortung für das Gemeinwesen.
Der Einfluss örtlicher Vereine auf das politische Geschehen in der Gemeinde ist groß. Oft haben Gemeinderatsmitglieder Ämter in Vereinen inne. Dadurch werden sie bekannt und deshalb auch gewählt. Bei ehrenamtlichen Tätigkeiten in den Vereinen lernt man das, was man im Gemeinderat braucht: öffentlich reden, andere überzeugen, die Geschäftsordnung beachten, sich durchsetzen. Deshalb gelten die Vereine als „Schulen des Gemeinderats".

M2 *Womit beschäftigt sich der Gemeinderat? Schlagzeilen von Zeitungsartikeln, die über Gemeinderatssitzungen in Baden-Württemberg berichten.*

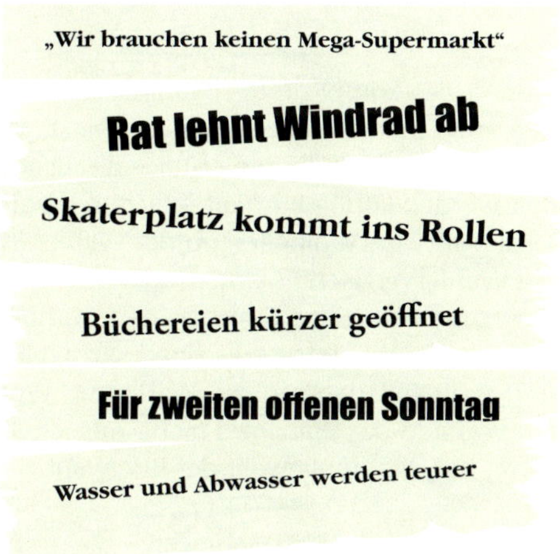
„Wir brauchen keinen Mega-Supermarkt“

Rat lehnt Windrad ab

Skaterplatz kommt ins Rollen

Büchereien kürzer geöffnet

Für zweiten offenen Sonntag

Wasser und Abwasser werden teurer

Nach: Politik & Unterricht aktuell 13, 2004, S. 4.

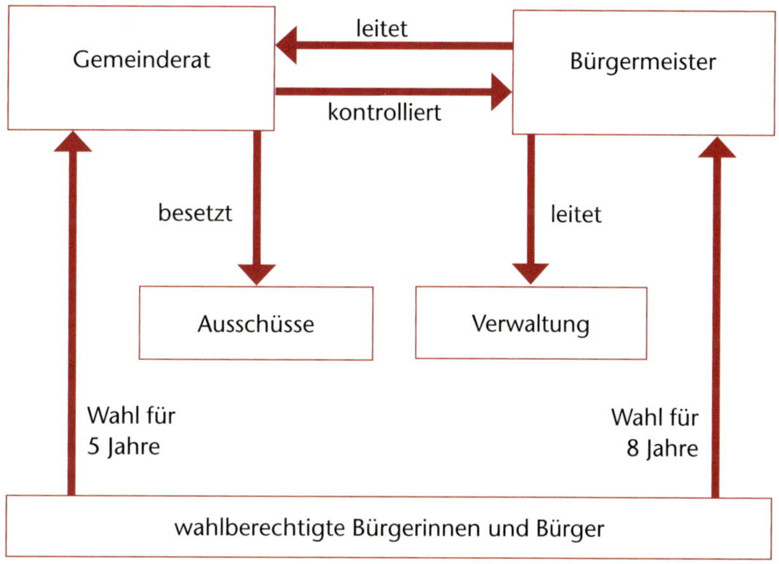

M4 *Ratsverfassung in Baden-Württemberg*

M3 *Eine Kommunalpolitikerin berichtet über ihre Arbeit:*

Frau S., wann beginnen die Vorbereitungen zur Kommunalwahl?

Bei manchen Parteien beginnen die Vorbereitungen schon gut ein Jahr vor den Wahlen. Man fängt dann an, darüber nachzudenken, welche Leute man auf eine Kandidatur ansprechen könnte. (…)

Wie schwer oder leicht ist es, Kandidaten zu finden?

Für die meisten Parteien ist es schwer. Viele Leute scheuen es, in eine Partei einzutreten. Wir haben deswegen auch viele Kandidaten auf der Liste, die nicht Mitglied der Partei sind. Für die meisten ist der Arbeitsaufwand ein Hindernis. Viele der engagierten Leute in Vereinen oder die als Elternvertreter oder anderweitig in der Stadt engagiert sind, haben keine Zeit, noch etwas Zusätzliches zu machen. Andere sind beruflich so eingebunden, dass sie sich die Zeit für die Sitzungen nur schwer „herausschneiden“ können. Frauen mit Kindern haben ein Betreuungsproblem. Andere wiederum haben eine gewisse Scheu, in die Öffentlichkeit zu treten. (…)

Wie wird die Arbeit bezahlt?

Es gibt eine Aufwandsentschädigung. Ich bekomme für meine Gemeinderatstätigkeit [in einer Stadt mit 5000 Einwohnern] im Jahr ungefähr 200 Euro.

Warum sind Sie Gemeinderätin geworden?

Man lebt in einer Stadt und es fallen Entscheidungen, die einem nicht gefallen. Ich hatte die Möglichkeit „rumzumosern“ oder mich zu engagieren. Also habe ich mich engagiert und kann so weit mitbestimmen, dass ich gegebenenfalls etwas verhindern kann, was mir nicht gefällt.

Ist es leicht, auf kommunaler Ebene etwas zu bewegen?

Es ist auf jeden Fall leichter als anderswo. Auf Gemeinde- und auch auf Kreisebene sind die Probleme recht klar und die Entscheidungen konkret. Man diskutiert über Dinge vor Ort, die man anschauen kann. (…)

Wie ist das Verhältnis der politischen Kontrahenten zueinander?

Es gibt nur ganz selten Themen, bei denen die Fraktionsfronten hart aufeinander treffen. In der Regel wird über die Parteien hinweg abgestimmt. Viele Entscheidungen fallen nach ausführlicher Diskussion auch einstimmig oder zumindest mit einer sehr breiten Mehrheit. (…) Im Kreistag, also eine Ebene höher, sind die Fronten schon mal härter. Hier wird viel einheitlicher nach Fraktionen abgestimmt und manchmal ist der Ton auch bissiger.

Dr. Andreas Gawatz, in: Politik & Unterricht aktuell 13, hg. v. Landeszentrale für politische Bildung Baden-Württemberg, Stuttgart 2004, S. 8.

1 Listen Sie auf, mit welchen Themen sich Gemeinderäte befassen (VT, M2). Nennen Sie weitere Themen.

2 Klären Sie, wer gute Chancen hat, in den Gemeinderat gewählt zu werden (VT, M3). Warum scheuen viele Bürger eine Kandidatur?

3 Bilden Sie Gruppen entsprechend Ihren Wohngemeinden. Verabreden Sie innerhalb der Gruppen den Besuch je einer Gemeinderatssitzung. Berichten Sie der Klasse über Ihre Eindrücke.

4 Führen Sie ein Streitgespräch zum Thema: „Einrichtung einer Diskothek – ja oder nein“. Listen Sie die Pro- und Kontra-Argumente auf und treffen Sie eine Mehrheitsentscheidung.

9 Gemeinderatswahl – ganz schön viel Einfluss

M1 *Karikatur von Mester*

Kommunalwahl
ist der Oberbegriff für Gemeinderatswahl und Stadtratswahl.

Kumulieren
bedeutet anhäufen, mehrere Stimmen auf einen Bewerber vereinigen. Wer wählt, hat so viele Stimmen wie Mitglieder des Gemeinderats zu wählen sind und kann einem Kandidaten bis zu drei Stimmen geben.

Panaschieren
bedeutet mischen. Der Wähler kann Kandidaten verschiedener Listen zu seinem „Wunschgemeinderat“ zusammenstellen. Meist schreibt der Wähler dann einen oder mehrere Namen von einem anderen Wahlvorschlag in die freien Zeilen seines Stimmzettels.

Weichenstellung für die Gemeinde

Alle fünf Jahre werden in den 1 110 Gemeinden Baden-Württembergs die Mitglieder der Gemeinde- und Stadträte gewählt. Die Wahlberechtigten müssen sich dabei für Kandidaten und das Programm einer Partei oder einer Wählervereinigung entscheiden. Durch die Wahl bekommen die Gemeinderäte von den Bürgern die Macht, in deren Namen Entscheidungen zu treffen. Bei einer Gemeinderatswahl werden also die Weichen für die Gemeindepolitik der nächsten fünf Jahre gestellt.

Wählen und gewählt werden

Jeder ist wählbar (passives Wahlrecht), der selbst wählen darf (aktives Wahlrecht). Wahlberechtigt sind alle volljährigen Bürger, die mindestens seit drei Monaten in der Gemeinde wohnen und nicht wegen eines Gesetzes oder richterlichen Spruches vom Wahlrecht ausgeschlossen sind. Bei Kommunalwahlen haben nicht nur Deutsche das Wahlrecht, sondern auch volljährige Ausländer aus EU-Staaten.

So läuft die Wahl

Vor der Wahl bekommen alle Wahlberechtigten eine Karte zugesandt mit der Mitteilung, wann und wo die Wahl stattfindet. Wegen des komplizierten Wahlrechts werden auch die Stimmzettel mitgeschickt, so dass diese außerhalb des Wahllokals ausgefüllt werden können. Im öffentlichen Wahllokal prüft ein Wahlhelfer, ob der Wähler in das Wählerverzeichnis eingetragen ist. Trifft dies zu, steckt der Wähler seinen Stimmzettel in der Wahlkabine in einen Umschlag und wirft ihn dann in die Wahlurne. Wer am Wahltag das Wahllokal nicht aufsuchen kann, hat die Möglichkeit der Briefwahl.

Kumulieren und Panaschieren

Wie in einigen anderen Bundesländern gibt es auch in Baden-Württemberg ein besonderes Gemeinderatswahlrecht: Es enthält die Möglichkeit zur Stimmhäufung (Kumulieren) und zur Übertragung von Kandidaten von einer Liste auf eine andere (Panaschieren). Das klingt zunächst kompliziert, bietet den Wählern aber die Möglichkeit, ihre Wünsche und Vorstellungen exakt auszudrücken.

Die Tücken mit dem Stimmzettel

Die Gemeinderatswahl basiert auf der Grundlage von Listen, die von Parteien und Wählervereinigungen beim Wahlleiter eingereicht werden. Auf jeder Liste können maximal so viele Personen aufgeführt sein, wie Mitglieder in den Gemeinderat zu wählen sind. Jedem Wahlberechtigten stehen so viele Stimmen zu, wie Gemeinderäte zu wählen sind. Die Zahl der Gemeinde- bzw. Stadtratsmitglieder ist gesetzlich geregelt – je nach Größe der Gemeinde sind es zwischen 8 und 60.
Der Wähler kann es sich am Wahltag einfach machen und einen einzelnen Stimmzettel unverändert in die Wahlurne werfen. Dann gilt jeder Bewerber auf der Liste als mit einer Stimme gewählt. Der Wähler kann aber auch kumulieren und panaschieren oder beides miteinander verbinden. Doch das hat auch seine Tücken: Die meisten ungültigen Stimmzettel entstehen durch zu viele abgegebene Stimmen. Schon eine Stimme zuviel bedeutet, dass die gesamte Stimmabgabe ungültig ist.

M2 *Sitzverteilung nach Wahlen:*
Der Mathematiker Viktor d'Hondt entwickelte ein Verfahren, das auf verhältnismäßig einfache Weise die Sitzverteilung nach einer Wahl über so genannte Höchstzahlen ermittelt. Nach diesem Verfahren wird die auf jede Partei oder Wählervereinigung entfallende Stimmenzahl nacheinander durch 1, 2, 3 usw. so lange geteilt, bis so viele Höchstzahlen ermittelt sind, wie Sitze verteilt werden müssen. (Bei Gemeinderatswahlen in der Landeshauptstadt Stuttgart sind es 60.) Das d'Hondt'sche Höchstzahlverfahren wird in Baden-Württemberg auch bei den Kreistags- und Landtagswahlen angewandt.

Beispiel: Verteilung von 5 Sitzen

Wählerstimmen	A-Partei 10 000		B-Partei 6 000		C-Partei 1 500	
Teiler	Höchstzahl	Sitzfolge	Höchstzahl	Sitzfolge	Höchstzahl	Sitzfolge
: 1	10 000	(1)	6 000	(2)	1 500	–
: 2	5 000	(3)	3 000	(5)	750	–
: 3	3 333	(4)	2 000	–	500	–
zuzuteilende Sitze	3		2		0	

vom Verfasser erstellt

M3 Gültig oder ungültig? – Überprüfen Sie, ob diese beiden fiktiven Wahlzettel gültig sind. Zur Wahl stand ein Gemeinderat mit 8 Mitgliedern.

Wahlvorschlag Liste A

Ursula König Tierpflegerin	3
Erwin Holzer Studienrat	
Mathias Bernhard Rechtsanwalt	1
Annika Scheel-Burkhard Erzieherin	
Wolfgang Schüler Kaufmann	2
Dr. Rainer Klink Arzt	
Maria Weil Musikerin	
Helmut Kahn Bäckermeister	
Jutta Köhler	2

Wahlvorschlag Liste B

Dr. Michael Klinge Steuerberater	1
Hans-Martin Richter Buchhändler	
Jutta Köhler Studentin	1
Angelika Meyer-Brumm Ärztin	1
Veronika Dietrich Floristin	1
Max Klinker Elektriker	3
Paul Bregenz Lehrer	
Wilhelm Hobel Betriebswirt	1
Mathias Bernhard	1
Wolfgang Schüler	1

1 Anders als Baden-Württemberg haben einige Bundesländer das Wahlalter bei Kommunalwahlen von 18 auf 16 Jahre herabgesetzt. Nennen Sie Vor- und Nachteile einer solchen Regelung.

2 Bei Bürgermeister- und Kommunalwahlen fällt die oft geringe Wahlbeteiligung auf. Vor allem Jugendliche gehen selten zur Wahl. Suchen Sie Gründe dafür. Stellen Sie Argumente für die Teilnahme an Gemeinderatswahlen zusammen.

3 Erläutern Sie die Kritik des Karikaturisten am Kommunalwahlsystem (M1). Nennen Sie Vor- und Nachteile des Kumulierens und Panaschierens.

4 In einer Gemeinde sind drei Wahlvorschläge zugelassen. Es sind 12 Sitze zu vergeben. Liste A erhält 9 000 Stimmen, Liste B 5 000 und Liste C 4 000. Ermitteln Sie, wie viele Sitze auf die drei Listen jeweils entfallen (M2).

10 Direkte Demokratie – Bürgerbegehren und Bürgerentscheid

M1 *In Ludwigsburg scheiterte 1999 ein Bürgerentscheid.*

Bürgerentscheid
Können Bürgerinnen und Bürger, ähnlich wie in der Schweiz, durch Volksentscheide (Plebiszite) auch selbst über ihre Angelegenheiten entscheiden? In den Gemeinden besteht diese Möglichkeit. Der Gemeinderat kann mit einer Mehrheit von zwei Dritteln seiner Mitglieder beschließen, dass ein für die Gemeinde wichtiges Thema einem Bürgerentscheid unterworfen wird. Um welche Themen es dabei gehen darf, ist genau festgelegt. Möglich ist der Entscheid, wenn es um „eine wichtige Gemeindeangelegenheit“ geht, z. B. um den Bau oder die Schließung einer öffentlichen Einrichtung (Schule, Stadthalle oder Schwimmbad), von der die Bürgerschaft unmittelbar betroffen ist.

Bürgerbegehren
Hinter diesem Begriff verbirgt sich nichts anderes als der Bürgerentscheid – allerdings durch die Bürger selbst ausgelöst, nicht durch den Gemeinderat. Sollte der Rat sich weigern, selbst den Entscheid herbeizuführen, können die Bürger ihn auf diesem Weg dazu zwingen. Allerdings sind die Hürden dazu sehr hoch. Ein erfolgreiches Bürgerbegehren muss von mindestens zehn Prozent der wahlberechtigten Bürgerinnen und Bürger, die in der Gemeinde ihren Wohnsitz haben, unterzeichnet sein. Werden so viele Unterschriften vorgelegt, muss der Rat über ihre Zulässigkeit entscheiden. Stellt er die Zulässigkeit fest, kommt es zum Bürgerentscheid. Dieser ist nur erfolgreich, wenn nicht nur die Mehrheit der Abstimmenden, sondern mindestens 25 Prozent (bis 2005 30 Prozent) aller Stimmberechtigten die angestrebte Entscheidung befürworten.

Einige Beispiele
In Baden-Württemberg sind viele Bürgerentscheide gescheitert. Doch es gibt auch Fälle, in denen der Bürgerwille siegte. In Stuttgart stand 1971 der Ausbau des Neckarstadions zur Debatte. Der Bürgerentscheid gegen den Ausbau endete mit einem Misserfolg. Zwar hatten 53,4 Prozent den Ausbau abgelehnt – statt der benötigten 120 000 Stimmen waren aber nur 51 000 zusammengekommen. Anders verhielt es sich in Reutlingen im Jahr 2002. Die Mehrheit der am Bürgerentscheid beteiligten Stimmberechtigten hatte sich gegen den vom Gemeinderat bereits abgesegneten Bau eines Kongresszentrums ausgesprochen. 25 235 Bürger waren gegen den Bau des 68-Millionen-Euro-Projektes. Damit lag man um 1600 Stimmen über der erforderlichen Anzahl. In Ludwigsburg ist 1999 ein Bürgerentscheid über die Neugestaltung der Innenstadtachse gescheitert. Lediglich 43,5 Prozent der Bürger waren zur Wahl gegangen, das notwendige Quorum von damals noch 30 Prozent wurde um 839 Stimmen verfehlt. Insgesamt lehnten 28,6 Prozent der Wahlberechtigten den Gemeinderatsbeschluss zum Umbau ab.

Volksentscheid (Plebiszit)
Unmittelbare Mitwirkung der Bürgerinnen und Bürger am politischen Entscheidungsprozess. Volksentscheide, in den Gemeinden in Form von Bürgerentscheiden, sind Maßnahmen der direkten Demokratie.

M2 *Aus einer Presseerklärung des Vereins „Mehr Demokratie" aus dem Jahr 2004:*

„Durchwachsen" fällt die Bilanz 2003 der Bürgerbegehren und Bürgerentscheide in Baden-Württemberg aus, die der Landesverband des Vereins „Mehr Demokratie" jetzt in Stuttgart auf einer Pressekonferenz zog. Bei der Vorstellung des Presseberichts konstatierte Vorstandssprecher Reinhard Hackl mit 9 Bürgerbegehren und 11 Bürgerentscheiden zwar einen Anstieg gegenüber dem Vorjahr. Doch nach wie vor scheitern viele Bürgerbegehren an den gesetzlichen Hürden im Land. Besonders kritisierte Hackl den mangelnden Respekt mancher Gemeinderäte vor dem Willen des Souveräns, des Bürgers. So hätten die Gemeinderäte in Friedrichshafen (Thermalbad) wie in Konstanz (Kongresszentrum) jeweils beschlossen, Bürgerentscheide durchzuführen, den eindeutigen Bürgerwillen dann aber ignoriert. Möglich wurde dies durch die gesetzlichen Rahmenbedingungen: So ist in Baden-Württemberg ein Bürgerentscheid nur dann auch rechtsverbindlich, wenn die Mehrheit der Abstimmenden gleichzeitig 30 Prozent der Stimmberechtigten umfasst. „Tausende von Bürgerinnen informieren sich, stimmen ab, dann war alles für die Katz", bemängelt Hackl.

Wie undemokratisch die Ergebnisse sind, wird deutlich, wenn man sich vor Augen führt, dass sowohl der Bürgerentscheid in Friedrichshafen, wie der in Konstanz ein paar Kilometer weiter in Bayern rechtsverbindlich gewesen wäre. Dort gilt ein Quorum von höchsten 20 Prozent. In Friedrichshafen wurden 27,2 Prozent, in Konstanz 21,5 Prozent der Stimmberechtigten erreicht, bei jeweils klaren Abstimmungsmehrheiten.

http://mehr-demokratie.de/bw/presse-04-03-22.htm (Zugriff: 12. 3. 2005)

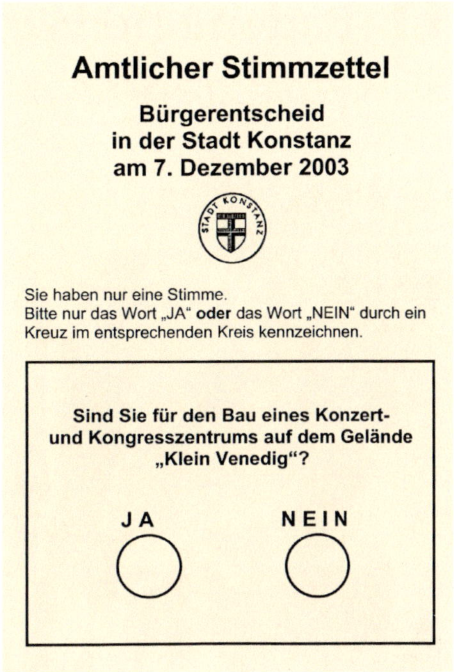
Amtlicher Stimmzettel

Bürgerentscheid in der Stadt Konstanz am 7. Dezember 2003

Sie haben nur eine Stimme.
Bitte nur das Wort „JA" **oder** das Wort „NEIN" durch ein Kreuz im entsprechenden Kreis kennzeichnen.

Sind Sie für den Bau eines Konzert- und Kongresszentrums auf dem Gelände „Klein Venedig"?

JA ○ **NEIN** ○

M5 *Stimmzettel des vom Gemeinderat Konstanz beschlossenen Bürgerentscheids*

M4 *Leserbrief in der Stuttgarter Zeitung:*

Ich bin Französin, lebe und arbeite in Stuttgart seit zehn Jahren. Ich darf bei den Kommunalwahlen wählen, erlebe mich als Bürgerin von Stuttgart und interessiere mich für die Kommunalpolitik. Leider sind die Bürger dieser Stadt wenig gefragt, wenn es um wichtige Entscheidungen geht. Kein Wunder, dass sich immer mehr Leute von Politikern übergangen fühlen. Ich bin für mehr direkte Demokratie in Form von Bürgerentscheiden. Haben die Politiker Angst vor uns Bürgern? Ich bin der Meinung, dass es dringend nötig ist, die Bürger in Entscheidungsprozesse einzubeziehen. Nur so können Interesse und Teilnahme wieder belebt werden.

Stuttgarter Zeitung vom 22. 4. 2005.

M3 *Ergebnis des Bürgerentscheids „Gegen ein Konzert- und Kongresszentrum" in Konstanz im Dezember 2003*

Stimmberechtigte	Stimmbeteiligung	Gültige Stimmen	Gültige Stimmen		Von den Stimmberechtigten entschieden sich in % mit	
Anzahl	%	gesamt	Ja	Nein	Ja	Nein
56454	39,9	22463	10297	12166	18,24	21,55

1 Erklären Sie die Begriffe Bürgerbegehren und Bürgerentscheid.

2 Begründen Sie, warum der Gemeinderat in Konstanz nach dem Bürgerentscheid den Bau des Kongresszentrums in Auftrag gab (VT, M2, M3, M5). Warum beurteilt der Verein „Mehr Demokratie" (M2) diese Entscheidung als eine „Verletzung des Bürgerwillens"?

3 In München stimmten in einem Bürgerentscheid im November 2004 50,8 Prozent der Stimmberechtigten gegen den Bau von Hochhäusern. Nur 21,9 Prozent der Stimmberechtigten hatten sich an der Abstimmung beteiligt. In Bayern genügt ein Quorum von 20 Prozent. Diskutieren Sie darüber, ob dieses Ergebnis den Bürgerwillen widerspiegelt. Wie wäre das Ergebnis in Baden-Württemberg bewertet worden?

4 Formulieren Sie einen Leserbrief, der die entgegengesetzte Meinung von M4 vertritt.

11 Baden und Württemberg nach 1945

M1 *Eine Ration Lebertran soll unterernährte Freiburger Mädchen und Jungen in der Nachkriegszeit wieder aufpäppeln.*

Besatzungszone
Teilgebiet eines besetzten Staates. Nach 1945 waren Deutschland und Österreich in jeweils vier Zonen unter amerikanischer, britischer, französischer und sowjetischer Herrschaft aufgeteilt. Die Regierungsgewalt in den Zonen führten Militärbefehlshaber aus.

Drei Länder – zwei Besatzungszonen

Nach der bedingungslosen Kapitulation am 8./9. Mai 1945 teilten die Siegermächte Deutschland in vier Besatzungszonen auf. Die ehemaligen Länder Baden und Württemberg mit dem preußischen Hohenzollern, die zuvor fast 150 Jahre lang Bestand gehabt hatten, wurden willkürlich geteilt. Alle Landkreise nördlich der Autobahn Ulm-Karlsruhe gehörten nun zur amerikanischen Zone, die Kreise südlich davon zur französischen.

Franzosen und Amerikaner konnten sich nicht über eine gemeinsame Besatzungspolitik verständigen. Die USA wollten lediglich ein demokratisiertes Deutschland, dessen Rüstungsindustrie demontiert wird. Frankreich dagegen wollte verhindern, dass die Deutschen jemals wieder wirtschaftlich und militärisch so stark werden konnten, dass sie erneut in ihr Land einmarschierten.

Die amerikanische Besatzungszone

Im September 1945 proklamierte der amerikanische Militärgouverneur für Deutschland, General Eisenhower, die Bildung des Landes Württemberg-Baden. Die Amerikaner bemühten sich rasch um die Versorgung der Bevölkerung, aber auch um die Demokratisierung.

Der von der Besatzungsmacht ernannte Ministerpräsident Reinhold Maier berief bereits im Januar 1946 eine vorläufige Volksvertretung ein. In den folgenden Monaten wurden Gemeinderats- und Kreistagswahlen durchgeführt. Die verfassunggebende Landesversammlung wurde im Juni 1946 vom Volk gewählt, der erste „richtige" Landtag im November 1946. Gleichzeitig wurde in einer Volksabstimmung mit beeindruckenden 86 Prozent die Verfassung angenommen. Damit war das Land Württemberg-Baden mit der Hauptstadt Stuttgart offiziell ins Leben gerufen. Reinhold Maier blieb Ministerpräsident an der Spitze einer Allparteienregierung.

Die französische Besatzungszone

Die Hungerjahre der Deutschen dauerten in der französischen Besatzungszone länger als in der amerikanischen. Frankreich war 1945 ein geschundenes, ein ausgeblutetes Land. Einnahmen konnten nur aus der Besatzungszone erzielt werden, etwa durch Demontagen oder durch die Abholzung des Schwarzwaldes.

Die französische Militärregierung gab in ihrer Zone den Weg für eine Demokratisierung nur zögernd frei. Von Oktober 1945 an schufen die Franzosen für das Land Württemberg-Hohenzollern mit der Hauptstadt Tübingen und für das Land (Süd-)Baden mit der Hauptstadt Freiburg demokratische Selbstverwaltungsorgane. Im Oktober 1946 wurden in diesen Ländern Kreistagswahlen, im November 1946 Wahlen zu verfassunggebenden Landesversammlungen durchgeführt. Damit waren in den beiden französisch beherrschten Ländern die Grundlagen einer demokratischen Regierungsform gelegt. In Landtagswahlen im Mai 1947 wurden die beiden Landesparlamente gewählt.

M2 *Gespräch zwischen dem württemberg-badischen Ministerpräsidenten Reinhold Maier und einem Journalisten.* Die Darstellung stammt aus dem Comic „Sauschwobe ond Gelbfiaßler. Die Gründung von Baden-Württemberg." Der Comic wurde in Zusammenarbeit mit dem Haus der Geschichte Baden-Württemberg erarbeitet und stellt eine populäre Alltagsgeschichte der beiden Landesteile mit historischem Hintergrund dar. Handlungen und dargestellte Personen sind so weit als möglich der Wirklichkeit nachempfunden.

TIPP!
Informieren Sie sich in einer Buchhandlung oder im Internet über weitere Comics, die Ihnen historisches Geschehen näher bringen können.

1 Warum verfolgten Frankreich und die USA bei Ihrer Besatzungspolitik unterschiedliche Ziele (VT)?

2 Schildern Sie mit Hilfe des VT, was in dem Comic dargestellt ist (M2). Aus welchen Teilen bestand damals das heutige Baden-Württemberg?

3 Suchen Sie weitere Informationen zur Gründung des Südweststaates: Recherchieren Sie im Internet unter www.lpb.bwue.de/publikat/politischelandeskunde/südweststaat.htm. Finden Sie heraus:
Wer waren die ersten Ministerpräsidenten der drei ehemaligen Besatzungszonen? Welche Parteien waren in deren Regierungen jeweils vertreten? Wie war das Ergebnis der Volksabstimmung vom Dezember 1951 in Ihrem Landkreis?

12 Der Südweststaat entsteht

M1 *Plakat zum Volksentscheid am 9. Dezember 1951*

Wunsch nach Neugliederung der Länder
Baden-Württemberg ist eine Schöpfung der Nachkriegszeit: Im Juli 1948 erteilten die drei Militärgouverneure im westlichen Teil Deutschlands den elf Regierungschefs der Länder den Auftrag, Vorschläge für eine Neugliederung der Länder zu erarbeiten. Nach Fläche und Einwohnerzahl sollten dabei möglichst ausgewogene Länder entstehen. Im Südwesten gab es jedoch ein fast unlösbares Problem: Die Regierungen von Württemberg-Baden und Württemberg-Hohenzollern wollten zusammen mit Baden ein Gesamtland bilden. Das aber lehnte die Regierung (Süd-)Badens mit ihrem Staatspräsidenten Leo Wohleb (CDU) ab.

Stuttgart gegen Freiburg
Im August 1948 kam es zu einer ersten klärenden Besprechung. Hauptgegenstand der Gespräche war der Volksentscheid, der nicht nur von den Alliierten vorgesehen, sondern auch von den Landesverfassungen vorgeschrieben war. Die Freiburger traten dafür ein, dass die Stimmen nach den beiden alten Ländern zu zählen seien. Die Stuttgarter hingegen verlangten die Zählung gesondert nach den vier Landesteilen Nord- und Südbaden sowie Nord- und Südwürttemberg. Jeder glaubte mit seinem Abstimmungsmodus gewinnen zu können: Die Freiburger erhofften die Wiederherstellung des alten Baden, die Stuttgarter den Südweststaat. Nachdem sich die Kontrahenten nicht einigen konnte, verabschiedete der Deutsche Bundestag 1951 ein Neugliederungsgesetz. Der Südweststaat sollte danach dann gebildet werden, wenn in drei von vier Abstimmungsbezirken eine Mehrheit für den Zusammenschluss zustande käme.

Mehrheit für den Südweststaat
Wohleb und die Mehrheit der südbadischen Bevölkerung lehnten den Südweststaat ab. Sie fürchteten, vom größeren Württemberg abhängig zu werden. Die Befürworter des Südweststaates erhofften sich vor allem eine Verwaltungsvereinfachung und eine stärkere Wirtschaftskraft. Auch die Amerikaner und Franzosen bezogen Stellung. Die USA wünschten die größere Einheit, die Franzosen hätten dagegen mit dem Land Baden gern eine Sicherheitsregion, ähnlich dem Saarland, unter ihrem Einfluss installiert. Im Dezember 1951 fiel die Entscheidung. In den drei Abstimmungsbezirken Nord- und Südwürttemberg sowie Nordbaden stimmte die Mehrheit für den Südweststaat. Nur in Südbaden entschied sich die Bevölkerung mehrheitlich gegen den Zusammenschluss.
Die verfassunggebende Versammlung des neuen Landes wurde im März 1952 gewählt. Erster Ministerpräsident wurde Reinhold Maier.

M2 *Volksabstimmung 1951:* für und gegen den Südweststaat (in Prozent)

	für	*gegen*
Südbaden	38,8	62,2
Nordbaden	57,1	42,9
Württemberg-Hohenzollern	91,4	8,6
Württemberg-Baden	93,5	6,5

M3 *Gespräch zwischen einem Journalisten und dem Staatspräsidenten von (Süd-)Baden Leo Wohleb (CDU).*
Carlo Schmid (SPD), der im mittleren Bild dargestellt ist, war 1946 provisorischer Regierungschef des Landes Württemberg-Hohenzollern und von 1947–1950 dort Justizminister. Er war Mitglied des Parlamentarischen Rates und hatte an der Schaffung des Grundgesetzes erheblichen Anteil.

1 Stellen Sie dar, welche unterschiedlichen Meinungen es zwischen den Regierungen Südbadens und den beiden anderen Besatzungszonen bezüglich eines möglichen Zusammenschlusses gab (VT).

2 Schildern Sie mit Hilfe des VT, was in dem Comic angesprochen ist (M3). Was unterstellt der Journalist dem Staatspräsidenten Leo Wohleb?

13 Werkstatt
Landesgeschichte aufspüren – ein Museumsbesuch

M1 *Haus der Geschichte Baden-Württemberg* (Architekt: James Sterling)

TIPP!
Im Internet finden Sie Informationen zum Haus der Geschichte unter www.hdgbw.de.

Das „Haus der Geschichte" in Stuttgart
Wenn Sie sich gründlich über einzelne Epochen der badischen und württembergischen Geschichte des 19. und 20. Jahrhunderts informiert haben, können Sie Ihre Kenntnisse im „Haus der Geschichte" in Stuttgart vertiefen. Dort werden wichtige Ereignisse aus den letzten 200 Jahren Baden-Württembergs und seiner Vorgängerstaaten Baden, Württemberg und Hohenzollern präsentiert. Der Eintritt ist für Schülerinnen und Schüler kostenlos. Mit Hilfe modernster Informationsmedien werden politische Zusammenhänge, soziale Strukturen und historische Perspektiven präsentiert. Da manche Exponate (Ausstellungsstücke) klein und unscheinbar wirken, ist es am besten, an einer Museumsführung teilzunehmen.

Die Ausstellung
Die Ausstellung will dazu anregen, sich mit der Vergangenheit zu beschäftigen; sie soll Spaß machen, aber auch Betroffenheit auslösen. Der Gang durch das Museum soll zudem helfen, aktuelle Ereignisse in einen größeren Zusammenhang einzuordnen.
Die Dauerausstellung in Stuttgart führt mit einem chronologischen Gang über zwei Etagen durch die Landesgeschichte. Historische Objekte verdeutlichen die Geschichte des deutschen Südwestens. Dabei zieht sich die Beteiligung der einzelnen Bevölkerungsgruppen wie ein roter Faden durch die Ausstellung. Am Ende der Chronologie steht die ins Museum geholte Gegenwart. Aktuelle Themen werden zum Anlass historischer Vertiefung genommen: „Migration", „Religion", Natur und Umwelt, „Wissenschaft" sowie „Frauen und Männer". Diese Themen und Probleme werden in ihrem historischen Zusammenhang aufgezeigt.

Besucher werden einbezogen
Die Ausstellung reduziert den Besucher nicht auf die Rolle des passiven Betrachters. Sie versucht ihn vielmehr aktiv einzubeziehen. So entpuppen sich in der Ausstellungseinheit „Natur und Umwelt" eine Reihe von aufgesägten Schwarzwaldtannen erst bei näherer Betrachtung als „Bretterstapel" und Vitrine zugleich. Der Besucher selbst muss die im Baukörper vorhandenen Infotafeln herausziehen Nur so kann er auch einen Ausschnitt aus dem alten Film „Schwarzwaldmädel" in Gang setzen, in dem der Ginster als schwarzwaldtypische Pflanze besungen wird. Diese Pflanze ist, wie eine weitere Infotafel verrät, heute im Schwarzwald nicht mehr anzutreffen.

M3 *Als 1907 der Internationale Sozialistenkongress erstmals in Deutschland abgehalten wurde,* war es kein Zufall, dass die Sozialdemokratie Stuttgart als Tagungsort wählte. Man vertraute auf die Liberalität Württembergs. Und das zu Recht: Das Auswärtige Amt in Berlin legte der württembergischen Regierung vergeblich nahe, den Kongress abzusagen (Postkarte).

M2 *Plakat der „Arbeitsgemeinschaft der Badener" im Wahlkampf vor der Abstimmung über den Südweststaat, 1951*

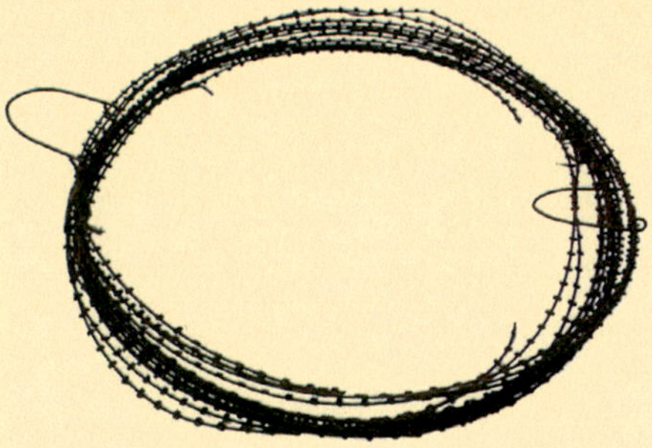

M4 *Stacheldraht vom Bauplatz des geplanten Kernkraftwerks Wyhl.* Im Januar 1975 wurde in Wyhl ein Bürgerentscheid durchgeführt, bei dem die Bürger darüber zu entscheiden hatten, ob sie dem Verkauf von gemeindeeigenen Grundstücken an die Kernkraftwerk Süd GmbH zustimmen wollten. 700 Wähler stimmten dem Verkauf zu, 600 lehnten ihn ab. Nach massiven Protesten, zeitweise hatten 28 000 Menschen den Bauplatz besetzt, verzichtete die baden-württembergische Landesregierung 1987 endgültig auf den Bau des Atomkraftwerks.

M5 *Kasten mit Schlüsseln aus dem Stuttgarter Frauenhaus.* In Stuttgart besteht seit 1981 ein städtisches Frauenhaus. 32 Frauen können dort Zuflucht finden. Die Adresse ist geheim. Jede Frau erhält zur Sicherung ihres Zimmers einen eigenen Schlüssel. Mittlerweile wurden die alten Türschlösser durch modernere ersetzt.

1 Die Postkarte (M3) war ein propagandistisches Mittel, mit dem sich die Absender mit den Zielen der sozialistischen Arbeiterbewegung identifizierten. Beschreiben Sie die Darstellung.

2 Informieren Sie sich in Kapitel 12 über die Volksabstimmung zur Gründung des Südweststaats. Beschreiben Sie das Plakat (M2). Welcher der drei Ministerpräsidenten hat es wohl in Auftrag gegeben?

3 Informieren Sie sich in Kapitel 10 über das Zustandekommen von Bürgerentscheiden. Welche weiteren Exponate könnten außer dem Stacheldraht (M4) zum Kernkraftwerk Wyhl in Stuttgart zu sehen sein? Warum ist es notwendig, dass sich ein Museum für Landesgeschichte mit dem gescheiterten Kraftwerksbau beschäftigt?

4 Klären Sie, aus welchem Grund ein Museum Schlüssel ausstellt (VT, M5), die sich in ähnlicher Form in jedem Haushalt finden lassen?

14 Grundregeln für alle – die Landesverfassung

M1 *In der Stuttgarter Heusteigstraße* tagten von 1947–1951 die Landtage von Württemberg-Baden und von 1952–1961 die Landtage von Baden-Württemberg. Am 11. November 1953 wurde dort die Landesverfassung verabschiedet.

Gewaltenteilung
bedeutet Trennung der Staatsgewalt in Gesetzgebung (Legislative), Vollziehung (Exekutive) und Rechtsprechung (Judikative). Die Gewaltenteilung ist der wichtigste Kern von demokratischen Verfassungen. Auch in Deutschland haben wir das Parlament als Legislative, die Regierung als Exekutive und die Gerichte als Judikative.

Repräsentative Demokratie
Das Volk übt die Staatsgewalt durch von ihm gewählte Vertreter aus. Es überträgt die Macht in freien Wahlen zeitlich begrenzt dem Parlament bzw. dessen Abgeordneten (Repräsentanten).

Die Landesverfassung

Die Landesverfassung von Baden-Württemberg wurde am 11. November 1953 mit großer Mehrheit von der vom Volk gewählten verfassunggebenden Landesversammlung angenommen. Die Regierungskoalition der im März 1952 gewählten Landesversammlung bestand aus SPD (Sozialdemokratische Partei Deutschlands), FDP/DVP (Freie Demokratische Partei/Deutsche Volkspartei) und BHE (Bund der Heimatvertriebenen und Entrechteten). Sie wollte eine parlamentarische Demokratie nach Bonner Vorbild. Die CDU (Christlich Demokratische Union) als stärkste Fraktion wünschte dagegen die Direktwahl des Ministerpräsidenten durch die Bevölkerung.

Gewaltenteilung

Als Glied der Bundesrepublik Deutschland ist das Bundesland Baden-Württemberg ein republikanischer, demokratischer und sozialer Rechtsstaat. Die Staatsgewalt geht vom Volk aus. In der Regel übertragen die wahlberechtigten Bürgerinnen und Bürger wie in jeder repräsentativen Demokratie
- dem Parlament die Ausübung der Gesetzgebung,
- der Regierung die Ausführung der Gesetze,
- unabhängigen Gerichten die Überwachung der Verfassung und die Beachtung der Gesetze.

Gewaltenverschränkung

Diese Gewaltenteilung zum Schutz des Einzelnen vor der Macht des Staates ist jedoch nicht durchgängig verwirklicht. Es gibt auch Gewaltenverschränkungen. Denn die Regierung steht nicht unabhängig neben dem Landtag. Sie ist eine parlamentarische Regierung und deshalb auf das Vertrauen des Landtags angewiesen. Der Landtag wählt den Ministerpräsidenten und kann ihn auch wieder absetzen. Immerhin sind dem Landtag dabei Hindernisse in den Weg gelegt. Er kann den von der Mehrheit gewählten Ministerpräsidenten nur durch ein „konstruktives Misstrauensvotum" absetzen. Das ist dann möglich, wenn der Landtag sich zugleich für einen Nachfolger entscheidet. Da die Minister häufig zugleich Abgeordnete sind, ist die Verbindung zwischen der Parlamentsmehrheit und der Regierung sehr eng. Kontrollorgan der Regierung sind vor allem die Oppositionsparteien. Allerdings sind auch die Regierungsfraktionen des Landtags nicht immer derselben Meinung wie die Regierung, sodass auch sie manchmal deren Gesetzesvorhaben ablehnen.
Ähnlich dem Bürgerbegehren in den Gemeinden gibt es auch in den Bundesländern die Möglichkeit von Volksbegehren. In Baden-Württemberg ist es allerdings noch nie zu einem Volksentscheid gekommen.

M2 *Landeswappen:* Es zeigt im goldenen Schild drei schreitende schwarze Löwen mit roten Zungen. Dies ist das Wappen der Staufer, die im Mittelalter deutsche Kaiser und Herzöge von Schwaben waren. Das Herzogtum Schwaben umfasste damals weite Teile des späteren Staatsgebietes von Baden-Württemberg. Zur Wappenkrone über dem Schild: Die beiden mittleren, etwas größeren Wappen gehören den beiden namensgebenden Ländern Baden (links) und Württemberg (rechts). Die übrigen vier Wappen stehen von links nach rechts für Franken, Hohenzollern, die Kurpfalz und Österreich. Der Schild wird von einem goldenen Hirsch (Württemberg) zur Linken und von einem Greif (Baden) zur Rechten gehalten.

M3 *Aus der Landesverfassung von Baden-Württemberg:*

Art. 26. Wahl- und stimmberechtigt ist jeder Deutsche, der im Lande wohnt oder sich sonst gewöhnlich aufhält und am Tage der Wahl oder Abstimmung das 18. Lebensjahr vollendet hat.

Art. 27. (1) Der Landtag ist die gewählte Vertretung des Volkes.

(2) Der Landtag übt die gesetzgebende Gewalt aus und überwacht die Ausübung der vollziehenden Gewalt nach Maßgabe dieser Verfassung.

(3) Die Abgeordneten sind Vertreter des ganzen Volkes. Sie sind nicht an Aufträge und Weisungen gebunden und nur ihrem Gewissen unterworfen.

Art. 30. (1) Die Wahlperiode des Landtags dauert fünf Jahre. Sie beginnt mit dem Ablauf der Wahlperiode des alten Landtags, nach einer Auflösung des Landtags mit dem Tage der Neuwahl.

(2) Die Neuwahl muss vor Ablauf der Wahlperiode, im Falle der Auflösung des Landtags binnen sechzig Tagen stattfinden. (...)

Art. 45. (1) Die Regierung übt die vollziehende Gewalt aus.

(2) Die Regierung besteht aus dem Ministerpräsidenten und den Ministern. (...)

Art. 46. (1) Der Ministerpräsident wird vom Landtag mit der Mehrheit seiner Mitglieder ohne Aussprache in geheimer Abstimmung gewählt. Wählbar ist, wer zum Abgeordneten gewählt werden kann und das 35. Lebensjahr vollendet hat.

(2) Der Ministerpräsident beruft und entlässt die Minister. (...)

(3) Die Regierung bedarf zur Amtsübernahme der Bestätigung durch den Landtag. Der Beschluss muss mit mehr als der Hälfte der abgegebenen Stimmen gefasst werden.

(4) Die Berufung eines Mitglieds der Regierung durch den Ministerpräsidenten nach der Bestätigung bedarf der Zustimmung des Landtags.

Art. 49. (1) Der Ministerpräsident bestimmt die Richtlinien der Politik und trägt dafür die Verantwortung. Er führt den Vorsitz der Regierung und leitet ihre Geschäfte. (...)

(2) Die Regierung beschließt insbesondere über Gesetzesvorlagen [und] über die Stimmabgabe des Landes im Bundesrat. (...)

Art. 54. (1) Der Landtag kann dem Ministerpräsidenten das Vertrauen nur dadurch entziehen, dass er mit der Mehrheit seiner Mitglieder einen Nachfolger wählt und die von ihm gebildete Regierung gemäß Artikel 46 Abs. 3 bestätigt. (...)

Art. 55. Die Regierung und jedes ihrer Mitglieder können jederzeit ihren Rücktritt erklären. (...)

Art. 56. Auf Beschluss von zwei Dritteln der Mitglieder des Landtags muss der Ministerpräsident ein Mitglied der Regierung entlassen.

Art. 68. (1) Es wird ein Staatsgerichtshof gebildet. Er entscheidet über die Auslegung dieser Verfassung. (...)

(3) Die [neun] Mitglieder des Staatsgerichtshofs werden vom Landtag auf die Dauer von neun Jahren gewählt. (...)

www.innenministerium.baden-wuerttemberg.de/de/Landesverfassung/83780.html (Zugriff 17.5.2005).

1 Welche Aufgaben haben der Landtag, der Ministerpräsident und die Regierung gemäß der Landesverfassung (M3)?

2 Erklären Sie Elemente der Gewaltenteilung in der baden-württembergischen Verfassung (VT, M3).

3 Auf S. 303 können Sie sehen, wie ein Verfassungsschaubild aufgebaut ist. Erstellen Sie mit Hilfe der Landesverfassung (M3) ein Verfassungsschaubild für Baden-Württemberg. Schreiben Sie die Staatsorgane und das Wahlorgan auf Metaplankarten; heften Sie die Karten an eine Pinnwand und vervollständigen Sie die Anordnung durch beschriftete Pfeile.

15 Was entscheidet der Landtag?

M1 *Der Plenarsaal des Landtags,* die Vollversammlung der Abgeordneten

Petition
Jedermann im Land hat das Recht, sich mit Bitten oder Beschwerden (Petitionen) an die Volksvertretung zu wenden. Über jede Petition entscheidet der Landtag. Zur Vorbereitung seiner Entscheidungen hat der Landtag den Petitionsausschuss gebildet.

Opposition
Die Opposition hat die Aufgabe, Kritik am Regierungsprogramm öffentlich zu vertreten.

Aufgaben der Volksvertretung

Im Landtag sitzen alle bei Landtagswahlen gewählte Abgeordnete. Der Landtag von Baden-Württemberg hat seinen Sitz in der Landeshauptstadt Stuttgart. Seine Beschlüsse werden vom Plenum, der Vollversammlung des Parlaments, gefasst. Über die Sitzungen wird von Landtagsstenografen ein Wortprotokoll aufgenommen, das für jedermann zugänglich ist (als Drucksache oder im Internet). Der Landtag hat eine Reihe wichtiger Funktionen. Dazu gehört die Kontrolle der Regierung. Vor allem die Oppositionsparteien hinterfragen das Handeln der Regierung besonders kritisch. Dazu haben sie viele Möglichkeiten. So können sie in Fragestunden Fragen an die Regierungsmitglieder stellen. Kleine Anfragen können auch schriftlich von jedem Abgeordneten gestellt werden. Große Anfragen zu politisch bedeutsamen Themen müssen von 15 Abgeordneten oder einer Fraktion schriftlich eingebracht werden. Zu Themen von aktuellem Interesse kann eine Gruppe von Abgeordneten eine aktuelle Debatte im Landtag beantragen.
Die Landesregierung muss sich auf die Mehrheit der Abgeordneten im Landtag stützen. Meistens kann eine Fraktion nicht allein diese Mehrheit stellen. Deshalb schließt sie sich mit einer oder mehreren Fraktionen, mit denen sie politisch weitgehend übereinstimmt, zu einer Koalition zusammen und bildet eine Regierung.

Präsidium und Fraktionen

Der Landtagspräsident wird vom Landtag in geheimer Wahl gewählt. Er führt die Geschäfte und überwacht den ordnungsgemäßen Verlauf von Landtagsdebatten. Der Landtagspräsident, seine Stellvertreter, die Vorsitzenden und teilweise auch die Vorstandsmitglieder der Fraktionen bilden das Landtagspräsidium. Dieses bereitet die Sitzungen des Landtags vor und legt jeweils die Tagesordnung fest.
Die baden-württembergischen Abgeordneten haben ein freies Mandat (s. S. 296). Als Vertreter des ganzen Volkes sind sie nicht an Aufträge und Weisungen gebunden. Abgeordnete, die derselben Partei angehören, schließen sich zu Fraktionen zusammen. Der Fraktionsstatus wird bei einer Mindestzahl von sechs Abgeordneten zuerkannt. Der Landtag von Baden-Württemberg versteht sich als Teilzeitparlament. Dies bedeutet, dass Abgeordnete neben ihrer parlamentarischen Arbeit auch noch einem Beruf nachgehen können. Dies hilft ihnen dabei, den Kontakt zu den von ihnen vertretenen Bürgern nicht zu verlieren. Für ihre Arbeit im Landtag erhalten die Abgeordneten Entschädigungen, so genannte Diäten.

Die Arbeit der Ausschüsse

In den Ausschüssen des Landtags werden die Beschlüsse des Plenums vorbereitet. Wichtige Ausschüsse sind der Finanzausschuss, der Ausschuss für Schule, Jugend und Sport sowie der Petitionsausschuss.

M4 *Wahlplakate aus dem Jahr 2001:* Die Abgeordneten sind gewählte Volksvertreter.

M2 *Überlegungen der Landtagsparteien CDU und SPD zur Konjunkturbelebung:*

CDU: Wenn ein Volk mit 82 Millionen Einwohnern nur noch 26,3 Millionen Beschäftigte hat, dann muss die Arbeitszeit erhöht werden, um die Wettbewerbsfähigkeit Deutschlands wieder zu steigern. Dabei muss es in Zukunft wieder zumutbar sein, 40 Stunden und mehr in der Woche zu arbeiten. (…) Die im Jahr 2004 in Kraft getretene Steuersenkung, bei der die Union Einkommenssteuersätze zwischen 16 und 45 % durchgesetzt hat, kann nur ein erster Schritt sein. Überfällig ist eine grundlegende Steuerreform.

SPD: Die von der SPD geforderte Wachstumsoffensive in Höhe von 200 Mio. Euro pro Jahr sieht vor allem Hilfen für die Bauwirtschaft und das Handwerk vor, aber auch den Ausbau des Dienstleistungsstandorts, eine bessere Kreditfinanzierung für kleine und mittlere Unternehmen sowie Investitionen in den Ausbau der Verkehrsinfrastruktur. (…) Die Förderung von Existenzgründungen, die Schaffung optimaler Weiterbildungsangebote, eine bessere Vereinbarkeit von Familie und Beruf und ein modernes Zuwanderungsrecht gehören zusammen.

Landtagsspiegel Baden-Württemberg, Stuttgart 2004, S. 6 ff.

M3 *Alter und Geschlecht der Abgeordneten im baden-württembergischen Landtag, Stand 2003*

	CDU	*SPD*	*FDP*	*Grüne*	*Landtag*
Abgeordnete (Jahrgang)	63	45	10	10	128
1935–1939	9	1	–	–	10
1940–1944	11	9	2	–	22
1945–1949	6	11	4	3	24
1950–1954	16	10	3	1	30
1955–1959	8	6	1	1	16
1960–1964	7	4	–	2	13
1965–1969	5	2	–	2	9
1970–1974	1	1	–	1	3
1975–1979	–	1	–	–	1
Frauen	10	12	1	5	28
Männer	53	33	9	5	100

Nach: Volkshandbuch des Landtags von Baden-Württemberg.

1 Unter www.landtag-bw.de finden Sie die Plenarprotokolle des Landtags. Informieren Sie sich, welche Fraktionen mit jeweils wie vielen Abgeordneten im Landtag vertreten sind.

2 Im Landtag wird auch häufig über die berufliche Bildung diskutiert, z. B. über das Fehlen von genügend Ausbildungsplätzen. Suchen Sie im Internet, wie sich die Fraktionen des Landtags dazu äußern (vgl. S. 300/301).

3 Wie wollen CDU und SPD in Baden-Württemberg jeweils die Konjunktur beleben und damit auch die Arbeitslosigkeit verringern (M2)?

4 Finden Sie heraus, ob Altersverteilung und Geschlecht der Abgeordneten (M3) derjenigen der Bevölkerungsstruktur entspricht. Angaben zur Bevölkerung finden Sie im Internet unter www.statistik-bw.de.

16 Werkstatt
„Übrigens, Herr Abgeordneter …" – Expertenbefragung

M1 *Die Landtagsabgeordneten Baden-Württembergs bei einer Abstimmung*

Direkte Begegnung
Durch das Gespräch mit gewählten Volksvertretern können Sie das fast ausschließlich in der Schule oder über Medien erworbene politische Wissen durch die direkte Begegnung ersetzen. Einstellungen können sich ändern, wenn Sie die Entscheidungsträger näher kennen lernen und deren Fachwissen nutzen können. Vorurteile über „die Politiker" oder „die Funktionäre" werden dabei oft abgebaut und überwunden. Sie haben die Möglichkeit nach Dingen zu fragen, die Sie schon immer interessiert haben.

Gesprächszeit nutzen
Da die Gesprächszeit von Bürgermeistern, Abgeordneten oder Verbandsvertretern begrenzt ist, sollte sie gut genutzt werden. Es eignen sich deshalb vor allem solche Themen, die im persönlichen Gespräch mit den Eingeladenen besser zu behandeln sind als im Gemeinschaftskundeunterricht. Selbstverständlich können Sie, wie alle anderen Bürgerinnen und Bürger, auch Gemeinderats- oder Kreistagssitzungen oder Sitzungen des Landtags in Stuttgart besuchen. Von den jährlich etwa 40 000 Gästen des baden-württembergischen Landtags sind etwa die Hälfte Schülerinnen und Schüler aller Schularten.

Methodische Arbeitsschritte

Einladung eines/einer Landtagsabgeordneten in den Unterricht

1. Machen Sie sich mit der Funktion des Landtags vertraut. Für welche Aufgaben ist dieses Parlament zuständig? Welche Entscheidungsbefugnisse hat es?
2. Recherchieren Sie auf der Homepage des Landtags, welche Abgeordnete Ihren Wahlkreis repräsentieren. Wählen Sie das Unterverzeichnis „Das Parlament" und dort den Link „Abgeordnete" – „nach Wahlkreisen".
3. Formulieren Sie mit Hilfe Ihres Gemeinschaftskundelehrers ein Einladungsschreiben. Bieten Sie mehrere Termine zur Auswahl an. Teilen Sie dem/der eingeladenen Abgeordneten vorab mit, über welche Themen Sie diskutieren möchten.
4. Lesen Sie vor der Veranstaltung nach, welchen politischen Werdegang und welche Aufgabenschwerpunkte der/die Abgeordnete hat. Die meisten Abgeordneten haben eine eigene Homepage, die Sie auf der Internetseite des Landtags finden.
5. Bereiten Sie schriftlich einige Fragen vor, die sie dem/der Abgeordneten stellen wollen.

TIPP!
Die Homepage des baden-württembergischen Landtags finden Sie unter www.landtag-bw.de.

M2 *Schüler der Friedrich-Ebert-Schule in Esslingen befragten führende Politiker Baden-Württembergs zu aktuellen politischen Fragen und Themen. In einem Zeitungsbericht über die Fragerunde heißt es:*

Wie lange kann die Rentenversicherung als solidarisches System noch bestehen? Wieso bekommen Minister so hohe Pensionen, wenn doch kein Geld da ist? Wie schafft man Arbeitsplätze? 100 Schüler der Friedrich-Ebert-Schule haben gestern die Fraktionsvorsitzenden von CDU und SPD im Landtag, Günther Oettinger und Wolfgang Drexler, mit Fragen überhäuft. 300 Schüler hatten laut Gemeinschaftskundelehrer Peter Schmid Interesse an dem Projekt bekundet – dreimal so viel wie der Platz erlaubte. (…)

Der eingangs geäußerte Wunsch Schmids, „dass Sie nicht die ganze Veranstaltung lang gleicher Meinung sind", musste leider über weite Strecken ein Wunsch bleiben (…). Die beiden Fraktionsvorsitzenden demonstrierten herzliche Einigkeit. „Ist das nicht Ihre Aufgabe, dafür zu sorgen, dass sich junge Leute in die Politik einmischen?", fragte schließlich ein Schüler ungeduldig. Ratlose Blicke auf dem Podium. „Wir haben eine Jugendorganisation und machen ständig Veranstaltungen", sagte Drexler. „Und außerdem sind wir doch jetzt hier", ergänzte Oettinger. Von den Veranstaltungen erfahre er nichts, widersprach der Schüler, „und hier kann ich gerade zwei Fragen mit Ihnen diskutieren". Wenn das nicht genüge, so der CDU-Fraktionschef, „dann rufen Sie mich an und wir treffen uns zum Vier-Augen-Gespräch."

Andrea Wagner, in: Esslinger Zeitung v. 13./14.11.2004.

M4 *Großes Interesse von Schülern und Medien fand die Veranstaltung zum Thema „Verzicht zum Wohl Deutschlands?" an der Gewerblichen Schule in Esslingen.* Links Ministerpräsident Günther Oettinger (zur Zeit des Gesprächs war er Fraktionsvorsitzender der CDU) und in der Mitte SPD-Fraktionsvorsitzender Wolfgang Drexler.

M3 *Die Esslinger Zeitung berichtet über eine Expertenbefragung von Schülern der Friedrich-Ebert-Schule zur Zukunft des zweiten Bildungswegs:*

„Brauchen wir heute noch den zweiten Bildungsweg?", lautete der Titel der Veranstaltung, an der unter anderem der Staatssekretär im Kultusministerium, Helmut Rau, Landrat Heinz Eininger, Kulturbürgermeister Markus Raab und der stellvertretende Ausbildungsleiter der Firma Fest, Oliver Schuster, teilnahmen. (…) Um im Berufsleben nicht aufs Abstellgleis zu geraten, daran ließen alle Redner keinen Zweifel, müssten hohe Motivation und viel Engagement vorhanden sein: „Sie können nicht erwarten, dass wir Ihre Weiterbildung sponsern – sie müssen einen Teil Ihrer Freizeit opfern und auch finanziell Ihr Scherflein einbringen", machte Schuster klar. Dass eben dies den Berufskolleg-Schülern am meisten Bauchweh verursacht, wurde in der anschließenden Fragerunde deutlich: Ob von den anstehenden Kürzungen auch das Berufskolleg betroffen sei, und wie es mit den Studiengebühren aussehe, wollten besorgte Schüler wissen. Die gute Nachricht verkündete der Staatssekretär zuerst: Für das Berufskolleg selbst seien keine Einschnitte vorgesehen. Mit Studiengebühren von 500 Euro pro Semester hätten laut aktuellem Kabinettsbeschluss die künftigen Studierenden an den Hochschulen im Land zu rechnen, so Helmut Rau.

Iris Koch. In: Esslinger Zeitung vom 3.2.2005.

1 Welche Themen wurden in den beiden Expertenbefragungen an der Friedrich-Ebert-Schule (M2–M4) erörtert? Welche Erkenntnisse konnten die teilnehmenden Schülerinnen und Schüler jeweils gewinnen?

2 Überlegen Sie, ob Sie Fragen an Bürgermeister, Landräte, Mitglieder des Gemeinderats oder an Landtagsabgeordnete haben. Politiker sind häufig bereit, mit Schülern zu debattieren. Sprechen Sie mit Ihrem Gemeinschaftskunde- oder Ihrem Klassenlehrer über die Möglichkeit einer Einladung. Beachten Sie die methodischen Arbeitsschritte.

17 Wie entsteht ein Landesgesetz?

M1 *Gesetzgebung des Landtags*

Landesregierung (Exekutive) ↘ **Landtag** (Legislative) ↙

Gesetzesinitiative
(Vorlage eines Gesetzentwurfs)

↓

Erste Beratung („Lesung")
(Besprechung der Grundsätze der Vorlage)

↓

auf Beschluss der Mehrheit
Überweisung in Ausschüsse

↓

Zweite Beratung („Lesung")
(Beratung über Einzelbestimmungen und Änderungsanträge)

↓

bei Gesetzentwürfen zu Verfassungsänderungen oder Haushaltsvorlagen ist eine **Dritte Beratung („Lesung")** durchzuführen

↓

am Schluss der letzten Beratung
Abstimmung
über die Gesetzesvorlage
(meist genügt einfache Mehrheit)

↓

Ausfertigung
durch den Ministerpräsidenten

↓

Verkündung
im Gesetzblatt

Wie kommen Landesgesetze zustande?
Gesetze zu verabschieden ist die wichtigste Aufgabe einer demokratisch gewählten Volksvertretung. Nach dem Prinzip der Gewaltenteilung (vgl. S. 286) übt der Landtag die gesetzgebende Gewalt (Legislative) aus und überwacht die Ausübung der vollziehenden Gewalt (Exekutive). Das Recht, Gesetzentwürfe einzubringen (Gesetzesinitiativrecht), steht der Landesregierung, den Abgeordneten und dem Volk durch Volksbegehren zu. Die Regierung macht allerdings von dieser Möglichkeit wesentlich häufiger Gebrauch als die Abgeordneten. Durch ein Volksbegehren ist in Baden-Württemberg noch nie ein Gesetz zustande gekommen. Gesetzentwürfe aus der Mitte des Landtags müssen von mindestens acht Abgeordneten oder einer Fraktion unterzeichnet sein. Die Gesetzentwürfe werden im Parlament in zwei oder drei Beratungen (Lesungen) behandelt. Dies soll gewährleisten, dass Gesetzesentscheidungen erst nach gründlicher Diskussion getroffen werden.

Zustimmungspflichtige Bundesgesetze
Eine weitere Aufgabe des Landtags ist es, sich mit den vom Bundestag verabschiedeten zustimmungspflichtigen Gesetzen zu befassen. Der Bundesrat ist das Verfassungsorgan, durch welches die Länder bei der Gesetzgebung und Verwaltung des Bundes mitwirken. Zwar sind im Bundesrat nur die Regierungen der Länder vertreten. Da aber der Landtag die Landesregierung kontrolliert, befasst er sich auch mit deren Wirken im Bundesrat.
Gesetze, für die die Länder allein zuständig sind, betreffen vor allem das Bildungswesen, die Organisation der Landesverwaltung, die öffentliche Sicherheit, das Baurecht sowie das Presse- und Rundfunkwesen. Die Zuständigkeit der Länder für das Bildungswesen hat das Bundesverfassungsgericht in seinem Urteil zum Kopftuchstreit erneut bestätigt. Danach sind in dieser Frage allein die Länder zuständig.

Zustimmungsgesetze sind Gesetze, die der Zustimmung des Bundesrats bedürfen, z. B. Verfassungsänderungen oder Gesetze, die Belange sowohl des Bundes als auch der Länder berühren. Dies sind u. a. das bürgerliche Recht, das Strafrecht und der Strafvollzug, das Vereinsrecht und das Ausländerrecht.

M2 *Der Kopftuchstreit in Baden-Württemberg führte in der Öffentlichkeit zu lebhaften Diskussionen. In einem Zeitungsartikel aus dem Jahr 2003 heißt es:*

Fereshta Ludin wurde 1972 in Kabul als Tochter eines afghanischen Diplomaten geboren. In Deutschland lebt sie seit 1985 und ist mit einem zum Islam übergetretenen Deutschen verheiratet. Im Sommer 1998, sie hatte ihr Referendariat gerade mit 1,8 beendet, bekam sie Post vom Oberschulamt Stuttgart. Ihr wurde mitgeteilt, sie könne nicht in den Landesdienst übernommen werden – sofern sie daran festhalte, vor der Klasse ein Kopftuch zu tragen. Die Entscheidung wurde bald darauf von der baden-württembergischen Kultusministerin Annette Schavan (CDU) bestätigt. Begründung: Das Kopftuch werde innerhalb des Islam auch als Symbol für kulturelle Abgrenzung und damit als politisches Symbol gewertet. (...) Vor drei Gerichten ist sie inzwischen gescheitert. Zuletzt, im Juli 2002, urteilte das Bundesverwaltungsgericht in Berlin, muslimische Lehrerinnen müssten während des Unterrichts auf ihr Kopftuch verzichten. (...) Doch Fereshta Ludin ließ sich nicht beirren. Sie zog nach Karlsruhe.

Felix Müller, in: Die Welt vom 24. 9. 2003.

M3 *Am 24. September 2003 verkündete das Bundesverfassungsgericht in Karlsruhe sein Urteil. Es entschied, dass die Länder muslimischen Lehrerinnen das Kopftuch nur dann verbieten können, wenn sie zuvor eine gesetzliche Grundlage dazu geschaffen hätten. Regierung und Opposition legten daraufhin dem Stuttgarter Landtag unterschiedliche Gesetzesentwürfe vor:*

Am 14. Januar 2004 legte die Regierung des Landes Baden-Württemberg einen Gesetzentwurf zur Änderung des Schulgesetzes vor. Zum wesentlichen Inhalt des Gesetzentwurfs heißt es: „Lehrkräften sollen an öffentlichen Schulen solche äußeren Bekundungen untersagt werden, die die Neutralität des Landes oder den Schulfrieden gefährden oder stören. (...) „Äußere Bekundungen" sind „alle Äußerungen und jegliches Verhalten, also z. B. verbale Äußerungen, Kleidungsstücke, Plaketten und sonstige Formen des Auftretens, die von Dritten als Ausdruck politischer, religiöser, weltanschaulicher oder ähnlicher individueller Überzeugungen wahrgenommen werden können".

Wenig später, am 27. Januar 2004, legte die Oppositionsfraktion „GRÜNE" ihren Gegenentwurf vor. Religiöse und weltanschauliche Bekundungen sollten demnach in „angemessener, nicht provokativer Form, die die offene, religiös-weltanschauliche Neutralität des Landes wahrt", erlaubt sein.

Am 1. April 2004 stimmt der Landtag von Baden-Württemberg mit der Mehrheit seiner Abgeordneten dem Gesetzentwurf der Landesregierung zur Änderung des Schulgesetzes zu. Grundlage der Abstimmung war die mit der Mehrheit von CDU und FDP/DVP sowie SPD gefasste Entschlussempfehlung des Ausschusses für Schule, Jugend und Sport. Damit war das so genannte Kopftuchgesetz vom Landtag beschlossen.

Nach: Politik & Unterricht 4 – 2004, S. 58 f.

M4 *Umstrittenes Kopftuchverbot – eine Zeitung schreibt zu dem Thema:*

Bei der Londoner Polizei gehört das Kopftuch zur Uniform weiblicher Beamter muslimischen Glaubens. Auch der Londoner High-Court-Richter Rabinder Singh, ein indischer Sikh, trägt bei Verhandlungen ganz selbstverständlich seinen Turban. Die britische Verfassung schützt die Identität ihrer Einwanderer. Aber hier? (...) Die Diskussion ist aufgeheizt. Umso wichtiger wäre es, einmal genauer hinzusehen: Das Kopftuch gibt es sowieso nicht, allenfalls sehr verschiedene Arten, das Haupt zu bedecken. Und wie jedes Kleidungsstück enthält es einen Hinweis auf seinen Besitzer, seinen Hintergrund und seinen Stil.

Sonntag Aktuell v. 28. 3. 2004.

M5 *Das Bild zeigt Ludin, von Journalisten umlagert, vor der Urteilsverkündung des Bundesverfassungsgerichts am 24. 9. 2003.*

1 Beschreiben Sie das Gesetzgebungsverfahren des Landtags (VT, M1).

2 Im Internet finden Sie unter www.leu.bw.schule.de/bild/SchG.pdf das baden-württembergische Schulgesetz. Drucken Sie § 38 aus. Dort finden Sie vor allem in Absatz 2 die neuen Kopftuchbestimmungen. Ermitteln Sie, ob alle religiösen Symbole untersagt sind. Warum ist in dem Gesetzestext wohl das Wort „Kopftuch" nicht erwähnt?

3 Diskutieren Sie, welche Gründe für und welche gegen ein Kopftuchverbot (M2–M5) sprechen.

4 Im Beispiel (M2–M5) war das Bundesverfassungsgericht Initiator für die Gesetzgebung im Landtag. Nennen Sie weitere Auslöser für Gesetze.

18 Wer soll das bezahlen? – der Landeshaushalt

M1 *Landtagsgebäude in Stuttgart*

Haushalt (Etat, Budget)
Der Haushalt eines Landes besteht aus den Einnahmen und Ausgaben der öffentlichen Hand. Der Haushaltsplan legt vorab alle voraussichtlichen Einnahmen und geplanten Ausgaben des Landes fest. Er wird vom Landtag jeweils für ein oder für zwei Jahre (Doppelhaushalt) beschlossen.

Länderfinanzausgleich
Beim Finanzausgleich zahlen die „reichen" Länder mit überdurchschnittlich hohen Steuereinnahmen in einen „Topf" ein, aus dem die „ärmeren" Länder Geld bekommen. Baden-Württemberg ist neben Hessen, Nordrhein-Westfalen und Bayern seit den 1990er-Jahren fast durchgängig „Geberland" des Ausgleichstopfes.

Der Haushaltsplan

Wie Sie selbst und Ihre Familie muss auch das Land mit seinen knappen Mitteln zurechtkommen – es muss haushalten. Alle Einnahmen und Ausgaben des Landes müssen jeweils in einem Haushaltsplan ausgewiesen werden. Über diesen Plan entscheidet der Landtag. Ihm steht das Etatrecht zu, also das Recht, den Haushalt zu verabschieden. In der Praxis aber hat der Landtag nur beschränkte Eingriffsmöglichkeiten. Der größte Teil der Gesamtausgaben eines Haushaltsjahres ist bereits gebunden. Insbesondere die Personalausgaben, die 40 Prozent des Gesamtausgaben ausmachen, bilden einen fast unbeeinflussbaren Kostenblock. Das Land Baden-Württemberg beschäftigt rund 263 000 Personen. Dazu zählen Lehrer, Professoren, Richter, Polizeibeamte, die Bediensteten der Finanzämter, Forstbedienstete sowie Mitarbeiter in den Verwaltungen der verschiedenen Landesbehörden. Das Parlament hat mit dem Etatrecht seine stärkste Kontrollmöglichkeit gegenüber der Regierung.

Schwerpunkt: Bildung und Forschung

Mit insgesamt 32 Prozent der Gesamtausgaben sind Bildung, Wissenschaft, Forschung und Kultur der Ausgabenschwerpunkt des Landes. Weil das Land arm an Rohstoffen ist, wurden schon im 19. Jahrhundert der Aus- und Fortbildung große Bedeutung beigemessen. In Baden-Württemberg existiert seitdem ein breit gefächertes Bildungssystem: Das Land hat nicht nur ein flächendeckendes Angebot an Grund-, Haupt- und Realschulen sowie Gymnasien und Sonderschulen, sondern es ist auch eines der Bundesländer mit den meisten Universitäten und Fachhochschulen. Mit seinem Berufs- und Fachschulsystem, zu dem auch eine große Zahl von Weiterbildungseinrichtungen gehört, ist Baden-Württemberg den meisten anderen Bundesländern deutlich überlegen. Weitere Mittel fließen vor allem in Polizei und Justiz sowie in Finanzzuweisungen für die Gemeinden.

Wichtigste Geldquelle: die Steuern

Die wichtigsten Einnahmen des Landes bilden die Steuern. Am ergiebigsten sind die Gemeinschaftssteuern. Sie stehen dem Bund, den Ländern, teils auch den Gemeinden, gemeinsam zu. Zu diesen Steuern zählen die Lohn- und Einkommenssteuer, die Umsatzsteuer, die Körperschaftssteuer und die Kapitalertragssteuer. Außerdem erhalten Bund und Länder über eine Umlage einen Teil der Gewerbesteuereinnahmen der Gemeinden. An Landessteuern stehen dem Land u. a. die Kraftfahrzeugsteuer, die Erbschaftssteuer, die Biersteuer und die Grunderwerbssteuer zu.

M2 *Über Sparbemühungen beim Landeshaushalt heißt es in einem Bericht von 2004:*
Angesichts der „verheerenden" Wirtschaftslage wollte der Ministerpräsident nicht die Investitionen, sondern lieber die Personalkosten kürzen. Schon im November 2002 beschloss das Landeskabinett (d.h. die Landesregierung), die für das folgende Jahr erwarteten Ausgaben für die Staatsdiener um 200 Millionen zu senken. (…) Die Quittung: die Streichung des Urlaubsgeldes, die Kürzung des Weihnachtsgeldes auf knapp zwei Drittel des Amtsgehaltes und die Verlängerung der Wochenarbeitszeit um eine Stunde – ein „Amoklauf", wie etwa die Berufsschullehrerverbände kritisierten. (…) Der Hochbauverwaltung wurde 2004 auferlegt, bei vielen Neubauten den ersten Spatenstich zu verschieben. (…) Im Laufe des Herbstes verschärfte sich der Protest. Als Angriff auf das Ehrenamt interpretiert wurde die geplante Kürzung bei der Sportförderung. Der vorgesehene Sozialabbau rief die Wohlfahrtsorganisationen auf den Plan: geringere Zuschüsse für das Freiwillige Soziale Jahr, weniger Hilfen für Süchtige und Obdachlose, die rote Karte für die Bahnhofsmission und die ambulante Altenbetreuung. (…) Doch auch die Weiterbildung wurde nicht verschont: Die Musikschulen kündigten deswegen Gebührenerhöhungen an, die Volkshochschulen rechneten mit einigen Schließungen. (…) Den größten Sprengstoff für die Landesfinanzen bergen jedoch die Versorgungslasten. Im Haushalt 2004 sind für Pensionen und Beihilfen für 80 000 Ruheständler knapp drei Milliarden Euro veranschlagt. Die Zahlungen werden sich bis 2015 verdoppeln, bis 2030 gar verdreifachen. Finanzminister Stratthaus will deshalb die Lebensarbeitszeit verlängern und das Pensionsniveau senken.

Andreas Schanz, Der Landeshaushalt 2004. In: Landesspiegel Baden-Württemberg, Stuttgart 2004, S. 48 f.

M4 *Zur Verlängerung der Lebensarbeitszeit schreibt die Stuttgarter Zeitung:*
Beamte in Baden-Württemberg sollen künftig auf eigenen Wunsch bis zum 68. Lebensjahr arbeiten dürfen. (…) Damit wird es für Beamte viel leichter, über die Pensionsgrenze hinaus im Dienst zu bleiben. Bisher war das nur auf Antrag des Dienstherrn und bei „dringenden dienstlichen Rücksichten" zulässig. Nun dürfen die Beamten selbst einen Antrag stellen, und es genügt, wenn ihre Weiterbeschäftigung „in dienstlichem Interesse" liegt. Zugleich wird der Kreis der Staatsdiener, die bis zu drei Jahren länger arbeiten dürfen, deutlich ausgeweitet. Die Möglichkeit besteht künftig auch für Beamte, die bisher davon ausgeschlossen waren – zum Beispiel Lehrer, Polizisten und Feuerwehrleute.

Stuttgarter Zeitung vom 20. 11. 2004.

M3 *Landeshaushalt 2006 in Mrd. Euro*

Einnahmen		Ausgaben	
Lohnsteuer	8 700	Zentrale Verwaltung	975
Einkommenssteuer u. a.	1 623	Öffentliche Sicherheit	1 788
Körperschaftssteuer	1 450	Rechtsschutz	1 378
Umsatzsteuer	6 918	Finanzverwaltung	840
Gewerbesteuer	710	Schulen u. a.	7 027
Zinsabschlagsteuer	686	Hochschulen	3 128
Grunderwerbsteuer u. a.	2 810	Bildung, Kunst, Kultur	967
Zuweisung v. Bund	1 677	Soziale Sicherung	954
Zuweisung v. Gemeinden	2 787	Gesundheit, Umwelt, Sport	670
Verwaltungseinnahmen	1 910	Andere Fachbereiche	3 584
Schuldenaufnahme	1 990	Länderfinanzausgleich	1 900
Sonstige	551	Zuweisung an Gemeinden	5 522
		Schuldzinsen	2 478
		Sonstige	601
Summe Einnahmen	31 812	Summe Ausgaben	31 812

Nach: Finanzministerium Baden-Württemberg (Hg.), Vorheft zum Staatshaushaltsplan, Stuttgart 2005, S. 20f.

1 Hat das Land Baden-Württemberg im Jahr 2006 einen ausgeglichenen Haushalt (M3)? Wie wollte die Landesregierung die wachsenden Haushaltsausgaben 2004 begrenzen (M2)? Diskutieren Sie darüber, welche der genannten Maßnahmen Sie für vertretbar halten und welche nicht.

2 Warum dürfen u. a. Lehrer in Zukunft länger arbeiten (M4)? Erörtern Sie Vor- und Nachteile dieser Regelung.

3 Errechnen Sie den prozentualen Anteil der Ausgaben für Schulen und der Ausgaben für Hochschulen und Forschung am Landeshaushalt 2006 (M3).

4 Informieren Sie sich in Ihrem Wirtschaftslehreschulbuch darüber, wer Lohnsteuer, Einkommenssteuer, Körperschaftssteuer, Gewerbesteuer und Umsatzsteuer bezahlen muss. Schlagen Sie auch nach, was man unter Ertragssteuern versteht.

19 Wählen gehen! – Landtagswahlen

M1 *Stimmabgabe in einem Wahllokal*

Legislaturperiode
bezeichnet die durch Wahl legitimierte Amtszeit eines Parlaments. Die Legislatur- oder auch Wahlperiode dauert in Baden-Württemberg seit 1996 fünf Jahre, davor waren es vier Jahre.

Mandat
ist die Befugnis, einen anderen zu vertreten. In der Bundesrepublik erhalten die Abgeordneten ein „freies" Mandat. Sie sind an Aufträge der Wähler nicht gebunden. Gegensatz: „Imperatives" Mandat (lat. imperare = befehlen). Der Mandatsträger muss den Weisungen der Wähler unbedingt folgen und ist von ihnen jederzeit abrufbar.

Wer wird gewählt?

Im Gegensatz zu den Gemeinde- und Kreistagswahlen haben die Bürgerinnen und Bürger bei der Landtagswahl nur eine Stimme. Sie wählen damit einen der von den Parteien nominierten Kandidaten in einem der 70 Wahlkreise.
Das Sitzverhältnis der Parteien im Landtag ist von ihrem Stimmenverhältnis im Land abhängig (Verhältniswahl). Die Zuteilung dieser Mandate an die einzelnen Bewerber richtet sich nach den Stimmen, die diese Bewerber in ihrem jeweiligen Wahlkreis errungen haben (Persönlichkeitswahl). Es gibt nur Wahlkreisbewerber. Jeder Kandidat muss sich also in einem der 70 Wahlkreise des Landes zur Wahl stellen.

Oberstes Prinzip: Verhältniswahl

Es werden nicht nur 70, sondern 120 Abgeordnetensitze nach dem d'Hondt'schen System auf die Parteien im Verhältnis ihrer Gesamtstimmenzahl im Land verteilt (s. S. 277). Für jede Partei werden dazu alle Stimmen addiert, die auf ihre Wahlbewerber im ganzen Land, getrennt nach Regierungsbezirken, entfallen sind. Bei der Sitzzuteilung werden nur solche Parteien berücksichtigt, die auf Landesebene mindestens fünf Prozent der Stimmen erreicht haben (Fünfprozentklausel).

Direkt- und Zweitmandate

Anschließend muss ermittelt werden, welchen Kandidaten die Sitze zufallen. Zunächst kommen die 70 Bewerber zum Zuge, die in einem Wahlkreis die meisten Stimmen erhalten und damit ein Direktmandat gewonnen haben. Die weiteren 50 Sitze, die den Parteien noch zustehen, gehen an diejenigen Wahlkreisbewerber, die im Verhältnis zu den übrigen Bewerbern der eigenen Partei zwar kein Direktmandat, aber noch die höchste Stimmzahl erreicht haben. Man spricht hier von „Zweitmandaten".

Überhang- und Ausgleichmandate

Es kann vorkommen, dass eine Partei bereits mehr Sitze errungen hat, als ihr nach dem Gesamtstimmverhältnis dort zustehen. Diese zusätzlichen Mandate bleiben ihr als so genannte Überhangmandate erhalten. Verletzt diese Zahl der Überhangmandate die Sitzverteilung unter den Parteien, so bekommen die anderen Parteien Ausgleichsmandate. Die Mitgliederzahl des Landtags kann sich dadurch über die Zahl von 120 hinaus erhöhen.

Landtagswahl 2001

Bei den Landtagswahlen 2001 bewarben sich 16 Parteien mit insgesamt 930 Kandidaten sowie neun Einzelbewerber um die 120 Sitze im Landesparlament. Insgesamt waren 7,3 Millionen Frauen und Männer zur Wahl aufgerufen, aber nur 62,6 Prozent machten von ihrem Wahlrecht Gebrauch. Bedenklich ist, dass bei den Nichtwählern der Anteil der 18- bis 25-Jährigen besonders stark vertreten war. 40 Prozent von ihnen gingen nicht zur Wahl. Nichtwähler sollten daran denken, dass ihre Enthaltung Gruppierungen zugute kommt, die sie nie unterstützen wollen. Insbesondere extreme Parteien, die dadurch die Fünfprozentklausel überwinden, ziehen wegen der Nichtwähler in manche Landesparlamente ein.
Die CDU bildete 2001 zusammen mit der FDP/DVP die Regierungskoalition.

1972	1976	1980	1984	1988	1992	1996	2001
80,0 %	75,5 %	72,0 %	71,2 %	71,8 %	70,1 %	67,6 %	62,6 %

M2 *Wahlbeteiligung bei Landtagswahlen in Baden-Württemberg*

M3 *Ergebnis der Landtagswahlen in Baden-Württemberg von 2001*

Partei	Stimmanteil	Sitze
CDU	44,8 %	63
SPD	33,3 %	45
FDP	8,1 %	10
Grüne	7,7 %	10
Sonstige	6,1 %	128

M4 *Protest gegen rechtsradikale Parteien im Landtag.* Die mit 18 Jahren jüngste Abgeordnete Julia Bonk protestiert gegen den Einzug der rechtsextremen NPD 2004 in den sächsischen Landtag. Auch in Baden-Württemberg war es dieser Partei 1966 gelungen, für eine Legislaturperiode in den Landtag einzuziehen. 1992 erzielten dann die rechtsextremen Republikaner mit 10,9 und 1996 mit 9,1 Prozent der Wählerstimmen erschreckende Erfolge. Bei der Landtagswahl 2001 scheiterten die Rechtsradikalen an der Fünfprozentklausel.

M5 *Streitpunkt Wahlkreisgröße. Ein Artikel der Esslinger Zeitung berichtet:*
Reichenbach (Kreis Esslingen) soll mit seinen 5500 Wahlberechtigten vom Landtagswahlkreis Kirchheim zu Göppingen wechseln. Falls das Realität wird, dann werden, landespolitisch gesehen, die Interessen Reichenbachs ab 2006 von Göppinger Abgeordneten wahrgenommen, die die Situation im Landkreis Esslingen kaum kennen werden (...). Der Wahlkreis Göppingen muss zwei Gemeinden an den schwachen Wahlkreis Geislingen abgeben, ein Verlust, der durch Reichenbach auszugleichen wäre. Wobei Geislingen etwa 78000 Wahlberechtigte hat und Göppingen rund 100000. Statistisch gesehen liegt die Idealgröße eines Wahlkreises bei 105000 Wahlberechtigten. Wobei offensichtlich der benachbarte Wahlkreis Nürtingen mit seinen knapp 130000 Wahlberechtigten nicht beschnitten werden soll. (...) Der große Wahlkreis Nürtingen gilt als Startrampe für Ulrich Noll (FDP) und Wilfried Kretschmann (Grüne), die als Fraktionsvorsitzende Schlüsselrollen in ihren Parteien haben.

Matthias Schorradt, in: Esslinger Zeitung v. 18.11.2004.

M6 *Landesverfassung Baden-Württembergs:*
Artikel 28
(1) Die Abgeordneten werden nach einem Verfahren gewählt, das das Persönlichkeitswahlrecht mit den Grundsätzen der Verhältniswahl verbindet.
Artikel 29
(1) Wer sich um einen Sitz im Landtag bewirbt, hat Anspruch auf den zur Vorbereitung seiner Wahl erforderlichen Urlaub.
(2) Niemand darf gehindert werden, das Amt eines Abgeordneten zu übernehmen und auszuüben. (...)
Artikel 30
(1) Die Wahlperiode des Landtags dauert fünf Jahre. Sie beginnt mit dem Ablauf der Wahlperiode des alten Landtags (...).

www.innenministerium.baden-württemberg.de/de/Landesverfassung/88780.html (17.05.2005)

1 Listen Sie die Stufen der Mandatszuteilung bei der baden-württembergischen Landtagswahl auf. Unterscheiden Sie dabei die Begriffe Persönlichkeits- und Verhältniswahl (VT).

2 Die Wahlbeteiligung, nicht nur bei den Landtagswahlen, geht seit Jahren zurück (M2). Klären Sie, welche Wirkung es auf das Wahlergebnis haben kann, wenn Wähler von ihrem Wahlrecht keinen Gebrauch machen (VT, M4)?

3 Warum müssen hin und wieder Wahlkreise neu „zugeschnitten" werden, z. B. der Wahlkreis Göppingen (M5)? Welchen Verdacht äußert die Esslinger Zeitung bezüglich des Wahlkreises Nürtingen? Warum haben die Abgeordneten kleinerer Parteien in größeren Wahlkreisen bessere Chancen (VT)?

20 Baden-Württemberg und die Bundespolitik

Die Bundesländer im Bundesrat

M1 *Alle Bundesländer sind im Bundesrat vertreten.* Die Anzahl der dort den Ländern zugeteilten Stimmen richtet sich nach der jeweiligen Einwohnerzahl.

Auflage Föderalismus

Im Juli 1948 gaben die drei westlichen Siegermächte den Ministerpräsidenten der damaligen Länder in der amerikanischen, britischen und französischen Besatzungszone den Auftrag, eine Verfassung für einen vorläufigen westdeutschen Teilstaat auszuarbeiten. Sie machten dabei zur Auflage, dass dieser Staat eine „Regierungsform des föderalistischen Typs" haben müsste. Die Länder sollten an der Gesetzgebung des Bundes mitwirken. So sollte eine starke Zentralregierung wie in der Zeit des Nationalsozialismus vermieden werden.

Aufteilung der Gesetzgebung

In der Bundesrepublik Deutschland sind die Erfüllung staatlicher Aufgaben zwischen dem Bund und den Bundesländern verteilt. Der größte Teil der Gesetzgebungsbefugnis (Legislative) liegt beim Bund, während die Länder, weil sie näher beim Bürger angesiedelt sind, mit der Ausführung betraut sind. Die Rechtssprechung ist zwischen dem Bund (höchste Instanz) und den Ländern (erste und zweite Instanz) aufgeteilt. Bund und Länder müssen deshalb eng zusammenarbeiten.

Ländergesetzgebung

Über den Bundesrat, das Vertretungsorgan der Länder, wirken die Länder an der Gesetzgebung mit. Viele Bundesgesetze können nur dann Geltung erlangen, wenn die Mehrheit des Bundesrates ihnen ausdrücklich zugestimmt hat (Zustimmungsgesetze, s. S. 292). Nicht zustimmungspflichtig sind Bundesgesetze u.a. in der Verteidigungspolitik und im Währungswesen. Den Ländern verbleiben somit nur begrenzte Aufgabenbereiche. Am wichtigsten ist die so genannte Kulturhoheit. Sie umfasst das Schul- und Hochschulwesen, die Förderung von Kunst und Wissenschaft sowie die gesetzliche Regelung für Presse, Funk und Fernsehen.

Der Bundesrat

In den Bundesrat kann man nicht gewählt werden. Mitglied ist dort nur, wer einer Landesregierung angehört. In Baden-Württemberg sind das der Ministerpräsident und fünf Minister. In Art. 51 Abs. 2 des Grundgesetzes ist festgelegt, dass Länder mit 7 Millionen und mehr Einwohnern, wie Baden-Württemberg, sechs Stimmen im Bundesrat haben. Die Stimmen eines jeden Landes können nur einheitlich abgegeben werden. Vor jeder Entscheidung ist also eine Einigung innerhalb der Landesregierungen erforderlich.
Es kann vorkommen, dass zwischen dem Bundestag als der Volksvertretung und dem Bundesrat als Länderkammer keine Übereinstimmung bei der Gesetzgebung erreicht werden kann. Dann besteht die Möglichkeit, einen „Vermittlungsausschuss" aus jeweils 16 Mitgliedern von Bundestag und Bundesrat anzurufen.

Föderalismus
(von lat. foedus = Bündnis) ist das Organisationsprinzip eines Staates, nach dem mehrere Gliedstaaten zu einem Gesamtstaat zusammengefasst werden.

Bundesland	Einwohner	Bundesratsstimmen
Baden-Württemberg	10,7 Mio.	6
Bayern	12,4 Mio.	6
Berlin	3,4 Mio.	4
Brandenburg	2,6 Mio.	4
Bremen	0,7 Mio.	3
Hamburg	1,7 Mio	3
Hessen	6,1 Mio.	5
Mecklenburg-Vorpommern	1,7 Mio.	3
Niedersachsen	8,0 Mio.	6
Nordrhein-Westfalen	18,1 Mio.	6
Rheinland-Pfalz	4,1 Mio.	4
Saarland	1,1 Mio	3
Sachsen	4,3 Mio	4
Sachsen-Anhalt	2,5 Mio.	4
Schleswig-Holstein	2,8 Mio	4
Thüringen	2,4 Mio	4

M4 *Stimmengewicht der Bundesländer im Bundesrat*

M2 *So ist der Bundesrat in Deutschland organisiert:*

Im internationalen Vergleich ist die Konstruktion des deutschen Bundesrates der abweichende Fall. (...) Immerhin hat er heute in ca. 60 Prozent aller Fälle ein absolutes Vetorecht bei Gesetzesvorhaben des Bundes. (...) Der Bundesrat ist ein „ewiges Organ", das sich mit jeder Landtagswahl und der darauf folgenden Regierungsbildung teilerneuert. (...) Für die Zweite Kammer völlig ungewöhnlich ist das imperative Mandat, das für die Mitglieder des Bundessrats gilt. Sie sind an die Beschlüsse der Landesregierungen gebunden. Die Regel für Parlamente in repräsentativen Demokratien ist dagegen nicht das imperative, sondern das freie Mandat. Der gewählte Volksvertreter oder die Abgeordnete einer Region (...) soll bei seinen bzw. ihren Entscheidungen in der Zweiten Kammer letztendlich nur seinem/ihrem Gewissen verpflichtet sein, auch wenn dies Fraktionsdisziplin in der einen oder anderen Form nicht ausschließt. Noch ungewöhnlicher ist (...) der Zwang zur einheitlichen Stimmabgabe. (...) Ungewöhnlich ist auch die Mehrheitsregel im Bundesrat, nach der der Bundesrat seine Beschlüsse mit mindestens der Mehrheit einer Stimme fasst, also mit absoluter Mehrheit. Enthaltungen wirken so automatisch wie Nein-Stimmen, denn sie tragen nicht zum Erreichen der absoluten Mehrheit bei.

Roland Sturm, Zur Reform des Bundesrates. In: Aus Politik und Zeitgeschichte B29–30/2003, S. 24.

M3 *Ist in Deutschland eine Reform des Föderalismus notwendig? In einem Artikel aus dem Jahr 2004 heißt es dazu:*

Was lange kein Thema war, ist plötzlich eines: der Föderalismus. Leere Kassen, zunehmende politische Blockaden (...) erfordern eine Reform. (...) Die USA und die Schweiz, Kanada und Australien verzichten auf so schöne Ideen wie die Ausbreitung gleichwertiger Lebensverhältnisse bis in den letzten Winkel ihres Territoriums. Stattdessen vollziehen sie eine saubere Trennung der Länder – von der Bundesebene mit klaren Kompetenzzuweisungen. Will sagen: Die Bundesstaaten, Provinzen und Kantone dieser Föderativstaaten verfügen über eigene Besteuerungsrechte, mit denen sie ihre Ausgaben selbstständig bestreiten. Diese stärken die Eigenverantwortung. Das Wirtschaften auf Kosten anderer verbietet sich. Stattdessen schafft ein finanzpolitisches Trennsystem Anreize zu wirtschaftlichem Handeln und zum Wettbewerb. (...) Den armen amerikanischen Bundesstaaten Mississippi und West-Virginia wie dem armen Schweizer Kanton Jura verhilft kein von der Gleichwertigkeit der Lebensverhältnisse diktierter Finanzausgleich zu einer Besserstellung. Das ist der Preis der Freiheit, und der fordert noch ganz andere Zugeständnisse. In all diesen Ländern schwanken die Steuertarife von Einzelstaat zu Einzelstaat teilweise erheblich.

Peter Hölzle, Wann wird Deutschland ein richtiger Bundesstaat? hg. v. Präsidenten des Landtags von Baden-Württemberg. In: Landtagsspiegel, Stuttgart 2004, S. 59f.

1 Warum bestanden die Alliierten nach dem Zweiten Weltkrieg auf einem föderalistischen System in Westdeutschland?

2 Listen Sie die Kritik auf, die der Autor von M2 am Bundesrat übt. Welche Folgen hat diese Arbeitsweise des Bundesrats beim Beschließen von Gesetzen?

3 Untersuchen Sie, welche Meinung der Verfasser von M3 bezüglich des Wunschs nach „gleichwertigen Lebensverhältnissen" überall in Deutschland vertritt. Wie würden sich die von ihm vorgeschlagenen Änderungen auswirken?

21 Werkstatt
Analyse von Wahlprogrammen

Bevor Sie zur Wahl gehen, sollten Sie sich gründlich über die politischen Ziele der Parteien informieren. Die Fraktionen des Landtags von Baden-Württemberg berichteten im Jahr 2004 im Landtagsspiegel über die Grundlinien ihrer Politik. Sie setzten sich dabei vor allem mit Inhalten auseinander, die ihnen besonders wichtig erschienen. Hier einige Auszüge:

M1 *Wahlplakat der CDU, 1983*

M2 *CDU*

Deutschland ist in fast allen wichtigen ökonomischen Daten Schlusslicht in Europa: Sinkende Realeinkommen der Arbeitnehmer wegen steigender Abgaben, höhere Arbeitslosigkeit, explodierende Staatsverschuldung in Bund, den meisten Ländern und Gemeinden. (...) Der Arbeitsmarkt muss umfassend dereguliert werden und Einstellungshemmnisse müssen abgebaut werden. Die Union setzt sich dafür ein, dass die tariflichen Spielräume auf Unternehmensebene in Form betrieblicher Bündnisse erweitert werden können. Abweichungen von Tarifverträgen müssen mit dem Ziel der Beschäftigungssicherheit möglich sein, wenn die Belegschaft zustimmt. Zudem muss der Kündigungsschutz zugunsten der Kleinbetriebe eingeschränkt werden.
Die Sicherung des beruflichen Wissens und Könnens ist sowohl für die Beschäftigten als auch für die Unternehmen ein zentrales Zukunftsthema. Das Land Baden-Württemberg unterstützt in einem breit gefächerten Angebot die Aus- und Weiterbildung sowie Beratung von Unternehmen und Existenzgründern. Mit Maßnahmen zur Verbesserung der Lehrstellensituation sichern wir die Ausbildungschancen von jungen Menschen. Dazu gehören beispielsweise die Förderung von Ausbildungsverbünden, finanzielle Zuschüsse zur Übernahme von Lehrlingen aus Konkursbetrieben und Projekte für benachteiligte Jugendliche, die Probleme bei der Lehrstellensuche haben.

Landtag von Baden-Württemberg [Hg.], Landtagsspiegel, Stuttgart 2004, S. 6 f.

M3 *Wahlplakat der SPD, 2004*

M4 *SPD*

Die SPD in Baden-Württemberg steht für soziale Gerechtigkeit. Menschen, die ohne persönliche Schuld in eine Notlage geraten, müssen sich auf die Solidarität der Gemeinschaft verlassen können. (...) Die internationale Schulvergleichsstudie PISA hat Deutschland ein Armutszeugnis ausgestellt. Im Alter von 15 Jahren beherrscht fast jeder Fünfte in Baden-Württemberg die deutsche Sprache nicht in einem Maße, dass einfache Texte verstanden werden (...). PISA weist aber auch den Weg der Besserung: mehr Ganztagsunterricht, mehr integrative Schulangebote, weniger soziale Selektion [Auslese], moderne Unterrichtsmethoden, die zum Selbstlernen anregen, mehr Autonomie [Selbstständigkeit] für die Schulen und mehr Wettbewerb zwischen ihnen. Unsere Schülerinnen und Schüler brauchen längere gemeinsame Lernzeiten. Die SPD will deshalb die 6-jährige Grundschule einführen. Wichtig ist aber auch eine konsequente Sprachförderung schon im Vorschulalter.

TIPP!
Landtagsfraktionen im Internet:
http://fraktion.cdu.org/
www.spd.landtag-bw.de
www.fdp-dvp-fraktion.de
www.bawue.gruene-fraktion.de

Bildung entscheidet maßgeblich über die Lebenschancen jedes Einzelnen. Deshalb muss jeder Mensch die Möglichkeit haben, unabhängig von seiner Herkunft und unabhängig vom Geldbeutel seiner Eltern alle Bildungschancen wahrzunehmen. Soziale Auslese ist ungerecht und wirtschaftlich schädlich. Chancengleichheit und Leistungsorientierung gehören für die SPD in der Bildungsreform zusammen.

Landtag von Baden-Württemberg [Hg.], Landtagsspiegel, Stuttgart 2004, S. 8 f.

M5 *Wahlplakat der FDP, 2004*

M6 *FDP/DVP*

Die Liberalen haben den Anstoß zu der großen Verwaltungsreform gegeben. Leitlinie der Regierungs- und Verwaltungsreform ist für die FDP/DVP-Landtagsfraktion der Gedanke der Subsidiarität, der Konzentration und der Kommunalisierung. Subsidiarität bedeutet insoweit nicht lediglich die Verlagerung der Kompetenzen auf eine möglichst niedrige staatliche Ebene, sondern auch den Vorrang nichtstaatlicher Aufgabenerledigung. Durch die Reform soll unsere Landesverwaltung schlanker, überschaubarer, effizienter und bürgernäher werden. (...) Privatisierungserlöse helfen, die Zukunft des Landes zu sichern. Ohne die Liberalen hätte es die Veräußerung der Landesanteile an der Energie Baden-Württemberg nicht gegeben. (...) Die Vorschläge der FDP/DVP zur Privatisierung von einzelnen Aufgaben der Justiz, die nicht zwingend hoheitlich erledigt werden müssen und damit nicht zum Kernbereich der staatlichen Justiz gehören, konnten weitgehend durchgesetzt werden. Dazu gehören die Überführung der Gerichtsvollzieher in die Freiberuflichkeit, die Führung des Handels- und Genossenschaftsregisters durch die Kammern und die Überführung der Bewährungs- und Gerichtshilfe auf freie Träger.

Landtag von Baden-Württemberg [Hg.], Landtagsspiegel, Stuttgart 2004, S. 10 f.

M7 *Wahlplakat von Bündnis 90/Die Grünen, 2004*

M8 *Grüne*

In der Ökologie liegen große Zukunftschancen für Wirtschaft, Handwerk und Industrie. Gerade im Südwesten Deutschlands, wo die Sonne mehr als im Rest der Republik scheint, ist die Nutzung solarer Energie ein Renner. Viel entscheidender ist aber, dass unser exportorientiertes Land vom weltweiten Bedarf nach modernen, Ressourcen sparenden Umwelttechnologien und von der Nutzung regenerativer Energiequellen in enormem Umfang profitieren könnte. (...) Baden-Württemberg als Binnenland muss alle regenerativen Energiequellen anzapfen, wenn es seine Abhängigkeit vom Öl und von der Atomenergie überwinden will. Keine Branche hat sich in den letzten Jahren erfolgreicher als „Jobmaschine" erwiesen als die regenerativen Energien. (...) Wer den täglichen Stau in den Metropolen erlebt, weiß, dass das Auto hier seinen Zenit längst überschritten hat. Das Auto muss ökologischer werden – nicht nur, weil uns die Luft wegbleibt und das Klima Amok läuft. Es sind die endlichen und teuren Ressourcen, die die Richtung hin zu immer verbrauchsärmeren Fahrzeugen weisen. Aber auch das saubere Auto kann nicht verhindern, dass zu seiner Nutzung Straßen gebaut werden müssen. Deshalb brauchen wir eine Verkehrspolitik, die den „Verkehrsmix" zugunsten von Fußgängern, Radfahrern und den ÖPNV verschiebt.

Landtag von Baden-Württemberg [Hg.], Landtagsspiegel, Stuttgart 2004, S. 12 f.

1 Vergleichen Sie die Aussagen der Parteien des Landtags von Baden-Württemberg (M2, M4, M6, M8). Welche Themenbereiche sind den einzelnen Parteien zur Zeit besonders wichtig?

2 Informieren Sie sich im Internet, welche Positionen die Landtagsfraktionen zu aktuellen Fragen einnehmen. Am besten nutzen Sie jeweils den Link „Presse".

22 Das parlamentarische System in der Bundesrepublik Deutschland

M1 *Der deutsche Bundestag.* Oben links die Bundesregierung, in der Mitte das Präsidium, rechts der Bundesrat. Bei den Fraktionen sitzen (aus Präsidiumssicht von links nach rechts): SPD, Bündnis 90/Grüne, CDU/CSU, FDP.

Personalisierte Verhältniswahl
Dieses Wahlsystem vereinigt Elemente der Verhältnis- und der Mehrheitswahl. Es wird bei den Bundestagswahlen angewendet. Von den vorgesehenen 598 Abgeordneten des Bundestags wird die Hälfte als Direktkandidaten in den 299 Wahlkreisen gewählt. Weitere 299 Sitze werden über Landeslisten der Parteien vergeben.

Bundestagswahl: Erst- und Zweitstimme
Jeder Wähler hat bei Bundestagswahlen zwei Stimmen. Mit der Erststimme unterstützt er den Wunschkandidaten in seinem Wahlkreis (Persönlichkeitswahl). Wer unter den jeweils angetretenen Bewerbern die relative Mehrheit der Erststimmen erhält, zieht als Gewinner des „Direktmandats" in den Bundestag ein. Über die Sitzverteilung im Parlament und damit über die Frage, wer die Regierung stellt, entscheidet die abgegebene Zahl der Zweitstimmen, die auf die Parteien verteilt werden (Mehrheitswahl). In den Wahlkreisen errungene Sitze verbleiben einer Partei auch dann, wenn sie die nach dem Verhältnis der Zweitstimmen ermittelte Zahl in einem Bundesland übersteigen. In diesem Fall erhöht sich die Gesamtzahl der Abgeordnetensitze durch diese „Überhangmandate". Ausgleichsmandate gibt es bei der Bundestagswahl nicht.

Regierungsbildung
Die Regierung wird nach diesen Wahlen von derjenigen Fraktion gebildet, die die Mehrheit der Sitze, d.h. der Mandate im Parlament erhalten hat. Hat keine Partei die absolute Mehrheit, so müssen sich zwei oder mehr Parteien zu einer Koalition zusammenschließen. Der Bundestag verabschiedet – teilweise im Zusammenwirken mit dem Bundesrat – Gesetze. Er wählt den Kanzler und kann ihn dadurch ersetzen, dass er mit der Mehrheit seiner Mitglieder einen Nachfolger wählt (konstruktives Misstrauensvotum). Darüber hinaus kontrolliert er die Bundesregierung und die Bundesverwaltung. Die Funktionen von Staatsoberhaupt und Regierungschef sind getrennt in den Ämtern des Bundespräsidenten und des Bundeskanzlers.

Gewaltenteilung
Das parlamentarische Regierungssystem der Bundesrepublik Deutschland beruht auf einer engen Verbindung von Parlament und Regierung. Die Regierung ist vom Vertrauen der Mehrheit des Parlaments abhängig. Im föderalistischen System sind die staatlichen Aufgaben zusätzlich zwischen Bund und Ländern aufgeteilt. Diese müssen zusammenwirken und sich kontrollieren – vor allem durch die Mitwirkung des Bundesrats bei der Gesetzgebung.
Die Gewaltenteilung wird aber auch wirksam bei der Wahl des Bundespräsidenten durch die Bundesversammlung. Diese besteht aus den Mitgliedern des Bundestages und einer gleich großen Anzahl von Mitgliedern der Länderparlamente. Die Richter des Bundesverfassungsgerichts werden zur einen Hälfte vom Bundesrat, zur anderen von einem Wahlausschuss des Bundestags gewählt.

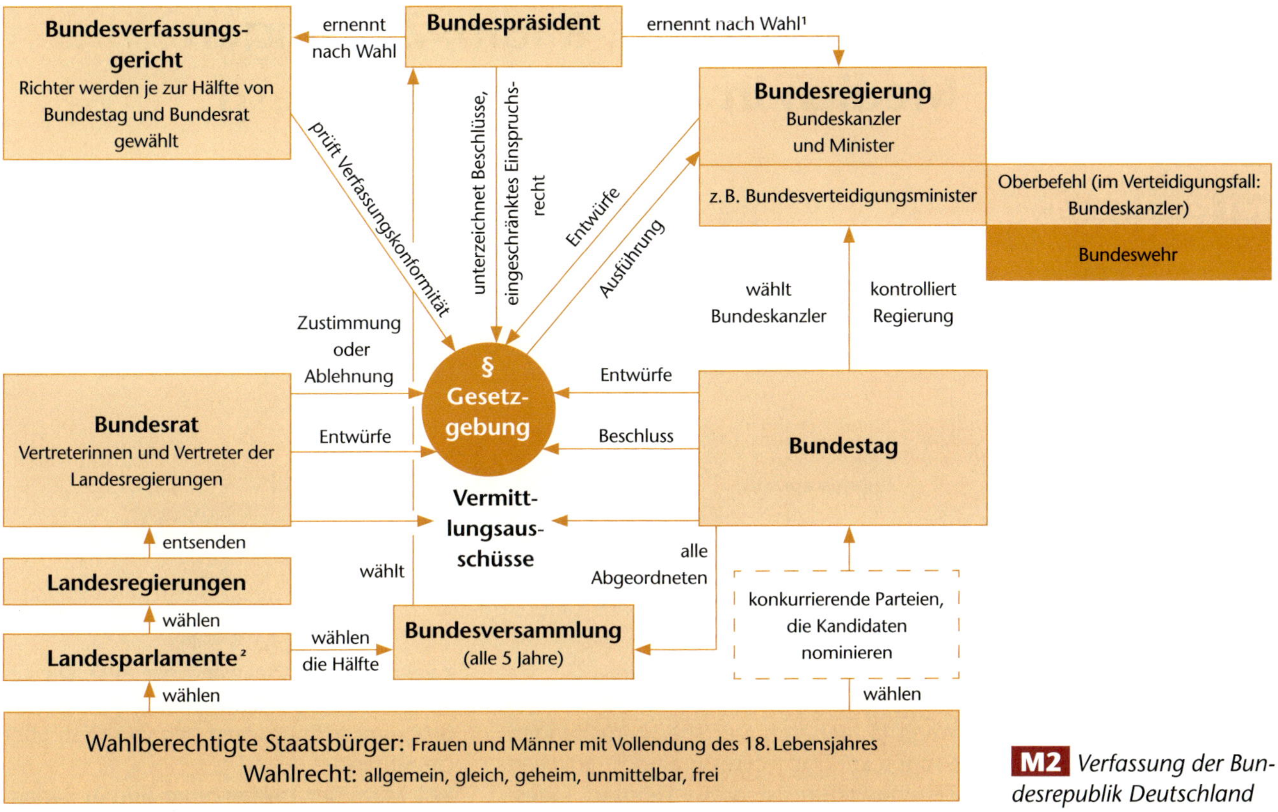

1 Der Bundespräsident ernennt den vom Bundestag gewählten Bundeskanzler und nach dessen Vorschlägen die Bundesminister.
2 wählen die Regierungschefs, die die Minister berufen

M2 *Verfassung der Bundesrepublik Deutschland*

M3 *Gewaltenverschränkung im parlamentarischen System der Bundesrepublik Deutschland*

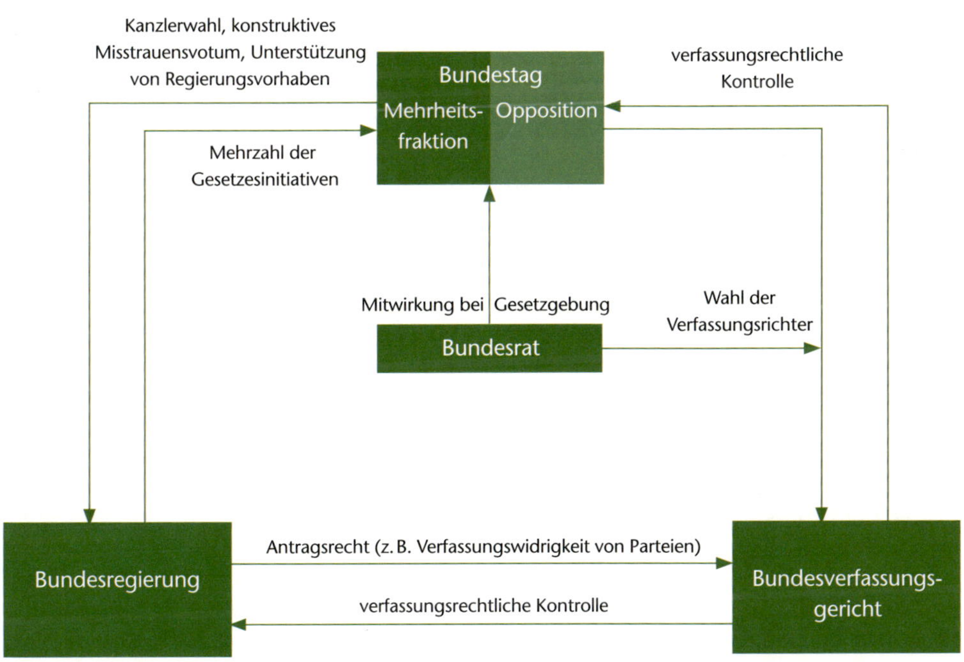

1 Beschreiben Sie das Verfassungsschaubild (M2). Woran ist die Gewaltenteilung erkennbar?

2 Erläutern Sie, woran die Gewaltenverschränkung im Regierungssystem der Bundesrepublik erkennbar ist (M3).

3 Wer sind die Abgeordneten Ihres Wahlkreises? Unter www.bundestag.de können Sie die Bundestagsabgeordneten Ihres Wahlkreises und deren E-Mail-Adressen finden. Überlegen Sie Fragen zur aktuellen Politik der Bundesregierung und laden Sie den Vertreter Ihres Wahlkreises zu einem Gespräch in die Schule ein.

23 Fernsehen, Radio, Zeitungen – Medien in Baden-Württemberg

M1 *Durchschnittliche Fernsehdauer pro Tag im Jahr 2002 in Baden-Württemberg und der Bundesrepublik (Angaben in Minuten).*

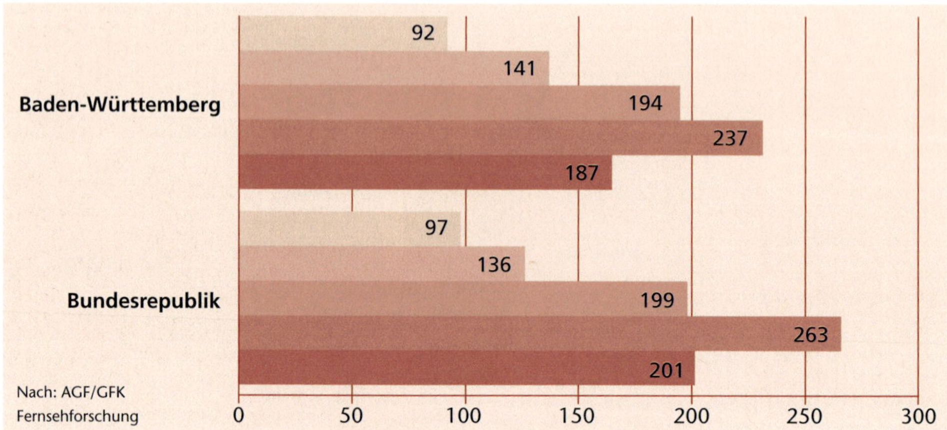

Kinder 3–13 Jahre
Erw. 14–29 Jahre
Erw. 30–49 Jahre
Erw. ab 50 Jahre
Zuschauer gesamt

Medien
(von lat. medium = Vermittler, Öffentlichkeit) sind Informationsträger, die der Verbreitung von Wissen, Nachrichten, Meinungen und Unterhaltung durch Schrift, Ton und Bild dienen. Druckerzeugnisse werden auch als Printmedien, Bild- und Tonträger als audiovisuelle Medien bezeichnet.

Großes Interesse an Zeitungen

Lesen Sie regelmäßig eine Tageszeitung? Wenn ja, gehören Sie einer bedeutenden Gruppe an: Das Interesse an der täglichen Zeitungslektüre ist groß. Seriösen Tageszeitungen wird von ihren Lesern in erheblichem Maß Glaubwürdigkeit zugebilligt. Baden-Württemberg liegt bei der Zeitungsdichte und der regionalen Vielfalt vor den meisten anderen Bundesländern. 70 Zeitungsverlage produzieren im Land täglich 220 verschiedene Ausgaben mit einer durchschnittlichen verkauften Auflage von 2,2 Millionen Exemplaren. Beliefert werden die Lokalzeitungsausgaben von 17 unabhängigen Redaktionen.

Hörfunk und Fernsehen

Das Rundfunksystem in Baden-Württemberg entstand 1945 unter dem Einfluss der Besatzungsmächte. Den Süddeutschen Rundfunk (SDR) mit Sitz in Stuttgart riefen die Amerikaner für ihr Besatzungsgebiet ins Leben, den Südwestfunk (SWF) mit Sitz in Baden-Baden die Franzosen. Zu deren Besatzungsgebiet gehörte auch Rheinland-Pfalz. Als öffentlich-rechtlicher Sender ist nach dem Zusammenschluss von SDR und SWF seit 1998 der Südwestrundfunk (SWR) für die Länder Baden-Württemberg und Rheinland-Pfalz auf Sendung. Er ist nach dem Westdeutschen Rundfunk die zweitgrößte Sendeanstalt der ARD. Die öffentlich-rechtlichen Rundfunk- und Fernsehprogramme finanzieren sich vor allem über Gebühren.

Seit Mitte der 1980er-Jahre sind in Baden-Württemberg neben den staatlichen Hörfunk- und Fernsehanstalten auch private Anbieter zugelassen. Es handelt sich dabei um Wirtschaftsunternehmen, die einen möglichst großen Gewinn erzielen wollen. Sie tun dies, indem sie Werbezeit verkaufen. Der Gewinn bei der verkauften Werbezeit richtet sich nach den Einschaltquoten. Je mehr Zuschauer das Programm verfolgen, desto höher sind die Preise für die Werbespots.

Neue Medien im Kommen

Baden-Württemberg gehört zu den führenden IT- und Medienstandorten in Deutschland. Die Informations- und Telekommunikationsbranche hat sich in den letzten Jahren zu einem bedeutenden Wirtschaftszweig entwickelt. Rund 320 000 Personen sind in Baden-Württemberg mit Herstellung, Verarbeitung, Beratung, Vermarktung und Verkauf von IT- und Medienprodukten beschäftigt – das sind rund sechs Prozent aller Erwerbstätigen im Land. An vielen beruflichen Schulen des Landes werden deshalb auch Auszubildende in IT- und Medienberufen, etwa als Fachinformatiker, Systemelektroniker oder Informatikkaufmann, unterrichtet.

M2 *Zeitungsauflage in Baden-Württemberg (Stand April 2002):*

Auflage, davon	2875700	100 %
Lokalzeitungen	2064661	71,8 %
überregionale Zeitungen	146806	5,1 %
BILD-Zeitung	664233	23,1 %

Nach: Baden-Württemberg, Eine kleine politische Landeskunde, Stuttgart 2003, S. 92.

M3 *Landessender mit englischsprachigen Musiktexten oder Quote für deutsche Musik? Ein Bericht über eine Anhörung im Bundestag:*
Anlass für das Hearing [Anhörung] war eine seit längerem in der Öffentlichkeit geführte Diskussion über den niedrigen Anteil deutscher Musik in den Hörfunkprogrammen und die Krise der deutschen Musikindustrie. (…) Nicht ohne Einfluss auf den Verlauf der Anhörung im Bundestag war wohl auch die Initiative von 500 Künstlern aus Deutschland „Musiker in eigener Sache“, die sich für die Quotierung einsetzten. Der Initiator des Aufrufs, Jim Rakete, der als Sachverständiger geladen war, beklagte, deutschsprachige Musik mache im öffentlich-rechtlichen Rundfunk nur noch 1,2 Prozent des Programms aus. Im Privatfunk liege der Wert noch darunter. (…) Diese harsche Kritik ließ der Vorsitzende der ARD-Hörfunkkommission, Gernot Romann, nicht auf sich sitzen. Diese pauschalen Aussagen stimmten so nicht. Angesichts der breiten Akzeptanz der Bevölkerung könne er diese Schelte nicht ganz begreifen. „Unser Kriterium ist der Hörer und kein Lobbyistenverband.“ Die Quote würde zudem weder Qualität noch Vielfalt noch Talentförderung stärken. Gleichzeitig wies er auf die verfassungsmäßig garantierte Programmautonomie der Sender hin. (…) Aus der Sicht des früheren französischen Kultusministers Toubon sprechen die Erfolge mit der Quote in seinem Land für das Modell. Neue Künstler hätten Marktchancen erhalten und der Verkauf französischer Platten sei um ein Mehrfaches gestiegen. Auch die Privatsender lebten gut damit.

Das Parlament vom 11. 10. 2004.

M4 *Das Angebot an Zeitungen und Zeitschriften war 1949 von erstaunlicher Vielfalt.* Die Amerikaner genehmigten als erste Besatzungsmacht neue Zeitungen, 1946 existierten bereits 35 in der amerikanischen Zone. Dazu gehörten bedeutende Blätter wie die „Süddeutsche Zeitung“, die „Stuttgarter Zeitung“, die „Stuttgarter Nachrichten“ und die „Frankfurter Rundschau“.

M5 *Immer mehr Musik aus dem Netz. Ein Zeitungsartikel aus dem Jahr 2005 berichtet über Radiosender im Internet:*
Viele von offiziellen deutschen Radiosendern gelangweilte Hörer lassen die Stereoanlage ausgeschaltet und gehen stattdessen ins Netz. Dort finden sich unzählige Sender aus der ganzen Welt, die es wagen, auch unbekannte Songs zu spielen. (…) Tausende von Radiosendern rund um den Globus speisen ihr Programm kostenlos ins World Wide Web. Für jeden noch so exotischen Geschmack findet sich der passende „Stream“ – so heißen die Datenströme aus dem Internet, die der Computer in Töne umwandelt. Für den störungsfreien Empfang benötigen wir eine schnelle Leitung, mindestens ISDN. Richtig Spaß macht die Sache erst mit einer DSL-Anbindung. Ein Tarif ohne Zeitbeschränkung und mit großem Datenvolumen ist sinnvoll, wenn viel Musik gehört werden soll.

Joachim Vögele, in: Stuttgarter Zeitung v. 13. 01. 2005.

1 Führen Sie eine Pro- und Kontra-Diskussion zu dem in M3 angesprochenen Thema. Schreiben Sie zunächst Argumente auf, die für und dann solche, die gegen eine Quotenregelung für deutsche Musik sprechen. Diskutieren Sie darüber. Berücksichtigen Sie bei Ihren Argumenten auch M5.

2 Beschreiben Sie das Balkendiagramm (M1).

3 Fragen Sie bei der Redaktion Ihrer örtlichen Tageszeitung telefonisch nach, wann die Zeitung nach dem Zweiten Weltkrieg entstanden ist und wer sie gegründet hat.

24 Werkstatt
Nachrichten vergleichen

M1 *„Mauer zu niedrig?"* (Karikatur von Luff), abgedruckt in der Stuttgarter Zeitung am 21.4.2005. – Versuchen Sie, die Aussage der Karikatur zu erklären.

M2 *Berichte am Tag nach der Papst-Wahl*

a) Die BILD-Zeitung schrieb:

Der sensationelle Tag begann regnerisch. An seinem Ende sollten 100 000 Menschen auf dem Petersplatz dem neuen Papst zujubeln. Dem ersten deutschen Papst seit 1523. Papst Benedikt XVI. (...) Sein Vater (Gendarm) hieß Joseph. Seine Mutter Maria. Seine Geburt war ein „Zeichen". 16. April 1927, Marktl am Inn, Karsamstag. 4 Stunden nach seiner Geburt, um 8.30 Uhr morgens, es stürmte und graupelte, es schneite, wurde er mit dem frischesten Weihwasser der Welt getauft. Die Eltern: „Jetzt is er scho do, der Bua ..." Er war der erste Täufling des neuesten Wassers, das am Tag vor Ostern geweiht wurde. Sein Bruder Georg (81, Ex-Chef der Regensburger Domspatzen) fragte als 3-Jähriger seinen Papa: „Vater, darf ich aufstehen?" Antwort: „Nein! Du musst noch weiterschlafen. Wir haben ein Büblein bekommen!" (...) Er war immer scheu, schlank, schüchtern, zu schlau. Seine Augen haben schattige Höhlen. Seine Stimme ist glockenhell. Seine Hand ist weich. Seine Gedanken sind klar. Er ist leise und laut zugleich. Er ist bescheiden. Er liebt Weißwürste, Haferschleim und Bach.

BILD-Zeitung vom 20.4.2005.

b) Die Stuttgarter Zeitung berichtete:

Der deutsche Kardinal Joseph Ratzinger (78) ist am Dienstagabend zum Nachfolger des verstorbenen Papstes Johannes Paul II. gewählt worden. Der in Bayern geborene Geistliche ist der erste deutsche Papst seit 482 Jahren. Er entschied sich für den Papstnamen Benedikt XVI. Auf dem Petersplatz in Rom jubelten 130 000 Menschen dem neuen Oberhaupt der katholischen Kirche zu. (...) Ratzinger gilt als ausgesprochen konservativer Theologe. Mit unnachsichtiger Strenge trat er gegen Abtreibung, Verhütung oder die Priesterweihe von Frauen ein. (...) Die 115 Kurienkardinäle wählten Ratzinger nach einem nur 26 Stunden dauernden Konklave. Offenbar kam im vierten Wahlgang die erforderliche Zweidrittelmehrheit zu Stande. Um 17.50 stieg weißer Rauch aus der Sixtinischen Kapelle auf – die Entscheidung war gefallen (...). Reformkräfte der katholischen Kirche in Deutschland und evangelische Kirchenführer äußerten sich skeptisch, ob es unter dem neuen Papst innerkirchliche Reformen und Fortschritte in der Ökumene geben werde. Die Initiative „Kirche von unten" bewertete das Votum für Ratzinger als „Katastrophe". Auch der Tübinger Theologe Hans Küng sprach von einer „Riesenenttäuschung" für alle Reformorientierten.

Stuttgarter Zeitung vom 20.4.2005.

M3 *Kommentare zur Papst-Wahl*

a) Die BILD-Zeitung schrieb:

Oh Freude! Die katholische Welt hat ein neues Oberhaupt. Oh Stolz! Es ist ein Deutscher. Joseph Ratzinger, der den Namen Benedikt wählte – der „Gesegnete". Der letzte Papst dieses Namens ging in die schrecklichen Annalen des Ersten Weltkriegs als „Friedenspapst" ein. Unermüdlich vermittelte er zwischen den verfeindeten Mächten. Der Weg, der vor dem neuen Pontifex liegt, ist steil und steinig. Behutsam muss er die Kirche in die moderne Welt von heute führen. Einen jähen Bruch mit bewährten Traditionen wird es nicht geben. Ein starres

Festhalten an Positionen, die viele Gläubige seit Jahren kritisieren, aber auch nicht. Der von Johannes Paul II. so demütig begonnene Dialog mit Islam und Judentum muss fortgesetzt werden. (...) Er ist und bleibt das gute Weltgewissen. Gottes Segen möge den Papst aus Deutschland von Tag zu Tag begleiten!

BILD-Zeitung vom 20.4.2005.

b) Die Stuttgarter Zeitung kommentierte:
Selten war die Entscheidung eines Konklave in den Papstwahlen der vergangenen Jahrzehnte so überraschend – und gleichzeitig so berechenbar. Die Wahl Joseph Ratzingers verblüfft einerseits deshalb, weil er schon früh so hoch gehandelt worden war. (...) Joseph Ratzinger war andererseits einer der treuesten und wichtigsten Diener von Johannes Paul II. Während der verstorbene Papst für die Wirkung nach außen zuständig war und sich für das Innenleben des Vatikans wenig interessierte, hielt Ratzinger (...) die Fäden zusammen. Er lieferte die theologischen Deutungen für die öffentlichen Gesten des Papstes. Er war dafür verantwortlich, dass der lange Arm des Vatikans überallhin reichte – was sogar manche gestandene Bischöfe gelegentlich schmerzlich zu spüren bekamen.
Aus dieser Binnensicht hat die Wahl Ratzingers eine zwingende Logik. Der 78-Jährige steht für Kontinuität, aber wegen seines Alters auch für eine Übergangszeit. (...) Erstaunlich ist, dass es der zweifellos vorhandenen Gruppe der Ratzinger-Skeptiker nicht gelungen ist, einen anderen Kandidaten durchzusetzen, der zwar die Tradition wahrt, aber dennoch eine gewisse Aufbruchstimmung ermöglicht hätte.

Stuttgarter Zeitung vom 20.04.2005.

M4 *Bundeskanzler Gerhard Schröder hielt im April 2005 vor Journalisten eine Rede:*
Im Mediensystem hat nicht zuletzt wegen sinkender Werbe- und Anzeigenerlöse der Konkurrenzdruck zugenommen, und im Journalismus ist ein Trend in Richtung Boulevardisierung, Personalisierung und auch Skandalisierung festzustellen. (...) Quote, Auflage, Reichweite – an die müssen Chefredakteure und auch Journalisten denken; das ist legitim. Aber das kann nicht bedeuten, dass jedes Mittel recht ist, um Quote und Auflage zu steigern. (...) Es kann nicht Aufgabe von Journalisten sein, Politik, anstatt sie sehr kritisch zu beschreiben und sie meinetwegen auch sehr kritisch zu bewerten, selbst machen zu wollen. (...)
Von Medien darf erwartet werden, dass sie Reflektions- und Orientierungswissen ermöglichen. Doch es gibt – speziell in den elektronischen Medien, aber keineswegs nur dort – Entwicklungen, bei denen nun wirklich Zweifel angebracht sind. (...) Bedient werden vermeintliche Bedürfnisse des Publikums, während die gesellschaftliche Verantwortung der Medien völlig in Vergessenheit gerät. Aber es gibt sie – auch für diejenigen, die derartige Programme machen. Es ist also eine lohnende Aufgabe besonders für Tageszeitungen, ein Gegengewicht zu setzen und einer Form des Journalismus wieder zu seinem Recht zu verhelfen, der seine öffentliche Funktion wirklich erfüllt, nämlich zu informieren, auch zu kontrollieren, zu kritisieren und damit zur Meinungsbildung und zur richtig verstandenen Integration der Gesellschaft beizutragen.

www.stuttgarter-zeitung.de/festrede (Zugriff: 30.4.2005).

1 Listen Sie die Inhalte auf, mit denen eine Boulevardzeitung (M2a) und eine überregionale Tageszeitung (M2b) am Tag nach der Papstwahl ihre Leser informierten. Vergleichen Sie die Länge der Sätze, die sprachlichen Formulierungen und den gedanklichen Zusammenhang zwischen den Sätzen.

2 Vergleichen Sie die Kommentare zur Papstwahl M3a und M3b, auch hinsichtlich der sprachlichen Mittel.

3 Was meint Bundeskanzler Schröder mit „Boulevardisierung", „Personalisierung" und „Skandalisierung" in der Presse (M4)? Erklären Sie die Begriffe auch am Beispiel der Berichterstattung über die Papstwahl.

4 Welche Einschätzung des Ergebnisses der Papstwahl lässt sich anhand der Titelseiten (M5) vermuten? Überlegen Sie, warum die drei Zeitungen so unterschiedlich reagieren?

5 Vergleichen Sie die Darstellung von Nachrichten in verschiedenen Tageszeitungen anhand eines aktuellen Ereignisses. Besorgen Sie sich verschiedene Tageszeitungen. Arbeiten Sie in Gruppen.

M5 *Titelseiten vom 20. April 2005:* die britische Boulevardzeitung „The Sun", die tageszeitung und die BILD-Zeitung.

25 Macht der Medien

M1 *Die Moderatorinnen Sabine Christiansen (ARD, links) und Maybrit Illner (ZDF)* leiteten 2002 das erste Fernsehduell zwischen zwei Spitzenkandidaten bei Bundestagswahlen. Bundeskanzler Gerhard Schröder (SPD) und sein Herausforderer Edmund Stoiber (CSU) diskutierten mit- und gegeneinander um die Gunst der Wähler.

Grundsätze der Nachrichtenauswahl

Jeden Tag geschehen auf der Erde etliche ungewöhnliche Ereignisse. In keiner Zeitung oder Nachrichtensendung kann über all das berichtet werden. Niemand wäre auch in der Lage, so viele Meldungen zur Kenntnis zu nehmen. Also ist es Aufgabe der Medien, auszuwählen, was berichtet werden soll. Welche Ereignisse verdienen es, zur Nachricht zu werden? Journalisten sortieren Informationen nach so genannten Nachrichtenfaktoren. Ein gängiges Auswahlschema ist das „GUN-Prinzip".

GUN-Prinzip
Gesprächswert (G) hat ein Ereignis, über das man spricht, diskutiert, sich ärgert oder sich freut. Unterhaltung (U) bietet ein Geschehen, das in Verbindung mit der eigenen Lebenswelt steht, das verblüfft oder amüsiert. Die Neuigkeit (N) ist dann besonders groß, wenn etwas überraschend eintritt.

Zensur
Staatliche Aufsicht über Veröffentlichungen in Druck oder Bild, um die Medien im Sinn der Staatsführung zu beeinflussen.

Medien als „Vierte Gewalt"

Medien werden häufig – neben den drei Gewalten Legislative, Exekutive und Judikative – als die „Vierte Gewalt" im Staat bezeichnet. Ihre Aufgabe besteht u. a. darin, die Öffentlichkeit über das Wirken der anderen Gewalten kritisch zu informieren. Das Grundgesetz räumt in Artikel 5 der Informations- und Pressefreiheit einen hohen Stellenwert ein. Eine Zensur findet nicht statt. Oftmals haben in der Vergangenheit Zeitungen oder Nachrichtenmagazine Missstände aufgedeckt, die sonst der Öffentlichkeit verborgen geblieben wären, wie z. B. unerlaubte Parteispenden. Wegen ihrer kritischen Berichterstattung wird den Medien aber manchmal auch die Schuld an der Politikverdrossenheit mancher Menschen gegeben.

Gefahr der Einflussnahme

Über die Medien kann der größte Teil der Bevölkerung erreicht werden. Deshalb ist es von großer Bedeutung, in welcher Form das politische Geschehen in Bund, Ländern und Gemeinden dargestellt wird. Wer als Vertreter einer Partei oder Interessengruppe Zugang zu den Medien besitzt und in der Lage ist, seine Anliegen verständlich und überzeugend zu formulieren, kann die öffentliche Meinung entscheidend beeinflussen.
In der Bundesrepublik Deutschland sind Zeitungs- und Zeitschriftenverlage fast ausschließlich in privatem Besitz. So ist die Gefahr gering, vom Staat beeinflusst zu werden. Es können sich jedoch Abhängigkeiten ergeben, die durch das Meinungsbild der Verleger oder wichtiger Anzeigenkunden geprägt sind.

Die „Öffentlich-Rechtlichen"

Die öffentlich-rechtlichen Rundfunk- und Fernsehprogramme werden unter dem Einfluss von Bund und Ländern produziert. Bei ihrer Gründung nach dem Zweiten Weltkrieg wollten die Alliierten verhindern, dass mächtige Monopolisten diese Medien für ihre Zwecke missbrauchen könnten. Kontrollgremien (z. B. Rundfunkräte) bestehen aus Vertretern bedeutender gesellschaftlicher Gruppierungen wie Parteien, Kirchen, Arbeitgeberverbänden und Gewerkschaften. Sie haben die Aufgabe, dafür zu sorgen, dass diese Medien anspruchsvolle Information und Unterhaltung anbieten und nicht in Abhängigkeit einzelner Interessengruppen geraten. Sie stehen damit in deutlichem Gegensatz zu den privaten Anbietern (s. S. 304).

M2 *Werden Wahlen im Fernsehen entschieden? Ein Zeitungsartikel diskutiert diese Frage:*
Der Siegeszug des Fernsehens hat die Verlagerung der Macht von den Parteien auf die Medien verstärkt, weil es Politikern eine hervorragende Plattform bietet. Durch erfolgreiche TV-Auftritte können auch relativ unbekannte Politiker bundesweit bekannt werden und ihre Prominenz als Grundlage ihres Machtanspruchs in die Parteien einbringen. (…)
Gemeinhin wird davon ausgegangen, dass die Wähler sich am aktuellen Geschehen und dem Wesen der Kanzlerkandidaten orientieren und bei der Wahlentscheidung rational ihren persönlichen Interessen folgen. Der Kommunikationswissenschaftler Kepplinger stellt diese Sicht der Dinge grundsätzlich in Frage. „Die meisten Wähler kennen weder das aktuelle Geschehen noch die Kanzlerkandidaten aus eigener Anschauung. Sie verhalten sich bei ihren Wahlentscheidungen vielfach nicht rational. Viele haben Schröder als Kanzler gewollt, obwohl sie Stoiber sachlich mehr zugetraut haben“. (…) Kepplinger hat herausgefunden, dass die Wähler (…) einen Kandidaten, den sie sympathisch finden, aber nicht für effektiv halten, einem Kandidaten vorziehen, dem sie viel zutrauen, jedoch keine Sympathie entgegenbringen. (…) Kepplinger ergänzt: „Witzigkeit, Schlagfertigkeit und die Fähigkeit, einen Sachverhalt in Talkshows auf den Punkt zu bringen – diese Talente werden für Politiker immer wichtiger.“ Guido Westerwelle sei deshalb an die FDP-Spitze gekommen, weil er im Fernsehen „besser rüberkommt“ als Wolfgang Gerhardt. Bei den Grünen sei Joschka Fischer auch ohne wichtiges Parteiamt der Star, weil er medienwirksam auftritt.

Robert Luchs, in: Das Parlament vom 13.9.2004.

M3 *Die Lage auf dem Zeitungsmarkt – ein Bericht aus dem Jahr 2004:*
Seit Anfang 2001 gehen die Werbeeinnahmen der Verlage deutlich zurück. Auch auf dem Lesermarkt haben die Tageszeitungen Probleme. Die Gesamtauflage sinkt schon seit Jahren, wenngleich nur sehr langsam. (…) Lokalzeitungen mit einer kleinen Auflage von nur wenigen Tausend Exemplaren verschwanden, und immer wieder stellten Regionalzeitungen einzelne Lokalausgaben (…) ein, wenn sie dort nur in der Position des Zweit- und Drittanbieters waren. (…)
Anders als im Rundfunkbereich hatten die Alliierten im Pressemarkt auf privatwirtschaftlich organisierte Unternehmen gesetzt, und diese agierten zunehmend nach dem Muster kapitalistischer Betriebe. Wachstum wurde zur Triebfeder unternehmerischen Handelns. Konnte dies Wachstum zunächst noch über die insgesamt steigende Auflage der Tagespresse befriedigt werden, zeichnete sich mit dem allmählichen Erreichen der Marktsättigung ab, dass externes Wachstum für die Verlage an Bedeutung gewinnen würde. Es ging nicht mehr darum, neue Leser aus der Schar der Nichtleser zu gewinnen, sondern auch den konkurrierenden Blättern die Leser abzuwerben oder besser gleich Konkurrenzzeitungen zu übernehmen. Größere Verlage kauften in ihrer Region kleinere Blätter auf. (…) Um die Konzentration zu begrenzen, nutzte der Bundestag das Gesetz gegen Wettbewerbsbeschränkungen. In das Kartellrecht wurde eine so genannte Presseklausel eingefügt, nach der Fusionen [= Zusammenschlüsse] (…) durch das Bundeskartellamt zu untersuchen waren. Dieses Instrument hat sich als sehr wirkungsvoll erwiesen.

Horst Röper, Zeitungsmarkt in der Krise – ein Fall für die Medienregulierung. In: Aus Politik und Zeitgeschichte B12–3 2004, S. 7ff.

M4 *Die Motor-Presse GmbH in Stuttgart* verlegt neben den Titeln „auto motor und sport“ und „Motorrad“ mehr als 130 Zeitschriften in Europa. Der Verlag beschäftigt weltweit 1700 Mitarbeiter (770 in Deutschland). Er gehört mehrheitlich zum Zeitschriftenverlag Gruner+Jahr.

1 Unterscheiden Sie zwischen öffentlich-rechtlichen und privat-kommerziellen Sendern. Wie werden die Sender finanziert? Wer könnte die Programmgestaltung beeinflussen?

2 Warum werden Medien oft als „Vierte Gewalt“ bezeichnet (VT, M2)?

3 Warum versuchen sich Zeitungsverlage zusammenzuschließen (M3, M4)? Beurteilen Sie die Folgen solcher Pressekonzentrationen.

4 Welchen Einfluss hat das Fernsehen auf das Wahlverhalten seiner Zuschauer (M1, M2)?

26 Werkstatt
„Zeitung in der Schule" – ein Unterrichtsprojekt

M1 *Unterrichtsprojekt der Friedrich-Ebert-Schule Esslingen:* Ein Bewährungshelfer gibt angehenden Mechatronikern Einblick in den Alltag von Strafvollzug und Resozialisierung.

Viele Zeitungsverlage in Baden-Württemberg bieten Schulklassen Unterrichtprojekte an. Das Projekt „Zeitung in der Schule" der Esslinger Zeitung gibt beispielsweise jungen Menschen Gelegenheit, sich aus erster Hand darüber zu informieren, wie viel Arbeit, Technik, Mitarbeiter und Ideen Tag für Tag nötig sind, bis eine Tageszeitung pünktlich, aktuell und druckfrisch am nächsten Morgen im Briefkasten oder am Kiosk liegt. Während der Dauer des Projekts gehört die tägliche Zeitungslektüre zum selbstverständlichen Unterrichtsprogramm. Dabei werden die verschiedenen Seiten einer Zeitung und ihre Nachrichtenauswahl unter die Lupe genommen, Stilformen werden studiert und Gestaltungsmittel herausgearbeitet. Besonders wichtig ist es, dass Schülerinnen und Schüler auch Gelegenheit bekommen, sich selbst als Nachwuchsjournalisten zu versuchen. Sie sind eingeladen, selbst auf Recherche zu gehen und sich mit eigenen Beiträgen zu Wort zu melden.

Konkret umfasst das Projekt folgende Punkte:
- die Klassen erhalten fünf Wochen lang die Tageszeitung als Klassensatz,
- ergänzende Materialien, die das Verständnis der Zeitungslektüre im Unterricht erleichtern, werden geliefert,
- ein Redakteur/eine Redakteurin kommt in den Unterricht,
- ein Besuch des Verlagshauses gewährt Einblicke in die Arbeit der Redaktion,
- die Schülerinnen und Schüler sind eingeladen, sich mit eigenen Beiträgen an dem Projekt zu beteiligen,
- gute Beiträge werden in der Zeitung veröffentlicht,
- die Zeitungsredaktion leistet bei der Auswahl der zu bearbeitenden Themen, der Recherche, der Vermittlung von Interviewpartnern und der journalistischen Umsetzung Unterstützung,
- die interessantesten, aufwändigsten, unterhaltsamsten und spannendsten Beiträge werden mit Preisen ausgezeichnet.

Methodische Arbeitsschritte

Grundsätzliche Arbeitsschritte bei Projekten:

1. Initiierung: Projektideen finden und in Gang setzen.
2 Einstieg: Projekt einleiten und planen.
3. Ablauf: Projekt durchführen und dokumentieren.
4. Präsentation: Ergebnisse des Projekts darstellen.
5. Auswerten: Bilanz ziehen und Verbesserungsvorschläge ausarbeiten.

M2 *Bericht eines Schülers der Friedrich-Ebert-Schule (GS) in der Esslinger Zeitung über ein Unterrichtsprojekt zum Kopftuchstreit:*
Seit die schriftliche Urteilsbegründung des Bundesverwaltungsgerichts vorliegt, geht der Streit um die Auswirkungen des Kopftuchverbots im Südwesten weiter. Nicht nur Verfassungsexperten, auch Schüler der Friedrich-Ebert-Schule streiten um die richtige Auslegung. Zum Abschluss eines fächerübergreifenden Unterrichtsprojekts, das sich mit dem Kopftuchverbot an Schulen beschäftigte, kam Justizminister Ulrich Goll unlängst zu einer Diskussion in den Unterricht.
Goll, der auch Ausländerbeauftragter der Landesregierung ist, unterstrich im Gespräch den Stellenwert der Neutralität des Staates und verdeutlichte zugleich, dass dies kein Widerspruch zum Gottesbezug des Grundgesetzes oder der Landesverfassung sei. (...)
Lehrkräfte des muslimischen Glaubens, denen die Ausübung ihrer Religion selbstverständlich nicht verboten werden dürfe, müssten sich der Wirkung ihrer religiösen Bekundung bewusst sein. Dem religiösen Kopftuch könne sein provokanter Charakter nicht abgesprochen werden, so Goll. Auf die Frage eines Schülers, ob nach dem Urteil des Bundesverwaltungsgerichts nicht auch die Ordenstracht verboten werden müsse, gab der Minister zu bedenken, dass es nur noch eine Hand voll Ordensfrauen gäbe, die unterrichteten. Der Umgang mit Ordensfrauen sei daher eher eine Frage des „Bestandschutzes". Und mit Blick auf die Entstehungsgeschichte der Ordenstracht meinte Ulrich Goll: „Die Ordenstracht ist auch ein Symbol des Verzichts und daher nicht mit der streitbaren Symbolik des Kopftuchs zu vergleichen."

Esslinger Zeitung vom 12./13. Januar 2005. (Markus Wittmann, Friedrich-Ebert-Schule, EZ, S. 12.)

M3 *Bericht eines Auszubildenden über den „Mythos Stammheim"* in der Esslinger Zeitung:
„Warum kommt die Wahrheit eigentlich erst jetzt ans Licht?" Fassungslos waren 32 Berufsschülerinnen und -schüler der Esslinger Friedrich-Ebert-Schule, als sie unlängst im Rahmen eines Unterrichtsprojekts von dem ehemaligen Vollzugsbeamten Horst Bubeck erfuhren, dass Andreas Baader, Ulrike Meinhof und die anderen „RAF-Häftlinge" im Gefängnis in Stuttgart-Stammheim Vergünstigungen genossen hatten, „die in der deutschen Knast-Geschichte einmalig sind". (...) Drei Wochen lang beschäftigten sich die angehenden Technischen Zeichnerinnen und -zeichner im Unterricht mit dem Terrorismus in der Bundesrepublik der siebziger Jahre und den Zeiten der „Rote-Armee-Fraktion" (RAF). Im Rahmen des Projektes machten sie auch eine eindrucksvolle Führung durch die Justizvollzugsanstalt Stuttgart-Stammheim, um einen Einblick in die Haftbedingungen und das Leben hinter Gittern zu bekommen. Zum Abschluss des Projekts kamen mit dem ehemaligen Vollzugsbeamten Horst Bubeck und dem damals als Richter am Baader-Meinhoff-Prozess beteiligten Kurt Breucker auch zwei Zeitzeugen in den Unterricht.

Esslinger Zeitung vom 12./13. 1. 2005.
(Josef Lamp, Friedrich-Ebert-Schule, EZ, S. 12.)

M4 *Bericht von drei Schülerinnen und Schülern in der Esslinger Zeitung über ein Unterrichtsprojekt zu Plänen über eine Ausbildungsplatzabgabe:*
Die Aussichten für Jugendliche, einen Ausbildungsplatz zu finden, haben sich weiter verschlechtert. Mit der Ausbildungsabgabe will die Bundesregierung für mehr Lehrstellen sorgen. Doch die Idee ist umstritten. Die Klasse M3MV2 der Esslinger Friedrich-Ebert-Schule hat sich mit ihrem Gemeinschaftskundelehrer des Themas angenommen. (...) Umlage oder Abgabe – schon mit der Bezeichnung wird Politik gemacht. Die Regierung spricht von Umlage, um zu betonen: Hier sollen nicht Millionen in den Staatstopf verschwinden, sondern innerhalb der Wirtschaft verteilt werden. Firmen, die nicht ausbilden und sich so ihrer gesellschaftlichen Verantwortung entziehen, sollen zahlen. Das Geld soll dann an die Unternehmen gehen, die über den eigenen Bedarf hinaus ausbilden.

Esslinger Zeitung vom 8. 6. 2004.
(Osman Karacay, Olesja Bobb und Tanja Eisele, Friedrich-Ebert-Schule, EZ, S. 12.)

1 Mit welchen Themen haben sich Schüler der Friedrich-Ebert-Schule beschäftigt (M1–M4)? Wie sind sie jeweils zu Informationen gekommen?

2 Informieren Sie sich, ob eine in Ihrem Landkreis häufig gelesene Tageszeitung ein Unterrichtsprojekt „Zeitung in der Schule" anbietet. Aber auch ohne solch ein Angebot ist es fast immer möglich, Journalisten in den Unterricht einzuladen oder eine Zeitungsredaktion zu besuchen. Sprechen Sie mit Ihrem Gemeinschaftskundelehrer darüber.

27 „Sechs Stunden täglich" – vom Umgang mit Medien

M1 *„Ein Skandal, die Versäumnisse in unserem Schulsystem!"* (Karikatur von Luff)

Wie nutzen Jugendliche Medien?
Mehr als sechs Stunden verbringen 14- bis 19-jährige Jugendliche täglich mit Medien. Zwei Drittel dieser Zeit konsumieren sie die Massenmedien Fernsehen und Hörfunk. Die restliche Zeit verbringen junge Menschen mit Tageszeitungen, Zeitschriften, dem Internet oder mit audiovisuellen Speichermedien wie CDs oder Videofilmen.
Kinder, Jugendliche und Erwachsene werden heute mit einer Flut vielfältiger Medienangebote konfrontiert. Deshalb wird Medienkompetenz zu einer Schlüsselqualifikation, die eingeübt werden muss. Je höher die Schulbildung ist – das haben Untersuchungen ergeben –, desto kritischer wird die Mediennutzung. Mit steigender Bildung erfassen Jugendliche politische Zusammenhänge leichter, können Informationen kritischer bewerten und Wichtiges besser von Unwichtigem trennen. Rund 67 Prozent der baden-württembergischen Haushalte haben eine Tageszeitung abonniert. Vier von fünf Baden-Württembergern ab 14 Jahren lesen mehrmals pro Woche Zeitung, je höher ihre Bildung, desto häufiger.

Souverän mit Medien umgehen
Medienkompetenz bedeutet, dass Menschen den Medien nicht einfach ausgeliefert sind, sondern kompetent und souverän mit ihnen umgehen können. Die durch die Verschmelzung von Informationstechnologie, Telekommunikation und Medien entstehenden neuen Angebote werden für den Einzelnen immer unüberschaubarer, die Bedienung der Geräte immer schwieriger. Wer jedoch an der modernen Informationsübertragung erfolgreich teilhaben möchte, muss Zugang zu modernen Kommunikationstechnologien haben. Er muss in der Lage sein, sich z. B. in die Handhabung einer neuen Computer-Software einzuarbeiten und die dazu notwendigen Handbücher zu verstehen. Mediennutzung geschieht aktiv durch die Fähigkeit, neue Geräte bedienen zu können. Sie geschieht aber auch interaktiv durch die Beantwortung von Angeboten wie etwa Telebanking, Teleshopping oder durch das Kommunizieren innerhalb von E-Learning-Programmen.

Kritisches Medienverständnis
Technisches Verständnis allein genügt nicht. Wer Medien nutzt, muss auch dazu fähig sein, deren Botschaften zu verstehen und kritisch zu hinterfragen. Er muss in der Lage sein, Informations- und Nachrichtensendungen von Hörfunk und Fernsehen zu verstehen und mit der Berichterstattung anderer Medien zu vergleichen. Medienkompetent sein bedeutet mehr als nur Computer und Internet bedienen zu können. Zur Arbeit mit Medien gehört es, Inhalte auf ihre Zuverlässigkeit hin zu befragen und zu erkennen, unter welchen Einflüssen sie entstanden sind.

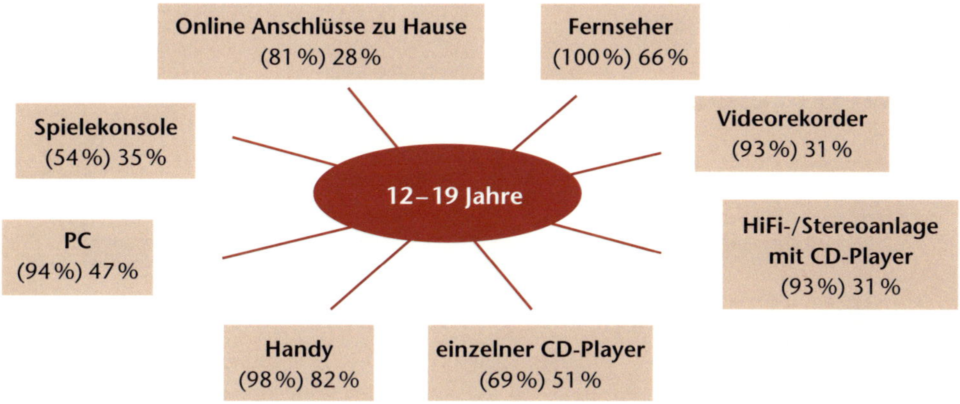

M4 *Medienwelt Jugendlicher zwischen 12 und 19 Jahren.* Die Zahl in der Klammer bedeutet, wie viele Haushalte über das jeweilige Medium verfügen. Die andere Zahl gibt an, wie viel sich davon im Besitz der Jugendlichen befinden.

Nach: Medienpädagogischer Forschungsverbund Südwest. JIM-Studie 2002.

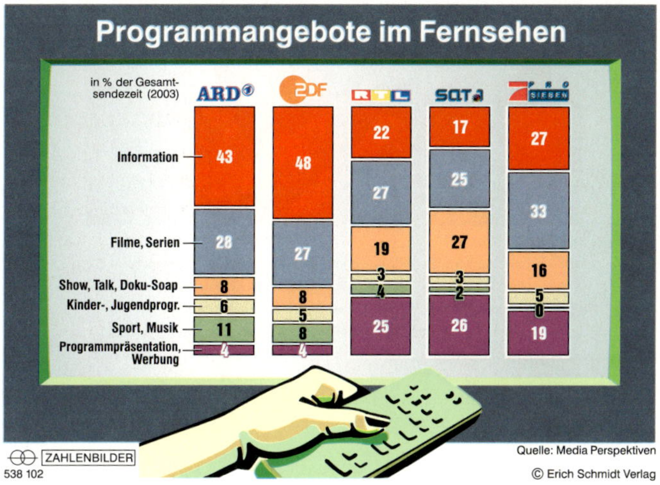

M3 *Mit der Einführung des Privatfernsehens im Jahr 1985 hat sich die deutsche Fernsehlandschaft nachhaltig verändert.* Die öffentlich-rechtlichen Programme ARD und ZDF sind seitdem der Konkurrenz kommerzieller Sender ausgesetzt, die auch untereinander in hartem Wettbewerb stehen. Die Programmunterschiede zwischen öffentlich-rechtlichen und privaten Sendern sind beträchtlich.

M2 *Die Stuttgarter Zeitung schildert in einem Artikel, wie die Boulevardpresse Menschen an den Pranger stellt:*

„Als er geboren wurde, weinte sie vor Glück. An seinem ersten Schultag war sie stolz auf ihn. Und beim ersten Liebeskummer tröstete sie ihn liebevoll." So begann im August vergangenen Jahres eine große Geschichte in der „Bild"-Zeitung mit der Dachzeile „Die Herzlosigkeit des Sommers", und die Überschrift lautete „Unser Sohn klagt uns aus dem Haus!" Der Artikel suggerierte, ein Sohn habe die Zwangsräumung seiner Eltern veranlasst, weil die ihre Miete nicht gezahlt hätten und weil es zu Streitigkeiten gekommen sei. Der angeblich Herzlose wurde groß abgebildet (...) erkennbar für jeden, der ihn auch nur vom Sehen kannte.

Was die „Bild"-Zeitung damals nicht berichtet hat, war der Grund, aus dem das Amtsgericht das Räumungsurteil erlassen hatte: Ein Gast des Sohnes war aus der Wohnung der Eltern heraus grundlos mit einer Bierflasche und einem großen Aschenbecher beworfen worden. Es folgte ein großer Blumentopf, der auf die Terrasse geworfen wurde. Von groben ausländerfeindlichen Bemerkungen ganz zu schweigen. Der Rechtsanwalt (...), der die „Bild"-Zeitung jetzt vor dem Landgericht Tübingen vertritt, kann an diesem Artikel nichts Böses finden. Schließlich sei es der Autorin (...) doch nur darum gegangen, „die emotionale Seite der Geschichte zu schildern. Mit dem Inhalt des Räumungsurteils habe sie sich gar nicht befasst." [Der Axel-Springer-Verlag wurde wegen grober Verletzung der journalistischen Sorgfaltspflicht der Journalistin zu einem Schmerzensgeld von 10 400 Euro verurteilt.]

Stefan Geiger, in: Stuttgarter Zeitung vom 26. 2. 2005.

1 Untersuchen Sie in Ihrer Klasse, welche Medien Sie in Ihrem Haushalt bzw. in Ihrem Besitz haben. Vergleichen Sie mit M4.

2 Welche Angebotsschwerpunkte haben die unterschiedlichen Sender (M3)?

3 Erklären Sie die Karikatur (M1). Welche Gründe macht der Karikaturist für schlechte Schulleistungen verantwortlich?

4 Diskutieren Sie das Verhalten der „Bild-Zeitung" (M2). Wurden hier Regeln des seriösen Journalismus verletzt?

28 Werkstatt
Informationen aus dem Internet

M1 *Internetseite des Landtags von Baden-Württemberg*

Sinnvoll suchen

Im Internet können Sie auf verschiedenen Wegen Informationen finden. Am schnellsten geht es, wenn Sie eine Ihnen bereits bekannte Internetadresse anwählen. Wenn Sie keine passende Adresse kennen, können Sie in einem Katalog danach suchen. Kataloge haben den Vorteil, dass meist sachkundige Personen schon eine Auswahl getroffen haben. Zuverlässige Organisationen bieten auch Linklisten an, über die Sie gezielt weitersuchen können. Mit Suchmaschinen können Sie mit Hilfe von Stichwörtern fündig werden.

Informationen prüfen

Mit dem Auffinden von Internetadressen und Webseiten ist es jedoch nicht getan. Eine Vielzahl von Adressen entpuppt sich bei näherer Betrachtung als kaum aussagefähig, als inhaltlich falsch oder auch als tendenziös in der Absicht einer einseitigen Meinungsmanipulation. Schon vor der Suche müssen Sie sich genau überlegen, was Sie eigentlich erfahren wollen. Suchen Sie Fakten, Expertenmeinungen, private Äußerungen, Statistiken, Illustrationen oder neue Ideen? Wenn Sie einen Begriff in eine Suchmaschine eingeben, werden Sie mit einer Flut von Informationen überschüttet, deren Aussagefähigkeit Sie zunächst beurteilen müssen. Wenn Sie z. B. in der am häufigsten verwendeten Suchmaschine „Google“ (www.google.de) das Stichwort „Europa“ eingeben, bekommen Sie rund 15 Millionen Informationen angeboten. Mit Hilfe von Kriterienkatalogen können Sie prüfen, wie die Informationen einer Webseite zu bewerten sind.

Glaubwürdigkeitsprüfung von Internetseiten – ein Kriterienkatalog

1. Ist der Verfasser der Internetseite mit Vor- und Zunamen angegeben?
2. Ist Ihnen der Verfasser oder seine Organisation dem Namen nach bekannt?
3. Ist die Domain bekannt oder durch Löschen der Bezeichnungen nach dem Länderkürzel problemlos zu ermitteln?
4. Werden Quellen und Zitate korrekt angegeben?
5. Existiert eine Postadresse der Verfasser?
6. Ist der Zeitpunkt der Veröffentlichung bzw. der Aktualisierung ersichtlich?
7. Was beinhaltet die Internetseite Ihrer Ansicht nach?
   - ❐ Sachdarstellungen
   - ❐ Äußerungen von Parteien oder Verbänden
   - ❐ Meinungsäußerungen von Privatpersonen
   - ❐ Wissenschaftliche Arbeiten oder Referate
   - ❐ Statistiken oder Schaubilder
   - ❐ Zeitungsberichte oder -kommentare
8. Wer hat die Internetseite veröffentlicht?
   - ❐ Regierung, Behörde
   - ❐ Museum
   - ❐ Unternehmen, Interessenverband
   - ❐ Partei
   - ❐ Zeitung
   - ❐ kommerzieller Anbieter
   - ❐ Bildungseinrichtung
   - ❐ Privatperson
9. Was wollen Verfasser und Domain bewirken?
   - ❐ Werbung
   - ❐ wirtschaftliche Interessen
   - ❐ politische Interessen
   - ❐ Selbstdarstellung
   - ❐ Information
   - ❐ nichtkommerzielle Hilfe
10. Macht die Internetseite einen „gepflegten Eindruck"?

Üben Sie das Recherchieren im Internet anhand folgender Fragestellung: „Sind Abgeordnete des baden-württembergischen Landtags überbezahlt?"
Verschaffen Sie sich einen Überblick über die Einkünfte von Abgeordneten im Vergleich zum Einkommen anderer Arbeitnehmer. Bilden Sie Arbeitsgruppen mit folgenden Aufträgen:

Gruppe 1
Wählen Sie im Internet: http://www.landtag-bw.de
Wählen Sie auf der Seite das Verzeichnis „Das Parlament".
Klicken Sie das Unterverzeichnis „Abgeordnete" an.
Wählen Sie hier den Begriff „Diäten".
Beantworten Sie folgende Fragen:
Wie hoch ist die monatliche Entschädigung eines Abgeordneten?
Wofür gibt es eine monatliche Unkostenpauschale und wie hoch ist diese Pauschale?
Welche weiteren Kosten werden den Abgeordneten erstattet?
Unter http://www.lpb.bwue.de/bwverf/bwverf.htm finden Sie die Landesverfassung. Welche Begründung gibt Artikel 40, dass Abgeordnete Diäten bekommen?

Gruppe 2
Wählen Sie die Internetadresse der Landtagsabgeordneten des Kreises Kirchheim/Teck Carla Bregenzer: http://www.carla-bregenzer.de
Wählen Sie in der linken Spalte den Link „Rechenschaftsbericht".
Öffnen Sie die Seite mit dem neuesten Rechenschaftsbericht.
Rücken Sie mit dem Cursor die Seite nach oben. In der Mitte der Seite finden Sie eine Beschreibung der Ausgaben von Abgeordneten in ihren Wahlkreisen.
Gehen Sie an das untere Ende der Seite. Dort finden Sie eine Aufstellung der Einnahmen und der Ausgaben der Abgeordneten Bregenzer.
Drucken Sie die Seite aus.

Gruppe 3
Wählen Sie die Internetadresse des Statistischen Bundesamts an: http://www.destatis.de
Wählen Sie auf der Startseite im linken Index das Stichwort „Löhne und Gehälter". Hier finden Sie mehrere Links.
Beantworten Sie mit Hilfe der Links folgende Fragen:
Wie hoch sind die durchschnittlichen Bruttoeinkommen im produzierenden Gewerbe? Wie hoch sind die durchschnittlichen Bruttoeinkommen der Angestellten im Kredit- und Versicherungsgewerbe?
Wie hoch sind die durchschnittlichen Bruttoeinkommen im Handwerk? (Beachten Sie, dass in der Tabelle Stundenlöhne angegeben sind).

Präsentieren Sie Ihre Ergebnisse. Diskutieren Sie, ob Landtagsabgeordnete im Vergleich zu anderen Arbeitnehmern zu viel verdienen.

1945

Deutschland am Ende des Zweiten Weltkriegs – eine Trümmerwüste

1949

Mit der Bundesrepublik und der DDR werden zwei deutsche Staaten gegründet.

1953

Volksaufstand in der DDR

1954/55

Pariser Verträge und NATO-Beitritt: Die Bundesrepublik wird Mitglied der westlichen Staatengemeinschaft.

Deutschland nach 1945 – besetzt, geteilt und wieder vereint

Die Jahre 1989 und 1990 nehmen einen außergewöhnlichen Platz in der Geschichte der Deutschen ein. Nach jahrzehntelanger Teilung der beiden deutschen Staaten kam es in der DDR zu einer friedlichen Revolution: Die Mauer fiel. Nach der Wiedervereinigung lebten die Deutschen gemeinsam in einem Staat und standen plötzlich vor der Aufgabe, wieder zu einem Volk zusammenzuwachsen. Doch wie war es überhaupt zur Spaltung Deutschlands gekommen?

Nach dem Ende des Zweiten Weltkriegs hatten zunächst die Alliierten die Geschicke des besiegten Deutschland bestimmt. Unter dem Eindruck des beginnenden Ost-West-Konflikts entstanden so zwei deutsche Staaten, die vierzig Jahre lang nebeneinander existierten, dabei aber auf vielfältige Weise miteinander verflochten waren. Blicken wir zurück auf die Entwicklung Deutschlands nach 1945 – von der Besatzung über die Teilung bis hin zur Wiedervereinigung.

Ost- und Westberliner feiern die Öffnung der Mauer am Brandenburger Tor in Berlin im November 1989.

1961	1970	1990	2003
Mauerbau in Berlin	Beginn der Aussöhnung mit den osteuropäischen Nachbarn	Deutsche aus Ost und West feiern die Wiedervereinigung.	Aufbau Ost: Das Wasserstraßenkreuz Magdeburg wird eröffnet.

1 Der 8. Mai – Katastrophe oder Befreiung?

Alliierter Kontrollrat
Bestand aus den Oberbefehlshabern der vier Besatzungsmächte USA, Großbritannien, Frankreich und Sowjetunion. Er übte in den Nachkriegsjahren die oberste Regierungsgewalt in Deutschland aus. Beschlüsse mussten einstimmig erfolgen. Allerdings konnte jeder der Oberbefehlshaber diese in seiner Besatzungszone nach eigenem Ermessen umsetzen.

Die Besatzungsmächte regieren

Am 8. Mai 1945 war mit der bedingungslosen Kapitulation für die Deutschen der Zweite Weltkrieg zu Ende. Das von den Alliierten besetzte Deutschland war eine Trümmerwüste. Fast fünf Millionen deutsche Soldaten waren in den Kämpfen umgekommen, eine halbe Million Zivilpersonen hatte die Bombenangriffe nicht überlebt. Noch während des Krieges hatten die Staatsmänner Großbritanniens, der Sowjetunion und der USA über die Zukunft des deutschen Volkes nach der Niederlage Hitlers entschieden. Deutschland wurde nun nach diesen Plänen in vier Besatzungszonen aufgeteilt. Das in Besatzungssektoren aufgegliederte Berlin wurde Sitz des Alliierten Kontrollrates, der von nun an die oberste Regierungsgewalt in Deutschland ausübte (vgl. Karte S. 257).

Katastrophe oder Befreiung?

In Deutschland atmeten die Menschen auf, als der Krieg zu Ende war – keine Todesnachrichten mehr von der Front, keine Bombenangriffe mehr. Auch keine Angst mehr vor nationalsozialistischen Fanatikern, die noch in den letzten Kriegswochen Tausende desertierte Soldaten verfolgt und getötet hatten. Das Gefühl der Erlösung wurde aber verdrängt durch den täglichen Kampf ums Überleben. Es fehlte am Allernötigsten: an Wohnraum, Lebensmitteln, an Schuhen und Kleidung. Dazu kam die Angst vor der Rache der Besatzungssoldaten. Die Frauen trauerten um ihre gefallenen Männer und Söhne. Millionen Soldaten befanden sich in Kriegsgefangenschaft.
Trotz der Erleichterung über das Kriegsende empfanden die meisten Deutschen die Niederlage der deutschen Wehrmacht als Katastrophe. Dass das Ende des Krieges zugleich auch eine Befreiung von der nationalsozialistischen Diktatur war, spielte kaum eine Rolle. Zu groß waren Entsetzen und Scham über die Untaten der Nationalsozialisten, zu groß war die Angst vor der Zukunft.

Und heute?

Auch später fiel es vielen Deutschen schwer, sich mit ihrem Leben in den Jahren des Nationalsozialismus auseinander zu setzen. In der DDR wurde jedes Jahr der 8. Mai, vom Staat angeordnet, als „Tag der Befreiung" begangen. Haben dies die Ostdeutschen auch so empfunden? Die Diskussion über die Frage: „8. Mai 1945 – Katastrophe oder Befreiung?" ist heute noch aktuell.

M1 *Kinder erhalten in einem Flüchtlingslager Suppe.*

M2 *Hannelore König, geboren 1935, erinnert sich an ihre Kindheit 1945:*

Meine Mutter hatte für uns eine eigene Wohnung organisiert, die der Frau des Lehrers gehörte. Sie ist in eine Einzimmer-Wohnung gezogen und wir haben ihr dafür Brot, Mohrrüben, Butter und Zucker geschenkt. Die Hausbesitzerin mussten wir ebenfalls mit Naturalien bestechen. Wir sind eingezogen und hatten erstmals ein Dach über dem Kopf, Säcke vor den Türen und ein Bett. Wir hausten alle zusammen in der Küche.

Mutter musste als Trümmerfrau arbeiten. Wir gingen manchmal mit, um Holz aus den Trümmern zu holen. Das war sehr gefährlich, aber wir hatten ja nichts zu heizen. Nachts sind wir, und das haben alle gemacht, Kohlen klauen gegangen am Bahnhof. Und ich bin mit meiner Oma in den Wald gefahren. Dort haben wir Holz gelesen.

Sibylle Meyer/Eva Schulze, Wie wir das alles geschafft haben, München 1988, S. 122f.

M3 *Der damalige Bundeskanzler Willy Brandt (SPD) auf einer Gedenkfeier des Bundestages zum 8. Mai 1945 im Jahre 1970:*

Unsere Erfahrungen mit dem 8. Mai entsprechen einander nicht. Jeder hat ihn auf eigene Weise erlebt. Der eine kehrte heim, der andere wurde heimatlos. Dieser wurde befreit, für jene begann die Gefangenschaft. Verbittert standen manche vor zerrissenen Illusionen, dankbar andere vor dem geschenkten Neuanfang. (...) Keiner möge seine persönlichen Erlebnisse des Jahres 1945 zum Maßstab für alle machen. (...) Zwiespältig waren die Ereignisse des Jahres 1945 und sie wirken in unserer Gegenwart fort. Der 8. Mai beendete das sinnlose Sterben und die Zerstörung des Krieges, der fast 50 Millionen Menschen das Leben gekostet hatte. Zugleich aber begannen neue schwere Leiden für viele unschuldige Menschen. Die Verirrungen und ruchlosen Verbrechen der Nationalsozialisten, mit denen wir selbst nicht fertig geworden sind, gingen zu Ende, aber eine neue Zwangsherrschaft fand ihren Eingang auf deutschem Boden.

Helmut Dubiel, Niemand ist frei von der Geschichte, München 1999, S. 135f.

M4 *Leben in den Ruinen.* Fast 5 Millionen Wohnungen waren durch Bombenangriffe ganz oder teilweise zerstört. Die ausgebombten Menschen lebten oft in Kellern, Baracken und manchmal auch in den Trümmern.

1 Beschreiben Sie das Leben der Deutschen nach dem Kriegsende. Gehen Sie dabei besonders auf die Situation der Frauen und Kinder ein (M1–M5).

2 Befragen Sie Zeitzeugen, wie sie das Ende des Krieges in ihrem Ort erlebten. Wenden Sie dabei die Schrittfolge auf Seite 350 an.

3 Erläutern Sie die Meinung von Bundeskanzler Willy Brandt zur Diskussion: „8. Mai 1945 – Katastrophe oder Befreiung?" (M3).

4 Was ist für Sie der 8. Mai 1945 – Befreiung oder Katastrophe? Sprechen Sie darüber in der Klasse.

M5 *Das von Bomben zerstörte Heilbronn, 1946*

2 Ost-West-Konflikt: Aus Verbündeten werden Feinde

M1 *Die „Großen Drei" in Jalta im Jahr 1945:* der britische Premierminister Winston Churchill, US-Präsident Franklin D. Roosevelt und der sowjetische Staatschef Josef Stalin

Kalter Krieg
Zustand gegenseitiger militärischer Bedrohung, der 40 Jahre lang das Klima zwischen Ost und West beherrschte. Der Begriff „kalt" wurde gewählt, weil es nie zu direkten militärischen Übergriffen kam.

containment
(engl. = Eindämmung) Die Politik der USA in den 1950er- und 1960er-Jahren zielte darauf ab, den Einfluss- und Machtbereich der UdSSR zu begrenzen.

Gegenseitiges Misstrauen

Die USA und die Sowjetunion waren im Zweiten Weltkrieg Verbündete. Präsident Franklin D. Roosevelt ließ die UdSSR mit militärischen Gütern unterstützen. Sein Nachfolger Harry S. Truman sah dagegen in dem Machtzuwachs der Sowjetunion eine Gefahr für das demokratische Nachkriegseuropa und für die wirtschaftlichen Interessen der USA. Er befürchtete, Josef W. Stalin würde die Rote Armee nicht wieder aus den befreiten Ländern Osteuropas zurückziehen und diesen Staaten ein kommunistisches System aufzwingen.
Aber auch die sowjetischen Politiker hatten Ängste: Sie befürchteten, ihr durch den Krieg arg geschwächtes Land könnte von der neuen US-Regierung weltpolitisch an den Rand gedrängt und völlig isoliert werden, wenn die Rote Armee die besetzten Gebiete in Osteuropa verlassen würde. Hatten die USA nicht ein leichtes Spiel, die osteuropäischen Staaten an sich zu binden? Und ergab sich nicht wieder eine Gefahr für die militärische Sicherheit der Sowjetunion, wenn das einzige kommunistische Land von kapitalistisch orientierten Staaten eingekreist würde?

Sowjetisierung Osteuropas

Fast in allen Ländern Ost- und Südosteuropas, die im Zweiten Weltkrieg von der Roten Armee befreit worden waren, übernahmen von der Sowjetunion unterstützte kommunistische Regierungen die Macht. Häufig gelang das nur durch Terror gegen Andersdenkende. Menschen wurden verhaftet, verschleppt oder eingeschüchtert. Auch vor Mord schreckten die neuen Machthaber, die oft mit dem sowjetischen Militär und Geheimdienst zusammenarbeiteten, nicht zurück.
Die Staaten unter sowjetischem Einfluss nannten sich Volksdemokratien. In Wirklichkeit waren sie aber Diktaturen. Stalin band diese Staaten durch Militär- und Wirtschaftsverträge eng an die UdSSR.

Beginn des „Kalten Krieges"

Durch die kommunistischen Diktaturen im Osten Europas hatte sich der Machtbereich der Sowjetunion erheblich ausgeweitet. Das löste Ängste in den USA und Westeuropa aus. Viele Menschen sahen ihre Freiheit und Sicherheit bedroht. Andererseits fürchteten Stalin und die mit ihm verbündeten Kommunisten, dass die USA auf einen Umsturz in Osteuropa hinarbeiten würden.
Misstrauen, Angst und Rivalität bestimmten bald die Beziehungen zueinander. Der „Kalte Krieg" begann.

Zwei feindliche Blöcke

Die USA und die Sowjetunion suchten sich nun neue Bündnispartner überall in der Welt. So entstanden zwei feindliche Machtblöcke, ein sozialistischer im Osten und ein marktwirtschaftlich orientierter, von seinen Gegnern als „kapitalistisch" bezeichneter im Westen. Im Jahr 1949 gründeten die USA zusammen mit Kanada und zahlreichen westeuropäischen Staaten den Nordatlantischen Verteidigungspakt (NATO). Dem setzte die Sowjetunion 1955 den Warschauer Pakt als östliches Militärbündnis entgegen.

M2 *Über das Recht des Siegers äußerte sich Stalin im April 1945:*

Dieser Krieg ist nicht wie in der Vergangenheit. Wer immer ein Gebiet besetzt, erlegt ihm auch sein gesellschaftliches System auf. Jeder führt sein eigenes System ein, so weit seine Armee vordringen kann.

Milovan Djilas, Gespräche mit Stalin, Frankfurt 1962, S. 116.

M3 *Malenkow, einer der mächtigsten Männer der UdSSR nach Stalin, sagte 1947:*

In dem Bestreben, die Position zu festigen, die das amerikanische Monopolkapital während des Krieges in Europa und Asien erobert hat, hat diese Clique nun den Weg offener Expansion betreten, den Weg der Versklavung der geschwächten kapitalistischen Länder Europas, der Versklavung der kolonialen und abhängigen Länder, den Weg der Vorbereitung neuer Kriegspläne gegen die UdSSR und die Länder der neuen Demokratie, wobei sie sich des Vorwandes eines Kampfes gegen die kommunistische Gefahr bedienen.

Boris Meissner (Hg.), Das Ostpaktsystem. Dokumentensammlung, Bd. XVII, Frankfurt/Berlin 1955, S. 87f.

M4 *Die Eindämmung des Kommunismus (containment) war das wichtigste außenpolitische Ziel des amerikanischen Präsidenten Harry S. Truman (1945–1953). In einer Rede vor dem amerikanischen Kongress sagte er 1947:*

Die eine Lebensweise gründet sich auf den Willen der Mehrheit und zeichnet sich durch freie Institutionen [staatliche Einrichtungen], freie Wahlen, Garantie der persönlichen Freiheit, Rede- und Religionsfreiheit und Freiheit von politischer Unterdrückung aus. Die zweite Lebensweise gründet sich auf den Willen einer Minderheit, der der Mehrheit aufgezwungen wird. Terror und Unterdrückung, kontrollierte Presse und Rundfunk, scheinbare Wahlen und Unterdrückung persönlicher Freiheit sind ihre Kennzeichen. Ich bin der Ansicht, dass es Politik der USA sein muss, die freien Völker zu unterstützen, die sich der Unterwerfung durch bewaffnete Minderheiten oder durch Druck von außen widersetzen.

Europa Archiv 2, Oberursel 1947, S. 820f.

1 Was will Stalin in M2 zum Ausdruck bringen?

2 Erklären Sie, wie Malenkow in M3 Amerikas Politik nach dem Zweiten Weltkrieg sieht.

3 Mit welchen Begriffen kennzeichnet Präsident Truman die gesellschaftlichen Unterschiede zwischen Ost und West in M4? Erläutern Sie, welche Schlussfolgerungen er für die Politik der USA zieht.

M5 *Ausdehnung des sowjetischen Machtbereichs seit dem Zweiten Weltkrieg.* – Fertigen Sie eine Tabelle an, in der Sie alle Staaten aus der Karte nennen, die unter sowjetische Kontrolle gerieten. Notieren Sie auch die jeweilige Jahreszahl.

3 Der schwere Weg zur Demokratie

Marshall-Plan
hieß das finanzielle Hilfsprogramm der USA zum Wiederaufbau der Produktionsanlagen in europäischen Ländern, benannt nach US-Außenminister George C. Marshall. Das Hilfsprogramm war die Grundlage der raschen wirtschaftlichen Gesundung Westeuropas. Die Sowjetunion verhinderte die Einbeziehung der Ostblockstaaten in den Marshall-Plan.

M1 *Deutsche Frauen und Männer füllen einen Fragebogen über ihre Tätigkeit im Nationalsozialismus aus.*

Potsdamer Konferenz
Im Juli/August 1945 entschieden die Siegermächte USA, Sowjetunion und Großbritannien auf einer Konferenz in Potsdam über die Zukunft der Deutschen. Die NSDAP und ihre Organisationen sowie die Wehrmacht wurden verboten. Nationalsozialisten sollten in Politik, Wirtschaft, Verwaltung, Justiz und Schule ihre Positionen verlieren. Diejenigen, die Verbrechen gegen Andersdenkende geplant und begangen hatten, sollten vor Gericht gestellt werden. Für die anderen Völkern zugefügten Schäden hatten die Deutschen Ersatzleistungen zu erbringen. Der nördliche Teil Ostpreußens mit Königsberg wurde der Sowjetunion, das südliche Ostpreußen und das übrige Ostdeutschland bis zur Oder-Neiße-Linie Polen zur Verwaltung übergeben. Der Wiederaufbau des politischen Lebens in den Besatzungszonen und Berlin sollte auf demokratischer Grundlage erfolgen. Allerdings hatten die Westmächte und die Sowjetunion sehr unterschiedliche Auffassungen von Demokratie.

Entnazifizierung
Für die Verfolgung der Verbrechen im Nationalsozialismus richteten die Besatzungsmächte in den Westzonen Spruchkammern ein. Unbescholtene Deutsche überprüften ehemalige Nationalsozialisten und bestraften Schuldige mit Geldbußen, Berufsverboten oder mit Gefängnis. Als die Spannungen zwischen den Westalliierten und der Sowjetunion sich später verschärften, verloren die Besatzungsmächte ihr Interesse an der Entnazifizierung. Die Spruchkammern beendeten ihre Arbeit.

Politischer Neubeginn im Westen
Um die dringendsten Aufgaben zur Versorgung der Bevölkerung zu lösen, setzten die Alliierten politisch Unbelastete als Bürgermeister und Landräte ein. Ab Sommer 1945 wurden politische Parteien zugelassen – dazu gehörten die CDU, CSU, SPD, FDP sowie die KPD. Als neue Verwaltungseinheiten wurden Länder gegründet. In Südwestdeutschland waren es (Süd-)Baden, Württemberg-Baden und Württemberg-Hohenzollern. Gewählte Länderparlamente in den Westzonen gaben sich demokratische Verfassungen.
Ein demokratischer Neubeginn in Deutschland konnte jedoch nur mit einer Bevölkerung gelingen, die sich vom Nationalsozialismus lossagte. Ziel der Alliierten war folglich eine Umerziehung der Deutschen zu demokratischer Gesinnung. Deshalb gestatteten und förderten die Westalliierten die Gründung neuer Rundfunksender und Zeitungsverlage, den Aufbau einer unabhängigen Justiz und die Erarbeitung neuer Bildungspläne für die Schulen.

Marshall-Plan
Die Entwicklung demokratischer Strukturen erforderte allerdings auch eine Verbesserung der Lebenslage der Bevölkerung sowie einen wirtschaftlichen Neubeginn. Mit dem Marshall-Plan entwickelten die USA 1947 ein großzügiges Programm für den wirtschaftlichen Aufbau Europas, von dem die Deutschen in den Westzonen, West-Berlins und später in der Bundesrepublik profitierten. Die Hilfeleistungen betrugen bis 1957 rund 1,7 Milliarden Dollar.

M2 *Plakat zum Marshall-Plan*

M3 *Der amerikanische Außenminister Byrnes in einer Rede am 6. September 1946 in Stuttgart:*

Die Vereinigten Staaten können Deutschland die Leiden nicht abnehmen, die ihm der von seinen Führern angefangene Krieg zugefügt hat. Aber die Vereinigten Staaten haben nicht den Wunsch diese Leiden zu vermehren oder dem deutschen Volk die Gelegenheit zu verweigern sich aus diesen Nöten herauszuarbeiten, solange es menschliche Freiheit achtet und vom Wege des Friedens nicht abweicht. (...) Das amerikanische Volk will dem deutschen Volk helfen seinen Platz zurückzufinden zu seinem ehrenvollen Platz unter den freien und friedliebenden Nationen der Welt.

Geschichte in Quellen, Die Welt seit 1945, München 1980, S. 93ff.

M4 *Ein Mitglied berichtet über die Arbeit der Spruchkammern:*

Das Entnazifizierungsgesetz hatte den Kreis der „Betroffenen" viel zu weit gezogen. Wir hatten wiederholt vorgeschlagen, die große Masse der Mitläufer mit geringeren Geldbußen davonkommen zu lassen. Das wurde von der Besatzungsmacht stets abgelehnt. Als schließlich die Zahl der Fälle unübersehbar wurde, griff die Militärregierung mit Amnestien ein, die vor allem den Jugendlichen zugute kamen. Eine große Schuld an dem Misslingen des Gesetzes trug der Umstand, dass die Spruchkammern parteipolitisch zusammengesetzt waren. Sie nahmen sich vor allem der kleinen Fälle an, um Leute, die aus Geschäft und Beruf geworfen waren, möglichst bald wieder ins Brot zu bringen. So blieben die schweren Fälle liegen.

Wilhelm Hoegner, Der schwierige Außenseiter, München 1959, S. 237.

1 Beschreiben Sie, wie die Entnazifizierung im Westen Deutschlands vonstatten ging (VT, M1, M4).

2 Kennzeichnen Sie die Maßnahmen der Besatzungsmächte beim politischen und wirtschaftlichen Aufbau der Westzonen. Inwieweit trugen diese zur Errichtung eines demokratischen Deutschland bei (VT, M1–M4)?

3 Untersuchen Sie, welche Themen SPD, CDU und KPD in den Mittelpunkt ihrer Wahlwerbung stellten (M5). Welche Aussagen über deren politische Grundeinstellung lassen sich daraus ableiten?

M5 *Wahlplakate zu den Landtagswahlen 1946/47*

4 „Es muss demokratisch aussehen"

Antifaschismus
Von den Kommunisten angestrebtes Bündnis mit bürgerlichen und sozialdemokratischen Kräften gegen den Nationalsozialismus. In der SBZ und später in der DDR bot die antifaschistische Grundhaltung breiter Bevölkerungsteile der SED die Möglichkeit, auch bürgerliche Parteien in den Aufbau der sozialistischen Gesellschaft einzubinden.

Nach sowjetischem Vorbild

Die Besatzungsmächte konnten die Entwicklung in ihren Besatzungszonen eigenständig bestimmen. Dies gab der sowjetischen Regierung die Möglichkeit, ihre politischen Vorstellungen in ihrer Besatzungszone zu verwirklichen und so eine Gesellschaft nach sowjetischem Vorbild zu schaffen. Dabei stützte sie sich auf deutsche Kommunisten unter Führung von Walter Ulbricht und Wilhelm Pieck, die man bereits während des Zweiten Weltkrieges auf diese Aufgabe vorbereitet hatte. Mit der Losung von der Errichtung einer „antifaschistisch-demokratischen Ordnung" erhofften sich die deutschen Kommunisten eine breite Anhängerschaft in der Bevölkerung, vor allem auch im Bürgertum.

Auf dem Weg zur Diktatur

Die Entwicklung in der sowjetischen Besatzungszone (SBZ) unterschied sich in vielem von der in den Westzonen. Das begann bereits bei der Entnazifizierung. Tausende ehemalige Mitglieder der NSDAP, aber auch viele Unschuldige und Verfechter einer neuen demokratischen Ordnung, wurden von sowjetischen Militärgerichten zu langjährigen Haftstrafen verurteilt oder in die Sowjetunion deportiert.
Im Zuge einer Bodenreform wurden 8000 Grundbesitzer mit Gütern über 100 Hektar sowie „aktive Nazis und Kriegsverbrecher" entschädigungslos enteignet. Auch nach dem Beitritt der DDR zur Bundesrepublik 1990 wurden diese Besitzungen (etwa 35% der landwirtschaftlichen Nutzfläche der DDR) nicht mehr an ihre ursprünglichen Eigentümer zurückerstattet. Ab 1946 begann man alle Betriebe, deren Eigentümer tatsächlich oder angeblich Kriegsverbrecher waren, in „Volkseigentum" – also in Staatsbesitz – zu überführen. Die führende Rolle dabei hatten die Kommunisten. Im April 1946 erzwangen sie unter erheblichem Druck auf viele Sozialdemokraten die Verschmelzung der KPD mit der SPD zur Sozialistischen Einheitspartei Deutschlands (SED). Die SBZ entwickelte sich mit diesen Maßnahmen zu einer Diktatur nach sowjetischem Vorbild.

M1 *links: Werbeplakat zur Bodenreform in der SBZ* (Alfred Stiller, 1945). Mit „Junkerland" – abgeleitet von „Land der preußischen Junker" – ist das Land der Großgrundbesitzer gemeint.
rechts: Die Rote Armee hilft (Propagandaplakat von 1945 aus der SBZ).

M2 *Wolfgang Leonhard, damals Mitglied der KPD, beschreibt, wie die Kommunisten die Verwaltung in Berlin neu organisierten:*

Ulbricht erklärte uns: „Die Bezirksverwaltungen müssen politisch richtig zusammengestellt werden. Kommunisten als Bürgermeister können wir nicht brauchen. (...) Die Bürgermeister sollen in den Arbeiterbezirken in der Regel Sozialdemokraten sein. In den bürgerlichen Vierteln (...) müssen wir an die Spitze einen bürgerlichen Mann stellen. (...) Am besten, wenn er ein Doktor ist (...) und ein Mann, mit dem wir gut zusammenarbeiten können. (...) Der erste stellvertretende Bürgermeister, der Dezernent für Personalfragen und der Dezernent für Volksbildung – das müssen unsere Leute sein. Dann müsst ihr noch einen ganz zuverlässigen Genossen in jedem Bezirk ausfindig machen, den wir für den Aufbau der Polizei brauchen. (...) Es muss demokratisch aussehen, aber wir müssen alles in der Hand haben."

Wolfgang Leonhard, Die Revolution entlässt ihre Kinder, Köln/Berlin 1955, S. 363ff.

M3 *Franz Höncher, vom 10. August 1945 bis zum 12. August 1948 im ehemaligen Konzentrationslager Buchenwald inhaftiert, über die Gründe seiner Verhaftung:*

Ich war bis 1945 politischer Leiter in Ramsia, außerdem Zellenleiter der NSDAP-Ortsgruppe Schwerstedt. Das war eben so, wer Landwirtschaft betrieb, wurde vom Wehrdienst zurückgestellt und übernahm dafür Funktionen im Dorf. Ich bin ja nach wie vor der Meinung, dass das mit Politik wenig zu tun hatte. Aber danach hat die Besatzungsmacht (...) nicht gefragt. Ich bin mir ziemlich sicher, dass mich ein Freund angeschwärzt hat. (...) Verhört haben sie uns, immer nachts. (...) Warum hat der Bauer die und der Bauer jene Kühe? (...) Mit Politik oder irgendeiner Parteizugehörigkeit hatte das wenig zu tun. (...) Wissen Sie, viel fragen mussten die eigentlich nicht, sie wussten ohnehin alles, manches besser als ich (...). Von wegen Verhandlung, mit Anwalt und Zeugen. Nicht einmal die eigene Mutter hätten sie an einen herangelassen.

Hanno Müller (Hg.), Recht oder Rache? Buchenwald 1945–1950. Betroffene erinnern sich, Frankfurt/Main 1991, S. 61f.

1 Erläutern Sie Ziele und Maßnahmen der sowjetischen Besatzungsmacht und der deutschen Kommunisten bei der Errichtung der „antifaschistisch-demokratischen Ordnung" (VT, M1, M2).

2 Nennen Sie Unterschiede zur Entwicklung in den Westzonen. Gehen Sie dabei besonders auf den Aufbau demokratischer Strukturen in Politik, Wirtschaft, Justiz und Verwaltung ein (VT, M1–M4).

3 Beschreiben Sie, wie die SED ihre führende Rolle in der SBZ durchsetzte und ausbaute (VT, M2).

4 Betrachten Sie M4 und bewerten Sie dabei den Ausspruch Walter Ulbrichts in M2: „Es muss demokratisch aussehen."

M4 *Sitz der Leitung der SED in Leipzig im Juni 1946.* Losungen für den Volksentscheid zur Enteignung der „Betriebe der Kriegs- und Naziverbrecher".

5 Eine Nation – aber zwei Staaten

M1 *Am 23. Mai 1949 unterzeichnete Konrad Adenauer* als Präsident des Parlamentarischen Rates das Grundgesetz, die Verfassung der Bundesrepublik Deutschland.

Auf dem Weg zur Teilung

Den Westmächten fiel es immer schwerer, sich mit der Sowjetunion auf eine gemeinsame Deutschlandpolitik zu verständigen. Deshalb nahmen sie Kurs auf eine stärkere Zusammenarbeit der Westzonen. Anfang 1947 schlossen sich die amerikanische und britische Zone zu einem „Vereinigten Wirtschaftsgebiet", der Bizone, zusammen. 1949 erweiterte die französische Zone den Zusammenschluss zur Trizone. Die Sowjetunion lehnte den Beitritt ab.

Währungsreform und Luftbrücke

Die beginnende Spaltung Deutschlands zeigte sich auch in der Wirtschaft: Im Juni 1948 führten die Westmächte in ihren Zonen mit der D-Mark eine neue Währung ein. Die Sowjetunion reagierte prompt. Sie führte in ihrer Zone ebenfalls eine neue Währung ein und blockierte die Zufahrtswege zu West-Berlin. Nahrungsmittel und andere Güter gelangten nicht mehr in die Westsektoren der Stadt. Ziel dieser Blockade war es, die Bevölkerung durch Hunger und Kälte gegen die westlichen Alliierten aufzuwiegeln und die Westmächte von ihren Plänen eines westdeutschen Teilstaates abzubringen. Der Versuch scheiterte jedoch am entschlossenen Handeln der Amerikaner und Briten. Diese versorgten die eingeschlossene Bevölkerung 462 Tage lang aus der Luft. Am 12. Mai 1949 beendete die Sowjetunion die Blockade.

Währungsreform
Sie ermöglichte die Wiederherstellung der durch die Inflation zerütteten Währungsstabilität. Die Währungsreform 1948 beendete eine zurückgestaute Inflation, die während der NS-Zeit entstanden war. Privatpersonen erhielten ein „Kopfgeld" von 60 DM. Inhabern privater Konten wurde für je zehn Reichsmark eine DM gutgeschrieben.

Das Grundgesetz der Bundesrepublik

Im Juli 1948 erteilten die drei westlichen Militärgouverneure den Auftrag, eine verfassungsgebende Versammlung zur Gründung eines westdeutschen Teilstaates einzuberufen. Ein Parlamentarischer Rat, gebildet aus Vertretern der Länder, arbeitete eine Verfassung – Grundgesetz genannt – aus.
Das Grundgesetz orientierte sich zwar an der Weimarer Verfassung, versuchte aber vor allem deren Schwächen zu vermeiden. So sind die Machtbefugnisse des Bundespräsidenten eingeschränkt, die des Bundeskanzlers erweitert. Parteien, die die freiheitlich demokratische Grundordnung gefährden, können vom Bundesverfassungsgericht verboten werden. Die Grund- und Menschenrechte nehmen im Grundgesetz eine herausragende Stellung ein.
Die Verkündung des Grundgesetzes am 23. Mai 1949 ist die Geburtsstunde der Bundesrepublik Deutschland. Im August 1949 wurde das Parlament, der deutsche Bundestag, gewählt. Erster Bundespräsident wurde Theodor Heuss, erster Bundeskanzler der Christdemokrat Konrad Adenauer. Die wirtschafts- und außenpolitischen Kompetenzen der Bundesregierung waren durch das Besatzungsstatut der Westalliierten anfangs noch wesentlich eingeschränkt.

Die Gründung der DDR

Am 7. Oktober 1949 setzte die Volkskammer, das Parlament der Deutschen Demokratischen Republik (DDR) – so nannte sich der ostdeutsche Staat –, die von einem Volksrat erarbeitete Verfassung in Kraft. Sie entsprach den Anforderungen einer parlamentarischen Demokratie. In der Praxis wurde aber auf die Bestimmungen wenig Rücksicht genommen. Die wichtigsten Ämter wurden SED-Politikern übertragen: Wilhelm Pieck wurde erster Staatspräsident, Otto Grotewohl erster Ministerpräsident der DDR.

M2 *Ein Historiker aus der Bundesrepublik Deutschland über die Blockade West-Berlins und die Luftbrücke:*

So kam es zur Luftbrücke, auf deren Höhepunkt alle 48 Sekunden ein „Rosinenbomber" auf den Berliner Flugfeldern landete. Es war, unerwartet für die Russen, eine technische Meisterleistung, für die es kein Vorbild gab. Stalin hat nicht damit gerechnet, dass die Moral der Berliner halten würde. Aber Ernst Reuter, der große Bürgermeister der Stadt, versammelte mehr als 300 000 Berliner vor dem Reichstag: „In Berlin ist es kalt, aber in Sibirien ist es kälter." Die Moral der Berliner hielt, und die Luftbrücke hielt auch. Am wichtigsten aber war die Entschlossenheit der Amerikaner (...).

Michael Stürmer, Die Sieger von 1945 und die deutsche Frage. In: Damals. Das Magazin für Geschichte und Kultur, Heft 5, Leinfelden-Echterdingen 1985, S. 443 f.

M3 *Im Grundgesetz sind 19 Grundrechte festgeschrieben, unter anderem:*

Art. 1: Die Würde des Menschen ist unantastbar. Sie zu achten und zu schützen ist Verpflichtung aller staatlichen Gewalt. (...)
Art. 2: Jeder hat das Recht auf Leben und körperliche Unversehrtheit. (...)
Art. 3: Alle Menschen sind vor dem Gesetz gleich. Männer und Frauen sind gleichberechtigt. (...)
Art. 6: Ehe und Familie stehen unter dem besonderen Schutz der staatlichen Ordnung. (...)
Art. 10: Das Briefgeheimnis sowie das Post- und Fernmeldegeheimnis sind unverletzlich. (...)
Art. 16a: Politisch Verfolgte genießen Asylrecht. (...)
Art. 17: Jedermann hat das Recht sich (...) mit Bitten oder Beschwerden an die zuständigen Stellen und an die Volksvertretung zu wenden.

Aus: Grundgesetz für die Bundesrepublik Deutschland.

M4 *„So – und achten Sie auf eine gute Erziehung."* Die Westmächte übergeben den Deutschen vorsichtig ihr „Baby" – die Bundesrepublik Deutschland (Federzeichnung von Mirko Szewczuk, 1949).

1 Erläutern Sie, warum die Westmächte und westdeutsche Politiker Kurs auf die Errichtung eines deutschen Teilstaates nahmen (VT).

2 Beschreiben Sie den Weg zur Gründung der beiden deutschen Staaten (VT, M1). Erläutern Sie dabei die Aussage der Karikatur (M4).

3 Erklären Sie, welche Bedeutung die Luftbrücke für die West-Berliner, die Deutschen und das Kräfteverhältnis der Großmächte hatte (VT, M2, M5).

4 Die historische Leistung der Verfasser des Grundgesetzes ist unumstritten. Worin besteht sie (VT, M3)?

M5 *Die „Rosinenbomber" kommen.* Umgerüstete Bomber und Transportflugzeuge der Westalliierten flogen jeden Tag über 4 500 Tonnen Lebensmittel und Heizmaterial nach West-Berlin. 78 Amerikaner, Briten und Deutsche starben dabei.

6 Markt- und Planwirtschaft

M1 *Volle Regale in den westdeutschen Läden.* Das Foto zeigt den ersten Selbstbedienungsladen in Deutschland.

Marktwirtschaft
Wirtschaftssystem, das freien Spielraum für unternehmerische Tätigkeiten gibt. Merkmale sind: Privateigentum, freie Berufswahl sowie der freie Wettbewerb. Bei der sozialen Marktwirtschaft korrigiert der Staat negative Auswirkungen des Wettbewerbs mit sozialen Sicherungssystemen.

Planwirtschaft
Wirtschaftssystem, in dem eine Behörde Planvorgaben für die Wirtschaft erarbeitet. Produktion, Verteilung der Waren, Löhne und Preise werden zentral geregelt. Das Privateigentum an Produktionsmitteln wird abgeschafft.

Wirtschaftsboom …

In den 1950er-Jahren setzte in der Bundesrepublik Deutschland ein beispielloser wirtschaftlicher Aufschwung ein. Rasch sprach man von einem „Wirtschaftswunder“. Für den Boom gab es viele Gründe: Die Gelder des Marshall-Planes (s. S. 322) ermöglichten den Unternehmern moderne Maschinen anzuschaffen, was eine gewaltige Steigerung der Produktion zur Folge hatte. Die Nachfrage nach hochwertigen Industrieprodukten auf dem Weltmarkt nahm Anfang der 1950er-Jahre sprunghaft zu. Dies förderte den Export deutscher Unternehmen und setzte Gelder für Investitionen frei. Zudem gab es in Deutschland ein Überangebot gut ausgebildeter leistungswilliger Arbeitskräfte.

… in der sozialen Marktwirtschaft

Letztlich hatte auch die Politik der sozialen Marktwirtschaft, eng mit dem Namen des Wirtschaftsministers Ludwig Erhard verbunden, großen Anteil am Wirtschaftsboom. Mit einem Netz sozialer Maßnahmen gelang es, die Bevölkerung gegen soziale Risiken abzusichern und für den wirtschaftlichen Aufbau zu motivieren. Flüchtlinge und Vertriebene erhielten mit dem „Lastenausgleich“ eine Entschädigung für verlorenen Besitz, die Altersrenten wurden erhöht. In den 1970er-Jahren kamen neue Sozialleistungen hinzu: Wohngeld für Familien mit niedrigem Einkommen, Stipendien für Studierende, Erziehungsgeld für Eltern. Das alles bewirkte eine spürbare Erhöhung des Lebensstandards.
Stützen des Aufschwungs waren auch Gewerkschaftsverbände und die Unternehmer: Die Gewerkschaften bewiesen viel Gespür dafür, welche Lohnforderungen gestellt werden konnten, ohne den Aufbau der Wirtschaft zu gefährden. Die Unternehmer nutzten die erwirtschafteten Gewinne für Investitionen. Dennoch: Ein „Wunder“ war der Aufschwung nicht. Er war nur möglich auf der Grundlage harter Arbeit, oft verbunden mit wenig Zeit für sich und die Familie.

Planwirtschaft in der DDR

In der DDR wurde die gesamte Wirtschaft vom Staat gelenkt, geplant und kontrolliert. Zentrale Planvorgaben schrieben vor, was die Betriebe zu produzieren hatten, was der Bevölkerung zum Kauf anzubieten sei und welche Waren exportiert werden sollten.
Grundlage der sozialistischen Planwirtschaft war das staatliche bzw. genossenschaftliche Eigentum an den Produktionsmitteln. Seit Beginn der 1950er-Jahre wurden immer mehr Betriebe widerrechtlich enteignet und in Staatsunternehmen, die sich Volkseigene Betriebe (VEB) nannten, überführt. Die Bauern wurden gezwungen, in Landwirtschaftliche Produktionsgenossenschaften (LPGs) einzutreten, sodass es 1961 in der DDR keine Privatbauern mehr gab. Auch Handwerker und kleine Gewerbetreibende mussten sich zu Genossenschaften zusammenschließen.
Trotz mancher Fortschritte in der Produktion und im Lebensstandard zeigte sich bald, dass die Planwirtschaft der sozialen Marktwirtschaft unterlegen war.

M2 *Bundeswirtschaftsminister Erhard sagte zum Wesen der sozialen Marktwirtschaft 1957:*

Eine freiheitliche Wirtschaftsordnung kann auf die Dauer nur dann bestehen, wenn und solange auch im sozialen Leben der Nation ein Höchstmaß an Freiheit, an privater Initiative und Selbstvorsorge gewährleistet ist. Wenn dagegen die Bemühungen der Sozialpolitik darauf abzielen, dem Menschen schon von der Stunde seiner Geburt an die volle Sicherheit gegen alle Widrigkeiten des Lebens zu gewährleisten (…), dann kann man von solchen Menschen einfach nicht mehr verlangen, dass sie das Maß an Kraft, Leistung, Initiative und anderen besten menschlichen Werten entfalten, das (…) die Voraussetzung einer auf die Initiative der Persönlichkeit begründeten „sozialen Marktwirtschaft" bietet. (…) Damit soll nicht geleugnet werden, dass eine auch noch so gute Wirtschaftspolitik in modernen Industriestaaten einer Ergänzung durch sozialpolitische Maßnahmen bedarf. (…) Es muss aber im ureigensten Interesse jeder organisierten Sozialpolitik liegen (…) Sorge zu tragen, dass die Prinzipien, nach denen die Wirtschaft geordnet ist, erhalten bleiben und weiter ausgebaut werden.

Ludwig Erhard, Wohlstand für alle, Düsseldorf 1957, S. 257.

M5 *Schlange stehen vor einem Geschäft in der DDR.* Technische Konsumgüter wie Fernsehapparate, Kühlschränke, Waschmaschinen, Autos waren schwer zu haben und stark überteuert. Auf einen „Trabant", das Standardauto in der DDR, musste man 12 Jahre warten.

M3 *rechts: Camping am Gardasee.* Der wachsende Lebensstandard erlaubte manchen Westdeutschen Urlaub in Südeuropa (Foto, 1964).

M4 *Statistische Angaben zum Lebensstandard in beiden deutschen Staaten 1982/83*

	DDR	BRD
Durchschnittliches monatliches Nettoeinkommen		
Arbeitnehmer	961 Mark	2160 DM
Rentner	398 Mark	1505 DM
Zum Kauf erforderliche Arbeitszeit (Std. : Min.)		
Herrenschuhe	27:53	5:55
Kühlschrank	293:16	40:00
PKW	3807:42	607:24
Roggenbrot	0:06	0:13
Eisenbahn-Wochenkarte	0:29	1:47
Wohnung		
Durchschnittliche Größe (qm)	58	98
Wohnungen mit Zentralheizung	36%	70%
Wohnungen mit Bad/Dusche	68%	92%

Nach: Zahlenspiegel, Bonn 1986, S. 75ff.

1 Erläutern Sie den Unterschied zwischen der sozialen Marktwirtschaft und der sozialistischen Planwirtschaft (VT).

2 Erklären Sie den Zusammenhang zwischen „freiheitlicher Wirtschaftsordnung" und der Notwendigkeit einer „organisierten Sozialpolitik" durch den Staat (M2).

3 Vergleichen Sie den Lebensstandard der Menschen in der Bundesrepublik Deutschland und der DDR (M1, M3–M5).

4 Nennen Sie Ursachen für den unterschiedlichen Lebensstandard der Ost- und Westdeutschen.

7 Die Wiedervereinigung rückt in weite Ferne

M1 *Am 9. Mai 1955 wird die Bundesrepublik Deutschland Mitglied der NATO.* Als 15. NATO-Staat hatte die Bundesrepublik damals noch keine Armee.

Pariser Verträge
heißen die Abkommen aus dem Jahr 1954 zwischen den westeuropäischen Staaten und der USA über die Stellung der Bundesrepublik innerhalb der westlichen Staatengemeinschaft. Die Pariser Verträge enthalten Bestimmungen über die Stationierung fremder Streitkräfte in der Bundesrepublik und über den Beitritt Westdeutschlands zur NATO.

Souveränität
bedeutet die rechtliche Unabhängigkeit eines Staates. Ein souveräner Staat beansprucht, dass sich niemand in seine inneren Angelegenheiten einmischt und er seine Außenpolitik selbst gestaltet.

Westintegration statt Wiedervereinigung

Nach der Spaltung Deutschlands in zwei Teilstaaten war die Mehrheit der Westdeutschen zunächst gegen eine rasche Wiedervereinigung. Der französische Politikwissenschaftler Alfred Grosser formulierte die Stimmung der Bevölkerung so: „Lieber keine Wiedervereinigung, die auch die geringste Gefahr eines kommunistischen Einflusses im wiedervereinigten Deutschland mit sich bringen würde."
Bundeskanzler Konrad Adenauer war der gleichen Meinung. Er wollte die Bundesrepublik eng an den Westen binden. Nur so könne eine Ausbreitung des kommunistischen Einflusses auch auf Westdeutschland verhindert werden. Folglich lehnten sowohl die Westmächte als auch die Bundesrepublik im Jahr 1952 einen Vorschlag der Sowjetunion ab, Verhandlungen über „die Errichtung eines wiedervereinigten demokratischen und neutralen Deutschlands" aufzunehmen.

Auf dem Weg zur Souveränität

Adenauers Ziel war es, die volle Unabhängigkeit der Bundesrepublik zu erreichen und sie in die Gemeinschaft der westlichen Staaten einzugliedern. Dies gelang in mehreren Schritten: Im Deutschlandvertrag 1952 erhielt die Bundesrepublik weitgehende außenpolitische Handlungsfreiheit. Sie wurde 1954 mit den Pariser Verträgen gleichberechtigtes Mitglied der westlichen Staatengemeinschaft und trat 1955 deren Militärbündnis, dem Nordatlantikpakt (NATO), bei. 1955 wurden die ersten Freiwilligen der Bundeswehr vereidigt und ein Jahr später beschloss der Bundestag die allgemeine Wehrpflicht.
Nicht alle Westdeutschen unterstützten die Politik Adenauers. Es kam zu heftigen Demonstrationen gegen die Wiederbewaffnung. Die SPD griff Adenauers Politik scharf an, weil sie, wie auch manche Teile der Bevölkerung, der Meinung war, die enge Bindung an den Westen rücke die Wiedervereinigung Deutschlands in weite Ferne.

Zweistaatentheorie

Bis 1954 zielte die Politik der DDR und der Sowjetunion auf die Wiedervereinigung Deutschlands ab. Beide Staaten waren aber nicht bereit, freie demokratische Wahlen in West- und Ostdeutschland zuzulassen. Mit der Verkündung der „Zweistaatentheorie" durch den sowjetischen Staatschef Nikita Chruschtschow 1955 erfolgte eine Neuorientierung in der Deutschlandpolitik. Die Sowjetunion und die DDR akzeptierten das Bestehen zweier unabhängiger deutscher Staaten: Die Wiedervereinigung sei allein deren Angelegenheit. Zudem sei eine Wiedervereinigung nur möglich, falls die Veränderungen in der DDR, wie die Enteignungen in der Industrie und Landwirtschaft und andere „sozialistische Errungenschaften", nicht rückgängig gemacht würden.

M2 *Aus der Regierungserklärung von Bundeskanzler Konrad Adenauer am 15.12.1954 zu den Pariser Verträgen:*

Das Vertragswerk macht die Bundesrepublik erst fähig, die Spaltung Deutschlands zu beseitigen und die sich mit der Wiedervereinigung stellenden Aufgaben zu bewältigen. (…) Die großen Mächte werden sich entsprechend ihren vertraglichen Verpflichtungen bei kommenden Verhandlungen für unsere Wiedervereinigung solidarisch einsetzen. (…) Sie erklären also, dass die Schaffung eines völlig freien und vereinigten Deutschlands durch friedliche Mittel ein grundlegendes Ziel ihrer Politik ist. Ich sehe nicht, (…) wie heute eine bessere Basis für die Wiedervereinigung Deutschlands gewonnen werden könnte.

Verhandlungen des deutschen Bundestages, 2. Wahlperiode 1953–1957, Band 22, 3135ff.

M3 *Aus der Antwort des Oppositionsführers Erich Ollenhauer (SPD):*

In Paris ist (…) festgelegt worden, dass neue Verhandlungen mit der Sowjetunion über das Problem der deutschen Wiedervereinigung erst nach der Ratifizierung [Anerkennung] der Verträge ins Auge gefasst werden sollen. Der Herr Bundeskanzler hat sich diese These (…) zu eigen gemacht (…). Damit ist eindeutig der Aufrüstung der Bundesrepublik der Vorrang vor der Wiedervereinigung gegeben worden. Diese Politik basiert auf der Annahme, dass ohne die Einheit des Westens erfolgreiche Verhandlungen mit der Sowjetunion nicht möglich seien (…). Die Interessen der Sowjetunion sind nicht identisch mit unseren deutschen Interessen, und ihre Argumente sind nicht unsere Argumente. Aber vergessen wir nie, die Sowjetunion ist eine der vier Besatzungsmächte, und ohne ihre Zustimmung und ohne ihre Mitwirkung ist eine Wiedervereinigung Deutschlands ebenso unmöglich wie ohne die Zustimmung und Mitwirkung der Westmächte.

Verhandlungen des deutschen Bundestages, 2. Wahlperiode 1953–1957, Band 22, 3135ff.

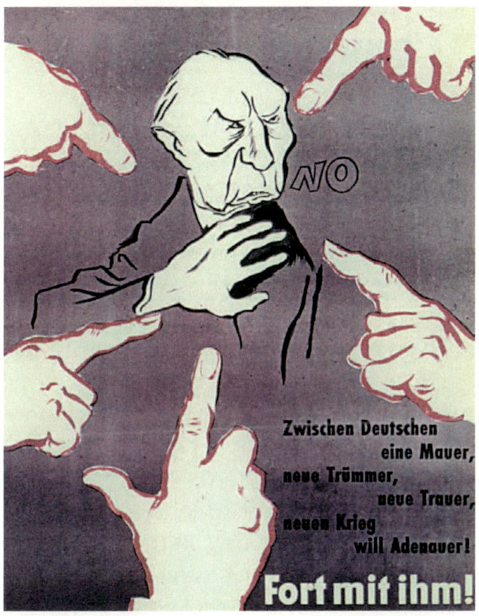

M4 *rechts: Jugendliche verbrennen einen Befehl zur Einberufung in die Bundeswehr.*

M5 *Westintegration und Wiederbewaffnung aus zweierlei Sichten.*
oben: Der Westen trotzt der Flut aus dem Osten (Westdeutsches Propagandaplakat, 1952).
unten: Fort mit Adenauer, der mit der Wiederbewaffnung Deutschland endgültig spaltet (Ostdeutsches Propagandaplakat, 1951/52).

1 Nennen Sie Gründe, warum die Mehrheit der Westdeutschen die Bindung an die westliche Staatengemeinschaft einer schnellen Wiedervereinigung vorzog (VT).

2 Erläutern Sie die Richtlinien der Außen- und Deutschlandpolitik der Bundesregierung und der Regierung der DDR bis Mitte der 1950er-Jahre (VT).

3 Welche Bedeutung haben die Pariser Verträge für die Wiedervereinigung? Arbeiten Sie die unterschiedlichen Auffassungen Adenauers und Ollenhauers heraus (M2, M3).

4 Vermuten Sie Gründe, warum viele Westdeutsche damals gegen die Wiederaufrüstung eintraten (M4).

5 Beschreiben und bewerten Sie die beiden Propagandaplakate (M5). Welche politischen Auffassungen werden sichtbar?

8 Schüsse und Stacheldraht

M1 *Mit Steinen gegen Panzer.* Der Aufstand am 17. Juni 1953 in Berlin.

Volksaufstand im Juni 1953

Die widerrechtlichen Enteignungen, die Beschränkung der persönlichen Freiheit, die Alleinherrschaft der SED und die schlechte Versorgungslage führten dazu, dass die Unzufriedenheit der Bevölkerung in der DDR wuchs. Hunderttausende machten sich auf den Weg in die Bundesrepublik, weil sie hofften, hier frei und wirtschaftlich besser leben zu können.

Am 16. Juni 1953 entlud sich die Unzufriedenheit: In Ost-Berlin gingen Bauarbeiter auf die Straße und forderten bessere Arbeits- und Lebensbedingungen sowie mehr Mitbestimmung in den Betrieben. Dabei blieb es nicht. Am nächsten Tag demonstrierten auch in anderen Städten, Dörfern und Industriegebieten Hunderttausende. Rufe nach freien Wahlen, Beseitigung der Vorherrschaft der SED, Meinungsfreiheit und Entlassung der politischen Häftlinge wurden laut. Die Polizei war machtlos. Nur mit Hilfe der sowjetischen Besatzungsmacht konnte der Aufstand nach zwei Tagen blutig niedergeschlagen werden. Dutzende waren während den Demonstrationen getötet worden oder wurden im Anschluss hingerichtet. Tausende Demonstranten wurden verhaftet und verurteilt.

Der Bau der Mauer im August 1961

Die Fluchtbewegung nach West-Berlin und Westdeutschland nahm auch in den folgenden Jahren nicht ab. Zwischen 1955 und 1961 flohen 1,5 Millionen DDR-Bürger. Die Abwanderung von Arbeitskräften fügte der Wirtschaft großen Schaden zu. Als im Sommer 1961 täglich fast 2000 Flüchtlinge ihr Land verließen, riegelten Soldaten der Nationalen Volksarmee (NVA) und bewaffnete Arbeiter der so genannten Kampfgruppen am 13. August mit Stacheldraht und Straßensperren die Grenze zu West-Berlin ab. In den nächsten Tagen und Wochen wurde die Grenze zu West-Berlin und zur Bundesrepublik mit einer Betonmauer, Grenzzäunen, Todesstreifen und Wachtürmen, später auch Minen und Selbstschussanlagen, fast unüberwindbar gemacht.

Die Grenzsoldaten der DDR hatten den Befehl, auf Flüchtlinge zu schießen. Bis zum Fall der Mauer gab es immer wieder Tote. Nach der Wiedervereinigung fanden mehrere Prozesse gegen die „Mauerschützen" statt. In der Öffentlichkeit wurde über die Schuldfähigkeit der Soldaten kontrovers diskutiert. Viele forderten vor allem diejenigen zu bestrafen, die den Schießbefehl zu verantworten hatten.

M2 *Forderungen von Teilnehmern des Aufstandes vom 17. Juni 1953 an die DDR-Regierung:*

Wir Werktätigen des Kreises Bitterfeld fordern von Ihnen:

1. Rücktritt der so genannten Deutschen Demokratischen Regierung, die sich durch Wahlmanöver an die Macht gebracht hat.
2. Bildung einer provisorischen Regierung aus den fortschrittlichen Werktätigen.
3. Zulassung sämtlicher großen demokratischen Parteien Westdeutschlands.
4. Freie, geheime, direkte Wahlen in vier Monaten.
5. Freilassung sämtlicher politischen Gefangenen (direkt politischer, so genannter Wirtschaftsverbrecher und konfessionell Verfolgter).
6. Sofortige Abschaffung der Zonengrenze und Zurückziehung der Vopo [Volkspolizei].
7. Sofortige Normalisierung des sozialen Lebensstandards.
8. Sofortige Ablösung der so genannten Nationalarmee [Nationalen Volksarmee].
9. Keine Repressalien gegen einen Streikenden.

Ilse Spittman-Rühle/Karl Wilhelm Fricke, 17. Juni 1953, Köln 1982, S. 15.

M3 *Unterschiedliche Sichten auf den Volksaufstand in der DDR*

a) Ein Augenzeuge berichtet:

Gegenüber dem Regierungsgebäude (...) standen Tausende auf den nicht abgeräumten Trümmern. Von dort her wurden immer noch Steine geschleudert. (...) Die Masse der Demonstranten verhielt sich ziemlich diszipliniert. Die Vorderen schrien auf die Volkspolizei ein und versuchten sie auf ihre Seite zu ziehen. „Schämt ihr euch nicht", hörte ich einen Hünen mit Bärenstimme brüllen, „diese Strolche auch noch zu verteidigen? Das will eine Arbeiterregierung sein, die sich vor uns verschanzt? Werft die Russenuniform weg und macht mit uns mit!"

Fritz Schenk, Im Vorzimmer der Diktatur – Zwölf Jahre Pankow, Köln 1962, S. 220 ff.

M4 *Demonstrierende Bauern in Jessen am 17. Juni 1953.* Nicht nur die Stadtbevölkerung protestierte.

b) Die SED-Zeitung „Neues Deutschland" schrieb:

Als ein Panzer über den Alexanderplatz rollte, schrien die Provokateure auf. Mit Wut entstellten Gesichtern und weichen Knien starrten sie auf das erhobene Rohr. Zwei Halbstarke griffen zu Steinen und warfen sie auf den Panzer. Unberührt rollte der Panzer weiter, nicht einmal eine Schramme blieb zurück. Der Sowjetsoldat schaute angeekelt auf diese widerlichen Gestalten, in die verlebten vom Laster gezeichneten Gesichter.

Neues Deutschland, Ost-Berlin, 28. Juni 1953.

M5 *Die thüringische Zeitung „Das Volk" schreibt am 19. Juni 1953:*

Hiermit wird mitgeteilt, dass der Einwohner der Stadt Jena, Alfred Diener, einer der aktivsten Organisatoren von Provokationen und Unruhen in der Stadt Jena am 17. Juni 1953 auch (ein) Teilnehmer der gegen die Staatsorgane und Bevölkerung gerichteten verbrecherischen Handlungen ist.

Diener ist zum Erschießen verurteilt. Das Urteil ist vollstreckt worden.

Der sowjetische Militärkommandant

„Das Volk" vom 19. Juni 1953.

M6 *Grenzsicherungsanlagen der DDR:*
(1) Grenzverlauf mit Grenzsteinen (2) Grenzhinweisschild bzw. Grenzpfahl (3) Grenzsäule der DDR (4) Geländestreifen (5) Metallgitterzaun (6) Durchlass (7) Kraftfahrzeug-Sperrgraben (8) Spurensicherungsstreifen (9) Kolonnenweg mit Fahrspurplatten (10)–(12) Beton-Beobachtungstürme (13) Beobachtungsbunker (14) Beobachtungsbunker mit Schalteinrichtungen (15) Lichtsperre (16) Anlage für erdverkabeltes Grenzmeldenetz (17) Laufanlage für Hunde (18) Freilaufanlage für Hunde (19) Schutzstreifenzaun mit elektronischen und akustischen Signalanlagen (20) Betonsperrmauer mit Sichtblenden (21) Tor im Schutzstreifenzaun mit Signaldrähten (22) Stolperdrähte (23) Kontrollpassierpunkt zur Sperrzone (24) Hinweisschild auf Beginn des Schutzstreifens

M7 *DDR-Flüchtlinge nach Westdeutschland und West-Berlin von 1949–1962*

Jahr	*Zahl*
1949	129 245
1950	197 788
1951	165 648
1952	182 393
1953	331 390
1954	184 198
1955	252 870
1956	279 189
1957	261 622
1958	204 092
1959	143 917
1960	199 188
1961	207 026
1962	21 356
Gesamt	2 759 932

M8 *1963 äußert sich ein Mitglied des SED-Zentralkomitees vor Grenzsoldaten:*
Ich sage, jeder Schuss aus der Maschinenpistole eines unserer Grenzsicherungspolizisten zur Abwehr solcher Verbrechen [gemeint ist Flucht aus der DDR] rettet in der Konsequenz Hunderte von Kameraden, rettet Tausenden Bürgern der DDR das Leben und sichert Millionenwerte an Volksvermögen. Ihr schießt nicht auf Brüder und Schwestern, wenn ihr mit der Waffe den Grenzverletzer zum Halten bringt. Wie kann das euer Bruder sein, der die Republik verrät, der die Macht des Volkes antastet!
Zit. nach: „Volksarmee" Nr. 41/1963, Berlin, S. 217.

M9 *Ein in die Bundesrepublik geflüchteter Leutnant der Grenztruppen sagte aus:*
Die interne Regelung der Grenztruppen in Hinsicht auf den Schießbefehl ist wesentlich klarer als die Formulierungen des Grenzgesetzes. Im täglichen Befehl heißt es immer noch: „Sie sind eingesetzt (...) mit der Aufgabe, Grenzdurchbrüche in beide Richtungen nicht zuzulassen, Grenzverletzer aufzuspüren, festzunehmen oder zu vernichten." (...) Ebenso ist in allen militärischen Dienst-

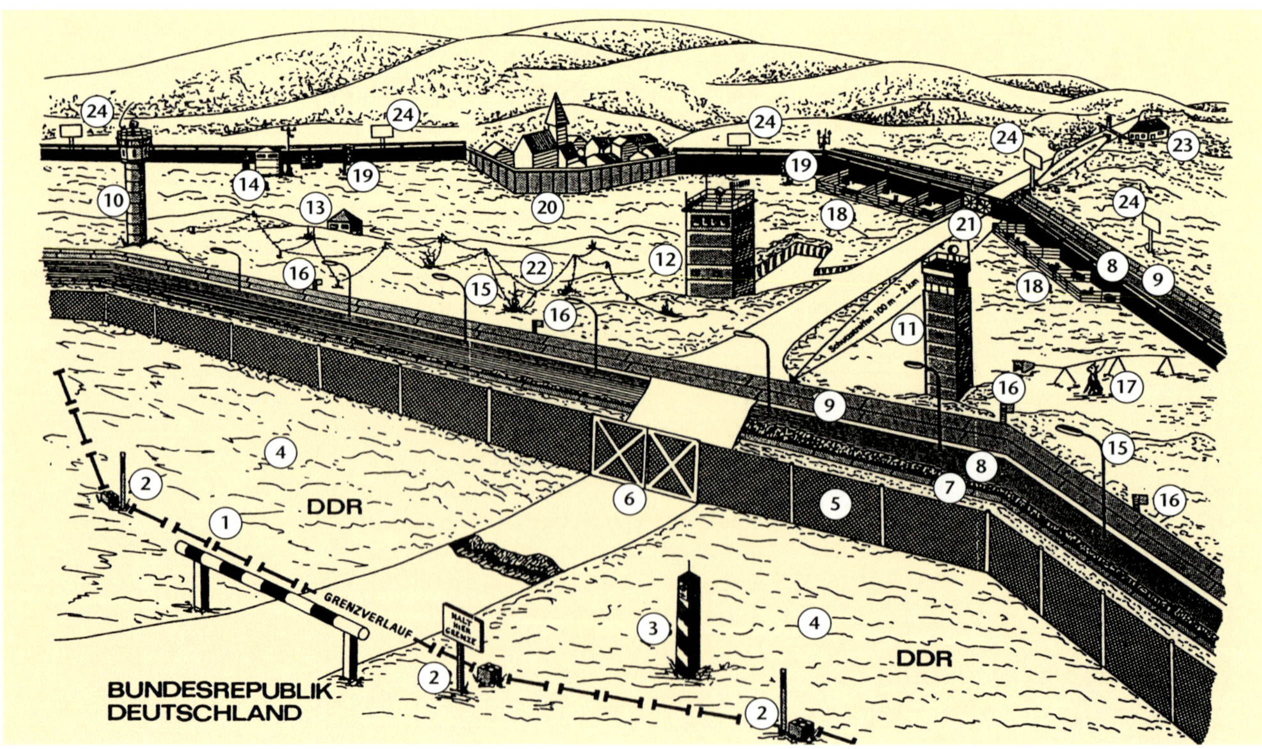

M12 *Mauerbau in Berlin im August 1961.* Links der Mauer: Ost-Berlin, rechts: West-Berlin.

vorschriften die Formulierung „vernichten" zu finden. In Schulungen wird immer wieder deutlich gemacht, dass ein Toter an der Grenze wesentlich besser als ein verletzter Flüchtling im Westen ist.

Jürgen Rühle/Gunter Holzweißig, 13. August 1961. Die Mauer von Berlin, Köln 1988, S. 152.

M10 *Mauerwächter,* wie sie der bundesdeutsche Karikaturist Oskar sah.

M11 *Klaus W. lebte 1961 in einem Ost-Berliner Vorort unmittelbar an der Mauer. Er erinnert sich im Jahre 1999:*

Wir sind 1961 im September nach Glienicke gezogen, also genau nach der Zeit, als die Mauer gebaut wurde. Unser Grundstück lag genau an der Mauer. (...) Die Nachbarn auf der Westseite kannten wir nicht mehr. Man konnte zwar rübergucken und auch mit Steinen schmeißen, kennen gelernt haben wir sie aber erst nach dreißig Jahren. (...) Meine ganze Kindheit und Jugend habe ich also an der Mauer verbracht. Das war nicht immer einfach, wir durften zum Beispiel keine Kinder mit nach Hause bringen, mein eigener Kumpel, mein Klassenkamerad, konnte mich nicht besuchen, weil unser Haus im Grenzgebiet lag. (...) Die Verwandtschaft musste, wenn Geburtstag oder Ähnliches war, vier bis sechs Wochen vorher einen Antrag stellen. (...) Die Grenzer sind sogar jeden Sonnabend gekommen, um im Keller die Wände abzuklopfen, ob irgendwo ein Tunnel gegraben wurde.

Aufgezeichnet von Frank Schirrmeister, Klaus W. und die britische Schokolade. In: PZ intern, Nr. 97, März 1999, Bonn 1999, S. 26.

1 Nennen Sie die Ursachen für den Volksaufstand in der DDR. Welche Ziele hatten die Aufständischen (VT, M2, M4)?

2 Erläutern Sie die Rolle der sowjetischen Besatzungsmacht im Juni 1953 (VT, M1, M3, M5).

3 Vergleichen Sie die Darstellung des Aufstandes in den DDR-Zeitungen (M3b, M5) mit den Materialien M1, M3a und M4.

4 Erläutern Sie die Ursachen für den Mauerbau (VT, M7).

5 Beschreiben Sie die Folgen des Mauerbaus für die Menschen in beiden deutschen Staaten (VT, M6, M11, M12).

6 Beschreiben Sie die Grenzsicherungsanlagen der DDR (M6).

7 In der DDR wurde die Mauer offiziell als „antifaschistisch-demokratischer Schutzwall" bezeichnet. Überlegen Sie, was mit diesem Begriff ausgedrückt werden sollte.

8 Diskutieren Sie in der Klasse, wer die Verantwortung für die Toten an der Mauer zu tragen hat. Gehen Sie dabei auf M6, M8 und M9 ein.

9 Die Einheit der Nation erhalten

M1 *Erstes Wiedersehen in Ost-Berlin zwei Jahre nach dem Mauerbau.* Ein Passierscheinabkommen ermöglichte West-Berlinern Verwandte und Bekannte zum Weihnachtsfest 1963 zu besuchen.

Gespannte Beziehungen

Nach dem Bau der Mauer verhärteten sich die Standpunkte der beiden deutschen Regierungen. Die von der CDU geführte Bundesregierung beanspruchte, allein alle Deutschen zu vertreten. Sie sei – anders als die DDR-Regierung – die alleinige frei gewählte Vertretung des deutschen Volkes. Zu Staaten, die die DDR völkerrechtlich anerkannten, brach die Bundesrepublik in dieser Zeit die diplomatischen Beziehungen ab.
Die ostdeutsche Regierung dagegen forderte die Anerkennung der DDR als gleichberechtigten souveränen deutschen Staat. Die Abgrenzung zur Bundesrepublik wurde vorangetrieben. Im „Gesetz über die Staatsbürgerschaft der DDR" vom Februar 1967 wurde betont, dass es zwei deutsche Staatsbürgerschaften gebe. Die DDR führte im Reiseverkehr zwischen der Bundesrepublik bzw. West-Berlin und der DDR den Pass- und Visumzwang ein. „Westbesucher" mussten für jeden Tag ihres Aufenthaltes in der DDR eine bestimmte Summe Geld umtauschen.

Die Mauer wird durchlässiger

Unter dem neuen Bundeskanzler Willy Brandt (SPD) kam es 1969 zu einer Wende in den Beziehungen beider deutscher Staaten. Brandt wollte ein weiteres Auseinanderleben der Deutschen verhindern und suchte nach Wegen, um trotz staatlicher Teilung den Zusammenhalt der deutschen Nation zu wahren. Beide deutsche Regierungen führten Gespräche. Wichtigstes Ergebnis war der Grundlagenvertrag von 1972, in dem die Bundesrepublik und die DDR wechselseitig ihre Grenzen anerkannten. In einer Ergänzung des Vertrages bekräftigte die Bundesregierung, dass für sie die DDR kein Ausland sei. Eine eigene Staatsbürgerschaft der DDR – wie es in der DDR-Verfassung vom April 1968 stand – könne es nicht geben.

Was wird mit der Wiedervereinigung?

Von 1972 bis 1989 wurden mehr als 30 Abkommen zwischen beiden deutschen Staaten geschlossen. Trotz mancher Fortschritte waren die Beziehungen zwischen den beiden Staaten nicht „normal". Die meisten DDR-Bürger konnten Verwandte und Freunde in der Bundesrepublik nicht besuchen. An der innerdeutschen Grenze schossen DDR-Soldaten weiter auf Flüchtlinge.
Die Politik der Regierung Brandt stieß bei der Opposition und bei den Heimatvertriebenen auf heftigen Widerstand. Diese meinten, die Zugeständnisse würden die DDR nur aufwerten und damit die Wiedervereinigung erschweren.
Doch auch die CDU/FDP-Regierung unter Bundeskanzler Helmut Kohl führte ab 1982 die Verständigungspolitik mit der DDR fort. 1987 wurde der Staatsratsvorsitzende der DDR, Erich Honecker, zu einem offiziellen Besuch in Bonn empfangen. Die Wiedervereinigung Deutschlands als politisches Ziel verlor immer mehr an Bedeutung. Viele Deutsche in West und Ost hatten sich mit der Teilung abgefunden.

M2 *Aus dem Grundlagenvertrag vom 21. Dezember 1972:*

Die Hohen Vertragschließenden Seiten (...) unbeschadet der unterschiedlichen Auffassungen zu grundsätzlichen Fragen, darunter zur nationalen Frage; geleitet von dem Wunsch, zum Wohle der Menschen in beiden deutschen Staaten die Voraussetzungen für die Zusammenarbeit zwischen der Bundesrepublik Deutschland und der Deutschen Demokratischen Republik zu schaffen, sind wie folgt übereingekommen:

Art. 1: Die Bundesrepublik Deutschland und die Deutsche Demokratische Republik entwickeln normale gutnachbarliche Beziehungen zueinander auf der Grundlage der Gleichberechtigung. (...)

Art. 4: Die Bundesrepublik Deutschland und die Deutsche Demokratische Republik gehen davon aus, dass keiner der beiden deutschen Staaten den anderen international vertreten oder in seinem Namen handeln kann. (...)

Art. 6: Sie respektieren die Unabhängigkeit und Selbstständigkeit jedes der beiden Seiten in seinen inneren und äußeren Angelegenheiten.

Art. 7: Die Bundesrepublik Deutschland und die Deutsche Demokratische Republik erklären ihre Bereitschaft, im Zuge der Normalisierung ihrer Beziehungen praktische und humanitäre Fragen zu regeln.

Ingo von Münch (Hg.), Dokumente des geteilten Deutschland. Bd. II, Stuttgart 1974, S. 301 ff.

M3 *„Gewiss nicht komfortabel, aber statt des Seils doch immerhin ein Brett!“* (Karikatur zum Grundlagenvertrag, 1972)

M6 *Die nationale Frage und die Deutschen* (Karikatur von Erich Köhler, 1948)

M4 *Einige Vereinbarungen zwischen der Bundesrepublik und der DDR:*

14.3.1974: Errichtung „Ständiger Vertretungen“ der Bundesrepublik und der DDR in Ost-Berlin und Bonn.

19.12.1975: Erneuerung der Autobahn zwischen Berlin und Marienborn, die Bundesrepublik zahlt eine Transitpauschale.

16.11.1978: Abkommen über Verkehrsfragen (u. a. Autobahnausbau Hamburg-Berlin) und über den Zahlungsverkehr.

25.3.1982: DDR-Bürger im arbeitsfähigen Alter dürfen in „dringenden Familienangelegenheiten“ in die Bundesrepublik reisen.

29.6.1983: Die Bundesregierung bürgt für einen Milliarden-Kredit an die DDR.

6.5.1985: Kulturabkommen auf den Gebieten Kunst, Bildung, Wissenschaft.

6.10.1986: Erste deutsche Städtepartnerschaft zwischen Eisenhüttenstadt und Saarlouis.

vom Autor zusammengestellt

M5 *Aus einer Umfrage in der Bundesrepublik zur Frage: Ist die Wiedervereinigung Deutschlands*

	wünschenswert	real zu erwarten?
1956	85%	66%
1985	79%	11%
1987	80%	3%

1 Erläutern Sie die Deutschlandpolitik der beiden deutschen Regierungen nach dem Bau der Mauer (VT).

2 Beschreiben Sie die neuen Grundsätze der Regierung Brandt in der Deutschlandpolitik (VT).

3 Kennzeichnen Sie die Bedeutung des Grundlagenvertrages (M2). Beschreiben Sie anhand der Karikatur (M3) die Sicht des Zeichners zum Grundlagenvertrag.

4 Legen Sie dar, was die politischen Gegner Brandts an dessen Deutschlandpolitik kritisieren (VT).

5 Welche Folgen hatten die Abkommen zwischen beiden deutschen Regierungen für das Zusammenleben der Ost- und Westdeutschen, aber auch für die Wirtschaft der DDR (M1, M4)?

6 Beschreiben Sie die Hoffnungen und Erwartungen der Deutschen an die Wiedervereinigung (VT, M5, M6).

10 Freundschaft und Aussöhnung

M1 *Mit einem Händedruck besiegeln Charles de Gaulle und Konrad Adenauer* am 22. Januar 1963 den deutsch-französischen Freundschaftsvertrag in Paris. Der Vertrag sollte die Aussöhnung zwischen dem deutschen und dem französischen Volk einleiten.

NATO
ist das 1949 gegründete Militärbündnis des Westens unter Führung der USA.

Warschauer Pakt
hieß das 1955 gegründete Militärbündnis des Ostblocks unter Führung der UdSSR.

Aus „Erbfeinden" werden Freunde

Die Bundesrepublik Deutschland und Frankreich waren in der westlichen Staatengemeinschaft zu gleichberechtigten Bündnispartnern geworden. Jetzt gab es eine Chance, die Jahrhunderte lange „Erbfeindschaft" zwischen dem deutschen und dem französischen Volk zu beenden. Die Verständigung zwischen Deutschen und Franzosen war zugleich eine wichtige Voraussetzung für den Aufbau einer demokratischen europäischen Staatengemeinschaft. In Gesprächen mit dem französischen Staatspräsidenten Charles de Gaulle bereitete Bundeskanzler Adenauer die Aussöhnung vor. Am 22. Januar 1963 unterzeichneten beide Staatsmänner einen Vertrag über Freundschaft und Zusammenarbeit.
Dieser Vertrag war die Grundlage für vielfältige Begegnungen zwischen Deutschen und Franzosen. Jugendaustausch und Städtepartnerschaften helfen dabei bestehende Vorurteile immer weiter abzubauen. Der Gedankenaustausch zwischen deutschen und französischen Regierungen zu wichtigen politischen Fragen ist mittlerweile eine Selbstverständlichkeit. Die deutsch-französische Zusammenarbeit wurde so zu einem festen Bestandteil europäischer Politik.

Aus Gegnern werden Partner

Die Beziehungen der Deutschen zu den osteuropäischen Völkern waren zunächst durch die NS-Verbrechen sowie den Streit über die Anerkennung der Oder-Neiße-Grenze belastet. Im Potsdamer Abkommen hatten die Siegermächte unter dem Vorbehalt „einer endgültigen Regelung durch einen Friedensvertrag" die Oder-Neiße-Linie als Westgrenze Polens bestimmt. Vertriebene und Flüchtlinge aus den ehemaligen deutschen Ostgebieten meldeten immer wieder Ansprüche auf Entschädigung für verlorenes Eigentum an.
Die Regierung von Bundeskanzler Willy Brandt schloss zwischen 1970 und 1973 nach langen Verhandlungen Verträge mit der Sowjetunion, Polen und der Tschechoslowakei. Darin erkannte sie die seit dem Ende des Zweiten Weltkrieges bestehenden Grenzen an und versicherte, keine Gebietsansprüche zu stellen. Wie Adenauers Westpolitik sollten diese Verträge eine Ära der Verständigung und Zusammenarbeit mit den osteuropäischen Nachbarn einläuten. Sie bildeten zudem die Grundlage für innerdeutsche Verhandlungen mit der DDR. Die Verträge waren innenpolitisch umstritten, wurden insbesondere von den Heimatvertriebenen heftig kritisiert, bedeuteten sie doch einen endgültigen Verzicht auf ehemalige Ostgebiete.

Neue Bündnispartner

Nach dem Zerfall des Ostblocks und der Auflösung seines Militärbündnisses, dem Warschauer Pakt, erreichten die Beziehungen zwischen dem wiedervereinten Deutschland und den osteuropäischen Völkern eine neue Qualität.
Auf staatlicher Ebene wurden aus den ehemaligen Gegnern Partner: Polen, die Tschechische Republik und Ungarn sind seit 1999 Mitglieder der NATO. Im Mai 2004 traten diese drei Staaten, dazu auch die Slowakei, Slowenien, Litauen, Lettland und Estland, der Europäischen Union bei.

M2 *Unterschiedliche Meinungen zum Warschauer Vertrag*

a) Bundeskanzler Brandt (SPD) in einer Fernsehansprache am 7. Dezember 1970:

Ich bin für den Vertrag mit der Volksrepublik Polen, weil er das Fundament für eine friedliche Zukunft schafft. Er gibt uns die Möglichkeit der Verständigung und Zusammenarbeit. Dem polnischen Volk gibt der Vertrag die Gewissheit, dass es in gesicherten Grenzen leben kann. (...) Der Vertrag bedeutet selbstverständlich nicht, dass Unrecht nachträglich legitimiert wird. Er bedeutet also auch keine Rechtfertigung der Vertreibung. Worum es geht, ist der ernste Versuch ein Vierteljahrhundert nach dem Krieg der Kette des Unrechts politisch ein Ende zu setzen. Auch für die Westgrenze Polens gilt: Es gibt weder Entspannung noch gesicherten Frieden in Europa, wenn wir nicht ausgehen von der Lage, wie sie ist. (...) Unserem Volk wird nicht heute, aus heiterem Himmel, ein Opfer abverlangt. Dies hat längst gebracht werden müssen als Ergebnis der Verbrechen Hitlers.

Texte zur Deutschlandpolitik, Bd. VI, Bonn 1972, S. 214ff.

b) In einem Entschließungsantrag formulierte die CDU/CSU-Fraktion 1970 ihre Bedenken zum Warschauer Vertrag:

Der Deutsche Bundestag bittet das polnische Volk und alle europäischen Nachbarn um Verständnis für seine Pflicht und Entschlossenheit uneingeschränkt an dem Recht des deutschen Volkes auf freie Selbstbestimmung und auf eine frei vereinbarte friedensvertragliche Regelung für ganz Deutschland festzuhalten.

Die endgültige Festlegung der deutschen Grenzen kann nur im Zusammenhang mit dieser friedensvertraglichen Regelung geschehen. Ihre Grundlage muss das Recht der Polen auf gesicherte Grenzen und das Recht der Deutschen auf gesicherte Freiheit und Einheit sein.

Texte zur Deutschlandpolitik, Bd. VI, Bonn 1972, S. 214ff.

M3 *Bundeskanzler Willy Brandt vor dem Mahnmal der Opfer des Warschauer Ghettos.* Diese Geste als Ausdruck der Achtung vor den Opfern, der Betroffenheit und des Versöhnungswillens erregte weltweites Aufsehen.

1 Mit dem deutsch-französischen Vertrag 1963 beginnt eine neue Epoche in den Beziehungen zwischen Deutschen und Franzosen. Erklären Sie, warum das so ist (VT, M1).

2 Erläutern Sie die Argumente Brandts für einen Vertragsabschluss mit Polen (M2a). Wie erklären Sie sich sein Verhalten am Mahnmal der Opfer des Warschauer Ghettos (M3)?

3 Welche Gründe führten die Gegner Brandts für die Ablehnung des Warschauer Vertrages an (M2b)?

M4 *Menschliche Erleichterungen.* – Was kritisiert die Karikatur von 1973 an der neuen Ostpolitik?

11 Die Gesellschaft verändern – Protest in West und Ost

M1 *Studentendemonstration am 18. Februar 1968 in West-Berlin*

APO
Kurzform für außerparlamentarische Opposition. Während der Zeit der Großen Koalition entstandene Gruppen, die vor allem aus Jugendlichen und Studenten bestanden. Sie fühlten sich von den politischen Parteien im Bundestag nicht vertreten und versuchten mit Protesten und Demonstrationen gesellschaftliche Veränderungen zu erreichen.

Studentenbewegung im Westen

1966 brachten die Wahlen in der Bundesrepublik eine Große Koalition: Die Volksparteien CDU/CSU und SPD übernahmen gemeinsam die Regierung. Das Fehlen einer wirksamen Opposition im Bundestag führte zur Bildung der so genannten außerparlamentarischen Opposition (APO). Vor allem Studenten aber auch Schüler, Schriftsteller und Gelehrte protestierten außerhalb des Parlaments – auf der Straße, an den Universitäten und Hochschulen – gegen die gesellschaftlichen Zustände. Ihre Ziele waren vielfältig: Sie demonstrierten gegen den Vietnamkrieg der USA, das atomare Wettrüsten und für mehr Mitbestimmung an Schulen und Universitäten. Sie verurteilten auch den Lebensstil und das Lebensgefühl der älteren Generation und wollten sich nicht mehr bevormunden lassen. Viele Jugendliche hinterfragten das Verhalten der Eltern und Großeltern während der NS-Zeit. Die junge Generation warf den Älteren vor, nichts gegen den Terror der Nationalsozialisten unternommen zu haben.

Die Studentenproteste heizten das innenpolitische Klima mächtig auf. Nicht selten mündeten die Demonstrationen in Straßenschlachten mit der Polizei. Höhepunkt der Auseinandersetzungen war ein Attentat auf den Studentenführer Rudi Dutschke, das zu den schwersten Krawallen der Nachkriegsgeschichte führte.

„Klimawechsel" in der Gesellschaft

Die Mehrzahl der Bundesbürger distanzierte sich von der APO. Diese verlor zwar an Bedeutung und stellte Ende der 1960er-Jahre ihre Aktionen ein, sie hinterließ aber deutliche Spuren in der bundesdeutschen Gesellschaft. Das politische und gesellschaftliche „Klima" hatte sich Anfang der 1970er-Jahre mächtig gewandelt. Immer mehr Bürgerinnen und Bürger waren jetzt bereit, sich politisch zu engagieren – in Bürgerinitiativen oder in der Umwelt-, Friedens- und Frauenbewegung.
Die „Grünen" – ursprünglich eine Bewegung, die für den Schutz der Umwelt und den Ausstieg aus der Nutzung der Atomenergie eintrat – fanden immer mehr Anhänger und etablierten sich als politische Partei. Im Jahr 1983 entsandte sie erstmals Abgeordnete in den Bundestag, 1998 beteiligte sie sich an der Regierung.

Mit Terror die Gesellschaft verändern?

Aus einer Splittergruppe der APO-Protestbewegung hatte sich nach 1968 die terroristische Organisation „Rote-Armee-Fraktion" (RAF) entwickelt. Nach der Ermordung des Industriellen Schleyer durch die RAF und dem Selbstmord führender inhaftierter Terroristen entbrannte in der Bundesrepublik eine Diskussion darüber, bis zu welchem Grad der demokratische Rechtsstaat berechtigt ist, bei der Bekämpfung von Gewalttätern die Grenzen der Rechtsstaatlichkeit einzuschränken. Der Terror der RAF wurde von fast allen Bürgerinnen und Bürgern verurteilt. 1998 löste sich die RAF schließlich auf.

M2 *Protestdemonstration in Ost-Berlin gegen die Fälschung der Ergebnisse der Kommunalwahlen vom Mai 1989*

Jugendprotest im Osten

In der DDR hatte die Mehrzahl der Jugendlichen keine materiellen Sorgen. Die berufliche Entwicklung war gesichert, Arbeitslosigkeit gab es nicht. Fast 87 Prozent der Jugendlichen waren 1987 in der Freien Deutschen Jugend (FDJ) organisiert. Der einzige zugelassene Jugendverband stand unter direkter Kontrolle der SED. Die FDJ nahm ständigen Einfluss auf die Jugendlichen – im Studium, im Berufsleben, in den Armeeeinheiten, aber auch bei der Freizeitgestaltung. Die Verbundenheit der FDJ mit der SED und dem Staat sollte der Bevölkerung mit gewaltigen Aufmärschen und Kundgebungen demonstriert werden. Doch die zur Schau gestellte Eintracht von Jugend und Partei war trügerisch. Die Realitätsfremde der Partei- und Staatsfunktionäre mit Erich Honecker an der Spitze, die alle Reformbestrebungen für mehr Demokratie und Freiheit ablehnten, führte dazu, dass vor allem Jugendliche in den 1980er-Jahren gegen die Verletzung der Bürger- und Menschenrechte protestierten. Sie fanden in den Bürgerrechtsbewegungen und besonders in der evangelischen Kirche eine politische Heimat.

Widerstand in der DDR

Beschränkung und Verletzung der Bürger- und Menschenrechte, wie Meinungs- und Reisefreiheit, Überwachung und Diskriminierung kritischer Bürger durch Mitarbeiter des Staatssicherheitsdienstes und Berufsverbote, erzeugten bei nicht wenigen Bürgerinnen und Bürgern in der DDR Widerspruch und manchmal auch Widerstand. Aktiver Widerstand war allerdings gefährlich, endete oft mit Gefängnisstrafen und blieb lange die Ausnahme.

Anfang der 1980er-Jahre änderte sich dies. Es bildeten sich Gruppierungen – oft unterstützt von Pfarrern der evangelischen Kirche –, die für Menschenrechte, Frieden und den Erhalt der Umwelt eintraten. Diese setzten sich auch mit gesellschaftlichen Missständen in der DDR auseinander und unterstützten Bürger, die wegen staatskritischer Handlungen – der Antrag auf Ausreise in die Bundesrepublik oder die Verweigerung des Wehrdienstes an der Waffe gehörten dazu – überwacht, diskriminiert oder verhaftet wurden. Die Staatsorgane und Gerichte gingen mit großer Härte gegen Mitglieder der Oppositionsgruppen vor. Berufsverbote und Haftstrafen häuften sich.

Freie Deutsche Jugend (FDJ)

1946 gegründet, war die FDJ die einzige zugelassene Jugendorganisation in der DDR. Von der SED stark beeinflusst hatte die FDJ das Ziel, die Jugendlichen für den Aufbau des Sozialismus zu motivieren. Mitbegründer und langjähriger Vorsitzender der FDJ war Erich Honecker.

Ministerium für Staatssicherheit (MfS, „Stasi")

85 000 hauptamtliche und über 100 000 „inoffizielle" Mitarbeiter des DDR-Ministeriums bespitzelten die Menschen in der DDR in allen Lebensbereichen, auch in der Privatsphäre. Wer sich der SED-Herrschaft widersetzte, konnte verhaftet und bestraft werden.

M3 *Hamburger Wohngemeinschaft 1968.* Protestplakate und die Büste des chinesischen Kommunistenführers Mao gehörten zur Wohnungseinrichtung.

M5 *Das Magazin „Der Spiegel“ zu den Ausschreitungen nach dem Attentat auf den Studentenführer Rudi Dutschke:*

Es kam zu Straßenschlachten, wie sie Westdeutschland seit der Weimarer Republik nicht mehr gekannt hatte. Auf der Strecke blieben zwei Tote, über 400 Schwer- und Leichtverletzte und der Anspruch der Bundesrepublik, ein intakter Staat zu sein. (...) Unmittelbar nach dem Mordanschlag auf Rudi Dutschke zogen linke Studenten vor das Westberliner Springer-Haus in der Kochstraße an der Mauer. Steine ließen die Hochburg der Verdummung und Verhetzung zerklirren. Vertriebswagen wurden in Brand gesteckt. 800 Kilometer entfernt drangen 300 Studenten in das Münchner Buchgewerbehaus ein, wo „Bild“ für Süddeutschland redigiert und gedruckt wird. In den Redaktionsräumen rissen Stoßtrupps Akten aus den Schränken und warfen sie aus dem Fenster.

„Der Spiegel“ Nr. 17/1968, Hamburg, S. 25ff.

M4 *Demonstranten und Polizei 1968 in West-Berlin*

M6 *Bundesjustizminister Gustav Heinemann am 11. April 1968 zu den gewaltsamen Studentenprotesten:*

Zu den Grundrechten gehört auch das Recht zum Demonstrieren, um öffentliche Meinung zu mobilisieren. Auch die junge Generation hat einen Anspruch darauf, mit ihren Wünschen und Vorschlägen gehört und ernst genommen zu werden.

Gewalttat aber ist gemeines Unrecht und eine Dummheit obendrein. Es ist eine alte Erfahrung, dass Ausschreitungen und Gewalttaten genau die gegenteilige öffentliche Meinung schaffen, als ihre Urheber wünschen. Das sollten – so meine ich – gerade politisch bewegte Studenten begreifen und darum zur Selbstbeherrschung zurückfinden.

Bulletin des Presse- und Informationsamtes der Bundesregierung, 17. April 1968, S. 393.

M7 *Mathias Bothe, 1977 wegen „staatsfeindlicher Hetze" für ein Jahr in der DDR inhaftiert:*

Viele sagen sich, Kompromisse nur insoweit, wie ich sie verantworten und vertreten kann. Aber es gibt keine abrupte Grenze zwischen vertretbaren und nicht vertretbaren Kompromissen, die Übergänge sind fließend. Natürlich kann ich sagen, in die Partei (SED) gehe ich niemals. Aber wenn es im Betrieb darum geht, ein ausgezeichnetes Kollektiv zu werden, was mit Prämien verbunden ist, und mein Vorgesetzter sagt, hör mal, du müsstest dich gesellschaftlich aktiver zeigen, so sagt man sich oft, na gut, dann mache ich eben bei der Kampfgruppe mit (…) oder in der Gewerkschaft.

Später wird eine Liste mit Unterschriften vorgelegt, auf der man mit seiner eigenen Unterschrift bekunden soll, dass man mit dem Einmarsch der Warschauer-Pakt-Truppen in der CSSR oder der sowjetischen Truppen in Afghanistan voll einverstanden ist – zum Schutze der Freiheit und des Sozialismus. Was tun? Nicht unterschreiben kann als antisozialistische Haltung ausgelegt werden, die nicht nur berufliche Folgen hat. Also wird unterschrieben, meist entgegen der Überzeugung. Man sagt sich, schließlich habe ich so viele Zugeständnisse gemacht, soll das alles umsonst gewesen sein, nur wegen einer kleinen Unterschrift?

Matthias Bothe, Die Acht-Stunden-Ideologie. In: Gerhard Finn/Liselotte Julius (Hg.), Von Deutschland nach Deutschland, Köln 1988, S. 62.

M8 *Aus dem Lebensweg von Regina Ebert aus Halle/Saale in der DDR:*

Regina Ebert wurde am 17. Oktober 1950 in Bitterfeld geboren. (…) Im April 1970 heiratete sie den Elektromonteur Helmut Ebert. Im selben Jahr kam ihre erste Tochter zur Welt, 1973 wurde die zweite geboren. (…)

Am 25. April 1976 stellten sie und ihr Mann den ersten Antrag auf Übersiedlung in die Bundesrepublik, der abgelehnt wurde. Vor diesem Hintergrund nahm das Ehepaar zum ZDF-Magazin Kontakt auf und bat um Hilfe. Am 10. Oktober 1976 wurden Regina Ebert und ihr Mann daraufhin verhaftet und im März 1977 vom Bezirksgericht Halle zu zweieinhalb bzw. dreieinhalb Jahren Freiheitsentzug verurteilt. Ihre Töchter wurden zeitweilig zwangsweise in einem staatlichen Kinderheim untergebracht.

Nach der Haftentlassung ab Oktober 1979 lebte sie wieder in Halle. Zusammen mit ihrem Mann stellte sie erneut Ausreiseanträge, was im Januar 1980 zur zweiten Verhaftung und Verurteilung von Helmut Ebert führte. Im November 1981 wurde er dann in die Bundesrepublik entlassen, wohin ihm im März 1982 Regina Ebert mit ihren Töchtern folgen durfte.

Ulrich Schacht, Hohenecker Protokolle. Aussagen zur Geschichte der politischen Verfolgung von Frauen in der DDR, Zürich 1984, S. 219.

M9 *Junge evangelische Christen protestieren auf dem Kirchentag in Ost-Berlin gegen die Einschränkung persönlicher Freiheiten,* Juni 1987.

M10 *Mitglieder der FDJ tragen die Herrschenden der DDR „auf Händen".* Kundgebung am 1. Mai 1989 in Berlin.

1 Erläutern Sie die Ursachen für das Entstehen der APO (VT, M1).

2 Beschreiben Sie die Aktionen und Ziele der APO (VT, M1, M4–M6).

3 Nennen Sie Gründe für den Protest von DDR-Bürgern, vor allem auch von Jugendlichen (VT, M2, M8, M9).

4 Vergleichen Sie die Bilder M9 und M10. Was sagen sie über die Jugend in der DDR aus?

5 Beschreiben Sie anhand von M2, M7 und M8 die Haltung der Herrschenden der DDR zu den Bürger- und Menschenrechten.

12 Frauen in einer Männergesellschaft

M1 *Neue Frauenpower.* Frauen demonstrieren unter der Losung: „Schluss mit der Bevormundung der Frau!" Ende der 1960er-Jahre für ihre Gleichstellung in der Gesellschaft.

Frauen in der Bundesrepublik …
Obwohl im Grundgesetz die rechtliche Gleichstellung von Mann und Frau verankert wurde, mussten die Frauen in der Bundesrepublik lange um die Gleichberechtigung in allen Lebensbereichen kämpfen: etwa in der Ausbildung und im Beruf, bei der Entlohnung oder der Besetzung öffentlicher Ämter. Das Idealbild der Hausfrauenehe blieb lange Zeit vorherrschend. In einem Urteil des Bundesgerichtshofes hieß es noch 1968: „Bricht eine Frau ihr vor der Heirat gegebenes Versprechen, ihren Beruf aufzugeben und sich künftig ihrem Mann zu widmen, so kann darin ein Scheidungsgrund liegen." Erst 1977 erhielten verheiratete Frauen nach dem Gesetz den gleichen Entscheidungsfreiraum wie ihre Ehemänner.
Mit der Protestbewegung Ende der 1960er-Jahre wurde auch die Rolle der Frau neu bestimmt. Frauen demonstrierten für die Entlohnung der Hausarbeit, für die Bestrafung von Gewalt gegen Frauen in der Familie, auch dafür, selbst über die Geburt ihres Kindes zu entscheiden. In den 1970er-Jahren stieg die Zahl der Mädchen und jungen Frauen, die weiterführende Schulen und Hochschulen besuchten. Immer mehr Frauen sahen den Beruf als einen wichtigen Teil ihres Lebens an und nicht nur als eine vorübergehende Tätigkeit bis zur Heirat. Auch die Zahl der Frauen, die ein politisches Amt übernahmen, wuchs.

… und in der DDR
Die Politik in der DDR zielte von Anfang an auf die Einbeziehung der Frauen in das Berufsleben. Das hatte vor allem wirtschaftliche Gründe: Männermangel in der Nachkriegszeit, die Notwendigkeit eines zusätzlichen Einkommens in der Familie wegen des niedrigen Lohnniveaus, der Flüchtlingsstrom in den Westen. So waren 90 Prozent der Frauen in der DDR berufstätig. Die Mehrzahl arbeitete in „frauentypischen" Berufen – im Handel und Postwesen, in der Landwirtschaft und Textilindustrie, in der Verwaltung oder als Lehrerinnen. In Führungspositionen des Staates und der Wirtschaft waren die Frauen unterrepräsentiert. Mit vielfältigen Maßnahmen versuchte der Staat die berufstätigen Frauen in der Erziehungs- und Hausarbeit zu entlasten: Kinder wurden in Krippen, Kindergärten und Schulhorten betreut, junge Eheleute erhielten günstige Kredite. Frauen wurden durch „Förderungspläne" im Studium und in der Berufsausbildung unterstützt.
Eine Gleichstellung der Frau mit dem Mann (Emanzipation) gab es im Alltag dennoch oft nicht. Gegenüber den Männern waren die Frauen durch Haushalt und Beruf überdurchschnittlich belastet, was sich auch auf das Familienleben auswirkte. Die Scheidungsrate und die Zahl der außerehelichen Geburten waren hoch. Eine von Staat und Partei unabhängige Frauenbewegung, die für Emanzipation eintrat, gab es nicht.

M2 *Hausfrau und Mutter – schönster Beruf oder spießbürgerliches Idealbild?*

a) Der ehemalige Bundesfamilienminister Wuermeling:

Gesellschaft und Staat sind nicht befugt die persönliche Entscheidung einer Frau, ob sie erwerbstätig sein will oder nicht, zu bestimmen (…). Staat und Gesellschaft haben aber die Pflicht der Frau und Mutter den Verzicht auf familienfremde Tätigkeit so weit wie möglich zu erleichtern. (…) Da wird heute so viel von Gleichberechtigung der Frau geredet, aber so wenig von dem höchsten und schönsten Beruf der Frau und Mutter in der Familie. Dazu müssen wir klar und weithin hörbar aussprechen: Mutterberuf ist Hauptberuf wie jeder andere Beruf und hat höheren Wert als jeder Erwerbsberuf. Und niemand kann zwei Hauptberufe gleichzeitig voll ausfüllen.

Zit. nach: Angela Delille/Andrea Grohn, Blick zurück aufs Glück. Frauenleben und Familienpolitik in den 50er-Jahren, Berlin 1985, S. 67f.

b) Die SED zur Rolle der Frau in der DDR:

Eine Frau, deren Tätigkeit sich auf den engen Kreis der Familie beschränkt, wird als Mutter stets in der Gefahr sein, durch ihr Beispiel bei den Kindern ähnliche (spießbürgerliche) Idealbilder zu wecken. Von der Gefahr der „Affenliebe" und der zu starken Konzentration auf die Interessen der Kinder, weil man von eigenen nicht ausgefüllt ist, ganz zu schweigen. Jeder kennt die engstirnigen „Klein-aber-mein-Spießbürger", die das Ergebnis sind und zugleich eine Bremse der sozialistischen Entwicklung. Eine gute Mutter ist heute aber eine arbeitende Mutter, die gleichberechtigt und gleich qualifiziert neben dem Vater steht.

Frauen in Deutschland, hg. von Gisela Helwig/Hildegard Maria Nickel, Berlin 1993, S. 11.

M5 *Frauen in der Erdöldestillation im Olefinwerk Böhlen.* – Arbeitsplatz in der Fabrik – ein Ausdruck der Emanzipation der Frauen in der DDR?

M3 *Das Werbeplakat (Ost)* aus den 1950er-Jahren geht auf die Situation vieler Frauen in der DDR ein. – Erläutern Sie dies.

M4 *Auch das Plakat aus dem Westen* (1950er-Jahre) thematisiert die Rolle der Frau. – Vergleichen Sie mit M3.

1 Wie hat sich die Stellung der Frau in der Gesellschaft in den letzten Jahrzehnten verändert? Beschreiben Sie die Entwicklung (VT, M1–M5).

2 Vergleichen Sie die Rolle der Frau in Ost und West (VT, M1–M5).

3 Diskutieren Sie darüber, in welchen Lebensbereichen nach Ihrer Meinung Veränderungen notwendig sind, um eine tatsächliche Gleichstellung von Mann und Frau zu erreichen.

13 Niedergang einer Supermacht

M1 *Eine Karikatur zum Ende des Kalten Krieges* übergab Michail Gorbatschow dem US-Präsidenten George Bush im September 1990 (Foto). 1991 unterzeichneten sie einen Vertrag, der beide Seiten verpflichtete, die Zahl der Langstreckenraketen mit Atomsprengköpfen stark zu reduzieren.

Ideal und Wirklichkeit

Seit 1917 war die KPdSU (Kommunistische Partei der Sowjetunion) die alles bestimmende Kraft in der Sowjetunion gewesen. Sie hatte den Menschen immer wieder ein besseres Leben in der Zukunft verheißen; dafür galt es in der Gegenwart zu arbeiten. 1961 versprach ein Parteiprogramm, noch im nächsten Jahrzehnt würde die Sowjetunion die USA – „das mächtigste und reichste Land des Kapitalismus – in der Produktion pro Kopf der Bevölkerung überflügeln".

Doch der Alltag der Sowjetbürger blieb bedrückend. Die Planwirtschaft erwies sich als unfähig, den Lebensstandard der Bevölkerung zu heben. Außerdem beanspruchte das ständige Wettrüsten mit den USA die knappen Mittel der Sowjetwirtschaft so sehr, dass die Pläne immer weniger eingehalten werden konnten. Für die Bürger in der Sowjetunion bedeutete dies weniger Wohnungen und vor allem auch weniger Konsumgüter.

Zweifel am Sozialismus

Immer mehr Menschen in der Sowjetunion begannen mit der Zeit am Sozialismus zu zweifeln. Sie bemängelten fehlende Freiheiten und Misswirtschaft. Viele Sowjetbürger resignierten und auch die Arbeitsmoral ließ nach. Mutig traten Einzelne für Veränderungen ein. Die so genannten Dissidenten forderten die Beachtung der Menschenrechte. Doch die Funktionäre der Partei wollten ihre Macht nicht abgeben. Der sozialistische Staat behandelte seine Kritiker wie Verbrecher oder Geisteskranke: Sie kamen ins Gefängnis oder in psychiatrische Anstalten.

Zusammenbruch des Systems

1985 wurde Michail Gorbatschow Generalsekretär der KPdSU. Er wollte den Sozialismus menschenfreundlicher und erfolgreicher machen. Über die Politik der Partei durfte nun erstmals offen diskutiert werden. Anfangs beschränkte sich die Kritik auf einzelne Missstände. Bald zeigte sich aber, dass die meisten Menschen die Abschaffung des gesamten Systems wünschten. Nicht „Umbau", sondern der Zusammenbruch des kommunistischen Staats- und Wirtschaftssystems war die Folge.

Überall in den Staaten des Ostblocks stürzten nun Menschen die Macht der kommunistischen Parteien. In Polen war dieser Prozess schon seit 1980 durch die unabhängige Gewerkschaftsbewegung Solidarnosc vorbereitet worden. Ihr Erfolg hatte auch die anderen Völker des Ostblocks zum Widerstand ermutigt. 1990 löste sich der Warschauer Pakt auf, 1991 die Sowjetunion.

Das Ende des Ost-West-Konflikts

Michail Gorbatschows neue Politik machte auch eine Verständigung zwischen Ost und West möglich. Der Kalte Krieg konnte beendet werden, die Gefahr eines Atomkrieges zwischen den Supermächten wurde gebannt. Doch dafür brachen viele regionale Konflikte auf, etwa in Georgien, in Bosnien oder im Kaukasus.

Dissidenten
(von lat. dissidere = nicht übereinstimmen, getrennt sein) Bezeichnung für Andersdenkende, die das Sowjetsystem kritisierten. Die Dissidentenbewegung setzte unter Chruschtschow ein. Schriftsteller und Künstler forderten damals mehr Freiheit für ihre Arbeit.

totalitär
Bestreben, alle Bereiche des politischen, wirtschaftlichen und gesellschaftlichen Lebens im Sinne einer herrschenden Ideologie zu erfassen.

M2 *Der Politikwissenschaftler Wolfgang Leonhard hatte in den 1930er- und 1940er-Jahren in der Sowjetunion gelebt. Dort war er zum überzeugten Kommunisten erzogen worden. 1989 schrieb er über den Sozialismus in der Sowjetunion:*

Nicht nur während der Revolutionsjahre Lenins, sondern selbst noch in der Stalin-Zeit war die Ideologie zumindest für einen Teil der Bevölkerung (...) Überzeugung. Bei allen Fehlern (...), ja selbst bei deutlich erkannten Ungerechtigkeiten handele es sich, so glaubte man damals, um nichts Geringeres als um die erstmalige Verwirklichung eines großen Ziels: die Errichtung einer klassenlosen kommunistischen Gesellschaft. (...) Mit der Errichtung einer Gesellschaft, in der es keinen Staat, keine Unterdrückung, keine Ausbeutung und keine Klassen mehr gebe (...) und in der das Prinzip „Jeder nach seinen Fähigkeiten, jedem nach seinen Bedürfnissen" verwirklicht sei, würden auch völlig neue Beziehungen zwischen den Menschen hergestellt und die Befreiung der Persönlichkeit erfolgen. (...) Von dieser damals noch lebenden Idealvorstellung (...) ist in der heutigen Sowjetunion fast nichts mehr übrig geblieben.

Wolfgang Leonhard, Dämmerung im Kreml, Frankfurt/Berlin 1989, S. 27f.

M3 *In den Jahren vor Gorbatschows Reformen wurde das Versagen der Sowjetwirtschaft immer offensichtlicher. Das beschrieb der Moskauer Redakteur der „New York Times" 1991 so:*

Arbeiter, Manager, jedermann tat so, als arbeite er in der offiziellen Wirtschaft, aber wenn der Konsument wirklich etwas benötigte, wandte er sich an den Schwarzmarkt, und zwar in solchem Umfang, dass dieser das Ausmaß einer Gegenwirtschaft annahm. Was immer man brauchte – Fleisch, frisches Gemüse, Zahnpasta, Kaviar, Babykleidung, Ballettkarten, Ersatzteile, Medikamente, Nachhilfestunden für die Kinder, eine anständige Wohnung –, man wandte sich an diese Gegenwirtschaft. Ganze Untergrundindustrien blühten, illegale Fabriken innerhalb legaler: Sie arbeiteten mit denselben Arbeitskräften und Rohstoffen, doch diesmal effizient, da für privaten Gewinn.

Hedrick Smith, Die neuen Russen, Reinbek 1991, S. 51f.

M4 *Als Sieg der Vernunft sah der Historiker Gregor Schöllgen 1996 den friedlichen Ausgang des Kalten Krieges:*

Auch in Zukunft wird der Mensch also unter Beweis zu stellen haben, dass er nicht nur über eine beachtliche Überlebens-, sondern auch über eine gewisse Lernfähigkeit verfügt. Während des Kalten Krieges hat er diesen Beweis erbracht. Die katastrophalen Erfahrungen der ersten Jahrhunderthälfte führten ihn in der zweiten zu einer Einsicht, die auch im 21. Jahrhundert wenig von ihrer Gültigkeit verlieren wird: Einen Krieg, erwachsen aus den Problemen und Konstellationen des ersten, geführt mit der Verbissenheit des zweiten und ausgetragen mit dem Mittel des dritten, also mit der Nuklearwaffe, dürfte die Menschheit kaum überleben. In diesem Wissen gründete die Logik des dritten Krieges, der deshalb ein kalter blieb.

Gregor Schöllgen, Geschichte der Weltpolitik von Hitler bis Gorbatschow 1941–1991, München 1996, S. 476.

1 Halten Sie einen Kurzvortrag: „Warum scheiterte die Sowjetunion?" (VT, M2, M3) Gliedern Sie Ihr Thema, etwa so:
- die Rolle der KPdSU
- Versagen der Planwirtschaft
- Unterdrückung Andersdenkender
- Forderungen der Dissidenten

2 Warum war die Solidarnosc für die kommunistischen Systeme im gesamten Ostblock gefährlich (VT, M5)?

3 Der Hauptgewinner des Kalten Krieges ist Europa. Begründen Sie diese Aussage mit M1 und M4.

M5 *Die polnische Gewerkschaft Solidarnosc* entstand 1980 während eines Streiks der Danziger Werftarbeiter. Unter Führung des Elektrikers Lech Walesa (Foto) strebte sie eine humanere Gesellschaft an. Von den kommunistischen Machthabern unterdrückt, arbeitete Solidarnosc im Untergrund weiter. 1989 hatte sie einen wesentlichen Anteil an der demokratischen Umgestaltung Polens.

14 „Wir sind das Volk"

M1 *„Den Sozialismus in seinem Lauf hält weder Ochs noch Esel auf"* (Karikatur eines Honecker-Zitats von Horst Haitzinger).

Reformen – nein, danke
Während Mitte der 1980er-Jahre in der Sowjetunion und anderen Ostblockstaaten laut über demokratische Reformen nachgedacht wurde, um den Sozialismus menschenfreundlicher und wirtschaftlich erfolgreicher zu machen, hielt die SED unter Führung Erich Honeckers am alten Kurs fest. Deutliches Zeichen für die Reformstarre der DDR war das Verbot des „Sputnik". Die deutschsprachige sowjetische Zeitschrift hatte für den Geschmack der DDR-Oberen zu positiv über die Reformpläne des neuen Staatschefs Michail Gorbatschow in der Sowjetunion berichtet. Auch wurde nichts getan, um die schwierige Versorgungslage der Bevölkerung zu verbessern oder die Beschränkung der Reisefreiheit aufzuheben. Proteste der Bevölkerung wurden überhört. Im Gegenteil: Der Staatssicherheitsdienst („Stasi") ging mit aller Schärfe gegen diejenigen vor, die die Politik der SED kritisierten. Immer mehr DDR-Bürger stellten Ausreiseanträge. Sie glaubten nicht mehr daran, dass sich die politischen und wirtschaftlichen Verhältnisse ändern würden.

Das Volk erzwingt die Wende
1989 spitzte sich die Lage in der DDR dramatisch zu. Bei den Kommunalwahlen im Mai protestierten Bürgerrechtsgruppen erstmals lautstark gegen die offensichtliche Fälschung der Wahlergebnisse. Im Sommer öffnete Ungarn seine Grenze gen Westen. Tausende DDR-Bürger nutzten ab August 1989 diesen Weg zur Flucht. Andere erzwangen ihre Ausreise, indem sie die Botschaften der Bundesrepublik in Prag, Warschau und Budapest besetzten. Gleichzeitig forderten Hunderttausende auf Massendemonstrationen, organisiert von den Bürgerrechtsbewegungen, in Leipzig, Dresden, Ost-Berlin und anderen Städten, umfassende politische Reformen. Als am 9. Oktober 70 000 Menschen in Leipzig nach dem traditionellen Friedensgebet in der Nikolaikirche mit den Losungen „Wir sind das Volk" und „Wir bleiben hier" friedlich für eine demokratische Erneuerung der DDR demonstrierten, war der Untergang der SED-Diktatur nicht mehr aufzuhalten. Immer mehr Menschen gingen jetzt auf die Straße und forderten das Ende der SED-Herrschaft.

Die Mauer fällt
Am 18. Oktober 1989 trat Erich Honecker als Generalsekretär der SED zurück. Er wurde von Egon Krenz abgelöst. Doch den Menschen in der DDR reichten diese personellen Veränderungen nicht aus. Die SED-Führung hatte ihre Glaubwürdigkeit verspielt. Am 4. November forderten über eine halbe Million Menschen auf einer Demonstration in Ost-Berlin freie Wahlen, Beseitigung der Vorherrschaft der SED, Rechtsstaatlichkeit, Presse-, Meinungs- und Reisefreiheit. Am Abend des 9. November 1989 öffnete die Regierung der DDR unter dem Druck der Bevölkerung die Grenze zu West-Berlin. Tausende DDR-Bürger strömten zu den Übergangsstellen und überquerten die Grenze. Die Mauer war gefallen.

M4 *Leipziger Montagsdemonstration am 13. November 1989 auf dem Karl-Marx-Platz*

M2 *Aus einem Bericht der „Stasi" vom 9. September 1989 über die Fluchtgründe von DDR-Bürgern in den Westen:*

- Unzufriedenheit über die Versorgungslage
- Verärgerung über unzureichende Dienstleistungen
- Unverständnis für Mängel in der medizinischen Betreuung und Versorgung
- Eingeschränkte Reisemöglichkeiten innerhalb der DDR und nach dem Ausland
- Unbefriedigende Arbeitsbedingungen und Diskontinuität [Schwierigkeiten] im Produktionsablauf
- Unzulänglichkeiten / Inkonsequenz bei der Anwendung / Durchsetzung des Leistungsprinzips sowie Unzufriedenheit über die Entwicklung der Löhne und Gehälter
- Verärgerung über bürokratisches Verhalten (...) sowie über Herzlosigkeit im Umgang mit den Bürgern

Armin Mitter/Stefan Wolle (Hg.), Ich liebe euch doch alle. Befehle und Lageberichte des MfS, Berlin 1990, S. 141 ff.

M3 *Eine Zeitung berichtet am 13. November 1989 aus Helmstedt an der innerdeutschen Grenze:*

Die Familie aus Rostock ist morgens um vier aufgebrochen, die aus Frankfurt an der Oder schon um Mitternacht. (...) Ihnen, wie Zehntausenden anderen, die zum großen Treck nach Westen aufgebrochen sind, wird ein jubelnder Empfang bereitet. Tausende sind zum Grenzübergang gefahren. Nicht nur aus dem grenznahen Niedersachsen, auch Westfalen und Rheinländer haben sich auf den Weg gemacht die Landsleute aus der DDR zu begrüßen. Lachen, Tränen, Winken auf beiden Seiten. Schokolade und Bonbons werden unter der blauen, nach Zweitaktgemisch stinkenden Abgasglocke für die Kinder in die Autos gereicht. Blumensträuße gibt es, Kaffee, Tee und Erbsensuppe. Und Hilfsbereitschaft: Mancher Trabi, der im 50-Kilometer-Stop-and-Go von Magdeburg bis Helmstedt heißgelaufen ist und nun kurz vor dem Ziel seinen Geist aufgibt, wird über die Grenze geschleppt oder geschoben, jedes Mal mit Beifall und Jubel begrüßt.

Neue Westfälische vom 13. November 1989.

M5 *Öffnung des Grenzübergangs Glienicker Brücke nach West-Berlin.* „Trabant"-Karawanen rollen in den Westen.

1 Nennen Sie die Ursachen für den Untergang der SED-Herrschaft in der DDR (VT, M2, M4).

2 Was waren die Gründe für die Flucht Tausender DDR-Bürger in den Westen (VT, M2)?

3 Erläutern Sie anhand der Ereignisse seit Mai 1989 die Aussage der Karikatur (VT, M1).

4 Beschreiben Sie die Stimmung der Deutschen in Ost und West nach der Öffnung der Mauer (M3, M5).

5 Fragen Sie Ihre Eltern oder Bekannten, wie sie die „gesamtdeutschen Tage" nach der Öffnung der Mauer erlebt und was sie gefühlt haben.

15 Werkstatt
Zeitzeugen befragen

M1 *Ein Zeitzeuge berichtet Schülern von seinen Erlebnissen.*

Methodische Arbeitsschritte

1. **Vorbereitung:**
   - Überlegen Sie, welche Person am besten geeignet ist, Ihnen Auskunft zu dem gewählten Thema zu geben.
   - Erarbeiten Sie Fragen für das Interview.
2. **Befragung:**
   - Schaffen Sie für das Interview eine vertrauliche Atmosphäre. Denken Sie daran, dass die befragte Person von den Erlebnissen stark berührt sein kann und es ihr nicht immer leicht fällt, darüber zu berichten.
   - Sorgen Sie dafür, dass die Aussagen lückenlos protokolliert werden.
3. **Auswertung:**
   - Werten Sie das Interview aus. Denken Sie daran, dass die befragte Person über ein Ereignis berichtet, das oft vor vielen Jahren stattfand. Manches kann sie vergessen, anderes erst später erfahren haben.
   - Vergessen Sie nicht, dass auch Ihre Meinung zum Interview Bestandteil der Auswertung ist. Schätzen Sie die Verlässlichkeit der Aussagen Ihres Zeitzeugen ein.
   - Überlegen Sie, wie Sie die Ergebnisse präsentieren können (Wandzeitung, Bericht in der örtlichen Tageszeitung, Videofilm).

Zeitzeugen wissen mehr

Fast zwei Jahrzehnte sind vergangen, seit Deutschland wieder ein einheitlicher Staat ist. Für viele Menschen, die den Untergang der DDR selbst noch miterlebt haben, war die Öffnung der Mauer am 9. November 1989 ein Ereignis, das sie tief beeindruckt hat. Sie werden es in ihrem Leben bestimmt nicht vergessen. Solche Zeitzeugen können eine spannende und wertvolle „Quelle" sein. Sie waren hautnah dabei und haben dadurch eine ganz persönliche Sicht auf das Geschehen. Die Gefühle der Menschen, ihre Hoffnungen, ihre Freude und Ängste fließen in Zeitzeugen-Berichte ein und machen die Geschichte für uns dadurch besser vorstellbar.

Schüler befragen Zeitzeugen

Zeitzeugen können also anschaulich darüber berichten, wie sie die Öffnung der Mauer und die historischen Tage der Wiedervereinigung erlebt haben. Wie war das, wenn sich Freunde oder Verwandte aus Ost und West nach jahrzehntelanger Trennung endlich wieder trafen?

Eine Befragung von Zeitzeugen muss gut vorbereitet sein. Günstig ist es, Teams zu bilden. Überlegen Sie gemeinsam, wer für ein Interview in Frage kommt und welche Fragen gestellt werden sollen.

Beim Fragen und Nachforschen werden Sie erkennen, wie unterschiedlich ein historisches Ereignis von verschiedenen Betroffenen wahrgenommen und bewertet wird. Fragen Sie deshalb nicht nur nach Fakten, sondern auch nach der persönlichen Betroffenheit der Zeitzeugen.

Mögliche Themen zur Zeitzeugenbefragung:
- Fall der Mauer – „live" erlebt
- August 1961 – der Mauerbau
- Leben in Trümmern – die Nachkriegszeit in Ihrem Heimatort

M2 *Harald Jäger, Offizier der DDR, hatte am 9. November 1989 am Grenzübergang Bornholmer Straße in Ost-Berlin Dienst. Am Abend hatte Günter Schabowski, Mitglied des Politbüros der SED, in einer Pressekonferenz, die im Fernsehen der DDR übertragen wurde, verschwommen erklärt, dass es für die Menschen in der DDR von nun an Reisefreiheit gäbe. Diese Mitteilung schlug wie eine Bombe ein. Zehn Jahre später fragte eine Zeitung nach Jägers Erlebnissen an diesem Abend:*

Waren Sie kopflos an diesem Tag?

Als Schabowski in der Pressekonferenz seinen Zettel dreimal hin und her drehte, war mir klar, die ganze Führung [der SED und des DDR-Staates] ist kopflos.

Bekamen Sie zentrale Befehle?

Ich habe sofort mit dem zuständigen Oberst (...) des Ministeriums für Staatssicherheit telefoniert. Der hielt Schabowskis Gestammel für Quatsch. Dann kamen die ersten Leute, die testen wollten, ob es mit der freien Ausreise für jeden DDR-Bürger ernst gemeint war. Der Posten am Schlagbaum meldete über Telefon zehn bis zwanzig Leute. Als ich dort eintraf, waren es schon hundert. Sie kamen mit Autos, zu Fuß und sogar mit der Straßenbahn. Ich dachte in diesem Moment: Warum waren wir nicht vorbereitet? (...) Keine Pässe, nicht mal Stempel.

Hätten Sie versucht, einen gewaltsamen Durchbruch zu verhindern?

Wir waren alles in allem etwa 50 Leute. Jeder mit einer Makarow-Pistole und je 14 Schuss Munition. In der Waffenkammer standen noch vier Maschinenpistolen mit je drei Magazinen à 40 Schuss. Aber wir dachten nicht mal an Selbstverteidigung.

Wann ließen Sie die ersten DDR-Bürger ohne Visum nach West-Berlin?

Wir begannen gegen 21.00 Uhr mit der Abfertigung. Wir glaubten ja immer noch, das ginge mit einer geordneten Personenkontrolle.

Und was passierte?

Die offene Schranke – das reichte nicht. Viele Leute kletterten einfach über die Absperrungen. Wir verstanden die Welt nicht mehr. Wozu hatten wir all die Jahre hier gestanden?

Anmerkung: Harald Jäger ließ anschließend die Kontrollen einstellen und die Grenzschranke hochziehen.

DDR Intern. Geschichte und Geschichten. Nr. 97/99. Bonn 1999, S. 44.

1 Sprechen Sie über den Inhalt des Zeitungsinterviews (M2). Diskutieren Sie über das Verhalten und die Gefühle von Oberstleutnant Jäger.

2 Was entnehmen Sie dem Interview über die Politik der SED in den Novembertagen 1989?

3 Befragen Sie Eltern, Bekannte und Verwandte, wie sie die Tage der Maueröffnung im November 1989 erlebt haben.

M3 *Symbolischer Händedruck am 13. November 1989 bei der Öffnung der Mauer am Potsdamer Platz in Berlin* – der ehemalige Bundespräsident Richard von Weizsäcker und Offiziere der Grenztruppen der DDR.

16 Aus Zwei mach Eins

M1 *Freudenfest vor dem Reichstagsgebäude am 3. Oktober 1990 in Berlin.* Tausende Deutsche aus den alten und neuen Bundesländern feiern gemeinsam die Einheit.

„Wir sind ein Volk"

Die Demonstrationen in der DDR gingen auch nach dem Fall der Mauer weiter. Dabei wurde der Ruf nach Wiedervereinigung immer lauter: „Wir sind ein Volk" und „Deutschland, einig Vaterland" hießen nun die Sprechchöre. Die Mehrheit der DDR-Bürger wollte so leben wie ihre Nachbarn in der Bundesrepublik. An eine Erneuerung der politischen und wirtschaftlichen Strukturen der DDR wollten die meisten nicht mehr glauben. Schnell hatten sich die enormen Staatsschulden der DDR herumgesprochen. Eine Begleichung dieser Schulden hätte zu weiteren Einschränkungen des Lebensstandards geführt. Eine Vereinigung mit der Bundesrepublik schien den meisten die bessere Lösung zu sein.

Schnelle Einheit statt „neuer DDR"

Wie die Wiedervereinigung erfolgen sollte – darüber gab es in der DDR unterschiedliche Auffassungen. Die meisten Bürgerrechtler wollten eine „neue DDR" schaffen, mit einer neuen Verfassung, einer demokratisch gewählten Volkskammer und Regierung. Anschließend sollte ein Programm für eine schrittweise Vereinigung erarbeitet werden. Dies lehnte die Mehrheit der Bevölkerung jedoch ab. Sie wollte die rasche Vereinigung.

Die Bundesregierung nutzte diese Stimmungslage. Am 28. November 1989 billigte der Bundestag einen von Bundeskanzler Helmut Kohl vorgelegten Zehn-Punkte-Plan, an dessen Ende die Wiedervereinigung der beiden deutschen Staaten stand. Der „Runde Tisch", eine Art „provisorische Regierung" der DDR, beschloss freie Wahlen für den 18. März 1990. Dabei erhielt die von der bundesdeutschen CDU/CSU unterstützte „Allianz für Deutschland", die sich für rasche wirtschaftliche Reformen und die Durchsetzung der deutschen Einheit ausgesprochen hatte, 48,1 Prozent der Stimmen. Die Mehrheit der Wähler hatte sich damit für jene Kräfte entschieden, die einen schnellen Beitritt der DDR zur Bundesrepublik wollten.

Der neue Ministerpräsident der DDR Lothar de Maizière (CDU) nahm zügig Beitrittsverhandlungen mit der Bundesrepublik auf. Bereits am 1. Juli 1990 wurde die D-Mark in der DDR eingeführt. Am 23. August 1990 beschloss die Volkskammer schließlich den Beitritt der DDR zur Bundesrepublik Deutschland.

Zwei plus vier = eins

Voraussetzung für die Wiedervereinigung war allerdings die Zustimmung der vier Siegermächte des Zweiten Weltkrieges. Manche Staaten befürchteten, dass mit der deutschen Einheit die militärische Sicherheit Europas nicht mehr gegeben sei. Auf mehreren Konferenzen gelang es jedoch, solche Vorbehalte auszuräumen. Der sowjetische Staats- und Parteichef Gorbatschow stimmte der Mitgliedschaft des vereinten Deutschland in der NATO zu.

Am 12. September 1990 wurde in Moskau schließlich der Einigungsvertrag von den vier Siegermächten und den beiden deutschen Regierungen unterzeichnet. Mit dem Beitritt der fünf ostdeutschen Länder zur Bundesrepublik Deutschland am 3. Oktober 1990 war Deutschland wieder ein einheitlicher Staat.

M2 *Eine „neue DDR" oder Anschluss an die Bundesrepublik?*

a) Aus dem Aufruf „Für unser Land" vom 29. November 1989, den bekannte Persönlichkeiten aus der DDR unterzeichneten:

Entweder können wir auf der Eigenständigkeit der DDR bestehen oder versuchen, mit allen unseren Kräften und in Zusammenarbeit mit denjenigen Staaten und Interessengruppen, die dazu bereit sind, in unserem Land eine solidarische Gesellschaft zu entwickeln, in der Frieden und soziale Gerechtigkeit, Freiheit des Einzelnen, Freizügigkeit aller und die Bewahrung der Umwelt gewährleistet wird.

Oder wir müssen dulden, dass, veranlasst durch starke ökonomische Zwänge und durch unzumutbare Bedingungen, an die einflussreiche Kreise aus Wirtschaft und Politik in der Bundesrepublik ihre Hilfe für die DDR knüpfen, ein Ausverkauf unserer materiellen und moralischen Werte beginnt und über kurz oder lang die Deutsche Demokratische Republik durch die Bundesrepublik Deutschland vereinnahmt wird.

Neues Deutschland, 29.11.1989.

b) Leserbrief zum Aufruf „Für unser Land":

Dem Aufruf „Für unser Land" kann ich nicht zustimmen. Ich sehe hier bereits, wie sich gewisse Leute bestehende Privilegien sichern wollen. In der Frage von Wiedervereinigung oder Konföderation sollte es zu einem Volksentscheid kommen (...). 40 Jahre wurden die Vorzüge des Sozialismus in allen Tönen gepriesen, aber die traurige Realität sehen wir heute. (...) Noch einmal Versuche eines Sozialismus, welche Jahre oder Jahrzehnte andauern, um am Ende noch tiefer zu stehen? Bedenkt, wir Menschen haben nur ein Leben! (...) Nehmen wir also das Angebot vom deutschen Nachbarstaat an, denn der Preis dafür ist nicht zu hoch. Ein Volk, das „noch" die gleiche Sprache spricht, gehört zusammen.

Zit. nach: Gerhart Maier (Hg.), Die Wende in der DDR, Bonn 1991, S. 53ff.

M3 *Die ehemalige britische Premierministerin Thatcher in ihren Memoiren:*

Es ist doch wahrscheinlich, dass Deutschland in einem solchen Gefüge [gemeint ist in einem föderativen Europa] die Führungsrolle einnehmen würde, denn ein wiedervereintes Deutschland ist schlichtweg viel zu groß und zu mächtig, als dass es nur einer von vielen Mitstreitern auf dem europäischen Spielfeld wäre.

Margret Thatcher, Downing Street Nr. 10. Die Erinnerungen, Düsseldorf 1993, 1095f.

M5 *Karikatur von Horst Haitzinger.* Sie entstand am 7. November 1989.

M4 *Der damalige US-Präsident George Bush in einem Interview:*

Ich teile die Sorge mancher europäischer Länder über ein wiedervereintes Deutschland nicht, weil ich glaube, dass Deutschlands Bindung an und sein Verständnis für die Wichtigkeit des [atlantischen] Bündnisses unerschütterlich ist. Und ich sehe nicht, was einige befürchten, dass Deutschland, um die Wiedervereinigung zu erlangen, einen neutralistischen Weg einschlägt (...).

New York Times vom 25.10.1989.

M6 *Der Marsch des Vierten Reiches* (Karikatur von Bill Caldwell im Daily Star vom 20.2.1990)

1 Verfassen Sie eine Chronik über den Weg zur Wiedervereinigung vom November 1989 bis zum Oktober 1990 (VT, M1).

2 Beschreiben Sie die Hoffnungen, die die meisten Deutschen im Osten mit der Wiedervereinigung verbanden (VT, M2b).

3 Erläutern Sie die beiden Auffassungen über den Weg zur Wiedervereinigung (VT, M2ab). Welcher Auffassung stimmen Sie zu? Begründen Sie Ihre Meinung.

4 Welche Befürchtungen gab es im Ausland über ein wiedervereinigtes Deutschland (M3, M4)? Sagen Sie Ihre Meinung zu M6.

5 Erklären Sie die Aussage der Karikatur (M5). Beachten Sie das Entstehungsdatum.

17 „Aufbau Ost“

M1 *Wasserstraßenkreuz Magdeburg.* Seit der Wiedervereinigung wurden über 53 Milliarden Euro für den Aufbau einer modernen Infrastruktur in den neuen Bundesländern – Bau von Autobahnen, Ausbau des Schienennetzes und der Kanäle – ausgegeben.

Von der Plan- zur Marktwirtschaft

Der wirtschaftliche Aufschwung in den neuen Bundesländern hing vor allem davon ab, wie es gelang, den schwierigen Weg von der Planwirtschaft zur sozialen Marktwirtschaft zu bewältigen. Die vielerorts maroden Fabrikhallen mit veralteten Maschinen, die niedrige Arbeitsproduktivität, verbunden mit hohen Lohnkosten, zeigten, dass das sozialistische Wirtschaftssystem versagt hatte. Nur wenige Unternehmen, wie die Carl-Zeiss-Werke in Jena, waren auf dem Weltmarkt konkurrenzfähig.

Staatsbetriebe zu Privatunternehmen

Zunächst war es erforderlich, die 40 000 Staatsbetriebe mit über vier Millionen Beschäftigten in privatwirtschaftliche Unternehmen umzuwandeln. Mitarbeiter einer neu geschaffenen Deutschen Treuhandanstalt (DTA) überprüften die Wirtschaftlichkeit der ehemaligen Volkseigenen Betriebe, verwalteten deren Vermögen und boten es neuen Eigentümern zum Kauf an. Doch nur selten fanden sich Käufer. Zu hoch waren die Beträge, die zur Sanierung hätten investiert werden müssen. Etliche Betriebe mussten abgerissen werden. Zwei Millionen Menschen verloren ihren Arbeitsplatz.

„Aufschwung Ost“

In den 1990er-Jahren schob die Bundesregierung, unterstützt von der Europäischen Union, mit dem „Aufschwung Ost“ ein gigantisches Aufbauprogramm in den neuen Bundesländern an. Über eine Billion Deutsche Mark (600 Milliarden Euro) flossen in den Osten Deutschlands. Mit diesen Geldern wurden bestehende Betriebe saniert. Neue Unternehmen auf höchstem technischen Niveau entstanden. In wenigen Jahren erhielten tausende Familien eine neue Wohnung. Das Straßen-, Schienen- und Telefonnetz wurde ebenso ausgebaut, wie die Energieversorgung. Milliarden Mark wurden für die Sanierung der Umwelt verwendet. Gleichzeitig entstanden neue demokratische Verwaltungs- und Justizorgane. Das Bildungswesen wurde grundlegend umgestaltet.

Bilanz: Licht und Schatten

Die Modernisierung der neuen Länder führte zu einer hohen Verschuldung des Staates, die heute noch die wirtschaftliche Entwicklung Deutschlands belastet.
Und was brachte der Aufschwung Ost den Deutschen im Osten selbst? Zunächst – und das wird heute oft vergessen – die Beseitigung der Diktatur und damit einen demokratischen Rechtsstaat, in dem die Bürger- und Menschenrechte garantiert sind. Für viele verbesserte sich die Lebensqualität, etwa durch die Übernahme des bundesdeutschen Renten- und Sozialsystems.
Aber auch Schattenseiten der Wiedervereinigung sind heute spürbar – hohe Arbeitslosigkeit und sozialer Abstieg für einige. Und was ist aus den von Alt-Bundeskanzler Helmut Kohl versprochenen „blühenden Landschaften“ geworden? Man findet sie ab und zu schon. Dennoch bleibt noch vieles zu tun.

M2 *Die Sicht der Westdeutschen auf die Ostdeutschen im geteilten Deutschland beschrieb 1990 der Schriftsteller Patrick Süskind so:*

Freilich hatte man uns in der Schule beigebracht, dass die Teilung Deutschlands nicht von Dauer sei, dass die Präambel des Grundgesetzes jeden deutschen Politiker verpflichtete, auf ihre Überwindung hinzuarbeiten, dass die Bundesrepublik und ihre Hauptstadt nur ein Provisorium darstellten. Aber das haben wir schon damals nicht geglaubt und glaubten es mit den Jahren immer weniger. (...) Ansonsten schauten wir nach Westen oder nach Süden. Österreich, die Schweiz, Venetien, die Toskana, das Elsass, die Provence (...) lagen uns – um nur von Europa zu sprechen – unendlich viel näher als so (...) Ländereien wie Sachsen, Thüringen, Anhalt, Mecklenburg oder Brandenburg, die wir höchstens notgedrungen rasch durchquerten, um auf der Transitstrecke rasch nach Berlin-West zu gelangen. Was hatten wir mit Leipzig, Dresden oder Halle im Sinn? Nichts. Aber alles mit Florenz, Paris oder London.

Patrick Süskind, Deutschland – eine Midlife-Crisis. In: Ulrich Wickert (Hg.), Angst vor Deutschland, Hamburg 1990, S. 111 ff.

M4 *Demonstration in Magdeburg im Juli 1992.* Beschäftigte eines Schwermaschinenkombinats protestieren gegen beabsichtigte Entlassungen.

M3 *Joachim Gauck, ehemaliger Bundesbeauftragter für die Unterlagen des Staatssicherheitsdienstes, in einer Rede vor dem Bundestag 1999:*

Tatsächlich haben die Ostdeutschen mit ihrer – freilich kurzen – Revolution nicht nur sich selbst, sondern allen Deutschen ein historisches Geschenk gemacht. (...) Das, liebe Landsleute im Westen, ist das Geschenk der Ostdeutschen an euch. Gerade angesichts unserer 56-jährigen politischen Ohnmacht in Nationalsozialismus und Herrschaftskommunismus erstrahlt der Mut der Widerständigen von 1989 umso heller. Trotz aller Erblasten der Diktaturen können wir euch im Westen nunmehr auf Augenhöhe begegnen – zwar ärmer, aber nicht als Gebrochene und ganz bestimmt nicht als Bettler.

Aber gleichzeitig, liebe Landsleute im Osten, gibt es auch ein Geschenk der Westdeutschen an uns; es ist nicht in erster Linie materiell. Aus Nazi-Untertanen und Nostalgikern der Nachkriegszeit sind Demokraten geworden (...). Mit der Einheit haben auch wir [die Ostdeutschen] Anteil an diesen Erfahrungen. 40 Jahre Freiheit und Demokratie und Frieden hatte die deutsche Nation in ihrer Geschichte bis dahin noch nicht erlebt.

Joachim Gauck, Rede im Bundestag am 9. November anlässlich der Sondersitzung zum 10. Jahrestag des Falls der Mauer.

M5 *Vorher – nachhher* (Karikatur von Karl-Heinz Schoenfeld, Anfang der 1990er-Jahre). – Wie beurteilen Sie das bisherige Zusammenwachsen von Ost und West?

1 Beschreiben Sie Maßnahmen und Probleme bei der Einführung der sozialen Marktwirtschaft in den neuen Bundesländern (VT, M1, M4).

2 Erläutern Sie die Folgen der Wiedervereinigung für die Menschen in den neuen Bundesländern (VT).

3 Kennzeichnen Sie die Probleme, die aus westdeutscher Sicht das Zusammengehörigkeitsgefühl zu den Deutschen im Osten erschweren (M2).

4 Joachim Gauck erinnert in M3 an die positiven Aspekte der Wiedervereinigung. Listen Sie sie auf und versuchen Sie, die Liste zu ergänzen.

18 Werkstatt
Fish-Bowl: Diskutieren wie die Profis

M1 *Fischglas*

Von Fischen lernen?

Sie haben sicher schon einmal vor einem Aquarium gestanden. Man betrachtet von außen ein Geschehen, das sich im Glas abspielt. Auch wenn es da drinnen noch so lebendig zugeht, kann man nur bedingt eingreifen. Die Fische sind die Akteure, sie reagieren auf das, was im Glas geschieht; die Betrachter davor interessieren sie kaum. Etwas abgewandelt lässt sich daraus ein Verfahren für die Diskussion politischer Themen entwickeln. Fish-Bowl (engl.: Kugelglas mit Fischen) ist eine Methode, bei der die Ergebnisse von Gruppenarbeiten anders als gewohnt vorgetragen werden: Die Gruppensprecher stehen nicht vor der Klasse, sondern sitzen in einem Innenkreis; sie tragen die Ergebnisse vor und diskutieren sie mit den anderen Gruppensprechern. Die übrigen Schülerinnen und Schüler sitzen in einem Außenkreis; sie hören zu, können sich aber auch an der Diskussion beteiligen.

Ein Thema kontrovers diskutieren

Die Fish-Bowl-Methode eignet sich auch für ein Streitgespräch in Form einer „Expertenrunde". Dazu können Sie sich bei einem umstrittenen Thema auf eine Position vorbereiten. Ihre Argumente tragen Sie in der Innenrunde als „Experte" vor. Die Zuhörer in der Außenrunde können am Ende abstimmen, wer die besseren Argumente hatte.

M2 *Sitzordnung bei der Fish-Bowl-Methode*
links: Hufeisenform, rechts: Kreisform
Moderator — *„Experten"/Gruppensprecher*
freier Stuhl — *Zuhörer*

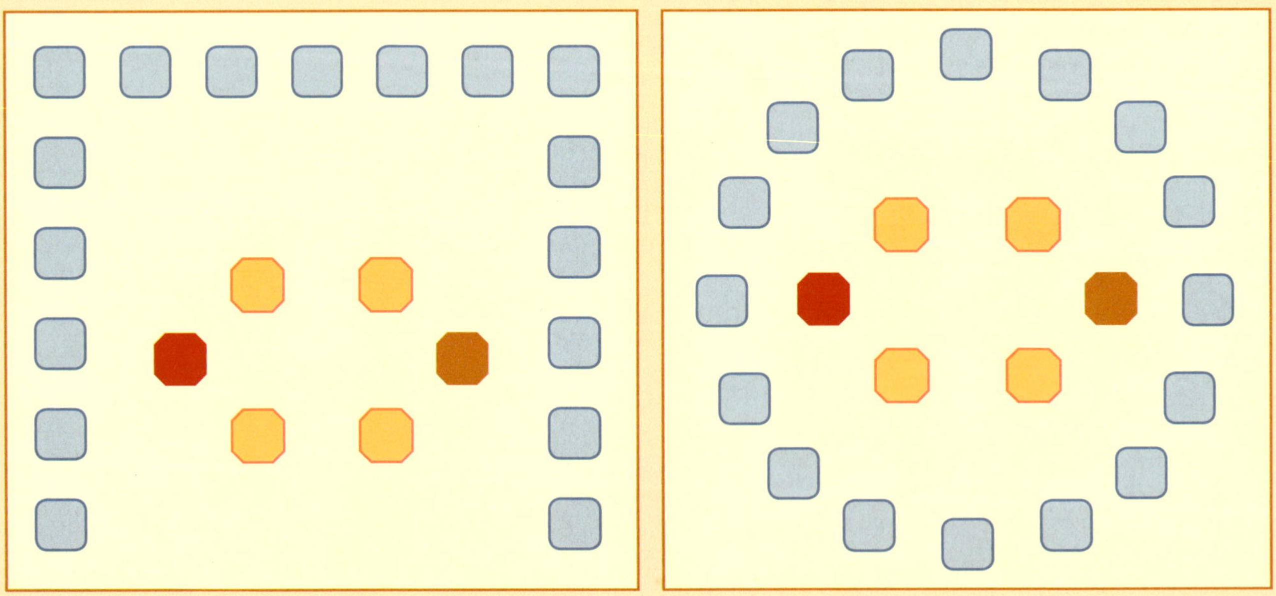

Methodische Arbeitsschritte

1. In Gruppen werden Einzelthemen bearbeitet und diskutiert. Halten Sie die Arbeitsergebnisse stichwortartig fest und benennen Sie einen oder zwei Gruppensprecher.
2. Legen Sie die Sitzordnung fest:
   Die Gruppensprecher und -sprecherinnen setzen sich in einen Innenkreis. In dieser Runde nimmt ein Moderator Platz, der das Gespräch leitet. Außerdem wird ein freier Stuhl in den Kreis gestellt.
   Die übrigen Schülerinnen und Schüler setzen sich in einen Außenkreis.
3. Die Schülerinnen und Schüler im Innenkreis tragen die Diskussionsergebnisse ihrer Gruppen vor. Die Beiträge folgen in lockerer Form aufeinander und werden jeweils im Innenkreis diskutiert.
   Die Zuhörer im Außenkreis haben von ihrem Platz aus kein Rederecht. Wenn sie sich an der Diskussion beteiligen möchten, müssen sie sich auf den freien Stuhl setzen. Nach ihrem Redebeitrag gehen sie wieder auf ihren Platz im Außenkreis zurück.

Deutschland nach 1945 – Einzelthemen für die Gruppenarbeit

- Der 8. Mai 1945
- Potsdamer Konferenz und Entnazifizierung
- SBZ – Auf dem Weg zur Diktatur
- Markt- und Planwirtschaft
- Volksaufstand und Mauerbau
- Die Mauer fällt
- Frauen in der Bundesrepublik und in der DDR

M3 *Schüler diskutieren nach der Fish-Bowl-Methode.*

1 Bereiten Sie verschiedene Themen zur deutschen Teilung und Wiedervereinigung in Gruppen vor. Diskutieren Sie die Arbeitsergebnisse der Gruppen nach der Fish-Bowl-Methode.

2 Führen Sie eine Pro- und Kontra-Debatte zum folgenden Thema: Haben die Amerikaner oder die Russen die größere Schuld an der deutschen Teilung gehabt? Organisieren Sie das Streitgespräch nach der Fish-Bowl-Methode.

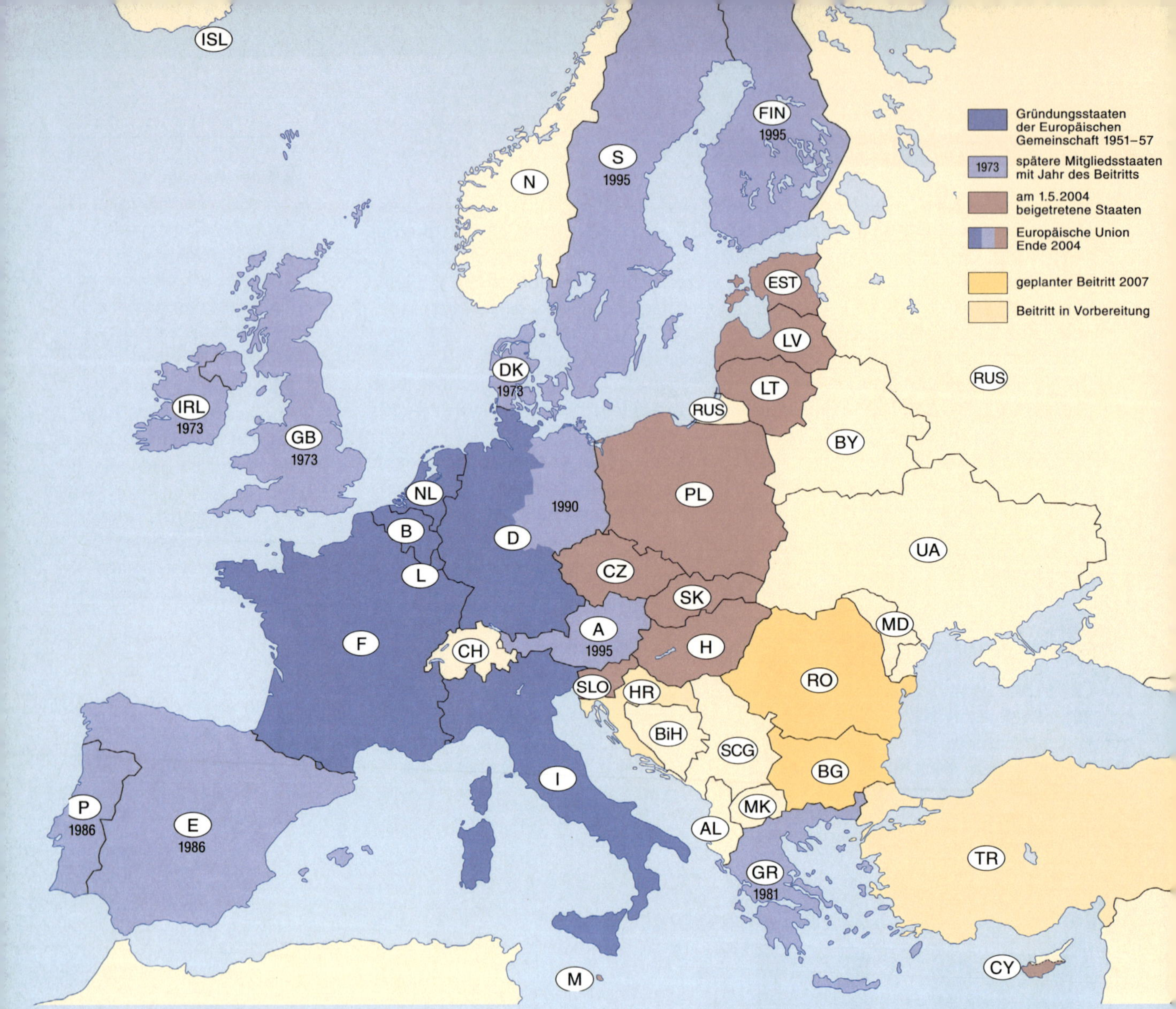

Das „Schiff Europa", in dem sich die Völker Europas – symbolisiert durch europäische Bauwerke – zusammengefunden haben, veranschaulicht das Ergebnis eines erstaunlichen Einigungsprozesses. Der Kontinent, der jahrhundertelang von Kriegen zerrissen war, hat es in den letzten 60 Jahren geschafft, friedlich zusammenzuwachsen. Die wichtigsten Stationen dieser Entwicklung, bewältigte und noch zu bewältigende Probleme werden Sie auf den folgenden Seiten kennen lernen.

1947

Der Marshall-Plan – Anstoß zur Einigung Westeuropas

1951/1957

Unterzeichnung der Grundlagenverträge der Europäischen Gemeinschaft

1992

Gründung der Europäischen Union

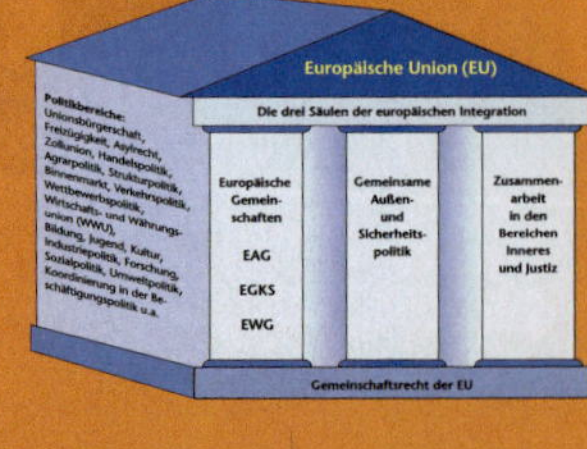

Europa – ein Kontinent wächst zusammen

Bei einem Bilderwettbewerb der EU unter dem Motto „Mein Bild von Europa“ reichten Schüler einer Realschule in Nordrhein-Westfalen diese Zeichnung ein.

2000

Die EU verkündet ihr Ziel: wirtschaftlich Weltspitze.

Die Handlungsfelder der Lissabon-Strategie

Wirtschaftsreformen
- Vollendung des Binnenmarkts
- Anwendung neuester Wissenschaft und Technik
- Förderung der Forschung
- günstige Bedingungen für Unternehmer

Übergreifende Maßnahmen
- Gemeinschaftsbestimmte Wirtschaftspolitik
- Vermeidung von Defiziten in den nationalen Haushalten der Staaten
- sinnvolle Staatsausgaben

Modernisierung des EU-Gesellschaftsmodells
- Förderung von Bildung und Ausbildung
- Schaffung von Arbeitsplätzen
- Ausbau des Wohlfahrtsstaats
- Modernisierung der sozialen Schutzsysteme
- Förderung des sozialen Zusammenhalts der Menschen

Nachhaltige (= zukunftsbezogene Maßnahmen)
- Umweltschutz
- schonender Umgang mit nicht erneuerbaren Grundstoffen
- Reform des Verkehrswesens
- Bekämpfung der Klima-Veränderung
- öffentliche Gesundheitsvorsorge

2003

Erster Entwurf für eine Verfassung der Europäischen Union

2004

„Osterweiterung“ der Europäischen Union

1 Die Spaltung Europas

M1 *Plakat zum Marshall-Plan, 1947.*
ERP = European Recovery Programm (offizieller Name des Programms).

Einheit Europas – ein alter Wunsch

Seit Jahrhunderten hat es immer wieder Pläne und Ansätze für eine europäische Staatengemeinschaft gegeben. Meist ging es darum, Frieden in Europa zu schaffen oder die Grundlage für ein gemeinsames Handeln gegen außereuropäische Mächte. Eine besondere Rolle spielte dabei – im Guten wie im Schlechten – das deutsch-französische Verhältnis. So gingen z.B. die harten Bestimmungen des Versailler Friedens für Deutschland maßgeblich auf Frankreich zurück; aber es waren mit Briand und Stresemann auch Politiker dieser beiden Länder, die sich für eine deutsch-französische Versöhnung als Schritt zu einem einigen Europa einsetzten. Und in den Schrecken des Zweiten Weltkriegs waren es u. a. sowohl deutsche als auch französische Widerstandskämpfer gegen die nationalsozialistische Herrschaft in Europa, die für ein einiges demokratisches Nachkriegseuropa eintraten.

Kalter Krieg und Spaltung

Doch am Ende des Zweiten Weltkriegs kam es zunächst anders. Als Deutschland besiegt war, zerfiel das Kriegsbündnis der Alliierten. Zwischen der UdSSR und den USA wie ihren Verbündeten begann der Kalte Krieg. Seine Frontlinie spaltete Europa. Der sowjetische Diktator Stalin dehnte die Herrschaft des Kommunismus über die osteuropäischen Staaten aus. Westliche Politiker befürchteten, der Kommunismus könne sich weiter nach Westen ausbreiten, sollte es nicht gelingen, ihn „einzudämmen". Aus solchen Überlegungen erwuchs der amerikanische Marshall-Plan: Vier Jahre lang sollten die Europäer von den USA Güter und Kredite erhalten, um ihre vom Krieg völlig zerstörte Wirtschaft wieder aufzubauen. Das sollte sie widerstandsfähig gegen den Kommunismus machen und zugleich die amerikanische Wirtschaft ankurbeln. Bedingung war, dass die Europäer sich selbst über die Verteilung der Lieferungen einigten und die liberale Wirtschaftsordnung der USA annahmen. 17 europäische Staaten – darunter die Bundesrepublik (seit 1949) – gingen auf das Angebot ein und gründeten 1948, um die Verteilung zu organisieren, die OEEC (Organization of European Economic Cooperation). Die UdSSR lehnte für sich und ihren Herrschaftsbereich den Beitritt ab.

M2 *Der französische Außenminister Briand spricht 1929 vor dem Völkerbund:*

Ich bin der Auffassung, dass zwischen Völkern, deren geographische Lage so ist wie die der Völker Europas, eine Art föderatives Band bestehen muss; diese Völker müssen jederzeit die Möglichkeit haben miteinander in Verbindung zu treten, über ihre Interessen zu beraten, gemeinsame Entschließungen zu fassen, untereinander ein Band der Solidarität zu schaffen, das ihnen erlaubt, zu gegebener Zeit einer ernsten Lage, falls eine solche entsteht, gegenüberzutreten. (...)

Es ist klar, dass sich die Verbindung vor allem auf wirtschaftlichem Gebiet betätigen wird: Dies ist das dringlichste Problem. Ich glaube, dass sich hier Erfolge erzielen lassen. Aber ich bin auch sicher, dass vom politischen, vom sozialen Standpunkt gesehen eine föderative Verbindung, welche die Souveränität der an ihr teilnehmenden Nationen unangetastet lässt, von Nutzen sein kann.

Forschungsinstitut der Deutschen Gesellschaft für Auswärtige Politik (Hg.), Europa. Dokumente zur Frage der europäischen Einigung, Bd. 1, München 1962, S. 28.

M3 *Der britische Premierminister Winston Churchill sagte 1946 in einer Rede in Zürich:*

Wir Briten haben unser eigenes Commonwealth of Nations (...). Und warum sollte es [daneben] keine europäische Gruppe geben, die den irregeleiteten Völkern dieses unruhigen und machtvollen Kontinents das Gefühl (...) einer gemeinsamen Staatszugehörigkeit einflößen könnte? (...) [Wir müssen] die europäische Familie in einer regionalen Struktur neu schaffen, die vielleicht die Vereinigten Staaten von Europa heißen wird. Der erste Schritt ist die Bildung eines Europarats. Wenn zu Anfang auch nicht alle Staaten willens oder in der Lage sind, der Union beizutreten, müssen wir uns dennoch ans Werk machen, diejenigen Staaten, die es wollen und können, zusammenzufassen und zu vereinen. Bei dieser so dringenden Aufgabe müssen Frankreich und Deutschland die Führung übernehmen.

Forschungsinstitut der Deutschen Gesellschaft für Auswärtige Politik (Hg.), Europa. Dokumente zur Frage der europäischen Einigung, Bd. 1, München 1962, S. 113ff.

M5 *Karikatur zum Marshall-Plan* (Der Spiegel", 6. 9. 1947). – Wie deutet der Karikaturist den Plan des amerikanischen Außenministers Marshall?

M4 *Über die Absichten des Marshall-Plans (1947) schreibt G. F. Kennan, der Leiter der Planungskommission:*

Das Ersuchen um Unterstützung musste als gemeinsames Ersuchen einer Gruppe befreundeter Nationen kommen und durfte nicht in eine Reihe voneinander unabhängiger Einzelanträge zerfallen. (...) Hätten wir nicht darauf bestanden, dann wären die Vereinigten Staaten mit Mengen von konkurrierenden Wunschzetteln überhäuft worden (...). Das hätte uns gezwungen, selber eine Auswahl zu treffen, die garantiert vielen Leuten nicht gepasst hätte (...). Aber auch hiervon abgesehen, hatten wir ernste Zweifel an den Erfolgschancen eines europäischen Aufbauprogramms, das nur aus einer Reihe unkoordinierter nationaler Pläne bestand; unserer Meinung nach war die übermäßige Zersplitterung Europas eine seiner größten Schwächen. Sie hinderte den freien Wettbewerb und das Entstehen großer Verbrauchermärkte. Durch unser Beharren auf gemeinsamer Planung wollten wir die Europäer zwingen, sich mit den ökonomischen Problemen ihres Erdteils als Europäer auseinander zu setzen und nicht als Nationalisten.

George F. Kennan, Memoiren eines Diplomaten, München 1970, S. 340f.

1 Begründen Sie, warum gerade das französisch-deutsche Verhältnis für die Einigung Europas wichtig ist (VT, M2, M3).

2 Überlegen Sie, warum die UdSSR den Marshall-Plan ablehnte T, M3).

3 Listen Sie auf, welche Absichten Planer und Betroffene mit dem Marshall-Plan verbanden (VT, M1, M4, M5).

4 Nehmen Sie Stellung: Marshall-Plan – Instrument europäischer Einigung oder Spaltung?

2 Stationen der Integration Westeuropas

M1 *Der Vertrag über die „Europäische Gemeinschaft für Kohle und Stahl"* wird am 18. April 1951 von den Vertretern der 6 Mitgliedstaaten in Paris unterzeichnet. Nicht zufällig bilden der Franzose Schuman (mit dem Vertragstext in den Händen) und der Deutsche Adenauer (rechts daneben) die Mitte der Versammlung.

Supranational
(von lat. = „über der Nation stehend") sind Behörden, die einer Staatengemeinschaft in den Teilen, in denen die Staaten ihre Souveränität abtreten, übergeordnet sind. Sie können selbstständig übergeordnete Entscheidungen treffen.

Integration
ist ein Vorgang, bei dem aus Teilen ein übergeordnetes Ganzes entsteht; hier: Vorgang der wirtschaftlichen, politischen usw. Einigung Europas.

EG
Die Gründung der Europäischen Gemeinschaft (EG) erfolgte 1967 durch den Zusammenschluss der drei Teilgemeinschaften EGKS, EWG und Euratom (EAG).

EU
Mit dem Vertrag von Maastricht von 1992 wurde die Europäische Gemeinschaft (EG) zur Europäischen Union (EU) fortentwickelt.

Der Europarat – eher eine Sackgasse

Die Gründung der OEEC brachte rege Diskussionen zu europäischen Wirtschaftsfragen mit sich. Um auch das Gespräch über politische Fragen in Gang zu bringen, wurde 1949 der Europarat in Straßburg gegründet. Er hatte zunächst zehn Mitglieder (die Bundesrepublik trat 1951 bei), 2004 waren es 46. Zu einem Instrument europäischer Integration wurde er jedoch kaum. Das verhinderten die Bestimmungen, dass seine Beschlüsse einstimmig gefasst werden mussten und dass sie für die Regierungen nur Ratschläge darstellten. Allerdings ermöglichte gerade das auch kommunistischen Staaten, an den Gesprächen teilzunehmen. Der bedeutendste Beschluss des Europarats war die „Europäische Konvention zum Schutz der Menschenrechte und Grundfreiheiten" (1953), der die Schaffung so wichtiger Einrichtungen wie die „Europäische Kommission für Menschenrechte" und den „Europäischen Gerichtshof für Menschenrechte" nach sich zog.

Kohle und Stahl – Anstoß für Europa

Der erste Schritt auf dem Weg zur Integration Europas war der 1951 unterzeichnete Vertrag über die „Europäische Gemeinschaft für Kohle und Stahl" (EGKS). Den Anstoß dazu hatte der französische Außenminister Robert Schuman gegeben („Schuman-Plan"). Durch den Vertrag wurden in den Mitgliedsländern – Deutschland, Frankreich, Italien und die Benelux-Länder – die Förderung, Verarbeitung und Verteilung von Kohle und Stahl unter die Kontrolle einer gemeinsamen supranationalen Behörde gestellt.
Eine weitere supranationale Behörde, der Europäische Gerichtshof, regelte Streitigkeiten zwischen den Mitgliedstaaten. Besonders wichtig war die Auswirkung des Vertrages auf das deutsch-französische Verhältnis, dem Kernproblem der europäischen Einigung: Die gemeinsame Kontrolle befriedigte das französische Sicherheitsbedürfnis gegenüber Deutschland und die Bundesrepublik durfte sich als gleichberechtigter Partner Frankreichs fühlen.

Zollschranken fallen

Der nächste Schritt auf dem Weg zu einem vereinigten Europa erfolgte mit den Römischen Verträgen von 1957, in denen die sechs Vertragspartner der EGKS die „Europäische Wirtschaftsgemeinschaft" (EWG) und die „Europäische Atomgemeinschaft" (EURATOM/EAG) ins Leben riefen. Der EWG-Vertrag setzte die Linie des EGKS-Vertrages folgerichtig fort: Der gemeinsame Markt wurde nun auf Güter aller Art sowie Dienstleistungen, Kapital- und Zahlungsverkehr ausgedehnt; Bewohner der Vertragsstaaten konnten sich im Vertragsgebiet ihren Lebensort frei wählen; innerhalb von 12 Jahren sollten alle Zoll- und Handelsschranken zwischen den Vertragsstaaten fallen.

Im EAG-Vertrag reagierten die „Sechs" auf die wachsende Bedeutung der Atomenergie im 20. Jahrhundert. Der Ankauf von Nuklearmaterial und dessen friedliche Nutzung wurden geregelt, um Europa eine unabhängige Position zwischen den atomaren Großmächten USA und UdSSR zu sichern. Für die Verwirklichung der Vertragswerke wurden weitere supranationale Behörden (Europäischer Rat, Europäische Kommission, Europäisches Parlament) geschaffen.

„Haus Europa"

Pünktlich 1968 war die Zollunion hergestellt. Der Erfolg der „Sechs" wirkte wie ein Sog auf andere europäische Nationen. Denn die Vorteile, die der gemeinsame Markt den „Sechs" schuf, waren zugleich die Nachteile der davon Ausgeschlossenen. Durch neue Beitritte wurden bis 1986 aus den „Sechs" die „Elf". Doch je größer die Runde wurde, desto spürbarer wurde, dass die politische Integration nicht mit der wirtschaftlichen Schritt hielt. 1986 wurde daher die „Europäische Politische Zusammenarbeit" (EPZ) zum Grundsatz erhoben und die Umwandlung der europäischen Gemeinschaften in eine politisch eng zusammenarbeitende Union angekündigt.

Das erfolgte 1992 durch den Vertrag von Maastricht, den dritten großen Vertrag der europäischen Integration. Der Vertrag fasste Erreichtes und Neues zusammen. Zum ersten Mal wurde das „Haus Europa" in seinen tragenden Bestandteilen – den Verträgen, den supranationalen Behörden und ihrer Arbeitsweise – und ihrem Zusammenhang sichtbar. Das sollte auch der neue Name für die Staatengemeinschaft zum Ausdruck bringen: Europäische Union (EU).

M2 *Die europäische Flagge* zeigt zwölf goldene Sterne kreisförmig auf blauem Grund. Der Kreis soll die Einheit und die Harmonie zwischen den Völkern symbolisieren, die Zahl Zwölf gilt traditionell als Symbol für Vollkommenheit. Die Sterne haben also nichts mit der Anzahl der Mitgliedsländer zu tun.
– Forschen Sie im Internet nach weiteren Symbolen der EU.

M3 *Das „Haus Europa" nach dem Vertrag von Maastricht 1992.* Die Integration ist nicht in allen Aufgabenbereichen (Säulen) gleich weit fortgeschritten. Festgelegte Verfahren mit verbindlichen Entscheidungen gibt es weitgehend für die Politikbereiche der ersten Säule. In den beiden anderen Bereichen müssen Regierungsvertreter meist von Fall zu Fall Einigkeit herstellen.

M5 *Der „Schuman-Plan", vom französischen Außenminister Schuman am 9. Mai 1950 der Regierung in Paris vorgetragen:*

Der Beitrag, den ein organisiertes und lebendiges Europa für die Zivilisation leisten kann, ist unerlässlich für die Aufrechterhaltung friedlicher Beziehungen (...). Europa lässt sich nicht mit einem Schlage herstellen und auch nicht durch eine einfache Zusammenfassung. Es wird durch konkrete Tatsachen entstehen, die zunächst eine Solidarität der Tat schaffen. Die Vereinigung der europäischen Nationen erfordert, dass der jahrhundertealte Gegensatz zwischen Frankreich und Deutschland ausgelöscht wird (...). Die französische Regierung schlägt [daher] vor, die Gesamtheit der französisch-deutschen Kohle- und Stahlproduktion einer gemeinsamen Hohen Behörde zu unterstellen, in einer Organisation, die den anderen europäischen Ländern zum Beitritt offen steht (...). Die Solidarität der Produktion, die so geschaffen wird, wird bekunden, dass jeder Krieg zwischen Frankreich und Deutschland nicht nur undenkbar, sondern materiell unmöglich ist (...). Durch (...) die Errichtung einer neuen Hohen Behörde, deren Entscheidungen bindend sein werden, wird dieser Vorschlag den ersten Grundstein einer europäischen Föderation bilden.

Pascal Fontaine, Ein neues Konzept für Europa. Die Erklärung von Robert Schuman – 1950–2000, Luxemburg 2000, S. 36 f.

M6 *Aus dem Vertrag über die Gründung der Europäischen Wirtschaftsgemeinschaft (EWG) vom 25. März 1957:*

In dem festen Willen (...) einen immer engeren Zusammenschluss der europäischen Völker zu schaffen (...), haben [die Vertragsparteien] beschlossen, eine europäische Wirtschaftsgemeinschaft zu gründen (...).

Artikel 2: Aufgabe der Gemeinschaft ist es, durch die Errichtung eines gemeinsamen Marktes und die schrittweise Annäherung der Wirtschaftspolitik der Mitgliedstaaten eine harmonische Entwicklung des Wirtschaftslebens innerhalb der Gemeinschaft, (...), eine größere Stabilität, eine beschleunigte Hebung der Lebenshaltung und engere Beziehungen zwischen den Staaten zu fördern, die in dieser Gemeinschaft zusammengeschlossen sind.

Artikel 3: Die Tätigkeit der Gemeinschaft (...) umfasst (...)

a) die Abschaffung der Zölle und mengenmäßigen Beschränkungen bei der Ein- und Ausfuhr von Waren (...) zwischen den Mitgliedstaaten;

b) die Einführung eines gemeinsamen Zolltarifs und einer gemeinsamen Handelspolitik gegenüber dritten Ländern;

c) die Beseitigung der Hindernisse für den freien Personen-, Dienstleistungs- und Kapitalverkehr zwischen den Mitgliedstaaten;

d) die Einführung einer gemeinsamen Politik auf dem Gebiet der Landwirtschaft .

BGB1. 1957 II, S. 770ff.

M4 *Der Schuman-Plan und seine Bedeutung für Deutschland* (Symbolfigur „deutscher Michel") in der Sicht des West-SPD-Vorsitzenden Schumacher (links), des Bundeskanzlers Adenauer (Mitte), des DDR-Ministerpräsidenten Grotewohl (rechts), Karikatur „Hamburger Abendblatt", 11. Januar 1952

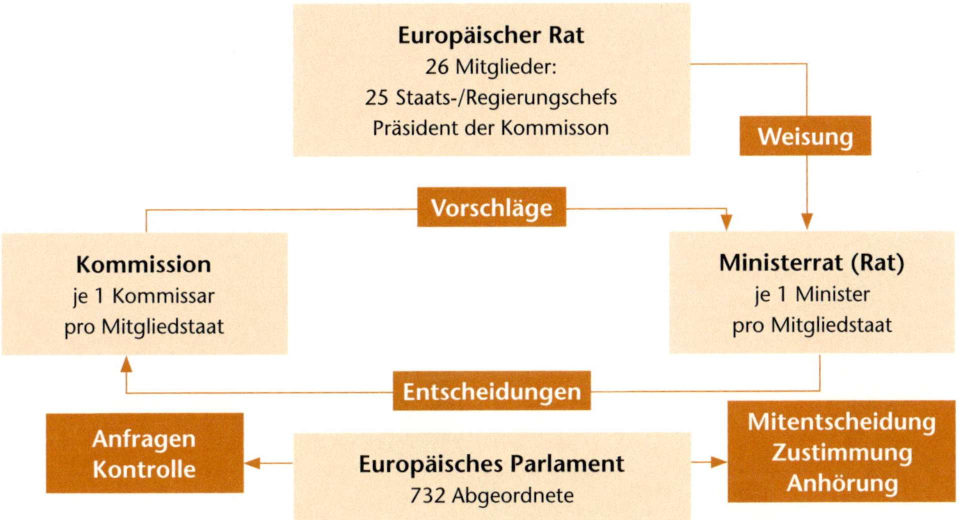

M9 *Die Organe der EU.* Der Europäische Rat, in dem sich die Regierungschefs regelmäßig treffen, bestimmt die politischen Ziele der EU. Im Ministerrat treffen sich die Fachminister (z. B. Außen- oder Landwirtschaftsminister). Sie bilden zusammen mit dem EU-Parlament, das den meisten Entscheidungen zustimmen muss, die Legislative. Die Kommission ist für Gesetzesinitiativen und die Ausführung der Beschlüsse zuständig. Sie bildet die Exekutive. Als Judikative ist der Europäische Gerichtshof für die Beilegung von Streitigkeiten zuständig.

M7 *US-Präsident Kennedy 1962 in einer Rede über die Beziehung der USA zur EWG:*

Jenseits des Atlantiks ist gegenwärtig eine einheitliche Wirtschaftsgemeinschaft im Entstehen begriffen, die eines Tages eine Bevölkerung haben dürfte, die dreieinhalb mal so groß ist wie die unsere. Diese Bevölkerung arbeitet im Rahmen einer Wirtschaft zusammen (...), bei der es für Handel und Investitionen keine größeren Hindernisse gibt als zwischen unseren 50 Bundesstaaten. Diese Wirtschaft hatte in der Vergangenheit eine Wachstumsrate, die doppelt so hoch wie die unsrige war, und sie wird eines Tages eine Kaufkraft repräsentieren, die der unsrigen gleichkommt, und einen Lebensstandard aufweisen, der schneller als der unsrige steigt (...). Wenn unseren Exporten der freie Zugang zur EWG [durch Zölle] (...) verwehrt sein sollte, dann würde unsere (...) Führung der freien Welt gefährdet werden (...). Wirtschaftliche Isolierung und politische Führerschaft sind völlig unvereinbar miteinander. Die Länder Westeuropas werden in den nächsten Jahren ihr (...) Wirtschafts- und Handelsschema festlegen, das die Zukunft unserer Wirtschaft (...) entscheidend berühren wird. Wenn wir vom Markt der EWG durch hohe Zollschranken (...) getrennt sind, dann können wir nicht hoffen, bei diesen (...) Entscheidungen eine wesentliche Rolle zu spielen.

Ernst-Otto Czempiel/Carl Christoph Schweitzer, Welpolitik der USA nach 1945. Einführung und Dokumente, Bd. 210, Opladen 1984, S. 288 ff.

M8 *Über den Vertrag von Maastricht und seine Bedeutung schreibt ein Jurist (1999):*

Die EU ist nicht mehr nur ein fernes Ziel des Integrationsprozesses, sondern eine durch den Vertrag von Maastricht errichtete internationale Organisation eigener Art.
Das Eigentümliche dieser internationalen Organisation liegt in ihrer Konstruktion als rechtliches Dach für die drei Europäischen Gemeinschaften und ihre Politikbereiche [erste Säule] sowie in den Formen der Zusammenarbeit zwischen den Mitgliedstaaten [zweite und dritte Säule] begründet.
Allerdings bleibt die Rechtsordnung dieser Union im Ganzen weit hinter der der EG zurück. So gelten etwa die für die EG-Rechtsordnung unverzichtbaren Grundsätze der unmittelbaren Anwendbarkeit und des Vorrangs des Gemeinschaftsrechts nicht für die beiden anderen neben der EG errichteten Säulen der EU. Vielmehr enthalten diese Säulen im Wesentlichen Programme und Absichtserklärungen, die im Wege der Zusammenarbeit zwischen den Regierungen verwirklicht werden (...).
Die Gründungsverträge der EG haben nämlich zur Errichtung selbstständiger mit eigenen Hoheitsrechten und Befugnissen ausgestatteter Gemeinschaften geführt.
Deshalb ist die EU [keine] übliche internationale Organisation (...) sondern (...) [eine] „supranationale Organisation".

Klaus-Dieter Borchardt, Das ABC des Gemeinschaftsrechts, Luxemburg 1999, S. 24 f.

1 Zeigen Sie die Hauptstationen der Integration so auf, dass der Fortschritt des Prozesses deutlich wird (VT, M1, M3, M5, M6, M8, M9).

2 Vergleichen Sie die Erwartungen an den Schumann-Plan (M4, M5). Welche davon sind in Erfüllung gegangen?

3 Legen Sie dar, welche Auswirkungen die Gründung der EWG auf die USA hat (M7). Wie fassen Sie die Rede auf: Spricht hier ein Verbündeter oder ein Konkurrent Westeuropas?

4 Erläutern Sie, worin die Besonderheiten der EU als einer „supranationalen Organisation" bestehen (M8).

3 „Osterweiterung" Europas

M1 *„Fahnenflucht"* (Karikatur von Peter Bensch, Dezember 1989). – Wie sieht der Zeichner den Zusammenschluss?

Kopenhagener Kriterien

Vier Bedingungen, die Beitrittsländer zur EU erfüllen müssen:

- Demokratie,
- Marktwirtschaft,
- Bejahung der Ziele der EU,
- Anwendung des EU-Rechts.

Festgelegt wurden sie von den Regierungschefs der EU 1993 in Kopenhagen.

Das kommunistische Osteuropa

Fast spiegelbildlich zum Zusammenschluss Westeuropas vollzog sich – freilich unter massivem sowjetischem Druck – der Aufbau einer kommunistischen Region in Osteuropa. Wirtschaftlich geschah das durch die Gründung des „Rats für gegenseitige Wirtschaftshilfe" (RGW) 1949.

Der RGW sollte die Isolation der UdSSR und der Staaten ihres Machtbereichs vom Weltmarkt, der von den USA und Westeuropa beherrscht wurde, ausgleichen. Doch westliches Niveau erreichte die Planwirtschaft des RGW nie – im Gegenteil, die Wohlstandskluft zum Westen wurde immer größer. Schuld daran war nicht zuletzt, dass die RGW-Länder – neben der UdSSR die DDR, die Tschechoslowakei, Polen, Rumänien, Ungarn, Albanien (bis 1962), später Kuba, Nordvietnam und die Mongolei – fast alle wirtschaftlich rückständige Staaten waren. Mit dem Zusammenbruch der UdSSR 1991 löste sich auch die kommunistische Staatengemeinschaft Europas auf und damit auch der RGW.

Der Anschluss an die EU

Mit dem Ende des RGW verstärkten seine früheren Mitglieder in Europa ihre Handelsbeziehungen zur EU. Schon 1994 war diese ihr größter Handelspartner. 1993 boten die Regierungschefs der EU auf ihrem Gipfeltreffen von Kopenhagen diesen früheren RGW-Ländern die Aufnahme in die EU an. Nur mussten sie dafür sorgen, vier politische und wirtschaftliche Bedingungen – seitdem „Kopenhagener Kriterien" genannt – zu erfüllen: die Einführung von Demokratie und Marktwirtschaft, Übereinstimmung mit den Zielen der EU und die Anwendung des EU-Rechts.

Bis 1996 hatten die Länder (dazu noch Malta, Zypern und die Türkei) einen Beitrittsantrag gestellt. Für zehn der Länder war die Anpassung im Jahr 2003 so weit gelungen, dass sie schließlich zum 1. Mai 2004 der EU beitreten konnten. Damit entstand der größte Binnenmarkt der westlichen Welt, mit 450 Millionen Menschen bevölkerungsreicher als die USA und Russland zusammen.

Standpunkte: Wer hat den Nutzen, wer die Lasten der Osterweiterung?

M2 *Ein deutscher Professor sagt dazu (2001):*

Als zweiten Gegensatz [der Sichtweisen] würde ich einerseits die Angst der Barbarisierung durch den Osten im Westen und andererseits die Hoffnung der Zivilisierung durch Europa [im Osten] nennen (...). Barbarisierung durch Zuwanderung billiger Arbeitskräfte – auch das eine Furcht, die man im Westen hat. Daraus entsteht der Eindruck, vonseiten des Westens bestehe der Anspruch auf Intervention und Kontrolle [des Ostens]. Wenn man sich nun die andere Seite anschaut, (...) dann wird hier sicherlich Europa als Chance wahrgenommen. (...) Wir haben dann umgekehrt vonseiten des Westens die Wahrnehmung einer Chance zur Zivilisierung Osteuropas. Das ist sozusagen die andere Seite der Kontrolle. Und diese Aussage ist notwendig, um den Osterweiterungsprozess im Westen durchzusetzen. Wir müssen nämlich erklären, warum Bürger aus der Bundesrepublik Steuern bezahlen und diese Steuern im Osten landen werden. (...) Und da wird man darauf hinweisen, dass die Kriminalität [aus dem Osten] gestoppt werden wird, (...) dass es darum gehen muss, Umweltverschmutzung zu reduzieren.

Stiftung Internationaler Karlspreis zu Aachen 2001/V.i.S.d.P. Bernd Vincken (Hg.), Erweiterung – aber wann? Die Europäische Union nach Nizza. Podiumsdiskussion am 11. Mai 2001 in Aachen. In: Dialog für Europa, Heft 1/2001, S. 12 f.

M3 *Der ehemalige ungarische Ministerpräsident Gyula Horn meint (2001):*

Welche Opfer erbringt eigentlich Westeuropa für die Erweiterung? Denn die Art der Zusammenarbeit, die wir mit der Union haben, ist doch von Vorteil für die europäische Wirtschaft. Zum Beispiel beträgt für deutsche Unternehmen der Gewinn, der in Ungarn eingefahren wird, 750 Millionen D-Mark (...). Opfer hat das ungarische Volk schon erbracht und erbringt es immer noch. Ungarn hat im Jahre 2000 das Produktionslevel des Jahres 1989 wieder erreicht, obwohl dieser Status 1989 nicht allzu hoch war (...). Auch ich war ein Politiker des Systemwechsels [vom Kommunismus zur Demokratie]. Aber Demokratie schafft nicht automatisch Wohlstand. Das ist eine der größten Herausforderungen der Europäischen Union, wie man die Demokratie kräftigen und gleichzeitig auch Wohlstand schaffen kann (...). Wir klopfen nicht als Bettler an die Tür der Europäischen Union. Wir bringen geistige, kulturelle und materielle Werte mit in die EU, die auch eine Bereicherung für Westeuropa darstellen werden.

Stiftung Internationaler Karlspreis zu Aachen 2001/V.i.S.d.P. Bernd Vincken (Hg.), Als der Eiserne Vorhang fiel. Gesprächsrunde am 23. Mai 2001 in Aachen. In: Dialog für Europa, Heft 3/2001, S. 14.

M4 *Verteilung des Wohlstands in den 15 alten und 10 neuen EU-Ländern,* gemessen am „Brutto-Inlands-Produkt (BIP) je Einwohner". Als Maßstab für einen Vergleich ist das Durchschnitts-BIP je Einwohner der 15 alten EU-Länder für das Jahr 2002 auf 100 % gesetzt. Das BIP je Einwohner in Lettland erreichte also 2002 nur 35 % vom BIP je Einwohner in der EU.

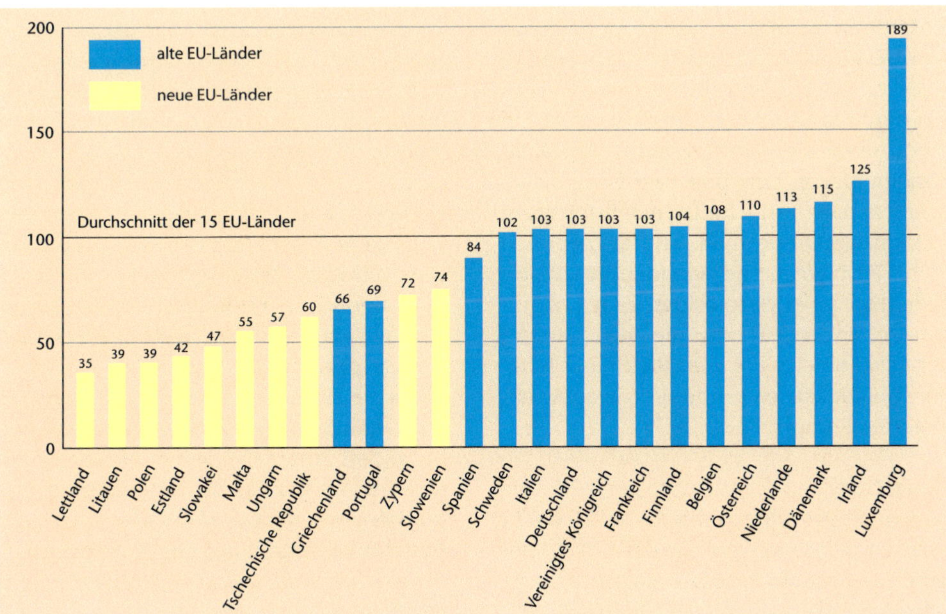

1 Legen Sie dar, warum die RGW-Länder Anschluss an die EU suchten (VT, M2–M4).

2 Untersuchen Sie M2 und M3 so:

a) Wie beantwortet der jeweilige Verfasser die Frage nach Nutzen und Lasten der Osterweiterung?

b) Welche der Sichtweisen und Antworten überzeugen Sie mehr?

3 Nehmen Sie Stellung: Könnte sich zwischen alten und neuen EU-Ländern ein ähnlich problematisches Verhältnis einstellen wie zwischen „Wessis" und „Ossis" in der Bundesrepublik (VT, M1–M4)?

4 Natürlich gibt es auch Probleme

M1 *Zuckerrübenanbau in der EU.* Bis 2005 erhielten die Zuckerrübenanbauer in der EU für eine Tonne Rüben einen Garantiepreis von 43,60 Euro und die Zuckerraffinerien für eine Tonne Zucker 632 Euro. Der Weltmarktpreis für eine Tonne Zucker liegt bei 223 Euro. Für die Zuschüsse musste die EU sechs Milliarden Euro pro Jahr bezahlen. 2005 wurden die Garantiepreise um ein Drittel gesenkt.

Subventionen
(von lat. subvenire = unterstützen) sind Zahlungen des Staates an Privatpersonen/-unternehmen, z. B. um finanzielle Nachteile auszugleichen.

Lobby
Interessenvertreter von gesellschaftlichen Gruppen, die Politiker und ihre Entscheidungen beeinflussen wollen.

Landwirtschaft in der EU

Eines der größten Problemfelder der EU-Länder ist die gemeinsame Agrarpolitik (GAP), die 1957 verabredet wurde. Sie verschlingt jährlich fast 50 % der Gesamtausgaben. Ziele der GAP waren, die Bevölkerung mit guten und preiswerten Agrargütern zu versorgen und den Produzenten, den Bauern, ein „angemessenes" Einkommen zu sichern. Dafür wurde den Bauern die Abnahme ihrer Erzeugnisse zu Festpreisen garantiert. Billigangebote aus Nicht-EWG-Ländern wurden durch Einfuhrzölle verteuert, Ausfuhrgüter der EWG-Bauern durch Subventionen verbilligt. Da sich Produzieren also lohnte, kam es zu einer riesigen Überproduktion von Gütern, die gelagert oder vernichtet werden mussten. Das kostete Unsummen, und es gab noch mehr Probleme: Die Mengenproduktion verleitete zu rücksichtsloser Ausnutzung von Böden und Tieren; die Ausschaltung der Billiganbieter auf dem Weltmarkt schadete gerade armen Ländern, die von Agrarexporten lebten.

Neue Ziele

In den 1990er-Jahren änderte die EU daher ihre Landwirtschaftspolitik: Zölle und Subventionen für Agrargüter wurden allmählich abgebaut, und statt der Menge wurden z. B. umweltfreundlicher ökologischer Anbau und artgerechte Tierhaltung finanziell stärker belohnt.

Die EU und die Welt

Ein anderes Problemfeld ist die Gemeinsame Außen- und Sicherheitspolitik (GASP). Die EU ist zwar die größte Wirtschaftsmacht der Erde, ihr politisches Gewicht entspricht dem aber nicht. Die Mitgliedsregierungen haben es in politischen Krisensituationen oft an Einheit fehlen lassen. Ein Beispiel dafür war der Irak-Krieg 2003. Obwohl der Krieg von der Mehrheit der Völker in der EU als unnötig und ungerecht angesehen wurde, beteiligten sich Großbritanien und einige andere EU-Staaten. Vor allem Deutschland und Frankreich lehnten den Krieg entschieden ab. Der innere Zusammenhalt der EU stand vor einer schweren Zerreißprobe.
Auch bei der internationalen Entwicklungshilfe gibt es Probleme, obwohl sie grundsätzlich zu den starken Seiten der EU zählt. Denn die EU räumt vielen Entwicklungsländern günstige Handelsbedingungen ein, besonders armen Ländern in Afrika, der Karibik und im Pazifik, die früher europäische Kolonien waren. Die EU ist der wichtigste Abnehmer ihrer Produkte. Problematisch wird es aber da, wo sie als Konkurrenten von EU-Erzeugern auftreten.

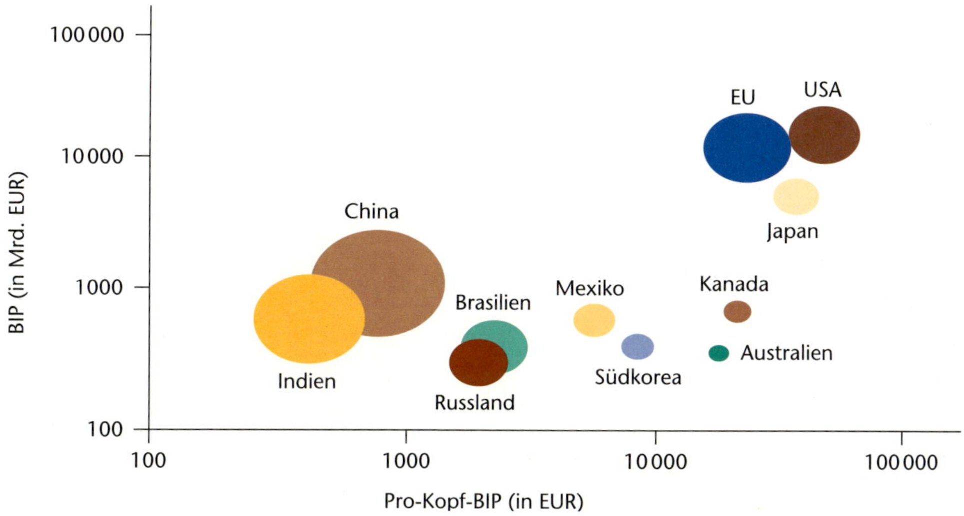

M4 *Stellung der EU (25 Mitgliedsstaaten)* in den größten Wirtschaftszonen der Erde, gemessen an BIP-Werten von 2002. Die Kreisgröße veranschaulicht die Bevölkerungszahl der jeweiligen Wirtschaftszone.

M2 *Zur Entwicklungspolitik der EU*

a) Der Politikwissenschaftler Siegmar Schmidt schreibt dazu (2002):

Im Februar 2001 kündigte der für Handelsfragen zuständige EU-Kommissar Pascal Lamy an, dass für die Exporte der [ärmsten] Staaten in die EU bis zum Jahre 2004 alle Abgaben, Mengenbegrenzungen und Zölle entfallen würden. Lamy betonte, dass dies für alle Produkte mit Ausnahme von in diesen Ländern hergestellten Waffen gelte (...). Für wirtschaftlich [konkurrierende] Produkte wie Bananen, Zucker und Reis sollten allerdings verlängerte Übergangsfristen bis 2006 oder sogar 2009 gelten. Während dieser Fristen werden jedoch die Zölle für diese Produkte jährlich um 20% gesenkt. Die langen Fristen waren aufgrund des scharfen Widerstands der EU-Agrarlobby, die hohe Verluste für die EU-Produzenten befürchtete, eingeführt worden.

Siegmar Schmidt, Aktuelle Aspekte der EU-Entwicklungspolitik. Aufbruch zu neuen Ufern? In: Aus Politik und Zeitgeschichte. Beilage zu „Das Parlament" vom 10. Mai 2002, S. 35.

b) Der Journalist Harald Schumann schreibt dazu (2003):

Für die wichtigsten Exportgüter des Südens, Agrarprodukte und Textilien, sind die Märkte in Europa und den USA entweder mengenbegrenzt oder gesperrt (...). Für verarbeitete Produkte gibt es (...) nach wie vor die so genannte Zollausweitung, d. h. höher verarbeitete Rohstoffe werden automatisch mit höheren Zöllen belegt. Und das hat zur Folge, dass eine verarbeitende Industrie in den Rohstoffländern gar nicht erst entstehen kann (...). Den Gipfel des Übels erklimmt das System im Agrarbereich. Wir, Europa und die USA, subventionieren unsere Agrarproduktion mit einer Milliarde US-Dollar pro Tag, 360 Milliarden im Jahr, das ist das Siebenfache der pro Jahr weltweit gewährten Entwicklungshilfe. Und mit diesen Subventionen zerstören wir genau die Märkte, auf denen die ärmsten Entwicklungsländer noch am ehesten wirtschaftliche Erfolge erzielen können.

Harald Schumann, Die wahren Globalisierungsgegner oder: Die politische Ökonomie des Terrorismus. In: Aus Politik und Zeitgeschichte. Beilage zu „Das Parlament" vom 24. März 2003, S. 27.

M3 *Empfänger der Ausfuhren aus den 49 ärmsten Ländern der Erde (2000)*

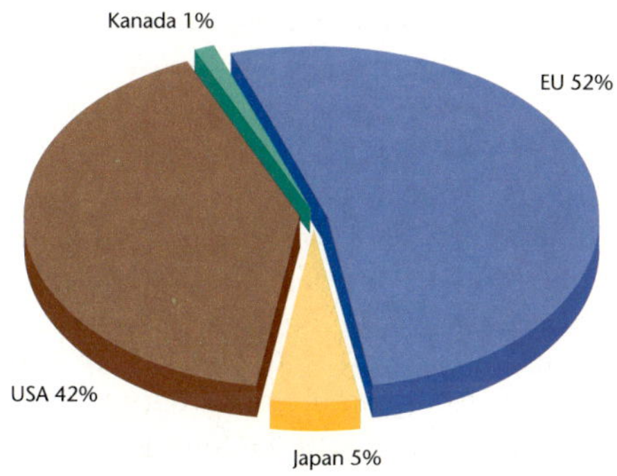

1 Listen Sie die im VT genannten Problembereiche der EU auf und erläutern Sie die Problematik genauer.

2 Überlegen Sie:
a) Sind die Probleme durch die Einrichtung der EU verursacht?
b) Ist die Existenz der EU für die Lösung der Probleme von Vorteil oder nicht?

3 Beschreiben Sie Stärken und Schwächen der EU-Position in der Welt (VT, M2–M4).

4 Nehmen Sie Stellung: Sollte die EU weniger auf die EU-Agrarlobby hören und mehr für die ärmsten Länder tun (VT, M2–M4)?

5 Hochgesteckte Ziele

M1 *Der Europäische Konvent,* bestehend aus 105 Vertretern der EU-Länder und der Beitrittsländer, arbeitete 2002/2003 den Entwurf zur ersten Verfassung der EU aus.

Verfassung
ist die Grundordnung eines Staates oder einer Staatengemeinschaft. Sie beschreibt die Grundwerte des Staates, seine Organe und ihr Funktionieren.

Noch größer
Nachdem die „Osterweiterung" im Jahre 2004 vollzogen wurde, steht in den kommenden Jahren die „Südosterweiterung" der EU bevor. Seit 2002 werden Rumänien und Bulgarien unterstützt, damit sie die Voraussetzungen für den EU-Beitritt, der für 2007 geplant ist, erfüllen. Schon seit 1987 möchte die Türkei EU-Mitglied werden. Bedenken der EU, ob Demokratie und Menschenrechte in der Türkei verankert sind, verzögerten lange Zeit Beitrittsverhandlungen. Erst 2004 entschieden sich die EU-Mitgliedsländer dafür, Verhandlungen mit der Türkei aufzunehmen. 2003 meldete Kroatien seinen Beitrittswunsch an. Es wird erwartet, dass weitere Balkanländer wie Albanien oder Mazedonien folgen werden.

Noch stärker
Im Jahre 2000 trafen sich die Regierungschefs der damals 15 EU-Staaten in Lissabon und fassten den ehrgeizigen Beschluss, „die Union zum wettbewerbsfähigsten und dynamischsten Wirtschaftsraum der Welt zu machen". Erreicht werden sollte und soll das Ziel durch die so genannte „Lissabon-Strategie". Sie sieht das Zusammenwirken von Maßnahmen in mehreren Handlungsfeldern vor, die Wirtschaft, Gesellschaft und nachhaltige (= zukunftsbezogene) Umweltpolitik betreffen.

Noch einiger
Eine weitere ehrgeizige Erklärung gaben die EU-Regierungschefs im Jahr 2001 ab. Danach sollte die EU eine einheitliche Verfassung erhalten. Der Entwurf wurde im November 2004 von den Regierungschefs genehmigt. Er beschreibt Ziele, Zuständigkeiten, Verfahren der Entscheidungsfindung der EU und die Grundrechte der Gemeinschaft. Die EU-Verfassung soll die Rechte des Europäischen Parlaments stärken und neben den nationalen Verfassungen der Mitgliedsländer überall in der EU Gültigkeit haben. Doch nicht in allen Mitgliedsländern stößt die EU-Verfassung auf Zustimmung. Während in Deutschland Bundesrat und Bundestag den Verfassungsentwurf mit großer Mehrheit billigten, lehnten ihn andere EU-Länder in Volksabstimmungen ab.

Aber auch noch schwieriger
Die wachsende Größe der EU macht es nicht leichter, die hochgesteckten wirtschaftlichen und politischen Ziele zu erreichen. Von den Mitgliedern wird ein hohes Maß an Bereitschaft verlangt, nationale Interessen kurzfristig gegenüber gemeinsamen Interessen zurückzustellen, damit die Arbeit der gemeinsamen EU-Organe erleichtert wird und auf längere Sicht alle profitieren. Diese Haltung auch unter schwierigeren Bedingungen zu wahren, ist die Voraussetzung für den Erfolg der EU.

M2 *Aus dem Vorwort der Charta der Grundrechte der EU, verkündet am 7. Dezember 2000 in Nizza:*

Die Völker Europas sind entschlossen, auf der Grundlage gemeinsamer Werte eine friedliche Zukunft zu teilen, indem sie sich zu einer immer engeren Union verbinden. In dem Bewusstsein ihres geistig-religiösen und sittlichen Erbes gründet sich die Union auf die unteilbaren und universellen Werte der Würde des Menschen, der Freiheit, der Gleichheit und der Solidarität. Sie beruht auf den Grundsätzen der Demokratie und der Rechtsstaatlichkeit. Sie stellt die Person in den Mittelpunkt ihres Handelns, indem sie die Unionsbürgerschaft und einen Raum der Freiheit, der Sicherheit und des Rechts begründet. Die Union trägt zur Erhaltung und zur Entwicklung dieser gemeinsamen Werte unter Achtung der Vielfalt der Kulturen und Traditionen der Völker Europas sowie der nationalen Identität der Mitgliedstaaten und der Organisation ihrer staatlichen Gewalt auf nationaler, regionaler und lokaler Ebene bei. Sie ist bestrebt, eine ausgewogene und nachhaltige Entwicklung zu fördern, und stellt den freien Personen-, Waren-, Dienstleistungs- und Kapitalverkehr sicher. Zu diesem Zweck ist es notwendig, (...) den Schutz der Grundrechte zu stärken, indem sie in einer Charta sichtbarer gemacht werden. Diese Charta bekräftigt (...) die Rechte, die sich vor allem aus den gemeinsamen Verfassungstraditionen und den gemeinsamen internationalen Verpflichtungen der Mitgliedstaaten, aus dem Vertrag über die Europäische Union und den Gemeinschaftsverträgen (...) ergeben.

Daniel-Erasmus Khan (Hg.), Europäischer Unionsvertrag mit sämtlichen Protokollen und Erklärungen, München 2001, S. 402 f.

Die Handlungsfelder der Lissabon-Strategie

Wirtschaftsreformen
- Vollendung des Binnenmarkts
- Anwendung neuester Wissenschaft und Technik
- Förderung der Forschung
- günstige Bedingungen für Unternehmer

Übergreifende Maßnahmen
- Gemeinschaftsbestimmte Wirtschaftspolitik
- Vermeidung von Defiziten in den nationalen Haushalten der Staaten
- sinnvolle Staatsausgaben

Modernisierung des EU-Gesellschaftsmodells
- Förderung von Bildung und Ausbildung
- Schaffung von Arbeitsplätzen
- Ausbau des Wohlfahrtsstaats
- Modernisierung der sozialen Schutzsysteme
- Förderung des sozialen Zusammenhalts der Menschen

Nachhaltige (= zukunftsbezogene) Maßnahmen
- Umweltschutz
- schonender Umgang mit nicht erneuerbaren Grundstoffen
- Reform des Verkehrswesens
- Bekämpfung der Klima-Veränderung
- öffentliche Gesundheitsvorsorge

M4 *Die im Jahr 2000 beschlossene Lissabon-Strategie* soll der EU wirtschaftlich, gesellschaftlich und als Lebensraum für ihre Bewohner die Spitzenstellung in der Welt verschaffen. Dafür ist das Zusammenwirken vieler Maßnahmen notwendig.

M3 *Über die Bedeutung der EU für Europa und die Europäer schreibt der französische Politikwissenschaftler Fontaine 2000:*

Es wäre ein schwerer Denkfehler, wollte man die europäische Integration auf das schlichte Bemühen reduzieren, die Volkswirtschaften unserer Staaten an die Herausforderungen des freien Welthandels und der Globalisierung anzupassen. Die europäische Idee ist aus der Feststellung entstanden, dass die Menschen, wenn sie sich einer neuen Sachlage oder neuen Verpflichtungen gegenübersehen, ihr Verhalten anpassen und sich verändern. Sie werden besser, wenn die neuen Umstände besser sind – das ist eine ganz einfache Geschichte des zivilisatorischen Fortschritts, und das ist die Geschichte der Europäischen Gemeinschaft. Der Mensch steht im Mittelpunkt des Projektes Europa, in einer positiven Sicht seiner Fähigkeit und seiner Bereitschaft, aus den Fehlern der Vergangenheit zu lernen, um den künftigen Generationen eine bessere Welt zu hinterlassen. Dieser Kontinent, auf dem sich jede Art von Drama abgespielt hat, auf dem sich souveräne Nationen und totalitäre Ideologien bekämpften und Millionen Unschuldiger in den Krieg oder in die geplante Vernichtung getrieben wurden, dieses Europa des 20. Jahrhunderts schlüpft aus seiner alten Haut und stellt sich dem dritten Jahrtausend gerüstet mit funktionsfähigen Instrumenten, die einen dauerhaften Frieden für alle versprechen.

Pascal Fontaine, Ein neues Konzept für Europa. Die Erklärung von Robert Schumann – 1950–2000, Luxemburg 2000, S. 35.

1 Zeigen Sie auf, welche Zukunftsziele sich die EU gesetzt hat und wie sie erreicht werden sollen (VT, M4).

2 Erläutern Sie die Abbildung M4 mit Hilfe des VT genauer. Welche Maßnahmen sind Ihrer Meinung nach besonders schwierig durchzusetzen?

3 „Die EU ist eine Wertegemeinschaft". Begründen Sie die Aussage anhand von M2.

4 Legen Sie dar, worin Fontaine (M3) die Bedeutung der europäischen Integration und der EU sieht. Stimmen Sie ihm zu?

5 Beurteilen Sie die Bedeutung der EU in der Welt, wenn sie ihre Ziele erreicht hat.

6 Werkstatt
Problemsituationen im Rollenspiel erkunden

Zu den wichtigsten Errungenschaften der EU gehört die Freizügigkeit. Jeder EU-Bürger darf seinen Wohn- und Arbeitsort innerhalb der Gemeinschaft frei wählen. Berufsabschlüsse werden gegenseitig anerkannt. Aus Ländern mit hoher Arbeitslosigkeit – dazu gehört auch Deutschland – wandern immer häufiger Arbeitssuchende in EU-Länder aus, in denen ihre Arbeitskraft nachgefragt wird.
Was geht in Menschen vor, die vor der Frage stehen, ihre Heimat zu verlassen, um in einem anderen Land Arbeit zu finden? Mit der Methode des Rollenspiels können sie das Für und Wider dieser weit reichenden Entscheidung abwägen. Während der eine unbedingt die Heimat verlassen will, zweifelt ein anderer vielleicht. Das lässt sich in einem Rollenspiel gut darstellen, indem ein Spieler seine Überlegungen im lauten Nachdenken vorträgt oder zwei Spieler ein Gespräch führen.
Das Rollenspiel ist generell ein gutes Hilfsmittel, wenn Sie sich in die Situation anderer Menschen hineinversetzen wollen. Besonders interessant sind Problemsituationen, also Momente, in denen unter mehreren Handlungsmöglichkeiten eine mit möglichst günstigen Folgen ausgewählt werden muss. Sie haben das sicher selbst schon erlebt. Daher können Sie nachempfinden, wie solche Erlebnisse ablaufen. Das Hineinfühlen in andere Menschen hilft dabei, die Entscheidung anderer zu verstehen – auch dann, wenn Sie sich anders entschieden hätten.

M1 *Rollenkarten* helfen Ihnen, sich in eine Situation hineinzuversetzen.
Auf ihnen finden Sie:
a) das Problem
b) die Rolle
c) eine allgemeine Spielanleitung

Soll ich als Selbstständiger nach Baden-Württemberg gehen?

Der polnische Handwerksmeister Kasperski

Er wägt im lauten Nachdenken Vor- und Nachteile eines Umzugs nach Deutschland ab.

Sollen wir in Deutschland bleiben und hier Arbeit suchen?

Die türkischen Mädchen Ayla und Hülya (16)

Ayla ist dafür und sucht die zweifelnde Hülya zu überzeugen.

Sollen wir nach Großbritannien auswandern, um dort Arbeit zu finden?

Frau und Herr Niemeyer aus Mannheim

Herr Niemeyer will es und sucht die Bedenken seiner Frau zu zerstreuen.

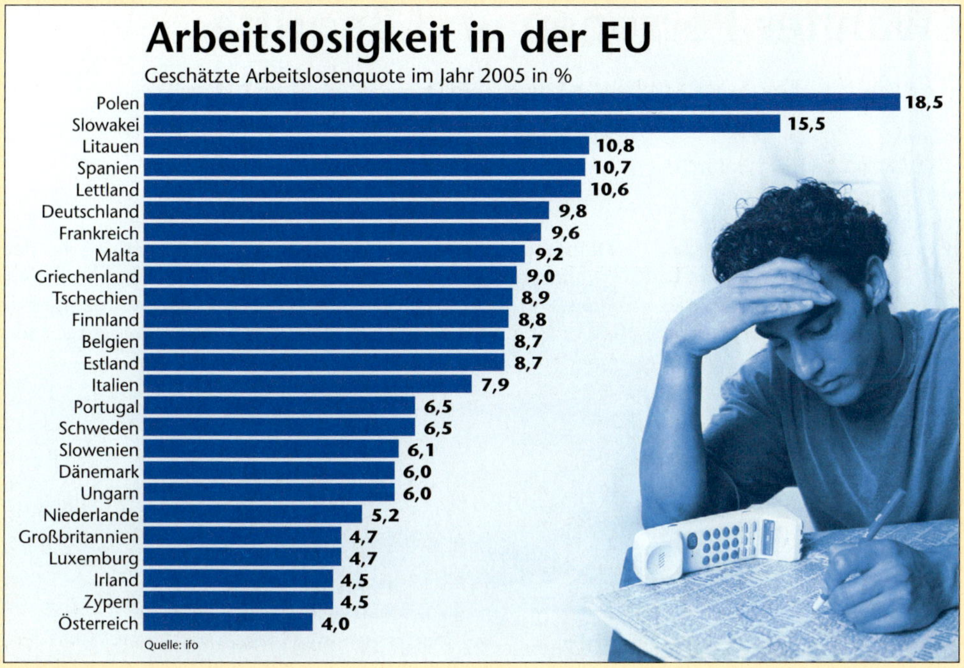

M2 *Sorgenkind Deutschland:*
In wenigen Ländern der EU sind so viele Menschen arbeitslos wie in Deutschland. Hier sucht jeder zehnte eine Stelle – die für die EU-Statistik angeglichene Arbeitslosenquote betrug 2005 9,8 Prozent.

Methodische Arbeitsschritte

1. Die Klasse wird in Gruppen zu je 5–6 Mitgliedern aufgeteilt. Jede Gruppe erhält eine Rollenkarte für ein Rollenspiel, das von einem Gruppenmitglied/mehreren Gruppenmitgliedern präsentiert werden soll. (Alternative: Jede Gruppe fertigt selbst eine Rollenkarte zu einem Problemfall der gerade behandelten Themeneinheit an.)
2. Die Gruppe informiert und berät sich über die Probleme, mit denen es die Person/Personen in der darzustellenden Situation zu tun hat/haben.
3. Die Gruppen erarbeiten nach den Angaben der allgemeinen Spielanleitung auf der Rollenkarte eine Spielszene, indem sie Argumente und Gegenargumente sammeln, die vorgetragen werden sollen, diese in eine sinnvolle Reihenfolge bringen und den/die Rollenspieler bestimmen, der/die die Szene präsentieren soll(en).
4. Präsentation des Rollenspiels vor der Klasse.
5. Aussprache über die Präsentation anhand folgender Fragen:
   a) Wurde die Problemsituation realitätsnah erfasst?
   b) Hat/haben der/die Rollenspieler die Situation (aus Sicht der Zuschauer) überzeugend dargestellt?
   c) Wie hat/haben der/die Rollenspieler selbst seine/ihre Rolle(n) erlebt?

1 Beschreiben Sie kurz eine Problemsituation, die Sie selbst einmal erlebt haben. Welche Rolle haben Sie dabei gespielt?

2 Erfinden Sie eine Spielszene zu der Situation.

3 Fertigen Sie nach dem Vorbild von M1 selber eine Rollenkarte zu dem Problemfall „Suche nach einem Ausbildungsplatz" an.

4 Wenden Sie die methodischen Arbeitsschritte auf einen der in M1 genannten Fälle an.

Register ausgewählter Personen und Begriffe

Wichtige verwendete Abkürzungen:
afrik. = afrikanisch; amerik. = amerikanisch; athen. = athenisch; belg. = belgisch; brit. = britisch; christl. = christlich; dt. = deutsch; ehem. = ehemaliger; engl. = englisch; evang. = evangelisch; fläm. = flämisch; frz. = französisch; griech. = griechisch; holl. = holländisch; ital. = italienisch; Jh. = Jahrhundert; kath. = katholisch; österreich. = österreichisch; pers. = persisch; poln = polnisch; port. = portugiesisch; röm. = römisch; russ. = russisch; sagenh. = sagenhaft(er); sowjet. = sowjetisch

Hinweise:
▷ Verweis auf ein Stichwort
~ ersetzt das Stichwort bei Wiederholung

Halbfett gesetzt sind Grundbegriffe, die im Buch in der Randspalte erläutert werden. Die halbfette Seitenzahl gibt den Fundort an. Bei Herrschern und kirchlichen Amtsträgern werden soweit möglich die Regierungs-/Amtsdaten, bei allen anderen Personen die Lebensdaten angegeben.

Verzeichnis der Bilder

Cover: Zeitenspiegel Reportagen, Weinstadt (Theodor Barth)
S. 8–11 Sanduhr (Kapitelsymbol): Klett-Archiv, Stuttgart
S. 9 M2: Rose Hajdu, Stuttgart
M3 li: BPK, Berlin (K. Petersen 1973)
M3 re: AKG, Berlin (Werner Forman)
S. 10 M1a: aus: Römerpark Köngen, hg vom Verein Grinario mit Unterstützung der Kreissparkasse Esslingen-Nürtingen und der Gemeine Köngen, S. 37
M1 b: Konrad Rainer, Salzburg
M1 c: Landesmedienzentrum Baden-Württemberg, Stuttgart
M1 d: Landesmedienzentrum Baden-Württemberg, Stuttgart
M1 e: Konrad Rainer, Salzburg
S. 11: aus: Helmut Teschner, Druck & Medien Technik (vormals „Offsetdrucktechnik"), © Fachschriften-Verlag GmbH, Fellbach 2003, S. 2-10
S. 12 Brandenburger Tor: MEV, Augsburg
Vase: BPK, Berlin
Scherbe: American School of Classical Studies at Athens: Agora Excavations
Wölfin: BPK, Berlin
Elefant: Scala, Antella (Firenze)
S. 13 Augustus: Scala, Antella (Firenze)
Zeichnung: Hachette Illustrated
S. 14–51 Wölfin (Kapitelsymbol): BPK, Berlin
S. 14 M1: British Museum, London
S. 17 M4: British Museum, London
M5: Ancient Art & Architecture Collection, Middex
S. 18 M1: BPK, Berlin
S. 19 M5: Hirmer Verlag, München
S. 21 M2: Klett-Archiv, Stuttgart
M4: American School of Classical Studies at Athens: Agora Excavations
S. 22 M2: British Museum, London
S. 23 M3: Klett-Archiv, Stuttgart
S. 24 M1: BPK, Berlin (Ingrid Geske)
S. 25 M6: BPK, Berlin
S. 27 M2: Klett-Archiv, Stuttgart
M5: British Museum, London
S. 28 M1: BPK, Berlin
S. 29 M2: Scala, Antella (Firenze)
M3: Rudolf Hungreder, Leinfelden
S. 30 M1: Scala, Antella (Firenze)
S. 32 M1: AKG, Berlin
M2: Rudolf Hungreder, Leinfelden
S. 36 M1: Staatliche Münzsammlung, München
M2: Bildarchiv Steffens, Mainz (Dietmar Riemann)
S. 37 M3: © 2002 – Les Editions Albert René/ Goscinny-Uderzo
S. 38 M1: Scala, Antella (Firenze)
S. 41 M2: Scala, Antella (Firenze)
M3: Scala, Antella (Firenze)
S. 43 M5: Klammet, Ohlstadt
M6: Scala, Antella (Firenze)
S. 44 M1: AKG, Berlin
S. 46 M1: Corbis, Düsseldorf
S. 47 M3: Giovanni et Muriel DAGLI ORTI, Paris
S. 48 M1: Klett-Archiv, Stuttgart
M2: Klett-Archiv, Stuttgart (Lutz-Erich Müller, Leipzig)
S. 50 M1: Scala, Antella (Firenze)
S. 51 M3 u: Scala, Antella (Firenze)
S. 52 Relief: Bridgeman Art Library, London
Reiter: AKG, Berlin (Erich Lessing)
Lehnswesen: BPK, Berlin
Krone: AKG, Berlin
S. 53 Burg: Sonja Halliday, Buckinghamshire
Minnesänger: AKG, Berlin
Bauer: AKG, Berlin
Kreuzzug: Roger Viollet, Paris
Stadt: AKG, Berlin
Schiff: AKG, Berlin
S. 54–89 Krone (Kapitelsymbol): AKG, Berlin
S. 54 M1: Bridgeman Art Library, London
S. 55 M4: Stiftsbibliothek St. Gallen
S. 56 M1: British Museum, London
M2: Interfoto, München
S. 59 M3: AKG, Berlin (Erich Lessing)
S. 61 M4: BPK, Berlin
S. 63 M3: AKG, Berlin
S. 64 M1: AKG, Berlin
S. 68 M1: Dorling Kindersley Ltd., London
S. 69 M3: Alex Antonow Verlag, Frankfurt
M4: Alex Antonow Verlag, Frankfurt
M5: Verlag Kraphol, Grevenbroich
S. 70 M1: aus: „Das Dorf der Salierzeit" von Norbert Wand, Thorbecke Verlag, Sigmaringen 1991, Illustration von Fanny Hartmann
S. 71 M2: AKG, Berlin
M4: Bayerische Staatsbibliothek, München
S. 72 M1: AKG, Berlin
M2: Klett-Archiv, Stuttgart
S. 73 M4: Klett-Archiv, Stuttgart
S. 74 M1: Biblioteca Apostolica Vaticana, Città del Vaticano
S. 75 M2 li: Dr. Uwe Muuß, Altenholz
M2 re: Klett-Archiv, Stuttgart
S. 76 M1: BPK, Berlin
S. 77 M5 li: Bibliothèque nationale de France, Paris
M5 re: AKG, Berlin
S. 78 M1: ullstein bild, Berlin
M3: Klett-Archiv, Stuttgart (Lutz-Erich Müller, Leipzig)
S. 79 M4: Werner Müller, Gunther Vogel: dtv-Atlas Baukunst, Band 2, © 1981, 2002 für Illustrationen von Inge und Ivan Szasz: Deutscher Taschenbuch Verlag, München
S. 81 M5: Transglobe Agency, Hamburg (Collection Viollet)
S. 83 M2: Stadtarchiv Schwäbisch Hall
S. 84 M1: laif, Köln (Bungert)
M2: Picture-Alliance, Frankfurt (dpa)
M3: ROPI Bild, Freiburg (Antonio Pisacreta)
M4: ROPI Bild), Freiburg (Antonio Pisacreta
S. 85 M5: ROPI Bild, Freiburg (Antonio Pisacreta)
M6: Landesmedienzentrum Baden-Württemberg, Stuttgart
M7: MairDumont, Ostfildern
S. 86 M1: AKG, Berlin
S. 87 M3: AKG, Berlin
S. 88 M1: Kurverwaltung Bad Urach, Bad Urach
S. 89 M5: BPK, Berlin/Bayerisches National-museum, München
S. 90 Buch: Klett-Archiv, Stuttgart (Lutz-Erich Müller, Leipzig)
Zeichnung: AKG, Berlin
Kolumbus: AKG, Berlin
Luther: BPK, Berlin
S. 91 Holzschnitt: AKG, Berlin
Karavelle: AKG, Berlin
Fugger: AKG, Berlin
Kreisbahnen: ullstein bild, Berlin (Archiv Gerstenberg)
S. 92–111 Globus (Kapitelsymbol): AKG, Berlin
S. 92 M1: AKG, Berlin
S. 93 M2: Mauritius, Mittenwald (Rosenfeld)
S. 94 M1: AKG, Berlin
S. 95 M4: Scala, Antella (Firenze)
S. 96 M2: Brillenmuseum Wilke, Hamburg
S. 97 M4: AKG, Berlin
M5: Dorling Kindersley Ltd., London
M7: ÖNB, Wien
S. 98 M1: AKG, Berlin
S. 99 M4: FOCUS, Hamburg
M5: ullstein bild, Berlin (Archiv Gerstenberg)
S. 100 M1: AKG, Berlin
S. 101 M5: Klett-Archiv, Stuttgart (Lutz-Erich Müller, Leipzig)
S. 102 M1: AKG, Berlin
S. 103 M4: AKG, Berlin
S. 104 M1: Interfoto, München
S. 105 M2: AKG, Berlin
M3: Staatliche Münzsammlung, München
M4: AKG, Berlin
S. 106 M5: Bridgeman Art Library, London
M6: ullstein bild, Berlin (Gerstenberg)
M7: AKG, Berlin
S. 107 M8: AKG, Berlin (Musée du Louvre)
M9: AKG, Berlin
M10: MEV, Augsburg
S. 108 M1: Photo Affairs, Deisslingen
S. 109 M4: AKG, Berlin
M5: BPK, Berlin
S. 110 M1: AKG, Berlin
S. 111 M5: Dietz Verlag, Berlin
S. 112 Ludwig: Bridgeman Giraudon, Paris
Gemälde: AKG, Berlin
Freiheitsstatue: Picture-Alliance, Frankfurt (dpa)
S. 113 Ballhausschwur: AKG, Berlin
Bastille: AKG, Berlin
Barrikaden: AKG, Berlin
Nationalversammlung: BPK, Berlin
S. 114–137 Nationalversammlung (Kapitel-symbol): BPK, Berlin
S. 114 M1: AKG, Berlin
S. 115 M3: Stuttgarter Luftbild Elsässer, Ennepetal
M4: Bridgeman Art Library, London
S. 116 M1: Deutsches Museum, München
S. 117 M2: AKG, Berlin
S. 118 M1: Corbis, Düsseldorf (Bettmann)
S. 119 M6: ullstein bild, Berlin (Granger Collection)
S. 120 M1: AKG, Berlin
M4: BPK, Berlin
M5: Corbis, Düsseldorf (Bettmann)
M6: Klett-Archiv, Stuttgart (Sandy Schygulla, Leipzig)
S. 124 M1: AKG, Berlin
S. 125 M2: AKG, Berlin (Erich Lessing)
S. 126 M1: Bridgeman Art Library, London (Giraudon)
S. 127 M2: AKG, Berlin
S. 128 M1: AKG, Berlin
S. 129 M2: AKG, Berlin
M3: AKG, Berlin
M6: AKG, Berlin
S. 130 M1: ati-design, Rodenbach (Beate Diergardt)
S. 131 M4: Amnesty International, Bonn (Ursula Hutt)
S. 132 M1: Bridgeman Art Library, London

(Archives Charmet)
S. 133 M2: AKG, Berlin
S. 135 M3: BPK, Berlin
S. 136 M1: AKG, Berlin
S. 137 M2: ullstein bild), Berlin (Archiv Gerstenberg
S. 138 Zollverein: Schapowalow, Hamburg (Atlantide)
Zeichnung: Deutsche Bahn Museum im Verkehrsmuseum, Nürnberg
Weberaufstand: BPK, Berlin
S. 139 Gemälde: Bridgeman Art Library, London
Wahlplakat: BPK, Berlin
Eisenbahn: Deutsches Museum, München
Demonstration: ullstein bild, Berlin
S. 140–163 Lokomotive (Kapitelsymbol): BPK, Berlin
S. 140 M1: BPK, Berlin
S. 141 M2: Heritage-Images, London
M5: BASF AG, Ludwigshafen
S. 142 M1: AKG, Berlin
S. 143 M5: Bridgeman Art Library, London
S. 144 M1: Deutsche Bahn Museum im Verkehrsmuseum, Nürnberg
S. 145 M2: DaimlerChrysler Classic, Konzernarchiv, Stuttgart
S. 146 M1: AKG, Berlin
S. 147 M5: BPK, Berlin
M7: AKG, Berlin
S. 150 M1: Junghans, Schramberg
S. 151 M6: Landesmedienzentrum Baden-Württemberg, Stuttgart
M7: C &E Fein GmbH & Co KG, Stuttgart
S. 152 M1: Landesmuseum für Technik und Arbeit, Mannheim (Klaus Luginsland)
M2: Landesmuseum für Technik und Arbeit, Mannheim (Klaus Luginsland)
M3: Landesmuseum für Technik und Arbeit, Mannheim (Klaus Luginsland)
S. 153 M6: DaimlerChrysler AG, Stuttgart
M8: Reiss-Museum, Mannheim
S. 154 M1: Ruhrlandmuseum, Essen
S. 155 M6: BPK, Berlin
S. 156 M1: BPK, Berlin
M2: Picture-Alliance, Frankfurt (dpa/ Tim Brakemeier)
S. 157 M1: Landesmuseum für Technik und Arbeit, Mannheim
S. 158 M1: BPK, Berlin
S. 159 M6: AKG, Berlin
S. 160 M1: BPK, Berlin
S. 161 M2: BPK, Berlin
S. 162 M1: ullstein bild, Berlin
S. 163 M6: ullstein bild, Berlin (Oberhauser/CARO)
S. 164 Gemälde: BPK, Berlin
Karikatur: BPK, Berlin
Kolonie: Friedrich-Ebert-Gedenkstätte, Heidelberg
Herero: ullstein bild, Berlin
S. 165 Ansichtskarte: Wilhelm Stöckle, Filderstadt
Zeitung: ullstein bild, Berlin
Plakat: Imperial War Museum, London
Ankunft: Süddeutscher Verlag, München
S. 166–193 Portrait (Kapitelsymbol): BPK, Berlin
S. 166 M1: BPK, Berlin
S. 167 M5: AKG, Berlin
S. 168 M1: AKG, Berlin
S. 169 M4: Punch Library, London
S. 170 M1: Bridgeman Art Library, London
S. 171 M4: Basler Mission, Basel (Johannes Leimenstoll)
M5: ullstein bild, Berlin
S. 173 M5: BPK, Berlin
S. 174 M1: DHM, Berlin
S. 175 M2: Picture-Alliance, Frankfurt (dpa)
M5: AKG, Berlin
S. 176 M1: Landesmedienzentrum Baden-Württemberg, Stuttgart
S. 177 M2: Stuttgarter Zeitung, Stuttgart (Friederike Groß)
M3: Klett-Archiv, Stuttgart
S. 178 M1: Friedrich-Ebert-Gedenkstätte, Heidelberg
S. 179 M5: AKG, Berlin
M6: ullstein bild, Berlin
S. 180 M1: ullstein bild, Berlin
S. 181 M5: ullstein bild, Berlin
S. 183 M2: Stiftung Menschen für Menschen, München
M4: STUDIO X, Limours (GA/Chatin Jérome)
M5: Picture-Alliance, Frankfurt
S. 184 M1: BPK, Berlin
S. 186 M1: AKG, Berlin
S. 187 M5: BPK, Berlin
S. 188 M1: AKG, Berlin
S. 189 M4: ullstein bild, Berlin (Archiv Gerstenberg)
M5: ullstein bild, Berlin
S. 190 M1: BPK, Berlin
S. 191 M4: ullstein bild, Berlin
S. 192 M1: Imperial War Museum, London
S. 193 M3: Süddeutscher Verlag, München
M4: Corbis, Düsseldorf (Bettmann)
S. 194 Ansichtskarte: BPK, Berlin
Soldat: ullstein bild, Berlin
S. 195 Wahl: AKG, Berlin
Arbeitsloser: BPK, Berlin
Karikatur: Archiv der Sozialen Demokratie der Friedrich-Ebert-Stiftung, Bonn
S. 196–217 Karikatur (Kapitelsymbol): BPK, Berlin/© VG Bild-Kunst, Bonn 2005
S. 198 M1: AKG, Berlin
S. 199 M2: BPK, Berlin
S. 200 M6: Archiv der sozialen Demokratie der Friedrich-Ebert-Stiftung, Bonn
S. 201 M8: Süddeutscher Verlag, München (Scherl)
S. 202 M1: AKG, Berlin
S. 204 M1: Bundesarchiv, Koblenz
S. 205 M3: Süddeutscher Verlag, München
M4: Klett-Archiv, Stuttgart
M5: ullstein bild, Berlin
M6: ullstein bild, Berlin (Archiv Gerstenberg)
S. 206 M1: AKG, Berlin
S. 207 M2: Die Deutsche Bibliothek, Leipzig
M5: BPK, Berlin
M6: DHM, Berlin
S. 208 M1: BPK, Berlin
S. 209 M3: BPK, Berlin
S. 210 M4: BPK, Berlin
S. 212 M1: Bundesarchiv, Koblenz
M2: BPK, Berlin
S. 213 M3: Stefanie Lux-Althoff, Die Plakatpropaganda der Weimarer Parteien zu den Wahlen und Volksabstimmungen von 1924 bis 1933, Lemgo 2000, S. 44.
M4: Langewiesche-Brandt Verlag, Ebenhausen
S. 214 M1: Archiv der Sozialen Demokratie der Friedrich-Ebert-Stiftung, Bonn
S. 216 M1: AKG, Berlin
S. 217 M4: BPK Berlin/© VG Bild-Kunst, Bonn 2005
S. 218 Gemälde: AKG, Berlin
„Nürnberger Gesetze": Süddeutscher Verlag, München
Synagoge: Stadtarchiv Baden-Baden
S. 219 jüdische Familie: Corbis, Düsseldorf
Bahnsteig in Auschwitz: Gerhard Schoenberner, Der gelbe Stern, München 1978/TB-Ausgabe, Frankfurt 1982
zerstörter Bunker: ullstein bild, Berlin
zerstörtes Berlin: AKG, Berlin
S. 220 M1: AKG, Berlin
S. 221 M6: Süddeutscher Verlag, München
S. 222 M2: DHM, Berlin
S. 224 M1: ullstein bild, Berlin
S. 225 M2: Süddeutscher Verlag, München
S. 226 M3: Volkswagen AG, Wolfsburg
M4: Bundesarchiv, Koblenz
S. 227 M10: BPK, Berlin (Joseph Shorer)
S. 228 M1: BPK, Berlin
S. 229 M3: Klett-Archiv, Stuttgart
S. 230 M1: DHM, Berlin
S. 231 M6: DHM, Berlin
S. 232 M1 li: ullstein bild, Berlin
M1 re: Verlag für Regionalgeschichte, Gütersloh
S. 233 M7: Bundesarchiv, Koblenz
M8: BPK, Berlin
S. 234 M1: Stadtarchiv Baden-Baden
S. 235 M2: BPK, Berlin
M3: Süddeutscher Verlag, München
S. 236 M4: AKG, Berlin
S. 237 M12: Bibliothek Münsterklinik, Zwiefalten
S. 238 M1: Stadtarchiv Esslingen, Esslingen
S. 239 M4: Stadtarchiv Esslingen, Esslingen
S. 240 M6: Stadtarchiv, Stuttgart
S. 241 M11: Stadtarchiv Esslingen/National Archive, Washington D. C.
S. 242 M1: BPK, Berlin
S. 243 M4: The Herb Block Foundation/Library of Congress, Washington
M5: AKG, Berlin
S. 244 M1: Bundesarchiv, Koblenz
S. 245 M2: Jüdisches Museum, Belgrad
S. 246 M1: Gerhard Schoenberner, Der gelbe Stern, München 1978/TB-Ausgabe, Frankfurt 1982
S. 247 M5: BPK, Berlin
S. 249 M9: aus: Das Buch des Alfred Kantor, Jüdischer Verlag bei Athenäum, Frankfurt/M. 1987, S. 35
S. 250 M1: ullstein bild, Berlin
S. 251 M2: Hannes Kirchner, Duisburg
S. 252 M3: Süddeutscher Verlag, München
S. 253 M9 o li: AKG, Berlin
M9 o Mi: ullstein bild, Berlin
M9 o re: Gedenkstätte Dt. Widerstand (Privatbesitz)
M9 u li: ullstein bild, Berlin
M9 u Mi: ullstein bild, Berlin
M9 u re: ullstein bild, Berlin
S. 254 M1: DHM, Berlin
S. 255 M4: ullstein bild, Berlin
M5: AKG, Berlin
S. 256 M1: ek pictures, Warschau
M2: AKG, Berlin
S. 258 Schülergruppe: Klett-Archiv, Stuttgart (Rukowski)
Plakat: Bund Regionalverband, Freiburg (Axel Mayer)
Karikatur: CCC/www.c5.net, Pfaffenhofen a. d. Ilm (Mester)
Stimmzettel: Stadtverwaltung Konstanz
S. 259 Demonstration: Stuttgarter Zeitung, Stuttgart (Achim Zweygarth)
Plakat: Landesarchiv Baden-Württemberg, Staatsarchiv Freiburg (W 110 Nr. 164)
Landtag: ullstein bild, Berlin (ddp)
Bundestag: Picture-Alliance, Frankfurt (dpa)

TV-Duell: Picture-Alliance, Frankfurt (dpa/ Stephanie Pilick)
S. 260–315 Wahlurne (Kapitelsymbol): MEV, Augsburg (RF)
S. 260 M1: Klett-Archiv, Stuttgart (Rukowski)
S. 262 M1: Klett-Archiv, Stuttgart (Rukowski)
S. 263 M5: Greenpeace, Hamburg (Joker/ Lohmeyer)
S. 264 M1: Bund Regionalverband, Freiburg (Axel Mayer)
S. 265 M2: ullstein bild, Berlin (JOKER/ Lohmeyer)
S. 266 M1: Werner Hartz, Stuttgart
S. 268 M1: aus: aktuell 13, Sonderausgabe zur Reihe Politik & Unterricht, S. 11
S. 269 M6: CCC/www.c5.net, Pfaffenhofen a. d. Ilm (Mester)
S. 270 M1: Mauritius, Mittenwald
S. 272 M1: CCC/www.c5.net, Pfaffenhofen a. d. Ilm (Mester)
S. 273 M2: Stuttgarter Zeitung, Stuttgart (Michael Steinert)
M3: Stuttgarter Zeitung, 11. 05. 2005
S. 274 M1: Anne Faden, Tübingen
S. 276 M1: CCC/www.c5.net, Pfaffenhofen a. d. Ilm (Mester)
S. 278 M1: factum, Stuttgart
S. 280 M1: Stadtarchiv Freiburg, Freiburg im Breisgau
S. 281 M2: aus: Dr. Roland Peter, Sauschwobe ond Gelbfiaßler. Die Gründung von Baden-Württemberg, ehapa, Berlin 2002, S. 16
S. 283 M3: aus: Dr. Roland Peter, Sauschwobe ond Gelbfiaßler. Die Gründung von Baden-Württemberg, ehapa, Berlin 2002, S. 28
S. 284 M1: Artur, Köln (Roland Halbe)
S. 285 M2: aus: Joachim Baur, Landesgeschichten der deutsche Südwesten von 1790 bis heute, Ausstellungskatalog zur Daueraustellung im Haus der Geschichte Baden-Württemberg (Hg), Stuttgart 2002, S. 233
M3: ullstein bild, Berlin
M4: aus: Joachim Baur, Landesgeschichten der deutsche Südwesten von 1790 bis heute, Ausstellungskatalog zur Daueraustellung im Haus der Geschichte Baden-Württemberg (Hg), Stuttgart 2002, S. 258
M5: Joachim Baur, Landesgeschichten der deutsche Südwesten von 1790 bis heute, Ausstellungskatalog zur Daueraustellung im Haus der Geschichte Baden-Württemberg (Hg), Stuttgart 2002, S. 293
S. 286 M1: Landesmedienzentrum Baden-Württemberg, Stuttgart
S. 287 M3: Landesmedienzentrum Baden-Württemberg, Stuttgart
S. 288 M1: ullstein bild, Berlin (ddp)
S. 289 M4: Politik & Unterricht, Heft 4/2004, S. 38
S. 290 M1: Picture-Alliance, Frankfurt (dpa/ Bernd Weißbrod)
S. 291 M3: Roberto Bulgrin, Stuttgart
S. 293 M5: Picture-Alliance, Frankfurt (dpa/ Uli Deck)
S. 294 M1: ullstein bild, Berlin (Hartmann)
S. 296 M1: Picture-Alliance, Frankfurt (dpa/ Nestor Bachmann)
S. 297 M4: Picture-Alliance, Frankfurt (dpa/ Matthias Hiekel)
S. 300 M1: Picture-Alliance, Frankfurt (dpa/ Alfred Hennig)
M2: Picture-Alliance, Frankfurt (dpa/ Wolfgang Kumm)
S. 301 M7: Picture-Alliance, Frankfurt (dpa/ Wolfgang Kumm)
M8: Picture-Alliance, Frankfurt (dpa/ Michael Hanschke)
S. 302 M1: Picture-Alliance, Frankfurt (dpa)
S. 305 M4: ullstein bild, Berlin
S. 306 M1: CCC/www.c5.net, Pfaffenhofen a. d. Ilm (LUFF)
M2: Axel Springer Verlag AG, Hamburg
S. 307 M6: The Sun, 20. April. 2005
M7: taz, Berlin, 20. April. 2005
S. 308 M1: Picture-Alliance, Frankfurt (dpa/ Stephanie Pilick)
S. 309 M4: AP, Frankfurt
S. 310 M1: Roberto Bulgrin, Stuttgart
S. 312 M1: CCC/www.c5.net, Pfaffenhofen a. d. Ilm (LUFF)
S. 313 M2: Erich Schmidt Verlag, Berlin
S. 314 M1: Landtag Baden-Württemberg
S. 316 zerstörtes Heilbronn: Stadtarchiv Heilbronn
Portrait Adenauer: ullstein bild, Berlin
Aufstand: ullstein bild, Berlin
Gruppenfoto: Wissen Media Verlag, Gütersloh
S. 317 Brandenburger Tor: ullstein bild, Berlin
Mauerbau: Corbis, Düsseldorf (Bettmann)
Kniefall Brandt: Corbis, Düsseldorf (Bettmann)
feiernde Menschen: ullstein bild, Berlin (Paul Langrock)
Wasserstraßenkreuz: Laubner, Dirk, Berlin
S. 318–357 Bundesadler (Kapitelsymbol): INTERFOTO Pressebild-Agentur/Archiv Friedrich
DDR-Emblem (Kapitelsymbol): AKG, Berlin
S. 318 M1: BPK, Berlin (Fritz Paul)
S. 319 M4: AKG, Berlin
M5: Stadtarchiv Heilbronn
S. 320 M1: ullstein bild, Berlin
S. 322 M1: ullstein bild, Berlin
S. 323 M2: AKG, Berlin
M5 li: Konrad-Adenauer-Stiftung e. V., Archiv für Christlich-Demokratische Politik, Plakatsammlung
M5 Mi: Archiv der sozialen Demokratie der Friedrich-Ebert-Stiftung
M5 re: Stadt Bochum, Presseamt , Bochum
S. 324 M1: DHM, Berlin
S. 325 M4: AKG, Berlin
S. 326 M1: ullstein bild, Berlin
S. 327 M4: Haus der Geschichte der Bundesrepublik Deutschland, Bonn (Mirko Szewczuk)
M5: Getty Images, München (Time Life Pictures)
S. 328 M1: ullstein bild, Berlin (dpa)
S. 329 M3: Picture-Alliance, Frankfurt (dpa)
M5: Jürgens Photo, Berlin
S. 330 M1: Wissen Media Verlag, Gütersloh
S. 331 M4: GLOBUS Infografik, Hamburg
M5 o: Münchner Stadtmuseum, München
M5 u: AKG, Berlin
S. 332 M1: ullstein bild, Berlin
M2: AKG, Berlin
S. 333 M5: Zeitgeschichtliches Forum, Leipzig
S. 335 M11: CCC/www.c5.net, Pfaffenhofen a. d. Ilm (Oskar)
M13: Corbis, Düsseldorf (Bettmann)
S. 336 M1: Landesbildstelle, Berlin
S. 337 M3: Jutta Munz/Eckart Munz, Stuttgart
M6: H. E. Köhler, Wilhelm-Busch-Gesellschaft e. V., Hannover
S. 338 M1: Picture-Alliance, Frankfurt
S. 339 M3: Corbis, Düsseldorf (Bettmann)
M4: CCC/www.c5.net, Pfaffenhofen a. d. Ilm (Baumeister)
S. 340 M1: stern/Picture Press, Hamburg (Cornelius Meffert)
S. 341 M2: Stiftung Haus der Geschichte, Zeitgeschichtliches Forum Leipzig (Hans-Jürgen Röder)
S. 342 M3: BPK, Berlin (Günter Zint, 1968)
M4: AKG, Berlin
S. 343 M9: Ostkreuz, Berlin (Harald Hauswald)
M10: Jürgens Photo, Berlin
S. 345 M3: Christoph Sandig, Leipzig
M4: BPK, Berlin
M5: Martin Naumann, Großpösna
S. 346 M1: AP, Frankfurt am Main
S. 347 M5: STUDIO X, Limours (Bulka)
S. 348 M1: CCC/www.c5.net, Pfaffenhofen a. d. Ilm (Haitzinger)
S. 349 M4: AKG, Berlin
M5: Picture-Alliance, Frankfurt (dpa/ Wolfgang Kluge)
S. 350 M1: Klett-Archiv, Stuttgart (Henry Zeidler, Leipzig)
S. 351 M3: AP, Frankfurt am Main
S. 352 M1: ullstein bild, Berlin (Paul Langrock)
S. 353 M5: CCC/www.c5.net, Pfaffenhofen a. d. Ilm (Haitzinger)
M6: Bulls Press, Frankfurt (Caldwell)
S. 354 M1: Dirk Laubner, Berlin
S. 355 M4: Picture-Alliance, Frankfurt (dpa/ Wolfgang Kumm)
M5: CCC/www.c5.net, Pfaffenhofen a. d. Ilm (Schoenfeld)
S. 356 M1: Corbis, Düsseldorf
S. 357 M3: Klett-Archiv, Stuttgart (Klaus Leinen, Beilingen)
S. 358 Plakat: BPK, Berlin
Gruppenfoto: AKG, Berlin
S. 359 Zeichnung: Kultusministerkonferenz, Bonn, gemalt von Schülerinnen und Schülern der Freiherr-vom Stein-Realschule Coesfeld
Buchcover: Eine Verfassung für Europa, Amt für amtliche Veröffentlichungen der Europäischen Gemeinschaften, Luxemburg 2004, Titelblatt © Europäische Gemeinschaften 2004
Karikatur: Peter Bensch, Köln
S. 360–373 Europa-Fahne (Kapitelsymbol): MEV, Augsburg (RF)
S. 360 M1: BPK, Berlin
S. 361 M5: aus: Wolfgang Marienfeld, Die Geschichte des Deutschlandproblems im Spiegel der politischen Karikatur, Niedersächsische Landeszentrale für politische Bildung, Hannover 1991, S. 41
S. 362 M1: AKG, Berlin
S. 363 M2: MEV, Augsburg (RF)
S. 364 M4: Hamburger Abendblatt, Hamburg
S. 366 M1: Peter Bensch, Köln
S. 368 M1: Picture-Alliance, Frankfurt (dpa/ Stefan Kiefer)
S. 370 M1: European Parliament, Brüssel

Nicht in allen Fällen war es uns möglich, den Rechteinhaber der Abbildungen ausfindig zu machen. Berechtigte Ansprüche werden selbstverständlich im Rahmen der üblichen Vereinbarungen abgegolten.